Alexander Weiss

Unternehmungsbezogene Kernkostenanalyse

Theorie und Ausführung am Beispiel einer
Bergbauunternehmung

Mit Geleitworten von
Prof. Dr.-Ing. Dipl.-Kfm. Dieter Jacob und
Prof. Reinhard Schmidt

Deutscher Universitäts-Verlag

Bibliografische Information der Deutschen Bibliothek
Die Deutsche Bibliothek verzeichnet diese Publikation in der Deutschen
Nationalbibliografie; detaillierte bibliografische Daten sind im Internet über
>http://dnb.ddb.de> abrufbar.

Dissertation TU Bergakademie Freiberg, 2005

1. Auflage November 2005

Alle Rechte vorbehalten
© Deutscher Universitäts-Verlag/GWV Fachverlage GmbH, Wiesbaden 2005

Lektorat: Ute Wrasmann / Dr. Tatjana Rollnik-Manke

Der Deutsche Universitäts-Verlag ist ein Unternehmen von
Springer Science+Business Media.
www.duv.de

Umschlaggestaltung: Regine Zimmer, Dipl.-Designerin, Frankfurt/Main
Druck und Buchbinder: Rosch-Buch, Scheßlitz
Gedruckt auf säurefreiem und chlorfrei gebleichtem Papier
Printed in Germany

ISBN 3-8350-0098-5

Geleitwort

Mit dieser Arbeit beginnt eine neue Schriftenreihe zur Betriebswirtschaftslehre des Bergbaus, Hüttenwesens und Flächenrecyclings. Hier soll mit mehreren Herausgebern universitätsübergreifend ein zentraler Fundort für Forschungsergebnisse in diesen betriebswirtschaftlichen Teildisziplinen geschaffen werden. Wir danken Gabler Edition Wissenschaft, dass uns dazu die Möglichkeit eingeräumt wurde.

Herr Dr. Weiss wendet sich mit diesem ersten Band einer zentralen betriebswirtschaftlichen Fragestellung in einem immer globaler werdenden Wettbewerb zu: Heute weisen Unternehmen oft Überkapazitäten bei gleichzeitig angespannter Finanzlage auf. Die vom Autor als betriebswirtschaftliches Werkzeug zur Situationsverbesserung eingesetzte Kernkostenananalyse kann hier speziell bei Einproduktunternehmen mit mehreren Standorten helfen, bei vorgegebenem Ausstoß (Förderung) eine kostenoptimalere Produktionsweise im Gesamtunternehmen durch Produktionsumverteilung zu finden. Dies schließt solche Fragestellungen ein wie:

- Welche Standorte sollten als erste geschlossen werden?

- Mit welchen Produktionsmengen sollte an den übrigen Standorten weiterproduziert werden?

Als Einproduktunternehmen mit mehreren Standorten sind im Kern viele Unternehmen der Grundstoffindustrie wie Zement- oder Baustoffwerke oder auch Unternehmen des Bergbaus einzustufen. Auch Unternehmen der Energiewirtschaft mit ihren Kraftwerken oder Unternehmen der Wohnungswirtschaft mit ihren Mietshäusern gehören betriebswirtschaftlich im Grunde zu dieser Kategorie.

Herr Dr. Weiss analysiert im Hauptteil seiner Forschungsarbeit zunächst die Produktionsfunktionen im untertägigen Bergbau, speziell im Steinkohlenbergbau. Er differenziert die primären Wertschöpfungsschritte Ausrichten, Vorrichten, Herrichten, Gewinnen, Fördern, Aufbereiten, Bergewirtschaft und Rauben sowie unterstützende Wertschöpfungsschritte. Schon in dieser Systematisierung und mathematischen Formulierung liegt eine enorme wissenschaftliche Leistung. Es werden 4 Kostenarten und annähernd lineare Kostenfunktionen unterstellt, um die Untersuchung handhabbar zu halten. Denn die Controllingdisziplin muss Kosten-Nutzen-Überlegungen auch gegenüber sich selbst gelten lassen. Zwischen den Wertschöpfungsschritten müssen zusätzlich Verträglichkeitsbedingungen eingehalten sein und die tatsächlichen Umweltbedingungen müssen jeweils auch berücksichtigt sein. Auf dem Theorieteil aufbauend wird ein realistisches Beispiel

komplett durchgerechnet und analysiert. Hier kam Herrn Dr. Weiss seine praktische Tätigkeit auf diesen Feldern bei der Unternehmensberatung McKinsey sehr
zustatten.

Das relativ neue Verfahren der Kernkostenanalyse wurde somit erstmalig erfolgreich auf einen klassischen Zweig des Bergbaus angewendet. Als Ergebnis seiner
praktischen Untersuchungen konnte der Verfasser ermitteln, dass bei konstanter
Gesamtförderung unter den gegebenen Umweltbedingungen die maximal erreichbare Kostengrenze um ca. 40 % unter den nachhaltig spezifischen Ist-Kosten liegt.
Dieser große Effekt entsteht durch das Schließen von unproduktiven Standorten
und der gleichzeitigen Erhöhung der Produktionsauslastung an den übrigen Standorten auf 97 %. Hieran ist eindrucksvoll zu erkennen, wie stark sich der Auslas-
tungsgrad auf die Kostenposition auswirkt.

Das Buch wendet sich an Unternehmensberatungsfirmen, Firmenleitungen, poli-
tisch Verantwortliche und nicht zuletzt Studenten der Ingenieur- und Wirtschafts-
wissenschaften. Es ist der Arbeit wegen ihrer grundlegenden Bedeutung ein möglichst weiter Verbreitungskreis zu wünschen. Mögen auch die Folgebände dieser
Reihe das hohe Niveau dieser Arbeit erreichen.

Prof. Dr. Dieter Jacob

Geleitwort

Die vorliegende Arbeit dient dem Ziel, die unternehmungsbezogene Kernkostenanalyse als Mittel für das Kostenmanagement und damit als unternehmerisches Steuerungsinstrument erstmals auf den Steinkohlenbergbau anzuwenden.

Die Analyse durchleuchtet die gesamte Kostenstruktur ohne dass unexakte Schätzungen vorgenommen wurden und macht verschiedene Kostensenkungspotentiale transparent. Die Einsparpotentiale sind allerdings in unterschiedlicher Weise erreichbar mit einer Spanne von (bisher) theoretisch bis greifbar.

Die aktuelle Lage der Weltrohstoffmärkte, die derzeit durch die Verknappung von Kokskohle durch den hohen Eigenbedarf Chinas starken z. T. sprunghaften Änderungen unterliegt, zeigt aber, dass Randbedingungen sich schnell und gravierend ändern können. Die vorliegenden Modelle sind im Rahmen der „Ziel-Ausprägung" in der Lage, hierauf Rücksicht zu nehmen.

Die einzelnen Wertschöpfungsschritte werden modelliert. Dadurch wird die im Extremfall erreichbare Kostenuntergrenze für eine Unternehmung auch im praktisch betrachteten Fall eines (anonymisierten) Steinkohlenbergwerks ermittelt, wobei ein signifikantes Einsparpotential einer real erreichbaren Produktionssteigerung gegenübergestellt werden konnte.

Der Steinkohlenbergbau weist gegenüber anderen Wirtschaftszweigen Besonderheiten und Alleinstellungsmerkmale auf, insbesondere handelt es sich im Wesentlichen um Einproduktunternehmen, wenn man von Spezialitäten, wie zum Beispiel Kokskohle oder Kesselkohle absieht, der Absatz der Produkte ist durch langfristige unternehmerische und politische Festlegungen bestimmt, die Produktion von Steinkohle ist in der Bundesrepublik Deutschland nicht kostendeckend, sie wird daher – mit abnehmender Tendenz – vom Bund und vom Land NRW subventioniert; Rohstoffe von höherem spezifischen Wert unterliegen den Bedingungen des Weltmarktes und stehen damit in harter Konkurrenz zueinander.

Auch wenn derzeit kein verbindliches Energiekonzept der Bundesregierung vorliegt, besteht gleichwohl ein volkswirtschaftliches Interesse an der Beibehaltung eines Sockels an eigener Steinkohlenproduktion um einen Energiemix besonders für die Stromerzeugung zu gewährleisten, d. h. einen Teil der Energieerzeugung aus eigenen Ressourcen zu bestreiten, weil der Bergbau beschäftigungsintensiv und strukturbedeutsam für zwei maßgebliche deutsche Industriereviere ist. Die Bergbauzulieferindustrie der Bundesrepublik Deutschland hat weltweit einen hohen Status, ist exportintensiv und gewährleistet zahlreiche Arbeitsplätze; ohne heimischen Steinkohlenbergbau würde dieser Branche der Hintergrund entzogen.

Die Produktion der im breiten Konsens als notwendig erachteten Kohlenmenge ließe sich möglicherweise auf eine geringere Anzahl von Standorten konzentrieren, d. h. die vorliegende Arbeit stellt ein wichtiges Entscheidungsinstrument für die künftige Standortauswahl und für Kosteneinsparpotentiale dar. Vor dem Hintergrund der Sparzwänge der öffentlichen Hände und der immer wieder auflebenden Grundsatzdiskussion zur Existenz des deutschen Steinkohlenbergbaus steht die Aktualität der Arbeit außer Zweifel.

Prof. Reinhard Schmidt

Vorwort

Wenn Unternehmungen Kosten senken, hat das selten etwas mit einer "freiwilligen" Strategieentscheidung zu tun. Vielmehr resultiert die Notwendigkeit zur Kostensenkung zumeist aus einer wirtschaftlichen Notlage, die schnelles Handeln erfordert. Dementsprechend unsystematisch ist typischerweise die Herangehensweise – und dementsprechend bescheiden die Erfolge, die spätestens bei der nächsten Krisensituation eine neuerliche Kostensenkung erfordern. Das Ergebnis ist alles andere als erfreulich. Das Kostenmanagement und insbesondere die Strategie der Kostenführerschaft ist in Verruf geraten, in den Schlagzeilen der Nachrichtendienste wie im Bewusstsein der Arbeitnehmerschaft.

Das erschien mir besonders ärgerlich, bin ich doch im Rahmen meiner Tätigkeit bei einer internationalen Strategieberatung tagtäglich mit Fragen des Kostenmanagements beschäftigt. Darüber hinaus erscheint die Strategie der Kostenführerschaft weiterhin als eine valide Strategieoption – man stelle sich nur die Größe des Marktsegments für ein "2.000 EUR-Auto" oder ein "10.000 EUR-Haus" vor. Aus diesem Spannungsfeld heraus habe ich mich entschlossen, das Kostenmanagementverfahren der unternehmungsbezogenen Kernkostenanalyse wissenschaftlich aufzuarbeiten und somit einer breiten Öffentlichkeit zugänglich zu machen, das ich bereits mehrfach im Rahmen meiner Beratungstätigkeit erfolgreich angewandt habe. Mit diesem Kostenmanagementverfahren ist es möglich, systematisch die Kostenuntergrenze einer Unternehmung zu ermitteln und Wege aufzuzeigen, diese auch zu erreichen.

Für die Möglichkeit, dieses Verfahren im Rahmen einer zweiten Dissertation aufzuarbeiten, möchte ich mich zuerst bei meinem Doktorvater Prof. Dr. Jacob bedanken. Insbesondere der gedankliche Austausch und der bei der Erstellung der Arbeit gelassene Freiraum haben wesentlich zum Gelingen dieses zweiten Dissertationsvorhabens beigetragen. Nicht minder dankbar bin ich den Herren Prof. Schmidt und Prof. Dr. Götze für die Übernahme der beiden Co-Referate. Prof. Schmidt hat mich insbesondere bei der Erstellung des bergbaulichen Ausführungsbeispiels unterstützt. Prof. Dr. Götze danke ich für die Unterstützung bei der Schärfung der Kernaussagen und der methodischen Herangehensweise.

Letztlich wäre die Arbeit jedoch nicht ohne die Unterstützung verschiedener Beteiligter gelungen. So möchte ich mich zum einen bei McKinsey&Company als meinem Arbeitgeber bedanken, der mich auch bei diesem zweiten Dissertationsvorhaben mit seiner großzügigen Freistellung finanziell unterstützt hat. Zum anderen möchte ich mich bei meiner Familie und der Familie meiner Freundin bedanken, die mein Dissertationsvorhaben jederzeit voll unterstützt haben. Besonders herausheben möchte ich hierbei meine Großmutter Johanna Weiss sowie Herrn Hubert Meißner, die durch unermüdliches Korrekturlesen den Großteil der von mir fabrizierten Fehler aus der Arbeit getilgt haben. Mein Dank gilt diesbezüglich natürlich auch Herrn Hans-Joachim Richter, Herrn Beraterelch und Herrn Tausendwortewächter sowie allen weiteren Beteiligten.

Abschließend möchte ich es nicht versäumen, mich bei meiner Freundin Eva Meißner zu bedanken, die mit großer Geduld und Hingabe die Erstellung der Arbeit begleitet und mich von Zeit zu Zeit wieder aufgebaut hat. Danke!

Dr. Alexander Weiss

X

Inhaltsübersicht

Inhaltsverzeichnis

Abbildungsverzeichnis

XXIV

Abkürzungsverzeichnis

ArbZG	Arbeitszeitgesetz
AvO	Arbeitszeit vor Ort
BBergG	Bundesberggesetz
BDI	Bundesverband der Deutschen Industrie
BGBl	Bundesgesetzblatt
BKSS	Bergbau-Kosten-Standard-System
BPVSt	Bergpolizeiliche Verordnung für die Steinkohlenbergwerke
Bsw.	Beispielsweise
BUrlG	Bundesurlaubsgesetz
BVOSt	Bergverordnung für die Steinkohlenbergwerke
Bzw.	Beziehungsweise
DBW	Der Betriebswirt
DFD	Datenflussdiagramm
DIN	Deutsches Institut für Normung
DSK	Deutsche Steinkohle AG
EHB	Einschienenhängebahn
Etc.	Et cetera
GKR	Gemeinschafts-Kontenrahmen
HBR	Harvard Business Review
Hrsg.	Herausgeber
IFUA	Institut für Unternehmensanalysen
KBF	Kostenbestimmungsfaktor
KlimaBergV	Klima-Bergverordnung

Lmi	Leistungsmengeninduziert
Lmn	Leistungsmengenneutral
LNG	Liquid natural gas
MS	Mannschicht
PKN	Personalkostenniveau
RAG	Ruhrkohle AG
RBS	Richtlinien für das betriebliche Rechnungswesen im Steinkohlenbergbau
REFA	Reichsausschuss für Arbeitszeitermittlung
S.o.	Siehe oben
SKE	Steinkohleneinheit
TPM	Total Productive Maintenance
TSM	Teilschnittmaschine
tvF	Tonnen verwertbare Förderung
Z.B.	Zum Beispiel
ZfbF	Zeitschrift für betriebswirtschaftliche Forschung
ZfhF	Zeitschrift für handelswissenschaftliche Forschung
ZfO	Zeitschrift für Organisation
ZfP	Zeitschrift für Planung
Z.T.	Zum Teil
Vgl.	Vergleiche
VZK	Vollzeitkraft

Symbolverzeichnis

a	Proportionalitätsfaktor zwischen technischer und ökonomischer Intensität
AN_{warm}	Anteil Warmbeschäftigte
b	Technische Leistungseinheit
d	Technische Intensität (Leistung)
D_{Ges}	Gesamtdienstleistungsvolumen einer Unternehmung
D_{Masch}	Maschinenbezogenes Dienstleistungsvolumen
D_{Pers}	Personalbezogenes Dienstleistungsvolumen
D_{Prod}	Produktbezogenes Dienstleistungsvolumen
D_{Sonst}	Sonstiges Dienstleistungsvolumen
f(x)	Produktionsfunktion/Ertragsfunktion
FEMN	Faktoreinsatzmengenniveau
FPN	Faktorpreisniveau
i	Produktionsfaktor i
j	Maschine j; Aggregat j
K_{AG}	Kalkulatorische Abschreibung Gebrauchsverschleiß
K_{AZ}	Kalkulatorische Abschreibung Zeitverschleiß
K_{Pers}	Personalkosten (absolut)
$K_{Pers-spez}$	Personalkosten (spezifisch)
KBF	Kostenbestimmungsfaktor
M_{Ges}	Gesamtmaterialmenge
M_{Masch}	Maschinenbezogene Materialmenge (Betriebsstoffe)
$M_{Masch,Still}$	Maschinenbezogene Materialverbrauchsmenge während Stillstandzeit

M_{Pers}	Personalbezogene Materialmenge
M_{Prod}	Produktbezogene Materialmenge
p	Faktorpreis
PKN	Personalkostenniveau
r	Faktorverbrauchsmenge
SB	Schichtbelegung
t	Zeitintervall t
$t_{AZ,eff}$	Effektive Arbeitszeit Personal
$t_{AZ,plan}$	Geplante Arbeitszeit Personal
t_{eff}	Effektive Einsatzzeit Arbeits- und Betriebsmittel
t_{fahr}	Fahrungszeit Personal
t_{NG}	Nutzungsdauer gemäß Gebrauchsverschleiß
t_{NZ}	Nutzungsdauer gemäß Zeitverschleißes
t_{Pause}	Pausenzeit Personal
t_{plan}	Geplante Einsatzzeit Arbeits- und Betriebsmittel
$v(x)$	Verbrauchsfunktion/Faktorverbrauchfunktion
W	Wiederbeschaffungspreis
x	Ausbringungsmenge; mengenmäßiger Ertrag; Output
x_{kalk}	Kalkulierte Ausbringungsmenge
x_{krit}	Kritische Ausbringungsmenge
x_{max}	Maximale durch das jeweilige Arbeits- oder Betriebsmittel erzeugbare Ausbringungsmenge
X	Ökonomische Intensität
z	Technische Einzeleigenschaft eines Aggregats bzw. einer Maschine

1 Einleitung

1.1 Ziele und Struktur der Arbeit

1.1.1 Problemstellung und Ziele der Arbeit

Kostenmanagement ist neben der strategischen Ausrichtung und der Erlössteigerung ein ständiges Thema auf der Agenda des Top Managements einer Unternehmung. Insbesondere in der Grundstoffindustrie, in welcher der Güterpreis (der tendenziell homogenen Güter) für die meisten Marktteilnehmer ein Datum ist, kommt dem Kostenmanagement eine besondere Rolle zu. Wird der Preis für das von einer Unternehmung produzierte Gut extern z.B. über eine Rohstoffbörse festgelegt, so besteht im Falle einer Preisänderung (Preisverringerung) die wesentliche Reaktionsvariable für diese Unternehmung (gegeben es wird bereits die kostenoptimale Gütermenge produziert) in den Kosten, die für die Produktion des erzeugten Gutes anfallen. Dass solche Erlöseinbrüche beachtliche Dimensionen erreichen können, zeigt Abbildung 1.

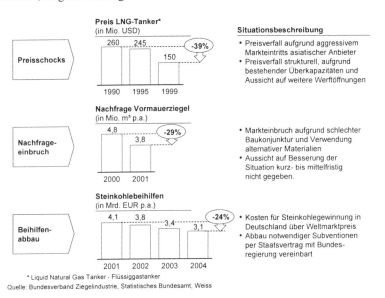

Abbildung 1   (Beispiele extern verursachter Erlöseinbrüche)

In derartigen Situationen, in denen das schnelle und nachhaltige Senken von Kosten oft das kurzfristig wirksamste (und meist auch einzige) Mittel zum Sichern der Überlebensfähigkeit der betroffenen Unternehmung ist, neigen Unternehmungen dazu, Kostensenkungen ad hoc und punktuell durchzuführen, anstatt auf systematisches Vorgehen und nachhaltig leistungssteigernde Wirkung zu setzen. Der Nachteil eines derartigen Vorgehens besteht darin, dass sich die Unternehmung zum einen nicht sicher sein kann, tatsächlich die kurzfristig wirksamsten (und richtigen) Maßnahmen zur Kostensenkung ergriffen zu haben. Zum anderen gewinnt die Unternehmung durch das oben geschilderte Vorgehen keine Klarheit darüber, welche Kostenuntergrenze es unter Beachtung der gegebenen Umweltbedingungen überhaupt erreichen kann und ob vor diesem Hintergrund ein Weiterführen der Unternehmung überhaupt Sinn macht.

Die Alternative zu dem oben beschriebene Vorgehen punktueller ad hoc Kostensenkungen besteht darin, ein Verfahren zu verwenden, welches das gesamte Kostenvolumen einer Unternehmung nach möglichen Kostensenkungspotenzialen untersucht und dabei (unter anderem) die folgenden Fragen beantwortet.

- Welche Kostenuntergrenze kann die Unternehmung unter den gegebenen Umweltbedingungen maximal erreichen und lässt sich damit die Wettbewerbsfähigkeit der Unternehmung sichern?

- Welche Bereiche der Unternehmung bergen das größte Potenzial für Kosteneinsparungen?

- Welche Maßnahmen sind zu priorisieren, um kurzfristig bereits eine möglichst große (nachhaltige) Kosteneinsparung zu realisieren?

- Welche Verbesserungshebel sind im Einzelnen konkret zu betätigen?

Ändert sich an der Erlössituation der betroffenen Unternehmung nichts, kann mit der Beantwortung derartiger Fragen und dem (erfolgreichen) Umsetzen der Antworten ein Weg aufgezeigt werden, die nachhaltige Wirtschaftlichkeit der betroffenen Unternehmung wiederherzustellen. Dabei bestimmen die Antworten auf diese Fragen den Fokus des Managements und entscheiden über die Verteilung knapper Investitionsmittel. Nur: Wie erhält man verlässliche Antworten? Sie sind alles andere als offensichtlich und lassen sich auch mit der langjährigen Expertise des Top Managements allein kaum zuverlässig beantworten.

Mit dem Ziel, praktikable Antworten auf derartige Fragen zu finden, hat sich, hervorgehend aus der Disziplin der Kostenrechnung, die Klarheit über die Zurechnung von Kosten zu definierten Bezugsobjekten verschafft[1], in den vergangenen Jahrzehnten die Disziplin des Kostenmanagements entwickelt. Dabei versucht das Kostenmanagement mit Hilfe von Verfahren wie zum Beispiel der Wertanalyse,

---

[1] Vgl. Burger, Kostenmanagement, 1994, S. 4

dem Zero-Base-Budgeting, dem Benchmarking oder dem Target Costing[2] Wege zu erkunden und aufzuzeigen, auf denen die Kosten einer Unternehmung kurzfristig/operativ und/oder langfristig/strategisch beeinflusst (also z.b. auch gesenkt) werden können.[3]

Bei einer genaueren Analyse der unter dem Begriff des Kostenmanagements zusammengefassten Methoden und Instrumente lassen sich jedoch zwei Fragen stellen, deren Beantwortung einen grundsätzlichen Zweifel daran aufkommen lassen, ob das Kostenmanagement bereits ein Verfahren hervorgebracht hat, das einer Unternehmung hilft, die oben aufgeworfenen Fragen erschöpfend zu beantworten. Das sind zum einen die Frage nach dem *Analyseumfang* und zum anderen die Frage nach der *Ergebnisqualität* existierender Kostenmanagementverfahren.

- *Analyseumfang*: Um die wirtschaftliche Situation einer Unternehmung im Falle eines strukturellen Erlöseinbruches nachhaltig zu verbessern, kann es für eine Unternehmung erforderlich sein, einen Überblick darüber zu erlangen, welche Kostensenkungspotenziale bezogen auf das Gesamtkostenvolumen einer Unternehmung zur Verfügung stehen. Demnach besteht die erste kritische Frage darin, ob im Rahmen des Kostenmanagements ein Verfahren zur Verfügung steht, das systematisch und über die gesamte Wertschöpfungskette einer Unternehmung die grundsätzlich zur Verfügung stehenden Kostensenkungspotenziale identifiziert.

- *Ergebnisqualität*: Die zweite Frage betrifft die Qualität bzw. den quantitativen Wert der identifizierten Kostensenkungspotenziale. Es stellt sich in diesem Zusammenhang die Frage, ob im Rahmen des Kostenmanagements ein Verfahren zur Verfügung steht, das in der Lage ist, die unter den gegebenen Umweltbedingungen maximal erreichbare Kostenuntergrenze zu identifizieren.

Lassen sich beide Fragen für sich genommen zumindest für ausgewählte Bezugsobjekte (z.B. Produkt, Bereich oder Prozess) mit einem "Ja" beantworten[4], so lau-

---

2 Für eine umfangreichere Aufzählung der unter dem Begriff des Kostenmanagements zusammengefassten Methoden und Instrumente vgl. Hardt, Kostenmanagement, München, 1998, S. 17

3 Vgl. u.a. Burger, Kostenmanagement, 1994, S. 4; Hardt, Kostenmanagement, München, 1998, S. 17; Joos-Sachse, Controlling, Kostenrechnung und Kostenmanagement, 2001, S. 11; Kremin-Buch, Strategisches Kostenmanagement, 2. Aufl., 2001, S. 7; Fischer, Kostenmanagement strategischer Erfolgsfaktoren, 1993, S. 124 ff, Franz, Moderne Methoden der Kostenbeeinflussung, 1992, S. 127; Hungenberg/Kaufmann, Kostenmanagement, 2. Aufl., 2001, S. 31; Scholz, Kosten-Management, 2001, S. 11 ff

4 Es besteht zum Beispiel die Möglichkeit, sämtliche Teile einer Unternehmung zu benchmarken und so zumindest indikativ die Felder möglicher Kostensenkungspotenziale aufzuzeigen, wodurch sich die erste Frage nach der Analysebreite positiv beantworten lässt. Als Antwort auf die zweite Frage kann zum Beispiel die aus der Produktentwicklung bekannte Kernkostenanalyse verstanden werden, die sich bei der Bewertung der identifizierten Kostensen-

tet die Antwort auf die Kombination beider Fragen "Nein".[5] Es steht dementsprechend kein Kostenmanagementverfahren zur Verfügung mit dem sich die maximal erreichbare Kostenuntergrenze einer Unternehmung ermitteln und anschließend auch realisieren ließe.

Relevant ist dieser Umstand unter anderem für die (west-)europäische Bergbauindustrie, die sich aufgrund der im Vergleich zum asiatischen und afrikanischen Kontinent hohen Lohnkosten und vergleichsweise nachteiligen geologischen Bedingungen einer Kostenposition gegenübersieht, deren internationale Wettbewerbsfähigkeit nur mittels staatlicher Transferzahlungen aufrecht erhalten werden kann. Da jedoch in Gesamt-Europa derartige Transferzahlungen aufgrund der konjunkturellen Lage und einem grundsätzlichen Überdenken der Transferpolitik gegenwärtig zurückgefahren werden, verändert sich die Erlössituation für die betreffenden Unternehmungen dramatisch. Vor dem Hintergrund dieser Entwicklung ergibt sich insbesondere für Bergbau-Unternehmungen der Bedarf nach einem Kostenmanagementverfahren, mit dem die jeweils maximal erreichbare Kostenuntergrenze ermittelt und im Ergebnis auch erreicht werden kann.

Ausgehend von der oben beschriebenen Situation ergeben sich für die vorliegende Arbeit die nachfolgend formulierten Ziele.

- Entwicklung eines als "unternehmungsbezogene Kernkostenanalyse" bezeichneten Verfahrens, das für den häufig in der Grundstoffindustrie anzutreffenden Unternehmungstyp einer Einproduktunternehmung die Kostenuntergrenze ermittelt, welche die analysierte Unternehmung unter den gegebenen Umweltbedingungen maximal erreichen kann und das ein Vorgehen aufzeigt, mit dem die errechneten Kostenuntergrenze auch tatsächlich realisiert werden kann.

- Ableiten normativer Handlungsempfehlungen für die Durchführung einer unternehmungsbezogenen Kernkostenanalyse.

- Beziehen dieses Verfahrens auf das konkrete Anwendungsbeispiel einer Steinkohlenbergbau-Unternehmung.

- Aufzeigen (anhand eines anonymen Fallbeispiels) der erreichbaren Kostensenkungspotenziale einschließlich deren Ursachen und deren Verteilung über die Wertschöpfungskette einer Steinkohlenbergbau-Unternehmung.

Werden diese Ziele erreicht, so steht künftig mit der unternehmungsbezogenen Kernkostenanalyse ein Kostenmanagementverfahren zu Verfügung, das einen Beitrag dazu leistet, die unter den gegebenen Umweltbedingung maximal erreichbare

---

kungspotenziale an natürlichen Grenzen orientiert, um den "Kern der Kosten", also die niedrigsten überhaupt erreichbaren Kosten zu ermitteln.

5 Eine ausführliche Begründung dieser Behauptung wird in Kapitel 1.4 vorgenommen.

Kostenuntergrenze einer (Einprodukt-)Unternehmung zu identifizieren und Wege aufzeigt diese auch zu erreichen.

1.1.2 Aufbau der Arbeit

Die Arbeit besteht aus insgesamt vier Kapiteln. Gegenstand des ersten Kapitels ist es, in den Problemkreis der Arbeit einzuleiten und den bestehenden Forschungsbedarf zu identifizieren. Hierfür werden im Anschluss an die Problemschilderung die Grundbegriffe der Arbeit – Unternehmung, Kosten und Kernkosten – definiert. Daran schließt sich in Kapitel 1.3 die Analyse des wissenschaftlichen Arbeitsstands an. Dieser bildet in Kapitel 1.4, zusammen mit den formulierten Zielen der vorliegenden Arbeit, die Basis für die abschließende Formulierung des Forschungsbedarfs.

Das zweite Kapitel ist vollständig der Theorie der unternehmungsbezogenen Kernkostenanalyse gewidmet. Hierbei fokussiert der erste Teil des zweiten Kapitels (konkret die Kapitel 2.1 bis 2.4) auf die Entwicklung des Analysemodells der unternehmungsbezogenen Kernkostenanalyse. Aufbauend auf den Erläuterungen des Analysemodells wird im Kapitel 2.5 das Vorgehenskonzept entwickelt, das die Anwendung der unternehmungsbezogenen Kernkostenanalyse beschreibt.

Das dritte Kapitel beschäftigt sich – aufbauend auf den theoretischen Überlegungen des zweiten Kapitels – mit der Anwendung der unternehmungsbezogenen Kernkostenanalyse auf das konkrete Ausführungsbeispiel einer Steinkohlenbergbau-Unternehmung. Während Kapitel 3.1 eine kurze Einführung in die Steinkohlenindustrie gibt, beschäftigt sich Kapitel 3.2 mit der Übertragung des Analysemodells auf eine Steinkohlenbergbau-Unternehmung. Hierfür wird, anhand des in Kapitel 2.5 entwickelten Vorgehenskonzepts, gezeigt, wie die Durchführung einer unternehmungsbezogenen Kernkostenanalyse für eine Steinkohlenbergbau-Unternehmung konkret aussieht. Zusätzlich wird in Kapitel 3.3 die Gestaltung eines Kalkulationsmodells beschrieben, mit welchem die spezifischen Kern- und Zielkosten einer Steinkohlenbergbau-Unternehmung im Ergebnis tatsächlich berechnet werden können. Das dritte Kapitel schließt mit Kapitel 3.4, in welchem anhand eines anonymisierten Fallbeispiels die Ergebnisse einer unternehmungsbezogenen Kernkostenanalyse für eine Steinkohlenbergbau-Unternehmung erläutert werden.

Den Abschluss der Arbeit bildet das vierte Kapitel. Dieses hat in Form von Kapitel 4.1 zum einen die Aufgabe die Einsatzbedingungen und das konkrete Umsetzungsvorgehen zu erläutern. Das Kapitel wird in Form von Kapitel 4.2 beschlossen, in welchem in die gewonnenen Erkenntnisse zusammengefasst, ein Fazit gezogen und ein Ausblick auf den verbleibenden Forschungsbedarf gegeben wird.

1.2 Definition der Grundbegriffe

Bevor mit den inhaltlichen Ausführungen zum Kostenmanagementverfahren der unternehmungsbezogenen Kernkostenanalyse begonnen werden kann, ist es an dieser Stelle erforderlich, das begriffliche Fundament der Arbeit zu legen. Hierfür werden folgend die drei für diese Arbeit zentralen Begriffe in Anlehnung an die betriebswissenschaftliche Fachliteratur definiert. Im Einzelnen handelt es sich dabei um die Begriffe "Unternehmung", "Kosten" und "Kernkosten".

1.2.1 Unternehmung

1.2.1.1 Begriffsdefinition

Die Definition des Begriffes der Unternehmung (in Verbindung mit der Definition des Begriffs des Betriebs) lässt sich bis zu den Ursprüngen der Betriebswirtschaftslehre zurückverfolgen, stellt sie doch das zentrale Erkenntnisobjekt der Betriebswirtschaftslehre dar, welches den Anspruch der Betriebswirtschaftslehre als eine selbständige wirtschaftswissenschaftliche Disziplin untermauert.[6] Folgerichtig haben sich die zentralen Persönlichkeiten der betriebswirtschaftlichen Forschung mit der Definition des Unternehmungsbegriffs befasst. Auf Basis dieser historischen Begriffsdefinitionen soll nachfolgend der Begriff der Unternehmung diskutiert und gegenüber dem Begriff des Betriebs abgegrenzt werden.

Wie bereits angemerkt, ist der Begriff der Unternehmung eng mit dem Begriff des Betriebs verbunden, der seinerseits als zentraler Erkenntnisgegenstand sogar namensgebend für die Wissenschaft der "Betriebswirtschaft" war. Folgt man nicht der Einschätzung von Grochla, der relativ früh seinen Pessimismus darüber geäußert hat, dass man überhaupt zu einer einheitlichen Definition des Begriffs Unternehmung kommen kann[7], so muss in Zusammenhang mit der Definition des Unternehmungsbegriffs die Diskussion des Begriffs Betrieb erfolgen.

Der Betrieb als solcher lässt sich auf dem höchsten Abstraktionslevel als eine (organisierte) Wirtschaftseinheit definieren, in der Sachgüter und Dienstleistungen erstellt und abgesetzt werden.[8] Dabei ist anzumerken, dass die Menge der als Betrieb bezeichneten Wirtschaftseinheiten nur einen Teil der gesamten Wirtschaft beschreibt und somit lediglich eine Teilmenge der Wirtschaft darstellt. Die andere die Wirtschaft beschreibende Teilmenge stellt die Menge der privaten Haushalte dar, die sich im Wesentlichen dadurch kennzeichnen, dass sie zwar auch Leistungen erbringen, jedoch nicht durch den Absatz der Leistungen Gewinne erzielt werden, sondern dass durch den Konsum dieser Leistungen der Nutzen aus der

---

6   Vgl. Wöhe, Einführung in die Allgemeine Betriebswirtschaftslehre, 21. Aufl., 2002, S. 1 ff
7   Vgl. Grochla, Unternehmung und Betrieb, 1959, S. 583 ff
8   Vgl. Wöhe, Einführung in die Allgemeine Betriebswirtschaftslehre, 21. Aufl., 2002, S. 2

Verwendung eines außerhalb des Haushalts verdienten Einkommens maximiert wird.[9] Basierend auf dieser Definition leuchtet es ein, dass Betriebe unabhängig davon bestehen, welches Wirtschaftssystem ihnen zugrunde liegt. Diesen Umstand greift Gutenberg auf, indem er in seiner (viel beachteten) Definition des Begriffs Betrieb zwischen definitorischen Größen unterscheidet, die vom jeweilig gegebenen Wirtschaftssystem abhängig bzw. unabhängig sind. Gutenberg bezeichnet dabei die vom Wirtschaftssystem unabhängigen Faktoren als systemindifferente Faktoren, während er die vom Wirtschaftssystem abhängigen Faktoren als systembezogene Bestimmungsgrößen bezeichnet. Gemäß dieser Unterscheidung definiert Gutenberg den Begriff des Betriebs unabhängig von dem zugrunde liegenden Wirtschaftssystem mit Hilfe der folgenden drei systemindifferenten Faktoren: *Kombination von Produktionsfaktoren*, *Prinzip der Wirtschaftlichkeit* und *Prinzip des finanziellen Gleichgewichts*.[10] Diese drei Faktoren sollen nachfolgend kurz erläutert werden.

- *Kombination von Produktionsfaktoren*: Unabhängig von dem zugrunde liegenden Wirtschaftssystem werden in jedem Betrieb die Produktionsfaktoren kombiniert. In einem Industriebetrieb handelt es sich hierbei zum Beispiel immer um die Faktoren Arbeit, Betriebsmittel und Werkstoffe.

- *Prinzip der Wirtschaftlichkeit*: Ebenfalls unabhängig vom zugrunde liegenden Wirtschaftssystem erfolgt diese Kombination der Produktionsfaktoren nach einem Wirtschaftlichkeitsprinzip. Dieses Wirtschaftlichkeitsprinzip lässt sich in Anlehnung an Wöhe am besten damit beschreiben, dass ein gegebener Güterertrag mit einem geringstmöglichen Einsatz von Produktionsfaktoren erzielt werden soll.

- *Prinzip des finanziellen Gleichgewichts*: Wie die beiden vorhergehenden Faktoren ist auch der letzte systemindifferente Faktor, das Prinzip des finanziellen Gleichgewichts, unabhängig vom zugrunde liegenden Wirtschaftssystem. Dieser Faktor besagt, dass ein Betrieb für eine längere Zeit nur existieren kann, wenn er seinen Zahlungsverpflichtungen nachkommen kann. Dabei ist unerheblich ob er dazu aus eigener Kraft in der Lage ist, oder ob etwaige Zahlungslücken durch externe Zahlungen ausgeglichen werden.

Basierend auf diesen Überlegungen fasst Timmermann richtig zusammen, dass nach Gutenberg unter einem Betrieb unabhängig von dem zugrunde liegenden Wirtschaftssystem eine Wirtschaftseinheit verstanden werden kann, die "...unter Wahrung des Gleichgewichts von Ein- und Auszahlungen und unter sparsamsten

9 Vgl. Wöhe, Einführung in die Allgemeine Betriebswirtschaftslehre, 21. Aufl., 2002, S. 3
10 Vgl. Gutenberg, Grundlagen der Betriebswirtschaftslehre, Band 1 - Die Produktion, 14. Aufl., 1968 S. 1 ff und S. 445 ff

Mitteleinsatz zwecks Erstellung eines bestimmten Produktionsniveaus Produktionsfaktoren kombiniert."[11]

Ausgehend von dieser vom zugrunde liegenden Wirtschaftssystem unabhängigen Definition des Begriffs Betrieb, definiert Gutenberg den Begriff der Unternehmung nun als "speziellen Betriebstyp [...] marktwirtschaftlicher Systeme"[12], der im Gegensatz zum Betriebstyp planwirtschaftlicher Systeme durch die drei konstitutiven Merkmale *Autonomieprinzip*, *Erwerbswirtschaftliches Prinzip* und *Prinzip des Privateigentums* determiniert wird.[13] Diese drei von ihm als systembezogene Bestimmungsgrößen bezeichneten Merkmale sollen nachfolgend kurz erläutert werden.

- *Autonomieprinzip*: Im Rahmen des Wirtschaftssystems Marktwirtschaft ist es für einen Betrieb charakteristisch, dass er seinen Wirtschaftsplan selbständig bestimmen kann. Damit ist gemeint, dass er frei ist, auf Basis der gegebenen Marktsituation – also auf Basis der Preise der Produktionsfaktoren und der mit seinen produzierten Gütern am Markt erzielbaren Preise – seinen Wirtschaftsplan festzulegen und ihn damit am Knappheitsverhältnis der Produktionsfaktoren und der produzierten Güter auszurichten.

- *Erwerbswirtschaftliches Prinzip*: Das erwerbswirtschaftliche Prinzip beinhaltet die Forderung nach Gewinnerzielung bzw. nach Rentabilität des eingesetzten Kapitals. Dabei ist dieses Prinzip "... mit dem gewinnmaximalen Prinzip nicht vollständig identisch. Jedoch erfährt es in ihm seine letzte Steigerung. Dieses erwerbswirtschaftliche Prinzip bildet die Maxime, nach der die Leiter autonomer Betriebe ihre geschäftlichen Maßnahmen treffen und an der sie feststellen, ob ihre Maßnahmen richtig oder falsch gewesen sind."[14] Abschließend ist zum erwerbswirtschaftlichen Prinzip anzumerken, dass Gutenberg auch andere, nicht auf Gewinnmaximierung ausgerichtete Verhaltensweisen einräumt, "... aber das Erwerbsprinzip bildet doch immer die Grundorientierung der privatwirtschaftlich-erwerbswirtschaftlich-kapitalistischen Betriebe."[15]

- *Prinzip des Privateigentums*: Als letzte systembezogene Bestimmungsgröße sieht Gutenberg das Prinzip des Privateigentums vor. Dabei definiert er, dass das Privateigentum an den Produktionsmitteln grundsätzlich den Per-

---

[11] Timmermann, Grundsätzliche Überlegungen zur Theorie der industriellen Unternehmung, 1974, S. 9

[12] Schierenbeck, Grundzüge der Betriebswirtschaftslehre, 16. Aufl., 2003, S. 23

[13] Vgl. Gutenberg, Grundlagen der Betriebswirtschaftslehre, Band 1 - Die Produktion, 14. Aufl., 1968 S. 447 ff

[14] Gutenberg, Grundlagen der Betriebswirtschaftslehre, Band 1 - Die Produktion, 14. Aufl., 1968 S. 453

[15] Gutenberg, Grundlagen der Betriebswirtschaftslehre, Band 1 - Die Produktion, 14. Aufl., 1968 S. 453

sonen zusteht, die das Eigenkapital zur Verfügung stellen. Dies trifft insbesondere auch dann zu, wenn sie die unternehmerischen Entscheidungen nicht in persona treffen, sondern diese aufgrund gesetzlicher Vorschriften oder vertraglicher Regelungen an Führungsorgane übertragen haben, die nicht Eigentümer sind.[16] Dieses Prinzip des Privateigentums begründet im Umkehrschluss das Alleinbestimmungsprinzip, das durch die "... Nichtgewährung von Mitverwaltungs-, Mitsprache- oder Mitbestimmungsrechten an die Betriebsangehörigen [...] einen charakteristischen Grundzug des reinen kapitalistischen [Betriebs-]Typs [bildet]."[17]

In Abgrenzung zu dem als Unternehmung bezeichneten Betrieb in einem marktwirtschaftlichen Wirtschaftssystem geben dem Betrieb in dem als Zentralverwaltungswirtschaft bezeichneten Wirtschaftssystem[18] (auch als zentralistische Planwirtschaft bezeichnet) die systembezogenen Bestimmungsfaktoren *Zentral determinierter Wirtschaftsplan*, *Prinzip der Planerfüllung* und *Prinzip des Gemeineigentums* das Gepräge. Diese werden nachfolgend erläutert.

- *Zentral determinierter Wirtschaftsplan*: In Abgrenzung zum Wirtschaftsplan einer Unternehmung bestimmt sich hier der Wirtschaftsplan nicht zwangsläufig aus dem Knappheitsverhältnis der Produktionsfaktoren und der produzierten Güter, sondern wird vielmehr durch einen zentralen Wirtschaftsplan bestimmt (sowohl mengenmäßig als auch zeitlich).

- *Prinzip der Planerfüllung*: Das erwerbswirtschaftliche Prinzip wird durch das Prinzip der Planerfüllung ersetzt, welches die oberste Maxime dafür ist, welche Entscheidungen getroffen werden und anhand der gemessen werden kann, ob die getroffenen Entscheidungen richtig oder falsch waren.

- *Prinzip des Gemeineigentums*: Abschließend zeichnen sich Betriebe in einem als Zentralverwaltungswirtschaft bezeichneten Wirtschaftssystem dadurch aus, dass das Privateigentum an den Produktionsmitteln aufgehoben ist und durch das Prinzip des Gemeineigentums ersetzt wurde. Damit entfällt automatisch der mit dem Prinzip des Privateigentums verbundene Alleinbestimmungsanspruch, der ja gerade durch die zentrale Verwaltung und durch deren zentrale Steuerung ersetzt wird.

Basierend auf den in Anlehnung an die Definitionen von Gutenberg ausgeführten Definitionen der Begriffe Unternehmung und Betrieb, könnte von einer scharfen Abgrenzung beider Begriffe ausgegangen werden, die schematisch in Abbildung 2 dargestellt ist.

---

16 Vgl. Wöhe, Einführung in die Allgemeine Betriebswirtschaftslehre, 21. Aufl., 2002, S. 6
17 Gutenberg, Grundlagen der Betriebswirtschaftslehre, Band 1 - Die Produktion, 14. Aufl., 1968 S. 486
18 Vgl. Wöhe, Einführung in die Allgemeine Betriebswirtschaftslehre, 21. Aufl., 2002, S. 8

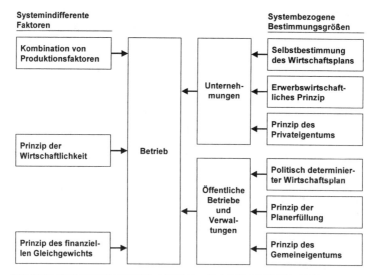

Systemindifferente Faktoren				Systembezogene Bestimmungsgrößen
Kombination von Produktionsfaktoren	Betrieb	Unternehmungen		Selbstbestimmung des Wirtschaftsplans
				Erwerbswirtschaftliches Prinzip
				Prinzip des Privateigentums
Prinzip der Wirtschaftlichkeit		Öffentliche Betriebe und Verwaltungen		Politisch determinierter Wirtschaftsplan
				Prinzip der Planerfüllung
Prinzip des finanziellen Gleichgewichts				Prinzip des Gemeineigentums

Quelle: Schierenbeck, Grundzüge der Betriebswirtschaftslehre, 16. Aufl., 2003, S. 25; Wöhe, Einführung in die Allgemeine Betriebswirtschaftslehre, 21. Aufl., 2002, S. 10

Abbildung 2 (Abgrenzung Betrieb und Unternehmung nach Gutenberg)

Dieser Abgrenzung setzt Wöhe aber zu Recht die Anmerkung entgegen, dass "... in Wirklichkeit keines der genannten Wirtschaftssysteme [...] in der dargestellten Reinheit realisiert [ist]. Auch in der Marktwirtschaft gibt es Betriebe, die keine Unternehmungen im [von Gutenberg] beschriebenen Sinne sind, beispielsweise öffentliche Betriebe (Betriebe des Staats und der Gemeinden) [...]. Die öffentlichen Betriebe unterscheiden sich in ihren Zielsetzungen und ihrem Entscheidungsprozess teilweise zwar nicht von Unternehmungen, oft sind aber sowohl das erwerbswirtschaftliche Prinzip (Gewinnmaximierung) als auch die Selbstbestimmung des Wirtschaftsplans aufgehoben oder eingeschränkt und ersetzt durch ein Streben nach einem "angemessene" Gewinn, der aus sozialer Rücksichtnahme entspringt oder durch ein Streben nach bloßer Kostendeckung. Die Autonomie der Entscheidung wird vom Betrieb auf eine Gebietskörperschaft, also eine öffentliche Verwaltung (Behörde) übertragen."[19] Durch diese Anmerkung stellt Wöhe eine direkte Überleitung des Unternehmungsbegriffs von Gutenberg zu dem Unternehmungsbegriff von Kosiol her, der zwar auch die begriffsnotwendige Verbindung von Unternehmung und Marktwirtschaft bejaht, jedoch das erwerbswirtschaftliche Prinzip und das Prinzip des Privateigentums nicht zu den konstitutiven Merkmalen einer Unternehmung zählt. Dementsprechend gibt es für Kosiol (wie auch für den Autor dieser Arbeit) Unternehmungen, die nicht nach Gewinnmaximierung streben und die nicht in Privateigentum stehen. Hierzu zählt Kosiol die

---

19 Wöhe, Einführung in die Allgemeine Betriebswirtschaftslehre, 21. Aufl., 2002, S. 9

öffentlichen Unternehmungen, die er auf diese Weise von den "Gutenbergschen" privaten Unternehmungen abgrenzt.[20]

Wie Schierenbeck richtig feststellt, fasst Kosiol dementsprechend den Unternehmungsbegriff deutlich weiter als Gutenberg[21], indem er seinem Unternehmungsbegriff die drei konstitutiven Merkmale *Fremdbedarfsdeckung über den Markt, Wirtschaftliche Selbständigkeit* und *Übernahme eines Marktrisikos* zuordnet[22], die nachfolgend erläutert werden.

- *Fremdbedarfsdeckung über den Markt*: "Die Unternehmungen erzeugen Güter für den Bedarf anderer Unternehmen und Haushaltungen"[23] Dabei werden die erzeugten Güter zwischen Unternehmungen und/oder Haushaltungen über den Markt ausgetauscht.

- *Wirtschaftliche Selbständigkeit*: Das zweite Merkmal der Unternehmungen stellt die wirtschaftliche Selbständigkeit der Unternehmung dar. Diese besteht laut Kosiol darin, dass "... sie die Wahlentscheidung aufgrund eigener Initiative und Verantwortung, eigener Planung und eigener ökonomischer Überlegung in einem bestimmten Umfange selbst treffen kann. Nur wenn diese Bedingung erfüllt ist, kann von einer unternehmerischen Entscheidung gesprochen werden."[24] Mit der Bemerkung, dass "... die wirtschaftliche Selbständigkeit der Unternehmung [...] keinesfalls ihre wirtschaftliche Unabhängigkeit [bedeutet] ..."[25] drückt Kosiol zum einen die enge Verbindung der Unternehmungen untereinander und zum anderen auch die Existenz extern beherrschter/gelenkter Unternehmungen aus, die aus der Definition von Gutenberg herausfallen würden.

- *Übernahme eines Marktrisikos*: Abschließend stellt Kosiol fest, dass "... mit der Gütererzeugung für fremden Bedarf und der eigenverantwortlichen Planungsentscheidung das wirtschaftliche Risiko der Unternehmung als drittes [konstitutives] Merkmal zwangsläufig verbunden ist."[26] Dieses Marktrisiko besteht gemäß Kosiol zum einen aus der technisch-ökonomischen Arbeitsteilung und zum anderen aus den Entscheidungsproblemen bei unvollkommener Information und wirkt sich in potenziellen Wertverlusten (Kapitalrisiko) aus. Dementsprechend trägt die Unternehmung durch die Einbettung in ein Marktgefüge sowohl das Beschaffungs- als auch das Absatzrisiko und setzt sich so einem Wertrisiko aus, das Kosi-

---

20 Vgl. Kosiol, Einführung in die Betriebswirtschaftslehre, 1968, S. 32
21 Vgl. Schierenbeck, Grundzüge der Betriebswirtschaftslehre, 16. Aufl., 2003, S. 24
22 Vgl. Kosiol, Einführung in die Betriebswirtschaftslehre, 1968, S. 28
23 Kosiol, Einführung in die Betriebswirtschaftslehre, 1968, S. 29
24 Kosiol, Einführung in die Betriebswirtschaftslehre, 1968, S. 29
25 Kosiol, Einführung in die Betriebswirtschaftslehre, 1968, S. 30
26 Kosiol, Einführung in die Betriebswirtschaftslehre, 1968, S. 30

ol als unausweichliche Begleiterscheinung unternehmerischen Wirtschaftens ansieht.[27]

Zusammenfassend kann demnach in Anlehnung an Kosiol eine Unternehmung als Wirtschaftseinheit (lt. Kosiol selbständiger Erzeugungsbetrieb) definiert werden, die aufgrund ihrer Fremdbedarfsdeckungsfunktion freiwillig das Marktrisiko übernimmt und infolge ihrer wirtschaftlichen Selbständigkeit zu unternehmerischen Entscheidungen gezwungen ist. Hierbei ist die Unternehmung "... als theoretischer Begriff von der historischen Entwicklung und der jeweiligen Wirtschaftsordnung unabhängig."[28] Diese Definition des Begriffs der Unternehmung umschreibt aus Sicht des Autors am besten den Inhalt des Unternehmungsbegriffs, welcher der unternehmungsbezogenen Kernkostenanalyse zugrunde liegt, da er zum einen öffentliche Unternehmungen mit in die Betrachtung einbezieht und zum anderen auf einer Unabhängigkeit des Begriffs der Unternehmung vom jeweiligen Wirtschaftssystem beruht. Letzterer Punkt ist insbesondere deswegen von immenser Wichtigkeit, da sich die unternehmungsbezogene Kernkostenanalyse nicht ausschließlich auf Unternehmungen im marktwirtschaftlichen Wirtschaftssystem anwenden lässt, sondern vielmehr auch auf Unternehmungen im Wirtschaftssystem der Zentralverwaltungswirtschaft angewendet werden kann und sollte. Vor dem Hintergrund dieser Ausführungen liegt der vorliegenden Arbeit der Unternehmensbegriff nach der Definition von Kosiol zugrunde und ist durch die drei konstitutiven Merkmale "Fremdbedarfsdeckung über den Markt", "Wirtschaftliche Selbständigkeit" und "Übernahme eines Marktrisikos" beschrieben. Damit grenzt sich der Begriff der Unternehmung zum einen von den privaten Haushaltungen (individuelle Deckung des Eigenbedarfs) und den öffentlichen Haushaltungen (kollektive Deckung des Eigenbedarfs) ab.

Der Vollständigkeit halber sei abschließend erwähnt, dass die hiermit getroffene Definition des Begriffs Unternehmung und insbesondere die Abgrenzung der Begriffe Unternehmung und Betrieb, in der betriebswissenschaftlichen Fachliteratur noch immer kontrovers diskutiert wird. Da das Aufgreifen dieser Diskussion hinsichtlich der in dieser Arbeit behandelten unternehmungsbezogenen Kernkostenanalyse keinen zusätzlichen Erkenntnisgewinn bringt, sei an dieser Stelle auf die einschlägige Fachliteratur verwiesen. Einen guten Einstieg in die Problematik vermitteln unter anderem Wöhe[29] und Timmermann[30].

---

27 Vgl. Kosiol, Einführung in die Betriebswirtschaftslehre, 1968, S. 30 f

28 Kosiol, Einführung in die Betriebswirtschaftslehre, 1968, S. 31

29 Vgl. Wöhe, Einführung in die Allgemeine Betriebswirtschaftslehre, 21. Aufl., 2002, S. 12 ff

30 Vgl. Timmermann, Grundsätzliche Überlegungen zur Theorie der industriellen Unternehmung, 1974, S. 2 ff

1.2.1.2 Abgrenzung Unternehmungstypen

Die Anwendung und die konkrete Ausgestaltung des Kostenmanagementverfahrens der unternehmungsbezogenen Kernkostenanalyse variiert in Abhängigkeit vom jeweiligen Unternehmungstyp. Aufbauend auf der Definition des Begriffs Unternehmung ist es deshalb notwendig, die Umgebung zu definieren, innerhalb derer das Konzept der unternehmungsbezogenen Kernkostenanalyse im Rahmen der vorliegenden Arbeit erläutert wird. In einem ersten Schritt ist es hierfür erforderlich, einen Überblick darüber zu geben, in welche auch als Unternehmungstypen bezeichneten Teilmengen sich die Menge der Unternehmungen überhaupt aufteilen lässt. Diese Aufgabe gestaltet sich schwierig, da es grundsätzlich keine allgemeingültige Typologie der Unternehmungen gibt. Kosiol gibt als Grund für das Fehlen einer ebensolchen allgemeingültigen Typologie an, dass es "... ohne Angabe eines bestimmten Untersuchungszwecks oder einer bestimmten Gruppe von Untersuchungszwecken ..." keine "... allgemeine Typologie der Unternehmung geben [kann]".[31] Im Umkehrschluss definiert Kosiol, dass die "... Typenbildung [...] in ihrer Gestaltung vom jeweiligen Untersuchungszweck abhängig [ist]."[32] Dementsprechend muss die erste Aufgabe einer Segmentierung der Menge der Unternehmungen im Zusammenhang mit der Behandlung der unternehmungsbezogenen Kernkostenanalyse die Definition des angestrebten Untersuchungszwecks sein. Diese ergibt sich direkt aus der in Kapitel 1.2.3 vorgenommenen Definition des Untersuchungsgegenstands – der Kernkosten. Hauptuntersuchungsgegenstand der vorliegenden Arbeit ist demnach "... der bewertete, bis an die natürlichen Grenzen optimierte Verzehr von Gütern und Dienstleistungen (einschließlich öffentlicher Abgaben), der zur Erstellung und zum Absatz der betrieblichen Leistungen sowie zur Aufrechterhaltung der Betriebsbereitschaft (Kapazität) erforderlich ist."[33] Untersuchungsgegenstand ist demnach in Kurzform der bis an die natürlichen Grenzen bewertete Verzehr von Produktionsfaktoren zu betrieblichen Leistungserstellung. Im Ergebnis konzentriert sich der Untersuchungszweck also auf den Prozess der betrieblichen Leistungserstellung, der stark durch die Typologie des Erzeugnisprogramms beeinflusst wird. Es erscheint daher aus Sicht des Autors für den definierten Untersuchungszweck sinnvoll, die Menge der Unternehmungen hinsichtlich der Typologie ihrer Erzeugnisprogramme zu segmentieren.

Eine Segmentierung nach der Typologie des Erzeugnisprogramms wurde unter anderem von Kosiol vorgenommen, der in den Mittelpunkt seiner Segmentierung die beiden Merkmale *Differenziertheit der Erzeugnisse* und *Umfang der Wiederholungsprozesse* stellt, die nachfolgend erläutert und zur Aufstellung der Typologie verwendet werden.[34]

---

31 Kosiol, Einführung in die Betriebswirtschaftslehre, 1968, S. 35
32 Kosiol, Einführung in die Betriebswirtschaftslehre, 1968, S. 35
33 Vgl. Kapitel 1.2.3
34 Vgl. Kosiol, Einführung in die Betriebswirtschaftslehre, 1968, S. 42

- *Differenziertheit der Erzeugnisse*: Hinsichtlich der Differenziertheit der Erzeugnisse teilt Kosiol die im Rahmen der betrieblichen Leistungserstellung erstellten Erzeugnisse danach ein, ob und wie sie sich von einander unterscheiden. Hierbei unterteilt Kosiol die Menge der im Rahmen der betrieblichen Leistungserstellung erstellten Erzeugnisse in *homogene Erzeugnisse* die "... in den Augen der Nachfrager als gleich, das heißt als gegeneinander austauschbar (fungibel, massenhaft) angesehen werden"[35] und *heterogene Erzeugnisse*, die diese Forderung gerade nicht erfüllen.

  o *Homogene Erzeugnisse*: Die homogenen Erzeugnisse stellen den einfachsten Fall. In diesem Fall liegen völlig gleichartige Erzeugnisse vor, die auf einer einheitlichen Rohstoffgrundlage und einem einheitlichen Erzeugungsprozess beruhen. Hinsichtlich des Produktionsprogramms entstehen diese Erzeugnisse in einem undifferenzierten Massenprogramm. Hinsichtlich der Erzeugnisse wird von undifferenzierten Erzeugnissen gesprochen.

  Eine Abwandlung davon stellt das differenzierte Massenprogramm bzw. die differenzierten bzw. Sortenerzeugnisse dar. Zwar sind die Erzeugnisse immer noch als homogene Erzeugnisse anzusehen, jedoch können hinsichtlich ihrer Dimension (Abmessung, Größe, Format, Gestalt) und/oder der Qualitätsstufen geringfügige Differenzierungen vorliegen.

  o *Heterogene Erzeugnisse*: Von den homogenen Erzeugnissen lassen sich die heterogenen Erzeugnisse unterscheiden. Ähnlich wie bei den differenzierten bzw. Sortenerzeugnissen liegt zwar auch ein Mehrerzeugnisprogramm vor, dass jedoch mehrere Erzeugnisgattungen aufweist. Ähnlich wie bei den homogenen Erzeugnissen lassen sich auch die heterogenen Erzeugnisse in zwei Untergattungen unterteilen. In der einen Untergattung liegen innerhalb der heterogenen Erzeugnisgattungen homogene Erzeugnisse vor. Ist dies der Fall, so wird hinsichtlich des Produktionsprogramms von einem Serienprogramm und hinsichtlich der Erzeugnisse von Serienerzeugnissen gesprochen.

  In dem zweiten Unterfall können die Erzeugnisse nicht zu homogenen Gruppierungen zusammengefasst werden. Die Heterogenität ist in diesem Fall so groß, dass von individuellen Erzeugnissen zu sprechen ist. Dementsprechend wird in diesem zweiten Fall hinsichtlich des Produktprogramms von einem Individualprogramm und hinsichtlich der Erzeugnisse von Individualerzeugnissen gesprochen.

---

[35] Kosiol, Einführung in die Betriebswirtschaftslehre, 1968, S. 42

- *Umfang der Wiederholungsprozesse*: Das Erzeugnisprogramm zur betrieblichen Leistungserstellung ist neben der Differenziertheit der Erzeugnisse durch den Umfang der Wiederholung der Erzeugnisse determiniert. Hinsichtlich dieser Wiederholungshäufigkeit unterscheidet Kosiol in drei Kategorien: die *Kontinuierliche, unbegrenzte Auflage*, die *Begrenzte Auflage* und die *Auflage 1*, die nachfolgend näher erläutert werden.[36]

  o *Kontinuierliche, unbegrenzte Auflage*: Die kontinuierliche, unbegrenzte Auflage zeichnet sich dadurch aus, dass innerhalb eines definierten Betrachtungszeitraums der Produktion von einer Maximalauflage gesprochen werden kann. Kosiol präzisiert das, indem er davon spricht, dass "... innerhalb dieses [definierten Betrachtungs-]Zeitraums [...] die Auflagenhöhe eines Erzeugnisses mit der Gesamtausbringung identisch [ist]."[37]

  o *Begrenzte Auflage*: In Abgrenzung von der kontinuierlichen, unbegrenzten Auflage kann die begrenzte Auflage dadurch definiert werden, dass die innerhalb des definierten Betrachtungszeitraums realisierte Auflagenhöhe eines Erzeugnisses niedriger als die Gesamtausbringung ist. Dabei ergibt sich die Gesamtausbringung als die Summe der Auflagezahlen der einzelnen Erzeugnisse. Wichtig ist dabei jedoch, dass die Auflage jeweils den Wert 1 übersteigt.

  o *Auflage 1*: Von einer Auflage 1 wird dann gesprochen, wenn jedes Erzeugnis einzeln hergestellt wird. Dabei ist es zulässig, dass Wiederholungen der Einzelherstellung innerhalb des Betrachtungszeitraums erfolgen.

Ausgehend von dieser Typologie des Erzeugnisprogramms unterscheidet Kosiol die Unternehmungen abschließend danach, ob sie ein Ein- oder ein Mehrerzeugnisprogramm haben. In diesem Zusammenhang klassifiziert er Unternehmungen mit einem undifferenzierten Massenprogramm, die durch eine kontinuierliche, unbegrenzte Auflage gekennzeichnet sind, als Unternehmungen mit einem Einerzeugnisprogramm, wohingegen alle anderen Unternehmungen (mit Ausnahme eines geringen Teils von Unternehmungen mit einem differenzierten Massenprogramm, die aber im Wesentlichen auch nur ein Erzeugnis herstellen) als Unternehmungen mit einem Mehrerzeugnisprogramm klassifiziert werden. Die aus dieser Segmentierung hervorgehende Typologie der Erzeugnisprogramme ist in Abbildung 3 dargestellt.

---

36 Vgl. Kosiol, Einführung in die Betriebswirtschaftslehre, 1968, S. 43 f
37 Kosiol, Einführung in die Betriebswirtschaftslehre, 1968, S. 43

Programmtyp		Grad der Differenziertheit	Auflage und Wiederholung*	Zahl der Erzeugnisse
Homogenes Erzeugnis-programm (Massen-programm)	Undifferen-ziertes Massen-programm	Undifferenzierte Erzeugnisse	Kontinuierliche, unbegrenzte Auflage	Einerzeugnis-programm
	Differenziertes Massen-programm	Differenzierte oder Sorten-erzeugnisse		Mehrerzeugnis-programm
Heterogenes Erzeugnis-programm	Serien-programm	Serien-erzeugnisse	Begrenzte Auflage	Mehrerzeugnis-programm
	Individual-programm	Individual-erzeugnisse	Auflage 1	

* Bezogen auf einen Referenzzeitraum (z.B. Planungsperiode)
Quelle: Kosiol, Einführung in die Betriebswirtschaftslehre, 1968, S. 45

Abbildung 3   (**Unternehmungssegmentierung nach Erzeugnisprogrammen**)

Vereinfacht kann die Menge der Unternehmungen dementsprechend in Ein- und in Mehrproduktunternehmungen zerlegt werden. Die grundsätzliche Anwendbarkeit des Kostenmanagementverfahrens der unternehmungsbezogenen Kernkosten wird dadurch noch nicht beeinflusst. In Rückgriff auf die im Rahmen der Definition des Begriffs Kernkosten gemachte Aussage, dass für die Kernkosten "... verschiedene konfliktäre Größen abgeglichen werden müssen ..."[38] erschließt sich jedoch schnell, dass die Komplexität der, die nachhaltige betriebliche Leistungserstellung beeinflussenden, konfliktären Größen mit steigender Anzahl der Erzeugnisse im Erzeugnisprogramm der Unternehmung zunimmt. In Zusammenhang mit dieser Aussage und vor dem Hintergrund des gewählten Ausführungsbeispiels einer Steinkohlenbergbau-Unternehmung erscheint es sinnvoll, die Ausführungen dieser Arbeit auf das Beispiel einer Einproduktunternehmung zu begrenzen.

1.2.2 Kosten

Neben dem Begriff der Unternehmung stellt der Kostenbegriff die zweite zentrale Begrifflichkeit dar, die im Zusammenhang mit der unternehmungsbezogenen Kernkostenanalyse einer exakten Definition bedarf. Dies tut auch dringend Not, da, um mit Heinen zu sprechen, der Kostenbegriff "...zu den vielseitigsten und

---

[38]   Vgl. Kapitel 1.2.3

schwierigsten Grundbegriffen der betriebswirtschaftlichen Theorie [gehört]."[39] Aus diesem Zusammenhang heraus stellt Koch treffend fest, dass "... von jeher besondere Sorgfalt darauf verwandt worden ist, diesen Begriff recht präzise zu formulieren."[40] Ausfluss dieser breiten Diskussion des Kostenbegriffs an der neben Schmalenbach[41] vor allem auch Gutenberg[42], Kosiol, Koch[43], Heinen[44] und Mellerowicz[45] beteiligt waren, ist eine Kostendefinition, die sich heute bis auf Nuancen übereinstimmend in fast allen Lehrbüchern zur Kostenanalyse und Kostenrechnung wiederfindet. Demnach stellen Kosten "... den mit Preisen bewerteten Verzehr von Produktionsfaktoren (einschließlich öffentlicher Abgaben) dar, der durch die Erstellung der betrieblichen Leistung verursacht wird."[46] Dabei stellen die Produktionsfaktoren (von Mellerowicz als Güter bezeichnet) sowohl Güter materieller und immaterieller Art (Roh-, Betriebsstoffe, Maschinen, Rechte etc.) als auch Dienstleistungen (von Angehörigen des eigenen Betriebs oder fremder Betriebe) dar.[47] Diese gleichermaßen von fast allen Autoren anerkannte Kostendefinition reicht jedoch aus Sicht des Autors noch nicht aus, um das Wesen der Kosten insbesondere im Zusammenhang mit der unternehmungsbezogenen Kernkostenanalyse ausreichend zu beschreiben, da sie insbesondere noch keinerlei Nachhaltigkeitskomponente beinhaltet. Genau diesem Argument trägt Witthoff mit seiner erweiterten Kostendefinition Rechnung, indem er definiert: "Kosten sind der bewertete Verzehr von Gütern und Dienstleistungen (einschließlich öffentlicher Abgaben), der zur Erstellung und zum Absatz der betrieblichen Leistungen sowie zur Aufrechterhaltung der Betriebsbereitschaft (Kapazität) erforderlich ist."[48] Wie wichtig die durch Wittmann eingeführte Betonung der Nachhaltigkeit ist, wird sich später bei der Suche nach dem Aufsetzpunkt für die Kernkostenanalyse herausstellen.[49] Unabhängig von dem Nachhaltigkeitszusatz extrahiert Coenenberg auf Basis der vorgenommenen Kostendefinition die wesentlichen zwei Strukturelemente der Kosten, deren Analyse einer der zentralen Punkte der vorliegenden Arbeit ist: die Mengenkomponente und die Wertkomponente.[50] Zum besseren Verständnis werden beide Komponenten nachfolgend kurz erläutert.

---

39 Heinen, Betriebswirtschaftliche Kostenlehre, 6. Aufl., 1983, S. 43

40 Koch, Zur Diskussion über den Kostenbegriff, 1958, S. 355

41 Vgl. Schmalenbach, Kostenrechnung und Preispolitik, 8. Aufl., 1963

42 Vgl. Gutenberg, Einführung in die Betriebswirtschaftslehre, 1. Aufl., 1958, S. 131 ff

43 Vgl. Koch, Zur Diskussion über den Kostenbegriff, 1958

44 Heinen bietet eine besonders übersichtliche Darstellung der Entwicklung der Betriebswirtschaftslehre und der darin eingebetteten Entwicklung des Kostenbegriffs, Vgl. Heinen, Betriebswirtschaftliche Kostenlehre, 6. Aufl., 1983, S. 20 ff

45 Vgl. Mellerowicz, Kosten und Kostenrechnung, 4. Aufl., 1963

46 Wöhe, Einführung in die Allgemeine Betriebswirtschaftslehre, 21. Aufl., 2002, S. 357

47 Vgl. Mellerowicz, Kosten und Kostenrechnung, 4. Aufl., 1963, S. 3

48 Witthoff, Kosten- und Leistungsrechnung der Industriebetriebe, 4. Aufl., 2001, S. 6

49 Vgl. hierzu die Ausführungen in Kapitel 2.5.5.2

50 Vgl. Coenenberg, Kostenrechnung und Kostenanalyse, 4. Aufl., 1999, S. 172

- *Mengenkomponente der Kosten*: Die Mengenkomponente drückt den zur Leistungserbringung erforderlichen Verzehr der Produktionsfaktoren aus. Coenenberg weist dabei darauf hin, dass hinsichtlich der inhaltlichen Ausgestaltung der beiden Merkmale Faktorverzehr und Leistungsbezug in der betriebswirtschaftlichen Fachliteratur immer noch kontrovers diskutiert wird und verweist hierzu auf Löffelholz.[51]

- *Wertkomponente der Kosten*: Der Wertkomponente kommt hingegen die Aufgabe zu, die jeweiligen "Kostenmengen" (Mengenkomponente) durch geeignete Wertansätze in eine einheitliche Maßgröße zu transformieren. Hierbei stellen die Wertansätze typischerweise die Preise dar. In Bezug auf den Wertansatz ist in Anlehnung an Coenenberg zu beachten, dass in der betriebswirtschaftlichen Diskussion zweierlei Dimensionen des Kostenbegriffs verwendet werden. "Der an Zahlungen orientierte pagatorische Kostenbegriff steht dem an Opportunitätsüberlegungen anknüpfenden wertmäßigen Kostenbegriff entgegen."[52,53]

Für eine eineindeutige Verwendung des Kostenbegriffs erscheint die zitierte Definition des Kostenbegriffs jedoch noch nicht ausreichend. Dies begründet sich vor allen Dingen daraus, dass die Abgrenzung des Kostenbegriffs gegenüber den artverwandten Begriffen Auszahlung, Ausgabe und Aufwand zumindest aus umgangssprachlicher Sicht betrachtet häufig verwischt. Dementsprechend ist der Begriff der Kosten für eine zweifelsfreie Benutzung im Rahmen der vorliegenden Arbeit exakt gegenüber den Begriffen Auszahlung, Ausgabe und Aufwand abzugrenzen.

Diese Abgrenzung soll mit der Definition des Begriffs Auszahlung begonnen werden. Anders als die Kosten, die den durch die betriebliche Leistungserstellung verursachten Verzehr von Produktionsfaktoren bewerten, beschreiben die Auszahlungen lediglich den Abfluss der liquiden Mittel.[54] Unter den liquiden Mitteln wird dabei sowohl das Bargeld als auch das jederzeit verfügbare Sichtguthaben verstanden.[55] Aus dieser Definition heraus wird die Abgrenzung der Auszahlung zu den Kosten klar. Wird zum Beispiel zum Backen eines Brotes durch einen Bäcker Mehl gekauft und mit Bargeld bezahlt, so liegt zwar eine Auszahlung, nicht jedoch Kosten vor. Kosten würden erst dann vorliegen, wenn der Bäckermeister das Mehl verwendet, um den Teig für das Brot zuzubereiten, da erst dann ein Ver-

---

[51] Vgl. Löffelholz, Repetitorium der Betriebswirtschaftslehre, 6. Aufl., 1980, S. 728 ff

[52] Coenenberg, Kostenrechnung und Kostenanalyse, 4. Aufl., 1999, S. 172

[53] Zur ausführlichen Diskussion des pagatorischen und des wertmäßigen Kostenbegriffs sei auf Vodrazka verwiesen. Vgl. Vodrazka, Pagatorischer und wertmäßiger Kostenbegriff, 1992, S. 19 ff

[54] Vgl. Schweitzer/Küpper, Systeme der Kosten- und Erlösrechnung, 8. Aufl., 2003, S. 17

[55] Vgl. Götze, Kostenrechnung und Kostenmanagement, 3. Aufl., 2004, S, 4

zehr an Produktionsfaktoren im Sinne der dieser Arbeit zugrunde liegenden Kostendefinition vorliegt.

In ähnlicher Weise grenzen sich die Ausgaben von den Kosten ab. Basierend auf der Definition des Begriffs Auszahlungen (Abnahme des Geldvermögens) stellen die Ausgaben lediglich eine Erweiterung der Auszahlungen um die Verminderung der Forderungen und die Erhöhung der Verbindlichkeiten dar.

Deutlich schwieriger erscheint die Abgrenzung des Begriffs Aufwand. Dieser ist nach Schierenbeck grundsätzlich definiert als "... derjenige Werteverzehr (=wirtschaftlicher Verbrauch oder Gebrauch von Wirtschaftsgütern) [...], der mit Ausgaben zusammenhängt (Aufwandsausgaben)."[56] Da, wie bereits im letzten Absatz erläutert, Ausgaben nicht zwangsläufig Kosten sein müssen, ergibt sich auch beim Aufwand nur eine teilweise Überschneidung mit den Kosten. Die exakte Abgrenzung zwischen Aufwand und Kosten zeigt schematisch die Abbildung 4, die nachfolgend erläutert wird.

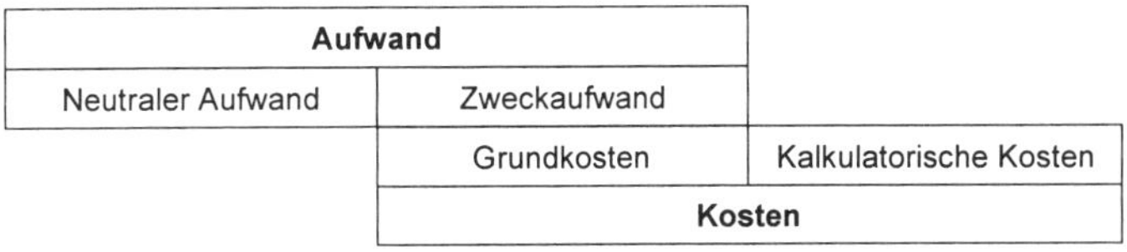

Aufwand		
Neutraler Aufwand	Zweckaufwand	
	Grundkosten	Kalkulatorische Kosten
	Kosten	

Quelle: Vgl. Schweitzer/Küpper, Systeme der Kosten- und Erlösrechnung, 7. Aufl., 1998, S. 27 ff; Wöhe, Einführung in die allgemeine Betriebswirtschaftslehre, 21. Aufl., 2002. S. 831

Abbildung 4 (**Abgrenzung Aufwand und Kosten**)

Demnach überschneiden sich die Inhalte der Begriffe Aufwand und Kosten nur im Bereich der so genannten Zweckleistungen (mit den Teilmengen Zweckaufwand und Grundkosten). Unter Zweckleistungen werden dabei nach Heinen diejenigen Leistungen verstanden, "... die sich unmittelbar aus dem Betriebszweck ergeben."[57] Wesensverschieden mit den Kosten sind dementsprechend die Aufwendungen, die sich nicht unmittelbar aus dem Betriebszweck ergeben. Dieser als neutraler Aufwand bezeichnete Aufwand setzt sich nach Wöhe aus den Bestandteilen "Betriebsfremder Aufwand" (z.B. Spekulationsverluste), "Außerordentlicher Aufwand" (z.B. Verluste aus Bürgschaften) und "Bewertungsbedingter Aufwand" (z.B. kalkulatorische Abschreibungen) zusammen[58], auf die an dieser Stelle nicht weiter eingegangen werden soll. Gleichzeitig gibt es in Abgrenzung zum Aufwand allerdings (wie in Abbildung 4 zu erkennen) auch Kosten, die nicht (direkt) mit Ausgaben verbunden sind und dementsprechend auch keinen Aufwand darstellen. Hierbei handelt es sich um die kalkulatorischen Kosten. Diese setzen sich nach Wöhe aus den drei Bestandteilen "Kalkulatorische Abschreibung" (Differenzbe-

---

56 Schierenbeck, Grundzüge der Betriebswirtschaftslehre, 16. Aufl., 2003, S. 516
57 Heinen, Betriebswirtschaftliche Kostenlehre, 6. Aufl., 1983, S. 99
58 Vgl. Wöhe, Einführung in die Allgemeine Betriebswirtschaftslehre, 21. Aufl., 2002, S. 832

trag den die tatsächliche Wertminderung über der bilanziellen Abschreibung liegt), "Kalkulatorisches Wagnis" (Durchschnittliche Verteilung sporadischer Ereignisse) und "Zusatzkosten" (z.B. kalkulatorische Eigenkapitalzinsen) zusammen, auf die aufgrund des fehlenden zusätzlichen Erkenntnisgewinns im Hinblick auf diese Arbeit nicht weiter eingegangen werden soll.

Die erarbeitete Kostendefinition einschließlich des Nachhaltigkeitszusatzes von Wittmann und der Abgrenzung gegenüber den Begriffen Auszahlung, Ausgabe und Aufwand bildet zusammen mit der Unternehmungsdefinition die zentrale begriffliche Basis der vorliegenden Arbeit.

1.2.3 Kernkosten

Aufbauend auf diesen Grunddefinitionen kann nun darangegangen werden, den zentralen Begriff der Arbeit, nämlich den Begriff der Kernkosten zu definieren. Anders als bei der Definition des Unternehmungs- und des Kostenbegriffs kann hierbei jedoch nicht auf die wissenschaftlichen Vorarbeiten zahlreicher Autoren zurückgegriffen werden. Das begründet sich im Wesentlichen damit, dass das Konzept der Kernkosten ähnlich wie z.B. das Konzept des Target Costing[59] nicht in der wissenschaftlichen Forschung entwickelt und dann auf die Praxis übertragen wurde, sondern dass es sich um ein in der Praxis entwickeltes Konzept handelt, das erst nach seiner initialen praktischen Anwendung langsam den Zugang zur wissenschaftlichen Aufarbeitung findet.

Seine erste Erwähnung findet das Konzept der Kernkosten in einem Artikel von Kraljic/Roever, die unter Kernkosten die Kosten verstehen, die "... den für den Geschäftserfolg notwendigen 'harten Kern' ..." darstellen.[60] Innerhalb dieses Artikels stellen die Autoren eine Reihe von Tools wie zum Beispiel die Programmwertanalyse, die Einkaufspotenzialanalyse und die Direktkostenwertanalyse vor, die, auf alle Wertschöpfungsschritte der Unternehmung angewandt, einen Eindruck davon vermitteln, welche Kosten tatsächlich den für den Geschäftserfolg notwendigen "harten Kern" darstellen. Damit umreißen Kraljic/Roever indirekt eine der Haupteigenschaften der Kernkosten, nämlich den Anspruch, dass die Kernkosten die Kosten (also den bewerteten Güterverbrauch zur nachhaltigen betrieblichen Leistungserstellung) darstellen, die mindestens zur nachhaltigen betrieblichen Leistungserstellung erforderlich sind. Um dieses Ziel zu erreichen, ist es nach Kraljic/Roever erforderlich, "... [alle] historisch gewachsenen Strukturen und Abläufe, Kostenblöcke und Vermögenskategorien [...] rückhaltlos in Frage [zu stellen]."[61] Hinsichtlich der Erreichung dieses Ziels bleiben Kraljic/Roever jedoch hinter dem von ihnen formulierten Anspruch zurück, da sie nicht darlegen können, inwiefern

---

59 Vgl. u.a. Seidenschwarz, Target Costing, 1993
60 Kraljic/Roever, Das Kernkostenkonzept stärkt den Ertrag, 1984, S. 2
61 Kraljic/Roever, Das Kernkostenkonzept stärkt den Ertrag, 1984, S. 2

die von ihnen angeführten Verfahren tatsächlich die zur nachhaltigen Leistungserbringung minimalen Kosten identifizieren.

Diesen Punkt greift die wissenschaftliche Aufarbeitung des Konzepts der Kernkosten auf, die 1996/1997 durch das Institut für Produktionstechnik und Spanende
Werkzeugmaschinen der TH Darmstadt in Zusammenarbeit mit der Unternehmungsberatung McKinsey durchgeführt wurde. Im Rahmen eines Forschungspro-
jekts wurden damals die Auswirkungen der stringenten Anwendung des Kernkos-
tenkonzepts am Beispiel eines "Bearbeitungszentrums"[62] wissenschaftlich untersucht. Anders als bei Kraljic/Roever handelt es sich bei dem dieser Untersuchung
zugrunde liegenden Kernkostenkonzept nicht um eine Summation bekannter Ana-
lysetools. Vielmehr orientiert sich diese Untersuchung zum Ermitteln der Kernkosten, also zum Ermitteln der niedrigsten, zur nachhaltigen betrieblichen Leistungserbringung erforderlichen Kosten an dem "... Anschlagpunkt ...", an dem "...
keine weitere Verbesserung mehr möglich ist..." - an den "... natürlichen Grenzen."[63] Die natürlichen Grenzen definiert Heine dabei in einer Art Stufenkonzept
in Abgrenzung zu den *organisatorischen Grenzen*, den *bereits realisierten Grenzen*, und den *technologischen Grenzen*, die zusammen mit der letzten Stufe, den
natürlichen Grenzen, nachfolgend erläutert werden.[64]

- *Organisatorische Grenzen*: Die organisatorischen Grenzen stellen die derzeitigen Strukturen und Abläufe in einer Unternehmung dar, welche den aktuellen Prozess der betrieblichen Leistungserstellung bestimmen. Die Forderung nach der Überwindung der bestehenden Strukturen und Abläufe entspricht der Forderung von Kraljic/Roever, sämtliche Strukturen und Abläufe vorbehaltlos zu hinterfragen.

- *Bereits realisierte Grenzen*: Darüber hinaus geht die Forderung nach der
  Überwindung bereits realisierter Grenzen. Dabei werden unter den bereits
  realisierten Grenzen die in der Vergangenheit erreichten Best-Practice-
  Werte verstanden. Dass diese Best-Practice-Werte in der Vergangenheit erreicht wurden, bedeutet nicht, dass keine Verbesserung gegenüber diesen
  Werten möglich ist. Damit definiert Heine einen ersten zentralen Punkt des
  Konzepts der Kernkosten, der das Konzept gegenüber dem Benchmarking
  abgrenzt. Das Konzept der Kernkosten geht nämlich "... bewusst über die
  [wie auch immer gearteten] Ansätze des Benchmarking hinaus..."[65], indem
  es Bestwerte über den bisher erreichten Bestwerten zulässt. Kennzeichnend
  für das Überwinden der bereits realisierten Grenzen ist jedoch, dass vorerst
  an der verwendeten Technologie festgehalten wird.

---

62 Ein Bearbeitungszentrum stellt hierbei eine flexibel einsetzbare und CNC-gesteuerte Maschi-
    ne zur Metallbearbeitung dar
63 Heine, Wettbewerbsvorsprung durch Orientierung an Grenzen, 1997, S. 34
64 Vgl. Heine, Wettbewerbsvorsprung durch Orientierung an Grenzen, 1997, S. 37
65 Heine, Wettbewerbsvorsprung durch Orientierung an Grenzen, 1997, S. 37

- *Technologische Grenzen*: Die verwendete Technologie wird anschließend beim Überschreiten der technologischen Grenze fallengelassen. Das erscheint immer dann als sinnvoll, wenn sich durch die Verwendung einer alternativen Technologie völlig neue Möglichkeiten bei der nachhaltigen betrieblichen Leistungserbringung ergeben.

- *Natürliche Grenzen*: "Unüberwindbar ist die letzte, die natürliche Grenze. Diese in der Regel durch naturgesetzliche Zusammenhänge definierte Grenze ist langfristig gültig."[66]

Basierend auf diesen Ausführungen können die Kernkosten in Anlehnung an die dieser Arbeit zugrunde liegenden Kostendefinition von Witthoff wie folgt definiert werden: Kernkosten sind der bewertete, bis an die natürlichen Grenzen optimierte Verzehr von Gütern und Dienstleistungen (einschließlich öffentlicher Abgaben), der zur Erstellung und zum Absatz der betrieblichen Leistungen sowie zur Aufrechterhaltung der Betriebsbereitschaft (Kapazität) erforderlich ist. Um diese Definition für die vorliegende Arbeit verwendbar zu, machen ist abschließend zu definieren, was unter dem "bis an die natürlichen Grenzen optimierten Verzehr von Gütern und Dienstleistungen" zu verstehen ist.

Ausgangspunkt zum Klären dieser Frage ist die Tatsache, dass der Verzehr von Gütern und Dienstleistungen durch verschiedene Größen wie zum Beispiel Zeit und Komplexität beeinflusst wird. Dabei lässt sich für jede der Einflussgrößen im jeweiligen Betrachtungsumfang eine natürliche Grenze identifizieren. So lassen sich zum Beispiel unabhängig voneinander die Montagezeit eines bestimmten Produkts und die Anzahl der verschiedenen Teile eines zu montierenden Produkts bis an eine natürliche Grenze minimieren. Da die Montagezeit jedoch von der Anzahl der verschiedenen zu montierenden Teile abhängt, ergibt sich das Optimum dieser beiden den Güterverzehr beeinflussenden Teile nicht zwangsläufig durch Kombination der beiden natürlichen Grenzen. Vielmehr steht das Erreichen der natürlichen Grenze in der Montagezeit in Konflikt mit dem Erreichen der natürlichen Grenze in der Teilevielfalt. Daraus ergibt sich, dass für die Kernkosten "... verschiedene konfliktäre Größen abgeglichen werden [müssen]. Durch den Abgleich der konfliktären Größen wird [...] das wirtschaftliche Optimum abgeleitet."[67] Bezogen auf die vorgenommene Definition des Begriffs der Kernkosten heißt das, dass sich der bis an die natürlichen Grenzen optimierte Verzehr von Gütern und Dienstleistungen aus dem Abgleich der natürlichen Grenzen der Größen ergibt, die den Verzehr von Gütern und Dienstleistungen jeweils beeinflussen.

Mit den nun vorliegenden Definitionen der Begriffe "Unternehmung", "Kosten" und "Kernkosten" sind die Inhalte der zentralen Begriffe der vorliegenden Arbeit geklärt und gegeneinander abgegrenzt. Wie nun genau die unternehmungsbezoge-

---

[66] Heine, Wettbewerbsvorsprung durch Orientierung an Grenzen, 1997, S. 37
[67] Heine, Wettbewerbsvorsprung durch Orientierung an Grenzen, 1997, S. 37

nen Kernkosten ermittelt und nutzbar gemacht werden, ist Gegenstand der vorliegenden Arbeit.

1.3 Stand der wissenschaftlichen Arbeit

Neben der Definition der Grundbegriffe bildet die Einordnung in die wissenschaftlichen Grundzusammenhänge das zweite Standbein zur Erläuterung des Kostenmanagementverfahrens der unternehmungsbezogenen Kernkostenanalyse. Dementsprechend werden nachfolgend zuerst das grundsätzliche Konzept und die Inhalte des Kostenmanagements dargestellt. Im Anschluss daran werden die zentralen Verfahren des Kostenmanagements hinsichtlich ihrer Entwicklung und Inhalte erläutert und gegeneinander abgegrenzt. Auf dieser Basis wird am Ende des Kapitels der bestehende Forschungsbedarf und somit die Notwendigkeit nach einem Kostenmanagementverfahren zum Ermitteln und Erreichen der maximal erreichbaren Kostenuntergrenze einer Unternehmung abgeleitet.

1.3.1 Kostenmanagement - Inhalte und Abgrenzung

Wie Franz beispielhaft für eine ganze Reihe von Autoren ausführt, können Kosten aus zwei grundsätzlichen Blickwinkeln heraus betrachtet werden. Zum einen kann die Betrachtung auf die Ermittlung von Kosten und die Zuordnung zu Bezugsobjekten fokussieren. Die andere Art der Betrachtung fokussiert auf den Aspekt der Kostenbeeinflussung. Bei der Betrachtung aus dem ersten Blickwinkel werden die Kosten "... ausgehend von gegebenen Kapazitäten, Produktionsverfahren und Produktspezifikationen [-] geplant oder erfasst und im Einzelfall zu bestimmten Bezugsobjekten wie Kostenstellen, Produkteinheiten, Kundengruppen, Regionen oder ähnlichem zugeordnet."[68] Bei der Betrachtung aus dem zweiten Blickwinkel können die Kosten "... Gegenstand von Bemühungen zu ihrer Beeinflussung sein, und zwar in einer Weise, dass die betrieblichen Ziele so kostengünstig wie möglich erfüllt werden."[69] Die betriebswirtschaftliche Forschung hat beide Blickwinkel aufgenommen und bezeichnet sämtliche sich mit dem ersten Blickwinkel beschäftigenden Methoden, Verfahren oder Instrumente als Kostenrechnung, während die Methoden, Verfahren und Instrumente die sich mit letzterem Blickwinkel befassen unter dem Begriff des Kostenmanagements zusammengefasst werden.[70]

---

68 Franz, Moderne Methoden der Kostenbeeinflussung, 1992, S. 127
69 Franz, Moderne Methoden der Kostenbeeinflussung, 1992, S. 127
70 Vgl. auch Burger, Kostenmanagement, 1994, S. 4; Hardt, Kostenmanagement, 1998, S. 17; Joos-Sachse, Controlling, Kostenrechnung und Kostenmanagement, 2001, S. 11; Kremin-Buch, Strategisches Kostenmanagement, 2. Aufl., 2001, S. 7; Fischer, Kostenmanagement strategischer Erfolgsfaktoren, 1993, S. 124 ff, Franz, Moderne Methoden der Kostenbeeinflussung, 1992, S. 127

Da das Verfahren der unternehmungsbezogenen Kernkostenanalyse basierend auf dieser Abgrenzung auf eine Beeinflussung der Kosten einer Unternehmung abzielt, soll nachfolgend das Konzept sowie die Inhalte/Gestaltungsobjekte des Kostenmanagements näher erläutert werden.

Wie bereits einleitend abgegrenzt, zielt das Kostenmanagement auf eine Beeinflussung von Kosten ab, um den Prozess der betrieblichen Leistungserstellung so kostengünstig wie möglich zu gestalten. Ausgehend von dieser Grundaussage, der im Wesentlichen alle sich mit dem Thema befassenden Autoren folgen, stellt Hardt jedoch fest, dass eine "... einheitliche Definition des Begriffs Kostenmanagement [...] in der betriebswirtschaftlichen Literatur nicht [existiert]."[71] Zwar definiert Dellmann recht allgemein und breit "Kostenmanagement umfasst die Gesamtheit aller Steuerungsmaßnahmen, die der frühzeitigen und antizipativen Beeinflussung von Kostenstruktur und Kostenverhalten sowie der Senkung des Kostenniveaus dienen."[72] Uneinigkeit besteht aber zwischen den Autoren darüber, wie genau die Begriffe Kostenrechnung und Kostenmanagement gegeneinander abzugrenzen sind. Während z.B. Fischer die Kostenrechnung als Teilbereich des Kostenmanagements sieht[73], grenzen z.B. Franz und Burger beide Begriffe gegeneinander ab und legen den beiden Begriffen eine differenzierte Betrachtungsweise zugrunde.[74] Um der vorliegenden Arbeit dennoch einen groben Kostenmanagementbegriff zugrunde zu legen, wird im weiteren Verlauf der Kostenmanagementdefinition gefolgt. Im Gegensatz zur Diskussion um eine einheitliche Definition des Kostenmanagementbegriffs hat sich in der betriebswirtschaftlichen Fachliteratur eine weitgehende Einigkeit bezüglich der grundsätzlichen Segmentierung und der Gestaltungsobjekte des Kostenmanagements eingestellt.

Hinsichtlich der Segmentierung des Kostenmanagements besteht Einigkeit darüber, dass sich das Kostenmanagement in die Untergruppen des operativen und des strategischen Kostenmanagements unterteilen lässt. Beide Untergruppen werden nachfolgend näher erläutert.

- *Operatives Kostenmanagement:* Das operative Kostenmanagement beschäftigt sich vorrangig mit der Kostenbeeinflussung innerhalb eines kurz- bis mittelfristigen Zeithorizonts. Dementsprechend wird insbesondere dann von einem operativen Kostenmanagement gesprochen, wenn sich "... die Maßnahmen der Kostengestaltung [...] im Rahmen gegebener Kapazitäten bewegen, d.h. von einer gegebenen Ausstattung mit Potenzialfaktoren ausgehen."[75]

---

71 Hardt, Kostenmanagement, 1998, S. 5
72 Dellmann/Franz, Neuere Entwicklungen im Kostenmanagement, 1994, S. 17
73 Vgl. u.a. Fischer, Kostenmanagement strategischer Erfolgsfaktoren, 1993, S. 125 ff
74 Vgl. Franz, Moderne Methoden der Kostenbeeinflussung, 1992, S. 127; Burger, Kostenmanagement, 1994, S. 4
75 Burger, Kostenmanagement, 1994, S. 4

- *Strategisches Kostenmanagement:* In Abgrenzung zum operativen Kostenmanagement beschäftigt sich das strategische Kostenmanagement vorrangig mit einer Kostenbeeinflussung innerhalb eines mittel- bis langfristigen Zeithorizonts. Aufgrund dieses erweiterten Zeithorizonts entfällt für das strategische Kostenmanagement das "Korsett" der Kostenbeeinflussung innerhalb gegebener Kapazitäten und Potenzialfaktoren. Vielmehr erhöht sich im Rahmen des strategischen Kostenmanagements der Gestaltungsspielraum erheblich.[76]

Vor dem Hintergrund dieser Segmentierung wird übereinstimmend durch eine große Anzahl an Autoren angemerkt, dass das strategische Kostenmanagement gegenüber dem operativen Kostenmanagement zunehmend an Bedeutung gewinnt. Als Hauptgrund hierfür wird angegeben, dass sich im Zuge des Wachstums auf Basis kapitalintensiver Technologien (Automatisierung und dadurch zunehmende Substitution menschlicher Arbeitskräfte durch Maschinen) zunehmend die Kostenstruktur hin zu deutlich höheren Fixkostenanteilen verschiebt und mithin die kurzfristige Beeinflussbarkeit der Kosten dramatisch abgenommen hat.[77] Als Konsequenz aus diesem sich fortzusetzen scheinenden Prozess ziehen Reiß/Corsten[78] den Schluss, dass es sich beim Kostenmanagement innerhalb der unternehmerischen Praxis und somit auch innerhalb der betriebswirtschaftlichen Forschung um ein Segment handelt, das sich insbesondere vor dem Hintergrund der von Hardt angesprochenen steigenden konjunkturellen Anfälligkeit[79] einer steigenden Bedeutung sicher sein kann.

Unabhängig von der grundsätzlichen Segmentierung des Kostenmanagements in das operative und das strategische Kostenmanagement sind die Gestaltungsobjekte (oder auch Gestaltungsdimensionen) des Kostenmanagements zu behandeln, die sowohl im Rahmen des operativen als auch im Rahmen des strategischen Kostenmanagements bestehen. Hierbei werden übereinstimmend von einer Vielzahl von

---

76 Der Vollständigkeit halber sei angemerkt, dass Franz die Existenz eines strategischen Kostenmanagements verneint. "Werden die Kosten durch die Veränderung bzw. Umschichtung von Kapazitäten beeinflusst, wie dies beispielsweise bei Rationalisierungsinvestitionen der Fall ist, sind Maßnahmen dieser Art der Investitionssphäre oder dem Strategischen Management zuzurechnen." (Franz, Moderne Methoden der Kostenbeeinflussung, 1993, S. 127)

77 Vgl. Coenenberg/Fischer, Prozesskostenrechnung, 1991, S. 21 ff; Hardt, Kostenmanagement, 1998, S. 2 ff; Meyer-Piening, Zero-Base Budgeting, 1982, S. 266; Müller, Gemeinkostenmanagement, 1992, S. 1 ff; Reiß/Corsten, Gestaltungsdomäne des Kostenmanagements, 1992, S. 1478

78 Vgl. Reiß/Corsten, Gestaltungsdomänen des Kostenmanagements, 1992, S. 1478

79 Vgl. Hardt, Kostenmanagement, 1998, S. 3 ff

Autoren drei Haupt-Gestaltungsobjekte genannt: das *Kostenniveau*, der *Kostenverlauf* und die *Kostenstruktur*.[80] Diese sollen nachfolgend kurz erläutert werden.

- *Gestaltungsobjekt Kostenniveau*: "Ziel dieses Gestaltungsobjekts ist eine Reduzierung des allgemeinen Kostenniveaus."[81] Hierfür bieten sich nach Burger (in Anlehnung an die dieser Arbeit zugrunde liegende Kostendefinition[82]) zwei Ansatzpunkte - zum einen die Mengen- und zum anderen die Wertkomponente der Kosten.[83] Die Mengenkomponente setzt unmittelbar an den Einsatz- und Verbrauchsmengen der Produktionsfaktoren im Prozess der betrieblichen Leistungserstellung an. Eine Methode, die Menge der im Prozess der betrieblichen Leistungserstellung benötigten Produktionsfaktoren zu reduzieren, besteht zum Beispiel im Verfahren der Wertanalyse. Hierbei handelt es sich um eine Methodik, bei der versucht wird, die vom Kunden als "nutzenstiftend" wahrgenommenen Produktfunktionen zu identifizieren und alle verbleibenden Produktfunktionalitäten und die dementsprechend damit verbundenen Kosten zu eliminieren. Dabei liegt das Ziel in einer Senkung der Funktions-, Produktions- und Materialkosten. Weitere Methoden die Mengenkomponente der Kosten zu beeinflussen, bestehen in der Vermeidung von Doppelarbeiten, der Reduzierung von Durchlaufzeiten oder im betrieblichen Vorschlagswesen, z.B. in Form von "Qualitätszirkeln".

Der zweite Ansatzpunkt des Gestaltungsobjekts Kostenniveau liegt in der Wertkomponente der Kosten. Auch hier besteht das Hauptziel in der Senkung des Kostenniveaus. Dieses lässt sich unter anderem durch eine kostenorientierte Standortwahl, das Auffinden günstiger Bezugsquellen sowie dem kostenorientierten Entscheiden zwischen Eigenherstellung und Fremdbezug unter Berücksichtigung von Einstands- und Koordinationskosten erreichen.

Männel weist darauf hin, dass sich für die Kostenbeeinflussung im Rahmen des Gestaltungsobjekts Kostenniveau "... eine Trennung von Fixkosten als Kapazitätskosten und proportionalen Kosten als Leistungs- oder Prozesskosten als nützlich [erweist]."[84] Im Falle der Fixkosten kann dann eine Anpassung des Kostenniveaus im Rahmen einer kapazitätsorientierten Kostensteuerung erfolgen. Im Falle der proportionalen Kosten sind generell

---

[80] Vgl. Burger, Kostenmanagement, 1994, S. 5 ff; Hardt, Kostenmanagement, 1998, S. 10 ff; Männel, Kostenmanagement, 1992, S. 289 ff; Reiß/Corsten, Gestaltungsdomäne des Kostenmanagements, 1992, S. 1480 ff

[81] Reiß/Corsten, Gestaltungsdomäne des Kostenmanagements, 1992, S. 1480

[82] Vgl. Kapitel 1.2.2

[83] Vgl. Burger, Kostenmanagement, 1994, S. 5

[84] Männel, Kostenmanagement als Aufgabe der Unternehmensführung, 1993, S. 211

Maßnahmen der Produktivitätssteigerung zur Senkung des Kostenniveaus geeignet.

- *Gestaltungsobjekt Kostenverlauf:* Ein weiteres zentrales Gestaltungsobjekt des Kostenmanagements ist das des Kostenverlaufs.[85] Beim Management dieses Gestaltungsobjekts steht die Abhängigkeit der Kosten von Einflussgrößen im Mittelpunkt. Der Fokus liegt dabei auf der Kostenreagibilität in Abhängigkeit von der Beschäftigung (der Outputmenge). Den Maßstab für die Messung der Kostenreagibilität stellt der proportionale bzw. lineare Kostenverlauf dar, der einen Reagibilitätsgrad = 1 repräsentiert. Im Vergleich zum Reagibilitätsgrad = 1 sind zwei Zustände denkbar: ein Reagibilitätsgrad > 1 und ein Reagibilitätsgrad < 1.

Im Falle eines progressiven Gesamtkostenverlaufs nehmen die Stückkosten mit steigender Ausbringungsmenge zu. Es liegt demnach ein Reagibilitätsgrad > 1 vor. In einer derartigen Situation (verantwortlich hierfür können zum Beispiel steigende Ausschussraten sein) steht die Handhabung der Kostenprogression im Mittelpunkt, da eine Ausdehnung der Beschäftigung immer dann nicht vertretbar ist, wenn die erzielbaren Nutzeneffekte durch die progressiv steigenden Kosten überkompensiert werden. Dementsprechend hat in dieser Situation durch das Kostenmanagement ein kostenorientiertes Risikomanagement zu erfolgen.

Im Falle eines degressiven Gesamtkostenverlaufs nehmen die Stückkosten mit steigender Ausbringungsmenge ab. Es liegt demnach ein Reagibilitätsgrad < 1 vor. Die Nutzung derartiger Kostendegressionen ist Gegenstand des Chancenmanagements, mit dem vor allem versucht werden soll, die Chancen zu nutzen, die sich durch z.B. Nachfragewachstum ergeben. Derartige Kostenreduktionen lassen sich zum einen durch eine Verringerung der spezifischen Verbrauchsmengen realisieren. Zusätzlich lassen sich – neben dem Ansprechen der Mengenkomponente – auch durch Ansprechen der Wertkomponente (z.B. niedrigere Einstandspreise aufgrund höher Volumina benötigter Produktionsfaktoren) geringere proportionale Kosten realisieren.

Anders als die proportionalen Kosten weisen die Fixkosten einen Reagibilitätsgrad = 0 auf. Dementsprechend ist im Rahmen des Kostenverlaufsmanagements darauf zu achten, dass durch eine hohe Outputmenge die Fixkostendegression genutzt und somit so genannte Leerkosten vermieden werden. Insbesondere ist im Rahmen des Fixkostenmanagements darauf zu achten, dass Kapazitätserhöhungen typischerweise nur im Rahmen so genannter Kapazitätssprünge realisierbar sind. In diesem Zusammenhang be-

---

[85] Männel bezeichnet dieses Gestaltungsobjekt auch als "Kostenverhalten"; vgl. Männel, Kostenmanagement, 1992, S. 290

steht die Aufgabe des Fixkostenmanagements darin, die jeweiligen Schwellenwerte zu identifizieren und klar zu unter- bzw. zu überschreiten.

Als letzten Aspekt fällt unter das Kostenverlaufsmanagement die Tatsache, dass alle Eingriffe des Kostenmanagements (und zwar egal welcher Gestaltungsdimension) selbst mit einem gewissen Zeitbedarf (Analyse- und Implementierungsaufwand) verbunden sind. Aus diesem Umstand heraus resultiert das Problem, dass die vorgenommene Maßnahme mit der eigentlich intendierten Wirkung zeitlich auseinander fällt. Dabei sind zwei Fälle vorstellbar: die zeitliche Verzögerung und der zeitliche Vorlauf. Tritt eine zeitliche Verzögerung zum Beispiel dadurch auf, dass Produktionskapazitäten nicht sofort einer sinkenden Nachfrage angepasst werden können und deswegen die Kosten über dem geplanten Niveau liegen, so spricht man von Remanenzkosten. Besteht ein Vorlauf von Kapazitätsanpassungen, werden z.B. zusätzliche Facharbeiter für ein erwartetes Nachfragewachstum eingestellt, das sich noch nicht realisiert hat, so spricht man von Kostenpräkurrenz. Für diesen letzten Aspekt des Kostenverlaufmanagements besteht das Ziel letztendlich darin, die sich aus dem zeitlichen Auseinanderfall der intendierten und der tatsächlichen Wirkung der Kapazitätsanpassung ergebende Kostenbelastung zu reduzieren bzw. ganz zu vermeiden.

- *Gestaltungsobjekt Kostenstruktur*: "Das Management von Kostenstrukturen setzt an der Zusammensetzung der Kosten d.h. an Missverhältnissen bzw. Unausgewogenheiten zwischen einzelnen Kostenkategorien an."[86] Dabei setzt das Management der Kostenstruktur sowohl an der Unterteilung der Kosten nach fixen und variablen Kosten (Fixkostenstrukturmanagement) als auch an der Unterteilung der Kosten nach Gemein- und Einzelkosten (Gemeinkostenstrukturmanagement) an.

Dem Fixkostenstrukturmanagement stehen wie Burger anmerkt grundsätzlich zwei Richtungen der Kostengestaltung offen: die Umwandlung fixer in variable Kosten und die Umlastung von Fixkosten.[87] Bei der ersten Form des Fixkostenstrukturmanagements werden fixe eins zu eins in variable Kosten umgewandelt. Bleibt die Beschäftigung gleich, so ändert sich am absoluten Kostenniveau nichts. Sinkt jedoch die Beschäftigung, so sinken auch die Gesamtkosten im Vergleich zum Zustand vor der Umwandlung. Bei der zweiten Form des Fixkostenstrukturmanagements werden "...Potenzialfaktoren die Fixkosten verursachen in Unternehmensbereiche versetzt, wo eine vollständige Nutzung der Ressourcen sichergestellt ist."[88] Zwar bleibt durch dieses Vorgehen die Fixkostenbelastung der Gesamtunternehmung unverändert. Es wird aber gegebenenfalls verhindert, dass Un-

---

[86] Reiß/Corsten, Gestaltungsdomäne des Kostenmanagements, 1992, S. 1484
[87] Burger, Kostenmanagement, 1994, S. 6
[88] Burger, Kostenmanagement, 1994, S. 7

ternehmungsbereiche mit zusätzlichem Kapazitätsbedarf durch Neuanschaffungen zusätzliche Fixkosten erzeugen.

Das Gemeinkostenstrukturmanagement ist immer dort anwendbar, wo durch eine Produktion von mehr als einem Produkt Zurechnungsprobleme der Gemeinkosten (z.b. Grundstücke, Gebäude, Fuhrpark) entstehen. Hierbei bieten sich grundsätzlich zwei Möglichkeiten der Steuerung der Gemeinkosten. Das sind zum einen die Gemeinkostensteuerung und zum anderen die Gemeinkostenumwandlung. Die Gemeinkostensteuerung versteht die Gemeinkosten im Sinne eines Ressourcenpools, der von allen Produktionsbereichen genutzt wird. Der Gemeinkostensteuerung kommt dabei die Aufgabe zu, für eine optimale Allokation der Ressourcen des Ressourcenpools zu sorgen. In Abgrenzung dazu hat die Gemeinkostenumwandlung das Ziel, das Volumen der Gemeinkosten insgesamt zu kürzen, indem möglichst viele Gemeinkosten spezifischen Produkten zugeordnet und so einen großen Teil der Gemeinkosten in Einzelkosten umgewandelt werden.

Zusätzlich zu diesen drei Hauptgestaltungsobjekten des Kostenmanagements werden von einigen Autoren weitere Gestaltungsobjekte angeführt, die grundsätzlich einer Beeinflussung durch das Kostenmanagement zugänglich sind. In diesem Zusammenhang sollen an dieser Stelle insbesondere die von Männel angeführten Gestaltungsobjekte *Komplexitätskosten* und *Kostentransparenz* kurz erläutert werden.[89]

- *Gestaltungsobjekt Komplexitätskosten*: In einem engen Zusammenhang mit dem Gestaltungsobjekt des Kostenverlaufs (durch Männel als Kostenverhalten bezeichnet) sieht Männel das Gestaltungsobjekt der Komplexitätskosten. Hauptziel beim Management dieses Gestaltungsobjekts stellt laut Männel "... die Vermeidung bzw. Reduzierung von Mehrkosten [dar], die mit einer aufgrund von Produkt-, Varianten-, Kunden-, Auftrags-, Materialvielfalt usw. entstehenden Leistungskomplexität einhergehen."[90] Diese Mehrkosten entstehen laut Becker vorrangig aus komplexitätsbedingten Intensitätssteigerungen im Bereich der Planung und der Disposition[91] oder klarer ausgedrückt durch zunehmenden Koordinationsaufwand im Prozess der betrieblichen Leistungserstellung. Im Ergebnis machen sich die Komplexitätskosten auf zweierlei Art und Weise bemerkbar. Zum einen führen sie zu einer komplexitätsbedingten Kostenprogression, zum anderen zu verzögert und/oder reduziert einsetzenden Kostendegressionseffekten. Problematischerweise gestaltet sich eine verursachergerechte Erfassung der Komplexitätskosten als überaus schwierig. Vor diesem Hintergrund sieht Män-

89 Vgl. Männel, Kostenmanagement, 1992, S. 290 ff; Männel, Kostenmanagement als Aufgabe der Unternehmensführung, 1993, S. 210 ff
90 Männel, Kostenmanagement, 1992, S. 290
91 Vgl. u.a. Becker, Komplexitätskosten, 1992, S. 171

nel einen der Hauptansatzpunkte dieses Gestaltungsobjekts darin, dem Management der Unternehmung die Komplexitätskosten anhand relativer Maßgrößen, wie zum Beispiel Produktions- und Teilevielfalt transparent zu machen und ihnen durch Ansätze wie Minimierung der Rüstkosten oder flexible Fertigungstechnologien entgegenzuwirken.[92]

- *Gestaltungsobjekt Kostentransparenz*: In Anlehnung an das im Rahmen des Gestaltungsobjekts Kostenstruktur angeführte Gemeinkostenmanagement sieht Männel eine übergeordnete Aufgabe des Kostenmanagements darin, zur Erhöhung der Kostentransparenz innerhalb der Unternehmung beizutragen. Als Hauptgrund hierfür sieht Männel die steigende Tendenz Vor-, Hilfs- und Nebenleistungen ohne Leistungsbezug auf Hauptkostenstellen zu verrechnen, die erst von dort über wie auch immer geartete Formen der Zuschlagskalkulation auf die eigentlichen Produkte umgelegt werden. Mit Hilfe einer mehrstufigen Kostenanalyse können Unwirtschaftlichkeiten in diesen Kostenstellen, die aufgrund der genannten Zuschlagskalkulation in der Betrachtung der letztendlichen Produktkosten nicht mehr zu identifizieren sind, transparent gemacht und mit den geeigneten Methoden und Verfahren optimiert werden. Um das Auftreten derartiger Intransparenzen bereits von der Ursache her zu bekämpfen, empfiehlt Männel, die Einführung transparenter Organisationsstrukturen, den Abbau indirekter Bereiche sowie die Reduzierung des internen Leistungsgeflechts auf ein Mindestmaß (vgl. auch die Ausführungen zum Hauptgestaltungsobjekt der Kostenstruktur).[93]

Basierend auf den erläuterten Gestaltungsobjekten des Kostenmanagements wurden in den vergangenen Jahrzehnten sowohl von der betriebswirtschaftlichen Forschung als auch von der unternehmerischen Praxis Verfahren entwickelt, die versuchen, die erläuterten Gestaltungsobjekte des Kostenmanagements in ihre Kostenbeeinflussung mit einzubeziehen, sich jedoch jeweils auf unterschiedliche Bereiche des Kostenmanagements fokussieren. Erstaunlicherweise ist es trotz der hohen wissenschaftlichen Bearbeitungsintensität und der hohen (und zunehmend steigenden) Relevanz, die dem Kostenmanagement in der unternehmerischen Praxis beigemessen wird, noch zu keiner allgemeingültigen Einteilung der existierenden Kostenmanagementverfahren gekommen. Kremin-Buch unterscheidet grundsätzlich in Verfahren zum operativen und zum strategischen Kostenmanagement, bezieht sich aber in der Schilderung der Kostenmanagementverfahren ausschließlich auf Verfahren zum strategischen Kostenmanagement. Hierunter versteht sie insbesondere die Verfahren Fixkostenmanagement, Prozesskostenrechnung, Target Costing, Product Lifecycle Costing und Cost Benchmarking.[94] Hardt wieder-

---

[92] Vgl. Männel, Kostenmanagement, 1992, S. 291
[93] Vgl. Männel, Kostenmanagement, 1992, S. 201
[94] Vgl. Kremin-Buch, Strategisches Kostenmanagement, 2. Aufl., 2001, S. 14 ff

um schneidet die Verfahren des Kostenmanagements zeitbezogen und unterscheidet wie in Abbildung 5 dargestellt somit zwischen traditionellen und modernen Kostenmanagementverfahren.[95]

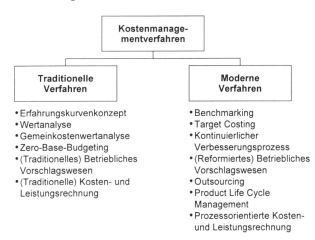

Quelle: Vgl. Hardt, Kostenmanagement, 1998, S. 17

Abbildung 5 (Einteilung Kostenmanagementverfahren nach Hardt)

Quelle: Vgl. Burger, Kostenmanagement, 1994, S. 7 f

Abbildung 6 (Einteilung Kostenmanagementverfahren nach Burger)

Einen davon wiederum verschiedenen Segmentierungsansatz der Kostenmanagementverfahren präsentieren (unabhängig voneinander und leicht abweichend) Franz und Burger. Dieser Segmentierungsansatz orientiert sich daran, dass nach Burger die Verfahren des Kostenmanagements auf die Kosten von Bezugsobjekten

---

[95] Vgl. Hardt, Kostenmanagement, 1998, S. 17

ausgerichtet sind.[96] Während sich Burger bei der Einteilung der Kostenmanagementverfahren auf die Bezugsobjekte "Produkt" und "Bereiche" konzentriert, erweitert Franz diese Einteilung um das Bezugsobjekt "Vorgang". Wie aus Abbildung 6 und Abbildung 7 hervorgeht, weist demnach die Verfahrenseinteilung nach Franz im Gegensatz zu der Verfahreneinseinteilung nach Burger eine zusätzliche Dimension auf.

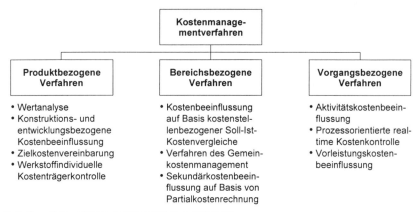

Quelle: Franz, Moderne Methoden der Kostenbeeinflussung, 1992, S. 127

Abbildung 7 (**Einteilung Kostenmanagementverfahren nach Franz**)

Grundsätzlich erscheint vor dem Hintergrund des erklärten Ziels der vorliegenden Arbeit, nämlich der anschaulichen Darstellung des Kostenmanagementverfahrens der unternehmungsbezogenen Kernkostenanalyse die Unterteilung der Kostenmanagementverfahren im Hinblick auf die Kosten von Bezugsobjekten als am zweckmäßigsten. Auf diesem Wege lässt es sich am besten erreichen, die unternehmungsbezogene Kernkostenanalyse von dem aus der Produktentwicklung bekannten (und somit auf das Bezugsobjekt Produkt fokussierten) Verfahren der produktbezogenen Kernkostenanalyse abzugrenzen und mit den anderen Kostenmanagementverfahren zu vergleichen.

1.3.2 Analyse bekannter Kostenmanagementverfahren

Um das Kostenmanagementverfahren der unternehmungsbezogenen Kernkostenanalyse trennscharf von den bereits heute existierenden Kostenmanagementverfahren abzugrenzen und anhand dieser Abgrenzung den grundsätzlich bestehenden Forschungsbedarf zu illustrieren, sind im Wesentlichen zwei Komponenten erfor-

---

[96] Vgl. Burger, Kostenmanagement, 1994, S. 7

derlich. Zum einen sind die wesentlichen Kostenmanagementverfahren hinsichtlich ihres Vorgehenskonzepts und ihrer Wirkung im Rahmen der Kostenbeeinflussung näher zu erläutern. Zum anderen sind die erläuterten Verfahren dahingehend auszuwerten, inwieweit sie bereits heute die in Kapitel 1.1.1 an die unternehmungsbezogene Kernkostenanalyse gestellten Anforderungen erfüllen und somit die Entwicklung der unternehmungsbezogenen Kernkostenanalyse gegebenenfalls überflüssig machen.

Für die erste Komponente – die Beschreibung der existierenden Kostenmanagementverfahren – erscheint es vor dem Hintergrund der dieser Arbeit zugrunde gelegten bezugsobjektbezogenen Segmentierung der Kostenmanagementverfahren sinnvoll, das oder die bekannteste/n Verfahren je Bezugsobjekt vorzustellen. Basierend auf dieser Überlegung werden in den Kapiteln 1.3.2.1 bis 1.3.2.5 das Benchmarking als bezugsobjektübergreifendes Kostenmanagementverfahren, das Target Costing als produktbezogenes Kostenmanagementverfahren, das Zero-Base-Budgeting als bereichsbezogenes Kostenmanagementverfahren sowie die Prozesskostenrechnung als prozessbezogenes Kostenmanagementverfahren hinsichtlich ihrer Entwicklung, Vorgehensweise und Anwendung vorgestellt. Zusätzlich soll mit der produktbezogenen Kernkostenanalyse ein produktbezogenes Kostenmanagementverfahren vorgestellt werden, dass zwar als bekannt, jedoch noch nicht als weit verbreiten gelten kann. Hintergrund für diese Wahl sind die speziellen Anregungen die aus der produktbezogenen Kernkostenanalyse für die Gestaltung der unternehmungsbezogenen Kernkostenanalyse gewonnen werden können.

Für die Realisierung der zweiten Komponente – nämlich der Bewertung der bestehenden Kostenmanagementverfahren – sind die Verfahrensmerkmale der einzelnen Kostenmanagementverfahren vor dem Hintergrund der an das Kostenmanagementverfahren der unternehmungsbezogenen Kernkostenanalyse in Kapitel 1.1.1 gestellten Anforderungen zu bewerten. Gemäß der in Kapitel 1.1.1 definierten Zielsetzung, mit der unternehmungsbezogenen Kernkostenanalyse ein Kostenmanagementverfahren zur Verfügung zu stellen, "… das einen Beitrag dazu leistet, die unter den gegebenen Umweltbedingung maximal erreichbare Kostenuntergrenze einer Unternehmung zu identifizieren und Wege aufzeigt diese auch zu erreichen …", ergeben sich hierfür drei Bewertungskriterien.

- *Bezugsobjekt*: Bezieht sich das jeweilige Kostenmanagementverfahren tatsächlich auf die gesamte Unternehmung?

- *Ausgangspunkt der Kostenbeeinflussung*: Auf welchen Fixpunkt wird die beabsichtigte Kostenbeeinflussung ausgerichtet? Vor welchem Hintergrund versucht das Verfahren die Kosten zu beeinflussen?

- *Realisierbares Kostenniveau*: Welches Kostenniveau wird durch den Einsatz des jeweiligen Kostenmanagementverfahrens erreicht – oder anders gefragt – ist das Verfahren überhaupt darauf angelegt, die unter den gegebenen Umweltbedingungen maximal erreichbare Kostenuntergrenze zu identifizieren und Wege aufzuzeigen, diese auch zu erreichen?

Diese Bewertungen, die sich jeweils an die Beschreibungen der oben genannten Kostenmanagementverfahren anschließen, bilden die Basis für die in Kapitel 1.3.3 vorgenommene Beantwortung der Frage, ob bereits heute ein Kostenmanagementverfahren zur Verfügung steht, mit dem die unter den gegebenen Umweltbedingungen für eine Unternehmung maximal erreichbare Kostenuntergrenze ermittelt und auch realisiert werden kann.

1.3.2.1 Benchmarking

1.3.2.1.1 Grundgedanke und Funktionsweise des Benchmarking

Innerhalb der Kostenmanagementverfahren stellt das Benchmarking ein Verfahren dar, das sowohl auf das Bezugsobjekt "Produkt" als auch auf andere Bezugsobjekte wie "Bereich" oder "Prozess" ausgerichtet sein kann.[97] Die Ursprünge dieses Verfahrens gehen nicht auf die betriebswirtschaftliche Forschung, sondern auf einen konkreten Anwendungsfall in der Industrie zurück.[98] Die Unternehmung Rank Xerox, eine US-amerikanische Unternehmung, die sich unter anderem auf die Herstellung von Kopierern spezialisiert hat, sah sich Ende der 70er Jahre des 20. Jahrhunderts der Situation gegenüber, dass die japanische Unternehmung Canon, ebenfalls auf die Herstellung von Kopierern spezialisiert, ihre Kopierer zu einem Preis anbot, der deutlich unter den Herstellkosten von Rank Xerox lag. Dementsprechend drastisch begann Rank Xerox Marktanteile zu verlieren. Innerhalb von nur fünf Jahren reduzierte sich der Rank Xerox's Weltmarktanteil von 80 auf nur noch 30 Prozent.[99] Um dieser Wettbewerbssituation zu begegnen und sowohl die Herstellkosten der Kopierer zu verringern als auch die Qualität der Kopierer signifikant zu erhöhen, startete Rank Xerox im Jahre 1983 eine als Leadership-Quality-Program bezeichnete Qualitäts- und Kosteninitiative. Diese setzte sich aus verschiedenen Komponenten (Einbindung der Mitarbeiter, Qualitätsverbesserungsprozess etc.) zusammen, wies jedoch als Herzstück ein als Benchmarking bezeichnetes Kostenmanagementverfahren auf. Mit Hilfe der Durchführung dieses Programms gelang es Rank Xerox, verlorene Marktanteile zurück zu gewinnen, und seinen bis heute anhaltenden Unternehmungserfolg nachhaltig zu sichern. Einer der Hauptgründe für den Erfolg der initiierten Qualitäts- und Kosteninitiative bestand in der systematischen Anwendung des Benchmarking zum Ermitteln bestehender Kostensenkungspotenziale.[100]

---

[97] Vgl. Götze, Kostenrechnung und Kostenmanagement, 3. Aufl., 2004, S. 312

[98] Für einen historischen Überblick über die Entwicklung des Benchmarking vgl. ausführlich Watson, Benchmarking, 1993, S. 23 ff

[99] Vgl. Gerberich, Benchmarking, 1998, S. 10

[100] Kremin-Buch, Strategisches Kostenmanagement, 2. Aufl., 2001, S. 181

Die Anwendung des Benchmarking ist vergleichsweise einfach. Sie lässt sich sehr gut anhand der Definition des Benchmarkingbegriffs durch Harrington beschreiben. Dieser definiert Benchmarking als "... fortlaufenden Prozess, Produkte, Dienstleistungen und Praktiken mit denen der härtesten Konkurrenten oder solchen Unternehmen, die als Industrieführer anerkannt sind, zu vergleichen."[101] Von dieser Definition weicht Horváth nur in Nuancen ab, wenn er präzisierend definiert: "Benchmarking ist ein kontinuierlicher Prozess, bei dem Produkte, Dienstleistungen und insbesondere Prozesse und Methoden betrieblicher Funktionen über mehrere Unternehmen hinweg verglichen werden. Dabei sollen die Unterschiede zu anderen Unternehmen offen gelegt, die Ursachen für die Unterschiede und Möglichkeiten zur Verbesserung aufgezeigt sowie wettbewerbsorientierte Zielvorgaben ermittelt werden. Der Vergleich findet dabei mit Unternehmen statt, die die zu untersuchende Methode oder den Prozess hervorragend beherrschen."[102]

Das eigentliche Vorgehenskonzept des Benchmarking ist selbsterklärend und weitgehend bekannt. Für die Erklärung des Vorgehenskonzepts wird aus diesem Grund auf die entsprechende Fachliteratur verwiesen.[103] Eine sehr gute Zusammenfassung aller Konzepte zu einem einheitlichen Vorgehenskonzept findet sich im Übrigen bei Böhnert. Dieser hat 1999 die bestehenden Konzepte aufgegriffen und zu einem 6-phasigen Standardkonzept zusammengefasst, das aus den Phasen Planung, Datenerhebung, Datenanalyse, Implementierung, Kontrolle sowie Kommunikation besteht.[104]

Ergänzend zu den bereits ausführlichen Äußerungen von Böhnert sei angemerkt, dass sich das Benchmarking nicht zwangsläufig ausschließlich auf das Vergleichen nur einer Dimension beschränkt. Vielmehr lassen sich die Anzahl der Vergleichdimensionen erweitern. Durch geschicktes Erhöhen der Anzahl von Vergleichsdimensionen eröffnet sich nämlich im Rahmen des Benchmarkings die Möglichkeit, nicht nur eine Referenzentität mit anderen realen Entitäten zu vergleichen, sondern vielmehr durch Zerteilen der Vergleichsentitäten in Komponenten die jeweils beste Komponente zu ermitteln und daraus eine virtuelle Vergleichsentität zu konstruieren, welche die besten Vergleichswerte aller Vergleichsentitäten vereint und somit ein weit größeres Verbesserungspotenzial aufzeigt, als das ein eindimensionales Benchmarking kann. Ein derartiges Verfahren, das gleichzeitig auf die Analyse dreier Vergleichsdimensionen abzielt, ist das von der Unternehmungsberatung McKinsey entwickelte Best-of-Benchmarking, das in seiner Funktionsweise in Abbildung 8 dargestellt ist.

---

[101] Harrington, Business Process Improvement, 1991, S. 218

[102] Horváth, Controlling, 8. Aufl., 2001, S. 415

[103] Vgl. u.a., Boxwell, Benchmarking for Competitive Advantage, 1994; Camp, Benchmarking, 1989; Enslow, The Benchmarking Bonanza, 1992; Gerberich, Benchmarking, 1998; Hüttner, Grundzüge der Marktforschung, 1997, S. 211 ff; Rau, Benchmarking - nur etwas für kreative Köpfe, 1998; Vogelsang, Ganzheitliches Benchmarking, 1998

[104] Vgl. Böhnert, Benchmarking, 1999, S. 1 ff

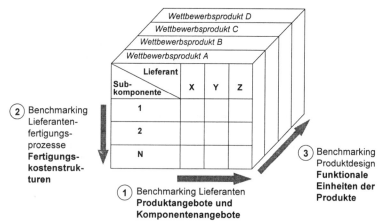

Quelle: McKinsey (unveröffentlichte Präsentation)

Abbildung 8 (**Vorgehensschema Best-of-Benchmarking**)

Bei der Durchführung eines mehrdimensionalen Benchmarkings ist jedoch darauf zu achten, dass mit der Ausweitung der Anzahl der Analysedimensionen der Aufwand für Datenerhebung, Datenaufbereitung und Datenanalyse exponentiell zunimmt, während gleichzeitig die Akzeptanz der Analyseergebnisse aufgrund der "Virtualität" (die geschaffene Vergleichsentität existiert ja nicht wirklich) abnimmt. Dementsprechend ergibt sich, dass für die Durchsetzung der sich aus der Abweichungsanalyse ergebenden Implementierung eine hohe Marktmacht erforderlich ist.[105] Aus diesem Grund ist vor der Durchführung eines mehrdimensionalen Benchmarkings zusätzlich zu überprüfen, ob für die Implementierung der sich aus den Analyseergebnissen ergebenden Maßnahmen ausreichend Marktmacht (gegenüber den Lieferanten) zur Verfügung steht.

1.3.2.1.2 Zusammenfassung Verfahrensmerkmale Benchmarking

Basierend auf den drei in Kapitel 1.3.2 formulierten Bewertungsdimensionen lassen sich für das Benchmarking drei Hauptmerkmale zusammenfassen.

- *Bezugsobjekt – "Bezugsneutralität hinsichtlich Produkten, Bereichen und Prozessen"*: Anders als die meisten anderen Kostenmanagementverfahren ist das Benchmarking in seiner Anwendung weder auf Produkte, noch auf Bereiche oder Prozesse beschränkt. Vielmehr lässt sich dieses Kostenmanagementverfahren zur Analyse sämtlicher Kostendimensionen einer Unternehmung einsetzen und wird dementsprechend häufig und erfolgreich in der unternehmerischen Praxis eingesetzt.

---

[105] McKinsey, Design to Cost, 2000, S. 18

- *Ausgangspunkt der Kostenbeeinflussung – "Strikte Wettbewerbsorientierung"*: Unabhängig von seiner tatsächlichen Einsatzart ist das Benchmarking hinsichtlich der Ermittlung von Kostensenkungspotenzialen seiner Natur nach immer und ausschließlich auf den Wettbewerb (sowohl extern als auch intern) als Maßstab ausgerichtet.

- *Realisierbares Kostenniveau – "Orientierung des Kostensenkungspotenzials an bisher Erreichtem"*: Gerade wegen der strikten Wettbewerbsorientierung und trotz der zitierten Bemerkung von Enslow in der Beschreibung der Implementierungsphase orientiert sich das Benchmarking immer an bisher Erreichtem. Auch wenn die Vergleichsentität durch die Zusammensetzung verschiedener Bestleistungen virtuellen Charakter hat, das heißt in dieser Form noch nicht erreicht wurde, setzt sie sich doch aus bisher erreichten Bestwerten zusammen. [106] Zwar erfüllt sich durch eine solche Vorgehensweise (z.B. mit dem beschriebenen Best-of-Benchmarking) die Forderung von Rau, dass das Benchmarking "... nicht nur eine erkannte Lücke schließt, sondern auf einen höher liegenden Wachstumspfad führt, der in die Lage versetzt, nicht nur mit anderen gleichzuziehen, sondern diese sogar zu übertreffen."[107] Letztendlich ist nach jedem Benchmarking jedoch nicht klar, ob das gesamte mögliche Kostensenkungspotenzial identifiziert wurde.

Zugegebenermaßen stellt insbesondere das Erreichen der mit mehrdimensionalen Benchmarkingverfahren ermittelten Kostensenkungspotenziale in sehr vielen Fällen schon eine schwer zu überwindende Hürde dar. Die Anwendung des Benchmarking ist jedoch einfach und führt selbst bei Unternehmungen ohne größere Anwendungserfahrungen zu beachtlichen Erfolgen. Dementsprechend stellt das Benchmarking auch in Zukunft eines der zentralen Kostenmanagementverfahren dar. Insbesondere für Unternehmungen, die sich selbst erfolgreich optimiert haben und in Benchmarking-Projekten die Bestwerte liefern, sind weitere Kostenmanagementverfahren notwendig, die helfen, neue Verbesserungshorizonte zu identifizieren.

1.3.2.2 Target Costing

1.3.2.2.1 Grundgedanke und Funktionsweise des Target Costing

Die Grundidee des Target Costing beruht auf den sich verändernden Umständen, die der Umschwung von Anbieter- in Nachfragermärkte bei zunehmender Marktsättigung mit sich bringt. Auf einem Anbietermarkt kann die Wirtschaftlichkeit einer Unternehmung nachhaltig mit der Beantwortung der beiden folgenden Fra-

---

[106] McKinsey, Maßstäbe setzten, 1997, S. 17
[107] Rau, Benchmarking - nur etwas für kreative Köpfe, 1998, S. 149

gen sichergestellt werden: "Was wird uns ein Produkt kosten?" und "Wie können wir die aus der Produktbereitstellung anfallenden Kosten cost-plus an die Kunden weitergeben?"[108] Dieses Konzept funktioniert jedoch nur auf ungesättigten Märkten, die durch eine geringe Preissensibilität der Nachfrager gekennzeichnet sind. Wandelt sich jedoch ein Markt in einen gesättigten Markt, was ab einem gewissen Marktsättigungsgrad der Fall ist, und steigt parallel auch die Preissensibilität der Nachfrager, so steigt die Wahrscheinlichkeit, dass die nachhaltige Wirtschaftlichkeit einer Unternehmung durch den beschriebenen Preisbildungsmechanismus nicht mehr gegeben ist. Auf diesen Umstand reagiert das Target Costing mit der grundsätzlichen Ausrichtung der Preisbildung und damit der Produktentwicklung auf den Markt, der durch die Wünsche und nicht zuletzt auch durch die Zahlungsbereitschaft der Nachfrager determiniert ist. Aus diesem veränderten Blickwinkel versucht das Target Costing die Wirtschaftlichkeit einer Unternehmung nachhaltig dadurch sicherzustellen, dass es vor dem Beginn der Produktentwicklung fragt: "Was darf [...] ein Produkt respektive eine Kundenlösung kosten?"[109] Das Target Costing bleibt jedoch nicht auf dieser Metaebene stehen, sondern vertieft diese Fragestellung mit dem Fragenblock "Was dürfen [...] einzelne Merkmale, Funktionen, Komponenten und Prozesse eines Produkts respektive einer Kundenlösung kosten?"[110] Damit stellt sich das Kostenmanagementverfahren Target Costing nicht wie das Benchmarking als ein bereichs-, prozess- und produktbezogenes Kostenmanagementverfahren dar, sondern ist eindeutig in die Kategorie der produktbezogenen Kostenmanagementverfahren einzuordnen.[111]

Diese Grundidee des Target Costing lässt sich auf verschiedene Art und Weise umsetzen. Neben dem marktorientierten Ansatz (der im Wesentlichen von Hiromoto[112] vertreten wird) sind hier insbesondere der ingenieursorientierte Ansatz (wesentliche Vertreter hier sind Sakurai[113] und Monden[114]) und der produkfunktionalitätsorientierte Ansatz (vertreten durch Tanaka[115] und Yoshikawa[116]) zu nennen. Eine erschöpfende Diskussion dieser Ansätze findet sich bei Seidenschwarz. Grundsätzlich lassen sich aber alle diese Ansätze mit Hilfe eines standardisierten, dreistufigen Vorgehenskonzepts umsetzen, das sich in Anlehnung an Arnaout, der 2001 die Durchsetzung des Target Costing in der unternehmerischen Praxis

---

[108] Seidenschwarz, Target Costing, 2003, S. 441

[109] Seidenschwarz, Target Costing, 2003, S. 441

[110] Seidenschwarz, Target Costing, 2003, S. 441

[111] Vgl. dazu die Diskussion im Kapitel 1.3.2.1.1

[112] Vgl. Hiromoto, Comparison between Japanese and Western accounting systems, 1989, S. 26; Vgl. Seidenschwarz, Target Costing, 1993, S. 6 - S. 32

[113] Vgl. Sakurai, Target Costing and how to use it, 1989, S. 41 ff

[114] Vgl. Monden, Total cost management system in Japanese automobile corporations, 1989, S. 23 ff

[115] Vgl. Tanaka, Cost planning and control systems in the design phase of a new product, 1989, S. 49; Seidenschwarz, Target Costing, 1993, S. 26

[116] Vgl. Yoshikawa/Innes/Mitchell, Cost management through function analysis, 1989, S. 15 ff

Deutschlands untersucht hat, in die drei Phasen Zielkostenfestlegung, Zielkosten-spaltung und Zielkostenerreichung aufteilen lässt.[117]

- *Zielkostenfestlegung:* Ausgehend von der Frage "Wie viel darf ein Produkt kosten?" wird in der Phase der Zielkostenfestlegung die Zahlungsbereit-schaft der Nachfrager ermittelt. Durch Abziehen einer als Target Profit be-zeichneten Ziel-Gewinnspanne lassen sich anschließend die maximal er-laubten Kosten (allowable costs) errechnen. In Anlehnung an die als Stan-dardkosten bezeichneten Kosten, welche die Kosten darstellen, zu denen das Produkt heute erstellt werden könnte, werden anschließend die in der ersten Phase zu erreichenden Zielkosten festgelegt.[118,119]

- *Zielkostenspaltung:* Auf dem Detaillierungsgrad der im Rahmen der Ziel-kostenfestlegung ermittelten Zielkosten ist typischerweise noch keine effek-tive Planung, Steuerung und Realisierung der Zielkosten möglich. Das ist insbesondere immer dann der Fall, wenn das Erreichen der Zielkosten von mehreren organisatorischen Einheiten abhängig ist, die jeweils für unter-schiedliche Funktionen und/oder Komponenten verantwortlich sind.[120] Dementsprechend besteht die zentrale Aufgabe der Zielkostenspaltung dar-in, die im Rahmen der Zielkostenfestlegung ermittelten Zielkosten derart aufzuspalten, dass eine saubere Vorgabe von Kostenzielen für die jeweili-gen Teilverantwortlichen und im Ergebnis auch eine effektive Kostenkon-trolle möglich ist. Um diese Aufgabe zu lösen, werden in der betriebswirt-schaftlichen Fachliteratur zwei Verfahren angeführt - die komponentenbe-zogene und die funktionsbezogene Zielkostenspaltung.[121]

---

[117] Vgl. Arnaout, Target Costing in der deutschen Unternehmenspraxis, 2001, S. 41ff

[118] Für die Festlegung der Standardkosten sind insgesamt fünf Ansätze bekannt: Market into Company, Out of Company, Into and out of Company, Out of Competitor und Out of Stan-dard Costs. Da die Erläuterung dieser Ansätze im Hinblick auf die Abgrenzung der unter-nehmungsbezogenen Kernkostenanalyse gegenüber den andern Kostenmanagementverfahren keinerlei zusätzlichen Erkenntnisgewinn bringt, sei an dieser Stelle auf die vorzügliche Be-schreibung der Ansätze durch Seidenschwarz verwiesen. Vgl. Seidenschwarz, Target Costing, 1993, S. 115 - 139

[119] Diese Festlegung der von den Allowable Costs verschiedenen Zielkosten hat regelmäßig den Zweck, die Motivation des Target-Costing-Teams aufrecht zu erhalten. Vgl. hierzu auch Buggert//Wielpütz, Target Costing, 1995, S. 89; Arnaout, Target Costing in der deutschen Unternehmenspraxis, 2001, S. 49

[120] Listl, Target Costing zur Ermittlung der Preisuntergrenze, 1997, S. 181f

[121] Vgl. Arnaout, Target Costing in der deutschen Unternehmenspraxis, 2001, S. 52; Bug-gert/Wielpütz, Target Costing, 1995, S. 89ff; Fröhling, Zielkostenspaltung als Schnittstelle zwischen Target Costing und Target Cost Management, 1994, S. 422; Horváth, Controlling, 8. Aufl., S. 546 ff; Listl, Target Costing zur Ermittlung der Preisuntergrenze, 1997, S. 182; Eine äußerst anschauliche Darstellung der Zielkostenspaltung findet sich darüber hinaus bei Deisenhöfer in Form eines Beispiels der Audi AG. Vgl. Deisenhofer, Marktorientierte Kos-tenplanung auf Basis von Erkenntnissen der Marktforschung bei der Audi AG, S. 93 - 118

- *Zielkostenerreichung*: Der Phase der Zielkostenerreichung kommt letztendlich die Aufgabe zu, die in der Phase der Zielkostenfestlegung ermittelten und in der Phase der Zielkostenspaltung auf die Produktkomponenten aufgeteilten Zielkosten derart mit Maßnahmen zu hinterlegen, dass davon ausgegangen werden kann, dass die festgelegten Zielkosten auch tatsächlich erreicht werden und somit die Wirtschaftlichkeit der Unternehmung nachhaltig gesichert wird.[122]

Ist dieses dreistufige Verfahren (erfolgreich) durchlaufen, so ist typischerweise sichergestellt, dass die Zielkosten des bearbeiteten Produkts und somit auch die zu erreichende Zielrentabilität des Produkts realisiert werden können.

1.3.2.2.2 Zusammenfassung Verfahrensmerkmale Target Costing

Anhand der vorgenommenen Verfahrensbeschreibungen lassen sich für das Target Costing in Anlehnung an die in Kapitel 1.3.2 beschriebenen Bewertungskriterien drei Hauptmerkmale zusammenfassen.

- *Bezugsobjekt – "Produkt"*: Die zentrale Bestimmungsgröße des Kostenmanagementverfahrens Target Costing stellt das Produkt dar. Dementsprechend setzen die im Rahmen des Target Costing angestellten Wirtschaftlichkeitsüberlegungen nur mittelbar an der Unternehmung an. Das ist immer dann der Fall, wenn zur Senkung der Komponentenkosten des bearbeiteten Produkts prozessorientierte oder organisatorische Ansätze herangezogen werden. Aus diesem Grund wird durch das Target Costing nur dann die nachhaltige Wirtschaftlichkeit der Unternehmung sichergestellt, wenn sämtliche Produkte der Unternehmung dem Target Costing unterzogen werden.

- *Ausgangspunkt der Kostenbeeinflussung – "Markt"*: Hauptmesslatte für die Optimierung ist der durch die Wünsche und die Zahlungsbereitschaft der potenziellen Nachfrager determinierte Markt. Darüber hinaus beachtet das Target Costing (zumindest im Rahmen der Zielkostenfestlegung) keinerlei zusätzliche Einflussgrößen.

- *Realisierbares Kostenniveau – "Optimierungsstopp bei Überschreiten der Wirtschaftlichkeitsschwelle"*: An das Merkmal der strikten Marktorientierung schließt sich nahtlos das Merkmal des Optimierungsstopps bei Überschreiten der Wirtschaftlichkeitsschwelle an. Wird diese Wirtschaftlichkeitsschwelle überschritten – oder anders ausgedrückt – sind die festgelegten Zielkosten im Rahmen der Zielkostenerreichung realisiert, werden die Optimierungsbemühungen abgebrochen. Damit ist zwar (wenn die im

---

[122] Eine Übersicht über die hierfür anwendbaren Verfahren kann unter anderem Horváth/Niemand/Wiebold entnommen werden. Vgl. Horváth/Niemand/Wolbold, Target Costing; - State of the art, 1993, S. 16ff

Rahmen der Zielkostenfestlegung getroffenen Annahmen eintreffen) die Wirtschaftlichkeit des bearbeiteten Produkts sichergestellt. Es ist jedoch zum einen nicht die Position gegenüber Wettbewerbern geklärt. Zum anderen ist nicht geklärt, ob das fertig entwickelte Produkt zu den geringstmöglichen Kosten gefertigt wird, da die Optimierung ja bei Erreichen der Zielkosten abgebrochen wurde.

Trotz der innerhalb der Merkmalsbeschreibung formulierten Kritik stellt das Target Costing ein wichtiges und in seiner Bedeutung wahrscheinlich noch zunehmendes Verfahren dar. Letzteres insbesondere deswegen, weil seine Ausbreitung zumindest in der unternehmerischen Praxis Deutschlands eher noch begrenzt ist. Dementsprechend stellt die Einführung und Nutzung des Target Costing in vielen Unternehmungen einen gewaltigen Schritt nach vorn dar. Auf dem Weg zum Kostenmanagementverfahren der unternehmungsbezogenen Kernkostenanalyse kann das Target Costing jedoch nur ein Schritt auf dem Weg zu der "natürlichen Kostenuntergrenze" eines Produkts sein, der die nachhaltige Wirtschaftlichkeit des Produkts aus Nachfragersicht sicherstellt.

1.3.2.3 Zero-Base-Budgeting

1.3.2.3.1 Grundgedanke und Funktionsweise des Zero-Base-Budgeting

Der Ursprung des Zero-Base-Budgeting geht auf die Unternehmung Texas Instruments zurück, die in den 60er Jahren des 20. Jahrhunderts vor dem Problem stand, die geringen verfügbaren strategischen Ressourcen so auf die strategischen Programme aufzuteilen, dass langfristig der größtmögliche Erfolg erzielt wird. Das von Texas Instruments hierfür entwickelte Verfahren, das maßgeblich durch Phyrr getrieben wurde[123], funktionierte wie nachfolgend beschrieben.

Zuerst wurden die einzelnen Projekte möglichst knapp und stichwortartig anhand der folgenden sechs Kriterien beschrieben.

- Ziel des Programms

- Art der Durchführung

- Andere Möglichkeiten der Realisierung

- Kosten

- Erwarteter Nutzen

- Wirkung aus bzw. Abhängigkeit von anderen Programmen

---

[123] Vgl. Phyrr, Zero-Base-Budgeting, 1970, S. 111 ff

Auf Basis dieser knappen Beschreibung wurde jedes strategische Vorhaben in den Leistungsstufen *niedrig*, *mittel* und *hoch* beschrieben. Dabei unterschieden sich die einzelnen Beschreibungen wie nachfolgend beschrieben.

- *Leistungsstufe "Niedrig"*: Geringstmöglicher Projektumfang mit relativ niedrigen Kosten, denen jedoch auch ein relativ geringer Nutzen gegenübersteht.

- *Leistungsstufe "Mittel"*: Projektumfang mit zusätzlichem Einsatz von Ressourcen (Finanzmittel, Mitarbeiter etc.) mit denen bessere Arbeitsergebnisse erzielt werden, worunter sowohl ein früheres Projektende als auch qualitativ höherwertige Projektergebnisse zu zählen sind.

- Leistungsstufe "Hoch": In diesem Leistungsniveau werden durch Zuführung weiterer Ressourcen noch bessere Arbeitsergebnisse erzielt.

Der abschließende Schritt in diesem Verfahren bestand nun darin, die verschiedenen strategischen Projekte in ihren drei verschiedenen Leistungsniveaus nach ihrer relativen Bedeutung zueinander im Hinblick auf die Erreichung des Ziels der Unternehmungsstrategie zu gewichten. Als Ergebnis aus diesem Schritt entstand eine Rangfolge aller strategischen Projekte, anhand derer anschließend die knappen, zur Verfügung stehenden strategischen Ressourcen auf die strategischen Projekte aufgeteilt wurden. Während die strategisch wichtigsten Projekte eine üppige Ressourcenausstattung erhielten, wurden strategisch unwichtigere Projekte mit weniger Ressourcen ausgestattet oder ganz gestrichen.

Dieses grundsätzliche Vorgehenskonzept hat sich auch im Rahmen der weiteren wissenschaftlichen Bearbeitung nicht wesentlich verändert. Deswegen sei an dieser Stelle auf weitere Ausführungen verzichtet und stattdessen auf die umfangreiche Literatur zu diesem Thema verwiesen.[124]

1.3.2.3.2 Zusammenfassung Verfahrensmerkmale Zero-Base-Budgeting

Anhand der vorgenommenen Verfahrensbeschreibungen lassen sich für das Zero-Base-Budgeting in Anlehnung an die in Kapitel 1.3.2 beschriebenen Bewertungskriterien drei Hauptmerkmale zusammenfassen.

- *Bezugsobjekt – "Bereich"*: Aufgrund seines Aufbaus beeinflusst das Zero-Base-Budgeting die Kosten in der Bereichsdimension und grenzt sich damit von den Verfahren ab, welche wie z.B. das Target Costing die Kosten in der Produktdimension beeinflussen.[125] Gleichwohl endet diese Bereichsbe-

---

[124] Vgl. u.a. Burger, Kostenmanagement, 1994, S. 277 ff; Horváth, Controlling, 8. Aufl., 2001, S. 273 ff; Jehle, Gemeinkostenmanagement, 1992, S. 1521 ff; Meyer-Piening, Zero-Base-Budgeting, 1982, S. 259 ff
[125] Vgl. Kapitel 1.3.2.2.1

zogenheit an der Grenze zwischen Gemein- und Einzelkosten, da es sich beim Zero-Base-Budgeting um ein Kostenmanagementverfahren handelt, was klar auf die Beeinflussung (Senkung) der Gemeinkosten fokussiert ist. Es kann demnach nicht von der Möglichkeit einer vollständigen Kostenbeeinflussung über alle Bereiche der Unternehmung gesprochen werden.

- *Ausgangspunkt der Kostenbeeinflussung – "Strategie"*: Hinsichtlich der Kostenbeeinflussung richtet sich das Zero-Base-Budgeting vollständig an der Strategie der Unternehmung aus. Das heißt, dass insbesondere das Aufstellen der Rangfolge der im Vorfeld zusammengestellten Leistungspakete stringent auf Basis der Strategie der Unternehmung erfolgt. Damit unterscheidet sich das Zero-Base-Budgeting signifikant von der durch die Unternehmungsberatung McKinsey entwickelten Gemeinkostenwertanalyse, die sich nicht so sehr an der Strategie der Unternehmung, sondern vielmehr am Erreichen des gesetzten Kostenziels orientiert.[126]

- *Realisierbares Kostenniveau – "Aufgrund des Fehlens einer Faktenbasis zur Festlegung des Verbesserungspotenzials nicht determiniert"*: Zur Festlegung der geplanten Verbesserung, die anschließend den Budgetschnitt determiniert, findet sich zumindest in der Beschreibung von Meyer-Piening keinerlei faktenbasierte Grundlage. Das mag zum einen daran liegen, dass das Zero-Base-Budgeting nicht auf kurzfristige Kosteneinsparungen, sondern vielmehr auf mittelfristige Umverteilung der Gemeinkosten im Sinne der strategischen Unternehmungszielsetzung abzielt.[127] Das kann trotzdem nicht von der Tatsache ablenken, dass auch nach erfolgreicher Durchführung des Zero-Base-Budgeting keinerlei Evidenz dafür gegeben ist, dass jetzt (auch im Sinne der angestrebten Strategie) tatsächlich die niedrigste mögliche Gemeinkostenbasis realisiert ist.

In Rückgriff auf die angeführten Hauptmerkmale stellt das Zero-Base-Budgeting demnach eher eine Methode dar, die Gemeinkosten einer Unternehmung strategiekonform zu allokieren. Zwar können, wie durch Meyer-Piening beschrieben und in zahlreichen praktischen Anwendungsfällen nachgewiesen, die Gemeinkosten um einen gewissen Anteil reduziert werden.[128] Auf dem Weg zur Orientierung der Gemeinkosten an "natürlichen Grenzen" ist das Zero-Base-Budgeting jedoch als Zwischenstation anzusehen, die es zugegebener Maßen in der unternehmerischen Praxis von einer großen Anzahl an (insbesondere öffentlichen) Unternehmungen erst einmal zu erreichen gilt.

---

[126] Vgl. Horváth, Controlling, 8. Aufl., 2001, S. 278
[127] Vgl. Horváth, Controlling, 8. Aufl., 2001, S. 278
[128] Horváth gibt hier ein regelmäßig realisiertes Einsparpotenzial zwischen 10 und 20 Prozent an. Vgl. Horváth, Controlling, 8. Aufl., 2001, S. 278

1.3.2.4 Prozesskostenrechnung

1.3.2.4.1 Grundgedanke und Funktionsweise der Prozesskostenrechnung

Ähnlich wie das Zero-Base-Budgeting beschäftigt sich auch das Kostenmanagementverfahren Prozesskostenrechnung mit der Beeinflussung der im betrieblichen Leistungserstellungsprozess entstehenden Gemeinkosten. Anders als das Zero-Base-Budgeting greifen die Vertreter der Prozesskostenrechnung jedoch den Hauptkritikpunkt herkömmlicher Kostenrechnungsverfahren auf[129] und versuchen "... die Gemeinkostenverrechnung in modifizierter Art und Weise zu objektivieren."[130] Die Gründe für die Entstehung der Prozesskostenrechnung reduzieren Kaupe/Mildenberger dabei in Rückgriff auf die einschlägige Literatur[131] auf den "Wandel in den unternehmerischen Umweltbeziehungen", die "Kostenstrukturveränderungen" und die "Vermeidung strategischer Fehlentscheidungen".[132] Vor diesem Hintergrund formuliert Kremin-Buch die Ziele der Prozesskostenrechnung zum einen dahingehend, eine verursachungsgerechtere Verteilung der Gemeinkosten zu erreichen und zum anderen das Gemeinkostencontrolling zu verbessern.[133]

Der inhaltliche Kern der Prozesskostenrechnung, der letztendlich zum Erreichen dieses Ziels führt, besteht darin, die Bezugsgrößen zu suchen, mit denen Beziehungen zwischen den Gemeinkosten und den Leistungseinheiten in fertigungsnahen (indirekten) Kostenstellen hergestellt und erfasst werden können.[134] Hierfür versucht die Prozesskostenrechnung die Gemeinkosten erzeugenden Planungs-, Steuerungs- und Überwachungsaufgaben in Teilprozesse zu zerlegen und diesen Teilprozessen Kosten zuzuordnen, wobei zwischen leistungsmengeninduzierten (lmi) und leistungsmengenneutralen (lmn) Teilprozessen zu unterscheiden ist. [135] Durch das Verdichten der leistungsmengeninduzierten Teilprozesse zu Hauptpro-

---

[129] Hierunter zählt Kremin-Buch vor allem die traditionelle Vollkostenrechnung und die flexible Plankostenrechnung auf Teilkostenbasis (Grenzplankostenrechnung). Vgl. Kremin-Buch, Strategisches Kostenmanagement, 2. Aufl., 2001, S. 25

[130] Kaupe/Mildenberger, Von der Kostenrechnung zum Kostenmanagement, 2. Aufl., 1998, S. 183

[131] Die Hauptgründe für die Entstehung der Prozesskostenrechnung werden ausführlich in den folgenden drei Quellen behandelt: Horváth/Meyer, Prozesskostenrechnung, 1989, S. 214 ff; Coenenberg/Fischer, Prozesskostenrechnung, 1991, S. 21 ff; Reckenfeldbäumer, Entwicklungsstand und Perspektiven der Prozesskostenrechnung, 1994, S. 3 ff

[132] Vgl. Kaupe/Mildenberger, Von der Kostenrechnung zum Kostenmanagement, 2. Aufl., 1998, S. 183

[133] Vgl. Kremin-Buch, Strategisches Kostenmanagement, 2. Aufl., 2001, S. 27

[134] Freidank sieht hier z.B. den Einkauf, die Arbeitsvorbereitung, die Produktionsplanung oder auch die Qualitätssicherung. Vgl. Freidank, Marktorientierte Steuerung mit Hilfe der Prozesskostenrechnung, 5. Aufl., 2001, S. 231

[135] Vgl. u.a. Burger, Kostenmanagement, 1994, S. 177; Freidank, Marktorientierte Steuerung mit Hilfe der Prozesskostenrechnung, 5. Aufl., 2001, S. 233; Horváth, Controlling, 8. Aufl, 2001, S. 557; Kremin-Buch, Strategisches Kostenmanagement, 2. Aufl., 2001, S. 35; Schulte, Kostenmanagement, 2000, S. 181

zessen – wobei sich ein Hauptprozess aus leistungsmengeninduzierten Teilprozessen mit übereinstimmenden Kostentreibern mindestens einer Kostenstelle zusammensetzt – wird ermöglicht, die jeweils zuzurechnenden Gemeinkosten verursachungsgerecht den einzelnen Einheiten des jeweils bezogenen Kostentreibers zuzuschlagen.[136] Dieses Verfahren ist zur besseren Veranschaulichung schematisch in Abbildung 9 dargestellt.

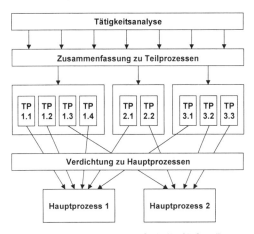

Quelle: Burger, Kostenmanagement, 1994, S. 167; Horváth, Controlling,
8. Aufl., 2001, S. 556; Mayer, Prozesskostenrechnung und
Prozesskostenmanagement, 1991, S. 86

Abbildung 9   **(Prinzip der Hauptprozessverdichtung)**

Aufbauend auf den so berechneten Prozesskosten ist zum einen die Möglichkeit geschaffen, die bisher indirekten Gemeinkosten direkt definierten Bezugsgrößen wie zum Beispiel Produkten zuzurechnen und somit die Kalkulation von Produkten zu verbessern bzw. zu objektivieren. Gleichzeitig wird durch die gewonnene Transparenz die Planung und Steuerung der durch indirekte Bereiche verursachten Gemeinkosten verbessert. Der Hauptgrund für diese Verbesserung besteht in der durch die Prozesskostenrechnung zur Verfügung gestellten Faktenbasis. Zum dritten ist anzumerken, dass es typischerweise bereits im Rahmen der Durchführung der Prozesskostenrechnung zu signifikanten Einsparungen im Gemeinkostenbereich kommt. Das liegt insbesondere daran, dass in dem beschriebenen Teilschritt "Tätigkeitsanalyse zur Teilprozessermittlung" die bisher durchgeführten Tätigkeiten auf ihre Sinnhaftigkeit und Wirtschaftlichkeit hin überprüft werden und bei

---

[136] Vgl. Freidank, Marktorientierte Steuerung mit Hilfe der Prozesskostenrechnung, 5. Aufl., 2001, S. 236

Teilschritten, bei denen diese Bewertung negativ ausfällt, entsprechende Maßnahmen eingeleitet werden können.[137]

1.3.2.4.2 Zusammenfassung Verfahrensmerkmale Prozesskostenrechnung

Anhand der vorgenommenen Verfahrensbeschreibungen lassen sich für die Prozesskostenrechnung in Anlehnung an die in Kapitel 1.3.2 beschriebenen Bewertungskriterien drei Hauptmerkmale zusammenfassen.

- *Bezugsobjekt – "Prozess"*: Grundsätzlich ist die Prozesskostenrechnung auf die Erfassung der durch indirekte Bereiche induzierten Gemeinkosten entlang von Prozessen fokussiert. Insofern ist grundsächlich von einem Prozessbezug der Prozesskostenrechnung zu sprechen. Die sich im Rahmen der Zurechnung ergebende Zuweisung der Prozesskosten zu den Bezugsgrößen Produkt und/oder Bereich erfolgt, wie u.a. Burger anmerkt, erst in einem zweiten Schritt, was den grundsätzlichen Prozessbezug der Prozesskostenrechnung jedoch nicht in Frage stellt.[138]

- *Ausgangspunkt der Kostenbeeinflussung – "Forderung nach Transparenz"*: Kerngedanke der Prozesskostenrechnung ist es, Transparenz dahingehend zu schaffen, welcher Anteil der Gemeinkosten auf welche Bezugsgröße entfällt bzw. durch welche Bezugsgröße verursacht wird. Ergebnis dieses Transparenzgedankens ist nach erfolgreicher Durchführung einer Prozesskostenrechnung eine Faktenbasis, die diese Grundfrage beantwortet und so die verursachenden Bezugsgrößen der Gemeinkosten nicht nur hinsichtlich ihrer faktischen Verursachung, sondern auch hinsichtlich des Grads der Verursachung visualisiert.

- *Realisierbares Kostenniveau – "Als effizient angesehenes Kostenniveau"*: Grundsätzlich erscheint es erstaunlich, dass allein die pure Durchführung einer Kostenrechnung zu Kosteneinsparungen führen kann. Wie bereits mehrfach angeführt, kann das bei der Durchführung einer Prozesskosten-

---

[137] Im Zusammenhang mit der oben aufgeführten Beschreibung des möglichen Nutzens der Prozesskostenrechnung sei an dieser Stelle der Vollständigkeit halber angemerkt, dass dieser Nutzen nicht von der gesamten betriebswirtschaftlichen Autorenschaft anerkannt wird. Vielmehr ist eine teilweise "emotionale Diskussion" um die Neuheit und den Nutzen der Prozesskostenrechnung gegenüber den bekannten Kostenrechnungsverfahren entbrannt. Da das Aufgreifen dieser Diskussion im Zusammengang mit dem Kostenmanagementverfahren der unternehmungsbezogenen Kernkostenanalyse jedoch nicht zielführend erscheint, sei an dieser Stelle auf Braun verwiesen, der sich in seinem Buch "Die Prozesskostenrechnung - Ein fortschrittliches Kostenrechnungssystem?" ausführlich dieser Diskussion angenommen hat. Vgl. Braun, Die Prozesskostenrechnung, 2. Aufl., 1996 Weiterhin sei an dieser Stelle auf die Publikationen von Kloock verwiesen, der sich sehr früh mit der Frage der Sinnhaftigkeit der Prozesskostenrechnung befasst hat. Vgl. Kloock, Prozesskostenrechnung als Rückschritt und Fortschritt in der Kostenrechnung, 1992, S. 183 ff und S. 237 ff
[138] Vgl. Burger, Kostenmanagement, 1994, S. 213

rechnung bereits im Rahmen der Tätigkeitsanalyse der Fall sein, wenn bereits in diesem Stadium die aufgenommenen Tätigkeiten hinsichtlich bestehender Ineffizienzen analysiert und bereits entsprechend modifiziert aufgenommen werden. Der Grundgedanke dieses Kostensenkungsansatzes besteht demnach in einer nicht näher spezifizierten Effizienzbetrachtung, die weder einen konkreten Wirtschaftlichkeitsbezug hat, noch auf irgendeinen anderen konkreten Optimierungsansatz ausgerichtet ist. Das Ergebnis der Prozesskostenrechnung kann vor diesem Hintergrund dementsprechend nur als vorbereitende (Transparenz schaffende) Maßnahme verstanden werden, die weitere Kostensenkungen im Bereich der Gemeinkosten vorbereitet. Die Beeinflussung von Einzelkosten ist ohnehin nicht Gegenstand der Prozesskostenrechnung und bedarf dementsprechend einer separaten Herangehensweise.

Vor dem Hintergrund dieser Charakterisierung kann die Prozesskostenrechnung als prozessbezogenes Vorbereitungsinstrument weiterer Kostenbeeinflussungsinstrumente gewertet werden und stellt dementsprechend nur einen Schritt in der Ausrichtung der Kosten einer Unternehmung an dem Konzept der natürlichen Grenzen dar.[139]

1.3.2.5 Produktbezogene Kernkostenanalyse

1.3.2.5.1 Grundgedanke und Funktionsweise der produktbezogenen Kernkostenanalyse

Sowohl zur Herkunft als auch zu den Grundlagen des Kernkosten-Konzepts wurden bereits im Rahmen der Definition des Begriffs der Kernkosten umfangreiche Ausführungen vorgenommen, die an dieser Stelle nicht wiederholt werden sollen.[140] Aufbauend auf dem im Kapitel 1.2.3 dargestellten "Konzept der natürlichen Grenzen" wurde durch die Unternehmungsberatung McKinsey das Kostenmanagementverfahren der Kernkostenanalyse zum Einsatz in der Produktentwicklung geschaffen.[141] Ziel dieses Verfahrens ist es, "... die technischen Grenzen bei der Kostenreduktion auszuloten und selbst in scheinbar bereits ausgereizten Bereichen nachhaltige [Kosten-]Einsparungen zu erzielen."[142] Um dieses Ziel zu erreichen, gliedert sich das der produktbezogenen Kernkostenanalyse zugrunde liegende Vorgehenskonzept in die vier Phasen *Parameteridentifikation*, *Errechnen Kernkosten*, *Ableiten Zielkosten* sowie *Implementierung* auf. Da das Verfahren der produktbezogenen Kernkostenanalyse in der betriebswirtschaftlichen Fachliteratur

---

[139] Zur Ausführlichen Diskussion der Sinnhaftigkeit der Prozesskostenrechnung: Vgl. Braun, Die Prozesskostenrechnung, 2. Aufl., 1996; Kloock, Prozesskostenrechnung als Rückschritt und Fortschritt in der Kostenrechnung, 1992, S. 183 ff und S. 237 ff

[140] Vgl. Kapitel 1.2.3

[141] Vgl. Kluge, Vom theoretischen Minimum zum praktischen Optimum, 1997

[142] Coenenberg/Salfeld, Wertorientierte Unternehmensführung, 2003, S. 159

bisher noch nicht durchgängig dargestellt wurde, jedoch insbesondere im Hinblick auf das Entwickeln der unternehmungsbezogenen Kernkostenanalyse wertvolle Anhaltspunkte bietet, wird das Phasenkonzept der produktbezogenen Kernkostenanalyse nachfolgend detailliert erläutert.

- *Phase 1 - Parameteridentifikation*: Der erste Schritt der produktbezogenen Kernkostenanalyse ist wie bei jedem Analyseverfahren das Festlegen des Analyseumfangs. Steht der Analyseumfang – zum Beispiel die Ermittlung der Kernkosten einer Werkzeugmaschine – fest, so sind in einem zweiten Schritt die Parameter zu identifizieren, die Einfluss auf die Kosten des Analyseumfangs haben. Dabei kann es sich neben den Faktorkosten (Personal, Material, Maschinen, Sonstige) unter anderem um die Parameter Qualität, Zeit oder auch Komplexität handeln. Sind diese Parameter identifiziert, so sind die Ist-Werte der Parameter in Bezug auf den definierten Analyseumfang zu erheben. Anschließend ist für jeden der identifizierten Parameter die Kostenreagibilität, also die konkrete Wirkungsbeziehung zwischen einer Parameteränderung und der daraus resultierenden Kostenänderung, zu ermitteln. Ergebnis dieser Bemühungen ist ein Kostenmodell, das nicht nur die Kostenreagibilität der einzelnen Parameter, sondern auch die durch die gleichzeitige Änderung mehrerer Parameter entstehenden Interdependenzen in der Kostenbeeinflussung berücksichtigt.

Phase 2 - Errechnen Kernkosten: In der zweiten Phase gilt es die Kernkosten des festgelegten Analyseumfangs zu ermitteln. Der erste Schritt auf diesem Weg ist es, die natürliche Grenze der Ausprägung der einzelnen Parameter zu ermitteln. Wie das funktioniert, sei exemplarisch am Beispiel der bereits im Kapitel 1.2.3 thematisierten dreiachsigen CNC-Maschine[143] anhand des Parameters Komplexität erklärt. Die in Abbildung 10 dargestellten Ergebnisse der Untersuchung lassen Rückschlüsse auf die grundsätzliche Vorgehensweise zu. Grundsätzlich ist die Ermittlung des Kernniveaus der die Kosten beeinflussenden Parameter durch die Annahme idealisierter Umweltbedingungen gekennzeichnet. Konkreter formuliert soll ermittelt werden, bis auf welches Niveau die Ausprägung des Parameters reduziert werden kann, wenn bis auf die natürlichen Grenzen keine weiteren Limitationen in die Betrachtung mit einbezogen werden. Dabei wird billigend in Kauf genommen, dass die Ergebnisse aus dieser Analyse theoretischer Natur sind und sich unter realen Umweltbedingungen typischerweise nicht realisieren lassen. Basierend auf diesen Grundannahmen wurde auch bei der in Abbildung 10 dargestellten Kernkomplexitäts-Ermittlung der Werkzeugmaschine vorgegangen. So konnte, ausgehend von einer Komplexität 485 unterschiedlicher Teile, unter Annahme idealisierter Umweltbedingungen durch die Ansätze "Standardisierung Kleinteile", "Standardisierung

---

[143] Im Kapitel 1.2.3 als Bearbeitungszentrum bezeichnet

48

Großteile", "Funktionsintegration" sowie durch den "Ersatz von Hardware durch Software" die Komplexität im Kernniveau auf ein Zehntel der ursprünglich verwendeten Teile reduziert werden, ohne dass die notwendige Funktionalität der Werkzeugmaschine eingeschränkt wurde.

KERNKOMPLEXITÄT 3-ACHSEN-CNC-WERKZEUGMASCHINE
in Anzahl unterschiedlicher Teile*

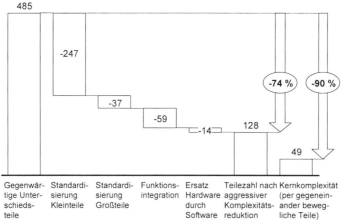

| Gegenwärtige Unterschieds- teile | Standardi- sierung Kleinteile | Standardi- sierung Großteile | Funktions- integration | Ersatz Hardware durch Software | Teilezahl nach Komplexitäts- reduktion | Kernkomplexität (per gegenein- ander beweg- liche Teile) |

* Gesamtzahl Teile (einschließlich Gleichteile) = 1.911
Quelle: McKinsey, Maßstäbe setzen, 1997, S. 20

Abbildung 10 (Komplexität Werkzeugmaschine)

Basierend auf diesem Vorgehen sind für jeden kostenbeeinflussenden Parameter Ansätze zu finden, die Ausprägung des Parameters auf die natürlichen Grenzen zu reduzieren. Wird das Konzept der natürlichen Grenzen unter idealisierten Umweltbedingungen zum Beispiel auf den Parameter Zeit angewandt, so ergibt sich die "idealisierte" Minimal-Produktionszeit, indem angenommen wird, dass keine Wartezeiten die Fertigung des Produkts einschränken, keine Wartung der Maschinen notwendig ist, keine Fehler den Fertigungsprozess unterbrechen und die Maschinen und/oder die am Fertigungsprozess beteiligten Personen mit maximaler Leistung und somit minimalem Zeitaufwand arbeiten. Eine Anwendung auf den Parameter Materialqualität würde dementsprechend die Materialqualität ermitteln, deren Qualitätseigenschaften (z.B. Härte, Schmelztemperatur, Dichte) gerade noch ausreichen, um den intendierten Produktnutzen bzw. die intendierte Produktfunktionalität zu realisieren. Das durch die Orientierung an natürlichen Grenzen ermittelte minimale Niveau der Parameterausprägung wird als Kernniveau bezeichnet, da es den "Kern" des absolut und unabdingbar Notwendigen darstellt, das aufgrund der Orientierung an natürlichen Grenzen (Naturgesetzen) nicht weiter unterschritten werden kann.

Der nächste Schritt hin zur Errechung der Kernkosten ist der Abgleich konfliktärer Kern-Parameterausprägungen. Wie bereits im Kapitel 1.2.3 in Rückgriff auf Heine angemerkt, besteht die Möglichkeit, dass das Erreichen der natürlichen Grenze eines Parameters konfliktär zum Erreichen der natürlichen Grenze eines anderen Parameters des gleichen Produkts ist. Am konkreten Beispiel ausgedrückt, kann eine Verringerung der Produktkomplexität bis an die natürlichen Grenzen zu einer Erhöhung der Montagezeiten führen und somit verhindern, dass gleichzeitig die natürliche Grenze des Parameters Montagezeit erreicht wird. Dementsprechend müssen die einzelnen Parameterausprägungen so gegeneinander abgeglichen werden, dass tatsächlich ein (unter den gesetzten Rahmenbedingungen der ausschließlichen Orientierung an idealisierten Umweltbedingungen) realisierbares wirtschaftliches Optimum theoretisch erreicht werden kann.[144] Vor dem Hintergrund der Annahme idealisierter Umweltbedingungen sei an dieser Stelle noch einmal darauf hingewiesen, dass es sich bei diesem Wert um einen theoretischen Wert handelt, der nur bei Eintritt der angenommenen idealisierten Umweltbedingungen erreicht werden kann.

Sind die konfliktären Größen gegeneinander abgeglichen, so können die ermittelten (abgeglichenen) Kern-Parameterausprägungen in das in Phase 1 erstellte Modell eingegeben werden. Dieses bildet, wie in der Beschreibung von Phase 1 erläutert, die Kostenveränderungen ab, die sich aus einer (gleichzeitigen) Veränderung der die Kosten beeinflussenden Parameter ergeben. Dementsprechend können mit Hilfe dieses Modells die Kernkosten errechnet werden, die sich, ausgehend von den Ist-Kosten und den Ist-Parameterausprägungen ergeben, wenn von einer Veränderung der Parameterausprägungen vom erhobenen Ist-Niveau auf das ermittelte Kernniveau ausgegangen wird. Diese Kosten werden als Kernkosten bezeichnet und sind ein theoretischer Wert, der nur bei Eintritt der angenommenen idealisierten Umweltbedingungen erreicht werden kann.

- *Phase 3 - Ableiten Zielkosten*: Da die errechneten Kernkosten nur einen theoretisch erreichbaren Wert unter Annahme idealisierter Umweltbedingungen darstellen, bieten sie für sich genommen keinen direkt nutzbaren Vorteil im Rahmen der Produktentwicklung. Sie zeigen jedoch, was theoretisch möglich wäre, wenn in Zukunft die zugrunde liegenden Annahmen (idealisierte Umweltbedingungen) eintreffen. Da die meisten Produktentwicklungen jedoch einen im Vordergrund stehenden Gegenwartsbezug haben, sind, ausgehend von den das theoretische Minimum darstellenden Kernkosten, Zielkosten abzuleiten, die unter den gegebenen Umweltbedingungen auch tatsächlich erreicht werden können. Um dies zu erreichen, ist die Frage zu stellen, welche in der Realität zu beachtenden Beschränkungen

---

[144] Vgl. Heine, Wettbewerbsvorsprung durch Orientierung an Grenzen, 1997, S. 37

bestehen, die das Erreichen der Kernkosten bzw. das Erreichen der Kern-Parameterausprägungen verhindern.

Vor dem Hintergrund dieses Grundgedankens der Zielkostenableitung sind die ermittelten Kern-Parameterausprägungen (und zwar nicht die zum Erreichen des theoretischen Optimums angeglichenen, sondern die tatsächlichen Kern-Parameterausprägungen) objektiv zu reevaluieren. Dabei sind all die realen Beschränkungen in die Bestimmung der unter realistischen Umweltbedingungen zu erreichenden Ziel-Parameterausprägungen mit einzubeziehen, die zum einen begründet und zum anderen quantifizierbar sind. Unter einer begründeten Beschränkung sind demnach nicht Beschränkungen wie "Das kann nicht funktionieren", sondern vielmehr faktenbasierte Beschränkungen wie "mit den heutigen Werkstoffen lässt sich maximal eine Materialhärte von x erreichen, da wir die Herstellung dieses Werkstoffes unter Schwerelosigkeit noch nicht realisieren können" zu verstehen. Unter dem Erfordernis der Quantifizierbarkeit ist zu verstehen, dass die Beschränkung in einem erreichbaren Parameterniveau ausgedrückt werden können muss. Beide Anforderungen zusammengenommen sollen das Einfließen von Pauschalbeschränkungen verhindern. Wichtig bei der Ableitung der Ziel-Parameterausprägungen ist es, dass der Startpunkt der Ableitung nicht die Ist-, sondern die Kern-Parameterausprägungen sind, mithin sichergestellt ist, dass das maximal unter den gegebenen Umweltbedingungen mit den gegebenen Beschränkungen erreichbare Zielkostenniveau abgeleitet werden kann.

Sind die Ziel-Parameterausprägungen der die Kosten beeinflussenden Parameter bestimmt, so erfolgt das Errechnen der Zielkosten analog zum Errechnen der Kernkosten. Zuerst werden die ermittelten Ziel-Parameterausprägungen hinsichtlich etwa bestehender Konflikte in ihrer parallelen Realisierung/Erreichbarkeit untersucht. Werden Konflikte festgestellt, so sind die konfliktären Parameterausprägungen so abzugleichen, dass insgesamt ein wirtschaftliches Optimum erreicht wird. Die so abgeglichenen Ziel-Parameterausprägungen werden in das in Phase 1 erstellte Modell (mit dem bereits die Kernkosten errechnet wurden) eingesetzt und somit die Zielkosten errechnet. Die so errechneten Zielkosten stellen die Kosten dar, die, ausgehend von den sich an natürlichen Grenzen orientierenden Kern-Parameterausprägungen, realistisch erreicht werden können, wenn die Kern-Parameterausprägungen um die unter existierenden Umweltbedingungen anzusetzenden Begrenzungen zu Ziel-Parameterausprägungen ergänzt werden. Dementsprechend stellen die so ermittelten Zielkosten die maximal zu erreichende Kostenuntergrenze unter gegebenen Umweltbedingungen dar. Ein Unterschreiten der so ermittelten Zielkosten ist somit nur möglich, wenn es zu einer Veränderung der gegebenen Umweltbedingungen kommt

- *Phase 4 - Implementierung*: Den Abschluss der Kernkostenanalyse bildet die Implementierung, mit der das Erreichen der errechneten Zielkosten durch das zugrunde liegende Produkt sichergestellt werden soll. Anders als bei der Implementierungsphase anderer Kostenmanagementverfahren ist die Implementierung im Rahmen der produktbezogenen Kernkostenanalyse überaus einfach, da bereits im Rahmen der zum Errechnen der Kernkosten und zum Ableiten der Zielkosten durchgeführten Analysen die Parameterausprägungen identifiziert wurden, die zum Erreichen der Zielkosten realisiert werden müssen. Dementsprechend ist für die Implementierung lediglich ein aus geeigneten Maßnahmen bestehendes Programm aufzusetzen, welches das Erreichen der bereits als realisierbar klassifizierten Parameterausprägungen zum Ziel hat. Parallel zum Prozess der Maßnahmendurchführung ist ein Steuerungsprozess zu installieren, der zwei Aufgaben hat. Zum einen ist die Zielerreichung in den einzelnen Maßnahmen zu überprüfen und gegebenenfalls korrigierend nachzusteuern. Dies ist immer dann der Fall, wenn sich eine als erreichbar angenommene Parameterausprägung aufgrund von zusätzlich auftretenden Beschränkungen doch nicht erreichen lässt. Erweisen sich diese vorher nicht beachteten Beschränkungen als substantiiert, so ist gegebenenfalls noch einmal in den Prozess der Zielkostenableitung rückzukoppeln und es sind entsprechende Korrekturen vorzunehmen. Gleiches gilt natürlich, wenn eine angenommene Begrenzung doch nicht existiert. In diesem Fall ist ebenfalls in die Phase der Zielkostenableitung (Phase 3) rückzukoppeln und die Zielkosten sind entsprechend (durch eine Neuberechnung) zu senken. Parallel dazu besteht die zweite Aufgabe des Steuerungsprozesses darin, die bestehenden Umweltbedingungen hinsichtlich sich ergebender Veränderungen zu untersuchen. Werden solche festgestellt, so ist ebenfalls in die Phase der Zielkostenableitung rückzukoppeln und es sind unter Berücksichtigung dieser veränderten Umweltbedingungen neue (meist niedrigere) Zielkosten zu errechnen.

Im Ergebnis kann davon ausgegangen werden, dass mit Hilfe der produktbezogenen Kernkostenanalyse die absolute Kostenuntergrenze für das Produkt (bzw. den definierten Untersuchungsumfang) ermittelt werden kann. Damit hebt sich die produktorientierte Kernkostenanalyse klar aus der Menge der Kostenmanagementverfahren heraus, da sie im Rahmen der existierenden Kostenmanagementverfahren das maximale Maß an Kostenbeeinflussung realisiert. Vor diesem Hintergrund ist insbesondere die Frage zu stellen, wieso die produktbezogene Kernkostenanalyse noch keinen ernstzunehmenden Eingang in die betriebswirtschaftliche Fachliteratur und darüber hinaus in die betriebswirtschaftliche Forschung gefunden hat.

Unabhängig von der Frage der wissenschaftlichen Bearbeitung stellt die Anwendung der produktbezogenen Kernkostenanalyse hohe Anforderungen an die an der Durchführung beteiligten Projektmitarbeiter. So formulieren Bästlein/Dämming/Heine/Kluge diese Anforderungen wie folgt. "Das Funktionieren des Ansatzes hängt von der Bereitschaft ab, Bestehendes weitgehend in Frage stellen zu können. Hier müssen sich die verantwortlichen Mitarbeiter und Führungskräfte auf die Rückendeckung des Top-Managements verlassen können."[145] Ganz entscheidend ist demnach die Fähigkeit der Projektteilnehmer, bestehende Barrieren aufzuheben und sich gedanklich auf die natürliche Grenze als Ausgangspunkt einzustellen und die Fähigkeit des Top-Managements dieses auch zuzulassen. Das erfordert insbesondere deswegen von beiden Seiten enorme Anstrengungen, da sich die produktbezogene Kernkostenanalyse nicht wie zum Beispiel das Benchmarking an bereits existierendem, sondern an einem vollkommen neuen, virtuellen Bezugspunkt – der natürlichen Grenze – orientiert.

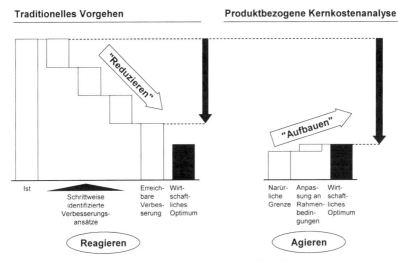

Quelle: Bästlein/Dämmig/Heine/Kluge, Überholen statt Einholen, 1997, S. 282

Abbildung 11 **(Grundkonzept produktbezogene Kernkostenanalyse)**

Wie Abbildung 11 zu entnehmen ist, wird dieses Agieren statt Reagieren zum einen dadurch belohnt, dass man mit der produktorientierten Kernkostenanalyse Wettbewerber überholen, statt nur einholen kann. Zum anderen besteht bei der produktbezogenen Kernkostenanalyse bei den beteiligten Mitarbeitern eher der Eindruck, etwas auf- als etwas abzubauen.

---

[145] Bästlein/Dämming/Heine/Kluge, Überholen statt Einholen, 1997, S. 282

1.3.2.5.2 Zusammenfassung Verfahrensmerkmale produktbezogene Kernkostenanalyse

Anhand der vorgenommenen Verfahrensbeschreibungen lassen sich für die produktbezogene Kernkostenanalyse in Anlehnung an die in Kapitel 1.3.2 beschriebenen Bewertungskriterien drei Hauptmerkmale zusammenfassen.

- *Bezugsobjekt – "Produkt"*: Wie im Kostenmanagementverfahren Target Costing stellt auch bei der produktbezogenen Kernkostenanalyse das Produkt die zentrale Bestimmungsgröße dar. Aufgrund der zentralen Rolle der Bestimmungsgröße Produkt richten sich die im Rahmen der produktbezogenen Kernkostenanalyse angestellten Wirtschaftlichkeitsüberlegungen nur mittelbar an der Unternehmung aus.

- *Ausgangspunkt der Kostenbeeinflussung – "Natürliche Grenzen"*: Hauptmesslatte für die im Rahmen der produktbezogenen Kernkostenanalyse angestellten Optimierungsbemühungen stellen die natürliche Grenzen der kostenbeeinflussenden Parameter dar. Eine Einbeziehung anderer Optimierungskriterien, wie zum Beispiel der Zahlungsbereitschaft der Nachfrager, der Strategiekonformität oder einer Zielkapitalproduktivität, erfolgt explizit nicht.

- *Realisierbares Kostenniveau – "Unter den gegebenen Umweltbedingungen maximal realisierbare Kostenuntergrenze"*: Anders als bei allen anderen Kostenmanagementverfahren ist durch die Fokussierung auf das Optimierungskriterium der natürlichen Grenzen sichergestellt, dass tatsächlich die unter den gegebenen Umweltbedingungen maximal erreichbare Kostenuntergrenze ermittelt/erreicht wird. Eine unter den ermittelten Zielkosten liegende Kostenuntergrenze kann durch kein anderes Optimierungskriterium erreicht werden. Ein Unterschreiten der ermittelten Zielkosten ist nur möglich, wenn die einbezogenen Umweltbedingungen Änderungen unterliegen (z.B. durch neue Materialen oder neue Fertigungsverfahren) und sich somit bisher zu beachtenden Limitationen verringern.

Abschließend kann das Kostenmanagementverfahren der produktbezogenen Kernkostenanalyse als ein Verfahren mit zumindest theoretisch maximaler Kostenbeeinflussbarkeit charakterisiert werden. Andererseits ist hierzu anzumerken, dass die richtige und auch erfolgreiche Durchführung einer produktbezogenen Kernkostenanalyse höchste Ansprüche an die an der Projektdurchführung beteiligten Beschäftigten stellt und dass die Kommunikation und Implementierung der Ergebnisse im Vergleich zu anderen Kostenmanagementverfahren aufgrund der Virtualität des herangezogenen Vergleichsobjekts deutlich erschwert ist. Richtig angewandt hilft die produktbezogene Kernkostenanalyse jedoch Wettbewerbsnachteile nicht nur einzuholen, sondern auf lange Zeit einen nachhaltigen Wettbewerbsvorteil zu erarbeiten.

1.3.3 Zusammenfassung Analyseergebnisse bekannter Kostenmanagementverfahren

Auf Basis der in Kapitel 1.3.2 entwickelten Bewertungskriterien lassen sich die in den Kapiteln 1.3.2.1 bis 1.3.2.5 erläuterten Kostenmanagementverfahren problemlos dahingehend analysieren, ob unter den bekannten Kostenmanagementverfahren ein Verfahren identifiziert werden konnte, mit dessen Hilfe die für eine Unternehmung unter den gegebenen Umweltbedingung maximal erreichbare Kostenuntergrenze ermittelt und im Ergebnis auch realisiert werden kann. Eine Zusammenfassung der Ergebnisse dieser Analyse kann Abbildung 12 entnommen werden.

			QUALITATIV
Vergleichsdimensionen			
Kostenmanagement-verfahren	Bezugsobjekt	Ausgangspunkt Kostenbeeinflussung	Realisierbares Kostenniveau
• Benchmarking	Variabel*	Wettbewerber	(Zusammengesetzte) Bestleistungen der Wettbewerber
• Target Costing	Produkt	Markt	Durch Zahlungsbereitschaft der Nachfrager definiertes Kostenniveau
• Zero-Base-Budgeting	Bereich	Strategie	Durch pauschale Zielsetzung definiertes Einsparungsziel
• Prozesskosten-rechnung	Prozess	Kostenträger-zurechnung	Das als "effizient" klassifizierte Kostenniveau
• Produktbezogene Kernkostenanalyse	Produkt	Natürliche Grenzen	Absolute Kostenuntergrenze unter Berücksichtigung gegebenen Umweltbedingungen
• Gesuchtes Kosten-managementverfahren	Bereich (Unternehmung)	Natürliche Grenzen	Absolute Kostenuntergrenze unter Berücksichtigung gegebenen Umweltbedingungen

* Wahlweise Produkte, Bereiche, Prozesse o.ä.
Quelle: Weiss

Abbildung 12 (**Zusammenfassung Vergleich erläuterter Kostenmanagementverfahren**)

Wie in Abbildung 12 zu erkennen ist, existieren mit dem Benchmarking oder dem Zero-Base-Budgeting zwar bereichsorientierte Verfahren, mit denen, bei entsprechender Definition des Untersuchungsumfangs, die gesamten Kosten einer Unternehmung beeinflusst werden können. Jedoch ist durch die Anwendung dieser Verfahren nicht sichergestellt, dass sich die unter gegebenen Umweltbedingungen maximal erreichbare Kostenuntergrenze realisieren lässt. Andersherum existiert mit der produktbezogenen Kernkostenanalyse zwar ein Kostenmanagementverfahren, mit dem sich die unter gegebenen Umweltbedingungen maximale Kostenuntergrenze realisieren lässt. Dieses Kostenmanagementverfahren ist jedoch in seiner Anwendung auf das Produkt als Bezugsobjekt beschränkt. Auf Basis dieser Analyse der in Abbildung 12 dargestellten Vergleichsergebnisse lässt sich feststellen, dass zumindest unter den erläuterten Kostenmanagementverfahren kein Verfahren existiert, mit dem die Kosten einer Unternehmung so beeinflusst werden können, dass sich im Ergebnis für die ganze Unternehmung die unter gegebenen Umweltbedingungen maximal erreichbare Kostenuntergrenze realisieren lässt.

1.4 Formulierung des Forschungsbedarfs

Hinsichtlich des in Kapitel 1.3.3 vorgenommenen Vergleichs ist anzumerken, dass dieser nur die erläuterten Kostenmanagementverfahren umfasst. Von dieser doch sehr begrenzten Vergleichsbasis ausgehend wäre es nicht richtig zu behaupten, dass kein Kostenmanagementverfahren existiert, mit welchem sich die unter gegebenen Umweltbedingungen maximal erreichbare Kostenuntergrenze einer gesamten Unternehmung ermitteln (und im Ergebnis auch realisieren) lässt. Eine derartige Aussage ließe sich nur dann treffen, wenn es gelänge, in einem (wahrscheinlich recht umfangreichen) Vergleich, sämtliche überhaupt existierenden Kostenmanagementverfahren einander gegenüberzustellen. Dieses Vorhaben erscheint schon aufgrund der vielen in diesem Rahmen zu überwindenden Sprachbarrieren zum Scheitern verurteilt.

Ersatzweise erscheint es jedoch ausreichend, die drei großen Wirtschaftsräume (Europa, Nordamerika und Asien) dahingehend zu untersuchen, ob ein derartiges Kostenmanagementverfahren entweder Eingang in die jeweilige betriebswirtschaftliche Fachliteratur oder Anwendung in der unternehmerischen Praxis gefunden hat. Dieser Hypothese liegt die Annahme zugrunde, dass (aufgrund des hohen Nutzens eines solchen Verfahrens[146]) im Falle der Existenz eines derartigen Kostenmanagementverfahrens, dieses Verfahren (bei entsprechender praktischer Anwendbarkeit) entweder Eingang in die betriebswirtschaftliche Forschung und/oder in die unternehmerische Praxis gefunden haben muss.

Einen aktuellen Überblick über den Stand der Entwicklung und die Perspektiven des Kostenmanagements im internationalen Vergleich bietet die 2002 durch Franz/Kajüter zusammengestellte Sammlung entsprechender Fachbeiträge.[147] Darin wird von den jeweils namenhaftesten Vertretern des Kostenmanagements Deutschlands[148], Großbritanniens[149], Nordamerikas[150] und Japans[151] ein Überblick über die in den jeweiligen Regionen gebräuchlichsten Verfahren sowie den ge-

---

[146] Zur Erklärung des Nutzens eines derartigen Verfahrens vgl. Kapitel 1.1.1

[147] Vgl. Franz/Kajüter, Kostenmanagement, 2. Aufl., 2002, S. 527 ff

[148] Vgl. Franz/Kajüter, Kostenmanagement in Deutschland, 2002, S. 569 ff

[149] Vgl. Mitchell, Cost Management in the UK, 2002, S. 555 ff

[150] Vgl. Cooper, Cost Management in the US, 2002, S. 537 ff

[151] Vgl. Sakurai, Cost Management in Japan, 2002, S. 527 ff

genwärtigen Entwicklungstendenzen gegeben. Eine Analyse dieser Beiträge, die an dieser Stelle nicht weiter ausgeführt werden soll, identifiziert jedoch auch dort kein Kostenmanagementverfahren, mit welchem sich die unter gegebenen Umweltbedingungen maximal erreichbare Kostenuntergrenze einer gesamten Unternehmung ermitteln lässt.

Da sowohl bei der Analyse der gebräuchlichsten Kostenmanagementverfahren im deutschen Sprachraum als auch bei der Analyse der in den wichtigsten anderen Sprachräumen gebräuchlichsten Kostenmanagementverfahren keinerlei Hinweise auf ein entsprechendes Kostenmanagementverfahren gefunden werden konnten, ist davon auszugehen, dass zumindest kein gebräuchliches Kostenmanagementverfahren existiert, mit welchem sich die unter gegebenen Umweltbedingungen maximal erreichbare Kostenuntergrenze einer gesamten Unternehmung ermitteln/erreichen lässt. Vor dem Hintergrund dieser Erkenntnis ergibt sich, in Kombination mit dem Nutzen, den ein solches Verfahren insbesondere für Unternehmungen der Grundstoffindustrie bringen würde, der Bedarf, ein solches Verfahren zu entwickeln und die Anwendbarkeit dieses Verfahrens zu zeigen. In Zusammenhang mit den in Kapitel 1.1.1 erarbeiteten Zielen lässt sich der mit der vorliegenden Arbeit abzuarbeitende Forschungsbedarf auf Basis vorgenannter Aussage zu den drei folgenden Punkten zusammenfassen

- Entwicklung eines Kostenmanagementverfahrens, das – basierend auf dem Konzept der natürlichen Grenzen – versucht, die unter den gegebenen Umweltbedingungen maximal erreichbare Kostenuntergrenze einer Unternehmung zu ermitteln und zusätzlich Wege aufzeigt, diese auch zu realisieren. Das Konzept ist hierbei insbesondere auf den in der Grundstoffindustrie häufig anzutreffenden Typ einer Einproduktunternehmung zu fokussieren.

- Entwicklung praktisch-normativer Handlungsempfehlungen für die Durchführung des oben beschriebenen Verfahrens speziell für den Fall einer Einproduktunternehmung.

- Abschätzung von Einsatzbedingungen und Einsatzvoraussetzungen für ein solches Verfahren einschließlich der durch den Einsatz dieses Verfahrens erzielbaren Ergebnisse.

Als wesentliche Basis für die Abarbeitung dieses Forschungsbedarfs dient der vorliegenden Arbeit das in Kapitel 1.2.3 geschilderte Konzept der Kernkosten sowie das in Kapitel 1.3.2.5 geschilderte Kostenmanagementverfahren der produktbezogenen Kernkostenanalyse. Hintergrund hierfür ist, dass mit dem Konzept der natürlichen Grenzen, dass der Definition des Kernkostenbegriffs zugrunde liegt und auf dem die produktbezogene Kernkostenanalyse aufsetzt, ein theoretisches Grundgerüst zur Verfügung steht, das zum Erfüllen des oben formulierten Forschungsbedarfs geeignet erscheint. Ausgehend von den Vorarbeiten, die durch die Entwicklung der produktbezogenen Kernkostenanalyse geleistet wurden, weitet die vorliegende Arbeit das entwickelte Konzept von dem Bezugsobjekt Produkt konsequent auf das Bezugsobjekt Unternehmung aus.

In Bezug auf das in diesem Zusammenhang zu entwickelnde Analysemodell ist anzumerken, dass es versucht, die komplexen Ursache-Wirkungs-Beziehungen, welche die Kosten einer Unternehmung determinieren und beeinflussen, in vereinfachter Form in einem Modell abzubilden. Die Untersuchung dieser Ursache-Wirkungs-Beziehungen erfolgt jedoch auf einer bewusst vereinfachenden Meta-ebene, da streng wissenschaftstheoretisch abgeleitete Erklärungen komplexer Systeme praktisch unmöglich sind[152] und für die praktische Anwendung kaum hilfreich wären.[153] Aufbauend auf dieser Erkenntnis und der bewussten Begrenzung des Modells auf eine vereinfachte Darstellung der unternehmerischen Wirklichkeit wird am Ende der Arbeit diskutiert, inwieweit sich mit dem vorliegenden Kostenmanagementverfahren tatsächlich die unter gegebenen Umweltbedingungen maximal erreichbare Kostenuntergrenze errechnen lässt.

Neben der Weiterentwicklung der produktbezogenen Kernkostenanalyse zur unternehmungsbezogenen Kernkostenanalyse wird im Rahmen der vorliegenden Arbeit zusätzlich ein Vorgehenskonzept entwickelt, mit dem das neu entwickelte Verfahren der unternehmungsbezogenen Kernkostenanalyse auf das Beispiel einer Einproduktunternehmung angewandt werden kann. Durch diese normativen Vorgehensempfehlungen im Hinblick auf die Probleme, die sich im Zusammenhang mit der Durchführung der unternehmungsbezogenen Kernkostenanalyse ergeben können, adressiert diese Arbeit den in jüngster Zeit zunehmenden Anspruch an die Forschung, stärker und umfassender praktische Fragestellungen zu behandeln und größere Hilfestellungen für Problemlösungen in der Praxis zu geben.[154] Dementsprechend wird die Betriebswirtschaftslehre in dieser Arbeit als anwendungsorientierte Führungs- und Managementlehre "... mit spezifischen, auf den ökonomischen Kern bezogenen Erklärungs- und Gestaltungsaufgaben ..."[155] verstanden.

Letzter Schritt auf dem Wege der Abarbeitung des oben aufgezeigten Forschungsbedarfs ist die konkrete Anwendung des Kostenmanagementverfahrens auf das Anwendungsbeispiel einer Steinkohlenbergbau-Unternehmung. Hiermit soll zum einen gezeigt werden, dass die praktische Anwendbarkeit tatsächlich gegeben ist. Zudem soll ein Gefühl dafür vermittelt werden, welche Kostensenkungspotenziale sich denn durch die Anwendung des entwickelten Verfahrens identifizieren lassen.

---

[152] Vgl. Ulrich, Die Betriebswirtschaftslehre als anwendungsorientierte Sozialwissenschaft, 1984, S. 185

[153] Vgl. Ulrich, Management, 1984, S. 203

[154] Vgl. Luther, Herausforderungen an die Betriebswirtschaftslehre, 1998, S. 704 ff

[155] Meffert, Herausforderungen an die Betriebswirtschaft, 1998, S. 709

2 Theorie der unternehmungsbezogenen Kernkostenanalyse

Die unternehmungsbezogene Kernkostenanalyse an sich stellt keine vollständig neue Betrachtung des betriebswirtschaftlichen Forschungsgebiets der Kostenrechnung und Kostenanalyse dar. Vielmehr setzt die unternehmungsbezogene Kernkostenanalyse auf dem Wissensstand der Kostenrechnung und Kostenanalyse auf und entwickelt diesen sinnvoll weiter. Um diese Verwurzelung der unternehmungsbezogenen Kernkostenanalyse zu illustrieren und somit dem Leser die Möglichkeit zu geben, die unternehmungsbezogene Kernkostenanalyse in das bekannte System der Kostenrechnung und Kostenanalyse einzufügen, werden in den folgenden Kapiteln die theoretischen Grundlagen der unternehmungsbezogenen Kernkostenanalyse erläutert, bevor dann in den weiteren Kapiteln die eigentliche Konzeptbeschreibung erfolgt.

2.1 Einordnung in die bestehende Kostenrechnung

2.1.1 Definition und Inhalte der Kostenrechnung sowie Einordnung in das Rechnungswesen

Die unternehmungsbezogene Kernkostenanalyse stellt, wie bereits in der Einleitung zum Kapitel 2 angemerkt, keineswegs eine neue Betrachtung des betriebswirtschaftlichen Forschungsgebiets der Kostenrechnung und Kostenanalyse dar, sondern fügt sich vielmehr in die bestehenden Erkenntnisse dieses betriebswirtschaftlichen Forschungsgebiets ein und entwickelt diese sinnvoll weiter. Um diesen Umstand zu verdeutlichen, werden folgend die Grundlagen der Kostenrechnung und Kostenanalyse zusammengefasst und mit dem Kostenmanagementverfahren der unternehmungsbezogenen Kernkostenanalyse in Verbindung gebracht.

Zur Definition und Beschreibung der Inhalte des Begriffs der Kostenrechnung erscheint es sinnvoll, einleitend einen Überblick über das System der Kostenrechnung und seiner Teilsysteme zu geben und so die Kostenrechnung gegenüber den anderen Teilsystemen des Rechnungswesens abzugrenzen.

Coenenberg versteht unter dem Begriff des Rechnungswesens in Anlehnung an Busse von Colbe grundsätzlich "... ein System zur quantitativen, vorwiegend mengen- und wertmäßigen Ermittlung, Aufbereitung und Darstellung von wirtschaftlichen Zuständen in einem bestimmten Zeitpunkt und von wirtschaftlichen Abläufen während eines bestimmten (meist äquidistanten) Zeitraums."[156] Den so definierten Aktionsraum des Rechnungswesens unterteilt Coenenberg in einen volkswirtschaftlichen und einen betriebswirtschaftlichen Aktionsraum, wobei er den betriebswirtschaftlichen Aktionsraum auf dem Niveau der einzelnen Unternehmungen wiederum in eine unternehmerische und eine betriebliche Sphäre untergliedert. Dabei umfasst nach Coenenberg "... der unternehmerische Bereich [...] das rechtlich selbständige oder wirtschaftlich einheitliche betriebswirtschaftliche Gesamtsystem, während der betriebliche Bereich nur die Funktionen der Produktionsfaktorbereitstellung (Beschaffung), der eigentlichen Leistungserstellung (Produktion) und der Leistungsverwertung (Absatz) beinhaltet. Innerhalb der betrieblichen Sphäre erfolgt die Umwandlung der von der Außenwelt bezogenen Güter zu fertigen Erzeugnissen, die in der Endphase des betrieblichen Leistungsprozesses am Markt gegen Entgelte veräußert werden."[157] In Anlehnung an die dieser Arbeit zugrunde liegenden Kostendefinition[158] fokussiert die Kostenrechnung auf die Analyse der betrieblichen Sphäre des betriebswirtschaftlichen Rechnungswesens.

Die Kostenrechnung ist jedoch nicht das einzige System des betrieblichen Rechnungswesens, sondern stellt vielmehr nur ein Teilsystem des betrieblichen Rechnungswesens dar. Um die Kostenrechnung gegenüber den anderen Teilsystemen des betrieblichen Rechnungswesens abzugrenzen, ist eine Typisierung der verschiedenen Teilsysteme erforderlich. Orientiert an dem Untersuchungszweck der vorliegenden Arbeit, nämlich dem Sicherstellen der nachhaltigen Wirtschaftlichkeit – oder weiter formuliert – des nachhaltigen Erfolgs einer Unternehmung, der eines der betriebswirtschaftlichen Ziele einer Unternehmung ist, empfiehlt sich an dieser Stelle die Typisierung des betriebswirtschaftlichen Rechnungswesens an den betriebswirtschaftlichen Zielen einer Unternehmung. Zu diesen zählt Coenenberg in Anlehnung an Gälweiler neben dem Erfolg die Liquidität und als weiteres, nicht geldmäßig ausdrückbares Ziel das Erfolgspotenzial, auf das an dieser Stelle nicht weiter eingegangen werden soll.[159] Bei der Betrachtung der geldmäßig darstellbaren Ziele Liquidität und Erfolg lassen sich, wie bei der Erläuterung des Kostenbegriffs bereits ausführlich geschildert[160], die vier Begriffspaare Einzahlungen und Auszahlungen, Einnahmen und Ausgaben, Erträge und Aufwendungen sowie Leistungen und Kosten voneinander abgrenzen. In Anlehnung an diese Begriffspaare lassen sich die Teilsysteme des betrieblichen Rechnungswesens wie in Abbildung 13 dargestellt unterscheiden.

---

[156] Coenenberg, Kostenrechnung und Kostenanalyse, 4. Aufl., 1999, S. 23

[157] Coenenberg, Kostenrechnung und Kostenanalyse, 4. Aufl., 1999, S. 23

[158] Vgl. Kapitel 1.2.2

[159] Vgl. Coenenberg, Kostenrechnung und Kostenanalyse, 4. Aufl., 1999, S. 27

[160] Vgl. Kapitel 1.2.2

Zielgröße	Rechengröße	Teilsystem des betrieblichen Rechnungswesens
Liquidität	Einzahlungen/ Auszahlungen	Finanzrechnung
	Einnahmen/ Ausgaben	Finanzierungsrechnung
Erfolg	Erträge/ Aufwendungen	Gewinn- und Verlustrechnung; Bilanz
	Leistungen/ Kosten	Kosten-/Leistungsrechnung; kalkulatorische Vermögensrechnung

Quelle: Vgl. Coenenberg, Kostenrechnung und Kostenanalyse, 4. Aufl., 1999, S. 28; Weiss

Abbildung 13 (Segmentierung betriebliches Rechnungswesen)

Basierend auf dieser Segmentierung lässt sich die Kosten- und Leistungsrechnung als ein Teilsystem des betrieblichen Rechnungswesens beschreiben, das die monetär messbare Zielgröße des Erfolgs mit den Rechengrößen der Kosten und Leistungen abbildet, wobei sich die Kostenrechnung ausschließlich auf die Abbildung der Kosten einer Unternehmung konzentriert.

2.1.2 Einordnung der unternehmungsbezogenen Kernkostenanalyse in die Kostenrechnung

Basierend auf der im Kapitel 2.1.1 erarbeiteten Definition der Kostenrechnung lässt sich nun eine Verbindung zwischen dem Kostenmanagementverfahren der unternehmungsbezogenen Kernkostenanalyse und der traditionellen Kostenrechnung herstellen. Wie in den Kapiteln 1.1.1 und 1.4 erarbeitet, ist es das Ziel der unternehmungsbezogenen Kernkostenanalyse, in Anlehnung an das Konzept der natürlichen Grenzen die Kostenuntergrenze zu analysieren, die für die gesamte Unternehmung unter Beachtung der gegebenen Umweltbedingungen als maximal realisierbar anzusehen ist. Voraussetzung hierfür ist, dass die Ist-Kosten einer Unternehmung sauber erfasst werden, um sie später im Rahmen der unternehmungsbezogenen Kernkostenanalyse hinsichtlich ihrer maximalen Reduzierbarkeit hin zu untersuchen. Gerade in der "... Abbildung der Kosten einer Unternehmung ..."[161] besteht jedoch die Hauptaufgabe der klassischen Kostenrechnung. Vor dem Ziel dieser Arbeit, die unternehmungsbezogene Kernkostenanalyse nicht als ein völlig neues Verfahren, sondern vielmehr als ein auf bestehenden und bekannten Verfahren und Konzepten aufbauendes Kostenmanagementverfahren zu beschreiben, bietet es sich daher an, auch im Rahmen der unternehmungsbezogenen Kernkostenanalyse für die Abbildung der Ist-Kosten einer Unternehmung und somit für die Definition und Segmentierung des Analyseraums auf die Systematik der Kostenrechnung zurückzugreifen. Durch dieses Vorgehen ordnet sich das Kostenma-

---

[161] Vgl. Kapitel 2.1.1

61

nagementverfahren der unternehmungsbezogenen Kernkostenanalyse nicht nur in die Systematik betriebswirtschaftlicher Forschung ein, sondern gewährleistet auch die praktische Anwendbarkeit, da die Ist-Kosten-Erfassung der meisten Unternehmungen typischerweise der Systematik der traditionellen Kostenrechnung folgt.

2.2 Definition des Analyseraums

Vor dem Hintergrund der in Kapitel 2.1.2 dargelegten Ausführungen wird im nachfolgenden Kapitel 2.2.1 für die Definition des Analyseraums der unternehmungsbezogenen Kernkostenanalyse vorbereitend die Systematik der Kostenrechnung stark verkürzt erläutert. Darauf aufbauend wird anschließend in den Kapiteln 2.2.2.2 bis 2.2.2.3 die Ausgestaltung des Analyseraums der unternehmungsbezogenen Kernkostenanalyse definiert.

2.2.1 Systematik der Kostenrechnung

"Die Ziele der Kosten- und Leistungsrechnung liegen definitionsgemäß im innerbetrieblichen Erfassen, Aufbereiten, Auswerten, Verdichten und Übermitteln unternehmensrelevanter Daten."[162] Vor dem Hintergrund dieser Aufgabe hat sich für die Kostenrechnung, die sich im Wesentlichen mit dem Erfassen, Aufbereiten, Auswerten, Verdichten und Übermitteln von Kosten[163] befasst, ein "...klassisches Kostenrechnungssystem entwickelt, das sich in die Bereiche Kostenarten-, Kostenstellen- und Kostenträgerrechnung differenziert."[164] Dabei untergliedern sich die drei Komponenten dieser Systematik wie in Abbildung 14 dargestellt.

Die Inhalte und das Zusammenwirken dieser drei Komponenten sind in der betriebswirtschaftlichen Fachliteratur ausführlich dargestellt worden.[165] Eine Diskussion oder gar Ausweitung dieser Darstellung im Rahmen der vorliegenden Arbeit erscheint als wenig sinnvoll. Dementsprechend beschränkt sich die vorliegende Arbeit darauf, nachfolgend kurz die Aufgaben und Inhalte der drei Komponenten zu schildern, um die Systematik der Kostenrechnung aufzuzeigen, auf der nachfolgend die Definition des Analyseraums der unternehmungsbezogenen Kernkostenanalyse aufsetzt.

---

[162] Kaupe/Mildenberger, Von der Kostenrechnung zum Kostenmanagement, 1998, S. 6

[163] Zur Definition der Kosten vgl. Kapitel 1.2.2

[164] Kaupe/Mildenberger, Von der Kostenrechnung zum Kostenmanagement, 1998, S. 30

[165] Vgl. u.a. Coenenberg, Kostenrechnung und Kostenanalyse, 4. Aufl., 1999, S. 47 ff; Kaupe/Mildenberger, Von der Kostenrechnung zum Kostenmanagement, 1998, S. 31 ff; Witthoff, Kosten- und Leistungsrechnung der Industriebetriebe, 4. Aufl., 2001, S. 13 ff

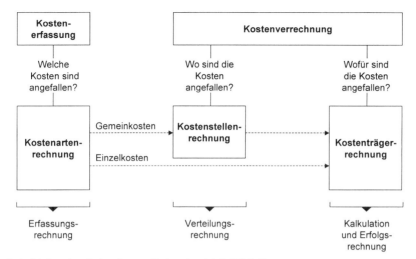

Quelle: Vgl. Coenenberg, Kostenrechnung und Kostenanalyse, 4. Aufl., 1999, S. 48

Abbildung 14 (Systematik der Kostenrechnung)

2.2.1.1 Systematik Kostenartenrechnung

Der Kostenartenrechnung kommt innerhalb der traditionellen Kostenrechnung die Aufgabe zu, durch das Erfassen, das Bewerten und die Klassifikation der Kosten im Rahmen definierter Kostenarten die Basis für die weitere Bearbeitung und Verrechnung der Kosten zu schaffen. Einfacher definiert kommt der Kostenartenrechnung die Aufgabe zu, zu klären, "... welche Kosten sind angefallen?"[166] Um die Aufgabe der Kostenartenrechnung vollständig zu definieren, lässt sie sich in die Teilaufgaben "Erfassen sämtlicher Kosten", "Zuordnen zu den entsprechenden Kostenarten und" "Ermittlung der EUR-Beträge je Kostenart"[167] unterteilen. Wie wichtig die saubere und vor allem differenzierte Erfassung der Kosten im Rahmen definierter Kostenarten ist, unterstreicht Weber, indem er die Kostenartenrechnung als "Flaschenhals" der Kostenrechnung bezeichnet.[168] Demnach kommt innerhalb der Kostenartenrechnung der Definition und der definitionsgemäßen Erfassung der einzelnen Kostenarten eine zentrale Rolle zu. In diesem Zusammenhang definiert Coenenberg den grundsätzlichen Begriff der Kostenart wie folgt. "Eine Kostenart ist im weitesten Sinne eine Kategorie von Kosten, die hinsichtlich des zugrunde gelegten Kriteriums die gleiche Merkmalsausprägung besitzt."[169] Dabei sind für die Auswahl/Zusammenstellung der, der jeweiligen Kostenarteneinteilung

---

166 Jossé, Basiswissen Kostenrechnung, 2. Aufl., 2001, S. 41
167 Jossé, Basiswissen Kostenrechnung, 2. Aufl. 2001, S. 41
168 Weber, Einführung in das Rechnungswesen II, 5. Aufl., 1997, S. 141
169 Coenenberg, Kostenrechnung und Kostenanalyse, 4. Aufl., 1999, S. 49

zugrunde liegenden, Merkmalsausprägungen keinerlei Grenzen gesetzt[170], wie die in Abbildung 15 abgebildete Auflistung der gängigsten Einteilungskriterien erkennen lässt.

Einteilungskriterium	Kostenbegriff/Kostendimension	
Art der Kostenerfassung	• Grundkosten	(=aufwandsgleiche Kosten)
	• Zusatzkosten	(=aufwandsungleiche Kosten)
	• Anderskosten	(=aufwandsungleiche Kosten)
Produktspezifische	• Einzelkosten	(=zurechenbare Kosten*)
Zurechenbarkeit	• Echte Gemeinkosten	(=nicht zurechenbare Kosten**)
	• Unechte Gemeinkosten	(=zurechenbare Gemeinkosten)
	• Sondereinzelkosten	
Verhalten bei	• Variable Kosten	(=mengenabhängige Kosten)
Beschäftigungsänderung	• Fixe Kosten	(=mengenunabhängige Kosten)
	• Sprungfixe Kosten	(=intervallabhängige Kosten)
Herkunft der Güter	• Primäre Kosten	(=fremdbezogene Güter***)
	• Sekundäre Kosten	(=selbsterstellte Güter)
Kostenträger	• Kosten von Produkt I	
	• Kosten von Produkt II	
Betriebliche Funktion	• Beschaffungskosten	
	• Fertigungskosten	
	• Vertriebskosten	
	• Verwaltungskosten	
Art der verbrauchten	• Materialkosten	
Produktionsfaktoren	• Personalkosten	
	• Sonstige Kosten	

* Direkte Kosten   ** Indirekte Kosten   *** Originäre Güter
Quelle: Kaupe/Mildenberger, Von der Kostenrechnung zum Kostenmanagement, 1998, S. 36

Abbildung 15   (Einteilungskriterien zur Gliederung der Kostenarten)

Grundsätzlich ist die Unternehmung in der Wahl des Einteilungskriteriums frei. Das ist auch gut so, da aufgrund der Unterschiedlichkeit der Geschäftstätigkeiten der Unternehmungen und der damit zumeist verbundenen differenzierten Zielsetzung der Kostenrechnung der einzelnen Unternehmungen kein allgemeingültiger Kostenartenplan existieren kann. Trotzdem orientieren sich die meisten Kostenartenpläne in ihrer Grundstruktur an den Vorschlägen von Verbänden oder Wirtschaftsinstituten. Exemplarisch hierfür sei auf die Systematik der Kostenarten innerhalb des Gemeinschafts-Kontenrahmens für die Industrie (GKR) hingewiesen.[171]

---

[170] Vgl. u.a. Haberstock, Kostenrechnung I, 11. Aufl., 2002, S. 56 ff; Wenzel/Fischer/Metze/Nieß, Industriebetriebslehre, 2001, S. 345
[171] Vgl. u.a. Schierenbeck, Grundzüge der Betriebswirtschaftlehre, 16. Aufl., 2003, S. 661; Witthoff, Kosten- und Leistungsrechnung der Industriebetriebe, 4. Aufl., 2001, S. 14

64

2.2.1.2 Systematik Kostenstellenrechnung

Aufbauend auf der Aufgabe der Kostenartenrechnung, die klärt, welche Kosten überhaupt angefallen sind, besteht die Aufgabe der Kostenstellenrechnung darin, zu untersuchen, welchen Bereichen einer Unternehmung die ermittelten Kosten zuzuordnen sind. Jossé beschreibt angelehnt daran die Aufgabe der Kostenstellenrechnung in der Klärung der Frage "Wo sind die Kosten angefallen?"[172] Um den Ort der Kostenentstehung möglichst genau lokalisieren zu können, wird die Unternehmung im Rahmen der Kostenstellenrechnung in Kostenstellen unterteilt. Dabei ist die Kostenstelle nach Hummel/Männel wie folgt definiert. "Jede Abrechnungseinheit, für die Kosten gesondert geplant, erfasst und kontrolliert werden, wird als Kostenstelle bezeichnet."[173] Jossé präzisiert diese Definition, indem er feststellt, dass eine Kostenstelle typischerweise durch die folgenden vier Merkmale charakterisiert ist.[174]

- *Abgrenzbarer Verantwortungsbereich*: Eine Kostenstelle stellt einen abgegrenzten Verantwortungsbereich dar, zu dem Kosten zweifelsfrei zugeordnet werden können. Durch diese eindeutige Kostenzuordenbarkeit wird die Basis geschaffen, um zum einen Kosten wirksam kontrollieren zu können und zum anderen gegebenenfalls notwendig erscheinende Steuerungsmaßnahmen durchführen zu können.

- *Kostenproportionalität*: Zwischen den Kosten und der von der Kostenstelle erstellten Leistung besteht ein proportionales Verhältnis. Um die Überlegungen von Coenenberg aufzugreifen, sei darauf hingewiesen, dass eine Unternehmung so in Kostenstellen geschnitten wird, dass tatsächlich "ein" proportionales Verhältnis zwischen den Kosten und den von der Kostenstelle erstellten Leistungen existiert. "Demnach werden jeweils diejenigen Teilbereiche zusammengefasst, die sich in der Kostenstruktur ähneln. Dieser Gedanke führt, weitergedacht, zur Platzkostenrechnung, wobei ein Kostenplatz die elementare Abrechnungseinheit darstellt, beispielsweise einen Arbeitsplatz oder eine Maschine. Nur auf diese Weise können möglichst proportionale Beziehungen zwischen den angefallenen Kosten und den jeweiligen Leistungen hergestellt werden."[175]

- *Maßgröße der Kostenverursachung*: Jeder Kostenstelle muss eine eindeutige Maßgröße der Kostenverursachung zuzuweisen sein. Nur so können Fehler in der Kalkulation und in der Kostenkontrolle wirksam vermieden werden.

---

[172] Jossé, Basiswissen Kostenrechnung, 2. Aufl. 2001, S. 67

[173] Hummel/Männel, Kostenrechnung 1, 4. Aufl., 1986, S. 190

[174] Vgl. Jossé, Basiswissen Kostenrechnung, 2. Aufl. 2001, S. 68

[175] Coenenberg, Kostenrechnung und Kostenanalyse, 4. Aufl., 1999, S. 76

- *Eindeutige Abrechenbarkeit über Kostenbelege*: Als viertes Merkmal ist eine Kostenstelle dadurch charakterisiert, dass sie mittels Kostenbelegen eindeutig, genau und einfach abgerechnet werden können muss.

Die Bildung der durch die beschriebenen vier Merkmale charakterisierten Kostenstellen kann nun je nach Zweck der durchzuführenden Kostenstellenrechnung nach unterschiedlichen Gesichtspunkten erfolgen. Exemplarisch hierfür sei Wöhe angeführt, der zwischen den Gliederungsgesichtspunkten "betriebliche Funktionen", "Verantwortungsbereichen", "räumlichen Gesichtspunkten" und "rechentechnischen Erwägungen" unterscheidet.[176,177] Auf Basis der beschriebenen Definitionen und der darauf aufbauenden Systematisierungslogiken kann nun für die jeweils zu untersuchende Unternehmung ein Kostenstellenplan aufgestellt werden, mit dem die Kosten zweifelsfrei zugerechnet werden können. Für die Benutzung der Kostenstellen im Rahmen der Kostenstellenrechnung ist abschließend anzumerken, dass diese hauptsächlich auf die Zuordnung der Gemeinkosten zielt, da ausschließlich "...Einzelkosten direkt den Kostenträgern zugerechnet werden können."[178] Da die Schilderung der für die Durchführung einer Kostenstellenrechnung zur Verfügung stehenden Verfahren im Zusammenhang mit der vorliegenden Arbeit keinen zusätzlichen Erkenntnisgewinn bringt und zudem umfassend durch die Schilderung der einschlägigen Fachliteratur abgedeckt ist, sei an dieser Stelle für weiterführende Informationen entsprechend auf die betriebswirtschaftliche Fachliteratur verwiesen.

2.2.1.3 Systematik Kostenträgerrechnung

Die Kostenträgerrechnung baut auf der in den Kapiteln 2.2.1.1 und 2.2.1.2 beschriebenen Kostenartenrechnung und Kostenstellenrechnung auf, indem sie die "... Einzelkosten aus der Kostenartenrechnung und die Gemeinkosten aus der Kostenstellenrechnung [... aufnimmt und ...] dem jeweils verursachenden Kostenträger

---

[176] Vgl. Wöhe, Einführung in die Allgemeine Betriebswirtschaftslehre, 21. Aufl.,2002, S. 1101

[177] Coenenberg unterscheidet hier enger zwischen den Gesichtspunkten "betriebliche Funktionen", "produktionstechnische Gesichtspunkte" und "rechentechnischen Gesichtspunkten". Gleichzeitig definiert Coenenberg ausführlich die unter jedem Gesichtspunkt zu unterscheidenden Kostenstellenarten, die hier nur aufzählungsweise wiedergegeben werden sollen. Für die Differenzierung der Kostenstellen nach betrieblichen Funktionen unterscheidet Coenenberg zwischen "Fertigungsstellen", "Fertigungshilfsstellen", "Materialstellen", "Verwaltungsstellen", "Vertriebsstellen", "Allgemeine (Hilfs-)Stellen", "Forschung und Entwicklung" und "Entsorgung/Recycling". Für die Differenzierung nach produktionstechnischen Gesichtspunkten unterscheidet Coenenberg zwischen "Hauptkostenstellen", "Nebenkostenstellen" und "Hilfskostenstellen". Für die Differenzierung nach rechentechnischen Gesichtspunkten unterscheidet Coenenberg schlussendlich zwischen "Vorkostenstellen" und "Endkostenstellen". Eine genaue Beschreibung der Inhalte der Kostenstellen je Differenzierungsart kann Coenenberg, Kostenrechnung und Kostenanalyse, 4. Aufl., 1999, S. 76 ff entnommen werden.

[178] Jossé, Basiswissen Kostenrechnung, 2. Aufl. 2001, S. 67

[zuordnet]."[179] Dabei werden unter Kostenträgern nach Busse von Colbe/Pellens "... einzelne Produkte (oder Produktgruppen) [verstanden], die die von ihnen verursachten Kosten zuzüglich eines Deckungsbeitrags durch die von ihnen erzielten Erlöse erwirtschaften sollen."[180] Während der Kostenträger in Einproduktunternehmungen typischerweise das eine, produzierte Produkt darstellt, lassen sich die Kostenträger in Mehrproduktunternehmungen nahezu unendlich aufgliedern.

Gemäß der vorgenommenen Kostenträgerdefinition müssen "... im Rahmen der Kostenträgerrechnung [...] diese Kalkulationsobjekte sämtliche entstandenen Kosten auf sich vereinen. Neben Absatzleistungen, die zum Ge- oder Verbrauch am Markt bestimmt sind, existieren auch innerbetriebliche Leistungen, die dem Produktionsprozess abermals zugeführt und wieder- bzw. weiterverarbeitet werden."[181] Auf Basis dieser Beschreibung lassen sich aus den speziellen Aufgaben der Kosten- und Leistungsrechnung in Anlehnung an Däumler/Grabe die folgenden Aufgaben der Kostenträgerrechnung konkretisieren.[182]

- *Ertragskraftbeurteilung von Kostenträgern*: Durch den Vergleich der zugerechneten Kosten und der Verkaufserlöse lässt sich die Ertragskraft eines Kostenträgers ermitteln.

- *Preisermittlung*: Zum Erlangen öffentlicher Aufträge können gemäß den Leitsätzen für die Preisermittlung aufgrund von Selbstkosten die Angebotspreise ermittelt werden.

- *Preisuntergrenzenermittlung*: Ermittlung der kurz- und langfristigen Preisuntergrenze auf Basis der zuzurechnenden Kosten.

- *Soll-/Ist-Kalkulationsvergleich*: Vergleichen von Vor- und Nachkalkulationen.

- *Bestandsbewertung*: Bewertung der Bestände an Halb- und Fertigfabrikaten und der selbst erstellten Leistungen auf Basis der zuzurechnenden Kosten.

- *Bildung von Verrechnungspreisen*: Insbesondere in größeren Unternehmungen, in denen zwischen einzelnen Unternehmungsteilen Zwischenprodukte gehandelt werden, für die kein Marktpreis existiert, können auf Basis der Kostenträgerrechnung Verrechnungspreise ermittelt werden.

- *Stückkostenvergleich*: Mit Hilfe der Kostenträgerrechnung können die Stückkosten zwischen verschiedenen Betrieben (z.B. zum Betriebsvergleich), zwischen verschiedenen Fertigungsverfahren (z.B. zur Wahl des

---

[179] Jossé, Basiswissen Kostenrechnung, 2. Aufl. 2001, S. 95

[180] Busse von Colbe/Pellens, Lexikon des Rechnungswesens, 4. Aufl., 1998, S. 458

[181] Kaupe/Mildenberger, Von der Kostenrechnung zum Kostenmanagement, 1998, S. 103

[182] Vgl. Däumler/Grabe, Kostenrechnungslexikon, 1992, S. 205 f

kostenoptimalen Verfahrens) sowie zwischen verschiedenen Beschaffungsverfahren (z.B. zum Treffen einer Make-or-Buy-Entscheidung) verglichen werden.

- *Feststellen von Selbstkostenveränderungen*: Abschließend kann die Kostenträgerrechnung zur Überwachung von Selbstkostenveränderungen dienen, um möglichst schnell Korrekturmaßnamen einleiten zu können.

Da die Beschreibung der einzelnen Verfahren keinerlei zusätzlichen Erkenntnisgewinn im Rahmen der vorliegenden Arbeit bringt, sei für die ausführliche Beschreibung der einzelnen Verfahren wiederum auf die einschlägige Fachliteratur verwiesen.

2.2.2 Analyseraum der unternehmungsbezogenen Kernkostenanalyse

Um eine breite Anwendbarkeit des Kostenmanagementverfahrens der unternehmungsbezogenen Kernkostenanalyse zu gewährleisten, lehnt sich die Definition des Analyseraums der unternehmungsbezogenen Kernkostenanalyse aus den in Kapitel 2.1.2 geschilderten Gründen direkt an die Systematik der Kostenrechnung an. Dementsprechend lässt sich auch im Rahmen der unternehmungsbezogenen Kernkostenanalyse der Analyseraum mit Hilfe der drei Komponenten "Kostenarten", "Kostenstellen" und "Kostenträger" beschreiben. Wie diese Beschreibung genau aussieht, wird nachfolgend in den Kapiteln 2.2.2.1 bis 2.2.2.3 beschrieben und abschließend im Kapitel 2.2.2.4 zusammengefasst.

2.2.2.1 Die Kostenarten - Segmentierung nach Art der verbrauchten Produktionsfaktoren

Die erste beschreibende Komponente des Analyseraums der unternehmungsbezogenen Kernkostenanalyse ist, wie auch in der Kostenrechnung, die Komponente der Kostenarten. Wie bereits in Kapitel 2.2.1.1 beschrieben und in Abbildung 15 dargestellt, lassen sich die Kosten mit Hilfe unterschiedlichster Einteilungskriterien in Kostenarten aufgliedern. Aus diesen unterschiedlichen Einteilungskriterien ist im Rahmen der unternehmungsbezogenen Kernkostenanalyse das Einteilungskriterium zu wählen, das für den Analysezweck der unternehmungsbezogenen Kernkostenanalyse als am passensten erscheint.

Wie in den Kapitel 1.1.1 und 1.4 beschrieben, besteht die Hauptaufgabe der unternehmungsbezogenen Kernkostenanalyse darin, in Anlehnung an das Konzept der natürlichen Grenzen die Kostenuntergrenze zu analysieren, die für die gesamte Unternehmung unter Beachtung der gegebenen Umweltbedingungen als maximal realisierbar anzusehen ist. Demnach steht die Analyse der Kosten selbst im Vordergrund der unternehmungsbezogenen Kernkostenanalyse. Diese wurden in Kapitel 1.2.2 als "... der bewertete Verzehr von Gütern und Dienstleistungen (einschließlich öffentlicher Abgaben), der zur Erstellung und zum Absatz der betrieblichen Leistungen sowie zur Aufrechterhaltung der Betriebsbereitschaft (Kapazität) erforderlich ist..." [183] definiert.

Kontenklasse 4 - Kostenarten

- 40/42 Material- (Stoff-)Kosten und dgl.
  - 40/41 Materialverbrauch und dgl.
  - 400 Materialverbrauch Sammelkonto
  - 420 Brenn- und Treibstoffe
  - 429 Energie und dgl.
- 43/44 Personalkosten und dgl.
  - 43 Löhne und Gehälter
  - 430 Löhne Sammelkonto
  - 439 Gehälter
  - 44 Sozialkosten und andere Gehälter
  - 440/47 Sozialkosten
  - 440 Gesetzliche Sozialkosten
  - 447 Freiwillige Sozialkosten
  - 448 Andere Personalkosten
- 45 Instandhaltungen, verschiedene Leistungen und dgl.
  - 450 Instandhaltung und dgl.
  - 455 Allgemeine Dienstleistungen
  - 456 Entwicklungs-, Versuchskosten und dgl.
  - 457 Mehr- bzw. Minderkosten
- 46 Steuern, Gebühren, Beiträge, Versicherungsprämien und dgl.
  - 460 Steuern
  - 464 Abgaben und Gebühren
  - 468 Beiträge und Spenden
  - 469 Versicherungsprämien
- 47 Mieten-, Verkehrs-, Büro-, Werbekosten und dgl.
  - 470/71 Raum-, Maschinenkosten, Mieten und dgl.
  - 472/75 Verkehrskosten
  - 476 Bürokosten
  - 477/78 Werbe- und Vertreterkosten
  - 479 Finanzspesen und sonstige Kosten
- 48 Kalkulatorische Kosten
  - 480 Verbrauchsbedingte Abschreibungen
  - 481 Betriebsbedingte Zinsen
  - 482 Betriebsbedingte Wagnisse
  - 483 Unternehmerlohn
  - 484 Sonstige kalkulatorische Kosten
- 49 Innerbetriebliche Kostenverrechnung, Sondereinzelkosten, und Sammelverrechnung
  - 490/97 Innerbetriebliche Kostenverrechnung Sondereinzelkosten
  - 498 Sammelkonto Zeitliche Abgrenzung
  - 499 Sammelkonto Kostenarten

Quelle: Kaupe/Mildenberger, Von der Kostenrechnung zum Kostenmanagement, 1998, S. 40

Abbildung 16 (Gemeinschafts-Kontenrahmen des BDI - Kontenklasse 4)

Basierend auf diesen Ausführungen lässt sich ableiten, dass im Rahmen der unternehmungsbezogenen Kernkostenanalyse die Einteilung der Kosten nach den Arten der verbrauchten Produktionsfaktoren als am sinnvollsten erscheint, da ja gerade

---

[183] Vgl. Kapitel 1.2.2

die Optimierung des (bewerteten) Verzehrs von Gütern und Dienstleistungen Gegenstand der Betrachtungen der unternehmungsbezogenen Kernkostenanalyse ist.[184]

Wie Kaupe/Mildenberger anmerken, basieren "... die meisten Kostenartenpläne in ihrer Grundstruktur auf den Vorschlägen der Verbände und Wirtschaftsinstitute."[185] Um die praktische Anwendbarkeit der unternehmungsbezogenen Kernkostenanalyse zu gewährleisten, erscheint es daher sinnvoll, auch die Kostenartengliederung der unternehmungsbezogenen Kernkostenanalyse an einer entsprechend standardisierten Orientierungshilfe eines Verbands zu orientieren. Dementsprechend sei an dieser Stelle auf eine der prominentesten Orientierungshilfen, nämlich auf den Gemeinschaftskontenrahmen der Industrie, zurückgegriffen, der in den Jahren 1948/1949 vom Bundesverband der deutschen Industrie (BDI) entwickelt wurde. Dieser ist schematisch in Abbildung 16 dargestellt.

Wie Kaupe/Mildenberger anmerken, systematisiert der Plan der Kontenklasse 4 die jeweiligen Kosten aus einer Kombination unterschiedlicher Einteilungskriterien: "Der GKR gliedert die Kosten unter anderem nach der Art der verbrauchten Produktionsfaktoren sowie nach der Art der Kostenerfassung."[186] Dementsprechend ist die in Abbildung 16 dargestellte Kostenarteneinteilung hinsichtlich der Verwendung im Rahmen der unternehmungsbezogenen Kernkostenanalyse, bei der ja eine Kosteneinteilung ausschließlich nach Art der verbrauchten Produktionsfaktoren erfolgen soll, anzupassen. Gleichzeitig besteht an dieser Stelle die Gelegenheit, ausschließlich die Kostenarten in die Betrachtung zu übernehmen, die denn auch tatsächlich im Rahmen einer unternehmungsbezogenen Kernkostenanalyse beeinflusst werden können. Aus dieser Grundüberlegung ergeben sich für die unternehmungsbezogene Kernkostenanalyse folgende Kostenarten.

- *Materialkosten*: Die Materialkosten (und die Kosten die ihrer Eigenschaft nach als Materialkosten zu klassifizieren sind) erfüllen zum einen die Eigenschaft, dass sie zur nachhaltigen betrieblichen Leistungserstellung verbrauchte Produktionsfaktoren darstellen und zum anderen auch einer Beeinflussung im Rahmen der unternehmungsbezogenen Kernkostenanalyse zugänglich sind. Dementsprechend stellen sie die erste Kostenart im Rahmen der unternehmungsbezogenen Kernkostenanalyse dar.

- *Personalkosten*: Auch die Personalkosten erfüllen die Eigenschaft verbrauchter Produktionsfaktoren und lassen sich im Rahmen der unternehmungsbezogenen Kernkostenanalyse beeinflussen.

- *Instandhaltungs- und Dienstleistungskosten*: Wie die beiden vorgenannten Kosten, erfüllen auch die Instandhaltungs- und Dienstleistungskosten die

---

[184] Vgl. u.a. Ausführungen in Kapitel 1.2.3

[185] Kaupe/Mildenberger, Von der Kostenrechnung zum Kostenmanagement, 1998, S. 39

[186] Kaupe/Mildenberger, Von der Kostenrechnung zum Kostenmanagement, 1998, S. 39

Eigenschaft verbrauchter Produktionsfaktoren und lassen sich im Rahmen der unternehmungsbezogenen Kernkostenanalyse beeinflussen. Da es jedoch wenig sinnvoll erscheint, in der Oberbezeichnung dieser Kostenart zwischen Instandhaltung und sonstigen Dienstleistungen zu unterscheiden, wird im Rahmen der unternehmungsbezogenen Kernkostenanalyse schlicht von Dienstleistungskosten gesprochen.

- *Steuern, Gebühren, Beiträge, Versicherungsprämien*: Diese Kosten erfüllen zwar typischerweise die Eigenschaft verbrauchter Produktionsfaktoren. Sie lassen sich jedoch dem Grunde nach im Rahmen einer unternehmungsbezogenen Kernkostenanalyse nicht beeinflussen.[187] Dementsprechend ist dieser Kostenumfang aus dem Analyseumfang der unternehmungsbezogenen Kernkostenanalyse herauszunehmen. Die korrespondierende Kostenart ist entsprechend nicht in den Kostenartenplan der unternehmungsbezogenen Kernkostenanalyse aufzunehmen.

- *Mieten-, Verkehrs-, Büro- und Werbekosten*: Diese Kostenarten beinhalten sowohl die Eigenschaft der Abbildung verbrauchter Produktionsfaktoren als auch die Eigenschaft der Beeinflussbarkeit im Rahmen der unternehmungsbezogenen Kernkostenanalyse. Analysiert man diese Kosten jedoch auf einem tieferen Detaillevel, so erscheint es wenig sinnvoll, den vollen, wie in Abbildung 16 dargestellten Umfang in dieser Kostenart zu belassen. Hauptgrund hierfür ist, dass sowohl die Verkehrskosten, die Werbe- und Vertreterkosten als auch die Finanzspesen Dienstleistungskosten darstellen und entsprechend der bereits definierten Kostenart Dienstleistungskosten zuzurechnen sind. Da aus diesem Grund in dieser Kostenart nur die Raum-, Maschinenkosten und Mieten verbleiben, soll diese Kostenart vereinfachend als Maschinenkosten bezeichnet werden.

- *Kalkulatorische Kosten*: Die kalkulatorischen Kosten orientieren sich am Einteilungskriterium "Art der Kostenerfassung" und stellen in diesem Zusammenhang Zusatzkosten dar. Dementsprechend stellen sie im Rahmen der unternehmungsbezogenen Kernkostenanalyse, in der sich die Einteilung der Kosten am Kriterium der Art der verbrauchten Produktionsfaktoren orientiert, keine zu beachtende Kostenart dar.

- *Innerbetriebliche Kostenverrechnung, Sondereinzelkosten und Sammelverrechnungen*: Auch diese Kostenart orientiert sich am Einteilungskriterium "Art der Kostenerfassung" und ist dementsprechend nicht als eigene Kos-

---

187 Die Höhe von Steuerung und Versicherungsbeiträgen kann sich lediglich proportional ändern (z.B. durch die Veränderung des Umsatzes, des Gewinns oder der Anzahl der beschäftigten Mitarbeiter). Insofern sind die Kosten in die Ergebnisdarstellung der unternehmungsbezogenen Kernkostenanalyse einzubeziehen. Eine Einbeziehung in den Analyseraum erscheint jedoch nicht sinnvoll.

tenart im Rahmen der unternehmungsbezogenen Kernkostenanalyse zu beachten. Gleichwohl heißt diese Schlussfolgerung nicht, dass die so bezeichneten Kosten nicht im Rahmen der unternehmungsbezogenen Kernkostenanalyse betrachtet werden. Die Betrachtung erfolgt gleichwohl, da diese Kosten (z.B. die innerbetriebliche Kostenverrechnung als Dienstleistungskosten) bereits in den anderen definierten Kostenarten enthalten sind.

Die vorgenommenen Erläuterungen lassen sich wie in Abbildung 17 dargestellt zusammenfassen.

Kostenart	Einteilungskriterium "verbrauchte Produktionsfaktoren"	Kosten im Rahmen unternehmensweite Kernkostenanalyse beeinflussbar
• Material- (Stoff-)Kosten und dgl.	✓	✓
• Personalkosten und dgl.	✓	✓
• Instandhaltung, verschiedene Leistungen und dgl.	✓	✓
• Steuern, Gebühren, Beiträge, Versicherungsprämien und dgl.*	✓	—
• Mieten, Verkehrs-, Büro-, Werbekosten und dgl.**	✓	✓
• Kalkulatorische Kosten	—	N.A.
• Innerbetriebliche Kostenverrechnung, Sondereinzelkosten und Sammelverrechnung	—	N.A.

☐ Kostenarten unternehmungsbezogene Kernkostenanalyse

* Steuern, Gebühren, Beiträge, Versicherungsprämien und dgl. im Rahmen gesonderter Analyse hinsichtlich Kostensenkungspotenzial zu analysieren; keine Kostenart im Analyseumfang der unternehmungsweiten Kernkostenanalyse
** Im Rahmen unternehmungsweite Kernkostenanalyse ausschließlich auf Maschinenkosten beschränkt, Dienstleistung sind der Kostenart "Dienstleistungskosten" zuzurechnen
Quelle: Weiss

Abbildung 17 (Kostenartenselektion für unternehmungsbezogene Kernkostenanalyse)

Demnach sind im Rahmen der unternehmungsbezogenen Kernkostenanalyse die folgenden vier Kostenarten zu unterscheiden.

- Materialkosten

- Personalkosten

- Dienstleistungskosten

- Maschinenkosten

Die Kostenart "Steuern, Gebühren, Beiträge, Versicherungsprämien etc." bildet zwar grundsätzlich auch den Verbrauch von Produktionsfaktoren ab, ist jedoch im

Rahmen der unternehmungsbezogenen Kernkostenanalyse grundsätzlich nur proportional der Höhe nach, nicht jedoch aber dem Grunde nach zu beeinflussen. Dementsprechend gliedert sich der Analyseraum der unternehmungsbezogenen Kernkostenanalyse wie schematisch in Abbildung 18 dargestellt.

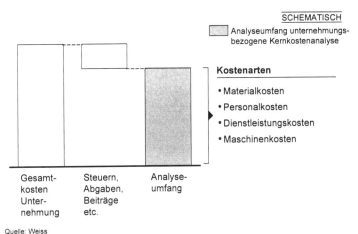

Quelle: Weiss

Abbildung 18 (Gliederung **Analyseumfang unternehmungsbezogene Kernkostenanalyse** nach Kostenarten)

Der Analyseraum der unternehmungsbezogenen Kernkostenanalyse beschränkt sich auf die Gesamtkosten der untersuchten Unternehmung abzüglich der Kostenart "Steuern, Gebühren, Beiträge, Versicherungsprämien etc.". Dieser Analyseraum gliedert sich anschließend wiederum in die vier Kostenarten Materialkosten, Personalkosten, Dienstleistungskosten und Maschinenkosten auf. Mit dieser Erläuterung ist die Beschreibung des Analyseraums auf Basis der Kostenarten vollständig vorgenommen.

2.2.2.2 Die Kostenstellen - Segmentierung nach Wertschöpfungsschritten

Wie bei der klassischen Kostenrechnung besteht auch bei der unternehmungsbezogenen Kernkostenanalyse die zweite Komponente zur Beschreibung des Analyseraums in den Kostenstellen, die hinsichtlich ihrer Definition und Systematik bereits ausreichend in Kapitel 2.2.1.2 beschrieben wurden. Die Kostenstellen dienen im Rahmen der unternehmungsbezogenen Kernkostenanalyse ebenfalls dazu, zu beschreiben, wo innerhalb einer Unternehmung die Kosten entstanden sind. Dabei genügen die im Rahmen der unternehmungsbezogenen Kernkostenanalyse verwendeten Kostenstellen den Ansprüchen (bzw. Merkmalen), die Jossé an Kostenstellen im Rahmen der Kostenrechnung stellt - nämlich dem "Abgrenzbaren Ver-

antwortungsbereich", der "Kostenproportionalität", der "Maßgröße der Kostenverursachung" und der "Eindeutigen Abrechenbarkeit über Kostenbelege".[188]

Bei der Bestimmung der für die unternehmungsbezogene Kernkostenanalyse dann
tatsächlich zu verwendenden Kostenstellen, lehnt sich diese an die klassische, z.B.
durch Gutenberg[189] beschriebene Vorgehensweise an, die zu analysierende Unternehmung in einzelne Kostenbereiche[190] zu gliedern, verzichtet jedoch bewusst
darauf, die Kostenbereiche ihrerseits wiederum gemäß einer Systematik von
Haupt-, Neben- und Hilfskostenstellen zu untergliedern. Dies geschieht insbesondere deshalb, um den Analyseraum nicht in unnötig viele Einzeleinheiten zu zerlegen und somit die Handhabbarkeit des Kostenmanagementverfahrens der unternehmungsbezogenen Kernkostenanalyse einzuschränken. Statt dessen konzentriert
sich die unternehmungsbezogene Kernkostenanalyse darauf, die Unternehmung in
Anlehnung an das von Porter beschriebene Konzept der Wertschöpfungskette[191,192] in wertaktivitätsbezogene Kostenbereiche aufzuteilen, was das von Gutenberg vorgeschlagene Aufteilungskonzept nach Kostenbereichen sinnvoll erweitert.

Der Grund für die Ausrichtung auf das Portersche Konzept der Wertschöpfungskette zur Unterteilung des Analyseraums in Kostenstellen erklärt sich aus dem direkten Zusammenhang zwischen Wertschöpfungskette und Kostenanalyse, den
Porter wie folgt beschreibt. "Das Verhalten der Kosten eines Unternehmens und
dessen relative Kostenposition ergeben sich aus den Wertaktivitäten, die es in seiner Branche leistet. Eine sinnvolle Kostenanalyse untersucht daher die Kosten im
Rahmen dieser Aktivitäten ..."[193] Im Ergebnis segmentiert sich der Analyseraum
der unternehmungsbezogenen Kernkostenanalyse jedoch genauso wie der Analyseraum der klassischen Kostenrechnung neben den bereits erläuterten Kostenarten
in Kostenstellen und gliedert sich somit nahtlos in die Systematik der klassischen
Kostenrechnung ein.

Um es gleich vorweg zu nehmen - die Ableitung von Kostenstellen im Rahmen
der unternehmungsbezogenen Kernkostenanalyse hat nicht zum Ziel, die in der zu
analysierenden Unternehmung existierende Kostenstellenlogik zu modifizieren

---

[188] Vgl. Jossé, Basiswissen Kostenrechnung, 2. Aufl., 2001, S. 68

[189] Vgl. Gutenberg, Einführung in die Betriebswirtschaftslehre, 1958, S. 137

[190] Unter Kostenbereichen versteht Gutenberg hierbei auf dem höchsten Abstraktionsniveau die
Bereiche "Fertigungsbereich", "Absatzbereich", "Verwaltungsbereich", "Material- und Stoff-
bereich" sowie "Entwicklungsbereich"

[191] Vgl. Porter, Wettbewerbsvorteile, 6. Aufl., 2000, S. 63 ff

[192] Porter verwendet dabei den Begriff "Wertkette". Da Porters Wertkette – wie sich nachfolgend
zeigen wird – nicht nur die einzelnen Wertaktivitäten sondern zusätzlich auch noch die Gewinnspanne umfasst, die im Rahmen der unternehmungsbezogenen Kernkostenanalyse nicht
Analysegegenstand ist, wird in der vorliegenden Arbeit bewusst abweichend der Begriff der
Wertschöpfungskette verwendet, der als die Wertkette nach Porter reduziert um das Element
der Gewinnspanne definiert wird.

[193] Porter, Wettbewerbsvorteile, 6. Aufl., 2000, S. 99

oder gar zu ersetzen. Sie dient einzig und allein dazu, eine aus dem Blickwinkel der unternehmungsbezogenen Kernkostenanalyse sinnvolle und vor allen Dingen handhabbare Kostenstellenlogik aufzubauen, auf deren Basis der Analyseraum hinreichend genau beschrieben werden kann. Dabei ist es selbstverständlich, dass die Ableitung der für die Analyse benötigten Kostenstellen auf die im Rechnungswesen der Unternehmung bereits installierte Kostenstellensystematik zurückgreift. Wie das operativ genau passiert und welche Bedingungen hierbei zu beachten sind, ist Gegenstand der Schilderung von Kapitel 2.2.2.2.4.

2.2.2.2.1 Ursprung und Definition Wertschöpfungskette

Das Konzept der Wertschöpfungskette beruht auf den Forschungen von Porter[194], der sich in den 80er Jahren des 20. Jahrhunderts an der Harvard Business School intensiv mit der Branchen- und Wettbewerbsanalyse beschäftigte. Ein Kernergebnis seiner Forschung war die Erkenntnis, dass sich bei der Auseinandersetzung mit den fünf von ihm identifizierten Wettbewerbskräften[195] drei erfolgsversprechende Typen von strategischen Ansätzen ergeben, um andere Unternehmungen in einer Branche zu übertreffen: "Umfassende Kostenführerschaft", "Differenzierung" und "Konzentration auf Schwerpunkte".[196] Um im Rahmen dieser Strategieüberlegungen "... die Ursachen von Wettbewerbsvorteilen zu untersuchen, sind systematische Methoden zur Untersuchung aller Aktivitäten [einer Unternehmung] und deren Wechselwirkungen erforderlich."[197] In diesem Zusammenhang führte Porter die Wertschöpfungskette als analytisches Instrument ein.[198] Die Wertschöpfungskette gliedert dabei eine Unternehmung "... in strategisch relevante Tätigkeiten, um dadurch Kostenverhalten sowie vorhandene und potentielle Differenzierungsquellen zu verstehen."[199] Warum sich aufbauend auf dieser Beschreibung die Verwendung des Konzepts der Wertschöpfungskette im Rahmen der unternehmungsbezogenen Kernkostenanalyse besonders eignet, wurde bereits ausführlich in Kapitel 2.2.2.2 erläutert. Dementsprechend schließt sich nachfolgend direkt die Beschreibung des Konzepts der Wertschöpfungskette an.

---

[194] Vgl. u.a. Horváth, Controlling, 8. Aufl., 2002, S. 392

[195] Unter den fünf relevanten Wettbewerbskräften versteht Porter dabei "Abnehmer", "Lieferanten", "Wettbewerber in der Branche", "Potentielle neue Konkurrenten" und "Ersatzprodukte"; vgl. Porter, Wettbewerbsstrategie, 10. Aufl., 1999, S. 33 f

[196] Vgl. Porter, Wettbewerbsstrategie, 10. Aufl. 1999, S. 70 ff

[197] Porter, Wettbewerbsvorteile, 6. Aufl., 2000, S. 63

[198] In der deutschen Übersetzung seines Buches Competitive Advantage - Wettbewerbsvorteile - spricht der Übersetzer von einer Wertkette. Da sich aber in der wissenschaftlichen Diskussion im deutschen Sprachraum die Bezeichnung Wertschöpfungskette durchgesetzt hat, sei der von Porter verwandte Begriff der "value chain" in der vorliegenden Arbeit nachfolgend jeweils mit Wertschöpfungskette übersetzt.

[199] Porter, Wettbewerbsvorteile, 6. Aufl., 2000, S. 63

Ausgangspunkt für die Definition des Begriffs der Wertschöpfungskette ist für Porter der Unternehmungsbegriff. Unter einer Unternehmung[200] versteht Porter dabei "... eine Ansammlung von Tätigkeiten, durch die sein Produkt entworfen, hergestellt, vertrieben, ausgeliefert und unterstützt wird."[201] Aufbauend auf dieser Beschreibung der Unternehmung definiert Porter die Wertschöpfungskette als eine Darstellung des Gesamtwerts der Unternehmung, der sich zum einen aus der Summe der Tätigkeiten der Unternehmung und zum anderen aus der Gewinnspanne zusammensetzt. Letztere manifestiert den durch die Summe der Tätigkeiten einer Unternehmung geschaffenen "Wert", welcher die Differenz zwischen der Zahlungsbereitschaft der Abnehmer und den durch die Durchführung der Tätigkeiten der Unternehmung verursachten Kosten darstellt. Da die durch eine Unternehmung erzielte Gewinnspanne das Ergebnis der Durchführung der Ansammlung von Tätigkeiten ist, bezeichnet Porter die Tätigkeiten auch als Wertaktivitäten. Dementsprechend definiert Porter die Wertschöpfungskette wie folgt. "Die Wert[schöpfungs]kette zeigt den Gesamtwert und setzt sich aus den Wertaktivitäten und der Gewinnspanne zusammen."[202] Die Wertaktivitäten definiert Porter dabei als die "... physisch und technologisch unterscheidbaren, von einer Unternehmung ausgeführten Aktivitäten."[203] In der detaillierten Beschreibung der Wertschöpfungskette unterscheidet Porter in zwei allgemeine Typen von Wertaktivitäten - den *Primären Aktivitäten* und den *Unterstützenden Aktivitäten*, die nachfolgend beschrieben werden.

- *Primäre Aktivitäten*: "Die primären Aktivitäten befassen sich mit der physischen Herstellung des [durch die Unternehmung erstellten] Produkts und dessen Verkauf und Übermittlung an die Abnehmer sowie dem Kundendienst."[204] Dementsprechend lassen sich die primären Aktivitäten nach Porter für jede Unternehmung in die fünf Kategorien "Eingangslogistik", "Operationen", "Marketing und Vertrieb", "Ausgangslogistik" sowie "Kundendienst" unterteilen. Die Ausgestaltung dieser fünf Kategorien ist später[205] Gegenstand einer ausführlichen Schilderung.

- *Unterstützende Aktivitäten*: Die unterstützenden Aktivitäten "... halten die primären Aktivitäten unter sich selbst gegenseitig dadurch aufrecht, dass sie

---

[200] In der deutschen Übersetzung seines Werkes Competitive Advantage - Wettbewerbsvorteile - wird nicht der dieser Arbeit zugrunde liegende Begriff "Unternehmung" sondern synonym der Begriff "Unternehmen" verwendet. Unabhängig von dieser begrifflichen Diskrepanz ist davon auszugehen, dass Porter in seiner englischen Originalversion eher auf den im Rahmen dieser Arbeit verwendeten Begriff der "Unternehmung" abzielt, so dass im weiteren jeweils der Begriff "Unternehmung" verwendet wird. Für eine weitere Diskussion sei auf die Ausführungen in Kapitel 1.2.1.1 verwiesen.

[201] Porter, Wettbewerbsvorteile, 6. Aufl., 2000, S. 67

[202] Porter, Wettbewerbsvorteile, 6. Aufl., 2000, S. 68

[203] Porter, Wettbewerbsvorteile, 6. Aufl., 2000, S. 68

[204] Porter, Wettbewerbsvorteile, 6. Aufl., 2000, S. 69

[205] Vgl. Kapitel 3.2.2.1.1

für den Kauf von Inputs, Technologie, menschlichen Ressourcen und von verschiedenen Funktionen für die ganze Unternehmung sorgen."[206] Dabei wirken Teile der unterstützenden Aktivitäten direkt mit einzelnen primären Aktivitäten zusammen. Dies ist jedoch nicht zwangsweise immer der Fall, da einige unterstützende Aktivitäten, wie zum Beispiel die Unternehmungsinfrastruktur, sämtliche primäre Aktivitäten gleichermaßen unterstützen und somit für die Gewährleistung der allgemeinen Betriebsbereitschaft einer Unternehmung sorgen.

Diese Portersche Definition des Begriffs Wertschöpfungskette ist schematisch in Abbildung 19 dargestellt.

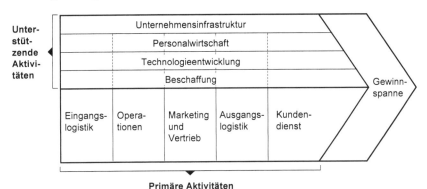

Quelle: Porter, Wettbewerbsvorteile, 6. Aufl., 2000, S. 66

Abbildung 19 (**Modell der Wertschöpfungskette gemäß Porter**)

Das in Abbildung 19 dargestellte Schema der Wertschöpfungskette kann jedoch nicht eins zu eins für die Zwecke der unternehmungsbezogenen Kernkostenanalyse übernommen werden. Das liegt im Wesentlichen daran, dass Porter das Analyseinstrument der Wertschöpfungskette nicht zur Kosten-, sondern zur Wettbewerbsanalyse verwendet, und dementsprechend auf die Analyse des "Wertes" anstelle auf die Analyse der "Kosten" abstellt. Aus diesem Grunde umfasst der durch die Wertschöpfungskette beschriebene Analyseraum nicht nur die durch die Wertaktivitäten der Unternehmung verursachten Kosten, sondern darüber hinaus auch noch die durch die Unternehmung erzielte Gewinnspanne, wie Abbildung 19 entnommen werden kann.[207]

Da sich die unternehmungsbezogene Kernkostenanalyse jedoch nicht mit der Wettbewerbsanalyse einer Unternehmung, sondern – wie in den Kapiteln 1.1.1

---

[206] Porter, Wettbewerbsvorteile, 6. Aufl., 2000, S. 69

[207] Porter definiert dem folgend die Wertschöpfungskette auch als Summe der Wertaktivitäten einer Unternehmung und der durch die Unternehmung erzielten Gewinnspanne. Vgl. Porter, Wettbewerbsvorteile, 6. Aufl., 2000, S. 68

und 1.4 ausführlich dargelegt – mit der Ermittlung der unter gegebenen Umweltbedingungen maximal erreichbaren Kostenuntergrenze einer Unternehmung beschäftigt, erscheint es erforderlich, das von Porter vorgeschlagene Konzept der Wertschöpfungskette entsprechend zu modifizieren. Die hierfür notwendige Modifikation fällt jedoch vergleichsweise gering aus und beschränkt sich darauf, die Wertschöpfungskette um die Komponente der Gewinnspanne zu reduzieren, da sich das Verhalten der Kosten einer Unternehmung und dessen relative Kostenposition vollständig aus der Summe der Wertaktivitäten der betrachteten Unternehmung ergibt. Folgerichtig ergibt sich ein für die unternehmungsbezogene Kernkostenanalyse hinreichender Analyseraum aus den durch die Summe der Kosten der Wertaktivitäten beschriebenen Kosten. Vor dem Hintergrund dieser Überlegungen und den Ausführungen Porters erscheint es dementsprechend sinnvoll, den Analyseraum der unternehmungsbezogenen Kernkostenanalyse auf Basis der Wertaktivitäten einer Unternehmung in einzelne Kostenstellen zu segmentieren.

2.2.2.2.2 Ableiten der Wertschöpfungskette

Das Vorgehen zur konkreten Bestimmung der Wertschöpfungskette orientiert sich eng an der Definition der Wertschöpfungskette im Rahmen der unternehmungsbezogenen Kernkostenanalyse und stellt den entscheidenden Schritt in der Analysevorbereitung dar. Grundsätzlich unterteilt sich das Vorgehen zur Bestimmung der Wertschöpfungsschritte in die Teilschritte Ableiten der Wertschöpfungskette und Kostenzuordnung zu Wertschöpfungsschritten.

Kernziel des Ableitens der Wertschöpfungskette im Rahmen der unternehmungsbezogenen Kernkostenanalyse ist es, die zu analysierende Unternehmung derart in (sich aus einer oder mehreren Wertaktivitäten zusammensetzende) Wertschöpfungsschritte zu segmentieren, dass dabei die Bedingungen *Abdeckung des gesamten Analyseraums*, *Hinreichende Transparenz* und *Modellpraktikabilität* erfüllt sind. Hierbei ist zu beachten, dass insbesondere die letzten beiden Bedingungen konfliktär sind und dementsprechend eine Abwägung zwischen Detailgrad der abgeleiteten Wertschöpfungskette und Handhabbarkeit, der durch das Ableiten der Wertschöpfungskette geschaffenen Analyseumgebung, erforderlich ist, die viel weniger einer genauen Kenntnis der Kostenstruktur der zu analysierenden Unternehmung, sondern vielmehr eingehender Erfahrung in der Durchführung von Kostenanalysen bedarf.

- *Abdeckung des gesamten Analyseraums*: Zur Bestimmung der unter gegebenen Umweltbedingungen niedrigsten Kostenposition einer Unternehmung ist es notwendig, sicherzustellen, dass in die hierzu durchgeführte Kostenanalyse auch tatsächlich alle Kosten der Unternehmung oder aber zumindest alle Kosten des festgelegten Analyseumfangs eingehen.[208] Dementsprechend ist bei der Ableitung der Wertschöpfungskette streng darauf

---

[208] Vgl. hierzu auch die Ausführungen in Kapitel 2.2.2.1 und Abbildung 18

zu achten, sämtliche Wertaktivitäten einer Unternehmung – also sowohl die primären als auch die unterstützenden Aktivitäten – in der Wertschöpfungskette abzubilden. Um sicherzustellen, dass auch tatsächlich sämtliche Kosten des vorher festgelegten Analyseraums in der abgeleiteten Wertschöpfungskette abgebildet sind, empfiehlt sich daher, nach dem zweiten Schritt – der Kostenzuordnung zu den Wertschöpfungsschritten – eine Summe der erfassten Kosten zu bilden und diese mit den Gesamtkosten des Analyseraums zu vergleichen. Sind nicht alle Kosten erfasst oder entspricht die Summe der Kostenartenzuordnung in der Wertschöpfungskette nicht der der Definition des Analyseumfangs, so sind entsprechende Korrekturen vorzunehmen.

- *Hinreichende Transparenz*: Die Bedingung der hinreichenden Transparenz gliedert sich in drei Teilbedingungen. Das ist zum einen die Bedingung nach hinreichender Transparenz hinsichtlich des in den einzelnen Wertschöpfungsschritten zu analysierenden Kostenvolumens. So erscheint es leicht einsichtig, dass ein Wertschöpfungsschritt mit einem im Vergleich zum Kostenvolumen der Gesamtunternehmung großen Kostenvolumen, der später in der Analyse als ein "Kostenblock" zu behandeln ist, weit intransparenter erscheint, als wenn dieser Wertschöpfungsschritt (und mit ihm das Kostenvolumen) in mehrere Wertschöpfungsschritte aufgeteilt wird. Da es im Einzelfall (z.B. bei vergleichsweise großen Materialkostenvolumina, die ausschließlich einer nicht weiter aufteilbaren Wertaktivität zugeordnet sind) jedoch durchaus sinnvoll sein kann, Wertschöpfungsschritte mit derart großen Kostenvolumina zu definieren, ist hier im Einzelfall Fingerspitzengefühl bei der Definition der Wertschöpfungsschritte gefragt.

Die zweite Teilbedingung, die zum Erfüllen der Bedingung hinreichender Transparenz zu beachten ist, ist die Bedingung nach hinreichender Transparenz hinsichtlich der Kostenreagibilität. Porter subsumiert diese Bedingung in seinen Ausführungen unter dem Punkt Kostenverhalten.[209] Diese Bedingung hat den wahrscheinlich größten Einfluss auf die effektive Durchführbarkeit der Kostenanalyse und sei dementsprechend an dieser Stelle ausführlich erläutert. Grundsätzlich gibt es verschiedene Faktoren, die das Kostenverhalten beeinflussen können. Als die zehn wichtigsten Faktoren, die das Kostenverhalten bzw. die Kostenreagibilität beeinflussen können, zählt Porter die Faktoren "Betriebsgrößenbedingte Kostendegressionen", "Lernvorgänge", "Struktur der Kapazitätsauslastung", "Verknüpfungen", "Verflechtungen", "Integration", "Zeitwahl", "Ermessensentscheidungen", "Standort" und "Außerbetriebliche Institutionen".[210,211] Diese Faktoren, die

---

209 Vgl. Porter, Wettbewerbsvorteile, 6. Aufl., 2000, S. 100
210 Vgl. Porter, Wettbewerbsvorteile, 6. Aufl., 2000, S. 106

von Wertschöpfungsschritt zu Wertschöpfungsschritt unterschiedlich sein können, sind die "... strukturbedingten Ursachen der Kosten einer [Wert]aktivität und können von einer Unternehmung mehr oder weniger kontrolliert werden. Die [Faktoren] wirken oft interagierend auf das Kostenverhalten einer bestimmten Aktivität ein, und in Bezug auf den relativen Einfluss der [Faktoren] bestehen zwischen den Wertaktivitäten oft große Unterschiede."[212] Um dementsprechend eine sinnvolle Kostenanalyse überhaupt vornehmen zu können, ist es erforderlich, diejenigen Wertaktivitäten getrennt voneinander zu behandeln, die hinsichtlich ihrer Kostenreagibilität von unterschiedlichen Faktoren beeinflusst werden und/oder in unterschiedlicher Art und Weise auf die sie beeinflussenden Faktoren reagieren.

Die dritte Teilbedingung, die zum Erfüllen der Bedingung hinreichender Transparenz zu beachten ist, ist die Bedingung nach hinreichender Transparenz hinsichtlich des Wachstums der aus einer Wertaktivität entstehenden Kosten. Hintergrund dieser dritten Teilbedingung ist, dass viele Unternehmungen zwar durchaus in der Lage sind, ihre großen Kostenblöcke zu benennen, bei dieser Analyse jedoch häufig kleinere Kostenblöcke übersehen, die zwar im Moment noch unbedeutend erscheinen, jedoch schnell wachsen und in der Zukunft tendenziell zu einer Verschiebung der Kostenstruktur der Gesamtunternehmung führen können. Dementsprechend ist beim Ableiten der Wertschöpfungsschritte aus den identifizierten Wertaktivitäten darauf zu achten, gegebenenfalls auch kleinere Wertaktivitäten als jeweils eigenen Wertschöpfungsschritt zu belassen, sofern diese Wertaktivitäten zukünftig größere Bedeutung und in Folge dessen auch ein größeres Kostenvolumen erlangen werden.

- *Modellpraktikabilität*: Die Bedingung der Modellpraktikabilität steht, wie bereits einleitend angemerkt, in Konflikt mit der Bedingung hinreichender Transparenz. Praktisch leitet sich dieser Konflikt aus dem Umstand ab, dass das durch die abgeleitete Wertschöpfungskette abgebildete Modell der zu analysierenden Unternehmung umso genauer wird, je höher der Detailgrad und somit die durch die abgeleitete Wertschöpfungskette geschaffene Transparenz ist. In Anbetracht dieser Tatsache besteht auch nicht die Forderung nach einer maximalen, sondern nur nach einer hinreichenden Transparenz. Was unter einer hinreichenden Transparenz im Falle der jeweils zu

---

[211] Da nicht die Theorie, sondern die bloße Existenz von Kostenbestimmungsfaktoren für die Ableitung der Wertschöpfungsschritte wichtig ist, mithin eine Erläuterung der Theorie der Kostenbestimmungsfaktoren an dieser Stelle keinen zusätzlichen Erkenntnisgewinn bietet, genügt an dieser Stelle die Erwähnung der von Porter identifizierten Kostenbestimmungsfaktoren. Da die Kostenbestimmungsfaktoren eine zentrale Rolle in der Analyse von Kostenentstehung und Kostenbeeinflussung spielen, wird die Theorie der Kostenbestimmungsfaktoren ausführlich in dem darauf bezogenen Kapitel 2.3.1 vorgenommen.

[212] Porter, Wettbewerbsvorteile, 6. Aufl., 2000, S. 106 f

analysierenden Unternehmung verstanden werden kann, leitet sich wesentlich aus den für die durchzuführende Kostenanalyse zur Verfügung stehenden Ressourcen und der für die Kostenanalyse veranschlagten Projektdauer ab. Grundsätzlich ist bei der Abwägung des letztlich zu wählenden Detailgrads zu beachten, dass eine ausufernde Segmentierung der Analyseumgebung nicht zwangsläufig zu einer höheren Analysegenauigkeit führt, sondern ab einem bestimmten Punkt vielmehr Scheingenauigkeiten erzeugt. Dementsprechend sollte die Wertschöpfungskette genau in dem Detaillierungsgrad abgeleitet werden, mit dem sich nach menschlichem Ermessen eine hinreichend genaue Ermittlung der unter gegebenen Umweltbedingungen niedrigsten Kostenposition der zu untersuchenden Unternehmung realisieren lässt.

In der Praxis sind zu Beginn der Kostenanalyse, an dem die Wertschöpfungskette abgeleitet werden soll, typischerweise noch nicht alle kostenbeeinflussenden Faktoren bekannt, so dass das Ableiten der Wertschöpfungskette im Allgemeinen als iterativer Prozess durchgeführt wird. "Die erste Aufgliederung der Wertschöpfungskette ist unvermeidlich nur eine nach bestem Wissen vorgenommene Vermutung über wichtige Unterschiede im Kostenverhalten."[213] Eine weitergehende Detaillierung beim Ableiten der Wertschöpfungskette erfolgt typischerweise erst dann, wenn beim Zuordnen der Kosten zu den einzelnen Wertschöpfungsschritten die Wertschöpfungsschritte insbesondere hinsichtlich ihrer Kostenreagibilität näher analysiert werden können. Im Ergebnis ist jedoch unbedingt darauf zu achten, das Ableiten der Wertschöpfungskette vor dem Start der eigentlichen Analyse abzuschließen, um für die Durchführung der unternehmungsbezogenen Kernkostenanalyse auf einer stabilen Kostenstruktur aufbauen zu können.

2.2.2.2.3 Kostenzuordnung zu Wertschöpfungsschritten

Nach dem Ableiten der Wertschöpfungsschritte sind den abgeleiteten Wertschöpfungsschritten die Kosten des im Vorfeld definierten Analyseraums derart zuzuweisen, dass eine vollständige Abbildung des Gesamtkostenumfangs des im Vorfeld definierten Analyseraums sichergestellt ist.[214] Wesentliche Voraussetzung für die sachlich richtige Abbildung der Kosten ist es dabei, die Anlagen der Unternehmung den einzelnen Wertschöpfungsschritten zuzuordnen und kostenmäßig zu bewerten. Das ist einmal deswegen schwierig, weil eine Anlage gegebenenfalls von mehreren Wertschöpfungsschritten beansprucht wird, was dementsprechend eine eindeutige Kostenzuordnung erschwert. Zum anderen erfordert die sachlich richtige Zuordnung der Anlagenkosten ein einheitliches und schlüssiges Vorgehen zur Bewertung der Anlagen. Dieses Problem ist jedoch lösbar und sollte vorzugsweise derart angegangen werden, dass im Vorfeld einheitliche Regeln zur Anla-

---

213 Porter, Wettbewerbsvorteile, 6. Aufl., 2000, S. 100
214 Das entspricht der eingangs erwähnten Bedingung "Abdeckung des gesamten Analyseraums"

genzuordnung und Anlagenbewertung aufgestellt werden. Ist die Gesamthöhe der auf die einzelnen Wertschöpfungsschritte entfallenden Kostenvolumina ermittelt, gilt es, diese gemäß der in Kapitel 2.2.2.1 entwickelten Kostenartensystematik aufzuspalten. Die Hauptschwierigkeit hierbei besteht zweifelsohne darin, dass ein Großteil der den jeweiligen Wertschöpfungsschritten zuzurechnenden Kosten nicht als primäre (oder auch direkte) Kosten, sondern als sekundäre (weiterverrechnete) Kosten vorliegen und dementsprechend eine Auflösung der Weiterverrechnung hinsichtlich der Primärkostenarten erfolgen muss. Ist der Anteil der weiterverrechneten Kosten vergleichsweise hoch, so ist davon auszugehen, dass beim Ableiten der Wertschöpfungskette die abhängigen Wertschöpfungsschritte noch nicht ausreichend genau identifiziert wurden, so dass diese sich zu diesem Zeitpunkt noch in die primären Wertschöpfungsschritte "weiterverrechnen". Wird dies festgestellt, so ist noch einmal in den Schritt "Ableiten der Wertschöpfungskette" rückzukoppeln und die Struktur der Wertschöpfungskette entsprechend zu modifizieren.

Ist die erste Zuordnung der Kosten zu den Wertschöpfungsschritten der abgeleiteten Wertschöpfungskette erfolgt, so sind die einzelnen Wertschöpfungsschritte dahingehend zu überprüfen, ob sich die Kosten der zu analysierenden Unternehmung in dem so segmentierten Analyseraum sinnvoll analysieren lassen. Diese sinnvolle Analysierbarkeit ist grundsätzlich immer dann gegeben, wenn die durch die Kosteneinflussfaktoren beeinflusste Kostenreagibilität in der gegebenen Segmentierung hinreichend genau analysiert werden kann. Ist diese Bedingung bei mindestens einem Wertschöpfungsschritt nicht erfüllt, so ist – wie auch bei dem Problem der mangelhaften direkten Kostenzurechenbarkeit – noch einmal in den Schritt "Ableiten der Wertschöpfungskette" rückzukoppeln und die Struktur der Wertschöpfungskette entsprechend zu modifizieren.

Das Zuordnen der Kosten zu den einzelnen Wertschöpfungsschritten stellt eine nicht zu unterschätzende Schwierigkeit im Rahmen der Vorbereitung der unternehmungsbezogenen Kernkostenanalyse dar, die sich weniger aus der intellektuellen Hürde sondern vielmehr aus kapazitiven Limitationen ergibt. Diese resultieren im Wesentlichen daraus, dass das existierende Rechnungswesen der zu untersuchenden Unternehmung die Kosten nicht zwangsläufig in der für die unternehmungsbezogene Kernkostenanalyse verwendeten Wertschöpfungslogik erfasst. Dementsprechend ist vor dem Durchführen einer unternehmungsbezogenen Kernkostenanalyse unbedingt sicherzustellen, dass ausreichende Kapazitäten für die Zuordnung der Kosten zu den Wertschöpfungsschritten zur Verfügung stehen.

Das letzte Erfolgskriterium, das bei der Zuordnung der Kosten zu den Wertschöpfungsschritten zu beachten ist, besteht in dem Referenzzeitraum, der für die Zuordnung der Kosten (und auch der Anlagen) zu den einzelnen Wertschöpfungsschritten gewählt wird. Dieser sollte so gewählt werden, dass er ein repräsentatives Bild von der zu analysierenden Unternehmung schafft, gleichzeitig aber auch aktuell ist. In der praktischen Umsetzung kann diese Forderung ebenfalls deutliche

Schwierigkeiten aufwerfen, da unter anderem saisonal- oder konjunkturbedingte Schwankungen sowie kostenwirksame Betriebsunterbrechungen die Repräsentativität des gewählten Zeitraums einschränken. Im Fall einer Unternehmung, die sich auf einem durch lange (ggf. mehrjährige) Konjunkturzyklen gekennzeichneten Markt bewegt, kann das unter Umständen dazu führen, dass entweder ein repräsentativer, diese Konjunkturzyklen ausgleichender Kostendurchschnitt als Analysebasis verwendet wird oder aber, dass die Analyse für unterschiedliche Zustände der Unternehmung durchgeführt werden muss. Aus den Erfahrungen, die der Autor mit derartigen Analysen gewonnen hat, kann jedoch nur dringend von einer Durchschnittsbildung abgeraten werden, da sich die Kostenbasis auf diesem Weg in die "Virtualität" bewegt und den Zusammenhang zur Unternehmung verliert. Im Ergebnis sollte für eine unternehmungsbezogene Kernkostenanalyse daher ein Referenzzeitraum von sechs Monaten bis ein Jahr gewählt werden.

2.2.2.2.4 Einfluss des betrieblichen Rechnungswesens (speziell Softwareproblematik SAP)

Auch wenn die Theorie des Ableitens der Wertschöpfungskette und des darauf folgenden Zuordnens der Kosten der zu analysierenden Unternehmung vergleichsweise einfach erscheint, stellt dieser vorbereitende Schritt der unternehmungsbezogenen Kernkostenanalyse erfahrungsgemäß eine, wenn nicht sogar die Haupthürde der gesamten Analyse dar. Das begründet sich im Wesentlichen damit, dass bei jeder zu analysierenden Unternehmung bereits ein betriebliches Rechnungswesen mit einer individuellen Rechnungswesen-Systematik existiert.[215] Daraus ergeben sich insbesondere für die Zuordnung der Kosten zu den einzelnen Wertschöpfungsschritten zwei Realisierungshürden, die diesen vorbereitenden Schritt der Schaffung einer Datenbasis für die unternehmungsbezogene Kernkostenanalyse verkomplizieren. Dabei handelt es sich zum einen um die *Mentale Ausrichtung der Mitarbeiter* und zum anderen um die *"Verdrahtung" der existierenden Rechnungswesen-Systematik in den Rechnungswesen-Systemen.*

- *Mentale Ausrichtung der Mitarbeiter*: Setzt man voraus, dass die zu analysierende Unternehmung über ein mehr oder weniger funktionierendes Rechnungswesen verfügt, so besitzt die Unternehmung bereits ein Kostenstellensystem und eine Kostenartensystematik, die fest in den Köpfen der Mitarbeiter verankert sind. Dies ist nicht weiter verwunderlich, da die Mitarbeiter diese Systematik jeden Tag benötigen, um das Rechnungswesen der Unternehmung "am Laufen" zu halten. Erfahrungsgemäß weicht die existierende Rechnungswesen-Systematik jedoch von der im Rahmen der unternehmungsbezogenen Kernkostenanalyse entwickelten Systematik aus

---

[215] Busse von Colbe/Pellens bestätigen dies, indem sie ausführen "... die Gestaltung des internen Rechnungswesens ist den Unternehmungen überlassen ..."; Busse von Colbe/Pellens, Lexikon des Rechnungswesens, 4. Aufl., 1998, S. 601

Kostenstellen (Wertschöpfungsschritten) und Kostenarten ab, da sie auf ein anderes Ziel ausgerichtet ist. Dementsprechend schwer fällt es denn erfahrungsgemäß auch den Mitarbeitern der zu analysierenden Unternehmung, sich in die von der existierenden Rechnungswesen-Systematik abweichenden Systematik der unternehmungsbezogenen Kernkostenanalyse einzudenken, Reaktanzen zu überwinden und sich aktiv an der Kostenzuordnung zu den identifizierten Wertschöpfungsschritten zu beteiligen.

- *"Verdrahtung" der existierenden Rechnungswesen-Systematik in den existierenden Rechnungswesen-Systemen*: Das zweite Problem beim Schaffen der Kostenbasis, also beim Zuordnen der Kosten einer Unternehmung zu den Wertschöpfungsschritten, besteht darin, dass die bereits in der Unternehmung existierende Rechnungswesen-Systematik zwangsläufig fest in den Rechnungswesen-(IT)-Systemen der Unternehmung "verdrahtet" ist. Das heißt, dass typischerweise flexibel einsetzbare Rechnungswesen-(IT)-Systeme, wie zum Beispiel die entsprechenden Anwendungen der Walldorfer Software-Unternehmung SAP, an die Rechnungswesen-Systematik der jeweiligen Unternehmung angepasst werden müssen (u.a. Festlegen der Kostenart-, Kostenstellen- und Kostenträgersystematik), bevor sie in der jeweiligen Unternehmung zum Einsatz kommen können.

Selbst wenn also die mentale Ausrichtung der Mitarbeiter auf die in der Unternehmung existierende Rechnungswesen-Systematik überwunden ist, besteht immer noch das Problem, die Kosteninformationen aus den bestehenden Rechnungswesen-(IT)-Systemen in der Form zu exportieren, dass eine Zuordnung der gewonnenen Daten zu den einzelnen Wertschöpfungsschritten der entwickelten Wertschöpfungskette erfolgen kann. Der Rechnungswesenleiter einer deutschen Großunternehmung fasste das Problem nach einer 300 Mio. EUR teuren SAP-Einführung folgendermaßen zusammen: "Wir haben mit der SAP-Einführung sichergestellt, dass alle relevanten Kosteninformationen im System erfasst werden. Wie wir sie im gewünschten Format wieder abrufen können, wissen wir jedoch noch nicht."

Auf Basis der zu überwindenden Hürden ergeben sich für die Ableitung der Wertschöpfungskette und die damit verbundene Zuordnung der Kosten zu den Wertschöpfungsschritten in der praktischen Ausführung mehrere Optionen. Gemäß der Erfahrung des Autors hat es sich dabei am vorteilhaftesten erwiesen, sich vor der Ableitung der Wertschöpfungskette intensiv mit der in der zu analysierenden Unternehmung existierenden Rechnungswesen-Systematik und den vorhandenen Rechnungswesen-(IT)-Systemen zu befassen und die Entwicklung der Wertschöpfungskette neben den erläuterten sachlichen Überlegungen an dem vor dem Hintergrund der existierenden Systematiken und Systeme sowie dem für die unternehmungsbezogene Kernkostenanalyse geplanten Realisierungszeitpunkt anzulehnen. Das heißt ganz und gar nicht, dass die bestehende Rechnungswesen-Systematik in der zu entwickelnden Wertschöpfungskette abgebildet werden muss.

Es hat sich jedoch in bereits durchgeführten unternehmungsbezogenen Kernkostenanalysen gezeigt, dass eine vollkommen von der existierenden Rechnungswesensystematik abweichende Entwicklung der Wertschöpfungskette typischerweise immer dann die Analyse verzögert oder sogar komplett verhindert, wenn zu den einzelnen Wertschöpfungsschritten Kosten zugeordnet werden sollen. Dementsprechend kann eine frühzeitige Bestimmung der für die Entwicklung der Wertschöpfungskette möglichen Freiheitsgrade wesentlich zur schnellen Durchführung einer unternehmungsbezogenen Kernkostenanalyse beitragen.

2.2.2.3 Der Kostenträger - Das Produkt

Als letzte Determinante ihres Analyseraums kennt die klassische Kostenrechnung den bereits in Kapitel 2.2.1.3 beschriebenen Kostenträger einschließlich der darauf aufbauenden Kostenträgerrechnung. In dieser Komponente unterscheidet sich die unternehmungsbezogene Kernkostenanalyse nicht im geringsten Maße gegenüber der klassischen Kostenrechnung, sondern stellt ebenso wie die klassische Kostenrechnung das am Markt verwertbare Produkt in den Mittelpunkt der Analyse. Da zur anschaulichen Beschreibung des Konzepts der unternehmungsbezogenen Kernkostenanalyse, wie bereits in Kapitel 1.2.1.2 angedeutet, auf das Beispiel einer Einproduktunternehmung zurückgegriffen wird, beschränkt sich die beispielhafte Kostenträgerdefinition der unternehmungsweiten Kernkostenanalyse auf das singuläre, durch die Einproduktunternehmung hergestellte Produkt. Untersucht die unternehmungsbezogene Kernkostenanalyse hingegen eine Mehrproduktunternehmung, so ergeben sich die Kostenträger des Analyseraums aus der Menge der durch diese Mehrproduktunternehmung hergestellten Produkte.

2.2.2.4 Zusammenfassung Analyseraum-Definition und -Segmentierung unternehmungsbezogene Kernkostenanalyse

Basierend auf den in den Kapiteln 2.2.2.1 bis 2.2.2.3 vorgenommenen Ausführungen, lässt sich der Analyseraum der unternehmungsbezogenen Kernkostenanalyse wie in Abbildung 20 skizziert darstellen.

Demnach umfasst der Analyseraum der unternehmungsbezogenen Kernkostenanalyse den gesamten zur Analyse ausgewählten Kostenumfang und gliedert sich – in Anlehnung an die bekannte Kostenrechnungssystematik – in Kostenarten, Kostenstellen und Kostenträger. Gegenüber der bekannten Kostenrechnungssystematik zeichnet sich die spezifische Aufgliederung des Analyseraums der unternehmungsbezogenen Kernkostenanalyse dahingehend aus, dass die Anzahl der verwendeten Kostenarten auf die vier Kostenarten Material-, Personal-, Dienstleistungs- und Maschinenkosten begrenzt ist und die Kostenstellen nicht nach der Kostenbereichslogik, sondern aus einer auf Wertaktivitäten aufbauenden Wertschöpfungsschrittlogik aufgebaut sind. Der so definierte Analyseraum bildet die Basis für die ausführliche Beschreibung der unternehmungsbezogenen Kernkostenanalyse.

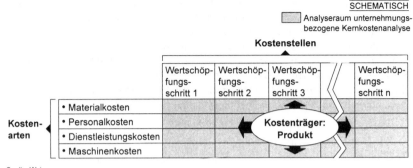

Quelle: Weiss

Abbildung 20 (Analyseraum unternehmungsbezogene Kernkostenanalyse)

2.3 Definition der Analyseansatzpunkte

Ziel der unternehmungsbezogenen Kernkostenanalyse ist es, in Anlehnung an das Konzept der natürlichen Grenzen[216] die Kostenuntergrenze zu analysieren, die für die gesamte Unternehmung unter Beachtung der gegebenen Umweltbedingungen als maximal realisierbar anzusehen ist. Nachdem in den vergangenen Kapiteln der Kostenbegriff an sich definiert und in Anlehnung an die klassische Kostenrechnungssystematik der Analyseraum beschrieben und segmentiert wurde, innerhalb dessen die unternehmungsbezogene Kernkostenanalyse durchgeführt werden soll, ist es nunmehr erforderlich, die Analyseansatzpunkte zu definieren, mit Hilfe welcher die Kostenuntergrenze der zu analysierenden Unternehmung ermittelt werden soll.

2.3.1 Kostenbestimmungsfaktoren

Wie Haberstock anmerkt, muss man, sofern man Kosten planen oder steuern will, zunächst "... wissen, welche Ursachen zur Entstehung und Veränderung der Kosten führen."[217] In ähnlicher Weise äußert sich Kosiol, indem er feststellt, dass es zur Ermittlung der Kosten einer "... eingehenden Kenntnis ihrer Abhängigkeitsbeziehungen bedarf."[218] Die Ursachen der Kosten und ihre gegenseitigen Abhängigkeitsbeziehungen versucht die Produktions- und Kostentheorie mit Hilfe der Kostenbestimmungsfaktoren zu klären. Die Existenz derartiger Kostenbestimmungsfaktoren und ihre Bedeutung bei der Ableitung der Wertschöpfungskette wurden

---

[216] Vgl. Kapitel 1.2.3
[217] Haberstock, Kostenrechnung II, 8. Aufl., 1998, S. 46 f
[218] Kosiol, Kostenrechnung und Kalkulation, 2. Aufl., 1972, S. 38

bereits einleitend im Kapitel 2.2.2.2.2 erwähnt. Da die Kostenbestimmungsfaktoren jedoch die Analyseansatzpunkte im Rahmen der unternehmungsbezogenen Kernkostenanalyse darstellen, wird in den nachfolgenden Kapiteln sowohl die theoretische Basis als auch die praktische Anwendung der Kostenbestimmungsfaktoren im Rahmen der unternehmungsbezogenen Kernkostenanalyse eingehend erläutert.

2.3.1.1 Herkunft und Definition Kostenbestimmungsfaktoren

In der betriebswirtschaftlichen Fachliteratur sind die Kostenbestimmungsfaktoren als Faktoren für die Entstehung und die Veränderbarkeit/Beeinflussbarkeit von Kosten Gegenstand einer ausführlichen Diskussion gewesen.[219] Dementsprechend vielfältig sind auch die Definitionen des Begriffs der Kostenbestimmungsfaktoren, die sich jedoch nur marginal voneinander unterscheiden. Dementsprechend wird an dieser Stelle auf eine Diskussion der unterschiedlichen Definitionen verzichtet und statt dessen auf die vergleichsweise allgemeine, jedoch praktikabel erscheinende Definition von Horváth/Reichmann verwiesen, die unter Kostenbestimmungsfaktoren Einflussgrößen verstehen, "... von denen die Höhe der Kosten einer Kostenstelle innerhalb einer Planungs- bzw. Abrechnungsperiode abhängig ist."[220]

Die Theorie der Kostenbestimmungsfaktoren basiert im Wesentlichen auf der wissenschaftlichen Arbeit von Gutenberg, der die Kostenbestimmungsfaktoren in einem System von fünf Faktorengruppen abbildet. Die Basis für diese Systematisierung, die nachfolgend kurz dargestellt und erläutert wird, bildet die bereits in Kapitel 1.2.2 zitierte Aufteilung der Kosten in eine Mengen- und in eine Wertkomponente. Diese führt Gutenberg dazu, die Kosten als ein "... Produkt aus Faktoreinsatzmengen und Faktorpreisen ..." zu betrachten.[221] Da die Faktoreinsatzmenge durch die technisch/organisatorische Beschaffenheit der Produktionsbedingungen und durch die Proportionen bestimmt wird, in denen die Faktoreinsatzmengen zueinander stehen, schlussfolgert Gutenberg, dass die das Kostenniveau bestimmenden Größen bei gegebener Betriebsgröße und gegebenem Fertigungsprogramm aus den Faktorqualitäten, den Faktorproportionen und den Faktorpreisen bestehen müssen. Dementsprechend gliedert Gutenberg die Kostenbestimmungsfaktoren in die Faktoren *Faktorqualitäten*, *Faktorproportionen*, *Faktorpreise*, *Betriebsgröße* und *Fertigungsprogramm*.[222]

- *Faktorqualitäten*: Haben zwei Unternehmungen das gleiche Fertigungsprogramm, so leuchtet es unmittelbar ein, dass die Unternehmung, "... dessen technische Ausrüstung für das Produktionsprogramm am besten geeignet ist, dessen Belegschaft den höchsten Leistungsstand aufweist und [die]

219 Vgl. u.a. Schweitzer/Küpper, Systeme der Kosten- und Erlösrechnung, 8. Aufl., 2003, S. 37
220 Horváth/Reichmann, Vahlens großes Controlling Lexikon, 1993, S. 378
221 Gutenberg, Grundlagen der Betriebswirtschaftslehre I, 22. Aufl., 1976, S. 344
222 Vgl. Gutenberg, Grundlagen der Betriebswirtschaftslehre I, 22. Aufl., 1976, S. 344 ff

mit Werkstoffen arbeitet, die für die Erzeugnisse qualitätsmäßig und konstruktiv am günstigsten sind ..." die günstigste Kostensituation hat. Da die Qualität der eingesetzten Produktionsfaktoren beeinflusst werden kann und eine Änderung der Qualität der eingesetzten Produktionsfaktoren direkt eine Kostenänderung bewirkt, bilden Änderungen in den Faktorqualitäten die erste Gruppe der Kostenbestimmungsgrößen.

- *Faktorproportionen*: Bei gegebener Betriebsgröße und gegebenem Produktionsprogramm lässt sich die Minimalkostenkombination – also die Kombination der Produktionsfaktoren, mit denen sich die bei gegebener Betriebsgröße und gegebenem Produktionsprogramm günstigste Kostensituation realisieren lässt – nur dann erreichen, wenn die Faktoreinsatzmengen in einem optimalen Verhältnis zueinander stehen. Ist jedoch bei gegebener Betriebsgröße die volle Beschäftigung der existierenden Anlagen nicht mehr gegeben, so ändern sich normalerweise auch die Proportionen der einzusetzenden Faktormengen, da typischerweise jeder Produktionsfaktor anders auf eine Änderung der Beschäftigung reagiert. Eine Änderung der Faktorproportionen führt jedoch regelmäßig zu einem Verlassen der Minimalkostenkombination, so dass es mit jeder Änderung der Beschäftigung zu einer Änderung der Kosten kommt und aus diesem Grunde die Faktorproportionen als zweite Gruppe der Kostenbestimmungsfaktoren identifiziert werden können.

Aufgrund der Tatsache, dass eigentlich nicht die Faktorproportionen, sondern die Änderung der Beschäftigung Auslöser für die Beeinflussung der Kostenänderung sind, weist Haberstock darauf hin, dass sich Gutenbergs zweite Gruppe von Kostenbestimmungsfaktoren auch unter dem Oberbegriff "Beschäftigung" subsumieren lässt.[223]

- *Faktorpreise*: Da Gutenberg – wie bereits eingangs erwähnt – unter Kosten das Produkt aus Faktormengen und Faktorpreisen versteht, können die Faktorpreise als dritte Gruppe der Kostenbestimmungsfaktoren identifiziert werden. Dabei ist zu beachten, dass die Faktorpreise zweierlei Auswirkungen auf die Kosten haben können. Zum einen den Fall, dass die Veränderung der Faktorpreise zu keinerlei Veränderung am Mengengerüst der eingesetzten Produktionsfaktoren führt, und so ausschließlich eine Änderung der Kostensituation induziert. In einem zweiten Fall ist es vorstellbar, dass zum Beispiel die Erhöhung der Kosten eines Produktionsfaktors zum Austausch dieses Produktionsfaktors gegen einen anderen führt, was sowohl eine Änderung des Mengengerüsts der eingesetzten Produktionsfaktoren als auch eine Änderung der Kostensituation zur Folge hat.

---

[223] Vgl. Haberstock, Kostenrechnung II, 8. Aufl., 1998, S. 47

- *Betriebsgröße*: Während in den bisherigen Ausführungen immer von einer konstanten Betriebsgröße ausgegangen wurde, kann sich diese Situation zum Beispiel durch eine Erweiterung des Betriebes ändern. Diese Betriebserweiterung muss jedoch nicht in jedem Fall zu einer Änderung der Kostensituation führen. Dies ist immer dann der Fall, wenn "... mit der Betriebserweiterung keine Änderung der Faktorbeschaffenheit und der Faktorproportionen verbunden ist, also gewissermaßen der neue Betriebsteil nur ein Vielfaches der vorhandenen Betriebsanlagen darstellt."[224] Wenn allerdings eine Betriebserweiterung über beispielsweise zu einer Veränderung der eingesetzten Produktionsanlagen oder gar zu einer Änderung der Produktionsverfahren führt, so beeinflusst eine Betriebserweiterung über die Veränderung der Verhältnisse zwischen den eingesetzten Produktionsfaktoren regelmäßig auch die Kostensituation. Dementsprechend lässt sich die Betriebsgröße als vierter Kostenbestimmungsfaktor identifizieren.

- *Fertigungsprogramm*: Typischerweise sind die Produktionsanlagen einer Unternehmung auf ein bestimmtes Fertigungsprogramm ausgelegt. Diese Tatsache begründet sich schon allein damit, dass unterschiedliche Produktionsprogramme für gewöhnlich auch unterschiedliche Produktionsanlagen erfordern. Dementsprechend erscheint es nur logisch, dass eine Unternehmung seine Produktionsanlagen auf das vorgesehene Fertigungsprogramm ausrichtet und optimiert. Kommt es – aus welchen Gründen auch immer – zu einer Änderung dieses Fertigungsprogramms, so bedeutet das in den meisten Fällen, dass die Produktionsanlagen hinsichtlich des neuen Fertigungsprogramms nur noch zum Teil geeignet sind, woraus sich eine Verschlechterung der Produktionsbedingungen und im Ergebnis eine Änderung der Kostensituation ergibt. Dementsprechend lässt sich das Fertigungsprogramm als fünfter und (nach Gutenberg) letzter Kostenbestimmungsfaktor identifizieren.

Aufbauend auf diesen grundsätzlichen Überlegungen Gutenbergs wurde im Rahmen der betriebswirtschaftlichen Forschung eine Reihe von Ansätzen entwickelt, welche die Überlegungen Gutenbergs weiterentwickeln. Hierbei sind insbesondere die Ansätze vom Henzel, Mellerowicz, Kosiol, Kilger und Heinen zu nennen, die sich vor allem hinsichtlich der Gliederungsdifferenzierung unterscheiden, jedoch an dieser Stelle nicht näher erläutert werden. Einen guten Überblick über die einzelnen Ansätze bietet Dlugos.[225]

Da sich das Kostenmanagementverfahren der unternehmungsbezogenen Kernkostenanalyse in seiner Systematik eng an die Plankostenrechnung anlehnt, die sich dadurch auszeichnet, dass sie Plankosten (die in einem Sollzustand entstehen dürfen) mit den Ist-Kosten vergleicht und somit eine Soll-Ist-Analyse ermöglicht, sei

[224] Gutenberg, Grundlagen der Betriebswirtschaftslehre I, 22. Aufl., 1976, S. 346
[225] Dlugos, Kostenabhängigkeiten, 1970, S. 883 - 907

an dieser Stelle auf die von Kilger im Rahmen der Plankostenrechnung entwickelte Systematik der Kostenbestimmungsfaktoren eingegangen.[226]

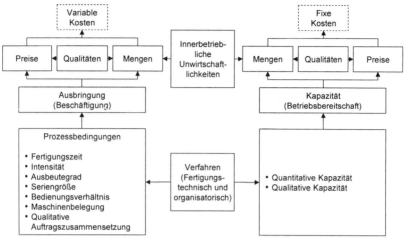

Quelle: Haberstock, Kostenrechnung II, 8. Aufl., 1998, S. 48

Abbildung 21   (Kostenbestimmungsfaktoren nach Kilger)

Kilger unterscheidet dabei gemäß des in Abbildung 21 dargestellten Schemas zwischen den Kostenbestimmungsfaktoren *Faktorpreis, Faktorqualität, Ausbringung, Kapazität* und *Innerbetriebliche Unwirtschaftlichkeit.*

- *Faktorpreis und Faktorqualität*: Hinsichtlich der Kostenbestimmungsfaktoren Faktorpreis und Faktorqualität unterscheiden sich die Definitionen von Gutenberg und Kilger nur marginal, weswegen an dieser Stelle auf eine detaillierte Erläuterung der Unterschiede verzichtet werden kann.

- *Ausbringung*: Die Ausbringung lässt sich durch verschiedene Prozessbedingungen realisieren. Haberstock bringt hierfür das Beispiel, dass man z.B. die Fertigungszeit verkürzen kann, indem man die Intensität erhöht.[227] Eine solche Änderung der Prozessbedingungen wird eine Änderung der Faktor-

---

[226] Gemäß Olfert/Rahn definiert sich die Plankostenrechnung folgendermaßen. "Die Plankostenrechnung ist ein Vollkostenrechnungssystem, das auf Plankosten basiert. Das sind Einzelkosten und Gemeinkosten, die bezüglich der Preise und Mengen im Wesentlichen auf die Zukunft beziehen. Ihr Wesen ist darin zu sehen, dass die geplanten Kosten, die sich aus Planpreisen und Planmengen zusammensetzen, mit den tatsächlich angefallenen Kosten verglichen werden, so dass eine Soll-Ist-Analyse ermöglicht wird. Dabei können Kostenabweichungen ermittelt werden." Olfert/Rahn, Lexikon der Betriebswirtschaftslehre, 4. Aufl., 2001, Nr. 727

[227] Vgl. Haberstock, Kostenrechnung II, 8. Aufl., 1998, S. 49

verbräuche bei gleicher Ausbringung zur Folge haben, so dass im Ergebnis von einer sich verändernden Kostensituation ausgegangen werden kann.

- *Kapazität:* Während sich die Ausbringung vor allem mit den die variablen Kosten verursachenden Produktionsfaktoren beschäftigt, zielt die Kapazität auf die Produktionsfaktoren ab, welche die Betriebsbereitschaft gewährleisten. Dabei handelt es sich insbesondere um die Produktionsfaktoren Betriebsmittel und Arbeitskräfte. "Definiert man die Kapazität als die Obergrenze der möglichen Ausbringungsmenge pro Periode, so wird deutlich, dass man zwischen einer quantitativen und qualitativen Kapazität unterscheiden muss." Diese stellen jeweils Untergruppen des Kostenbestimmungsfaktors Kapazität dar.

- *Innerbetriebliche Unwirtschaftlichkeit:* Als letzten Kostenbestimmungsfaktor kennt Kilgers Systematik die innerbetriebliche Unwirtschaftlichkeit. Unter innerbetrieblicher Unwirtschaftlichkeit sind laut Kilger unter anderem Unachtsamkeit, Ungeschicklichkeit, Gleichgültigkeit, Hortung von Beständen und Diebstahl zu verstehen. Diese innerbetriebliche Unwirtschaftlichkeit führt in der Systematik der Plankostenrechnung zur Differenz zwischen den Plan- und den tatsächlich erreichten Ist-Kosten und ist entsprechend im Rahmen einer Kostenkontrolle mit einer entsprechenden Aufmerksamkeit zu beobachten.

Im Ergebnis bleibt festzuhalten, dass sowohl die Systematisierung der Kostenbestimmungsfaktoren nach Gutenberg als auch die nach Kilger eher generischer Natur ist. Für die Entwicklung einer Systematik von Kostenbestimmungsfaktoren einer praktisch durchzuführenden Kostenanalyse stellen sie daher eher einen Anhaltspunkt, denn ein direkt anwendbares Instrumentarium dar. Dazu kommt, dass gemäß Haberstock die bestehenden Kostenbestimmungsfaktor-Systematiken und die daraus abgeleiteten Bezugsgrößen zwar "... im Fertigungsbereich weitgehend kostentheoretisch durchforscht sind und kostenrechnerisch genutzt werden können ..."[228], die Bereiche Beschaffung, Forschung und Entwicklung, Vertrieb und vor allem Verwaltung bisher jedoch eher vernachlässigt wurden.[229]

Wie Shank kritisiert, kommt hinzu, dass sich die praktische Anwendung der Theorie der Kostenbestimmungsfaktoren bisher vor allem auf den Faktor Beschäftigung beschränkt, eine Erweiterung der Kostenbestimmungsfaktoren um strategische Faktoren jedoch dringend geboten erscheint, da auch sie einen erheblichen Einfluss auf die Veränderung der Kostensituation einer Unternehmung ausüben.[230] Konkret schlägt Shank vor, die Menge der Kostenbestimmungsfaktoren um die

---

[228] Haberstock, Kostenrechnung II, 8. Aufl., 1998, S. 80
[229] Vgl. Haberstock, Kostenrechnung II, 8. Aufl., 1998, S. 80
[230] Vgl. Shank, Cost Driver Analysis, 2002, S. 77 ff

folgenden strategischen Kostenbestimmungsfaktoren zu erweitern, die er wiederum in *Strukturelle Faktoren* und *Ausführungsfaktoren* unterteilt.

- *Strukturelle Faktoren*[231]

    o Scale (Investitionsgrößen in Fertigung, Forschung und Entwicklung oder Marketing)

    o Scope (Wie tief sollte die Unternehmung vertikal integrieren um kostenoptimal zu fertigen?)

    o Erfahrung (Welche Erfahrung besitzt die Unternehmung mit einem Produktionsprogramm und wo auf der Erfahrungskurve befindet sich die Unternehmung?)

    o Technologie (Welche Prozesstechnologie wendet die Unternehmung je Wertschöpfungsschritt an und ist diese kostenoptimal?)

    o Komplexität (Welche Breite besitzt das Produkt- und Dienstleistungsangebot der Unternehmung?)

- *Ausführungsfaktoren*[232]

    o Mitarbeitereinbeziehung (Wie gut sind die Mitarbeiter zum Antreiben eines kontinuierlichen Verbesserungsprozesses einbezogen?)

    o Total Quality Management (Welche Prozess- und Produktqualitäten werden angestrebt und wie viel wurde davon bereits erreicht?)

    o Kapazitätsausnutzung (Wird die Fabrik – gegeben ihre Größe – optimal genutzt?)

    o Fabriklayout (Sind sämtliche Freiräume, die Normen und gesetzliche Regelungen erlauben, im Fabriklayout ausgenutzt?)

    o Produktzusammensetzung (Sind Produktdesign und der Mix der Inputfaktoren wirklich kostenoptimal?)

    o Verbindungen zu Lieferanten und Kunden (Sind Lieferanten und Kunden optimal in die Wertschöpfungskette der Unternehmung eingebunden?)

Auch wenn einige der von Shank vorgeschlagenen strategischen Kostenbestimmungsfaktoren bereits in den Überlegungen Gutenbergs und Kilgers zumindest implizit enthalten sind, muss ein auf dem Stand der aktuellen wissenschaftlichen Forschung entwickeltes Kostenmanagementverfahren diese Faktoren bei der Fest-

---

[231] Vgl. Shank, Cost Driver Analysis, 2002, S. 79
[232] Vgl. Shank, Cost Driver Analysis, 2002, S. 80

legung der zu verwendenden Kostenbestimmungsfaktoren berücksichtigen. Wie dies geschieht und welche Kostenbestimmungsfaktoren dann tatsächlich im Rahmen der unternehmungsbezogenen Kernkostenanalyse verwendet werden, ist Gegenstand der Schilderungen des Kapitels 2.3.1.2

2.3.1.2 Kostenbestimmungsfaktoren unternehmungsbezogene Kernkostenanalyse

Hauptaufgabe bei der Herleitung der Kostenbestimmungsfaktoren im Rahmen der unternehmungsbezogenen Kernkostenanalyse ist es, ein System von Kostenbestimmungsfaktoren zu entwickeln, das die wesentlichen Bestimmungsgrößen für die Kosten der zu analysierenden Unternehmung abbildet. Bei dieser Entwicklung sind unter anderem zwei wesentliche Anforderungen zu beachten. Zum einen ist es im Gegensatz zu den im Kapitel 2.3.1.1 beschriebenen Konzepten essentiell, ein System von Kostenbestimmungsfaktoren herzuleiten, das nicht nur Kostenbestimmungsfaktoren aufzählt, sondern vielmehr zueinander in einen mathematischen Zusammenhang stellt ohne derart kompliziert zu sein, dass eine Anwendung des Systems in der Analysepraxis ausgeschlossen erscheint. Darüber hinaus ist es zum zweiten von erheblicher Bedeutung, dass das hergeleitete System von zueinander in Beziehung gestellten Kostenbestimmungsfaktoren alle wesentlichen Faktoren umfasst, welche die Kosten der zu analysierenden Unternehmung beeinflussen. Nur so kann sichergestellt werden, dass durch die Durchführung einer unternehmungsbezogenen Kernkostenanalyse auch tatsächlich die niedrigste, unter gegebenen Umweltbedingungen erreichbare Kostenposition der zu analysierenden Unternehmung ermittelt und anschließend auch tatsächlich erreicht werden kann.

Bereits bei dieser Aufzählung der Anforderungen, die an das System der Kostenbestimmungsfaktoren für die unternehmungsbezogene Kernkostenanalyse gestellt werden, zeigen sich schnell die Grenzen, die bei der Entwicklung des Faktorensystems in den Dimensionen *Detailtiefe* und *Konkretheitsgrad* zu beachten sind.

- *Detailtiefe*: Aus der Aufgabenstellung, ein System von Kostenbestimmungsfaktoren zu entwickeln, das die Kostenbeeinflussung der gesamten zu analysierenden Unternehmung beschreibt, ergibt sich im Rückschluss die Entwicklungsvorgabe, sich auf die wesentlichen Kostenbestimmungsfaktoren zu begrenzen. Der Versuch ein System von Kostenbestimmungsfaktoren zu entwickeln, das die Bestimmung/Beeinflussung der Kosten in jedem Detailgrad beschreibt, erscheint schon von vornehrein zum Scheitern verurteilt. Das begründet sich zum einen damit, dass nie sichergestellt werden kann, tatsächlich alle Faktoren zu identifizieren, welche die Kosten der zu analysierenden Unternehmung beeinflussen/bestimmen. Selbst wenn es gelänge sämtliche Faktoren, welche die Kosten der Unternehmung beeinflussen, zu identifizieren, ist es nahezu unmöglich, für sämtliche Faktoren die Ist-Ausprägungen zu einem Referenzzeitpunkt zu ermitteln und Soll-Ausprägungen in einem Soll-Zustand abzuschätzen. Gegeben, dass selbst das gelänge, wäre ein solches System von Kostenbestimmungsfaktoren hochgradig unpraktikabel, da für die Bestimmung der Kostenwirkung einer Änderung der Ausprägung der Kostenbestimmungsfaktoren (die normalerweise mit Hilfe von Kostenfunktionen beschrieben werden[233]) nicht nur zu ermitteln ist, wie sich die Änderung der Ausprägung der einzelnen Kostenbestimmungsfaktoren auf die Kosten der Unternehmung auswirkt, sondern wie sich die Änderung der Ausprägung jedes einzelnen Kostenbestimmungsfaktors auf die Ausprägung aller anderen Kostenbestimmungsfaktoren und somit auf die Änderung der Kosten auswirkt. Da die Komplexität der zu untersuchenden Abhängigkeitsbeziehungen zwischen den einzelnen Kostenbestimmungsfaktoren mit steigender Anzahl der Kostenbestimmungsfaktoren nicht linear, sondern exponentiell zunimmt, wird schnell klar, dass sich das zu entwickelnde System aus Kostenbestimmungsfaktoren auf eine enge Auswahl der wichtigsten Kostenbestimmungsfaktoren beschränkt, mithin auf eine Detaillierung der wesentlichen Kostenbestimmungsfaktoren (so sie denn identifiziert sind) verzichtet werden muss. Dementsprechend scheint sich die Devise für die Entwicklung des Systems der Kostenbestimmungsfaktoren für die unternehmungsbezogene Kernkostenanalyse mit "weniger ist mehr" zusammenfassen zu lassen.

- *Konkretheitsgrad*: Die zweite Einschränkung bei der Entwicklung des Systems aus Kostenbestimmungsfaktoren besteht im Konkretheitsgrad, der bei der Entwicklung der Faktoren realisiert werden kann. Bereits bei der Beschreibung des Analyseraums der unternehmungsbezogenen Kernkostenanalyse wurde bei der Entwicklung der Segmentierungslogik der Kostenstellen nach Porters Konzept der Wertschöpfungskette im Kapitel 2.2.2.2 darauf geachtet, die Wertschöpfungsschritte genau so zu trennen, dass die diesem Wertschöpfungsschritt zuzurechnenden Kosten möglichst von einem einheitlichen Satz von Kostenbestimmungsfaktoren abhängen. Konkret lautet die Arbeitsanweisung für die Ableitung der Wertschöpfungsschritte: "Um dementsprechend eine sinnvolle Kostenanalyse überhaupt vornehmen zu können, ist es erforderlich, diejenigen Wertaktivitäten getrennt voneinander zu behandeln, die hinsichtlich ihrer Kostenreagibilität von unterschiedlichen Faktoren beeinflusst werden und/oder in unterschiedlicher Art und Weise auf die sie beeinflussenden Faktoren reagieren."[234] Aus dieser Anweisung zur Ableitung der Wertschöpfungsschritte ergeben sich im Wesentlichen zwei Handlungsoptionen.

Die erste Handlungsoption besteht darin, für jeden Wertschöpfungsschritt ein eigenes System von Kostenbestimmungsfaktoren abzuleiten. Für die Ableitung eines allgemeinen Konzepts zur unternehmungsbezogenen Kern-

---

[233] Vgl. Hierzu die ausführlichen Schilderungen in Kapitel 2.3.2
[234] Vgl. Kapitel 2.2.2.2

kostenanalyse (wie es diese Arbeit versucht), erscheint das Verwirklichen dieser Handlungsoption unrealistisch, da aufgrund der Unterschiedlichkeit der zu analysierenden Unternehmungen nicht in allen Fällen von vorneherein identifiziert werden kann, welche genauen Kostenbestimmungsfaktoren die Kosten eines bestimmten Wertschöpfungsschritts beeinflussen. Selbst wenn das gelänge, erscheint die Handhabung eines derartigen Modells (wie sich weiter unten bei der Beschreibung des Analysemodells der unternehmungsbezogenen Kernkostenanalyse herausstellen wird) als vergleichsweise schwierig.

Die zweite Handlungsoption besteht darin, ein einheitliches Set von generischen Kostenbestimmungsfaktoren für alle Wertschöpfungsschritte zu entwickeln, dass bei der anschließenden Datenerhebung je Wertschöpfungsschritt entsprechend der tatsächlich angetroffenen Gegebenheiten interpretiert werden kann. Nicht nur, dass somit umgangen wird, bereits in der Phase der Entwicklung der Kostenbestimmungsfaktoren den eigentlichen Analysefokus zu verlieren. Zusätzlich ist für denjenigen, der das Analysemodell entwickelt und verantwortet von vorneherein klar, in welcher Form er die Daten für die Kostenbestimmungsfaktoren bekommt. Er hat somit "Planungssicherheit" und kann, ohne sich um die konkrete Ausgestaltung der Interpretation der Kostenbestimmungsfaktoren je Wertschöpfungsschritt Gedanken machen zu müssen, das Modell anhand vorher festgelegter generischer Kostenbestimmungsfaktoren gestalten. Letztendlich ist diese zweite Handlungsoption insbesondere aus Qualitätssicherungssicht zu präferieren, da sie die Fehleranfälligkeit der durchzuführenden Analyse gegenüber der ersten Handlungsoption verringert. Mögen einigen Lesern die Ausführungen an dieser Stelle noch theoretischer Natur erscheinen, so wird sich die Bedeutung dieses Vorgehens und die damit verbundenen Vorteile insbesondere im Rahmen der Modellentwicklung für das Beispiel einer Bergbauunternehmung zeigen.

Unabhängig von den aufgezeigten Grenzen stellen – wie auch bei der Systematisierung der Kostenbestimmungsfaktoren nach Gutenberg – die beiden Strukturelemente Mengen- und Wertkomponente der Kosten[235] die Basis für die Entwicklung des Systems der Kostenbestimmungsfaktoren für die unternehmungsbezogene Kernkostenanalyse dar. Dieser Basisstruktur folgend, ergeben sich die Kosten einer Unternehmung als "... das Produkt aus Faktoreinsatzmengen und Faktorpreisen."[236]

Eine Verfeinerung dieses Produkts hinsichtlich der Faktorpreise erscheint nicht sinnvoll. Zwar werden die Faktorpreise von einer Vielzahl weiterer Faktoren wie zum Beispiel Wechselkursen oder auch Rohstoffpreisen beeinflusst. Grundsätzlich

---

[235] Vgl. hierzu die Ausführungen in Kapitel 1.2.2
[236] Gutenberg, Grundlagen der Betriebswirtschaftslehre I, 22. Aufl., 1976, S. 344

würde eine Analyse dieser weitgehend externen – sprich von der Unternehmung nicht beeinflussbaren – Faktoren vom eigentlichen Analysefokus, nämlich der Ermittlung der unter den gegebenen Umweltbedingungen niedrigsten Kostenposition der zu analysierenden Unternehmung ablenken. Das heißt wiederum nicht, dass im Rahmen einer unternehmungsbezogenen Kernkostenanalyse nicht zu ermitteln ist, inwiefern sich die Faktorpreise zum Beispiel durch Änderung der Faktorqualitäten und/oder Änderung der Beschaffungskonditionen für die vorliegenden Produktionsfaktoren verändern lassen. Diese Detail-Kostenbestimmungsfaktoren sind vielmehr im Zuge der Einzelanalyse innerhalb der eigentlichen Wertschöpfungsschritte relevant und zu untersuchen. Auf der Ebene des Berechnungsmodells reicht es jedoch vollkommen aus, den Kostenbestimmungsfaktor der Faktorpreise als einzigen Faktor in dieser Richtung zu beachten.

Im Gegensatz dazu erscheint es erforderlich, den zweiten Kostenbestimmungsfaktor des zitierten Produkts, nämlich den Faktor der Faktoreinsatzmengen weiter aufzugliedern, da die Einsatzmengen der einzelnen Produktionsfaktoren durch unterschiedliche Bestimmungsfaktoren beeinflusst werden. Vor der Detaillierung dieses Kostenbestimmungsfaktors erscheint ein Rückgriff auf die Systematisierung der Produktionsfaktoren nach Heinen sinnvoll, der das ursprünglich durch Gutenberg entwickelte System der Kostenbestimmungsfaktoren "...systematisch und differenziert ..." weiterentwickelt hat, dessen Kostenbestimmungsfaktorsystem "... aufgrund [seines] hohen Abstraktionsgrades (bisher) noch kaum zu Übertragungen auf die praktische Kostenrechnung geführt [hat]."[237] Trotz dieser von Haberstock erwähnten Einschränkung erweist sich die Aufteilung der Produktionsmengen nach Heinen jedoch als sinnvoll, nimmt er doch eine entscheidende Differenzierung der drei von Gutenberg benannten Elementarfaktoren des Produktionsprozesses vor.[238] Heinen schneidet nämlich die Menge der Produktionsfaktoren auf Basis der von Gutenberg eingeführten Systematik neu und unterscheidet die Produktionsfaktoren in die Faktorenmengen "Repetierfaktoren" und "Potenzialfaktoren". Heinen führt bezüglich dieser Unterscheidung folgendes aus. "Betrachtet man das System der Produktionsfaktoren von Gutenberg etwas näher, so werden zwei Grundtypen erkennbar. Ein Teil der Produktionsfaktoren wird im Produktionsprozess verbraucht, das heißt die Faktoren gehen materiell unter und müssen daher in relativ kurzen Zeitabständen neu beschafft werden. Hierbei handelt es sich um beliebig teilbare Faktoren (Werkstoffe und Hilfsstoffe sowie Betriebsstoffe im Bereich der Betriebsmittel). Derartige Faktoren sollen als Repetierfaktoren

---

[237] Haberstock, Kostenrechnung II, 8. Aufl., 1998, S. 47

[238] Gutenberg gliedert die Menge der Produktionsfaktoren in vier Faktormengen. Konkret handelt es sich hierbei um die Faktorenmengen "menschliche Arbeitsleistung", "Arbeits- und Betriebsmittel", "Werkstoffe" und "dispositiver Faktor". Während Gutenberg die ersten drei Faktormengen als Elementarfaktoren bezeichnet, versteht er unter der Faktormenge "dispositiver Faktor" die Geschäfts- und Betriebsleitung, die quasi dispositiv die drei Elementarfaktoren kombiniert. Vgl. Gutenberg, Grundlagen der Betriebswirtschaftslehre I, 22. Aufl., 1976, S. 3 ff

bezeichnet werden. Die übrigen Produktionsfaktoren werden im Produktionsprozess "gebraucht" bzw. "genutzt". Sie besitzen eine längere Lebensdauer und müssen daher nur in größeren Zeitabständen neu beschafft werden. Weil sie ein Nutzungspotenzial verkörpern, das sich nur über langfristigen Gebrauch bzw. einen längeren Zeitraum verliert, bezeichnet man diese Faktoren als Potenzialfaktoren."[239] Für die weitere Detaillierung des Haupt-Kostenbestimmungsfaktors Faktoreinsatzmenge erscheint diese Unterscheidung elementar.

Der Verbrauch der Repetierfaktoren ist im Rahmen der betrieblichen Leistungserstellung im Sinne einer Input-/Output-Beziehung nahezu stöchiometrisch determiniert. Das lässt sich einfach am Produktionsprozess von Brot verdeutlichen, bei dem der Bäcker zur Erstellung eines Ein-Kilo-Brotes immer die gleiche Menge an Mehl, Wasser, Hefe und anderen Zutaten verbraucht. Diese Determinierung ist jedoch nur nahezu stöchiometrisch, da zum Beispiel der Verbrauch an Betriebsstoffen – wie z.B. Maschinenöl – von der Beanspruchung der zu ölenden Maschinen bestimmt wird und mithin nur einen mittelbaren Bezug zu der erwähnten Input-/Output-Beziehung aufweist. Da jedoch im Allgemeinen bei der Gesamtmenge der Repetierfaktoren von einem hohen Anteil von Werk- und Hilfsstoffen mit einem festen Bezug zu den im Rahmen der betrieblichen Leistungserstellung erstellten Produkten und Dienstleistungen auszugehen ist, erscheint eine Erweiterung des Systems der Kostenbestimmungsfaktoren mit Blick auf die Repetierfaktoren nur begrenzt empfehlenswert. Der einzige wesentliche Kostenbestimmungsfaktor, der in diesem Zusammenhang in Betracht gezogen werden sollte, ist der von Kilger definierte Kostenbestimmungsfaktor der innerbetrieblichen Unwirtschaftlichkeit, der auf z.B. durch Unachtsamkeit, Gleichgültigkeit, Hortung von Beständen oder Diebstahl erzeugte Störungen in der direkten Beziehung der Repetierfaktorverbräuche zur damit erstellten Outputmenge abzielt. Eine Aufnahme dieses Faktors in das System der Kostenbestimmungsfaktoren macht jedoch nur Sinn, wenn eine vorherige stichprobenartige Überprüfung in der zu analysierenden Unternehmung zu dem Ergebnis geführt hat, dass es sich dabei in der Tat um einen wesentlichen Kostenbestimmungsfaktor handelt. Ist dies nicht der Fall, so ist aus der praktischen Erfahrung des Autors eher auf die Einbindung dieses Kostenbestimmungsfaktors in das Faktorsystem zu verzichten, da die Unterstellung, dass eine innerbetriebliche Unwirtschaftlichkeit in Bezug auf die verarbeiteten Repetierfaktoren innerhalb der zu analysierenden Unternehmung existiert, tendenziell die Akzeptanz der Durchführung einer unternehmungsbezogenen Kernkostenanalyse innerhalb einer Unternehmung schwächt und somit die dringend benötigte Kooperationsbereitschaft der Mitarbeiter unterminiert. Im Sinne einer sachlich richtigen Ermittlung der unter den gegebenen Umweltbedingungen niedrigsten Kostenposition einer Unternehmung ist dieser Kostenbestimmungsfaktor jedoch zu integrieren, weswegen er in das zu entwickelnde theoretische Grundsystem der Kostenbestimmungsfaktoren nachfolgend integriert werden soll.

---

[239] Heinen, Betriebswirtschaftliche Kostenlehre, 6. Aufl., 1983, S. 247

Ist der Verbrauch der Repetierfaktoren im Sinne einer Input-/Output-Beziehung nahezu stöchiometrisch determiniert, trifft das auf die Potenzialfaktoren typischerweise nicht oder nur in begrenztem Umfang zu. Wie bereits mit Heinen zitiert, stellen die Potenzialfaktoren ein Nutzenpotenzial dar. Während die Repetiergüter im Produktionsprozess untergehen, geben die Potenzialgüter eine Folge von Leistungen ab, die in die Ausbringungsmenge eingehen.[240] Dabei ist von vorneherein nicht aufgrund eines stöchiometrischen Zusammenhangs festgelegt, welche Leistung bzw. welcher Potenzialanteil eines Potenzialfaktors in die Produktion einer Ausbringungseinheit eingeht. Aufgrund dieser Tatsache erscheint es zwangsweise logisch, dass eine Reihe von Kostenbestimmungsfaktoren existieren muss, von denen abhängt, welcher Anteil des Nutzungspotenzials der Potenzialgüter in die Produktion jeweils einer Ausbringungseinheit eingehen.[241] Um diese Kostenbestimmungsfaktoren zu identifizieren, ist ein Exkurs in die Produktionswirtschaft notwendig, die sich unter Anderem mit der betriebswirtschaftlichen Aufarbeitung der Produktion und in diesem Zusammenhang unter anderem mit der Identifikation und Definition von Produktionsfaktoren beschäftigt, die letztlich die mengenmäßige Bestimmung des Kostenbegriffs sind und dementsprechend als (noch nicht monetär bewertete) Bestimmungsfaktoren die Kosten einer Unternehmung determinieren.[242]

Ein zentrales Erkenntnisobjekt der Produktionswirtschaft stellt in diesem Zusammenhang der Begriff der Kapazität dar, den Kern wie folgt definiert. "Kapazität ist das Leistungsvermögen einer wirtschaftlichen oder technischen Einheit – beliebiger Art, Größe und Struktur – in einem Zeitabschnitt."[243,244] Deutlicher ausgedrückt determiniert die Kapazität einer als Produktionsfaktor anzusehenden Produktionseinheit demnach den "... Umfang an Leistung, den eine Produktionseinheit [innerhalb eines Referenzzeitraums] abzugeben vermag."[245] Da somit die Kapazität eines Produktionsfaktors die mengenmäßige Komponente der Kosten darstellt, sind die Faktoren, welche die Kapazität eines Produktionsfaktors bestim-

---

[240] Vgl. Schweitzer/Küpper, Produktions- und Kostentheorie, 2. Aufl., 1997, S. 32

[241] Darüber hinaus soll an dieser Stelle lediglich der Vollständigkeit halber erwähnt werden, dass in die Betrachtung der Faktor Zeit einzubeziehen ist, der einen nicht zu unterschätzenden Einfluss auf die mögliche Substitution der Produktionsfaktoren und somit auf die Kosten einer Ausbringungseinheit sowie auf die Kostenposition der Unternehmung ausübt.

[242] Vgl. Corsten, Produktionswirtschaft, 8. Aufl., 1999, S. 27

[243] Kern, Die Messung industrieller Fertigungskapazitäten und ihrer Ausnutzung, 1962, S. 27

[244] Auf eine ausführliche Erläuterung des Begriffs der Kapazität sowie der Diskussion der Begriffspaare qualitative/quantitative Kapazität und maximale/optimale Kapazität wird an dieser Stelle verzichtet. Während letzteres Begriffspaar noch Gegenstand der ausführlichen Schilderungen der nächsten Kapitel sein wird, sei für die weiterführende Diskussion des Kapazitätsbegriffs auf die einschlägige Fachliteratur verwiesen. Vgl. u.a. Corsten, Produktionswirtschaft, 8. Aufl., 1999, S. 13 ff; Gutenberg, Grundlagen der Betriebswirtschaftslehre I, 22. Aufl., 1976, S. 73 ff; Schneeweiß, Einführung in die Produktionswirtschaft, 4. Aufl. 1992, S. 189 ff etc.

[245] Corsten, Produktionswirtschaft, 8. Aufl., 1999, S. 15

men, direkt als Kostenbestimmungsfaktoren anzusehen. Gemäß Corsten wird die Kapazität einer beliebigen Produktionseinheit – die im Heinenschen Sinne einen Potenzialfaktor darstellt – durch die Faktoren *Intensität*, *Einsatzzeit* und *Kapazitätsquerschnitt* bestimmt, die somit ihrerseits als Basis-Kostenbestimmungsfaktoren angesehen werden können.[246]

- *Intensität*: Die Intensität einer Produktionseinheit entspricht gemäß Lücke dem physikalisch-technischen Begriff der Leistung als Arbeit pro Zeiteinheit.[247] Dabei ist zu beachten, dass sich die Einflussgröße Intensität in ihrer Anwendung nicht ausschließlich auf Arbeits- und Betriebsmittel beschränkt, sondern vielmehr auch auf den Produktionsfaktor Personal anzuwenden ist.

- *Einsatzzeit*: Die Einsatzzeit beschreibt innerhalb eines Referenzzeitraums den Zeitraum, in dem sich ein Produktionsfaktor tatsächlich im Einsatz befand.[248] Wie sich weiter unten erweist, beinhaltet diese Definition des Begriffs Einsatzzeit zwei unterschiedliche Bestimmungsfaktoren, was für die Verwendung dieses Bestimmungsfaktors im Rahmen der unternehmungsbezogenen Kernkostenanalyse eine weitere Aufspaltung des Bestimmungsfaktors erforderlich macht.

- *Kapazitätsquerschnitt*: Der letzte Bestimmungsfaktor der Kapazität ist der Kapazitätsquerschnitt. Gemäß Corsten gibt der Kapazitätsquerschnitt die in einem Referenzzeitraum in der jeweiligen "... Produktiveinheit [...] verfügbaren Produktionsfaktoren ..." an. Spezifizierend ist dieser Definition von Corsten hinzuzufügen, dass darunter nicht unterschiedliche Produktionsfaktoren im Sinne unterschiedlicher Produktionsfaktorgattungen sondern die Anzahl der Produktionsfaktoren einer Produktionsfaktorengattung (z.B. die Anzahl an Drehmaschinen in einer Dreherei oder die Anzahl von Montagekräften) zu verstehen sind. Da gemäß der Aufgabenstellung dieser Arbeit jedoch im Rahmen der unternehmungsbezogenen Kernkostenanalyse die Frage zu klären ist, welche minimale Kostenposition eine Unternehmung unter Beachtung der gegebenen Umweltbedingungen erreichen kann, ist insbesondere hinsichtlich des Kapazitätsquerschnitts von einer gegebenen Ausstattung der Unternehmung mit Produktionsfaktoren auszugehen, die zum Wahren der Vergleichbarkeit ceteris paribus konstant zu halten ist. Dementsprechend ist der Kapazitätsquerschnitt nicht als Kostenbestimmungsgröße im Rahmen der unternehmungsbezogenen Kernkostenanalyse zu betrachten.

---

[246] Vgl. Corsten, Produktionswirtschaft, 8. Aufl., 1999, S. 15 f

[247] Vgl. Lücke, Produktions- und Kostentheorie, 3. Aufl., 1976, S. 62 ff

[248] Vgl. Corsten, Produktionswirtschaft, 8. Aufl., 1999, S. 16

Den Zusammenhang der beschriebenen Kapazitätsbestimmungsgrößen beschreiben Kern und Corsten gemäß Abbildung 22 und verdeutlichen somit den multiplikativen Zusammenhang der Kapazitätsbestimmungsgrößen.

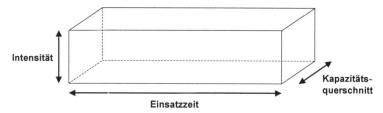

Quelle: Corsten, Produktionswirtschaft, 8. Aufl., 1999 S. 16; Kern, Die Messung industrieller Fertigungskapazitäten und ihrer Ausnutzung, 1962, S. 135

Abbildung 22 (Kapazitätsbestimmungsfaktoren)

Auf Basis der vorgenommenen Definition und Beschreibung ist es nun möglich, ein den einleitend aufgezählten Anforderungen genügendes System von Kostenbestimmungsfaktoren für die unternehmungsbezogene Kernkostenanalyse zu entwickeln.

Ausgangspunkt für die Entwicklung des Faktorsystems ist das eingangs geschilderte Produkt aus Faktorpreisen und Faktoreinsatzmengen, das ja – wie in Kapitel 1.2.2 ausgeführt – die Kosten beschreibt. Dementsprechend ergeben sich die beiden Hauptäste des "Faktorbaums" aus den Kostenbestimmungsfaktoren Faktorpreise und Faktoreinsatzmengen. Der Ast der Faktoreinsatzmengen lässt sich gemäß der oben aufgeführten Schilderungen weiter in einen Unterast für Repetierfaktoren und einen Unterast für Potenzialfaktoren unterteilen. Auf Basis der oben getroffenen Ausführungen ist die Faktoreinsatzmenge der Repetierfaktoren neben der stöchiometrischen Abhängigkeit von der Input-/Output-Beziehung von dem Kostenbestimmungsfaktor der innerbetrieblichen Unwirtschaftlichkeit abhängig, dessen Berücksichtigung im Faktorensystem für die praktische Durchführung einer unternehmungsbezogenen Kernkostenanalyse jedoch von der Faktorrelevanz und der Stimmung in der zu analysierenden Unternehmung abhängig gemacht werden sollte. Dementsprechend wird dieser Kostenbestimmungsfaktor in der zusammenfassenden Abbildung 23 gestrichelt dargestellt.

Die Faktoreinsatzmengen der Potenzialfaktoren (zu denen im Rahmen dieser Ausführung auch die durch Gutenberg definierten dispositiven Faktoren gerechnet werden) sind durch die in Abbildung 23 dargestellten kapazitätsbestimmenden Faktoren repräsentiert. Dabei ist jedoch darauf zu achten, für die beiden Haupt-Potenzialfaktorengruppen, nämlich zum einen für die Potenzialfaktoren der Arbeits- und Betriebsmittel und zum anderen für die Potenzialfaktoren der menschlichen Arbeitskraft (Personal), unterschiedliche kapazitätsbestimmende Faktoren zu berücksichtigen. So kennzeichnen sich die Faktoreinsatzmengen der Arbeits- und Betriebsmittel zum einen durch die Arbeits- und Betriebsmittelintensität (also die

100

Leistung der Arbeits- und Betriebsmittel) und zum anderen durch die Einsatzzeit der Arbeits- und Betriebsmittel. Da der Kapazitätsbestimmungsfaktor des Kapazitätsquerschnitts im Rahmen der unternehmungsbezogenen Kernkostenanalyse keinerlei Berücksichtigung erfährt, ist er in Abbildung 23 ebenfalls gestrichelt dargestellt. Analog kennzeichnet sich die Faktoreinsatzmenge der menschlichen Arbeitskraft durch die Arbeitskraftintensität (oder reziprok gesprochen in die Schichtbelegung) sowie durch die effektive Arbeitszeit der Arbeitskräfte. Der Kapazitätsquerschnitt erfährt wiederum keine Beachtung und wird in Abbildung 23 entsprechend gestrichelt dargestellt.

Wie weiter oben erwähnt, ist jedoch der Aggregationsgrad des Kapazitäts- und somit Kostenbestimmungsfaktors Einsatzzeit insbesondere hinsichtlich seiner Anwendung auf Arbeits- und Betriebsmittel zu hoch, da er zwei wesentliche Einflüsse vermischt, die unterschiedliche Bestimmungsfaktoren haben und somit auch getrennt im System der Kostenbestimmungsfaktoren berücksichtigt werden sollten. Die Einsatzzeit der Arbeits- und Betriebsmittel innerhalb eines bestimmten Zeitraums hängt zum einen davon ab, welche Einsatzzeit innerhalb des betrachteten Referenzzeitraums überhaupt geplant war. Wurde nämlich nicht im gesamten Referenzzeitraum ein Einsatz der Arbeits- und Betriebsmittel geplant, so lässt sich die Kapazität allein durch die triviale Maßnahme erhöhen, die geplante Einsatzzeit im betrachteten Referenzzeitraum auszudehnen. Der zweite Kapazitätsbestimmungsfaktor der Einsatzzeit besteht in der effektiven Betriebszeit innerhalb der geplanten Einsatzzeit. Wird die geplante Einsatzzeit innerhalb eines festen Referenzzeitraums erhöht, so erhöht sich natürlich auch die effektive Betriebszeit innerhalb des Referenzzeitraums. Die effektive Betriebszeit kann jedoch auch für sich genommen erhöht werden, in dem man (wie Zäpfel sich ausdrückt) kapazitätsminimierende Verlustzeiten reduziert. Unter kapazitätsreduzierenden Verlustzeiten versteht Zäpfel dabei anlageninduzierte Verlustzeiten (wie z.B. Zeiten für Reparaturen und Wartungen sowie Ausfälle von Maschinen), personalinduzierte Verlustzeiten (wie z.B. Urlaub und Krankheit) sowie rechtlich induzierte Verlustzeiten (wie z.B. Betriebsversammlungen).[249] Im Ergebnis bleibt festzuhalten, dass es sich empfiehlt, den Kapazitätsbestimmungsfaktor Einsatzzeit für den Potenzialfaktor der Arbeits- und Betriebsmittel in die Faktoren geplante Einsatzzeit und effektive Einsatzzeit innerhalb der geplanten Einsatzzeit aufzuteilen. Im Prinzip gilt gleiches auch für den Potenzialfaktor der menschlichen Arbeitskraft. Die Gestaltungsmöglichkeiten sind hier jedoch deutlich eingeschränkter. Das trifft insbesondere auf den Teilfaktor der geplanten Einsatzzeit zu, da diese – zumindest in Deutschland – unfangreichen gesetzlichen und tarifrechtlichen Beschränkungen unterworfen ist.[250] Dementsprechend hat der Teilfaktor der geplanten Einsatzzeit zwar kapazitäts- und somit auch kostenbestimmende Wirkung. Da die Möglichkeit einer Veränderung (im Sinne einer Verlängerung) der geplanten Einsatzzeit inner-

---

[249] Vgl. Zäpfel, Produktionswirtschaft, 1982, S. 13
[250] Vgl. u.a. §3 ArbZG

halb eines geplanten Referenzzeitraums jedoch vergleichsweise gering ist, ist dieser Faktor in Abbildung 23 ebenfalls gestrichelt dargestellt. Anders verhält es sich mit dem Faktor der effektiven Einsatzzeit innerhalb der geplanten Einsatzzeit. Hier besteht sehr wohl die Möglichkeit, den Anteil der effektiven Arbeitszeit an der geplanten Einsatzzeit auszudehnen. Dieses Thema wird weiter unten anhand der Schilderung des Beispiels einer Bergbauunternehmung unter der Bezeichnung effektive Arbeitszeit vor Ort wieder aufgegriffen und hat dort eine nicht zu unterschätzende Kostenbestimmungswirkung auf die Personalkosten. Mit der Schilderung der kapazitätsbestimmenden Faktoren für die beiden wesentlichen Potenzialfaktoren Arbeits- und Betriebsmittel sowie menschliche Arbeitskraft ist die Entwicklung des Systems der Kostenbestimmungsfaktoren für die unternehmungsbezogene Kernkostenanalyse abgeschlossen. Eine gesonderte Behandlung der dispositiven Potenzialfaktoren erfolgt nicht, da diese von ihrer Natur her ebenfalls Arbeits- und Betriebsmittel oder menschliche Arbeitskraft darstellen und somit von den getroffenen Ausführungen umfasst sind. Im Ergebnis stellt sich das System der kostenbestimmenden Faktoren im Rahmen der unternehmungsbezogenen Kernkostenanalyse wie in Abbildung 23 skizziert dar.

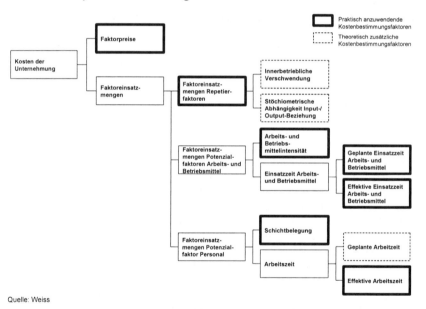

Quelle: Weiss

Abbildung 23 (System Kostenbestimmungsfaktoren unternehmungsbezogene Kernkostenanalyse)

Dieses System aus mathematisch zueinander in einer Abhängigkeitsbeziehung stehenden Kostenbestimmungsfaktoren bildet nachfolgend die Basis für die Erläuterung des Kostenmanagementverfahrens der unternehmungsbezogenen Kernkostenanalyse.

Insbesondere sei an dieser Stelle darauf hingewiesen, dass das dargestellte System der Kostenbestimmungsfaktoren die zu Beginn des Kapitels aufgestellten Anforderungen, nämlich die Anforderung nach einer angemessenen Detailtiefe und nach einem auf einem generischen Niveau verbleibenden Konkretheitsgrad erfüllt. So umfasst das System der Kostenbestimmungsfaktoren für die praktische Durchführung der Kernkostenanalyse gerade einmal sieben Kostenbestimmungsfaktoren, so dass zum einen die Abhängigkeitsbeziehungen der Kostenbestimmungsfaktoren untereinander ein gerade noch praktikables Maß nicht übersteigen und zum anderen die Anzahl der Kostenbestimmungsfaktoren so klein gewählt wurde, dass mit diesem Set an Kostenbestimmungsfaktoren alle Wertschöpfungsschritte der Unternehmung gerade noch praktikabel gehandhabt werden können. Gleichzeitig ist das System der Kostenbestimmungsfaktoren hinreichend generisch, so dass es zwar alle wesentlichen Kosteneinflussgrößen erfasst und zueinander in Beziehung stellt, jedoch für jeden Wertschöpfungsschritt eigenständig interpretiert werden kann.

Abschließend bleibt noch die von Shank aufgeworfene Kritik zu diskutieren, dass auch das für die Durchführung der unternehmungsbezogenen Kernkostenanalyse entwickelte System aus Kostenbestimmungsfaktoren im Wesentlichen auf die Kapazität – also auf die Ausbringungsmenge – abzielt und somit die von Shank geforderte Integration strategischer Kostenbestimmungsfaktoren zumindest vordergründig nicht vornimmt.[251] Hierzu ist es notwendig, sich noch einmal das von Shank vorgeschlagene System strategischer Kostenbestimmungsfaktoren vor Augen zu führen, die dieser zum einen in die strukturellen Faktoren und zum anderen in die Ausführungsfaktoren aufteilt.[252]

Hinsichtlich der strukturellen Faktoren ist zu sagen, dass eine Berücksichtigung dieser Faktoren der Aufgabe der unternehmungsbezogenen Kernkostenanalyse, nämlich der Ermittlung der niedrigsten Kostenposition einer Unternehmung unter den gegebenen Umweltbedingungen, zuwiderläuft. Eine Änderung von Scale, Scope, Erfahrung oder Komplexität würde ja gerade auf eine Änderung dieser Umweltbedingungen hinauslaufen und somit nicht die Frage beantworten, welche niedrigste Kostenposition die zu analysierende Unternehmung innerhalb ihrer gegebenen Struktur zu erreichen vermag. Die einzige Determinante, die sich gegebenenfalls innerhalb gewisser Grenzen beeinflussen lässt, ist der von Shank angeführte Kostenbestimmungsfaktor der Technologie.[253] Eine Änderung der Technologie drückt sich aber immer auch über eine Änderung in der Intensität des Poten-

251 Vgl. zur von Shank vorgebrachten Kritik: Shank, Cost driver analysis, 2002, S. 77 ff
252 Eine ausführliche Erläuterung der von Shank vorgeschlagenen strategischen Kostenbestimmungsfaktoren erfolgte bereits in Kapitel 2.3.1.1.
253 Das kann zum Beispiel dann der Fall sein, wenn die zu analysierende Unternehmung über einen Maschinenpark alternativer Technologien verfügt und somit die Möglichkeit besitzt, innerhalb der Struktur des ihr zur Verfügung stehenden Maschinenparks die Fertigungstechnologie einzelner Fertigungsschritte zu variieren.

zialfaktors Arbeits- und Betriebsmittel aus und wird somit von dem entwickelten System von Kostenbestimmungsfaktoren voll erfasst.

Die Einbeziehung der Ausführungsfaktoren wie Mitarbeitereinbeziehung, Total Quality Management, Kapazitätsausnutzung, Fabriklayout und Produktzusammensetzung wird hingegen nicht durch das Festhalten an gegebenen Umweltbedingungen beschränkt. Letztlich drückt sich jede Änderung in der Ausprägung der Ausführungsfaktoren – z.b. eine erhöhte Mitarbeitereinbeziehung und eine damit verbundene Beschleunigung des kontinuierlichen Verbesserungsprozesses (da es letztendlich entweder zu einer Veränderung der Faktorpreise oder der Faktormengen kommt) – in dem entwickelten System aus Kostenbestimmungsfaktoren aus. Dementsprechend ist die Einbeziehung dieser Faktoren bereits implizit berücksichtigt. Diese Einbeziehung würde dann sichtbar werden, sofern eine weitere Aufsplittung des entwickelten Systems der Kostenbestimmungsfaktoren vorgenommen wird. Diese erscheint jedoch aus den oben erläuterten Gründen wenig sinnvoll.

2.3.2 Kostenfunktionen

Zwar stellen die Kostenbestimmungsfaktoren – wie erarbeitet – die Ursachen für die Entstehung und Veränderung von Kosten dar. Das alleinige Entwickeln eines Systems von Kostenbestimmungsfaktoren reicht jedoch noch nicht aus, um die Entstehung und die Veränderung von Kosten zu erklären. Die Kostenbestimmungsfaktoren gewinnen ihre Aussagekraft hinsichtlich der von ihnen bestimmten Kosten nämlich nur dann, wenn sie zueinander und somit zu den Kosten der Unternehmung in Beziehung gestellt werden. Diese Aufgabe wird in der betriebswirtschaftlichen Forschung der Kostenfunktion zugerechnet, deren Erläuterung Gegenstand der nachfolgenden Kapitel ist.

2.3.2.1 Herkunft, Definitionen und aktueller Forschungsstand

Gemäß der dieser Arbeit zugrunde liegenden Definition sind Kosten "... der bewertete Verzehr von Gütern und Dienstleistungen [...], der zur Erstellung und zum Absatz der betrieblichen Leistungen sowie zur Aufrechterhaltung der Betriebsbereitschaft (Kapazität) erforderlich ist."[254] In diesem Zusammenhang stellt die Kostenfunktion ein Instrument zur Quantifizierung von Kosten dar.[255] Gemäß Kilger/Pampel/Vikas soll mit Hilfe von Kostenfunktionen aufgezeigt werden, "... welche Kostenbestimmungsfaktoren die Kosten einer Planungs- oder Abrechnungsperiode verursachen und welche funktionalen Zusammenhänge hierbei wirk-

---

[254] Vgl. Kapitel 1.2.2
[255] Vgl. Haberstock, Kostenrechnung I, 11. Aufl., 2002, S. 29

sam werden."[256] Kostenfunktionen leiten sich ihrerseits wiederum aus Produktionsfunktionen ab, die den Zusammenhang zwischen den im betrieblichen Leistungserstellungsprozess eingesetzten Produktionsfaktoren und dem hieraus entstehenden Output[257] erklären und so quasi die Faktoreinsatzmenge beschreiben. Der Schritt von der Produktionsfunktion zur Kostenfunktion wird anschließend trivialer Weise durch die Multiplikation mit den Faktorpreisen vollzogen.[258]

Für das Verständnis der Kostenfunktionen ist daher das Verständnis der Produktionsfunktion von fundamentaler Bedeutung. Mit Hilfe der mathematischen Symbolsprache lässt sich die allgemeine Grundfunktion der Produktionsfunktion wie folgt beschreiben. Stellt x die Ausbringungsmenge und r_1 bis r_n die im Rahmen der betrieblichen Leistungserstellung verwendeten Produktionsfaktoren dar, so ergibt sich die Produktionsfunktion zu Gleichung 1.

$$x = f(r_1; r_2; ...; r_n)$$

Gleichung 1 (Grundgleichung Produktionsfunktion)

Auf Basis dieser Grundgleichung der Produktionsfunktion wurden in der Vergangenheit eine Reihe unterschiedlicher Produktionsfunktionstypen entwickelt. Den Grundstein dieser Entwicklung legte bereits im Jahre 1766 Jacques Turgot, Generalkontrolleur der Finanzen unter Louis XVI.[259] Auf ihn geht die als Ertragsgesetz bezeichnete Produktionsfunktion des Typs A zurück, das Turgot anhand eines Beispiels aus der Landwirtschaft erläuterte. Kernaussage dieser Produktionsfunktion ist es, "... das[s] man durch zunehmenden Einsatz eines Produktionsfaktors bei Konstanz aller anderen Faktoren Erträge erzielt, die zunächst progressiv ansteigen, dann degressiv steigen und schließlich absolut abnehmen (regressiv verlaufen)."[260] Auf eine Schilderung der sich daraus ergebenden Implikationen wird an dieser Stelle verzichtet, da sie ausreichend in der betriebswirtschaftlichen Fachliteratur[261] diskutiert ist und an dieser Stelle keinen zusätzlichen Erkenntnisgewinn bringt.

---

256 Kilger/Pampel/Vikas, Grenzplankostenrechnung und Deckungsbeitragsrechnung, 11. Aufl., 2002, S. 101

257 Der aus dem angelsächsischen Sprachraum entsprungene Begriff Output ist synonym zu dem in der deutschen Sprache verwendeten Begriff der Ausbringungsmenge. Um im weiteren Verlauf der Arbeit eine einheitliche Begriffswahl zu garantieren, soll nachfolgend ausschließlich von Ausbringungsmenge gesprochen werden.

258 An dieser Stelle sie noch einmal auf die in Kapitel 1.2.2 beschriebene Erklärung der Kosten als ein Produkt aus wert- und mengenbezogenen Komponenten verwiesen, bei dem die Produktionsfunktion die mengenbezogene Komponente beschreibt.

259 Vgl. Kilger, Produktions- und Kostentheorie, 1958, S.9 und S. 21

260 Haberstock, Kostenrechnung II, 8. Aufl., 1998, S. 118

261 Vgl. u.a. Corsten, Produktionswirtschaft, 8. Aufl., 1999, S. 78 ff; Haberstock, Kostenrechnung II, 8. Aufl., 1998, S. 118 ff; Jehle, Produktionswirtschaft, 5. Aufl., 1999, S. 122 ff;

Aufbauend auf die Produktionsfunktion des Typs A entwickelte Gutenberg die Produktionsfunktion des Typs B, die ihm zu Ehren in der betriebswirtschaftlichen Fachliteratur auch als Gutenberg-Produktionsfunktion bezeichnet wird. Da Gutenberg bei der Entwicklung der Produktionsfunktion des Typs B gegenüber der Produktionsfunktion des Typs A einen entscheidenden gedanklichen Fortschritt gemacht hat, der sich für die Durchführung einer unternehmungsbezogenen Kernkostenanalyse als fundamental wichtig erweist, sei an dieser Stelle die Herleitung der Produktionsfunktion des Typs B ausführlicher erläutert.

Der wesentliche Unterschied zwischen der Produktionsfunktion des Typs A und der des Typs B besteht darin, dass "... nicht mehr eine direkte Abhängigkeit der (bewerteten) Faktoreinsatzmengen von der Ausbringung[smenge] wiedergegeben wird, sondern dass durch eine ausdrückliche Analyse der Zusammenhänge zwischen Faktorverbrauch und (der für die industrielle Produktion typischen) Maschinenleistung nur noch indirekte Beziehungen zwischen Kosten und Ausbringung dargestellt werden."[262] Diese Weiterentwicklung begründet Gutenberg folgendermaßen. "Die Verbrauchsmengen sind nicht unmittelbar, sondern mittelbar von der Ausbringung[smenge] abhängig und zwar von den "zwischengeschalteten" Produktionsstätten (Betriebsmittel, Arbeitsplätze, Anlagenteile). In ihnen werden die Beziehungen zwischen Produktmengen und Verbrauchsmengen wie in einem Prisma gebrochen. Es sind die technischen Eigenschaften der Aggregate und Arbeitsplätze, die den Verbrauch an Faktoreinsatzmengen bestimmen. Und zwar durchaus in gesetzmäßiger und keineswegs willkürlicher Weise."[263] Die von Gutenberg beschriebenen Gesetzmäßigkeiten, nach denen sich der Verbrauch der Produktionsfaktoren in Abhängigkeit von der Intensität der Betriebsmittel ausdrückt, werden von Gutenberg als Verbrauchsfunktionen bezeichnet, die sowohl in Gutenbergs Theoriegebäude als auch in der Theorie der Kostenfunktionen im Rahmen der unternehmungsbezogenen Kernkostenanalyse eine zentrale Rolle einnehmen. Haberstock definiert die Verbrauchsfunktion basierend auf den Ausführungen von Gutenberg wie folgt. "Eine Verbrauchsfunktion gibt die funktionale Abhängigkeit der Verbrauchsmenge einer bestimmten Faktorart für eine Ausbringungseinheit von der technischen Leistung (Intensität) eines Betriebsmittels wieder."[264]

Basierend auf diesen Überlegungen stellt die Definition der technischen Leistung (Intensität) einer beliebigen Maschine den Ausgangspunkt für die Definition der Verbrauchsfunktion dar. Kennzeichnet wiederum x die Ausbringungsmenge, die

---

Kiener/Maier-Scheubeck/Weiß, Produktionsmanagement, 7. Aufl., 2002, S. 86 ff; Nebl, Produktionswirtschaft, 2002, S. 258

[262] Haberstock, Kostenrechnung II, 8. Aufl., 1998, S. 124

[263] Gutenberg, Grundlagen der Betriebswirtschaftslehre I, 22. Aufl., 1976, S. 328

[264] Haberstock, Kostenrechnung II, 8. Aufl., 1998, S. 124; Vgl. u.a. auch Eisenführ, Grundlagen der Produktionswirtschaft, 4. Aufl., 1989, S. 41

eine Maschine während eines Zeitintervalls t ausbringt, so ergibt sich die Intensität d zu Gleichung 2.

$$d = \frac{x}{t}$$

Gleichung 2 (Allgemeine Intensitätsfunktion)

Zusätzlich beeinflussen gemäß Gutenberg zwei weitere Faktoren den tatsächlichen Verbrauch an Produktionsfaktoren zum Erstellen der Ausbringungsmenge x. Das ist zum einen die so genannte z-Situation und zum anderen die Einsatzzeit t der zum Einsatz kommenden Maschine.[265] Der zur Herstellung der Ausbringungsmenge x notwendige Verbrauch r_i der Faktoren i bei Benutzung des Aggregats j lässt sich somit über den in Gleichung 3 dargestellten funktionalen Zusammenhang ausdrücken.

$$r_{ij}(x_j) = f_{ij}(z_{1j}, \ldots, z_{vj}; \lambda_j; t_j)$$

Gleichung 3 (Allgemeine Verbrauchsfunktion)

Dabei bringt die z-Situation die spezifischen technischen, für den Faktorverbrauch r_{ij} bedeutsamen, Eigenschaften einer Maschine j zum Ausdruck, die sich regelmäßig aus der Summe der technischen Eigenschaften z_1, z_2 bis z_v ergibt. Exemplarisch schildert Gutenberg diese Eigenschaften am Beispiel eines Hochofens, bei dem z_1 die Höhe des Hochofens, z_2 die Ausmauerung des Hochofens, z_3 die Art der zugeführten Energie und z_4 die Schmelztemperatur des Lichtbogens darstellt.[266] Da sich diese Maschineneigenschaften typischerweise kurzfristig nicht ändern, wird diese so genannte z-Situation, also die Summe aller technischen Eigenschaften eines Aggregats als konstant angenommen. Zum Ermitteln des Gesamtverbrauchs an Produktionsfaktoren eines Aggregats j wird, aufbauend auf Gleichung 2, die technische Intensität d_j des Aggregats j ermittelt (Gleichung 4) und die ökonomische Intensität X_j des Aggregats j transformiert (Gleichung 5).

$$d_j = \frac{b_j}{t_j}$$

Gleichung 4 (Technische Intensität Aggregat j)

$$X_j = \frac{x_j}{t_j}$$

Gleichung 5 (Ökonomische Intensität Aggregat j)

---

[265] Kiener/Maier-Scheubeck/Weiß sprechen in diesem Zusammenhang nicht von Maschinen, sondern von Aggregaten. Da beide Begriffe in weiten Feldern synonym verwandt werden, wird in dieser Arbeit nachfolgend der Begriff Aggregat verwandt. Vgl. Kiener/Maier-Scheubeck/Weiß, Produktionsmanagement, 7. Aufl., 2002, S. 89 ff
[266] Vgl. Gutenberg, Grundlagen der Betriebswirtschaftslehre I, 22. Aufl., 1976, S. 329

Formt man nun Gleichung 4 nach t_j um und setzt Gleichung 4 in Gleichung 5 ein, so ergibt sich die technische Intensität des Aggregats j zu Gleichung 6.

$$X_j = \frac{x_j}{b_j} * d_j = \frac{1}{a_j} * d_j$$

Gleichung 6

Wie leicht zu erkennen ist, ergibt sich demnach die ökonomische Intensität X_j des Aggregats j aus der direkten Multiplikation des Quotienten der Ausbringungsmenge x_j und der technischen Leistungseinheit b_j mit der technischen Intensität d_j. Man kann mit anderen Worten sagen, dass zwischen der ökonomischen und der technischen Intensität eine Proportionalität mit dem Proportionalitätsfaktor a_j (Gleichung 7) besteht, die sich gemäß Gleichung 8 ausdrücken lässt.

$$a_j = \frac{b_j}{x_j} = \frac{d_j}{X_j}$$

Gleichung 7 (Proportionalitätsfaktor a_j)

$$d_j = a_j * X_j$$

Gleichung 8 (Proportionalitätsgleichung zwischen ökonomischer und technischer Intensität)

Im Rahmen der von Gutenberg entwickelten Produktionsfunktion des Typs B wird diese Proportionalität als konstant angenommen. Das heißt, dass nach Gutenberg eine Steigerung der technischen Intensität d_j eines Aggregats j eine direkt proportionale Steigerung der ökonomischen Intensität X_j um den Proportionalitätsfaktor a_j zur Folge hat, was demzufolge zu einer Steigerung der Ausbringungsmenge x_j um den Faktor a_j zur Folge hat. Auf Basis dieser Beziehungen können nun die aggregatsspezifischen Verbrauchsfunktionen hergeleitet werden.

Als erstes soll an dieser Stelle die Ableitung der technischen Verbrauchsfunktion erfolgen. Diese bildet den Verbrauch des Produktionsfaktors i am Aggregat j in Abhängigkeit von der technischen Intensität d_j ab und stellt sich gemäß Gleichung 9 wie folgt dar.

$$r_{ij}(d_j) = \frac{r_{ij}(x_j)}{b_j} = \frac{r_{ij}(x_j)}{t_j * d_j}$$

Gleichung 9 (Technische Verbrauchsfunktion)

Wie in Gleichung 7 dargestellt, lässt sich daraus direkt die ökonomische Verbrauchsfunktion herleiten. Sie gibt den Verbrauch des Produktionsfaktors i durch das Aggregat j in Abhängigkeit von der ökonomischen Intensität X_j an und lässt sich in Anlehnung an die oben gemachte Herleitung gemäß Gleichung 10 darstellen.

$$r_{ij}(X_j) = \frac{r_{ij}(d_j)}{a_j} = \frac{\dfrac{r_{ij}(x_j)}{t_j * d_j}}{\dfrac{d_j}{X_j}} = \frac{r_{ij}(x_j)}{t_j * X_j}$$

Gleichung 10 (Ökonomische Verbrauchsfunktion)

Abschließend lässt sich aus den oben entwickelten Zusammenhängen noch die so genannte Zeitverbrauchsfunktion[267] ableiten, welche die Faktorverbrauchsmengen des Produktionsfaktors i am Aggregat j in Abhängigkeit von der Produktionszeit t_j darstellt.

$$r_{ij}(t_j) = \frac{r_{ij}(x_j)}{t_j}$$

Gleichung 11 (Zeitverbrauchsfunktion)

Basierend auf den hergeleiteten Verbrauchsfunktionen (Gleichung 9 bis Gleichung 11) lässt sich die Gesamtverbrauchsfunktion des Faktors i am Aggregat j im Zeitraum t_j gemäß Gleichung 12 ableiten.

$$r_{ij}(x_j) = r_{ij}(t_j) * t_j = r(X_j) * t_j * X_j = r(d_j) * t_j * d_j$$

Gleichung 12 (Gesamtverbrauchsfunktion)

Die Gutenberg-Produktionsfunktion, welche die Faktorverbrauchsmengen – und demzufolge die mengenmäßige Komponente der dieser Arbeit zugrunde liegenden Kostenfunktion – abbildet, ergibt sich auf dieser Basis gemäß des in Gleichung 13 dargestellten Zusammenhangs.

$$x_j = f_j\left((r_{1j}(X_j) * X_j * t_j); ...; (r_{I,j}(X_j) * X_j * t_j) \right)$$

Gleichung 13 (Gutenberg-Produktionsfunktion)

Für die Gesamtunternehmung, die sich aus Sicht der Produktionstheorie als Summe der Aggregate darstellt, ergibt sich die Gutenberg-Produktionsfunktion als Summe der Gutenberg-Produktionsfunktion aller Aggregate der Unternehmung.[268]

$$x = f\left(\sum_{i=1}^{I} \sum_{j=1}^{J} (r_{ij}(X_j) * X_j * t_j) \right)$$

Gleichung 14 (Gutenberg-Produktionsfunktion Gesamtunternehmung)

Die Gesamtkosten einer Unternehmung im Planungszeitraum t_j lassen sich aufbauend auf die durch die Gutenberg-Produktionsfunktion ausgedrückten Faktor-

[267] Kiener/Maier-Scheubeck/Weiß nennen diese Funktion auch die Verbrauchsgeschwindigkeit. Vgl. Kiener/Maier-Scheubeck/Weiß, Produktionsmanagement, 7. Aufl., 2002, S. 91
[268] Vgl. Gutenberg, Grundlagen der Betriebswirtschaftslehre I, 22. Aufl., 1976, S. 331 f

verbrauchsmengen durch einfache Multiplikation der Faktorverbrauchsmengen mit den jeweiligen Faktorpreisen p_i der einzelnen Produktionsfaktoren herleiten.

$$K(x) = \sum_{i=1}^{I} \sum_{j=1}^{J} (r_{ij}(X_j) * X_j * t_j * p_i) = \sum_{i=1}^{I} \sum_{j=1}^{J} (r_{ij}(x_j) * p_i)$$

Gleichung 15 (Gesamtkosten der Unternehmung gemäß Gutenberg-Produktionsfunktion)

Aufbauend auf die Gutenberg-Produktionsfunktion, die mit der Herstellung des proportionalen Zusammenhangs zwischen der technischen und der ökonomischen Intensität noch heute das Kernstück jeder Produktionsfunktion ist, wurden in den vergangenen Jahrzehnten eine Reihe weiterer Produktionsfunktionen entwickelt, deren bedeutendsten beiden Weiterentwicklungen an dieser Stelle kurz erläutert werden.

Die erste bedeutende Weiterentwicklung der Produktionsfunktion des Typs B erfolgte durch Heinen mit der Entwicklung der Produktionsfunktion des Typs C. Heinen setzte die von Gutenberg begonnene Detaillierung der Produktionsfunktion fort und hob als wesentliche Weiterentwicklung die durch Gutenberg angenommene direkte Proportionalität zwischen der technischen und der ökonomischen Intensität hervor. Dabei verneinte Heinen jedoch nicht den funktionalen Zusammenhang zwischen der technischen und der ökonomischen Intensität, sondern zerlegte den Produktionsprozess in einzelne Teilkomponenten, die er als Elementarkomponenten bezeichnet und für die er auf einem nunmehr deutlich detaillierten Betrachtungsniveau die funktionalen Zusammenhänge zwischen der technischen und der ökonomischen Intensität ableitet.[269]

Eine zusätzliche Weiterentwicklung hat die Produktionsfunktion durch Kloock erfahren. Dieser entwickelte die Produktionsfunktion des Typs D, die häufig auch als Kloock-Produktionsfunktion bezeichnet wird. Kerngedanke der Kloock-Produktionsfunktion ist die stärkere Berücksichtigung der organisatorisch/technischen Gegebenheiten einer Unternehmung. Kloock betrachtet unter diesem Gesichtspunkt das Produktionssystem im Detail und bezieht sämtliche Teilbereiche des Produktionssystems über deren Liefer- und Produktionsbeziehungen ein.[270]

Aufbauend auf den vorgestellten grundsätzlichen Kostenfunktionen wurden eine Reihe weiterer Kostenfunktionen entwickelt, auf die an dieser Stelle nicht näher eingegangen wird. Einen guten Überblick über die Theorie der Kostenfunktionen bieten Bloech/Bogaschewsky/Götze/Roland sowie Schweitzer/Küpper.[271]

---

[269] Vgl. Heinen, Betriebswirtschaftliche Kostenlehre, 6. Aufl., 1983, S. 244 ff

[270] Vgl. Kloock, Betriebswirtschaftliche Input-Output-Modelle, 1969, S. 39 ff

[271] Vgl. Bloech/Bogaschewsky/Götze/Roland, Einführung in die Produktion, 5. Aufl., 2004, S. 22 ff, Schweitzer/Küpper, Produktions- und Kostentheorie, 2. Aufl., 1997, S. 59 ff

2.3.2.2 Grundsätzliche Kostenfunktionen im Rahmen der unternehmungsbezogenen Kernkostenanalyse

Der durch Gutenberg erstmals einbezogene und in der modernen Produktionswirtschaft weiterentwickelte funktionale Zusammenhang zwischen der technischen und der ökonomischen Intensität ist auch Gegenstand der Kostenfunktionen im Rahmen der unternehmungsbezogenen Kernkostenanalyse. Die zu lösende Aufgabe innerhalb dieses Kapitels ist es daher, diese funktionalen Zusammenhänge für das in Kapitel 2.3.1.2 entwickelte System der Kostenbestimmungsfaktoren der unternehmungsbezogenen Kernkostenanalyse und somit die im Rahmen dieser Analyse verwendeten Kostenfunktionen zu entwickeln. Dabei wird jedoch ein von der bisherigen Kostentheorie abweichender Weg beschritten, der nicht mehr die Entwicklung einer Kostenfunktion für die gesamte Unternehmung zum Ziel hat, sondern vielmehr darauf abzielt, eine auf den vorstrukturierten Untersuchungsraum abgestimmte Matrix von Kostenfunktionen zu entwickeln.

2.3.2.2.1 Aufgabenbeschreibung und Entwicklungs-Rahmenbedingungen

Ausgangspunkt für diese Entwicklung ist der in Abbildung 20 dargestellte Analyseraum der unternehmungsbezogenen Kernkostenanalyse. Wie in Abbildung 20 zu erkennen und in Kapitel 2.2.2 ausführlich erläutert, ist dieser Analyseraum in mehreren Dimensionen segmentiert. Die erste Segmentierungsdimension stellt dabei die Dimension der Kostenarten dar, die sich in Material-, Personal-, Dienstleistungs- und Maschinenkosten gliedert. Die zweite Segmentierungsdimension stellt die Dimension der Wertschöpfungsschritte dar. Einer der Hauptgründe für diese Segmentierung des Analyseraums lag, wie in Kapitel 2.2.2.2.2 erläutert, in dem Herstellen einer hinreichenden Transparenz hinsichtlich der Kostenreagibilität, da, wie ebenfalls in Kapitel 2.2.2.2.2 erarbeitet, die Kosten der einzelnen Wertschöpfungsschritte jeweils durch andere Kostenbestimmungsfaktoren beeinflusst werden, die durch die dem einzelnen Wertschöpfungsschritt zugrunde liegende Wertaktivität determiniert ist. Diese Überlegungen wurden dementsprechend in die Entwicklung des für die unternehmungsbezogene Kernkostenanalyse anzuwendenden Systems aus Kostenbestimmungsfaktoren einbezogen, indem ein System aus Kostenbestimmungsfaktoren entwickelt wurde, das "... ein einheitliches Set von generischen Kostenbestimmungsfaktoren für alle Wertschöpfungsschritte [aufweist], das bei der anschließenden Datenerhebung je Wertschöpfungsschritt entsprechend den tatsächlich angetroffenen Gegebenheiten interpretiert werden kann."[272]

Auf Basis dieser Informationen kann nunmehr die Gestalt der zu entwickelnden Matrix aus Kostenfunktionen abgeleitet werden, welche die Wirkung der Kosten-

---

[272] Vgl. Kapitel 2.3.1.2

bestimmungsfaktoren auf die Kosten eines Wertschöpfungsschritts abbildet.[273] Diese Funktionsmatrix wird grundsätzlich durch zwei Dimensionen beschrieben. Die erste Dimension ist die Dimension der Kostenbestimmungsfaktoren, welche die Ursachen für die Entstehung und die Veränderung der Kosten eines Wertschöpfungsschritts beschreiben. Da die Kostenbestimmungsfaktoren auf die einzelnen Kostenarten der Kosten eines Wertschöpfungsschritts unterschiedlich wirken (so hat zum Beispiel eine Änderung der Schichtbelegung, die keine Änderung der Kapazität nach sich zieht zwar Einfluss auf die Personalkosten, nicht jedoch auf die Materialkosten eines Wertschöpfungsschritts), ist als zweite Dimension der Funktionsmatrix die Dimension der Kostenarten vorzusehen. Dementsprechend stellt sich die Funktionsmatrix schematisch wie in Abbildung 24 skizziert dar.

Kostenbestimmungsfaktoren / Kostenarten	Faktorpreise	Faktoreinsatzmengen Repetierfaktoren	Arbeits- und Betriebsmittelintensität	Geplante Einsatzzeit Arbeits- und Betriebsmittel	Effektive Einsatzzeit Arbeits- und Betriebsmittel	Schichtbelegung	Effektive Arbeitszeit
Materialkosten	Funktion 1	Funktion 2	Funktion 3	Funktion 4	Funktion 5	Funktion 6	Funktion 7
Personalkosten	Funktion 8	Funktion 9	Funktion 10	Funktion 11	Funktion 12	Funktion 13	Funktion 14
Dienstleistungskosten	Funktion 15	Funktion 16	Funktion 17	Funktion 18	Funktion 19	Funktion 20	Funktion 21
Maschinenkosten	Funktion 22	Funktion 23	Funktion 24	Funktion 25	Funktion 26	Funktion 27	Funktion 28

Quelle: Weiss

Abbildung 24 (Schema Funktionsmatrix)

Aufgabe der Entwicklung von Kostenfunktionen ist es dementsprechend, das in Abbildung 24 dargestellte Schema der Funktionsmatrix mit Kostenfunktionen zu füllen, welche die funktionale Abhängigkeit der einzelnen Kostenarten von den Kostenbestimmungsfaktoren abbildet und somit Auskunft darüber gibt, wie die Kosten der einzelnen Kostenarten entstehen und wie sie sich bei einer Änderung der Ausprägung der Kostenbestimmungsfaktoren verändern. Bevor jedoch mit der eigentlichen Entwicklung der Kostenfunktionen begonnen wird, sollen an dieser Stelle zwei Rahmenbedingungen beschrieben werden, die nicht nur die Entwicklung der Kostenfunktionen, sondern vor allen Dingen auch die praktische Anwendbarkeit der entwickelten Kostenfunktionen erheblich erleichtern. Dabei handelt es sich um die beiden Rahmenbedingungen *Bezug auf spezifische Kosten* und *Formel-Multiplizierbarkeit*.

- *Bezug auf spezifische Kosten*: Die in Kapitel 2.3.1.2 entwickelten Kostenbestimmungsfaktoren lassen sich unter anderem in kapazitätsbeeinflussende und in nicht kapazitätsbeeinflussende Kostenbestimmungsfaktoren unterteilen. Das heißt, dass eine Änderung der Ausprägung dieser Faktoren im ersten Fall sowohl zur Änderung der Kapazität als auch zur Änderung der Kosten der analysierten Unternehmung führt, wohingegen eine Änderung

---

[273] Zur Vereinfachung der im Rahmen dieser Arbeit verwendeten Begrifflichkeiten wird die Matrix aus Kostenfunktionen nachfolgend als Funktionsmatrix bezeichnet.

der Ausprägung dieser Faktoren im zweiten Fall lediglich eine Änderung der Kosten der Unternehmung zur Folge hat, jedoch die Kapazität und somit auch die Ausbringungsmenge der Unternehmung konstant bleibt. Wird das Ergebnis der zu entwickelnden Kostenfunktionen also nur auf die Absolutkosten der zu analysierenden Unternehmung ausgerichtet, geht ein Teil der tatsächlichen "Änderungsinformation" (nämlich die mit der Ausprägungsänderung eines kapazitätsbeeinflussenden Kostenbestimmungsfaktors verbundene Information über eine Kapazitätsveränderung) verloren. Das heißt die Kostenänderungen, die sich aus einer Ausprägungsänderung von kapazitätsbeeinflussenden Kostenbestimmungsfaktoren ergeben, wären nicht mit den Kostenänderungen vergleichbar, die sich aus einer Ausprägungsänderung nicht kapazitätsbeeinflussender Kostenbestimmungsfaktoren ergeben, da erstere Kostenänderung ja zusätzlich eine Kapazitätsänderung impliziert.

Dieses Problem lässt sich jedoch vergleichsweise einfach umgehen, indem die Kostenfunktionen nicht auf die Abhängigkeit der Absolutkosten, sondern auf die Abhängigkeit der spezifischen Kosten – also der Kosten je Ausbringungseinheit der gesamten Ausbringungsmenge – bezogen werden. Zwar muss auch bei diesem Vorgehen die durch eine Änderung der Ausprägung kapazitätsbeeinflussender Kostenbestimmungsfaktoren induzierte Änderung der Ausbringungsmenge separat mitgeführt werden. Dafür ist jedoch die Wirkung der Änderung der Ausprägung von kapazitätsbeeinflussenden und nicht kapazitätsbeeinflussenden Faktoren direkt vergleichbar. Dementsprechend erscheint es sinnvoll, die zu entwickelnden Kostenfunktionen so zu gestalten, dass der Funktionswert der zu entwickelnden Kostenfunktionen die spezifischen Kosten der jeweiligen Kostenart darstellt.

- *Formel-Multiplizierbarkeit*: Die zu analysierenden Kosten sind durch mehrere Kostenbestimmungsfaktoren beeinflusst. Das bedeutet für die Entwicklung der Kostenfunktionen, dass nicht nur der funktionale Zusammenhang dahingehend abzuleiten ist, wie die für sich allein genommene Änderung der Ausprägung eines Kostenbestimmungsfaktors die Kosten der betrachteten Kostenart ändert. Vielmehr ist zu klären, wie sich die Kosten der betrachteten Kostenart ändern, wenn es zu einer gleichzeitigen Änderung der Ausprägung aller Kostenbestimmungsfaktoren kommt. Um die Problematik und auch die Lösung dieses Problems zu illustrieren, sei auf nachfolgendes Beispiel verwiesen.

Betrachtet werden soll in diesem Beispiel die Kostenanalyse der Personalkosten. Ausgangspunkt sind absolute Personalkosten von $K_{Pers,Ist} = 100$ bei einer Ausbringungsmenge von $x = 100$ und somit spezifischen Personalkosten $K_{Pers-spez,Ist} = 1,00$. Bei einer Analyse der Schichtbelegung der einzelnen Schichten wird festgestellt, dass durch Umorganisation der Arbeitsabläufe die Ist-Schichtbelegung von $SB_{Ist} = 100\%$ auf eine Kern-Schichtbelegung von $SB_{Kern} = 90\%$ reduziert werden kann, ohne dass es zu einer Verringerung der Ausbringungsmenge $x = 100$ kommt. Die Personalkosten im Kernniveau $K_{Pers,Kern}$ ergeben sich entsprechend Gleichung 16.

$$K_{Pers,Kern} = K_{Pers,Ist} * \frac{SB_{Kern}}{SB_{Ist}} = 100 * \frac{90\%}{100\%} = 90$$

Gleichung 16

Da die Ausbringungsmenge $x = $ const. angenommen wird, ergeben sich die spezifischen Kern-Personalkosten gemäß Gleichung 17.

$$K_{Pers-spez,Kern} = \frac{K_{Pers,Kern}}{x} = \frac{K_{Pers,Ist}}{x} * \frac{SB_{Kern}}{SB_{Ist}} = \frac{90}{100} * \frac{90\%}{100\%} = 0,90$$

Gleichung 17

Gleichzeitig ergibt eine Analyse, dass sich die ökonomische Intensität der Fertigungsmaschine des analysierten Wertschöpfungsschritts von $X_{Ist} = 100$ auf $X_{Kern} = 150$ steigern lässt, ohne dass die Schichtbelegung zusätzlich erhöht werden müsste. Diese Veränderung für sich genommen führt zu keiner Änderung der absoluten Personalkosten, da ja die Schichtbelegung keine Änderung erfährt. Da jedoch die Änderung der ökonomischen Intensität zu einer Änderung der Ausbringungsmenge führt, ändern sich die spezifischen Personalkosten gemäß Gleichung 18.

$$K_{Pers-spez,Kern} = K_{Pers-spez,Ist} * \frac{X_{Ist}}{X_{Kern}} = 1,00 * \frac{100}{150} = 0,67$$

Gleichung 18

Beide Effekte – also sowohl eine Reduzierung der Schichtbelegung bei gleichzeitiger Erhöhung der ökonomischen Intensität der zum Einsatz kommenden Maschine – können jedoch auch in kombinierter Form auftreten. In diesem Falle kombiniert sich die Wirkung der Ausprägungsänderung der Kostenbestimmungsfaktoren. Wie sie sich kombiniert, zeigt folgende Überlegung. Als Ausgangspunkt können die in Gleichung 17 dargestellten Überlegungen zur Kostenwirkung einer Änderung der Schichtbelegung genommen werden. Gelingt es in dieser Situation zusätzlich zur Änderung der Schichtbelegung auch eine Änderung der ökonomischen Kapazität der Fertigungsmaschine des zu analysierenden Wertschöpfungsschritts gemäß Gleichung 18 vorzunehmen, so multiplizieren sich die Ausprägungsänderungen der beiden Kostenbestimmungsfaktoren und die spezifischen Personalkosten im Kernniveau ergeben sich zu dem in Gleichung 19 dargestellten Wert.

$$K_{Pers-spez,Kern} = \frac{K_{Pers,Ist}}{x} * \frac{SB_{Kern}}{SB_{Ist}} * \frac{X_{Ist}}{X_{Kern}} = \frac{100}{100} * \frac{90\%}{100\%} * \frac{100}{150} = 1 * 0{,}90 * 0{,}67 = 0{,}60$$

Gleichung 19

Wie an diesem Rechenbeispiel einfach zu erkennen ist, empfiehlt es sich, für die einzelnen Kostenbestimmungsfaktoren nicht nur nach einer Kostenfunktion zu suchen, welche die Änderung der spezifischen Kosten der jeweiligen Kostenart bei einer Änderung der Ausprägung des betrachteten Kostenbestimmungsfaktors abbildet, sondern die gefundene Funktion in einen nachfolgend als Änderungsfaktor bezeichneten Faktor umzuformen, der angibt, wie sich eine Ausprägungsänderung des betrachteten Kostenbestimmungsfaktors auf die Änderung der spezifischen Kosten der untersuchten Kostenart auswirkt. Sind für alle Kostenbestimmungsfaktoren Formeln für den Änderungsfaktor der spezifischen Kosten gefunden, so kann ohne Mehraufwand sofort berechnet werden, wie sich die spezifischen Kosten der untersuchten Kostenart im ganzen ändern, wenn es zu einer Änderung der Ausprägung aller Kostenbestimmungsfaktoren kommt. Diese Änderung der spezifischen Kosten ergibt sich nämlich dann durch eine Multiplikation der ermittelten Formeln für den Änderungsfaktor je Kostenbestimmungsfaktor.

Zusammenfassend kann also die folgende Gleichung als Ausgangsgleichung für die Entwicklung der Änderungsfaktoren je Kostenbestimmungsfaktor entwickelt werden. Bezeichnet KBF_n die Ausprägung eines Kostenbestimmungsfaktors, so ist je Kostenbestimmungsfaktor der als Kostenfunktion bezeichnete Änderungsfaktor zu ermitteln, der den in Gleichung 20 dargestellten Zusammenhang erfüllt, wobei K_{spez} die spezifischen Kosten der untersuchten Kostenart vor und K'_{spez} die spezifischen Kosten der untersuchten Kostenart nach der Ausprägungsänderung des Kostenbestimmungsfaktors von KBF_n auf KBF'_n bezeichnen.

$$f(KBF_n; KBF'_n) = \frac{K'_{spez}}{K_{spez}}$$

Gleichung 20 (Allgemeine Gleichung Änderungsfaktor)

Die spezifischen Kosten der betrachteten Kostenart, die sich bei einer Änderung der Ausprägung aller Kostenbestimmungsfakten n = 1 bis N von KBF_n auf KBF'_n ergeben, errechnen sich gemäß des in Gleichung 21 geschilderten Zusammenhangs als Multiplikation des Produkts der einzelnen Änderungsfaktoren $f(KBF_n; KBF'_n)$ mit den spezifischen Ist-Kosten der betrachteten Kostenart.

$$K'_{spez} = K_{spez} * \prod_{n=1}^{N} f(KBF_n; KBF'_n)$$

Gleichung 21 (Änderung der spezifischen Kosten bei Ausprägungsänderung der Kostenbestimmungsfaktoren)

Hinsichtlich des in Gleichung 20 und Gleichung 21 dargestellten Zusammenhangs ist für die praktische Entwicklung der Kostenfunktionen anzumerken, dass für die Gültigkeit des dargestellten Zusammenhangs sicherzustellen ist, dass das Kostenvolumen einer untersuchten Kostenart (möglichst[274]) homogen auf eine Ausprägungsänderung der einzelnen Kostenbestimmungsfaktoren reagieren muss. Ist diese Bedingung nicht gegeben, so lässt sich die durch die Ausprägungsänderung eines Kostenbestimmungsfaktors hervorgerufene Kostenänderung zumeist nicht durch eine Kostenfunktion ausdrücken, die ausschließlich von der Ausprägungsänderung des einen Kostenbestimmungsfaktors abhängt. Vielmehr wären dann die Ausprägungsänderungen anderer Kostenbestimmungsfaktoren in die zu entwickelnde Kostenfunktion einzubeziehen, was schnell zu einer gewissen Unübersichtlichkeit in den entwickelten Kostenfunktionen führen kann.[275] Das lässt sich

---

[274] Mathematisch wäre es richtig, jede Kostenposition einzeln hinsichtlich der sich aus einer Ausprägungsänderung der Kostenbestimmungsfaktoren ergebenden Kostenveränderung hin zu untersuchen. Dieser Ansatz ist jedoch insbesondere vor dem Hintergrund die Kosten der gesamten Unternehmung zu analysieren wenig praktikabel. Um jedoch einen Mittelweg zwischen mathematischer Genauigkeit und Praktikabilität in der Anwendung zu finden, sollte darauf geachtet werden, dass zumindest die analysierte Kostenart (die auch eine Teilmenge einer Kostenart darstellen kann) weitgehend homogen auf eine Ausprägungsänderung der Kostenbestimmungsfaktoren reagiert.

[275] Dieser Zusammenhang lässt sich einfach an folgendem Beispiel darstellen. Gegeben die Materialkosten setzten sich nicht nur aus Kosten für Materialien zusammen, die in dem hergestellten Produkt verarbeitet werden, sondern enthalten zusätzlich Kosten für Betriebsstoffe. Kommt es zu einer Ausprägungsänderung des Kostenbestimmungsfaktors "Faktorpreise", so werden sich die Faktorpreise für die in dem hergestellten Produkt verarbeiteten Materialen wahrscheinlich anders ändern, als die Faktorpreise der Betriebsstoffe. Diesem Problem könnte man noch damit begegnen, die Auswirkungen der Ausprägungsänderung des Kostenbestimmungsfaktors "Faktorpreise" über den gewichteten Durchschnitt der indexierten Faktorpreisänderung abzubilden. Somit ergäbe sich für den Kostenbestimmungsfaktor "Faktorpreise" eine Kostenfunktion, welche die Auswirkung der Faktorpreisänderung für sich genommen richtig abbildet. Dieser Faktor könnte jedoch nicht für den in Gleichung 21 dargestellten Zusammenhang Anwendung finden, sofern sich die Ausprägung eines weiteren Kostenbestimmungsfaktors ändert. Ändert sich nämlich auch die Ausprägung des Kostenbestimmungsfaktors "Faktoreinsatzmenge Repetierfaktoren", so ist auch hier davon auszugehen, dass sich die Faktoreinsatzmengen für das im hergestellten Produkt verarbeitete Material indexiert unterschiedlich ändern, als sich die Faktoreinsatzmengen der Betriebsstoffe ändern. Für die Ermittlung des Änderungsfaktors des Kostenbestimmungsfaktors "Faktoreinsatzmenge Repetierfaktoren" allein kann man sich wieder mit der Ermittlung des gewichteten Durchschnitts behelfen. Die Multiplikation beider Änderungsfaktoren gibt dann jedoch nicht mehr korrekt die kombinierte Kostenwirkung der Ausprägungsänderung beider Kostenbestimmungsfaktoren "Faktorpreise" und "Faktoreinsatzmenge Repetierfaktoren" wieder, da ein funktionaler Zusammenhang zwischen den beiden Änderungsfaktoren besteht, der nur durch die Einführung eines Korrekturfaktors behoben werden kann. Dies sei an folgenden Gleichungen illustriert. Die gesamte Materialmenge M_{ges} gliedert sich in die Untermengen M_1 und M_2, die jeweils anders auf eine Ausprägungsänderung der Kostenbestimmungsfaktoren reagieren. So sei die Änderung der Ausprägung des Kostenbestimmungsfaktors 1 (Kostenbestimmungsfaktor "Faktorpreise") für die Menge M_1 von $Index_{1,1}$ auf $Index_{1,2}$ und für die Menge M_2 von $Index_{2,1}$ auf $Index_{2,2}$ angenommen. Der sich daraus ergebende Änderungsfaktor lässt sich in der fol-

jedoch dann vermeiden, wenn die Kostenarten, für die jeweils ein Satz von Kostenfunktionen entwickelt werden soll, der die Wirkung einer Ausprägungsänderung der Kostenbestimmungsfaktoren in Form von Änderungsfaktoren beschreibt, von vorneherein so voneinander getrennt werden, dass eine Kostenart hinsichtlich

genden Kostenfunktion f(KBF₁; KBF'₁) darstellen.

$$f(KBF_1; KBF'_1) = \frac{\dfrac{Index_{1,2}}{Index_{1,1}} * M_1 + \dfrac{Index_{2,2}}{Index_{2,1}} * M_2}{(M_1 + M_2)}$$

Zur Ermittlung der Kostenfunktion für die Änderung der Ausprägung des Kostenbestimmungsfaktors 2 (Kostenbestimmungsfaktor "Faktoreinsatzmenge Repetierfaktoren") seien die Änderung der Faktoreinsatzmenge für die Menge M₁ von M₁ auf M'₁ und für die Menge M₂ von M₂ auf M'₂ angenommen. Der sich daraus ergebende Änderungsfaktor lässt sich in der folgenden Kostenfunktion f(KBF₂, KBF'₂) darstellen.

$$f(KBF_2; KBF'_2) = \frac{\dfrac{M'_1}{M_1} * M_1 + \dfrac{M'_2}{M_2} * M_2}{(M_1 + M_2)}$$

Die spezifischen Kosten K'spez, die sich nach einer Ausprägungsänderung der Kostenbestimmungsfaktoren KBF₁ und KBF₂ auf KBF'₁ und KBF'₂ ergeben, errechnen sich jetzt jedoch nicht aus dem Produkt der spezifischen Ist-Kosten Kspez und der Änderungsfaktoren f(KBF₁; KBF'₁) und f(KBF₂, KBF'₂), sondern gemäß der folgenden Gleichung.

$$K'_{spez} = K_{spez,1} * \frac{Index_{1,2}}{Index_{1,1}} * \frac{M'_1}{M_1} + K_{spez,2} * \frac{Index_{2,2}}{Index_{2,1}} * \frac{M'_2}{M_2}$$

Formt man diese Gleichung in Anlehnung an Gleichung 20 um, um den Änderungsfaktor der gleichzeitigen Ausprägungsänderung der Kostenbestimmungsfaktoren KBF₁ und KBF₂ zu ermitteln, so erhält man folgende Gleichung, die sich klar von dem Produkt der beiden Änderungsfaktoren f(KBF₁; KBF'₁) und f(KBF₂; KBF'₂) unterscheidet.

$$\frac{K'_{spez}}{K_{spez,1} + K_{spez,2}} = \frac{K_{spez,1} * \dfrac{Index_{1,2}}{Index_{1,1}} * \dfrac{M'_1}{M_1} + K_{spez,2} * \dfrac{Index_{2,2}}{Index_{2,1}} * \dfrac{M'_2}{M_2}}{K_{spez,1} + K_{spez,2}}$$

Dementsprechend bleibt abschließend festzuhalten, dass - sofern die Ermittlung der Kostenwirkung einer gleichzeitigen Ausprägungsänderung mehrerer Kostenbestimmungsfaktoren über die in Gleichung 21 dargestellte Multiplikation der Änderungsfaktoren durchgeführt werden soll - sichergestellt sein muss, dass die Kostenart, für welche Kostenfunktionen nach dem in Gleichung 20 dargestellten Muster von Änderungsfaktoren entwickelt werden sollen, in sich hinsichtlich der Kostenwirkung der einzelnen Kostenbestimmungsfaktoren (weitgehend) homogen sein sollte.

der Ausprägungsänderung aller Kostenbestimmungsfaktoren aus sich heraus weitgehend homogen reagiert.

Diese Rahmenbedingungen werden in den folgenden Kapiteln genutzt, um für die in Kapitel 2.2.2.1 festgelegten Kostenarten die Änderungsfaktoren zu ermitteln, die sich unter Einbeziehung des in Kapitel 2.3.1 entwickelten Systems aus Kostenbestimmungsfaktoren ergeben und für die Durchführung der unternehmungsbezogenen Kernkostenanalyse benötigt werden.

2.3.2.2.2 Materialkostenfunktionen

2.3.2.2.2.1 Charakteristika und Segmentierung Materialkosten

Im Sinne der in Kapitel 2.3.1.2 verwendeten Nomenklatur ist der Produktionsfaktor Material als Repetierfaktor zu bezeichnen, der nach Heinen im Wesentlichen dadurch gekennzeichnet ist, dass er im Produktionsprozess verbraucht wird, dementsprechend materiell untergeht und "... daher in relativ kurzen Zeitabständen neu beschafft werden [muss]."[276] Diese Beschreibung reicht jedoch nicht aus, um eine sachlich richtige Entwicklung von Kostenfunktionen vorzunehmen. Das begründet sich im Wesentlichen dadurch, dass der Materialbrauch auch innerhalb eines Wertschöpfungsschritts durch unterschiedliche Einflussgrößen determiniert wird. So ergibt sich der Materialverbrauch nicht nur durch das Material, was direkt im Produkt verarbeitet wird. Darüber hinaus besteht die Gesamtmenge des Materials auch noch aus Betriebsstoffen, die von den eingesetzten Potenzialfaktoren verbraucht werden. Bei den zu berücksichtigenden Potenzialfaktoren handelt es sich dabei zum einen um die Maschinen des Wertschöpfungsschritts (Beispiel für einen Verbrauch an Repetierfaktoren ist hier der Strom und auch der Schmierstoff der für den Betrieb eines Elektromotors benötigt wird) und das eingesetzte Personal des Wertschöpfungsschritts (Beispiel für einen Verbrauch an Repetierfaktoren ist hier die Schutzkleidung, die das Personal für eine bestimmte Tätigkeit aufgrund gesetzlicher Vorgaben benötigt). Für die Entwicklung der Kostenfunktionen der Kostenart Material ist dementsprechend die Gesamtmenge des Materials in die drei Teilmengen *Produktbezogenes Material*, *Maschinenbezogenes Material* und *Personalbezogenes Material* zu zerlegen, die jeweils separat hinsichtlich der Kostenbeeinflussung durch die jeweiligen Kostenbestimmungsfaktoren zu untersuchen sind.

- *Produktbezogenes Material*: Die Menge des produktbezogenen Materials wird direkt für die Erstellung des hergestellten Produkts verwendet. Die Input-Menge des produktbezogenen Materials ist daher direkt proportional zur erstellten Ausbringungsmenge. Zur Kennzeichnung der Menge des produktbezogenen Materials wird nachfolgend die Bezeichnung M_{Prod} verwendet. In der betriebswirtschaftlichen (und dort insbesondere in der produkti-

---

[276] Heinen, Betriebswirtschaftliche Kostenlehre, 6. Aufl., 1983, S. 247

onswirtschaftlichen) Fachliteratur wird dabei in zwei unterschiedliche Arten von produktbezogenem Material unterschieden. Zum einen in die Rohstoffe und zum anderen in die Hilfsstoffe. Während die Rohstoffe den Hauptbestandteil der Erzeugnisse darstellen (Jehle führt hier als Beispiele Eisen, Holz, Leder und Wolle an), werden unter den Hilfsstoffen die Nebenbestandteile der Erzeugnisse verstanden.[277] "Sie gehen zwar ebenfalls substantiell in die Fertigfabrikate ein, spielen jedoch mengen- und wertmäßig nur eine untergeordnete Rolle."[278] Als Beispiel für Hilfsstoffe führt Jehle unter anderem die Farbe an, die z.B. für den Anstrich einer durch die Unternehmung produzierten Maschine benötigt wird.

- *Maschinenbezogenes Material*: Unter der Menge des maschinenbezogenen Materials werden nachfolgend sämtliche Betriebsstoffe subsumiert, die zum Betrieb der Maschinen und Aggregate eines Wertschöpfungsschritts erforderlich sind. Unter Betriebsstoffen werden dabei Stoffe wie z.B. Treibstoffe, Strom und Schmierstoffe verstanden, die "... der Ingangsetzung und Aufrechterhaltung des betrieblichen Leistungserstellungsprozesses ..."[279] dienen. Anders als bei der Menge des produktbezogenen Materials ist die Menge des maschinenbezogenen Materials nicht direkt von der Ausbringungsmenge abhängig. Vielmehr ergibt sich der tatsächliche Verbrauch des maschinenbezogenen Materials in Abhängigkeit von der z-Situation und der technischen Intensität der Maschinen und Aggregate eines Wertschöpfungsschritts.[280] Der sich ergebende Zusammenhang ist dabei typischerweise auch nicht von linearer Natur. Vielmehr ist in den meisten Fällen von einem nichtlinearen Zusammenhang zwischen der technischen Intensität des jeweiligen Betriebsmittels und dem maschinenbezogenen Materialverbrauch auszugehen, was in der Konsequenz dazu führt, dass der Punkt der maximalen technischen Intensität nicht zwangsläufig auch der Punkt ist, an dem es zum optimalen Verbrauch an Betriebsstoffen kommt. Hinsichtlich des Verbrauchs an Betriebsstoffen ist deswegen zwischen der minimalen, der maximalen und der optimalen technischen Intensität eines Betriebsmittels zu unterscheiden. Zur Kennzeichnung der Menge des maschinenbezogenen Materials wird nachfolgend die Bezeichnung M_{Masch} verwendet.

- *Personalbezogenes Material*: Abschließend ist noch die Menge des personalbezogenen Materials zu unterscheiden. Unter dieser Materialart wird die

277 Vgl. u.a. Jehle, Produktionswirtschaft, 5. Aufl., 1999, S. 32; Schneeweiß, Einführung in die Produktionswirtschaft, 8. Aufl., 2002, S. 34
278 Jehle, Produktionswirtschaft, 5. Aufl., 1999, S. 32
279 Jehle, Produktionswirtschaft, 5. Aufl., 1999, S. 32
280 Vgl. hierzu insbesondere die Ausführungen von Gutenberg und Haberstock; Gutenberg, Grundlagen der Betriebswirtschaftslehre I, 22. Aufl., 1976, S. 70 ff und S. 326 ff; Haberstock, Kostenrechnung II, 8. Aufl., 1998, S. 126 ff

Materialmenge verstanden, die nicht den Mengen des produktbezogenen und des maschinenbezogenen Materials zugerechnet wird, jedoch für die Beschäftigung des Personals im betrieblichen Produktionsprozess zwingend erforderlich ist. Wie bereits oben aufgezählt sind darunter unter anderem die Sicherheitskleidung aber auch Materialien wie z.B. Schreibpapier zu verstehen. Wie die Menge des maschinenbezogenen ist auch die Menge des personalbezogenen Materials nicht direkt von der Ausbringungsmenge abhängig. Vielmehr ist bei der Menge des personalbezogenen Materials von einem direkten (linearen) Zusammenhang zum beschäftigten Personal auszugehen. Zur Kennzeichnung der Menge des personalbezogenen Materials wird nachfolgend die Bezeichnung M_{Pers} verwendet.

Basierend auf den obigen Ausführungen setzt sich die Gesamtmenge des Materials M_{Ges} gemäß Gleichung 22 zusammen.

$$M_{Ges} = M_{Pr od} + M_{Masch} + M_{Pers}$$

Gleichung 22 (Definition Gesamt-Materialmenge)

Die Tatsache, dass sich die Gesamtmenge des Materials aus drei Teilmengen zusammensetzt, die bei einer Änderung der Ausprägung der in Abbildung 23 dargestellten Kostenbestimmungsfaktoren unterschiedlich reagieren, führt unter Beachtung der in Kapitel 2.3.2.2.1 vorgenommenen Ausführungen direkt zu der Erkenntnis, dass für jede Materialart einzeln Kostenfunktionen in Form von Änderungsfaktoren (in Anlehnung an Gleichung 20) zu entwickeln sind. Die Entwicklung dieser Kostenfunktionen soll nachfolgend – beginnend mit der Funktionsentwicklung für die Material-Unterkostenart produktbezogenes Material – durchgeführt werden.

2.3.2.2.2.2 Kostenfunktionen produktbezogene Materialkosten

Gemäß Abbildung 23 ist der Kostenbestimmungsfaktor "Faktorpreise" der erste Kostenbestimmungsfaktor, für den eine Kostenfunktion in Form eines Änderungsfaktors entwickelt werden muss. Dementsprechend ist eine Funktion zu finden, welche in einem Änderungsfaktor den Kosteneinfluss ausdrückt, den eine Änderung der Faktorpreise auf die spezifischen produktbezogenen Materialkosten der Unternehmung hat. Bezeichnet $FPN_{Prod,Mat}$ das Faktorpreisniveau der produktbezogenen Materialkosten vor und $FPN'_{Prod,Mat}$ das Faktorpreisniveau nach der Ausprägungsänderung des Kostenbestimmungsfaktors "Faktorpreise", so ergibt sich für die spezifischen produktbezogenen Materialkosten folgende Kostenfunktion in Form eines Änderungsfaktors.

$$f(FPN_{Pr od,Mat}; FPN'_{Pr od,Mat}) = \frac{FPN'_{Pr od,Mat}}{FPN_{Pr od,Mat}}$$

Gleichung 23 (Änderungsfaktor "Faktorpreise" für die spezifischen produktbezogenen Materialkosten)

Der nächste, zu behandelnde Kostenbestimmungsfaktor ist gemäß Abbildung 23 der Faktor "Faktoreinsatzmengen Repetierfaktoren". Stellt $FEMN_{Prod,Mat}$ das Faktoreinsatzmengenniveau vor und $FEMN'_{Prod,Mat}$ das Faktoreinsatzmengenniveau nach der Ausprägungsänderung des Kostenbestimmungsfaktors "Faktoreinsatzmengen Repetierfaktoren" dar, so ergibt sich in Anlehnung an Gleichung 20 folgende als Änderungsfaktor verwendbare Kostenfunktion.

$$f(FEMN_{Prod,Mat}; FEMN'_{Prod,Mat}) = \frac{FEMN'_{Prod,Mat}}{FEMN_{Prod,Mat}}$$

Gleichung 24 (Änderungsfaktor "Faktoreinsatzmengen Repetierfaktoren" für die spezifischen produktbezogenen Materialkosten)

Eine Ausprägungsänderung der verbleibenden Kostenbestimmungsfaktoren "Arbeits- und Betriebsmittelintensität", "Geplante Einsatzzeit Arbeits- und Betriebsmittel", "Effektive Einsatzzeit Arbeits- und Betriebsmittel", "Schichtbelegung" und "Effektive Arbeitszeit" hat keinerlei Auswirkungen auf die spezifischen produktbezogenen Materialkosten.[281] Aus diesem Grund ergibt sich der Änderungsfaktor für diese Kostenbestimmungsfaktoren in Bezug auf die spezifischen produktbezogenen Materialkosten zu 1.

2.3.2.2.2.3 Kostenfunktionen maschinenbezogene Materialkosten

Analog zur Entwicklung der Kostenfunktion (bzw. der durch sie manifestierten Änderungsfaktoren) für die produktbezogenen Materialkosten kann nun mit der Entwicklung der Kostenfunktionen für die maschinenbezogenen Materialkosten begonnen werden. Auch hier bildet die Entwicklung der Kostenfunktion für die Ableitung der aus einer Ausprägungsänderung des Kostenbestimmungsfaktors "Faktorpreise" resultierenden Kostenänderung der spezifischen maschinenbezogenen Materialkosten den Anfang. Die Kostenfunktion gleicht dabei in ihrer Struktur der in Gleichung 23 für die produktbezogenen Materialkosten entwickelten Kostenfunktion. Stellt $FPN_{Masch,Mat}$ das Faktorpreisniveau der maschinenbezogenen Materialkosten vor und $FPN'_{Masch,Mat}$ das Faktorpreisniveau der maschinenbezogenen Materialkosten nach der Ausprägungsänderung des Kostenbestimmungsfaktors "Faktorpreise" dar, lässt sich die durch die Ausprägungsänderung des Kostenbestimmungsfaktors "Faktorpreise" verursachte Änderung der spezifischen maschinenbezogenen Materialkosten mit folgendem Änderungsfaktor ausdrücken.

---

[281] Dadurch das die, die produktbezogenen Materialkosten neben den Faktorpreisen determinierenden, Faktoreinsatzmengen des produktbezogenen Materials quasi stöchiometrisch festgelegt sind, kann eine Änderung der Faktoreinsatzmengen der Potenzialfaktoren zu keiner Veränderung der spezifischen produktbezogenen Materialkosten führen.

$$f(FPN_{Masch,Mat}; FPN'_{Masch,Mat}) = \frac{FPN'_{Masch,Mat}}{FPN_{Masch,Mat}}$$

Gleichung 25 (Änderungsfaktor "Faktorpreise" für die spezifischen maschinenbezogenen Materialkosten)

In analoger Weise lässt sich auch der Änderungsfaktor für die durch die Ausprägungsänderung des Kostenbestimmungsfaktors "Faktoreinsatzmenge Repetierfaktoren" verursachte Änderung der spezifischen maschinenbezogenen Kosten analog zu der für die produktbezogenen Materialkosten entwickelten Kostenfunktion in Gleichung 24 herleiten. Stellt $FEMN_{Masch,Mat}$ das Faktoreinsatzmengenniveau der maschinenbezogenen Materialkosten vor und $FEMN'_{Masch,Mat}$ das Faktoreinsatzmengenniveau der maschinenbezogenen Materialkosten nach einer Ausprägungsänderung des Kostenbestimmungsfaktors dar, so ergibt sich die zu entwickelnde Kostenfunktion in Form des Änderungsfaktors gemäß Gleichung 26.

$$f(FEMN_{Masch,Mat}; FEMN'_{Masch,Mat}) = \frac{FEMN'_{Masch,Mat}}{FEMN_{Masch,Mat}}$$

Gleichung 26 (Änderungsfaktor "Faktoreinsatzmengen Repetierfaktoren" für die spezifischen maschinenbezogenen Materialkosten)

Deutlich komplizierter wird die Entwicklung einer Kostenfunktion, die in einem Änderungsfaktor die Auswirkung einer Ausprägungsänderung des Kostenbestimmungsfaktors "Arbeits- und Betriebsmittelintensität" auf die Änderung der spezifischen maschinenbezogenen Materialkosten ausdrückt. Anders als bei den spezifischen produktbezogenen Materialkosten hat eine Ausprägungsänderung des Kostenbestimmungsfaktors "Arbeits- und Betriebsmittelintensität" durchaus einen Einfluss auf die spezifischen maschinenbezogenen Materialkosten. Erschwerend kommt hinzu, dass sich die betriebswirtschaftliche Fachliteratur übereinstimmend darin einig ist, dass sich eine Änderung der technischen/ökonomischen Intensität nicht direkt proportional in einer Änderung des maschinenbezogenen Materialverbrauchs niederschlägt. Wie Haberstock in Anlehnung an Dominighaus anschaulich anhand eines Beispiels aus der Kunststoffverarbeitung erläutert, besteht zum Beispiel für einen Extruder mit dem Kunststoffschläuche hergestellt werden eher ein quadratischer Zusammenhang zwischen der ökonomischen Intensität und dem Stromverbrauch des Extruders.[282] Dieser auch als Verbrauchsfunktion bezeichnete Zusammenhang ist exemplarisch in Abbildung 25 dargestellt.

Grundsätzlich sind daher für die Bestimmung der relevanten Kostenfunktion zwei Effekte zu beachten, die sich bei einer Ausprägungsänderung des Kostenbestimmungsfaktors "Arbeits- und Betriebsmittelintensität" auf die Änderung der spezifischen maschinenbezogenen Materialkosten auswirken. Zum einen kann sich der

---

[282] Vgl. Dominighaus, Kunststoffe II, 1969, S. 53 ff; Haberstock, Kostenrechnung II, 8. Aufl., 1998, S. 127

absolute maschinenbezogene Materialverbrauch bei einer Veränderung der Arbeits- und Betriebsmittelintensität verändern. Zum anderen ändert sich bei einer Veränderung der Arbeits- und Betriebsmittelintensität X regelmäßig auch die Ausbringungsmenge x. Beide Effekte sind in die zu entwickelnde Kostenfunktion mit einzubeziehen. Die Einbeziehung des ersten Effekts gestaltet sich als schwierig, ist doch die Faktorverbrauchsfunktion die den Faktorverbrauch an maschinenbezogenem Material in Abhängigkeit von der ökonomischen Intensität abbildet von Wertschöpfungsschritt zu Wertschöpfungsschritt unterschiedlich. Um an dieser Stelle eine allgemeingültige Kostenfunktion zu entwickeln, sei die von der technischen Intensität X abhängige Faktorverbrauchsmenge an maschinenbezogenem Material durch die Funktion v(X) symbolisiert. Ändert sich nun die technische Intensität X eines Wertschöpfungsschritts von X auf X' und somit die absolute Verbrauchsmenge an maschinenbezogenem Material von v(X) auf v(X') sowie die Ausbringungsmenge von x auf x', so ergibt sich die als Änderungsfaktor ausgedrückte Kostenfunktion wie folgt.

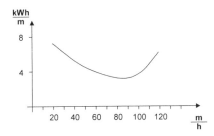

Quelle: Dominighaus, Kunststoffe II, 1969, S. 53; Haberstock, Kostenrechnung II, 8. Aufl. 1998, S. 127

Abbildung 25 (Faktorverbrauchsfunktion Kunststoffextruder)

$$f(X,X') = \frac{v(X')}{v(X)} * \frac{X}{X'}$$

Gleichung 27 (Änderungsfaktor "Arbeits- und Betriebsmittelintensität" für die spezifischen maschinenbezogenen Materialkosten)

Genauso wie bei den spezifischen produktbezogenen Materialkosten hat auch bei den spezifischen maschinenbezogenen Materialkosten eine Ausprägungsänderung des Kostenbestimmungsfaktors "Geplante Einsatzzeit Arbeits- und Betriebsmittel" keinerlei Auswirkung auf eine Veränderung der spezifischen maschinenbezogenen Materialkosten. Das lässt sich anschaulich daran erklären, dass wenn die doppelte Einsatzzeit einer Maschine ceteris paribus geplant wird, es zwar absolut zu einem doppelten Verbrauch an maschinenbezogenem Material kommt. Da jedoch aufgrund der ceteris-paribus-Bedingung davon auszugehen ist, dass auch die doppelte Ausbringungsmenge x produziert wird, verändert sich der spezifische maschinenbezogene Materialverbrauch nicht. Das Verhältnis zwischen dem Verbrauch an maschinenbezogenem Material und der produzierten Ausbringungsmenge bleibt konstant. Dementsprechend ergibt sich die Kostenfunktion für die Ausprägungsänderung des Kostenbestimmungsfaktors "Geplante Einsatzzeit Arbeits- und Betriebsmittel" zu 1.

Vollkommen anders sieht es hingegen bei einer Ausprägungsänderung des Kostenbestimmungsfaktors "Effektive Einsatzzeit Arbeits- und Betriebsmittel" aus. Anders als bei den produktbezogenen Maschinenkosten ergibt sich die zu entwickelnde Kostenfunktion an dieser Stelle nicht zu 1. Um den Grund hierfür zu erläutern, muss deutlich weiter ausgeholt und erst einmal der Unterschied zwischen der geplanten und der effektiven Einsatzzeit der Arbeits- und Betriebsmittel ausgeführt werden. Interpretiert man den Begriff der geplanten Einsatzzeit[283] umgangssprachlich, ist davon auszugehen, dass für eine Maschine innerhalb einer 8stündigen Schicht auch eine 8stündige Einsatzzeit geplant ist. Dabei soll unter der Einsatzzeit die Zeit verstanden werden, an der die Maschine produzieren könnte. Ist also für eine Maschine während einer 8stündigen Schicht auch eine 8stündige Einsatzzeit geplant, so stellen diese 8 Stunden in der Nomenklatur der vorliegenden Arbeit die geplante Einsatzzeit dar. Typischerweise produziert die Maschine aber nicht die gesamte Einsatzzeit. Vielmehr kann der Produktionsprozess durch unterschiedliche geplante und ungeplante Stillstandszeiten unterbrochen werden. Beispiele für derartige Produktionsunterbrechungen sind unter anderem Produktionsstillstände aufgrund von Instandhaltungsarbeiten, Umrüstungen und fehlerbedingten Maschinenstillständen.[284] Sie alle unterbrechen die effektive Einsatzzeit der Maschine(n) eines Wertschöpfungsschritts. Zieht man von der geplanten Einsatzzeit die geplanten und die ungeplanten Stillstandszeiten ab, so erhält man die effektive Einsatzzeit, also die Einsatzzeit, in der die Maschine tatsächlich produziert.

Wird der Anteil dieser (geplanten und ungeplanten) Stillstandszeiten an der geplanten Einsatzzeit der Arbeits- und Betriebsmittel verringert, so erhöht sich die innerhalb eines Referenzzeitraums erzeugte Ausbringungsmenge x. Hinsichtlich der Einsatzzeit hat man demnach zwei Hebel die Ausbringungsmenge zu erhöhen. Zum einen durch die Ausweitung der geplanten Einsatzzeit der Arbeits- und Betriebsmittel innerhalb eines Referenzzeitraums, wodurch sich proportional auch die effektive Einsatzzeit der Arbeits- und Betriebsmittel ausweitet, ohne dass sich jedoch das Verhältnis zwischen geplanter und effektiver Einsatzzeit der Arbeits- und Betriebsmittel ändert. Zum anderen kann zusätzlich das Verhältnis zwischen effektiver und geplanter Einsatzzeit verändert werden, in dem durch Reduzierung

---

[283] Umgangssprachlich werden für die Einsatzzeit immer wieder unterschiedliche Begrifflichkeiten verwendet. So ist zum Beispiel häufig von der Betriebszeit einer Maschine die Rede. Um die sich aus den unterschiedlichen Begrifflichkeiten eventuell ergebende Verwechslungsgefahr zu vermeiden, werden im Rahmen dieser Arbeit ausschließlich die Begriffe geplante und effektive Einsatzzeit verwendet.

[284] Vgl. u.a. Nebl, Produktionswirtschaft, 2002, S. 295 ff

der (geplanten und/oder ungeplanten) Stillstandszeiten der Anteil der effektiven Einsatzzeit an der geplanten Einsatzzeit der Arbeits- und Betriebsmittel ausgeweitet wird. Während, wie bereits erläutert, erstere Änderung (nämlich die Ausweitung der geplanten Einsatzzeit) keinerlei Änderung am spezifischen maschinenbezogenen Materialverbrauch verursacht, geschieht das bei letzterer Änderung schon.

Typischerweise benötigen die Arbeits- und Betriebsmittel nämlich nicht nur während ihrer effektiven, sondern auch während ihrer gesamten geplanten Einsatzzeit Betriebsstoffe. Der Hauptgrund dafür besteht darin, dass Betriebsstoffe nicht nur benötigt werden, um den Produktionsprozess aufrechtzuerhalten, sondern dass man sie auch dafür benötigt, um die Betriebsbereitschaft der Arbeits- und Betriebsmittel (mindestens innerhalb der geplanten Einsatzzeit) aufrechtzuerhalten und den Produktionsprozess (z.B. nach einer geplanten oder ungeplanten Stillstandszeit) in Gang zu setzten.[285] Demnach setzt sich die Verbrauchsmenge an maschinenbezogenem Material aus der während der effektiven Einsatzzeit verbrauchten maschinenbezogenen Materialmenge $M_{Masch,Einsatz}$ und der während der Stillstandszeit verbrauchten maschinenbezogenen Materialmenge $M_{Masch,Still}$ zusammen.

$$M_{Masch} = M_{Masch,Einsatz} + M_{Masch,Still}$$

Gleichung 28 (Zusammensetzung maschinenbezogene Materialmenge)

Zwar ist nicht davon auszugehen, dass der während einer Zeiteinheit auftretende Verbrauch an maschinenbezogenem Material während der effektiven Einsatzzeit t_{eff} gleich dem Verbrauch ist, der in derselben Zeiteinheit des Stillstands auftritt. Grundsätzlich kann jedoch (wiederum ceteris paribus) angenommen werden, dass bei einer Änderung des Verhältnisses zwischen effektiver Einsatzzeit und (geplanter und ungeplanter) Stillstandszeit sowohl der zeitbezogene Verbrauch an maschinenbezogenem Material während der effektiven Einsatzzeit, als auch der zeitbezogene Verbrauch an maschinenbezogenem Material während der Stillstandszeiten konstant bleibt. [286] Bezeichnet $M_{t,Masch,Einsatz}$ den zeitbezogenen maschinenbezogenen Materialverbrauch während der effektiven Einsatzzeit und $M_{t,Masch,Still}$

---

285 Vgl. u.a. Jehle, Produktionswirtschaft, 5. Aufl., 1999, S. 32
286 Dieser Vereinfachung ist jedoch regelmäßig dann nicht mehr zulässig, wenn es während dem An- oder Abfahren der Arbeits- und Betriebsmittel zu einem deutlich über dem Durchschnitt der Stillstandszeiten liegenden Verbrauch an maschinenbezogenem Material kommt. Dies ist zum Beispiel in der Kunststoffindustrie der Fall, wenn z.B. nach dem Stillstand einer Spritzgussmaschine die Zuführungseinheiten, die den durch hohe Temperaturen verflüssigten Kunststoff zuführen, wieder auf Betriebstemperatur hochgeheizt werden müssen und dabei sogar deutlich mehr Energie verbrauchen, als dass im Betriebszustand der Fall wäre. Tritt ein solcher Fall auf, so ist in der zu entwickelnden Kostenfunktion neben dem als konstant angenommenen Leerlaufverbrauch noch die Veränderung der Anzahl der An- und Abfahrvorgänge während des Referenzzeitraums zu beachten.

den zeitbezogenen maschinenbezogenen Materialverbrauch während der Stillstandszeit, so gelten die folgenden Zusammenhänge.

$$M_{t,Masch,Einsatz} = \frac{M_{Masch,Einsatz}}{t_{eff}} = const.$$

Gleichung 29 (Zeitbezogener maschinenbezogener Materialverbrauch während der effektiven Einsatzzeit)

$$M_{t,Masch,Still} = \frac{M_{Masch,Still}}{(1-t_{eff})} = const.$$

Gleichung 30 (Zeitbezogener maschinenbezogener Materialverbrauch während der Stillstandszeit)

Stellt x nun die während der effektiven Einsatzzeit der Arbeits- und Betriebsmittel hergestellte Ausbringungsmenge dar, so lässt sich der spezifische maschinenbezogene Materialverbrauch $M_{Masch,spez}$ in Anlehnung an Gleichung 28 wie in Gleichung 31 dargestellt ausdrücken.

$$M_{Masch,spez} = \frac{t_{eff} * \dfrac{M_{Masch,Einsatz}}{t_{eff}} + (t_{plan} - t_{eff}) * \dfrac{M_{Masch,Still}}{(1-t_{eff})}}{x}$$

Gleichung 31 (Spezifischer maschinenbezogener Materialverbrauch)

Bezeichnet t'_{eff} die Ausprägung des Kostenbestimmungsfaktors "Effektive Einsatzzeit Arbeits- und Betriebsmittel" nach der Ausprägungsänderung selbigen Kostenbestimmungsfaktors, so ergibt sich die spezifische maschinenbezogene Materialmenge $M'_{Masch,spez}$ gemäß der folgenden Gleichung.

$$M'_{Masch,spez} = \frac{t'_{eff} * \dfrac{M_{Masch,Einsatz}}{t_{eff}} + (t'_{plan} - t'_{eff}) * \dfrac{M_{Masch,Still}}{(1-t_{eff})}}{x'}$$

Gleichung 32 (Spezifischer maschinenbezogener Materialverbrauch nach Ausprägungsänderung des Kostenbestimmungsfaktors "Effektive Einsatzzeit Arbeits- und Betriebsmittel")

Wie bereits oben erwähnt, bestehen jedoch zwei Möglichkeiten, die effektive Einsatzzeit der Arbeits- und Betriebsmittel zu verändern, von der die Möglichkeit der Veränderung der effektiven Einsatzzeit der Arbeits- und Betriebsmittel durch eine Veränderung der geplanten Einsatzzeit der Arbeits- und Betriebsmittel keinerlei Einfluss auf das Verhältnis zwischen effektiver Einsatzzeit und Stillstandszeit nimmt und somit auch keinerlei Kostenänderung der spezifischen maschinenbezogenen Materialkosten bewirkt. Um dementsprechend den verzerrenden Effekt[287], den eine gleichzeitige Ausprägungsänderung des Kostenbestimmungsfaktors "Geplante Einsatzzeit Arbeits- und Betriebsmittel" auf die Änderung der spezifischen maschinenbezogenen Materialkosten hat, zu eliminieren, muss wiederum ein Korrekturfaktor eingebaut werden. Die entsprechende Formel, welche die Möglichkeit einer Änderung der effektiven Einsatzzeit der Arbeits- und Betriebsmittel durch eine Ausprägungsänderung des Kostenbestimmungsfaktors "Geplante Einsatzzeit Arbeits- und Betriebsmittel" von t_{plan} auf t'_{plan} berücksichtigt, ergibt sich zu Gleichung 33.

$$M'_{Masch,spez} = \frac{t'_{eff} * \dfrac{t_{plan}}{t'_{plan}} * \dfrac{M_{Masch,Einsatz}}{t_{eff}} + (t'_{plan} - t'_{eff}) * \dfrac{t_{plan}}{t'_{plan}} * \dfrac{M_{Masch,Still}}{(1 - t_{eff})}}{x' * \dfrac{t_{plan}}{t'_{plan}}}$$

Gleichung 33 (Spezifischer maschinenbezogener Materialverbrauch nach Ausprägungsänderung des Kostenbestimmungsfaktors "Effektive Einsatzzeit Arbeits- und Betriebsmittel" korrigiert um mögliche Änderung der effektiven Einsatzzeit die durch eine Ausprägungsänderung des Kostenbestimmungsfaktors "Geplante Einsatzzeit Arbeits- und Betriebsmittel" hervorgerufen werden könnte)

$$f(t_{eff}, t'_{eff}, t_{plan}, t'_{plan}, x, x') = \left(\frac{\dfrac{t'_{eff} * \dfrac{t_{plan}}{t'_{plan}} * \dfrac{M_{Masch,Einsatz}}{t_{eff}} + (t'_{plan} - t'_{eff}) * \dfrac{t_{plan}}{t'_{plan}} * \dfrac{M_{Masch,Still}}{(1 - t_{eff})}}{x' * \dfrac{t_{plan}}{t'_{plan}}}}{\dfrac{t_{eff} * \dfrac{M_{Masch,Einsatz}}{t_{eff}} + (t_{plan} - t_{eff}) * \dfrac{M_{Masch,Still}}{(1 - t_{eff})}}{x}} \right)$$

$$= \left(\frac{t'_{eff} * \dfrac{t_{plan}}{t'_{plan}} * \dfrac{M_{Masch,Einsatz}}{t_{eff}} + (t'_{plan} - t'_{eff}) * \dfrac{t_{plan}}{t'_{plan}} * \dfrac{M_{Masch,Still}}{(1 - t_{eff})}}{t_{eff} * \dfrac{M_{Masch,Einsatz}}{t_{eff}} + (t_{plan} - t_{eff}) * \dfrac{M_{Masch,Still}}{(1 - t_{eff})}} \right)$$

$$* \left(\frac{x}{x'} * \dfrac{t'_{plan}}{t_{plan}} \right)$$

Gleichung 34 (Kostenfunktion "Effektive Einsatzzeit Arbeits- und Betriebsmittel" für die spezifischen maschinenbezogenen Materialkosten)

---

[287] Der verzerrende Effekt entsteht, wenn Gleichung 31 und Gleichung 32 in Anlehnung an die durch Gleichung 20 aufgezeigte Systematik zueinander in Beziehung gestellt würden

Da sich unter der ceteris paribus Annahme die Faktorpreise des maschinenbezogenen Materialverbrauchs nicht ändern, ergibt sich die Kostenfunktion, welche die Kostenänderung einer Ausprägungsänderung des Kostenbestimmungsfaktors "Effektive Einsatzzeit Arbeits- und Betriebsmittel" in Form eines Änderungsfaktors ausdrückt in Anlehnung an Gleichung 20 zu Gleichung 34.

Um die Anzahl der Eingangsvariablen zu verringern, kann ceteris paribus von einem direkt proportionalen Zusammenhang zwischen der effektiven Produktionszeit und der Ausbringungsmenge eines Referenzzeitraums ausgegangen werden.

$$\frac{t_{eff}}{t'_{eff}} = \frac{x}{x'}$$

Gleichung 35

Dementsprechend vereinfacht sich der in Gleichung 34 dargestellte Änderungsfaktor final zu Gleichung 36.

$$f(t_{eff}, t'_{eff}, t_{plan}, t'_{plan}) = \left(\frac{t'_{eff} * \dfrac{t_{plan}}{t'_{plan}} * \dfrac{M_{Masch,Einsatz}}{t_{eff}} + (t'_{plan} - t'_{eff}) * \dfrac{t_{plan}}{t'_{plan}} * \dfrac{M_{Masch,Still}}{(1 - t_{eff})}}{t_{eff} * \dfrac{M_{Masch,Einsatz}}{t_{eff}} + (t_{plan} - t_{eff}) * \dfrac{M_{Masch,Still}}{(1 - t_{eff})}} \right)$$
$$* \left(\frac{t_{eff}}{t'_{eff}} * \frac{t'_{plan}}{t_{plan}} \right)$$

Gleichung 36 (Änderungsfaktor "Effektive Einsatzzeit Arbeits- und Betriebsmittel" für die spezifischen maschinenbezogenen Materialkosten)

Eine Ausprägungsänderung der verbleibenden Kostenbestimmungsfaktoren "Schichtbelegung" und "Effektive Arbeitszeit" hat keinerlei Auswirkungen auf die spezifischen produktbezogenen Materialkosten.[288] Aus diesem Grund ergibt sich der Änderungsfaktor für diese Kostenbestimmungsfaktoren in Bezug auf die spezifischen produktbezogenen Materialkosten zu 1.

---

[288] Der Verbrauch der maschinenbezogenen Materialmenge, also der Verbrauch an Betriebsstoffen ist in keiner Weise davon abhängig, wie viel Personal beschäftigt ist. Vielmehr ergibt sich der Verbrauch der Arbeits- und Betriebsmittel an Betriebsstoffen ausschließlich aus deren technischen Kenndaten (der von Gutenberg zitierten z-Situation) und ist zumindest durch die Anzahl an Personal kurzfristig nicht zu variieren. Eine Veränderung bei der Anzahl des eingesetzten Personals hat deshalb keinerlei Auswirkungen auf den spezifischen Betriebsstoffverbrauch der Arbeits- und Betriebsmittel außer es werden Arbeits- und Betriebsmittel durch Arbeitskräfte ersetzt. Von dieser Vorgehensweise soll an dieser Stelle jedoch nicht ausgegangen werden, weil mit der vorliegenden Arbeit die Kernkosten einer Unternehmung unter den bestehenden Umweltbedingungen ermittelt werden sollen (vgl. hierzu aus Kapitel 1.2.3 und 1.4).

2.3.2.2.2.4 Kostenfunktionen personalbezogene Materialkosten

Gemäß des in Gleichung 22 dargestellten Zusammenhangs sind zur Vervollständigung der Beschreibung der Kostenwirkung einer Ausprägungsänderung der Kostenbestimmungsfaktoren abschließend noch die Kostenfunktionen für die spezifischen personalbezogenen Materialkosten zu entwickeln. Um in der für die beiden anderen Materialkostenarten beschrittenen Systematik zu bleiben, soll hierfür ebenfalls mit der Entwicklung einer Kostenfunktion in Form eines Änderungsfaktors begonnen werden, der die Kostenänderung der spezifischen personalbezogenen Materialkosten bei einer Ausprägungsänderung des Kostenbestimmungsfaktors "Faktorpreise" beschreibt. Die Kostenfunktion gleicht dabei in ihrer Struktur der in Gleichung 23 für die produktbezogenen Materialkosten entwickelten Kostenfunktion. Stellt $FPN_{Pers,Mat}$ das Faktorpreisniveau der personalbezogenen Materialkosten vor und $FPN'_{Pers,Mat}$ das Faktorpreisniveau der personalbezogenen Materialkosten nach der Ausprägungsänderung des Kostenbestimmungsfaktors "Faktorpreise" dar, lässt sich die durch die Ausprägungsänderung des Kostenbestimmungsfaktors "Faktorpreise" induzierte Änderung der spezifischen personalbezogenen Materialkosten in Anlehnung an Gleichung 23 und Gleichung 25 mit folgendem Änderungsfaktor ausdrücken.

$$f(FPN_{Pers,Mat};FPN'_{Pers,Mat}) = \frac{FPN'_{Pers,Mat}}{FPN_{Pers,Mat}}$$

Gleichung 37 (Änderungsfaktor "Faktorpreise" für die spezifischen personalbezogenen Materialkosten)

In analoger Weise lässt sich auch der Änderungsfaktor für die durch die Ausprägungsänderung des Kostenbestimmungsfaktors "Faktoreinsatzmenge Repetierfaktoren" verursachte Änderung der spezifischen personalbezogenen Kosten analog zu der für die spezifischen produkt- und die maschinenbezogenen Materialkosten entwickelten Kostenfunktionen in Gleichung 24 und Gleichung 26 herleiten. Stellt $FEMN_{Pers,Mat}$ das Faktoreinsatzmengenniveau der personalbezogenen Materialkosten vor und $FEMN'_{Pers,Mat}$ das Faktoreinsatzmengenniveau der personalbezogenen Materialkosten nach einer Ausprägungsänderung des Kostenbestimmungsfaktors dar, so ergibt sich die zu entwickelnde Kostenfunktion in Form des Änderungsfaktors gemäß Gleichung 38.

$$f(FEMN_{Pers,Mat};FEMN'_{Pers,Mat}) = \frac{FEMN'_{Pers,Mat}}{FEMN_{Pers,Mat}}$$

Gleichung 38 (Änderungsfaktor "Faktoreinsatzmengen Repetierfaktoren" für die spezifischen personalbezogenen Materialkosten)

Eine Ausprägungsänderung des Kostenbestimmungsfaktors "Arbeits- und Betriebsmittelintensität" hat auf die Kostenänderung der spezifischen personalbezogenen Materialkosten eine (zumindest dem Schema nach) ähnliche Auswirkung, wie sie eine Ausprägungsänderung dieses Kostenbestimmungsfaktors auf die spezifischen maschinenbezogenen Materialkosten hatte.[289] Grundsätzlich bewirkt eine Veränderung der Arbeits- und Betriebsmittelintensität eine Veränderung der resultierenden Ausbringungsmenge innerhalb eines Referenzzeitraums. Bei einer Erhöhung der technischen Intensität wäre demzufolge auch von einer Erhöhung der Ausbringungsmenge auszugehen, was – wenn diese erhöhte Ausbringungsmenge von der gleichen Schichtbelegung zu bewältigen wäre – zu einem indirekt proportionalen Rückgang der spezifischen personalbezogenen Materialkosten führen würde. Das wird bis zu einer bestimmten Erhöhung der ökonomischen Intensität der Arbeits- und Betriebsmittel auch zutreffen, da das Personal sicherlich Leistungsreserven hat, mit denen ein Anstieg der erhöhten Ausbringungsmenge bewältigt werden kann. Es sind jedoch auch Situationen vorstellbar, in denen entweder keine Leistungsreserven des eingesetzten Personals bestehen oder die ökonomische Intensität der Arbeits- und Betriebsmittel so weit ansteigt, dass die existierenden Leistungsreserven des Personals überschritten werden. In dem Fall wäre zusätzliches Personal einzustellen, was wiederum zu höheren absoluten personalbezogenen Materialkosten führt und somit dem zum Anstieg der ökonomischen Intensität indirekt proportionalen Rückgang der spezifischen personalbezogenen Materialkosten entgegenwirkt. Graphisch lässt sich dabei der Zusammenhang zwischen der Schichtbelegung SB und der ökonomischen Intensität X (der sich als Formel f(X) = SB ausdrücken lässt) wie in Abbildung 26 dargestellt skizzieren.

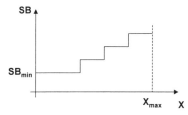

Quelle: Weiss

Abbildung 26   (Zusammenhang zwischen Schichtbelegung und ökonomischer Intensität)

Der Funktionsgraph weist hierbei einen treppenförmigen Verlauf auf, weil das Personal typischerweise nicht stetig, sondern nur in ganzen Einheiten erhöht werden kann. Wird nun (wie eingangs erwähnt) eine direkte Proportionalität zwischen den personalbezogenen Materialkosten und der Schichtbelegung angenommen und stellt X die ökonomische Intensität vor der und X' die ökonomische Intensität nach der Ausprägungsänderung des Kostenbestimmungsfaktors "Arbeits- und Betriebsmittelintensität" dar, so ergibt sich die als Änderungsfaktor ausgedrückte Kostenfunktion der Kostenänderungswirkung auf die spezifischen personalbezogenen Materialkosten zu folgender Gleichung.

---

[289] Vgl. hierzu Gleichung 27

$$f(X, X') = \frac{X}{X'} * \frac{SB(X')}{SB(X)}$$

Gleichung 39 (Änderungsfaktor "Arbeits- und Betriebsmittelintensität" für die spezifischen personalbezogenen Materialkosten)

Eine Ausprägungsänderung des im folgenden zu behandelnden Kostenbestimmungsfaktors "Geplante Einsatzzeit Arbeits- und Betriebsmittel" hat (wie auch bereits bei den spezifischen produktbezogenen und den spezifischen maschinenbezogenen Materialkosten) keinerlei Kostenwirkung hinsichtlich der spezifischen personalbezogenen Materialkosten, da es sich quasi nur um eine eins zu eins Replik der bestehenden Situation handelt. Dementsprechend ergibt sich der Änderungsfaktor dieses Kostenbestimmungsfaktors für die spezifischen personalbezogenen Materialkosten zu 1.

Hingegen hat eine Ausprägungsänderung des Kostenbestimmungsfaktors "Effektive Einsatzzeit Arbeits- und Betriebsmittel" sehr wohl eine Kostenänderungswirkung hinsichtlich der spezifischen personalbezogenen Materialkosten. Das Personal ist nämlich typischerweise während der gesamten geplanten Einsatzzeit der Arbeits- und Betriebsmittel vor Ort, um diese zu bedienen. Während das Personal während der effektiven Einsatzzeit der Arbeits- und Betriebsmittel diese typischerweise bedient, ist es während der geplanten Stillstände (die innerhalb der geplanten Einsatzzeit typischerweise durch Instandhaltungsarbeiten determiniert sind) grundsätzlich damit beschäftigt, die Instandhaltungsarbeiten entweder selbst durchzuführen oder zu unterstützen und versucht, während der ungeplanten Stillstände die Ursachen für die ungeplanten Stillstände zu beheben, um so schnell wie möglich wieder zu produzieren. Verändert sich nun innerhalb der geplanten Einsatzzeit die effektive Einsatzzeit der Arbeits- und Betriebsmittel, so ist ceteris paribus nicht davon auszugehen, dass sich an der benötigten Schichtbelegung etwas ändert, da die vorhandene Schichtbelegung jetzt einfach nur andere Arbeiten erledigt. Dementsprechend ist von einem indirekt proportionalen Zusammenhang zwischen der Ausprägung des Kostenbestimmungsfaktors "Effektive Faktoreinsatzzeit Arbeits- und Betriebsmittel" und den spezifischen personalbezogenen Materialkosten auszugehen. Da es aber – wie bereits ausführlich weiter oben beschrieben – auch durch eine Ausprägungsänderung des Kostenbestimmungsfaktors "Geplante Einsatzzeit Arbeits- und Betriebsmittel" zu einer Ausprägungsänderung des Kostenbestimmungsfaktors "Effektive Einsatzzeit Arbeits- und Betriebsmittel" kommen kann, ist zur Entwicklung einer Kostenfunktion, welche die Auswirkung einer Ausprägungsänderung des Kostenbestimmungsfaktors "Effektive Einsatzzeit Arbeits- und Betriebsmittel" auf die spezifischen personalbezogenen Materialkosten in Form eines Änderungsfaktors ausdrückt, ein entsprechender Korrekturfaktor einzubeziehen. Bezeichnet t_{plan} die geplante Einsatzzeit vor und t'_{plan} die geplante Einsatzzeit der Arbeits- und Betriebsmittel nach einer Ausprägungsänderung des Kostenbestimmungsfaktors "Geplante Einsatzzeit Arbeits- und Betriebsmittel", so ergibt sich die um den die Ausprägungsänderung des Kostenbestimmungsfaktors "Geplante Einsatzzeit Arbeits- und Betriebsmittel" ergänzte Kostenfunktion, welche die Kostenwirkung einer Ausprägungsänderung des Kostenbestimmungsfaktors "Effektive Einsatzzeit Arbeits- und Betriebsmittel" für die spezifischen personalbezogenen Materialkosten in einer als Änderungsfaktor gestalteten Kostenfunktion berücksichtigt, gemäß Gleichung 40.

$$f(t_{eff}; t'_{eff}; t_{plan}; t'_{plan}) = \frac{t_{eff}}{t'_{eff}} * \frac{t'_{plan}}{t_{plan}}$$

Gleichung 40 (Änderungsfaktor "Effektive Einsatzzeit Arbeits- und Betriebsmittel" für die spezifischen personalbezogenen Materialkosten)

Eine Ausprägungsänderung des Kostenbestimmungsfaktors "Schichtbelegung" hat, anders als bei den spezifischen produktbezogenen und maschinenbezogenen Materialkosten, durchaus einen Einfluss auf die spezifischen personalbezogenen Materialkosten. Dieser erklärt sich aus dem Umstand, dass bei einer Reduzierung der Personalstärke je Schicht (die sich zum Beispiel durch eine Umorganisation des Produktionsablaufs erreichen lässt) auch eine direkt proportionale Abnahme der personalbezogenen Materialkosten zu erwarten ist. Da ceteris paribus nur soweit eine Ausprägungsänderung des Kostenbestimmungsfaktors "Schichtbelegung" von SB auf SB' beachtet werden soll, dass die Ausprägungsänderung des Kostenbestimmungsfaktors "Schichtbelegung" zu keiner Veränderung der im Referenzzeitraum erstellten Ausbringungsmenge x führt, ergibt sich ein direkt proportionaler Zusammenhang zwischen der Ausprägung des Kostenbestimmungsfaktors "Schichtbelegung" und den spezifischen personalbezogenen Materialkosten. Dementsprechend ergibt sich die als Änderungsfaktor ausgedrückte Kostenfunktion zu Gleichung 41.

$$f(SB, SB') = \frac{SB'}{SB}$$

Gleichung 41 (Änderungsfaktor "Schichtbelegung" für die spezifischen personalbezogenen Materialkosten)

Die Entwicklung der Kostenfunktionen für die Materialkosten wird nun durch die Entwicklung der Kostenfunktion beendet, welche die Kostenwirkung der Ausprägungsänderung der spezifischen personalbezogenen Materialkosten bei einer Ausprägungsänderung des Kostenbestimmungsfaktors "Effektive Arbeitszeit" beschreibt. Zu einer Veränderung der effektiven Arbeitszeit des beschäftigten Personals kommt es immer dann, wenn sich der Anteil der effektiven nicht für den Produktionsprozess genutzten Arbeitszeit des Personals an der Gesamtarbeitszeit des Personals verändert. Zu einer solchen Veränderung kann es zum Beispiel kommen, wenn die Pausenzeiten auf das gesetzliche Mindestmaß zurückgefahren werden oder wenn es gelingt, die Arbeitsvorbereitungszeit des Personals zu reduzieren. Eine Veränderung der effektiven Arbeitszeit führt dabei eins zu eins zu einer Veränderung des Personals, wenn man ceteris paribus eine konstant bleibende Ausbringungsmenge x annimmt. Bei einer gleich bleibenden Ausbringungsmenge x verändern sich bei einer Änderung der effektiven Arbeitszeit des Personals dementsprechend auch direkt proportional die spezifischen Personalkosten und – wenn man von einem direkt proportionalen Zusammenhang zwischen Personalkosten und personalbezogenen Materialkosten ausgeht – auch direkt proportional die spezifischen personalbezogenen Materialkosten. Voraussetzung hierfür ist natürlich, dass das bei einer Veränderung der effektiven Arbeitszeit des Personals entweder zusätzlich benötigte oder freiwerdende Personal eingestellt oder freigesetzt wird, da sich durch eine pure Veränderung der effektiven Arbeitszeit des Personals natürlich keinerlei "automatische" Änderungen der Personalkosten ergeben. Bezeichnet $t_{AZ,eff}$ die effektive Arbeitszeit vor und $t'_{AZ,eff}$ die effektive Arbeitszeit nach einer Ausprägungsänderung des Kostenbestimmungsfaktors "Effektive Arbeitszeit", so lässt sich die dadurch induzierte Kostenänderung der spezifischen produktbezogenen Materialkosten mit Hilfe der in Gleichung 42 ausgeführten Kostenfunktion in Form eines Änderungsfaktors ausdrücken.

$$f(t_{AZ,eff}; t'_{AZ,eff}) = \frac{t'_{AZ,eff}}{t_{AZ,eff}}$$

Gleichung 42 (Änderungsfaktor "Effektive Arbeitszeit" für die spezifischen personalbezogenen Materialkosten)

Wie anhand der für die drei spezifischen Materialkostenarten doch teilweise sehr unterschiedlichen Kostenfunktionen gezeigt werden konnte, macht es durchaus Sinn, die drei differenzierten Materialkostenarten im Rahmen der unternehmungsbezogenen Kernkostenanalyse auch einzeln hinsichtlich ihrer Kostenreagibilität zu untersuchen. Dementsprechend werden die entwickelten Kostenfunktionen in Form der Änderungsfaktoren in das Analysemodell der unternehmungsbezogenen Kernkostenanalyse übernommen.

2.3.2.2.3 Personalkostenfunktionen

Der in Abbildung 18 dargestellten Systematik folgend, werden in diesem Kapitel in Form von Änderungsfaktoren die Kostenfunktionen entwickelt, welche die Änderung der spezifischen Personalkosten in Abhängigkeit von möglichen Ausprägungsänderungen des in Kapitel 2.3.1.2 entwickelten Systems aus Kostenbestimmungsfaktoren beschreiben.[290] Wie bereits im Kapitel 2.3.2.2.2 begründet, soll hierfür mit der Entwicklung der Kostenfunktion begonnen werden, die in Form eines Änderungsfaktors die Wirkung einer Ausprägungsänderung des Kostenbestimmungsfaktors "Faktorpreise" auf die spezifischen Personalkosten beschreibt. Eine Änderung der durchschnittlichen Personalfaktorkosten, wie sie zum Beispiel durch eine Tariferhöhung oder auch langfristig durch eine Verschiebung des durchschnittlichen Entlohnungsniveaus verursacht werden kann, hat dabei genau die gleiche Kostenwirkung, wie sie eine Änderung der Materialfaktorkosten bei

---

[290] Vgl. hierzu auch der unternehmungsbezogenen Kernkostenanalyse zugrundeliegende System aus Kostenbestimmungsfaktoren gemäß Abbildung 23

den im Kapitel 2.3.2.2.2 behandelten Materialkosten hatte. Bezeichnet FPN_{Pers} das durchschnittliche Faktorpreisniveau des Potenzialfaktors Personal vor und FPN'_{Pers} das durchschnittliche Faktorpreisniveau des Potenzialfaktors Personal nach einer Ausprägungsänderung des Kostenbestimmungsfaktors "Faktorpreise", so ergibt sich die Kostenfunktion in Anlehnung an die Systematik von Gleichung 23, Gleichung 25 und Gleichung 37 zu Gleichung 43.

$$f(FPN_{Pers}; FPN'_{Pers}) = \frac{FPN'_{Pers}}{FPN_{Pers}}$$

Gleichung 43 (Änderungsfaktor "Faktorpreise" für die spezifischen Personalkosten)

Da es sich bei dem Produktionsfaktor des eingesetzten Personals nicht wie beim Produktionsfaktor des Materials um einen Repetierfaktor, sondern um einen Potenzialfaktor handelt, hat eine Ausprägungsänderung des Kostenbestimmungsfaktors "Faktoreinsatzmenge Repetierfaktoren" keinerlei Wirkung auf die spezifischen Personalkosten. Die als Änderungsfaktor ausgedrückte Kostenfunktion ergibt sich daher zu 1.

Die Kostenwirkung einer Ausprägungsänderung des Kostenbestimmungsfaktors "Arbeits- und Betriebsmittelintensität" auf die spezifischen Personalkosten ergibt sich hingegen wiederum vollkommen analog zu der Kostenwirkung, die eine Ausprägungsänderung des Kostenbestimmungsfaktors "Arbeits- und Betriebsmittelintensität" auf die spezifischen personalbezogenen Materialkosten hat. Wie in Gleichung 39 dargestellt und im vorangehenden Kapitel bereits ausführlich erläutert, führt eine moderate Ausprägungsänderung des Kostenbestimmungsfaktors "Arbeits- und Betriebsmittelintensität" aufgrund möglicher Reserven des bestehenden Personals und des nicht stetigen sondern sprungfixen Zusammenhangs zwischen ökonomischer Intensität und Schichtbelegung nicht zwangsläufig zu einer Änderung der Schichtbelegung, so dass von einem indirekt proportionalen Zusammenhang zwischen der Ausprägungsänderung des Kostenbestimmungsfaktors "Arbeits- und Betriebsmittelintensität" und den spezifischen Personalkosten ausgegangen werden kann. Ist jedoch die Reservekapazität des existierenden Personals aufgebraucht, so dass ein zusätzlicher Mitarbeiter benötigt wird, wirkt dieser Effekt wiederum kostensteigernd auf die spezifischen Personalkosten. Die entsprechende Kostenfunktion, welche die Kostenänderung der spezifischen Personalkosten von einer Ausprägungsänderung des Kostenbestimmungsfaktors "Arbeits- und Betriebsmittelintensität" ausdrückt, leitet sich demnach eins zu eins aus dem in Gleichung 39 dargestellten Änderungsfaktor "Arbeits- und Betriebsmittelintensität" für die spezifischen personalbezogenen Materialkosten ab. Bezeichnet X die ökonomische Intensität und SB(X) die Schichtbelegung vor und X' die ökonomische Intensität sowie SB(X') die Schichtbelegung nach einer Ausprägungsänderung des Kostenbestimmungsfaktors "Arbeits- und Betriebsmittelintensität", so ergibt sich die Kostenfunktion, welche die Änderung der spezifischen Personalkosten in Form eines Änderungsfaktors ausdrückt, zu dem in Gleichung 44 dargestellten Zusammenhang.

$$f(X,X') = \frac{X}{X'} * \frac{SB(X')}{SB(X)}$$

Gleichung 44 (Änderungsfaktor "Arbeits- und Betriebsmittelintensität" spezifische Personalkosten)

Anders als bei den spezifischen personalbezogenen Materialkosten kann bei den spezifischen Personalkosten eine Ausprägungsänderung des Kostenbestimmungsfaktors "Geplante Einsatzzeit Arbeits- und Betriebsmittel" zu Änderungen bei den spezifischen Personalkosten führen. Grund hierfür sind gesetzliche bzw. tarifvertragliche Regelungen, wonach Arbeitnehmern Zuschläge zu zahlen sind, sofern sie in Nachtzeiten, an Wochenenden oder an Feiertagen beschäftigt werden. Gegeben den normalen Fall, eine Unternehmung hat bereits heute eine dreischichtige (also 3 Schichten á 8 Stunden) geplante Einsatzzeit der Arbeits- und Betriebsmittel an den Tagen Montag bis Freitag und plant nun, die geplante Einsatzzeit der Arbeits- und Betriebsmittel auf das Wochenende auszudehnen, so fallen nicht nur proportional höhere Personalkosten für das benötigte Mehrpersonal an. Vielmehr sind nun zusätzlich zu dem normalen Lohn auch noch Zuschläge für die durch das Personal geleisteten Schichten an den Wochenenden zu zahlen. Wie hoch diese Zuschläge sind, lässt sich allgemein nicht feststellen, da es hierzu unterschiedliche tarifvertragliche Regelungen gibt. So folgen zum Beispiel einige Unternehmungen der Werktagsdefinition des Bundesurlaubsgesetzes, nachdem als Werktage all die Kalendertage gelten, "... die nicht Sonn- oder gesetzliche Feiertage sind"[291] und bezahlen für Samstagsschichten keinerlei Zuschläge. Andere Unternehmungen wiederum zahlen aufgrund tarifvertraglicher Regelungen auch für Samstagsschichten Zuschläge. Im Endergebnis sind für die zu analysierende Unternehmung die geltenden Regelungen zu evaluieren und zu einer Funktion zusammenzufassen, welche das durchschnittliche Personalkostenniveau in Abhängigkeit zu der jeweiligen Ausprägung des Kostenbestimmungsfaktors "Geplante Einsatzzeit Arbeits- und Betriebsmittel" ausdrückt. Bezeichnet PKN(t_{plan}) das durchschnittliche Personalkostenniveau vor und PKN(t'_{plan}) das durchschnittliche Personalkostenniveau nach einer Ausprägungsänderung des Kostenbestimmungsfaktors "Geplante Einsatzzeit Arbeits- und Betriebsmittel", so ergibt sich die Kostenfunktion, welche die Kostenwirkung einer Ausprägungsänderung vorgenannten Kostenbestimmungsfaktors auf die spezifischen Personalkosten in Form eines Änderungsfaktors ausdrückt, zu Gleichung 45.

$$f(t_{Plan}; t'_{Plan}) = \frac{PKN(t'_{Plan})}{PKN(t_{Plan})}$$

Gleichung 45 (Änderungsfaktor "Geplante Einsatzzeit Arbeits- und Betriebsmittel" für die spezifischen Personalkosten)

---

[291] §3 Abs. 2 BUrlG

Wiederum im Gegensatz zu den spezifischen personalbezogenen Materialkosten führt auch eine Ausprägungsänderung des Kostenbestimmungsfaktors "Effektive Einsatzzeit Arbeits- und Betriebsmittel" grundsätzlich zu einer Änderung der spezifischen Personalkosten. Wie bereits bei der Behandlung der spezifischen personalbezogenen Materialkosten ausführlich erläutert, geht eine Ausweitung der effektiven Einsatzzeit innerhalb der geplanten Einsatzzeit (also eine Verringerung des Anteils der geplanten und ungeplanten Stillstände an der geplanten Einsatzzeit) immer mit einer indirekt proportionalen Verringerung der spezifischen Personalkosten einher, ohne dass ein zusätzlicher Personalfaktoreinsatz erforderlich wäre. Letzteres begründet sich vor allen Dingen damit, dass das vorhandene Personal ja auch während der Stillstandszeiten (vorwiegend mit Instandsetzungsarbeiten) beschäftigt ist und eine Verschiebung des Verhältnisses zwischen geplanten und ungeplanten Stillstandszeiten sowie effektiver Einsatzzeit der Arbeits- und Betriebsmittel lediglich eine Veränderung des Arbeitsinhalts, jedoch zumeist keine wesentliche Veränderung der Arbeitsbelastung (die einen sich verändernden Personalbedarf rechtfertigen würde) nach sich zieht. Da sich eine Ausprägungsveränderung des Kostenbestimmungsfaktors "Effektive Einsatzzeit Arbeits- und Betriebsmittel" auch aus einer Ausprägungsänderung des Kostenbestimmungsfaktors "Geplante Einsatzzeit Arbeits- und Betriebsmittel" ergeben kann, diese jedoch wie oben erläutert nicht zu einer Änderung der spezifischen Personalkosten führt, ist in der zu entwickelnden Kostenfunktion wiederum ein entsprechender Korrekturfaktor vorzusehen. Bezeichnet t_{plan} die geplante und t_{eff} die effektive Einsatzzeit der Arbeits- und Betriebsmittel vor und t'_{plan} die geplante sowie t'_{eff} die effektive Einsatzzeit der Arbeits- und Betriebsmittel nach einer Ausprägungsänderung der Kostenbestimmungsfaktoren "Geplante Einsatzzeit Arbeits- und Betriebsmittel" und "Effektive Einsatzzeit Arbeits- und Betriebsmittel", so ergibt sich die Kostenfunktion, welche die Kostenänderung dieser Ausprägungsänderung der vorgenannten Kostenbestimmungsfaktoren in Form eines Änderungsfaktors ausdrückt zu Gleichung 46.

$$ f(t_{eff}; t'_{eff}; t_{plan}; t'_{plan}) = \frac{t_{eff}}{t'_{eff}} * \frac{t'_{plan}}{t_{plan}} $$

Gleichung 46 (Änderungsfaktor "Effektive Einsatzzeit Arbeits- und Betriebsmittel" für die spezifischen Personalkosten)

Aufgrund der in Kapitel 2.3.2.2.2 getroffenen Annahmen des direkt proportionalen Zusammenhangs zwischen den Personalfaktoreinsatzmengen und den Faktoreinsatzmengen des personalbezogenen Materials ergeben sich auch die die Kostenänderung der spezifischen Personalkosten im Falle einer Ausprägungsänderung der Kostenbestimmungsfaktoren "Schichtbelegung" und "Effektive Arbeitszeit" ausdrückenden Änderungsfaktoren analog zu den Änderungsfaktoren, welche die Kostenänderung der spezifischen personalbezogenen Materialkosten im Falle einer Ausprägungsänderung der genannten Kostenbestimmungsfaktoren ausdrücken. Bezeichnet SB die Schichtbelegung vor und SB' die Schichtbelegung nach einer

Ausprägungsänderung des Kostenbestimmungsfaktors "Schichtbelegung", so ergibt sich die Kostenfunktion, welche die Kostenwirkung einer Ausprägungsänderung dieses Kostenbestimmungsfaktors in Form eines Änderungsfaktors darstellt zu Gleichung 47.

$$f(SB, SB') = \frac{SB'}{SB}$$

Gleichung 47 (Änderungsfaktor "Schichtbelegung" für die spezifischen Personalkosten)

Gleiches gilt wie gesagt für eine Ausprägungsänderung des Kostenbestimmungsfaktors "Effektive Arbeitszeit". Bezeichnet $t_{AZ,eff}$ die effektive Arbeitszeit vor und $t'_{AZ,eff}$ die effektive Arbeitszeit nach einer Ausprägungsänderung des Kostenbestimmungsfaktors "Effektive Arbeitszeit", so ergibt sich die Kostenfunktion, welche die durch die Ausprägungsänderung des Kostenbestimmungsfaktors verursachte Kostenänderung der spezifischen Personalkosten in Form eines Änderungsfaktors ausdrückt, gemäß Gleichung 48.

$$f(t_{AZ,eff}; t'_{AZ,eff}) = \frac{t'_{AZ,eff}}{t_{AZ,eff}}$$

Gleichung 48 (Änderungsfaktor "Effektive Arbeitszeit" für die spezifischen Personalkosten)

Wie gezeigt werden konnte (und wie auch inhaltlich nicht anders zu erwarten war), gleichen die in Form von Änderungsfaktoren ausgedrückten Kostenfunktionen, welche die Veränderung der spezifischen Personalkosten in Abhängigkeit von möglichen Ausprägungsänderungen der in Kapitel 2.3.1.2 entwickelten Kostenbestimmungsfaktoren abbilden, den Kostenfunktionen, welche die gleiche Abbildungsfunktion für die spezifischen personalbezogenen Materialkosten übernehmen. Die einzige Ausnahme stellt in diesem Zusammenhang die Kostenfunktion dar, welche die Ausprägungsänderung des Kostenbestimmungsfaktors "Faktoreinsatzmenge Repetierfaktoren" hinsichtlich ihrer spezifischen Kostenwirkung beschreibt, da eine Ausprägungsänderung des Kostenbestimmungsfaktors "Faktoreinsatzmenge Repetierfaktoren" aufgrund der Repetierfaktorcharakteristik des personalbezogenen Materials zwar eine Kostenwirkung auf die spezifischen personalbezogenen Materialkosten, nicht aber auf die durch den Potenzialfaktorcharakter des Personals determinierten spezifischen Personalkosten hat. Dementsprechend ist für das Erstellen eines Kostenmodells im Rahmen der unternehmungsbezogenen Kernkostenanalyse (mit Ausnahme der Kostenfunktion für eine Ausprägungsänderung des Kostenbestimmungsfaktors "Faktoreinsatzmenge Repetierfaktoren") jeweils nur ein Satz an personalbezogenen Kostenfunktionen zu entwickeln, mit dem dann sowohl die Berechnung der Kostenwirkung einer Ausprägungsänderung der Kostenbestimmungsfaktoren auf die spezifischen personalbezogenen Materialkosten, als auch auf die spezifischen Personalkosten erfolgen kann.

2.3.2.2.4 Dienstleistungskostenfunktionen

2.3.2.2.4.1 Charakteristika und Segmentierung Dienstleistungskosten

Genauso wie der Produktionsfaktor Material lässt sich auch der Produktionsfaktor Dienstleistung im Sinne der in Kapitel 2.3.1.2 verwendeten Nomenklatur als Repetierfaktor bezeichnen, der dadurch gekennzeichnet ist, dass er im Produktionsprozess untergeht und dementsprechend in relativ kurzen Zeitabständen neu beschafft werden muss. Dienstleistungskosten werden nach Olfert dabei verursacht, "... indem die Unternehmung von anderen Wirtschaftseinheiten Leistungen in Anspruch nimmt."[292] Als Beispiel für die im Rahmen des betrieblichen Leistungserstellungsprozesses typischerweise benötigten Dienstleistungen führen Hahn/Laßmann "... Instandhaltungsdienstleistungen, Qualitätsprüfung, Beratung, Training und Software ..."[293] an. Deutlich detaillierter (und auch umfangreicher) beschreibt Olfert die Dienstleistungen. Er unterscheidet zwischen den in Abbildung 27 aufgezählten Dienstleistungen mit den entsprechenden Dienstleistungskosten.

• Pachtkosten	• Fernschreibkosten	• Versicherungskosten
• Leasinggebühren	• Reisekosten	• Literaturkosten
• Frachten	• Bewirtungskosten	• Werbekosten
• Provisionen	• Rechtsberatungskosten	• Patentkosten
• Mietkosten	• Steuerberatungskosten	• Lizenzen
• Telefonkosten	• Prüfungskosten	

Quelle: Olfert, Kostenrechnung, 13. Aufl., 2003, S. 110

Abbildung 27 (Dienstleistungskosten nach Olfert)

Unabhängig vom Detaillierungsgrad der Darstellung der Dienstleistungen (bzw. der Dienstleistungskosten) verweisen Hahn/Laßmann darauf, dass Dienstleistungen und Material (von ihnen als Sachleistungen bezeichnet) häufig in einem direkten Zusammenhang zueinander stehen und somit als untereinander verbunden angesehen werden können. Daraus schlussfolgern Hahn/Laßmann in Anlehnung an Engelhardt/Kleinaltkamp/Reckenfelderbäumer, dass sich unter den beschriebenen Voraussetzungen eine getrennte Behandlung von Material (bzw. Sachleistungen) und Dienstleistungen nicht nur als nicht notwendig, sondern darüber hinaus als nicht zweckmäßig erweist.[294] Diese Betrachtungsweise ist, wie später gezeigt wird, für das hier entwickelte und auf der Behandlung der spezifischen Kosten beruhende System aus Kostenfunktionen nur bedingt geeignet. Das liegt im Wesentlichen daran, dass sich Teilmengen der Material- und der Dienstleistungskosten hinsichtlich ihrer spezifischen Kostenreagibilität in Bezug auf eine Ausprägungs-

---

[292] Olfert, Kostenrechnung, 13. Aufl., 2003, S. 110
[293] Hahn/Laßmann, Produktionswirtschaft, 3. Aufl., 1999, S. 393
[294] Vgl. Hahn/Laßmann, Produktionswirtschaft, 3. Aufl., 1999, S. 393; Engelhardt/Kleinaltkamp/Reckenfelderbäumer, Leistungsbündel als Absatzobjekte, 1993, S. 395 ff

änderung der identifizierten Kostenbestimmungsfaktoren unterscheiden. Bevor jedoch im Einzelnen auf diesen Punkt eingegangen werden kann, erscheint es als zweckmäßig, die Menge der Dienstleistungen hinsichtlich ihres jeweilig originären Bezugsobjekts zu segmentieren. Wie auch schon bei der Segmentierung der Menge des Materials (bzw. bei der Segmentierung des Materialkostenvolumens) bieten sich für die Segmentierung der Dienstleistungen die Bezugsobjekte Produkt, Maschinen und Personal an. Darüber hinaus existieren jedoch auch Dienstleistungen, die weder durch die Bezugsobjekte Produkt, Maschinen und Personal veranlasst sind, sondern sich vielmehr aus sonstigen internen und externen Bedarfsgründen ergeben. Diese Dienstleistungen sollen im Rahmen dieser Arbeit als sonstige Dienstleistungen bezeichnet werden. Dementsprechend werden nachfolgend die Dienstleistungsarten *Produktbezogene Dienstleistungen*, *Maschinenbezogene Dienstleitungen*, *Personalbezogene Dienstleistungen* und *Sonstige Dienstleistungen* unterschieden.

- *Produktbezogene Dienstleistungen*: Die produktbezogenen Dienstleistungen werden direkt für die Erstellung der einzelnen Produkte benötigt. Sie sind meist direkt mit dem produktbezogenen Material verbunden. Das lässt sich am besten am Beispiel der Frachtkosten erläutern. Wird im Prozess der betrieblichen Leistungserstellung produktbezogenes Material benötigt, so ist dies meist durch einen externen Lieferanten anzuliefern. Dieser berechnet gegenüber der Unternehmung typischerweise jedoch nicht nur die Materialkosten, sondern darüber hinaus auch die Frachtkosten, die dem externen Lieferanten bei der Anlieferung des Materials entstehen. Kommt es durch irgendeine Maßnahme oder durch irgendeine sich ändernde Prozessbedingung nun dazu, dass weniger Material benötigt wird, so reduziert sich in gleichem Maße auch der Bedarf an der durch den externen Lieferanten erbrachten Dienstleistung "Anlieferung/Logistik". Es besteht demnach ein direkt proportionaler Zusammenhang zwischen dem produktbezogenen Material und den produktbezogenen Dienstleistungen. In Anlehnung an die in Abbildung 27 dargestellte Auflistung können unter den produktbezogenen Dienstleistungen Frachten, Provisionen, Patentkosten, Lizenzkosten, Qualitätssicherungskosten u.a. aber auch Werbe- und Vertriebskosten[295] verstanden werden. Hinsichtlich ihrer Kostenreagibilität ist davon auszugehen, dass sie sich bei einer Ausprägungsänderung der in Kapitel 2.3.1.2 erarbei-

---

[295] Hinsichtlich der Werbe- und Vertriebskosten ist anzumerken, das grundsätzlich ein direkter Zusammenhang zwischen den Werbe- und Vertriebskosten und der Anzahl der abgesetzten Ausbringungseinheiten einer Unternehmung besteht. So besteht ein Vorgehen zur Bestimmung des Werbebudgets einer Unternehmung darin, das Werbebudget nach der "percentage of sales method" als festen oder variablen Prozentsatz vom wert- oder mengenmäßigen Umsatz festzulegen. Vgl. hierzu u.a. Rogge, Werbung, 4. Aufl., 1996, S. 140 ff. Meffert weist jedoch zu Recht darauf hin, dass dieses Vorgehen auf einem Zirkelschluss basiert, da der Umsatz eine "... unter anderem von den Werbeausgaben abhängige Größe [darstellt] und nicht vice versa." Meffert, Marketing, 8. Aufl., 1998, S. 727

teten Kostenbestimmungsfaktoren analog zu den produktbezogenen Materialkosten verhalten.

- *Maschinenbezogene Dienstleistungen*: Unter maschinenbezogenen Dienstleistungen können die Instandhaltungsdienstleistungen einer Unternehmung subsumiert werden. Diese fallen typischerweise für sämtliche Arbeits- und Betriebsmittel einer Unternehmung an und lassen sich nach Olfert in die Dienstleistungsarten Instandsetzung (Herstellung der Funktionsfähigkeit von Arbeits- und Betriebsmitteln), Inspektion (Feststellen und Beurteilen des gegenwärtigen Zustands von Arbeits- und Betriebsmitteln) sowie Wartung (Bewahren der Funktionsfähigkeit von Arbeits- und Betriebsmitteln) unterteilen.[296] Weiterhin ist zwischen den intern und den durch externe Anbieter erbrachten maschinenbezogenen Dienstleistungen zu unterscheiden. Problematischerweise sind die maschinenbezogenen Dienstleistungen ihrem Grund nach durch die Maschinen einer Unternehmung verursacht, hängen aber ihrem Umfang nach nicht zwangsläufig direkt proportional von der Anzahl der Maschinen einer Unternehmung ab. Zudem beeinflussen sie direkt (jedoch nicht zwangsläufig in einem proportionalen Abhängigkeitsverhältnis) die Maschinenkosten einer Unternehmung und stellen deshalb eine gesondert zu bearbeitende Dienstleistungsart dar.

- *Personalbezogene Dienstleistungen*: Die personalbezogenen Dienstleistungen fallen typischerweise in Abhängigkeit von dem in der Unternehmung beschäftigten Personal an. Ähnlich wie die personalbezogenen Materialkosten sind sie zumeist direkt mit der Anzahl des in der Unternehmung beschäftigten Personals verbunden. Das lässt sich sehr gut am Beispiel der Trainingskosten beschreiben. So ist es vorstellbar, dass eine Chemie-Unternehmung gesetzliche Vorschriften hinsichtlich regelmäßiger Sicherheitstrainings seiner Mitarbeiter zu erfüllen hat, die durch eine zertifizierte Trainingsunternehmung durchzuführen sind. Da die Trainingsmaßnahmen typischerweise in einem festen Zeitrahmen (z.B. ein Jahr) zu wiederholen sind, hängen die Trainingskosten ausschließlich von der Anzahl des eingesetzten Personals ab. Reduziert sich die Anzahl des eingesetzten Personals, so reduzieren sich gleichzeitig auch die Trainingskosten. Dementsprechend ist in den meisten Fällen (wie auch beim personalbezogenen Material) von einem direkt proportionalen Zusammenhang zwischen den Personal und personalbezogenen Dienstleistungen auszugehen. Aufgrund der beschriebenen Eigenschaften ist dementsprechend grundsätzlich davon auszugehen, dass sich die personalbezogenen Dienstleistungskosten hinsichtlich ihrer Kostenreagibilität im Falle einer Ausprägungsänderung der Kostenbestimmungsfaktoren analog zu den personalbezogenen Materialkosten verhalten. In Anlehnung an die in Abbildung 27 dargestellte Aufzählung können unter

---

[296] Vgl. Olfert, Kostenrechnung, 13. Aufl., 2003, S. 110

den personalbezogenen Dienstleistungen unter anderem Telefonkosten, Fernschreibkosten, Reisekosten, Bewirtungskosten, Versicherungskosten, Literaturkosten, personalbezogene Mieten und Pachtkosten, sowie Trainingskosten verstanden werden.

- *Sonstige Dienstleistungen*: Die sonstigen Dienstleistungen sind typischerweise weder durch die Produkte (zumindest nicht die Anzahl der Ausbringungseinheiten), die Maschinen oder das Personal einer Unternehmung veranlasst. Sie ergeben sich im Wesentlichen aus externen Zwängen (wie Gesetzgebung und Markt) und werden durch eine Änderung der Bestimmungsgrößen Produkte, Maschinen und Personal nur schwach beeinflusst. Das lässt sich gut am Beispiel der Dienstleistung "Jahresabschlussprüfung" verdeutlichen. Diese Dienstleistung ist ab einer bestimmten Unternehmungsform und Unternehmungsgröße jährlich erforderlich und verursacht – unabhängig von Schwankungen in Ausbringungsmenge, Maschinenpark oder Personalbestand – im Wesentlichen (bei gleich bleibendem Unternehmungszweck und ähnlicher Marktbearbeitung) immer die gleichen Kosten. Ähnliches gilt für Steuerberatungsdienstleistungen oder etwa für die Rechtsberatung (obwohl hier je nach Markt und Produkt von einer schwachen Korrelation zur Ausbringungsmenge auszugehen ist).

Basierend auf den oben dargelegten Erläuterungen setzt sich das Gesamtvolumen der durch eine Unternehmung beanspruchten Dienstleistungen gemäß Gleichung 49 zusammen.

$$D_{Ges} = D_{Prod} + D_{Masch} + D_{Pers} + D_{Sonst}$$

Gleichung 49 (Definition Gesamtvolumen Dienstleistungen)

Wie bei den Materialkosten führt auch bei den Dienstleistungskosten die Tatsache, dass sich die Gesamtmenge der Dienstleistungen aus mehreren Teilmengen zusammensetzt, die hinsichtlich ihre spezifischen Kosten unterschiedlich auf eine Ausprägungsänderung der in Abbildung 23 dargestellten Kostenbestimmungsfaktoren reagieren, dazu, dass in Anlehnung an die in Kapitel 2.3.2.2.1 gewonnenen Erkenntnisse für jede der Dienstleistungsarten eigene Kostenfunktionen zu entwickeln sind. Die Entwicklung dieser Kostenfunktionen (die zweckmäßigerweise in Anlehnung an Gleichung 20 in Form von Änderungsfaktoren erfolgt) soll nachfolgend – beginnend mit den Kostenfunktionen für die spezifischen produktbezogenen Dienstleistungen – durchgeführt werden.

2.3.2.2.4.2 Kostenfunktionen produktbezogene Dienstleistungskosten

Für die produktbezogenen Dienstleistungen ist in Anlehnung an Hahn/Laßmann davon auszugehen, dass ein enger Zusammenhang zwischen dem produktbezogenen Material und den produktbezogenen Dienstleistungen besteht und sich somit nach Engelhardt/Kleinaltkamp/Reckenfelderbäumer eine getrennte Behandlung von produktbezogenen Dienstleistungen und produktbezogenen Materialien nicht als notwendig, oder sogar nicht als zweckmäßig erweist.[297] Das liegt im Wesentlichen daran, dass sich die Menge der produktbezogenen Dienstleistungen proportional zu der Menge des produktbezogenen Materials und somit proportional zur Ausbringungsmenge verhält. Wie bereits oben erarbeitet, erscheint es aus diesem Grunde angebracht (und auch logisch richtig), davon auszugehen, dass sich die Kostenwirkung einer Ausprägungsänderung der in Abbildung 23 dargestellten Kostenbestimmungsfaktoren auf die spezifischen produktbezogenen Dienstleistungskosten genauso auswirkt, wie auf die spezifischen produktbezogenen Materialkosten und somit für die spezifischen produktbezogenen Dienstleistungskosten die gleichen Kostenfunktionen gelten, die bereits für die spezifischen produktbezogenen Materialkosten entwickelt wurden.

2.3.2.2.4.3 Kostenfunktionen maschinenbezogene Dienstleistungskosten

Vollkommen anders verhält es sich (zumindest bei der vom Autor gewählten Aufteilung zwischen Material- und Dienstleistungskosten) bei den maschinenbezogenen Dienstleistungen, für die kein proportionaler Zusammenhang zu den maschinenbezogenen Materialkosten (die gemäß Kapitel 2.3.2.2.2 als bewerteter Verzehr an Betriebsstoffen definiert wurden) besteht. Vielmehr seien unter den maschinenbezogenen Dienstleistungen in Anlehnung an Olfert die Instandhaltungs- und Werkzeugkosten verstanden, die "wegen ihrer besonderen Bedeutung häufig nicht den Dienstleistungskosten zugerechnet, sondern eigenständig behandelt [werden]"[298], was im Rahmen dieser Arbeit ja als Behandlung einer eigenständigen Dienstleistungsart geschieht. Um die jeweiligen Kostenwirkungen einer Ausprägungsänderung der Kostenbestimmungsfaktoren erläutern zu können, ist es erforderlich, die Ursachen für die Notwendigkeit maschinenbezogener Dienstleistungen zu erläutern, aus denen dann die Kostenfunktionen für die spezifischen maschinenbezogenen Dienstleistungskosten abgeleitet werden können.

Grundsätzlich stellen die maschinenbezogenen Dienstleistungen (in der betriebswirtschaftlichen Fachliteratur auch als Instandhaltung bezeichnet) eine Dienstleistung dar, deren Aufgabe die "... Erhaltung und Wiederherstellung der Funktionstüchtigkeit ..."[299] von Arbeits- und Betriebsmitteln ist. Diese sind im Prozess der betrieblichen Leistungserstellung unterschiedlichen Abnutzungserscheinungen ausgesetzt, denen durch Instandhaltungsmaßnahmen entgegenzuwirken ist.[300] Ent-

---

[297] Vgl. Hahn/Laßmann, Produktionswirtschaft, 3. Aufl., 1999, S. 393; Engelhardt/Kleinaltkamp/Reckenfelderbäumer, Leistungsbündel als Absatzobjekte, 1993, S. 395 ff

[298] Olfert, Kostenrechnung, 13. Aufl., 2003, S. 110

[299] Corsten, Produktionswirtschaft, 8. Aufl., 1999, S. 357

[300] Allein die Abnutzung von Arbeits- und Betriebsmitteln im Rahmen der betrieblichen Leistungserstellung stellt ein eigenes Forschungsgebiet dar. Da die Diskussion dieser Arbeiten keinerlei wesentlichen Erkenntnisvorteil für die vorliegende Arbeit bringt und zudem eine ausführliche Behandlung dieser Themen im Rahmen der vorliegenden Arbeit bringen würde, sei an dieser Stelle auf die entsprechende Fachliteratur gegeben. Eine sehr schöne Zusammen-

sprechend der Bedeutung dieser Dienstleistung (die im Folgenden einheitlich als Instandhaltung bezeichnet wird) für den Prozess der betrieblichen Leistungserstellung, ist sie in Deutschland im Rahmen der DIN 31051 geregelt.[301] Die Instandhaltungsmaßnahmen können nach dieser Regelung in die (in Abbildung 28 dargestellten) drei Maßnahmenbereiche *Wartung, Inspektion* und *Instandsetzung* unterschieden werden.

Quelle: Vgl. u.a. Daube, Begriffe und Definitionen in der Instandhaltung, 1989, S. 3; Olfert, Kostenrechnung, 13. Aufl., 2003, S. 110; Rasch, Erfolgspotential Instandhaltung, 2000, S. 16; Warnecke, Der Produktionsbetrieb, 1984, S. 578

Abbildung 28   (Maßnahmenbereiche Instandhaltung)

- *Wartung*: Gemäß DIN 31051 umfasst die Wartung alle Maßnahmen "... zur Bewahrung des Sollzustandes von technischen Mitteln eines Systems"[302] und somit zur Sicherstellung des laufenden Betriebs der Arbeits- und Betriebsmittel. Nach Jacobi soll durch die Wartung die Lebensdauer der Arbeits- und Betriebsmittel durch Verringerung der Abnutzungsgeschwindigkeit verlängert werden.[303] Um dies zu erreichen, umfasst die Wartung gemäß DIN 31051 die Elemente Reinigung, Konservierung, Schmierung, Austausch und Ersatz von Hilfsstoffen und Kleinteilen sowie Einstellung und Justierung. Der Umfang sowie das Zeitintervall zur Durchführung der Wartungsarbeiten hängen dabei entscheidend von den Einsatz- und Umgebungsbedingungen der jeweiligen Arbeits- und Betriebsmittel sowie von den einschlägigen gesetzlichen Bestimmungen ab und werden in einem Wartungsplan festgehalten.

---

fassung der Abnutzungsarten kann hierbei Alcalde Rasch entnommen werden. (Vgl. Alcalde Rasch, Erfolgspotenzial Instandhaltung, 2000, S. 8 ff.) Zu den theoretischen Grundlagen der Abnutzung sei auf Czichos/Habig und Polzer/Meißner verwiesen. (Vgl. Czichos/Habig, Tribologie-Handbuch, 2. Aufl., 2003; Polzer/Meißner, Grundlagen zu Reibung und Verschleiß, 2. Aufl., 1982)

[301] Vgl. DIN, DIN 31051, 1985, S. 1 ff
[302] DIN, DIN 31051, 1985, S. 2
[303] Vgl. Jacobi, Begriffliche Abgrenzungen, 1992, S. 20

- *Inspektion*: Die Inspektion umfasst nach DIN 31051 "... alle Maßnahmen zur Feststellung und Beurteilung des Ist-Zustandes von technischen Mitteln eines Systems."[304] Mit Hilfe der aus der Inspektion gewonnenen Informationen werden anschließend die notwendigen Instandsetzungsmaßnamen zur Verbesserung des Abnutzungsvorrats des jeweils betrachteten Arbeits- und Betriebsmittels festgelegt. Weiterhin dient die Inspektion nach Alcalde Rasch jedoch auch dazu, Anregungen zur Beseitigung konstruktiver Schwachstellen zu liefern und Rückschlüsse über die Wirksamkeit durchgeführter Wartungs- und Instandsetzungsmaßnahmen zu ziehen.[305]

- *Instandsetzung*: Die Instandsetzung als letztes Element der Instandhaltung umfasst gemäß DIN 31051 alle Maßnahmen, "... zur Wiederherstellung des Sollzustandes von technischen Mitteln eines Systems."[306] In Abgrenzung zu den Wartungsarbeiten soll die Instandsetzung nicht wie die Wartung die technische Abnutzung der betrachteten Arbeits- und Betriebsmittel hemmen, sondern sie beseitigen.[307] Dabei sind die Instandsetzungsarbeiten hinsichtlich ihrer Verursachung nicht als eine Einheit zu betrachten, sondern untergliedern sich nach Alcalde Rasch in die drei in Abbildung 29 dargestellten Untergruppen.[308]

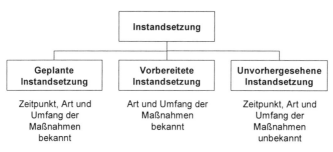

Quelle: Alcalde Rasch, Erfolgspotential Instandhaltung, 2000, S. 20

Abbildung 29   (Untergruppen Instandsetzung)

Diese Unterscheidung erscheint insbesondere vor dem Hintergrund der zu entwickelnden Kostenfunktionen entscheidend, da eine Ausdehnung der ersten beiden Instandsetzungsmaßnahmen zumindest tendenziell zu einem Bedarfsrückgang an letzteren Instandsetzungsmaßnahmen führt und somit entsprechend in der Entwicklung der Kostenfunktionen zu beachten ist.

---

[304] DIN, DIN 31051, 1985, S. 2
[305] Vgl. Alcalde Rasch, Erfolgspotenzial Instandhaltung, 2000, S. 18
[306] DIN, DIN 31051, 1985, S. 2
[307] Vgl. Seicht, Industrielle Anlagenwirtschaft, S. 402
[308] Vgl. Alcalde Rasch, Erfolgspotenzial Instandhaltung, 2000, S. 20

Jede der aufgezählten Instandhaltungsarten lassen sich im Rahmen des betrieblichen Rechnungswesens eigene Kosten zuordnen. Da aufgrund der Natur der einzelnen Instandhaltungsarten davon auszugehen ist, dass sich die ihnen zuzurechnenden Kosten im Falle einer Ausprägungsänderung der Kostenbestimmungsfaktoren jeweils unterschiedlich hinsichtlich ihrer Kostenänderung verhalten, sind für jede der Instandhaltungsarten eigene Kostenfunktionen zu entwickeln.

Im Sinne einer wissenschaftlich genauen Entwicklung der Kostenfunktionen für die spezifischen maschinenbezogenen Dienstleistungskosten reicht diese Segmentierung der Instandhaltungsdienstleistungen noch nicht aus. Grundsätzlich bestehen nämlich zwei Möglichkeiten, die Instandhaltungsmaßnahmen durchzuführen - durch interne und durch externe Dienstleister.[309] Wie Olfert anmerkt, bereitet die Ermittlung der Dienstleistungskosten immer dann keine Schwierigkeiten, wenn sie von externen Dienstleistern durchgeführt werden, da diese entsprechende Rechnungen stellen, die als Grundlage für Kostenrechnung und (für den Fall der unternehmungsbezogenen Kernkostenanalyse wichtig) für Kostenanalysen dienen können.[310] Entsprechend anspruchsvoller erscheint die Abrechnung der intern erbrachten Instandsetzungsleistungen, setzen sich diese doch aus dem Produkt der geleisteten Handwerkerstunden und den jeweiligen internen Stundenverrechnungssätzen zusammen.[311] Um beide Kostenarten richtig analysieren und hinsichtlich ihrer Kostenänderung bei einer Ausprägungsänderung der Kostenbestimmungsfaktoren beurteilen zu können, empfiehlt es sich, die Kosten für die intern erbrachten und die Kosten für die extern erbrachten Instandhaltungsdienstleistungen getrennt voneinander zu behandeln. Auf diese Art und Weise kann zum Beispiel bei analysierten Faktorkostenunterschieden in der späteren Analyse ein Tradeoff zwischen extern und intern zu erbringenden Instandhaltungsmaßnahmen getroffen werden. Da jedoch nicht von einer grundsätzlich unterschiedlichen Kostenreagibilität der einzelnen Instandhaltungskostenarten für die Fälle der Eigen- oder der Fremderbringung der jeweiligen Instandhaltungsart auszugehen ist, ist je Instandhaltungsart nur eine Kostenfunktion zu entwickeln, welche die Kostenwirkung einer Ausprägungsänderung der Kostenbestimmungsfaktoren auf die jeweilige spezifische Instandhaltungskostenart ausdrückt. Das Problem der Trennung von intern und extern erbrachten Instandhaltungsdienstleistungen ist dann entsprechend im Kostenmodell abzubilden.

Jedoch reicht auch diese Segmentierung der Instandhaltungsarten immer noch nicht aus, um eine sachlich richtige Entwicklung von Kostenfunktionen für die

---

[309] Vgl. Slaby/Krasselt, Industriebetriebslehre, 1998, S. 91

[310] Vgl. Olfert, Kostenrechnung, 13. Aufl., 2003, S. 110

[311] Hinsichtlich der ausführlichen Diskussion der Herausforderungen und der grundsätzlichen Vorgehensweise zur innerbetrieblichen Weiterverrechnung sei an dieser Stelle auf die Ausführungen von Götze und von Schweitzer/Küpper verwiesen. Vgl. Götze, Kostenrechnung und Kostenmanagement, 3. Aufl., 2004, S. 82 ff, Schweitzer/Küpper, Systeme der Kosten- und Erlösrechnung, 8. Aufl., 2003, S. 132 ff

spezifischen Instandhaltungskosten durchführen zu können. Wie bereits weiter o-
ben bemerkt, dienen die Instandhaltungsmaßnahmen dazu, den Abnutzungserscheinungen, denen die Arbeits- und Betriebsmittel im Rahmen der betrieblichen
Leistungserstellung ausgesetzt sind, entgegenzuwirken. Gemäß Kilger ist hierbei
jedoch nicht allgemein von der Abnutzung zu sprechen, sondern die Abnutzung ist
ihrerseits wiederum in Untergruppen zu teilen. Kilger/Pampel/Vikas wählt hierfür
die Untergruppen nutzungsabhängiger Verschleiß (auch als Zeitverschleiß bezeichnet) und nutzungsunabhängiger Verschleiß (auch als Gebrauchsverschleiß
bezeichnet).[312] Dementsprechend sind auch die Instandhaltungsmaßnahmen in
nutzungsabhängige und nutzungsunabhängige Instandhaltungsmaßnahmen zu unterscheiden.[313] Insbesondere in Industriebetrieben in denen die Güterproduktion
im Vordergrund steht, liegt der Schwerpunkt der Instandhaltungsmaßnahmen sicherlich auf den nutzungsabhängigen Instandhaltungsmaßnahmen, weswegen die
Entwicklung von Kostenfunktionen für die spezifischen nutzungsabhängigen Instandhaltungskosten an dieser Stelle im Vordergrund stehen soll. Zudem dürfte es
im Rahmen der Durchführung einer unternehmungsbezogenen Kernkostenanalyse
vergleichsweise schwer sein, die in der Vergangenheit entstandenen Instandhaltungskosten hinsichtlich ihrer Nutzungsabhängigkeit zu differenzieren. Im Sinne
einer wissenschaftlich exakten Aufbereitung des Analysemodells schließt sich an
die Entwicklung der Kostenfunktion für die spezifischen nutzungsabhängigen Instandhaltungskosten die Entwicklung der Kostenfunktionen für die spezifischen
nutzungsunabhängigen Instandhaltungskosten an.

Gemäß der einleitenden Beschreibung wird jedoch mit der Kostenfunktionsentwicklung für die spezifischen nutzungsabhängigen Instandhaltungskosten und hier
speziell für die spezifischen nutzungsabhängigen Wartungskosten begonnen. Der
erste zu betrachtende Kostenbestimmungsfaktor stellt hierbei wiederum der Kostenbestimmungsfaktor "Faktorpreise" dar. Wie bei sämtlichen anderen Kostenarten, wirkt sich auch bei den spezifischen nutzungsabhängigen Wartungskosten eine Ausprägungsänderung des Kostenbestimmungsfaktors "Faktorpreise" direkt
proportional in einer Änderung der spezifischen Wartungskosten aus. Bezeichnet
$FPN_{Wart,na}$ das Faktorpreisniveau der nutzungsabhängigen Wartungsdienstleistungen vor und $FPN'_{Wart,na}$ das Faktorpreisniveau der nutzungsabhängigen Wartungsdienstleistungen nach einer Ausprägungsänderung des Kostenbestimmungsfaktors
"Faktorpreise", so ergibt sich die Kostenfunktion (in Form eines Änderungsfaktors) zu Gleichung 50.

---

[312] Vgl. Kilger/Pampel/Vikas, Flexible Plankostenrechnung und Deckungsbeitragsrechnung, 11.
Aufl., 2002, S. 305
[313] Hierbei sind unter nutzungsabhängigen Instandhaltungsmaßnahmen zum Beispiel das Nach-
schärfen des Schneidwerkzeugs einer Drehbank und unter nutzungsunabhängigen Instandhaltungsmaßnahmen das intervallmäßige Anbringen eines Rostschutzanstrichs an die korrosi-
onsgefährdeten Bauteile einer Fertigungshalle zu verstehen.

$$f(FPN_{Wart,na};FPN'_{Wart,na}) = \frac{FPN'_{Wart,na}}{FPN_{Wart,na}}$$

Gleichung 50 (Änderungsfaktor "Faktorpreise" für die spezifischen nutzungsabhängigen Wartungskosten)

Entsprechend einfach gestaltet sich auch die Entwicklung der Kostenfunktion, welche die Kostenwirkung einer Ausprägungsänderung des Kostenbestimmungsfaktors "Faktoreinsatzmengen Repetierfaktoren" auf die spezifischen nutzungsabhängigen Wartungskosten hat. Bezeichnet $FEMN_{Wart,na}$ das Faktoreinsatzmengenniveau an nutzungsabhängigen Wartungsdienstleistungen vor und $FEMN'_{Wart,na}$ das Faktoreinsatzmengenniveau an nutzungsabhängigen Wartungsdienstleistungen nach einer Ausprägungsänderung des Kostenbestimmungsfaktors "Faktoreinsatzmengen Repetierfaktoren", so ergibt sich die Kostenfunktion zu Gleichung 51.

$$f(FEMN_{Wart,na};FEMN'_{Wart,na}) = \frac{FEMN'_{Wart,na}}{FEMN_{Wart,na}}$$

Gleichung 51 (Änderungsfaktor "Faktoreinsatzmengen Repetierfaktoren" für die spezifischen nutzungsabhängigen Wartungskosten)

Eine Ausprägungsänderung des Kostenbestimmungsfaktors "Arbeits- und Betriebsmittelintensität" führt ceteris paribus immer zu einer Erhöhung der Ausbringungsmenge. Wie bereits bei der Entwicklung der Kostenfunktion für die spezifischen maschinenbezogenen Materialkosten ist jedoch nicht davon auszugehen, dass sich eine Ausprägungsänderung des Kostenbestimmungsfaktors "Arbeits- und Betriebsmittelintensität" direkt proportional in der Entwicklung des absoluten nutzungsabhängigen Wartungsbedarfs ausdrückt. Vielmehr ist ab einem bestimmten (von Arbeits- und Betriebsmittel zu Arbeits- und Betriebsmittel unterschiedlichen) Grenzwert davon auszugehen, dass der nutzungsabhängige Wartungsbedarf bei einer Steigerung der Arbeits- und Betriebsmittelintensität über diesen Grenzwert überproportional zunimmt. Haberstock erklärt diesen Zusammenhang plastisch anhand des Beispiels eines Kunststoffextruders.[314] Grundsätzlich wird für diesen Kunststoffextruder auf Basis von Erfahrungswerten von Wartungs- und Reparaturzeiten von 0,10 Minuten pro m Schlauch ausgegangen. Dies gilt jedoch nur, solange eine Extruderintensität von 90 m/h nicht überschritten wird. Passiert das doch, steigen aufgrund der höheren Extruderbelastung die nutzungsabhängigen Wartungs- und Reparaturzeiten bis zur Maximalintensität des Extruders von 120 m/h auf 0,20 Minuten pro Meter Schlauch, so dass sich der in Abbildung 30 dargestellte Funktionalzusammenhang $v_2(X)$ zwischen Extruderintensität X und spezifischem nutzungsabhängigem Wartungsbedarf $v_2(X)$ ergibt.

---

[314] Vgl. Haberstock, Kostenrechnung II, 8. Aufl., 1998, S. 128 f

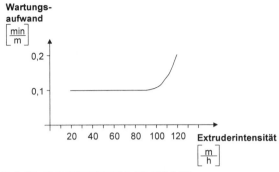

Quelle: Haberstock, Kostenrechnung II, 8. Aufl., 1998, S. 128

Abbildung 30 (Abhängigkeit zwischen nutzungsabhängigem Wartungsbedarf und Intensität eines Kunststoffextruders)

Basierend auf diesem Zusammenhang lässt sich nun die Kostenfunktion für die Ausprägungsänderung des Kostenbestimmungsfaktors "Arbeits- und Betriebsmittelintensität" entwickeln. Bezeichnet $v_2(X)$ den spezifischen nutzungsabhängigen Wartungsaufwand vor und $v_2(X')$ den spezifischen nutzungsabhängigen Wartungsaufwand nach einer Ausprägungsänderung des Kostenbestimmungsfaktors "Arbeits- und Betriebsmittelintensität", so ergibt sich die Kostenfunktion, welche die Kostenwirkung der Ausprägungsänderung vorgenannten Kostenbestimmungsfaktors auf die spezifischen nutzungsabhängigen Wartungskosten in Form eines Änderungsfaktors ausdrückt, zu Gleichung 52.

$$f(X,X') = \frac{v_2(X')}{v_2(X)}$$

Gleichung 52 (Änderungsfaktor "Arbeits- und Betriebsmittelintensität" für die spezifischen nutzungsabhängigen Wartungskosten)

Im Gegensatz zu einer Ausprägungsänderung des Kostenbestimmungsfaktors "Arbeits- und Betriebsmittelintensität" hat eine Ausprägungsänderung der Kostenbestimmungsfaktoren "Geplante Einsatzzeit Arbeits- und Betriebsmittel" und "Effektive Einsatzzeit Arbeits- und Betriebsmittel" keinerlei Kostenänderungswirkung hinsichtlich der spezifischen nutzungsabhängigen Wartungskosten, da ceteris paribus von einem direkt proportionalen Zusammenhang zwischen Ausbringungsmenge und spezifischen nutzungsabhängigen Wartungskosten auszugehen ist. Dementsprechend ergeben sich die als Änderungsfaktoren ausgedrückten Kostenfunktionen beider Kostenbestimmungsfaktoren zu 1.

Das Gleiche gilt auch für eine Ausprägungsänderung der Kostenbestimmungsfaktoren "Schichtbelegung" und "Effektive Arbeitszeit", die ebenfalls keine Wirkung hinsichtlich einer Kostenänderung der spezifischen nutzungsabhängigen Wartungskosten hat. Dementsprechend ergeben sich auch diese Änderungsfaktoren zu 1. Grundsätzlich ist anzumerken, dass insbesondere bei intern erbrachten Wartungsdienstleistungen natürlich die Schichtbelegung und auch die effektiven Arbeitszeiten des Personals der einzelnen Wartungsschichten Einfluss auf die Wartungs-Personalkosten haben. Diese Einflüsse sind dann aber innerhalb der Personalkosten des unterstützenden Wertschöpfungsschritts Instandhaltung zu berücksichtigen, die ihrerseits wiederum den Input in Form der "Faktorpreise" für die einzelnen Wertschöpfungsschritte darstellen. Dementsprechend ist die Annahme des Änderungsfaktors 1 für eine Ausprägungsänderung der Kostenbestimmungsfaktoren "Schichtbelegung" und "Effektive Arbeitszeit" in Bezug auf die spezifischen nutzungsabhängigen Wartungskosten zulässig.

An die Entwicklung der Kostenfunktionen für die spezifischen nutzungsabhängigen Wartungskosten schließt sich direkt die Entwicklung der Kostenfunktionen für die spezifischen nutzungsabhängigen Inspektionskosten an. Wie bereits oben erläutert, dient die Inspektion der Arbeits- und Betriebsmittel insbesondere dazu, den Ist-Zustand der inspizierten Arbeits- und Betriebsmittel (bzw. der inspizierten Potenzialfaktoren) festzustellen und anhand des Vergleichs mit dem vorher festgelegten Sollzustand die Maßnahmen einzuleiten, die zur Wiederherstellung des Sollzustands erforderlich sind.[315] Da in die Produktion der Ausbringungseinheiten immer ein Teilpotenzial des von den Potenzialfaktoren "vorgehaltenen" Potenzials in Form der Abnutzung der Potenzialfaktoren einfließt, ist hinsichtlich des nutzungsabhängigen Inspektionsbedarfs grundsätzlich von einem Zusammenhang zur Abnutzung der Potenzialfaktoren auszugehen.[316] Wie bei der Entwicklung der Kostenfunktionen für die spezifischen nutzungsabhängigen Wartungskosten erläutert, ist der nutzungsabhängige Wartungsbedarf in gleicher Weise von der Abnutzung der Potenzialfaktoren abhängig, wenn auch mit anderer Zielsetzung. Während die nutzungsabhängigen Wartungsmaßnahmen proportional zur Abnutzung der Potenzialfaktoren notwendig sind, um die Abnutzungsgeschwindigkeit der Potenzialfaktoren zu verringern, ist mit nutzungsabhängigen Inspektionsmaßnahmen zu überprüfen, ab wann die Abnutzungsgeschwindigkeit nicht mehr nur durch Wartungsmaßnahmen zu verringern, sondern durch Instandsetzungsmaßnahmen zu beseitigen ist.[317] Daraus kann geschlossen werden, dass die spezifischen nutzungsabhängigen Inspektionskosten in gleicher Weise wie die spezifischen nutzungsabhängigen Wartungskosten auf eine Ausprägungsänderung der in Abbildung 23 dargestellten Kostenbestimmungsfaktoren reagieren und somit die für die spezifischen nutzungsabhängigen Wartungskosten entwickelten Kostenfunktionen (Gleichung 50 bis Gleichung 52) eins zu eins auch auf die spezifischen nutzungsabhängigen Inspektionskosten anzuwenden sind.

Abschließend sind zur Entwicklung der Kostenfunktionen für die nutzungsabhängigen maschinenbezogenen Dienstleistungen (also für die nutzungsabhängige In-

---

315 Vgl. DIN, DIN 31051, 1985, S. 2
316 Vgl. Alcalde Rasch, Erfolgspotenzial Instandhaltung, 2000 S. 14 ff
317 Vgl. Alcalde Rasch, Erfolgspotenzial Instandhaltung, 2000 S. 19

standhaltung) die Kostenfunktionen für die nutzungsabhängige Instandsetzung zu entwickeln. Hierfür empfiehlt es sich, die von Alcalde Rasch vorgeschlagene Aufteilung der Instandsetzungsmaßnahmen[318] zu berücksichtigen, da sich eine Ausprägungsänderung der einzelnen Kostenbestimmungsfaktoren unterschiedlich auf die jeweiligen spezifischen nutzungsabhängigen Instandsetzungskosten auswirkt. Zusätzlich bestehen Interdependenzen zwischen den einzelnen nutzungsabhängigen Instandsetzungsarten. So ist davon auszugehen, dass es bei einer Intensivierung der geplanten und der vorbereiteten nutzungsabhängigen Instandsetzungen zu einem Rückgang der unvorhergesehenen nutzungsabhängigen Instandsetzungen und somit auch zu einem Rückgang der durch unvorhergesehene nutzungsabhängige Instandsetzungen verursachten Stillstandszeiten kommt, was wiederum Auswirkungen auf die Ausprägungsänderung des Kostenbestimmungsfaktors "Effektive Einsatzzeit Arbeits- und Betriebsmittel" hat. Dementsprechend sind die geplanten von den ungeplanten (oder unvorgesehenen) nutzungsabhängigen Instandsetzungsmaßnahmen zu unterscheiden.

Die Entwicklung der Kostenfunktionen für die spezifischen geplanten nutzungsabhängigen Instandsetzungskosten ist dabei vergleichsweise einfach. Diese sind, wie bereits ihr Name sagt, nutzungsabhängig und verhalten sich demnach im Schema genauso wie die spezifischen nutzungsabhängigen Wartungs- und die spezifischen nutzungsabhängigen Inspektionskosten. Dementsprechend ergeben sich die Kostenfunktionen gemäß den in Gleichung 50 bis Gleichung 52 dargestellten Zusammenhängen. Einzig der Funktionalzusammenhang zwischen der Maschinenintensität und dem spezifischen nutzungsabhängigen geplanten Instandsetzungsaufwand wird $v_2(X)$ wird sicherlich ein leicht anderer sein, so dass diese Funktion durch eine zu ermittelnde Funktion $v_3(X)$ zu ersetzen ist. Wie bereits oben angemerkt, kann eine Erhöhung des Faktoreinsatzniveaus an geplanten nutzungsabhängigen Instandsetzungsmaßnahmen eine Verringerung der Stillstandszeiten und somit eine Erhöhung der effektiven Einsatzzeiten der Arbeits- und Betriebsmittel zur Folge haben. Da bei einer Erhöhung der effektiven Einsatzzeit der Arbeits- und Betriebsmittel die spezifischen geplanten nutzungsabhängigen Instandsetzungskosten mit dem Änderungsfaktor 1 reagieren, mithin ceteris paribus von einer proportionalen Zunahme der Absolutkosten für geplante Instandsetzungsmaßnahmen auszugehen ist, schlägt sich dieser Effekt nicht in einer Änderung des entsprechenden Änderungsfaktors nieder.

Vollkommen anders sieht das für die spezifischen ungeplanten nutzungsabhängigen Instandsetzungskosten aus. Diese entstehen immer dann, wenn ein Arbeits- und/oder Betriebsmittel unvorhergesehen ausfällt und entsprechende Instandsetzungsmaßnahmen notwendig werden, um den Produktionsprozess wieder aufzunehmen und/oder einen sicheren Ablauf des Produktionsprozesses innerhalb der gewünschten Spezifikationen sicherzustellen. Hinsichtlich einer Ausprägungsän-

---

[318] Vgl. Abbildung 29

derung des Kostenbestimmungsfaktors "Faktorpreise" ergibt sich noch kein Unterschied. Bezeichnet $FPN_{Inst,na,ungepl}$ das Faktorpreisniveau der ungeplanten nutzungsabhängigen Instandsetzungsmaßnahmen vor und $FPN'_{Inst,na,ungepl}$ nach einer Ausprägungsänderung des Kostenbestimmungsfaktors "Faktorpreise", so ergibt sich die entsprechende Kostenfunktion zu Gleichung 53.

$$f(FPN_{Inst,na,ungepl}; FPN'_{Inst,na,ungepl}) = \frac{FPN'_{Inst,na,ungepl}}{FPN_{Inst,na,ungepl}}$$

Gleichung 53 (Änderungsfaktor "Faktorpreise" für die spezifischen ungeplanten nutzungsabhängigen Instandsetzungskosten)

Ähnliches gilt für das Faktormengeneinsatzniveau an ungeplanten nutzungsabhängigen Instandsetzungsmaßnahmen. Bezeichnet $FEMN_{Inst,na,ungepl}$ das Faktoreinsatzmengenniveau an ungeplanten nutzungsabhängigen Instandsetzungsmaßnahmen vor und $FEMN'_{Inst,na,ungepl}$ das Faktoreinsatzmengenniveau an ungeplanten nutzungsabhängigen Instandsetzungsmaßnahmen nach einer Ausprägungsänderung des Kostenbestimmungsfaktors "Faktoreinsatzmengen Repetierfaktoren", so ergibt sich die Kostenfunktion, welche die Kostenwirkung der Ausprägungsänderung vorgenannten Kostenbestimmungsfaktors in Form eines Änderungsfaktors ausdrückt, zu Gleichung 54.

$$f(FEMN_{Inst,na,ungepl}; FEMN'_{Inst,na,ungepl}) = \frac{FEMN'_{Inst,na,ungepl}}{FEMN_{Inst,na,ungepl}}$$

Gleichung 54 (Änderungsfaktor "Faktoreinsatzmengen Repetierfaktoren" für die spezifischen ungeplanten nutzungsabhängigen Instandsetzungskosten)

Eine Ausprägungsänderung des Kostenbestimmungsfaktors "Arbeits- und Betriebsmittelintensität" wirkt sich auf die spezifischen ungeplanten nutzungsabhängigen Instandsetzungskosten ähnlich wie auf die spezifischen geplanten nutzungsabhängigen Instandsetzungskosten aus, da in Anlehnung an Abbildung 30 davon auszugehen ist, dass eine Erhöhung der Arbeits- und Betriebsmittelintensität über einen bestimmten Grenzwert hinaus zu einer überproportionalen Steigerung des Bedarfs an ungeplanter nutzungsabhängiger Instandsetzung führt. Bezeichnet $v_3(X)$ den spezifischen ungeplanten nutzungsabhängigen Instandsetzungsbedarf und X die Arbeits- und Betriebsmittelintensität vor und $v_3(X')$ den spezifischen ungeplanten nutzungsabhängigen Instandsetzungsbedarf sowie X' die Arbeits- und Betriebsmittelintensität nach einer Ausprägungsänderung des Kostenbestimmungsfaktors "Arbeits- und Betriebsmittelintensität" so ergibt sich die entsprechende Kostenfunktion zu Gleichung 55.

$$f(X,X') = \frac{v_3(X')}{v_3(X)}$$

Gleichung 55 (Änderungsfaktor "Arbeits- und Betriebsmittelintensität" für die spezifischen ungeplanten nutzungsabhängigen Instandsetzungskosten)

151

Eine Ausprägungsänderung des Kostenbestimmungsfaktors "Geplante Einsatzzeit Arbeits- und Betriebsmittel" hat wiederum keinen Einfluss auf die spezifischen ungeplanten nutzungsabhängigen Instandsetzungskosten, so dass sich dieser Änderungsfaktor entsprechend zu 1 ergibt.

Anders sieht es bei einer Ausprägungsänderung des Kostenbestimmungsfaktors "Effektive Einsatzzeit Arbeits- und Betriebsmittel" aus. Grundsätzlich kann nämlich von einem Zusammenhang zwischen den durch ungeplante nutzungsabhängige Instandsetzungsarbeiten verursachten Stillstandszeiten und den durch ungeplante nutzungsabhängige Instandsetzungsarbeiten verursachten absoluten Kosten ausgegangen werden. Dieser Zusammenhang ist sogar als direkt proportional zu klassifizieren, wenn von einer konstanten Intensität der ungeplanten nutzungsabhängigen Instandsetzungsarbeiten ausgegangen wird. Zwar sind die einzelnen ungeplanten nutzungsabhängigen Instandsetzungsarbeiten hinsichtlich ihres Auftretens und hinsichtlich ihrer absoluten Kostenhöhe stochastisch verteilt. Bei der Betrachtung eines längeren Zeitraums kann jedoch – bei gleich bleibender Instandsetzungsintensität – ein durchschnittlicher Stundensatz für die Kosten der ungeplanten nutzungsabhängigen Instandsetzungsarbeiten ermittelt werden. Erhöht sich jedoch die Intensität der ungeplanten nutzungsabhängigen Instandhaltungsarbeiten und verringern sich dadurch indirekt proportional die durch die ungeplanten nutzungsabhängigen Instandsetzungsarbeiten verursachten Stillstandszeiten, so bleiben zwar höchstwahrscheinlich die absoluten ungeplanten nutzungsabhängigen Instandsetzungskosten konstant.[319] Jedoch wird die direkte Proportionalität zwischen den Stillstandszeiten und der absoluten Höhe der ungeplanten nutzungsabhängigen Instandsetzungskosten gestört. Dementsprechend ist bei einer Ausprägungsänderung des Kostenbestimmungsfaktors "Effektive Einsatzzeit Arbeits- und Betriebsmittel" zwischen der Veränderung der effektiven Einsatzzeit aufgrund einer Intensitätsveränderung der ungeplanten nutzungsabhängigen Instandsetzungsarbeiten und der Veränderung der effektiven Einsatzzeit aufgrund (z.B. durch eine erhöhte nutzungsabhängige geplante Instandsetzung verursachte) sonstiger Maßnahmen zu unterscheiden. Die Veränderung der effektiven Einsatzzeit Δt_{eff} ergibt sich demnach als Summe, aus der durch eine Intensitätsveränderung der ungeplanten nutzungsabhängigen Instandsetzungsarbeiten verursachten Stillstandszeitänderung $\Delta t_{still,Inst,na,ungepl}$ und der aufgrund sonstiger Maßnahmen verursachten Veränderung der Stillstandszeiten $\Delta t_{still,sonst}$.

$$\Delta t_{eff} = \Delta t_{still,Inst,na,ungepl} + \Delta t_{still,sonst}$$

Gleichung 56 (Zusammensetzung der Veränderung der effektiven Einsatzzeit ohne Berücksichtigung der Veränderung der effektiven Einsatzzeit durch eine Veränderung der geplanten Einsatzzeit)

---

[319] Die zu verrichtende ungeplante Instandsetzung bleibt ja ihrem Volumen nach ceteris paribus auch bei Umsetzung dieser Maßnahme gleich.

Wird der in Gleichung 56 dargestellte Sachverhalt zugrunde gelegt, und bezeichnet t_{plan} die geplante Einsatzzeit, t_{eff} die effektive Einsatzzeit vor sowie t'_{plan} die geplante und t'_{eff} die effektive Einsatzzeit der Arbeits- und Betriebsmittel nach einer Ausprägungsänderung des Kostenbestimmungsfaktors "Effektive Einsatzzeit Arbeits- und Betriebsmittel", so ergibt sich der Änderungsfaktor für die absoluten ungeplanten nutzungsabhängigen Instandsetzungskosten $K_{inst,na,ungepl}$ gemäß Gleichung 57.

$$\frac{K'_{Inst,na,ungepl}}{K_{Inst,na,ungepl}} = \frac{t'_{plan} - t'_{eff} + \Delta t_{still,Inst,na,ungepl}}{t_{plan} - t_{eff}}$$

Gleichung 57 (Änderungsfaktor "Effektive Einsatzzeit Arbeits- und Betriebsmittel" für die absoluten ungeplanten nutzungsabhängigen Instandsetzungskosten)

Dieser Änderungsfaktor ist jedoch noch nicht auf die spezifischen ungeplanten nutzungsabhängigen Instandsetzungskosten anwendbar, da sich bei einer Veränderung der effektiven Einsatzzeit ceteris paribus natürlich auch die innerhalb des Referenzzeitraums erzeugte Ausbringungsmenge ändert. Die durch die Ausprägungsänderung des Kostenbestimmungsfaktors "Effektive Einsatzzeit Arbeits- und Betriebsmittel" erhöhte Ausbringungsmenge x' ergibt sich ceteris paribus zu Gleichung 58.

$$x' = \frac{t'_{eff}}{t_{eff}} * x$$

Gleichung 58 (Veränderte Ausbringungsmenge aufgrund Ausprägungsänderung des Kostenbestimmungsfaktors "Effektive Einsatzzeit Arbeits- und Betriebsmittel")

Dementsprechend ergibt sich die Kostenfunktion, die in Form eines Änderungsfaktors die Kostenwirkung einer Ausprägungsänderung des Kostenbestimmungsfaktors "Effektive Einsatzzeit Arbeits- und Betriebsmittel" auf die spezifischen ungeplanten nutzungsbezogenen Instandsetzungskosten ausdrückt als Quotient aus Gleichung 57 und Gleichung 58 zu Gleichung 59.

$$f(t_{plan}; t'_{plan}; t_{eff}; t'_{eff}; \Delta t_{still,Inst,na,ungepl}) = \frac{\dfrac{t'_{plan} - t'_{eff} + \Delta t_{still,Inst,na,ungepl}}{t_{plan} - t_{eff}}}{\dfrac{t'_{eff}}{t_{eff}}}$$

$$= \left(\frac{t'_{plan} - t'_{eff} + \Delta t_{still,Inst,na,ungepl}}{t_{plan} - t_{eff}} \right) * \left(\frac{t_{eff}}{t'_{eff}} \right)$$

Gleichung 59 (Änderungsfaktor "Effektive Einsatzzeit Arbeits- und Betriebsmittel" für die spezifischen ungeplanten nutzungsbezogenen Instandsetzungskosten)

Wie zu erkennen ist, berücksichtigt Gleichung 59 bereits zusätzlich eine durch eine Ausprägungsänderung des Kostenbestimmungsfaktors "Geplante Einsatzzeit

Arbeits- und Betriebsmittel" verursachte Ausprägungsänderung des Kostenbestimmungsfaktors "Effektive Einsatzzeit Arbeits- und Betriebsmittel". Da sich jedoch – wie oben bereits erläutert – eine Ausprägungsänderung des Kostenbestimmungsfaktors "Geplante Einsatzzeit Arbeits- und Betriebsmittel" nicht in einer
Veränderung der spezifischen ungeplanten nutzungsabhängigen Instandsetzungskosten ausdrückt, sich der entsprechende Änderungsfaktor mithin zu 1 ergibt, ist
keinerlei Korrekturfaktor notwendig, um die durch eine Veränderung der Stillstandszeiten induzierte Ausprägungsänderung des Kostenbestimmungsfaktors "Effektive Einsatzzeit Arbeits- und Betriebsmittel" von der durch die Ausprägungsänderung des Kostenbestimmungsfaktors "Geplanten Einsatzzeit Arbeits- und Betriebsmittel" induzierten Ausprägungsänderung des Kostenbestimmungsfaktors
"Effektive Einsatzzeit Arbeits- und Betriebsmittel" zu trennen.

Gegenüber der Ausprägungsänderung des Kostenbestimmungsfaktors "Effektive
Einsatzzeit Arbeits- und Betriebsmittel" hat eine Ausprägungsänderung der
verbleibenden Kostenbestimmungsfaktoren "Schichtbelegung" und "Effektive Arbeitszeit" keinerlei Auswirkung auf die spezifischen ungeplanten nutzungsabhängigen Instandsetzungskosten. Die entsprechenden Änderungsfaktoren ergeben sich
jeweils zu 1.

Um die Entwicklung der Kostenfunktionen für die Instandhaltungskosten abzuschließen, sind jetzt noch die Kostenfunktionen für die nutzungsunabhängigen Instandhaltungskosten zu entwickeln. Da sie – im Rückgriff auf die Formulierung
von Kilger – auf die Beseitigung des nutzungsunabhängigen Zeitverschleißes ab-
zielen, sind sie in ihrer absoluten Höhe innerhalb eines beliebigen Referenzzeitraums als fix anzusehen. Kilger/Pampel/Vikas formulieren hierzu: "Kosten, die
ausschließlich durch Zeitverschleiß, z.B. Korrosionseinflüsse, ausgelöst werden,
sind in voller Höhe den fixen Kosten zuzuordnen."[320] Sind alle nutzungsunabhängigen Instandhaltungskostenarten als Kosten mit Fixkosten-Charakter zu betrachten, so ist bei der Entwicklung der Kostenfunktionen für die einzelnen spezifischen nutzungsunabhängigen Instandsetzungskosten nur ein Satz von Änderungsfaktoren zu entwickeln, der dann unverändert auf die einzelnen nutzungsunabhängigen Instandhaltungskostenarten anzuwenden ist.

Auch hier soll wiederum mit der Entwicklung der Kostenfunktion begonnen werden, die in Form eines Änderungsfaktors die Kostenwirkung einer Ausprägungsänderung des Kostenbestimmungsfaktors "Faktorpreise" auf die spezifischen nutzungsunabhängigen Instandhaltungskosten ausdrückt. Bezeichnet $FPN_{Inst,nua}$ das
Faktorpreisniveau der nutzungsunabhängigen Instandhaltungskosten vor und
$FPN_{Inst,nua}$ das Faktorpreisniveau der nutzungsunabhängigen Instandhaltungskosten
nach einer Ausprägungsänderung des Kostenbestimmungsfaktors "Faktorpreise",

---

[320] Kilger/Pampel/Vikas, Flexible Plankostenrechnung und Deckungsbeitragsrechnung, 11.
Aufl., 2002, S. 313

so ergibt sich die entsprechende Kostenfunktion analog zu allen anderen Kostenarten zu Gleichung 60.

$$f(FPN_{Inst,nua};FPN'_{Inst,nua}) = \frac{FPN'_{Inst,nua}}{FPN_{Inst,nua}}$$

Gleichung 60 (Änderungsfaktor "Faktorpreise" für die spezifischen nutzungsunabhängigen Instandhaltungskosten)

Die Kostenfunktion für eine Ausprägungsänderung des Kostenbestimmungsfaktors "Faktoreinsatzmengen Repetierfaktoren" ergibt sich auf ähnlich einfache Weise. Bezeichnet FEMN$_{Inst,nua}$ das Faktoreinsatzmengenniveau der nutzungsunabhängigen Instandhaltungsmaßnahmen vor und FEMN'$_{Inst,nua}$ das Faktoreinsatzmengenniveau der nutzungsunabhängigen Instandhaltungsmaßnahmen nach einer Ausprägungsänderung des Kostenbestimmungsfaktors "Faktoreinsatzmengen Repetierfaktoren", so ergibt sich die entsprechende Kostenfunktion zu Gleichung 61.

$$f(FEMN_{Inst,nua};FEMN'_{Inst,nua}) = \frac{FEMN'_{Inst,nua}}{FEMN_{Inst,nua}}$$

Gleichung 61 (Änderungsfaktor "Faktoreinsatzmengen Repetierfaktoren" für die spezifischen nutzungsunabhängigen Instandhaltungskosten)

Eine Ausprägungsänderung des Kostenbestimmungsfaktors "Arbeits- und Betriebsmittelintensität" wirkt sich indirekt proportional auf die spezifischen nutzungsunabhängigen Instandhaltungskosten aus.[321] Bezeichnet X die Arbeits- und Betriebsmittelintensität vor und X' die Arbeits- und Betriebsmittelintensität nach einer Ausprägungsänderung des Kostenbestimmungsfaktors "Arbeits- und Betriebsmittelintensität", so ergibt sich die entsprechende Kostenfunktion in Form eines Änderungsfaktors zu Gleichung 62.

$$f(X;X') = \frac{X}{X'}$$

Gleichung 62 (Änderungsfaktor "Arbeits- und Betriebsmittelintensität" der spezifischen nutzungsunabhängigen Instandhaltungskosten)

In gleicher Weise wirkt auch eine Ausprägungsänderung des Kostenbestimmungsfaktors "Geplante Einsatzzeit Arbeits- und Betriebsmittel" auf die spezifischen nutzungsunabhängigen Instandhaltungskosten, da auch diese in einem indirekt

---

[321] Bei den spezifischen nutzungsunabhängigen Instandsetzungskosten ist abweichend von den spezifischen nutzungsabhängigen Instandhaltungskosten nicht von einem Zusatzeinfluss (in Anlehnung an den in Abbildung 30 abgebildeten Zusammenhang) bei einer Steigerung der Arbeits- und Betriebsmittelintensität über einen bestimmten Grenzwert auszugehen, da ja die spezifischen nutzungsunabhängigen Instandsetzungskosten schon von ihrer Natur her als "nutzungsunabhängig" einzustufen sind. Demnach genügt es hier vollkommen, einen indirekt proportionalen Zusammenhang zwischen der Arbeits- und Betriebsmittelintensität und den spezifischen nutzungsunabhängigen Instandhaltungskosten abzubilden.

proportionalen Zusammenhang zu einer Ausprägungsänderung des Kostenbestimmungsfaktors "Geplante Einsatzzeit Arbeits- und Betriebsmittel" innerhalb eines Referenzzeitraums stehen. Bezeichnet t_{plan} die geplante Einsatzzeit der Arbeits- und Betriebsmittel vor und t'_{plan} die geplante Einsatzzeit der Arbeits- und Betriebsmittel nach einer Ausprägungsänderung des Kostenbestimmungsfaktors "Geplante Einsatzzeit Arbeits- und Betriebsmittel", so ergibt sich die entsprechende Kostenfunktion in Form eines Änderungsfaktors zu Gleichung 63.

$$f(t_{plan}; t'_{plan}) = \frac{t_{plan}}{t'_{plan}}$$

Gleichung 63 (Änderungsfaktor "Geplante Einsatzzeit Arbeits- und Betriebsmittel" für die spezifischen nutzungsunabhängigen Instandhaltungskosten)

Auch zwischen der Ausprägungsänderung des Kostenbestimmungsfaktors "Effektive Einsatzzeit Arbeits- und Betriebsmittel" und den spezifischen nutzungsunabhängigen Instandhaltungskosten besteht ein indirekt proportionaler Zusammenhang. Um jedoch die in Gleichung 21 geforderte Multiplizierbarkeit der einzelnen Änderungsfaktoren zu gewährleisten, ist der entsprechende Änderungsfaktor für die Auswirkung der Ausprägungsänderung des Kostenbestimmungsfaktors "Effektive Einsatzzeit Arbeits- und Betriebsmittel" um einen Korrekturfaktor für die durch eine Ausprägungsänderung des Kostenbestimmungsfaktors "Geplante Einsatzzeit Arbeits- und Betriebsmittel" verursachte Ausprägungsänderung des Kostenbestimmungsfaktors "Effektive Einsatzzeit Arbeits- und Betriebsmittel" zu ergänzen. Bezeichnet t_{plan} die geplante und t_{eff} die effektive Einsatzzeit der Arbeits- und Betriebsmittel vor und t'_{plan} die geplante und t'_{eff} die effektive Einsatzzeit der Arbeits- und Betriebsmittel nach einer Ausprägungsänderung der Kostenbestimmungsfaktoren "Geplante Einsatzzeit Arbeits- und Betriebsmittel" und "Effektive Einsatzzeit Arbeits- und Betriebsmittel", so ergibt sich die Kostenfunktion, welche die singuläre Kostenwirkung einer ausschließlichen Ausprägungsänderung des Kostenbestimmungsfaktors "Effektive Einsatzzeit Arbeits- und Betriebsmittel" auf die spezifischen nutzungsunabhängigen Instandhaltungskosten in Form eines Änderungsfaktors ausdrückt zu Gleichung 64.

$$f(t_{eff}; t'_{eff}; t_{plan}; t'_{plan}) = \frac{t_{eff}}{t'_{eff}} * \frac{t'_{plan}}{t_{plan}}$$

Gleichung 64 (Änderungsfaktor "Effektive Einsatzzeit Arbeits- und Betriebsmittel" für die spezifischen nutzungsabhängigen Instandhaltungskosten)

Sowohl der Änderungsfaktor, der die Kostenwirkung einer Ausprägungsänderung des Kostenbestimmungsfaktors "Schichtbelegung" auf die spezifischen nutzungsunabhängigen Instandhaltungskosten beschreibt, als auch der Änderungsfaktor, der die Kostenwirkung einer Ausprägungsänderung des Kostenbestimmungsfaktors "Effektive Arbeitszeit" auf die spezifischen nutzungsunabhängigen Instandhaltungskosten beschreibt, ergibt sich jeweils zu 1, da weder eine Ausprägungsänderung des einen noch eine Ausprägungsänderung des anderen Kostenbestimmungsfaktors eine Änderung der spezifischen nutzungsunabhängigen Instandhaltungskosten induziert. Somit wären nun für alle Instandhaltungskosten bzw. für alle maschinenbezogenen Dienstleistungskosten die entsprechenden Kostenfunktionen in Form des in Gleichung 20 erläuterten Konzepts der Änderungsfaktoren entwickelt.

2.3.2.2.4.4 Kostenfunktionen personalbezogene Dienstleistungskosten

Direkt an die Entwicklung der Kostenfunktionen für die maschinenbezogenen Dienstleistungen schließt sich die Entwicklung der Kostenfunktionen für die personalbezogenen Dienstleistungen an. Ähnlich wie bei den oben erläuterten Kostenfunktionen für die produktbezogenen Dienstleistungen ist in Anlehnung an die Ausführungen von Hahn/Laßmann von einem direkten Zusammenhang zwischen den personalbezogenen Materialkosten und den personalbezogenen Dienstleistungen auszugehen, so dass sich nach Engelhardt/Kleinaltkamp/Reckenfelderbäumer eine getrennte Behandlung von personalbezogenen Dienstleistungen und personalbezogenen Materialien nicht als notwendig, oder gar nicht als zweckmäßig erweist.[322] Das liegt im Wesentlichen daran, dass sich die Menge der personalbezogenen Dienstleistungen proportional zu der Menge des personalbezogenen Materials und somit proportional zum Personal der Unternehmung verhält. Wie bereits oben erarbeitet, erscheint es aus diesem Grunde angebracht (und auch logisch richtig), davon auszugehen, dass sich die Kostenwirkung einer Ausprägungsänderung der in Abbildung 23 dargestellten Kostenbestimmungsfaktoren auf die spezifischen personalbezogenen Dienstleistungskosten genauso auswirkt wie auf die spezifischen personalbezogenen Materialkosten und somit für die spezifischen personalbezogenen Dienstleistungskosten die gleichen Kostenfunktionen gelten, die bereits für die spezifischen personalbezogenen Materialkosten entwickelt wurden. Dementsprechend können die in Gleichung 37 bis Gleichung 42 entwickelten Kostenfunktionen eins zu eins auch für die Berechnung der Kostenänderung der spezifischen personalbezogenen Dienstleistungskosten bei einer Ausprägungsänderung der in Abbildung 23 dargestellten Kostenbestimmungsfaktoren verwendet werden.

2.3.2.2.4.5 Kostenfunktionen sonstige Dienstleistungskosten

Um die Entwicklung der Kostenfunktionen für die Kostenart Dienstleistungskosten abzuschließen, sind final die Kostenfunktionen zu entwickeln, welche die Kostenwirkung einer Ausprägungsänderung der in Abbildung 23 dargestellten Kostenbestimmungsfaktoren auf die spezifischen sonstigen Dienstleistungskosten beschreiben. Wie bereits in der einleitenden Beschreibung der sonstigen Dienstleistungskosten bei der Beschreibung der Segmentierung der Dienstleistungen angeschnitten, handelt es sich bei den sonstigen Dienstleistungen um Dienstleistungen,

---

[322] Vgl. Hahn/Laßmann, Produktionswirtschaft, 3. Aufl., 1999, S. 393; Engelhardt/Kleinaltkamp/Reckenfelderbäumer, Leistungsbündel als Absatzobjekte, 1993, S. 395 ff

die nur sehr schwach von den die Kostenbestimmungsfaktoren im Wesentlichen dominierenden Kennzahlen Ausbringungsmenge und Personalbestand abhängen. In Zusammenhang mit dem zumeist geringen Anteil der sonstigen Dienstleistungskosten an den Gesamtkosten einer Unternehmung und der zumeist anzutreffenden unternehmungsinternen Behandlung dieser Kosten als Fixkosten, soll der äußerst schwache und ohnehin schwer zu ermittelnde Zusammenhang der sonstigen Dienstleistungskosten zu den Kenngrößen Ausbringungsmenge und Personalbestand im Zusammenhang mit der unternehmungsbezogenen Kernkostenanalyse vernachlässigt werden. Die sonstigen Dienstleistungskosten sind somit ähnlich wie die nutzungsunabhängigen Instandhaltungskosten als Kosten mit Fixkostencharakter zu betrachten. Dementsprechend ist für die Bestimmung der Kostenwirkung einer Ausprägungsänderung der in Abbildung 23 dargestellten Kostenbestimmungsfaktoren auch kein neuer Satz an Kostenfunktionen zu entwickeln. Vielmehr können hierfür die in Gleichung 60 bis Gleichung 64 entwickelten Kostenfunktionen genutzt werden. Hierbei sind lediglich Gleichung 60 und Gleichung 61 auf das Faktorpreisniveau beziehungsweise das Faktoreinsatzmengenniveau der sonstigen Dienstleistungen zu beziehen. Da eine Ausprägungsänderung der Kostenbestimmungsfaktoren "Schichtbelegung" und "Effektive Arbeitszeit" genauso wie bei den spezifischen nutzungsunabhängigen Instandhaltungskosten keinerlei Wirkung hinsichtlich einer Kostenänderung der spezifischen sonstigen Dienstleistungskosten hat, ergeben sich diese Änderungsfaktoren jeweils zu 1.

2.3.2.2.5 Maschinenkostenfunktionen

Der Produktionsfaktor Maschine stellt – wie eingangs erläutert – einen Potenzialfaktor dar, der sich dadurch auszeichnet, nicht direkt in das Produkt einzugehen, sondern lediglich einen Teil des durch ihn repräsentierten Nutzungspotenzials bei der Produktion einer Ausbringungseinheit abzugeben. Dementsprechend ist der Potenzialfaktor Maschine anders als die Repetierfaktoren auch nicht in relativ kurzen Abständen neu zu beschaffen, sondern kann über einen längeren Zeitraum genutzt werden.[323] So vorteilhaft diese Eigenschaft des Potenzialfaktors Maschine hinsichtlich der Beschaffungshäufigkeit ist, so nachteilig ist diese zeitlich gestreckte Abgabe des Nutzungspotenzials hinsichtlich der Berechnung der spezifischen Maschinenkosten. Anders als bei den Repetierfaktoren, bei denen eine definierte Faktormenge je Produktionsfaktor in jede produzierte Ausbringungseinheit eingeht, ist der Anteil des Nutzungspotenzials eines Potenzialfaktors der zur Produktion einer Ausbringungseinheit benötigt wird, schwer zu erfassen. Folglich besteht in der Ermittlung einer kostenmäßigen Äquivalente, welche die Entwertung der langfristig nutzbaren Arbeits- und Betriebsmittel beschreibt, das Hauptproblem bei der Entwicklung der Maschinenkostenfunktionen. Das zu ermittelnde kos-

---

[323] Vgl. Heinen, Betriebswirtschaftliche Kostenlehre, 6. Aufl., 1983, S. 247

tenmäßige Äquivalent wird in der betriebswirtschaftlichen Fachliteratur auch als kalkulatorische Abschreibung bezeichnet.[324]

Die von Schneider beschriebene Entwertung der langfristig nutzbaren Arbeits- und Betriebsmittel differenzieren Kilger/Pamper/Vikas in die nutzungsabhängigen und die nutzungsunabhängigen Entwertungsursachen, die sie auch als Gebrauchsverschleiß und als Zeitverschleiß bezeichnen.[325] Wie bereits in Kapitel 2.3.2.2.4 erläutert, hängt dabei der Gebrauchsverschleiß von den geleisteten Betriebsstunden ab und ist somit beschäftigungsabhängig. Hingegen ist der Zeitverschleiß von der Nutzung der Arbeits- und Betriebsmittel unabhängig und wird somit "... mit Ablauf der Kalenderzeit wirksam."[326] In der Konsequenz schlagen Kilger/Pamper/Vikas vor, die kalkulatorischen Abschreibungen als eine Summe von variablen und fixen Kosten zu beschreiben, wobei die variablen Kosten dem Gebrauchsverschleiß und die fixen Kosten dem Zeitverschleiß zuzuordnen sind. Um die sich aus der Kombination von Gebrauchs- und Zeitverschleiß ergebenden kalkulatorischen Abschreibungen zu berechnen, verweisen Kilger/Pamper/Vikas auf das von Bain entwickelte Näherungsverfahren, welches in der betrieblichen Praxis eine gewisse Verbreitung gefunden hat.[327]

Der Ausgangspunkt von Bains Überlegung besteht darin, die kalkulatorische Abschreibung für ein Arbeits- bzw. Betriebmittel zu beschreiben, dessen Entwertung ausschließlich auf den Zeitverschleiß zurückzuführen ist.[328] Bezeichnet W den Wiederbeschaffungspreis und t_{NZ} die maximal Nutzungsdauer eines Arbeits- bzw. Betriebsmittels bei Zeitverschleiß, so ergibt sich die jahresbezogene kalkulatorische Abschreibung aus Zeitverschleiß K_{AZ} zu Gleichung 65.

$$K_{AZ} = \frac{W}{t_{NZ}}$$

Gleichung 65 (Kalkulatorische Abschreibung Zeitverschleiß)

Dieser Betrag wäre entsprechend in voller Höhe den fixen Kosten zuzurechnen. Eine ganz andere Berechnung der kalkulatorischen Abschreibung ergibt sich, wenn die Entwertung des betrachteten Arbeits- bzw. Betriebsmittels ausschließlich durch den Gebrauchsverschleiß bestimmt ist. Stellt x_{max} die maximal durch das Arbeits- bzw. Betriebsmittel erzeugbare Ausbringungsmenge dar, so ergibt sich die ausschließlich aus dem Gebrauchsverschleiß resultierende kalkulatorische Ab-

[324] Vgl. Schneider, Kostentheorie und verursachungsgemäße Kostenrechnung, 1961, S. 700 ff

[325] Vgl. Kilger/Pamper/Vikas, Flexible Plankostenrechnung und Deckungsbeitragsrechnung, 11. Aufl., 2002, S. 305

[326] Kilger/Pamper/Vikas, Flexible Plankostenrechnung und Deckungsbeitragsrechnung, 11. Aufl., 2002, S. 305

[327] Vgl. Kilger/Pamper/Vikas, Flexible Plankostenrechnung und Deckungsbeitragsrechnung, 11. Aufl., 2002, S. 308

[328] Vgl. Bain, Depression Pricing and the Depreciation Function, 1936/37, S. 705 ff

schreibung K_{AG} einer Periode n in der eine Ausbringungsmenge von x_n produziert wurde gemäß Gleichung 66.

$$K_{AG} = \frac{W}{x_{max}} * x_n$$

Gleichung 66 (Kalkulatorische Abschreibung Gebrauchsverschleiß)

Geht man zunächst von einer konstanten Ausbringungsmenge x_n pro Periode n aus, so lässt sich die aus dem Gebrauchsverschleiß resultierende Nutzungsdauer t_{NG} des jeweiligen Arbeits- und Betriebsmittels gemäß Gleichung 67 ermitteln.

$$t_{NG} = \frac{x_{max}}{x_n}$$

Gleichung 67 (Maximale Nutzungsdauer auf Basis Gebrauchsverschleiß)

Setzt man diesen Zusammenhang in Gleichung 66 ein, so lässt sich die auf den Gebrauchsverschleiß bezogene kalkulatorische Abschreibung gemäß Gleichung 68 ausdrücken.

$$K_{AG} = \frac{W}{t_{NG}}$$

Gleichung 68

Ändert sich nun in diesem Szenario durch sonst wie geartete Maßnahmen die Ausbringung von x_n zu x'_n, so ergeben sich die kalkulatorischen Abschreibungen gemäß Gleichung 69.

$$K_{AG} = \frac{W}{t_{NG}} * \frac{x'_n}{x_n}$$

Gleichung 69 (Kalkulatorische Abschreibung auf Basis Gebrauchsverschleiß bei Veränderung der periodenbezogenen Ausbringungsmenge)

In der betrieblichen Praxis ist jedoch die oben beschriebene Situation von Arbeits- und Betriebsmitteln, die jeweils nur einer Verschleißart ausgesetzt sind, unterrepräsentiert. Das Gros der im betrieblichen Leistungserstellungsprozess eingesetzten Arbeits- und Betriebsmittel ist typischerweise sowohl einem Gebrauchs- als auch einem Zeitverschleiß ausgesetzt. Um nun die tatsächlichen, innerhalb eines Referenzzeitraums anfallenden kalkulatorischen Abschreibungskosten zu ermitteln, ist deswegen herauszufinden, welche der beiden Verschleißarten den Verschleiß des jeweils untersuchten Arbeits- bzw. Betriebsmittels dominiert. Um das herauszufinden, sind die kalkulatorischen Abschreibungen aus Gleichung 65 und Gleichung 69 gleich zu setzen. Die sich ergebende kritische Ausbringungsmenge x_{krit} stellt anschließend die referenzzeitraumbezogene Ausbringungsmenge dar, bis zu der – unterschreitet die referenzzeitraumbezogene Ausbringungsmenge die kritische Produktionsmenge – die kalkulatorischen Abschreibungen ausschließlich durch die zeitverschleißbezogenen Abschreibungskosten K_{AZ} determiniert werden.

$$x_{krit} = \frac{t_{NG}}{t_{NZ}} * x_n$$

Gleichung 70 (Kritische Ausbringungsmenge)

Überschreitet die referenzzeitraumbezogene Ausbringungsmenge diese kritische Grenze, so ergibt sich die kalkulatorische Abschreibung aus der gebrauchsverschleißbezogenen Abschreibung K_{AG}. Diese theoretischen Grundüberlegungen sollen als Ausgangsbasis für die Entwicklung der Maschinenkostenfunktionen dienen.

Ausgangspunkt für die Entwicklung der Maschinenkostenfunktionen im Rahmen der unternehmungsbezogenen Kernkostenanalyse sind die vorliegenden Ist-Maschinenkosten. Wie Slaby/Krasselt bemerken, erfolgt vor allem in größeren Unternehmungen des Bergbaus und des Baugewerbes "... im Zuge der weiteren Arbeitsteilung und Spezialisierung die Herausbildung von Organisations- und Struktureinheiten mit dem Verantwortungsbereich der zentralen Betriebsmittelbewirtschaftung. Diese Bereiche werden selbst als Profitcenter geführt und vermieten die von ihnen betreuten Betriebsmittel an andere Unternehmensteile."[329] Als weitere Möglichkeit des Zustandekommens der Maschinenkosten führen Slaby/Krasselt neben der klassischen Kalkulation über Maschinenstundensätze das Betriebsmittelleasing an.[330] Da weder eine zentrale Betriebsmittelbewirtschaftung noch eine externe Leasingunternehmung ex ante eine genaue Vorhersage über die innerhalb eines bevorstehenden Referenzzeitraums produzierte Ausbringungsmenge machen kann, ist anzunehmen, dass hinter den von der zentralen Betriebsmittelbewirtschaftung oder von der externen Leasingunternehmung veranschlagten Maschinenmieten eine angenommene Ausbringungsmenge $x_{n,kalk}$ steht. Um im Rahmen der unternehmungsbezogenen Kernkostenanalyse nun beurteilen zu können, wie sich die spezifischen Maschinenkosten im Falle einer Ausprägungsänderung der in Abbildung 23 dargestellten Kostenbestimmungsfaktoren verändern, ist erstens die veranschlagte Kalkulations-Ausbringungsmenge $x_{n,kalk}$, zweitens die kritische referenzzeitraumbezogene Ausbringungsmenge x_{krit}, drittens die Nutzungsdauer auf Basis des Zeitverschleißes t_{NZ}, viertens die maximal durch das jeweilige Arbeits- bzw. Betriebsmittel erzeugbare Ausbringungsmenge x_{max} und letztendlich fünftens der Sicherheitszuschlag x_{sich} zu ermitteln, den die zentrale Betriebsmittelbewirtschaftung bzw. eine externe Leasingunternehmung als Sicherheitszuschlag auf die angenommene referenzzeitraumbezogene Ausbringungsmenge zur Ermittlung der Kalkulations-Ausbringungsmenge aufschlägt. Sind diese fünf Parameter bekannt, so kann auf Basis der spezifischen Ist-

[329] Slaby/Krasselt, Industriebetriebslehre, 1998, S. 90
[330] Vgl. Slaby/Krasselt, Industriebetriebslehre, 1998, S. 90

Maschinenkosten berechnet werden, wie sich eine Ausprägungsänderung der Kostenbestimmungsfaktoren hinsichtlich einer Kostenänderung der spezifischen Maschinenkosten auswirkt. Die Durchführung dieser Rechnung und ihre Verarbeitung zu einer Maschinenkostenfunktion werden nachfolgend beschrieben.

Gemäß der oben vorgenommenen Ausführungen (vgl. Gleichung 65 bis Gleichung 70) ergibt sich für den Verlauf der absoluten Maschinenkosten der in Abbildung 31 dargestellte Verlauf.

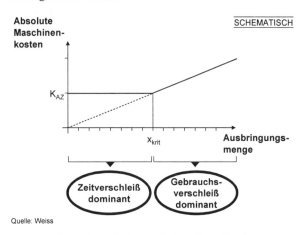

Quelle: Weiss

Abbildung 31 **(Verlaufsschema absolute Maschinenkosten)**

Demnach ergibt sich für die Entwicklung der Kostenfunktionen der spezifischen Maschinenkosten die Problematik, dass – je nach jeweils dominanter Verschleißart – in Abhängigkeit von der nach einer Ausprägungsänderung der Kostenbestimmungsfaktoren realisierten referenzzeitraumbezogenen Ausbringungsmenge x'_n eine unterschiedliche Berechnung der absoluten und somit auch der spezifischen Maschinenkosten anzuwenden ist. Sachlogisch gilt: Ist die nach einer Ausprägungsänderung der Kostenbestimmungsfaktoren realisierte referenzzeitraumbezogene Ausbringungsmenge x'_n kleiner als die kritische Ausbringungsmenge x_{krit}, so bleiben die absoluten Maschinenkosten konstant. Ist sie größer (ist also der Gebrauchsverschleiß dominant), so errechnen sich die absoluten Maschinenkosten aus einem Proportionalzusammenhang mit der referenzzeitraumbezogenen Ausbringungsmenge. Diese Berechnungsweise wird in der betrieblichen Realität noch dadurch erschwert, dass die zentrale Betriebsmittelbewirtschaftung bzw. eine externe Leasingunternehmung ex ante nur eine Abschätzung hinsichtlich der referenzzeitraumbezogenen Ausbringungsmenge vornehmen kann und für das Festlegen der kalkulatorischen Ausbringungsmenge $x_{n,kalk}$ (die als Maschinenmieten-Kalkulationsbasis dient) einen Sicherheitszuschlag x_{sich} auf die nachhaltige erwartete referenzzeitraumbezogene Ausbringungsmenge x'_n aufschlägt. Dementsprechend ist in der betrieblichen Praxis zu untersuchen, wie sich die nach einer Aus-

162

prägungsänderung der Kostenbestimmungsfaktoren und unter Hinzuziehung des Sicherheitszuschlags x_{sich} veränderte nachhaltige kalkulatorische Ausbringungsmenge $x'_{n,kalk}$ im Verhältnis zu der im Vorfeld errechneten kritischen Ausbringungsmenge verhält. Dabei errechnet sich die nachhaltige kalkulatorische Ausbringungsmenge $x'_{n,kalk}$ gemäß Gleichung 71.

$$x'_{n,kalk} = x'_n * (1 + x_{sich})$$

Gleichung 71 (Kalkulations-Ausbringungsmenge nach Ausprägungsänderung der Kostenbestimmungsfaktoren)

Auf Basis dieser Ausführungen kann nun mit der Entwicklung der Kostenfunktionen für die spezifischen Maschinenkosten begonnen werden. Wie bei den anderen Kostenarten soll auch bei den spezifischen Maschinenkosten mit der Entwicklung einer Kostenfunktion für die Kostenwirkung einer Ausprägungsänderung des Kostenbestimmungsfaktors "Faktorpreise" begonnen werden. Bezeichnet FPN_{Masch} das Faktorpreisniveau der Maschinenkosten vor und FPN'_{Masch} das Faktorpreisniveau der Maschinenkosten nach einer Ausprägungsänderung des Kostenbestimmungsfaktors "Faktorpreise", so ergibt sich die Kostenfunktion, welche die Kostenwirkung dieser Ausprägungsänderung analog zu den Kostenfunktionen der anderen Kostenarten in Form eines Änderungsfaktors beschreibt zu Gleichung 72.

$$f(FPN_{Masch}; FPN'_{Masch}) = \frac{FPN'_{Masch}}{FPN_{Masch}}$$

Gleichung 72 (Änderungsfaktor "Faktorpreise" für die spezifischen Maschinenkosten)

Eine Ausprägungsänderung des Kostenbestimmungsfaktors "Faktoreinsatzmenge Repetierfaktoren" hat keinerlei Einfluss auf die spezifischen Maschinenkosten, da es sich bei dem Produktionsfaktor Maschine – wie eingangs erwähnt – um einen Potenzial- und keinen Repetierfaktor handelt. Dementsprechend ergibt sich der entsprechende Änderungsfaktor zu 1.

An die Entwicklung der Kostenfunktion für den Kostenbestimmungsfaktor "Faktoreinsatzmenge Repetierfaktoren" schließt sich eigentlich die Entwicklung einer Kostenfunktion für den Kostenbestimmungsfaktor "Arbeits- und Betriebsmittelintensität" an. Aufgrund der in Abbildung 31 dargestellten Verlaufscharakteristik der absoluten Maschinenkosten, erscheint die Entwicklung einer Kostenfunktion welche nur die Kostenwirkung einer Ausprägungsänderung des Kostenbestimmungsfaktors "Arbeits- und Betriebsmittelintensität" behandelt wenig sinnvoll. Diese Überlegung basiert auf dem Gedanken, dass die durch eine Ausprägungsänderung der Kostenbestimmungsfaktoren verursachte Änderung der referenzzeitraumbezogenen Ausbringungsmenge x_n auf x'_n nicht ausschließlich durch eine Ausprägungsänderung des Kostenbestimmungsfaktors "Arbeits- und Betriebsmittelintensität" verursacht wird. Vielmehr haben auch mögliche Ausprägungsänderungen der Kostenbestimmungsfaktoren "Geplante Einsatzzeit Arbeits- und Betriebsmittel" und "Effektive Einsatzzeit Arbeits- und Betriebsmittel" zusätzlichen Einfluss auf die Änderung der referenzzeitraumbezogenen Ausbringungsmenge. Dies ist der Fall, da sich die referenzzeitraumbezogene Ausbringungsmenge als Faktor aus der Arbeits- und Betriebsmittelintensität und der effektiven Einsatzzeit der Arbeits- und Betriebsmittel ergibt, wobei letztere auch durch die innerhalb eines Referenzzeitraums geplante Einsatzzeit der Arbeits- und Betriebsmittel beeinflusst wird. Die referenzzeitraumbezogene Ausbringungsmenge x_n ergibt sich demnach gemäß Gleichung 73.

$$x_n = t_{eff} * X$$

Gleichung 73 (Referenzzeitraumbezogene Ausbringungsmenge)

Da nun die Ausprägungsänderung eines jeden der drei genannten Kostenbestimmungsfaktoren nur eine Teilwirkung der gesamten Änderung der referenzzeitraumbezogenen Ausbringungsmenge x_n auf x'_n bewirkt, jedoch die gesamte referenzzeitraumbezogene Ausbringungsmenge x'_n nach einer Ausprägungsänderung der drei Kostenbestimmungsfaktoren in Anlehnung an Abbildung 31 mit der kritischen Ausbringungsmenge x_{krit} zur Bestimmung der absoluten Maschinenkosten nach der Ausprägungsänderung der drei vorgenannten Kostenbestimmungsfaktoren ins Verhältnis gesetzt werden muss, ist es an dieser Stelle erforderlich, eine kombinierte Kostenfunktion in Form eines Änderungsfaktors für die drei Kostenbestimmungsfaktoren zu entwickeln.[331] Nur so kann die in Gleichung 21 ausgedrückte Forderung nach der Multiplizierbarkeit aller Änderungsfaktoren erfüllt werden.

Die zur Berücksichtigung einer Ausprägungsänderung der drei vorgenannten Kostenbestimmungsfaktoren zu entwickelnde Kostenfunktion gliedert sich dabei in zwei Teile. Der erste Teil der Kostenfunktion zielt dabei auf den zeitverschleißbedingten Abschnitt des Materialkostenverlaufs ab.[332] Ist die kalkulatorische referenzzeitraumbezogene Ausbringungsmenge $x'_{n,kalk}$ kleiner der kritischen Ausbringungsmenge x_{krit}, so bleiben die absoluten Maschinenkosten bezogen auf den Referenzzeitraum konstant. Die spezifischen Maschinenkosten verändern sich jedoch indirekt proportional zur Veränderung der durch die Ausprägungsänderung der Kostenbestimmungsfaktoren "Arbeits- und Betriebsmittelintensität", "Geplante Einsatzzeit Arbeits- und Betriebsmittel" sowie "Effektive Einsatzzeit Arbeits- und

---

[331] Würden die einzelnen Kostenbestimmungsfaktoren und somit auch die durch sich bewirkten Veränderungen der referenzzeitraumbezogenen Ausbringungsmenge separat behandelt, so könnte der Fall eintreten, dass die auf Basis der Ausprägungsänderung der einzelnen Kostenbestimmungsfaktoren errechneten referenzzeitraumbezogenen kalkulatorischen Ausbringungsmengen $x'_{n,kalk}$ kleiner als die kritische Ausbringungsmenge x_{krit} ist und dementsprechend von konstanten absoluten Maschinenkosten ausgegangen wird, wohingegen die sich aus der kombinierten Betrachtung der Ausprägungsänderung aller drei Kostenbestimmungsfaktoren errechnende referenzzeitraumbezogene kalkulatorische Ausbringungsmenge $x'_{n,kalk}$ größer als die kritische Ausbringungsmenge x_{krit} ist, so dass richtiger Weise von gegenüber dem Betrachtungszeitraum höheren absoluten Maschinenkosten auszugehen wäre.

[332] Vgl. Linker Abschnitt in Abbildung 31

Betriebsmittel" induzierten Änderung der Ausbringungsmenge x'_n. Dementsprechend ergibt sich der erste Teil der Kostenfunktion, der die Kostenwirkung einer Ausprägungsänderung der drei Kostenbestimmungsfaktoren auf die spezifischen Maschinenkosten in Form eines Änderungsfaktors ausdrückt, gemäß Gleichung 74.

$$x'_{n,kalk} \leq x_{krit} \Rightarrow f(t_{eff}; X; t'_{eff}; X') = \frac{t_{eff} * X}{t'_{eff} * X'}$$

Gleichung 74 (Teil 1 - Änderungsfaktor "Arbeits- und Betriebsmittelintensität", "Geplante Einsatzzeit Arbeits- und Betriebsmittel" sowie "Effektive Einsatzzeit Arbeits- und Betriebsmittel" der spezifischen Maschinenkosten)

Für den zweiten Teil dieser Kostenfunktion ist der Fall zu untersuchen, in dem die kalkulatorische referenzzeitraumbezogene Ausbringungsmenge $x'_{n,kalk}$ größer als die kritische Ausbringungsmenge x_{krit} ist. Dabei können in Bezug auf die kalkulatorische referenzzeitraumbezogene Ausbringungsmenge $x_{n,kalk}$ vor einer Ausprägungsänderung der drei vorgenannten Kostenbestimmungsfaktoren zwei Unterfälle auftreten. Ist $x_{n,kalk}$ nämlich bereits vor einer Ausprägungsänderung der drei vorgenannten Kostenbestimmungsfaktoren größer als die kritische Ausbringungsmenge x_{krit}, so dass bereits zu diesem Zeitpunkt der Gebrauchsverschleiß dominant ist, so verändert sich an den spezifischen Maschinenkosten überhaupt nichts. Sie bleiben konstant. Der Änderungsfaktor ergibt sich dementsprechend zu 1.

Der zweite Unterfall ist dementsprechend dadurch gekennzeichnet, dass die kalkulatorische referenzzeitraumbezogene Ausbringungsmenge $x'_{n,kalk}$ vor einer Ausprägungsänderung der drei genannten Kostenbestimmungsfaktoren kleiner als die kritische Ausbringungsmenge x_{krit} ist, während die kalkulatorische referenzzeitraumbezogene Ausbringungsmenge $x'_{n,kalk}$ nach einer Ausprägungsänderung der drei genannten Kostenbestimmungsfaktoren größer als die kritische Ausbringungsmenge ist, mithin die Dominanz des Zeitverschleißes durch die Dominanz des Gebrauchsverschleißes abgelöst wird. In diesem Fall ist vor einer Ausprägungsänderung der drei genannten Kostenbestimmungsfaktoren in Anlehnung an Gleichung 65 von folgenden spezifischen Maschinenkosten $K_{AZ,spez}$ auszugehen, sofern W den Wiederbeschaffungspreis und t_{NZ} die zeitverschleißbezogene Nutzungsdauer bezeichnen.

$$K_{AZ,spez} = \frac{\frac{W}{t_{NZ}}}{x_n}$$

Gleichung 75

Nach der Ausprägungsänderung der drei genannten Kostenbestimmungsfaktoren ergeben sich die spezifischen Maschinenkosten $K'_{AG,spez}$ gemäß Gleichung 76, sofern t'_{eff} die effektive Einsatzzeit der Arbeits- und Betriebmittel nach einer Ausprägungsänderung der Kostenbestimmungsfaktoren "Geplante Einsatzzeit Arbeits-

und Betriebsmittel" und "Effektive Einsatzzeit Arbeits- und Betriebsmittel" sowie X' die Arbeits- und Betriebsmittelintensität nach einer Ausprägungsänderung des Kostenbestimmungsfaktors "Arbeits- und Betriebsmittelintensität" bezeichnen und x_{max} die maximal durch das Arbeits- bzw. Betriebsmittel erzeugbare Ausbringungsmenge darstellt.

$$K'_{AG,spez} = \frac{t'_{eff} * X'*(1 + x_{sich}) * \dfrac{W}{x_{max}}}{t'_{eff} * X'}$$

$$= (1 + x_{sich}) * \frac{W}{x_{max}}$$

Gleichung 76

In Anlehnung an Gleichung 20 ergibt sich demnach die Kostenfunktion für den zweiten Unterfall durch einfache Division von Gleichung 76 und Gleichung 75 zu Gleichung 77.

$$\frac{K'_{AG,spez}}{K_{AZ,spez}} = \frac{(1 + x_{sich}) * \dfrac{W}{x_{max}}}{\dfrac{W}{t_{NZ}}} = \frac{(1 + x_{sich}) * x_n}{\dfrac{x_{max}}{t_{NZ}}}$$

Gleichung 77

Werden sowohl der erste Teil (Gleichung 74) als auch die beiden Unterfälle des zweiten Teils der Kostenfunktion zusammengefasst, so ergibt sich folgende übergreifende Kostenfunktion, welche die Kostenwirkungen einer Ausprägungsänderung der drei Kostenbestimmungsfaktoren "Arbeits- und Betriebsmittelintensität", "Geplante Einsatzzeit Arbeits- und Betriebsmittel" sowie "Effektive Einsatzzeit Arbeits- und Betriebsmittel" auf die spezifischen Maschinenkosten in Form des folgenden mehrteiligen Änderungsfaktors ausdrückt.

$$x'_{n,kalk} \leq x_{krit} \qquad \Rightarrow f(t_{eff}; X; t'_{eff}; X') = \frac{t_{eff} * X}{t'_{eff} * X'}$$

$$\left(x'_{n,kalk} > x_{krit}\right) AND \left(x_{n,kalk} > x_{krit}\right) \Rightarrow f(t_{eff}; X; t'_{eff}; X') = 1$$

$$\left(x'_{n,kalk} > x_{krit}\right) AND \left(x_{n,kalk} \leq x_{krit}\right) \Rightarrow f(x_{sich}; x_n; x_{max}; t_{NZ}) = \frac{(1 + x_{sich}) * x_n}{\dfrac{x_{max}}{t_{NZ}}}$$

Gleichung 78 (Änderungsfaktor "Arbeits- und Betriebsmittelintensität", "Geplante Einsatzzeit Arbeits- und Betriebsmittel" und "Effektive Einsatzzeit Arbeits- und Betriebsmittel" für die spezifischen Maschinenkosten)

Abschließend sind noch die Kostenfunktionen für die Kostenwirkung einer Ausprägungsänderung der Kostenbestimmungsfaktoren "Schichtbelegung" und "Effektive Arbeitszeit" zu entwickeln. Da eine Ausprägungsänderung beider Kostenbestimmungsfaktoren keinerlei Wirkung hinsichtlich einer Kostenänderung der spezifischen Maschinenkosten hat, ergeben sich beide Änderungsfaktoren zu 1.

2.4 Ableitung des Analysemodells

2.4.1 Analysemodell unternehmungsbezogene Kernkostenanalyse

Auf Basis der in den Kapiteln 2.1 bis 2.3 beschriebenen theoretischen Grundlagen der unternehmungsbezogenen Kernkostenanalyse kann nachfolgend das eigentliche Analysemodell aus den drei Hauptelementen Analyseraum, Kostenbestimmungsfaktoren und Kostenfunktionen zusammengesetzt werden. Das erste Element und somit die Basis des Analysemodells der unternehmungsbezogenen Kernkostenanalyse stellt der in Kapitel 2.2 beschriebene Analyseraum der unternehmungsbezogenen Kernkostenanalyse dar. Dieser umfasst den für die eigentliche Analyse aus den Gesamtkosten der Unternehmung selektierten Kostenumfang[333] und ist anhand der Selektionskriterien Kostenarten, Kostenstellen und Kostenträger in einzelne Untereinheiten segmentiert. Da es sich bei der für die vorliegende Arbeit als Referenzobjekt gewählten Unternehmung um eine Einproduktunternehmung handelt und dementsprechend nur dieses eine Produkt als Kostenträger in Frage kommt, entfällt in der praktischen Anwendung das Selektionskriterium Kostenträger, so dass sich der Analyseraum der unternehmungsbezogenen Kernkostenanalyse vorerst als Fläche zwischen den Achsen Kostenarten und Kostenstellen aufspannt.[334]

Wie in Kapitel 2.3.1 erarbeitet, ist (in Anlehnung an die Ausführungen von Haberstock[335] und Kosiol[336]) für die Analyse der Kosten einer Unternehmung die Identifikation der wesentlichen Kosteneinflussgrößen von Nöten. Dementsprechend stellt das zweite Element des Analyseraums der unternehmungsbezogenen Kernkostenanalyse das in Kapitel 2.3.1.2 entwickelte System der Kostenbestimmungsfaktoren dar. Eines der Kernziele der Entwicklung des Systems aus Kostenbestimmungsfaktoren war es "... ein einheitliches Set von generischen Kostenbestimmungsfaktoren für alle Wertschöpfungsschritte zu entwickeln, das bei der an-

---

[333] Vgl. hierzu Abbildung 18
[334] Vgl. hierzu Abbildung 20
[335] Vgl. Haberstock, Kostenrechnung II, 8. Aufl., 1998, S. 46 f
[336] Kosiol, Kostenrechnung und Kalkulation, 2. Aufl., 1972, S. 38

schließenden Datenerhebung je Wertschöpfungsschritt entsprechend der tatsächlich angetroffenen Gegebenheiten interpretiert werden kann."[337] Da das System der Kostenbestimmungsfaktoren somit auf jeden Wertschöpfungsschritt angewandt und jeweils für ihn interpretiert werden kann, erweitern die Kostenbestimmungsfaktoren den in Abbildung 20 dargestellten Analyseraum der unternehmungsbezogenen Kernkostenanalyse insofern, als dass sie orthogonal zu den beiden Dimensionen Kostenarten und Kostenstellen den Analyseraum der unternehmungsbezogenen Kernkostenanalyse um die dritte Dimension der Kostenbestimmungsfaktoren erweitern und somit tatsächlich einen dreidimensionalen Untersuchungsraum schaffen. Dieser ist in Abbildung 32 schematisch dargestellt.

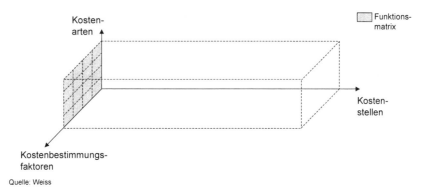

Quelle: Weiss

Abbildung 32 (**Dreidimensionaler Analyseraum unternehmungsbezogene Kernkostenanalyse**)

Das dritte und letzte Element des Analysemodells der unternehmungsbezogenen Kernkostenanalyse stellen die in Kapitel 2.3.2 entwickelten Kostenfunktionen dar, die den Funktionalzusammenhang zwischen möglichen Ausprägungsänderungen der einzelnen Kostenbestimmungsfaktoren und der dadurch induzierten Kostenänderung der jeweiligen Kostenarten beschreiben. Die Summe der Kostenfunktionen ergibt dabei die in Abbildung 32 grau schattierte und in Abbildung 24 schematisch dargestellte Fläche.

Bevor zur Beschreibung der Anwendungslogik des Analysemodells übergegangen werden kann, ist an dieser Stelle noch einmal detailliert auf die in Abbildung 24 nur schematisch dargestellte Funktionsmatrix einzugehen. Diese ist nämlich insofern ungenau, als dass sich bei der Entwicklung der einzelnen Kostenfunktionen auf Basis des entwickelten Systems der Kostenbestimmungsfaktoren gezeigt hat, dass mithilfe der in Kapitel 2.2.2.1 erarbeiteten Kostenartensegmentierung keine hinreichend genaue Abbildung der Kostenwirkung einer Ausprägungsänderung der identifizierten Kostenbestimmungsfaktoren erfolgen kann. Aus diesem Grunde

---

[337] Kapitel 2.3.1.2

wurde im Rahmen der Kostenfunktionsentwicklung eine entsprechende zusätzliche Segmentierung der Kosten in Kostenarten vorgenommen, die sich wie folgt darstellt. Da die Materialmenge nicht ausschließlich durch die Menge des direkt in das Produkt eingehende Material getrieben wird, sondern vielmehr auch Materialverbrauchsmengen durch die Maschinen einer Unternehmung bzw. durch das in der Unternehmung beschäftigte Personal verursacht werden, wurde die Kostenart Materialkosten in die Unterkostenarten produktbezogene, maschinenbezogene und personalbezogene Materialkosten unterteilt. Die Kostenart der Personalkosten wurde ebenso wie die Kostenart der Maschinenkosten als Kostenart beibehalten. Hingegen erschien bei der Kostenart der Dienstleistungskosten wiederum eine Aufteilung der Kostenart in mehrere Unterkostenarten geboten, da auch die Dienstleistungskosten durch verschiedene Treiber verursacht werden, die ihrerseits wiederum unterschiedlich auf Ausprägungsänderungen der Kostenbestimmungsfaktoren reagieren.

Kostenbestim- mungsfak- toren Kostenarten	Faktorpreise	Faktoreinsatz- mengen Repetier- faktoren	Arbeits- und Betriebs- mittelintensität	Geplante Einsatzzeit Arbeits- und Betriebsmittel	Effektive Einsatzzeit Arbeits- und Betriebsmittel	Schicht- belegung	Effektive Arbeitszeit
Materialkosten							
• Produktbezogen	Gleichung 23	Gleichung 24	1	1	1	1	1
• Maschinenbezogen	Gleichung 25	Gleichung 26	Gleichung 27	1	Gleichung 36	1	1
• Personalbezogen	Gleichung 37	Gleichung 38	Gleichung 39	1	Gleichung 40	Gleichung 41	Gleichung 42
Personalkosten	Gleichung 43	1	Gleichung 44	Gleichung 45	Gleichung 46	Gleichung 47	Gleichung 48
Dienstleistungskosten							
• Produktbezogen	Gleichung 23	Gleichung 24	1	1	1	1	1
• Maschinenbezogen							
– Nutzungsabhängige Wartungskosten	Gleichung 50	Gleichung 51	Gleichung 52	1	1	1	1
– Nutzungsabhängige Inspektionskosten	Gleichung 50	Gleichung 51	Gleichung 52	1	1	1	1

– Geplante nutzungs-
    abhängige Instand-
    setzungskosten
	Gleichung 50	Gleichung 51	Gleichung 52	1	1	1	1

– Ungeplante nut-
    zungsabhängige
    Instansetzungs-
    kosten
	Gleichung 53	Gleichung 54	Gleichung 55	1	Gleichung 59	1	1

– Nutzungsunabhän-
    gige Instand-
    haltungskosten
	Gleichung 60	Gleichung 61	Gleichung 62	Gleichung 63	Gleichung 64	1	1

• Personalbezogen	Gleichung 37	Gleichung 38	Gleichung 39	1	Gleichung 40	Gleichung 41	Gleichung 42
• Sonstige	Gleichung 60	Gleichung 61	Gleichung 62	Gleichung 63	Gleichung 64	1	1
Maschinenkosten	Gleichung 72	1	Gleichung 78			1	1

Quelle: Weiss

Abbildung 33 (Konkrete Funktionsmatrix)

Dementsprechend wurde die Kostenart der Dienstleistungskosten in die Unterkostenarten produktbezogene, maschinenbezogene, personalbezogene und sonstige Dienstleistungskosten unterteilt. Hinsichtlich der maschinenbezogenen Dienstleistungskosten (die auch als Instandhaltungskosten bezeichnet werden können), erschien diese Unterteilung immer noch zu grob, so dass diese Kostenart in Anlehnung an die Ausführungen von DIN 31051 zusätzlich in die Unterkostenarten nutzungsabhängige Wartungskosten, nutzungsabhängige Inspektionskosten, geplante nutzungsabhängige Instandsetzungskosten, ungeplante nutzungsabhängige Instandsetzungskosten sowie nutzungsunabhängige Instandhaltungskosten segmentiert wurde. In Zusammenhang mit den in Abbildung 23 dargestellten Kostenbestimmungsfaktoren und den im Rahmen der Abhandlungen des Kapitels 2.3.2 entwickelten Kostenfunktionen ergibt sich die grundsätzliche Funktionsmatrix der unternehmungsbezogenen Kernkostenanalyse zu Abbildung 33.

Aufgrund des oben zitierten generischen Charakters der Kostenbestimmungsfaktoren kann diese Funktionsmatrix nun auf jeden Wertschöpfungsschritt angewandt werden, um die spezifische Wirkung von Ausprägungsänderungen der identifizierten Kostenbestimmungsfaktoren auf die Kosten des jeweiligen Wertschöpfungsschritts zu ermitteln. Dementsprechend ist für die Konstruktion des Analysemodells der unternehmungsbezogenen Kernkostenanalyse die in Abbildung 32 schattierte und in Abbildung 33 detailliert dargestellte Funktionsmatrix für die Anzahl der identifizierten Wertschöpfungsschritte der zu analysierenden Unternehmung zu multiplizieren. Auf Basis dieser Ausführungen ergibt sich das Analysemodell der unternehmungsbezogenen Kernkostenanalyse zu dem in Abbildung 34 dargestellten Schema, wobei die grau schattierten Flächen jeweils eine Kopie der in Abbildung 33 detailliert dargestellten Funktionsmatrix sind.

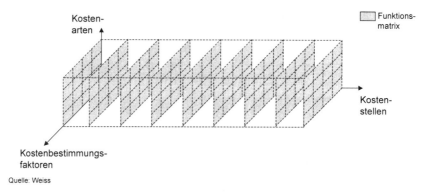

Quelle: Weiss

Abbildung 34 (Analysemodell unternehmungsbezogene Kernkostenanalyse)

Auf Basis dieses Analysemodells lässt sich ohne weiteren Modellierungsaufwand eine vollständige unternehmungsbezogene Kernkostenanalyse durchführen.

2.4.2 Diskussion der Ergebnisaussagekraft des Analysemodells

Vor dem Hintergrund des in Kapitel 2.4.1 abgeleiteten Analysemodells stellt sich grundsätzlich die Frage nach der Aussagekraft der Ergebnisse, die durch das abgeleitete Analysemodell erzeugt werden. Hauptgrund für diese Frage ist die Tatsache, dass die Abbildung der Ursache-Wirkungs-Beziehung zwischen den spezifischen Kosten der Unternehmung einerseits und den Ausprägungsänderungen der Kostenbestimmungsfaktoren andererseits – die sich in Form der in Abbildung 33 dargestellten Kalkulationsmatrix materialisiert – nur eine vereinfachte Wiedergabe der Unternehmungsrealität darstellt. Somit ist nicht hundertprozentig sichergestellt, dass mit dem abgeleiteten Analysemodell die sich in der Realität aus einer Ausprägungsänderung der Kostenbestimmungsfaktoren ergebende Kostenbeeinflussung exakt wiedergegeben wird. Das verwundert jedoch insbesondere vor der in Kapitel 1.4 zitierten Aussage Ulrichs nicht, der ja gerade treffend formuliert, dass streng wissenschaftstheoretisch abgeleitete Erklärungen komplexer Systeme praktisch unmöglich sind.[338]

Diese Tatsache eingestehend muss darüber hinaus festgestellt werden, dass die Fehleranfälligkeit des abgeleiteten Analysemodells aufgrund des gewählten Modelldesigns nicht zwangsläufig als gering bezeichnet werden kann. Dies resultiert im Wesentlichen aus dem Umstand, dass aufgrund der in Gleichung 21 aufgestellten Forderung nach einer Multiplizierbarkeit der Änderungsfaktoren eine mögliche fehlerbedingte Abweichung in der Kostenbeeinflussung dieser Änderungsfaktoren nicht additiv, sondern multiplikativ wirkt. Weicht die tatsächliche Kostenbeeinflussungswirkung der einzelnen Änderungsfaktoren nur um 1 Prozent in jeweils die gleiche Richtung ab, so multipliziert sich der Fehler zu ca. 7,2 Prozent (=$1,01^7$-1) über alle Änderungsfaktoren. Kann den Ergebnissen des Analysemodells vor diesem Hintergrund überhaupt eine Aussagekraft beigemessen werden?

Dem so aufgezeigten Negativszenario stehen jedoch die Wertvorstellungen und vor allen Dingen die Erfahrungen des Verfassers im praktischen Umgang mit der unternehmungsbezogenen Kernkostenanalyse gegenüber, die bereits in mehreren Anwendungsfällen gezeigt hat, dass bei der Umsetzung der Analyseergebnisse die vorher berechnete Kostenwirkung tatsächlich erzielt werden konnte. Ausgehend von diesem Ansatz, bezieht sich der Verfasser weder auf den (optimistischen) Positivismus von Comte (der nur gelten lässt was handfest empirisch nachweisbar und positiv demonstrierbar ist) noch auf den kritischen Rationalismus Poppers (der Wissenschaft nicht als ein System von Wissen sondern als ein System von falsifizierbaren Hypothesen auffasst). Vielmehr sieht der Verfasser die unternehmungsbezogene Kernkostenanalyse im Licht des radikalen Konstruktivismus, der eine eher pragmatische Perspektive vertritt. "Die Rolle von Wissen [besteht] nicht darin, objektive Realitäten widerzuspiegeln, sondern darin, uns zu befähigen, in unserer Erlebniswelt zu handeln und Ziele zu erreichen.[339] Daher rührt der [...] Grundsatz, dass Wissen passen, aber nicht übereinstimmen muss."[340]

---

[338] Vgl. Ulrich, Die Betriebswirtschaftslehre als anwendungsorientierte Sozialwissenschaft, 1984, S. 185

[339] Zur ausführlichen Diskussion des radikalen Konstruktivismus vgl. Foerster/v. Glasersfeld, Wie wir uns erfinden, 2. Aufl., 2004, v. Glasersfeld, Radikaler Konstruktivismus, 1997

[340] v. Glasersfeld, Abschied von der Objektivität, 1991, S. 24

Durch das Zugrundelegen des radikalen Konstruktivismus verzichtet der Verfasser bewusst auf eine eineindeutige Abbildung der Unternehmungsrealität im Analysemodell. Stattdessen nimmt er Abbildungsschwächen die sich aus der vereinfachenden Darstellung des Modells ergeben billigend in Kauf. Um jedoch trotzdem zu einer Aussagekraft der Ergebnisse im Sinne der Aussage des radikalen Konstruktivismus zu kommen, dass "... Wissen passen muss ...", schlägt der Autor vor, im Verfahrenskonzept der unternehmungsbezogenen Kernkostenanalyse einen Verfahrensschritt vorzusehen, der zwei Aufgaben hat. Zum einen ist innerhalb dieses Verfahrensschritts anhand einer empirischen Untersuchung zu analysieren, inwieweit das in Kapitel 2.4.1 abgeleitete Analysemodell hinreichend genau die Kostenänderungswirkung einer Ausprägungsänderung der Kostenbestimmungsfaktoren in Bezug auf die jeweils zu analysierende Unternehmung abbildet. Werden Abweichungen der Modellaussagen von den tatsächlich beobachteten Kosteneffekten festgestellt, so ist das Analysemodell zum anderen so zu modifizieren, dass von einer hinreichend genauen Arbeitsweise des Analysemodells gesprochen werden kann.

Wird dieser Arbeitsschritt durchgeführt, so ist im Ergebnis von einer (für die Analysezwecke) hinreichenden Aussagekraft der Analyseergebnisse auszugehen.

2.5 Entwicklung Vorgehenskonzept unternehmungsbezogene Kernkostenanalyse auf Basis des Analysemodells

Genauso einfach wie das Analysemodell selbst gestaltet sich auch die Durchführung der unternehmungsbezogenen Kernkostenanalyse. Diese verläuft typischerweise nach dem schematisch in Abbildung 35 dargestellten Vorgehenskonzept.

Analyse-modell anpassen	Kosten erfassen	Ist-Aus-prägung KBF erfassen	Kern-Niveau KBF ableiten	Kern-kosten errech-nen	Ziel-niveau KBF ableiten	Ziel-kosten errech-nen	Umset-zung herleiten

Quelle: Weiss

Abbildung 35 (Schematisches Vorgehenskonzept unternehmungsbezogene Kernkostenanalyse)

Die genaue Ausgestaltung der einzelnen Schritte dieses Vorgehens soll Gegenstand der Erläuterungen der folgenden Kapitel sein. Dabei sei bereits vorab darauf hingewiesen, dass das "Neue" an dem vorgestellten Kostenmanagementverfahren der unternehmungsbezogenen Kernkostenanalyse sich nicht zwangsläufig aus dem vorgestellten Analysemodell, sondern vielmehr aus der Gestaltung des Vorgehenskonzepts und seiner Ausrichtung an der Theorie der natürlichen Grenzen ergibt. Aus diesem Grunde stellt die genaue Beachtung der in den folgenden Kapiteln ausgeführten Vorgehensregeln je Arbeitsschritt das Haupterfolgskriterium dar, um in der praktischen Anwendung tatsächlich ein Kostenmanagementverfahren zu realisieren, mit welchem (in Anlehnung an die in Kapitel 1.4 formulierte Aufgabenstellung dieser Arbeit) sich die unter gegebenen Umweltbedingungen maximal erreichbare Kostenuntergrenze einer gesamten Unternehmung ermitteln und im Ergebnis auch realisieren lässt.

2.5.1 Analysemodell anpassen

Der erste Schritt für die konkrete Durchführung einer unternehmungsbezogenen Kernkostenanalyse besteht (in Anlehnung an die Ausführungen von Kapitel 2.4.2) zwangsläufig immer darin, das in den vorangegangenen Kapiteln 2.1 bis 2.3 beschriebene und in Kapitel 2.4 zusammengefasste generische Analysemodell der unternehmungsbezogenen Kernkostenanalyse an die jeweilige Situation der zu analysierenden Unternehmung anzupassen. Dabei gliedert sich die Anpassung des Analysemodells in die drei Unterschritte *Herleiten unternehmungsspezifische Wertschöpfungsschritte, Festlegen Kostenartenstruktur* und *Anpassen Kostenfunktionen*, deren Inhalt nachfolgend erläutert wird. Bevor jedoch mit dieser Erläuterung begonnen wird, ist auf den engen Zusammenhang zwischen der Anpassung des Analysemodells und dem nächsten Vorgehensschritt – dem Erfassen der Kosten – hinzuweisen. Grundsätzlich geben nämlich die festgelegten Wertschöpfungsschritte in ihrer Interpretation als Kostenstellen und die festgelegte Kostenartenstruktur die Segmentierung vor, in der im nächsten Vorgehensschritt die Kosten der zu analysierenden Unternehmung zu erfassen sind. Problematischer Weise entspricht die logisch richtige Festlegung von Wertschöpfungsschritten und Kostenartenstruktur nicht zwangsläufig dem Format, mit dem die Kosten der zu analysierenden Unternehmung im jeweiligen Kostenrechnungssystem der zu analysierenden Unternehmung erfasst sind.[341] Da das Erfassen der Kostenbasis innerhalb der Kostensegmentierung des Analysemodells unumstößliche Voraussetzung für die Durchführung einer unternehmungsbezogenen Kernkostenanalyse ist, ist beim Herleiten der Wertschöpfungsschritte und beim Festlegen der Kostenartenstruktur darauf zu achten, dass die Ist-Kosten der Unternehmung innerhalb der damit determinierten Kostenstruktur auch mit einem vertretbaren Aufwand aus dem Rechnungswesen (respektive dem EDV-Rechnungswesensystem) der zu analysierenden Unternehmung ermittelt werden können. Ist das innerhalb der als "optimal" identifizierten Struktur aus Wertschöpfungsschritten und Kostenarten nicht möglich, so sind entsprechende Änderungen an dieser Struktur vorzunehmen.

---

[341] Diese Diskrepanz und die daraus erwachsenden Implikationen wurden bereits im Kapitel 2.2.2.2.4 diskutiert

2.5.1.1 Herleiten unternehmungsspezifische Wertschöpfungsschritte

Das Herleiten der unternehmungsspezifischen Wertschöpfungsschritte sollte in enger Anlehnung an das von Porter entwickelte Konzept der Wertkette (in dieser Arbeit als Wertschöpfungskette bezeichnet) vorgenommen werden.[342] Dabei kann im Wesentlichen gemäß dem in Kapitel 2.2.2.2 vorgestellten Verfahren zum Ableiten der Wertschöpfungskette verfahren werden, wobei in Anlehnung an die dort getroffenen und in Abbildung 19 illustrierten Ausführungen streng zwischen primären und unterstützenden Aktivitäten zu unterscheiden ist. Dies ist insbesondere vor dem Hintergrund des Gedankens wichtig, einige Wertschöpfungsschritte aus dem Betrachtungsraum der durchzuführenden unternehmungsbezogenen Kernkostenanalyse herauszunehmen, von denen schon im Vorfeld klar ist, dass die dem Wertschöpfungsschritt zuzuordnenden Kosten z.b. aufgrund struktureller oder gesetzlicher Vorgaben nur geringfügig oder gar nicht beeinflussbar sind. Derartige Wertschöpfungsschritte stellen der oben zitierten Nomenklatur nach zumeist unterstützende Aktivitäten dar, so dass eine Analyse der unterstützenden Wertschöpfungsschritte hier schnell zu einer Eingrenzung des im Rahmen einer unternehmungsbezogenen Kernkostenanalyse sinnvoll untersuchbaren Kostenumfangs führt. Beispielhaft hierfür kann die Bergschadensregulierung einer Bergbauunternehmung angeführt werden, die als unterstützende Aktivität für die Regulierung von Bergschäden zuständig ist. Da die zu regulierenden Bergschäden ihre Ursache teilweise Jahrzehnte vor dem eigentlichen Auftreten haben und somit für die nächsten Jahrzehnte bereits determiniert sind, ist die Bergschadensregulierung nicht direkt dem aktuellen betrieblichen Leistungserstellungsprozess zuzuordnen. In diesem Sinne macht eine separierte Betrachtung der Bergschadensregulierung und somit eine Begrenzung des Untersuchungsumfangs der unternehmungsbezogenen Kernkostenanalyse auf jeden Fall Sinn. Endergebnis dieses Arbeitsschritts ist eine Logik/Abfolge von Wertschöpfungsschritten, welche die zu analysierende Unternehmung gemäß der in Kapitel 2.2.2.2.2 entwickelten Vorgaben möglichst genau beschreibt.

2.5.1.2 Festlegen Kostenartenstruktur

Die in Abbildung 33 dargestellte generische Kostenartenstruktur muss in dieser Form nicht zwangsläufig für jede zu analysierende Unternehmung zutreffen. Vielmehr ist es auf Basis des in Kapitel 2.2.2.1 entwickelten Vorgehens vorstellbar, einzelne Kostenarten vollkommen aus der Betrachtung der unternehmungsbezogenen Kernkostenanalyse auszunehmen, da sie im Rahmen dieser als nicht beeinflussbar zu klassifizieren sind. Ein klassisches Beispiel hierfür sind Steuern oder etwa die Kosten für Zwangsmitgliedschaften in Verbänden und Gremien. Die Begrenzung des Untersuchungsumfangs in dieser Dimension wird exemplarisch durch Abbildung 18 illustriert. Weiterhin ist es vorstellbar, dass bestimmte Kostenarten der generellen in Abbildung 33 illustrierten Kostenartenstruktur in eini-

---

[342] Vgl. Porter, Wettbewerbsvorteile, 6. Aufl., 2000, S. 63 ff

gen Unternehmungen so gar nicht auftreten. So fallen zum Beispiel in einer Kies-grube (wie bei vielen Unternehmungen der Grundstoffindustrie), die Kies an die Baustellen einer Region liefert (wenn man von Kosten für die Schürfrechte ab-sieht), grundsätzlich keine produktbezogenen Materialkosten an. Werden derartige Kostenarten identifiziert, so sind sie bereits im Rahmen der Anpassung des Analy-semodells aus dem Untersuchungsumfang zu eliminieren. Im Ergebnis ist das A-nalysemodell auf die Kostenarten zu fokussieren die als im Rahmen einer unter-nehmungsweiten Kernkostenanalyse als veränderbar zu klassifizieren sind, die in der zu analysierenden Unternehmung auch tatsächlich existieren und die im Rah-men der Kostenerfassung auch wirklich trennscharf zu erfassen bzw. über Nähe-rungswerte abzuleiten sind.

2.5.1.3 Anpassen Kostenfunktionen

Im Rahmen der Anpassung des Analysemodells stellt die finale Anpassung der Kostenfunktionen den letzten durchzuführenden Schritt dar. Grundsätzlich wurde bei der Entwicklung der generischen Kostenfunktionen im Kapitel 2.3.2.2 darauf geachtet, die Kostenfunktionen so zu entwickeln, dass sie möglichst eine Allge-meingültigkeit für alle analysierbaren Einproduktunternehmungen entfalten. Dabei wurde billigend in Kauf genommen, dass die Kostenfunktionen jeweils auf die spezifische Situation in der zu analysierenden Unternehmung anzupassen sind. Diese Anpassung ist im Sinne der in Kapitel 2.4.2 gemachten Ausführungen auch notwendig, um überhaupt eine Aussagekraft der mit dem Analysemodell errechne-ten Ergebnisse zu erzielen. Dementsprechend sind in diesem finalen Schritte der Anpassung des Analysemodells die notwendigen Anpassungen der Kostenfunkti-onen an die spezifische Situation der zu analysierenden Unternehmung vorzuneh-men. Diese Anpassung sei wiederum beispielhaft an einer Bergbauunternehmung beschrieben.

Bei einer Bergbauunternehmung setzt sich die geplante Arbeitszeit des unter Tage beschäftigten Personals auf einem groben Aggregationsniveau aus der Komponen-te Fahrungszeit – das ist die Zeit, die der jeweilige Arbeitnehmer für seinen Ar-beitsweg über Tage zu seiner Arbeitsstätte unter Tage (einschließlich dem jeweili-gen Rückweg) benötigt – und der effektiven Arbeitszeit zusammen. Arbeitet ein Arbeitnehmer in einem Abbaubetrieb jeweils in 8-Stunden-Schichten und hat er eine Fahrungszeit von 2 Stunden, so ergibt sich die arbeitstägliche effektive Ar-beitszeit zu 6 Stunden. Stellt man nun das Schichtmodell dieses Arbeitnehmers bei einer konstant bleibenden Wochenarbeitszeit von 40 Stunden von einem 5x8-Stunden-Schichtmodell auf ein 4x10-Stunden-Schichtmodell um, so kommt es bei konstanter Fahrungszeit von 2 Stunden/Schicht zu einer Ausprägungsänderung des Kostenbestimmungsfaktors "Effektive Arbeitszeit", da der Arbeitnehmer bei kon-stanter geplanter Wochenarbeitszeit von 40 Stunden statt 30 Stunden (5 Schichten á 6 Stunden effektiver Arbeitszeit) 32 Stunden (4 Schichten á 8 Stunden effektiver Arbeitszeit) effektiv arbeitet. Problematischerweise ist laut Klimabergverordnung in bestimmten Bereichen unter Tage die effektive Arbeitszeit vor Ort bei einer Ef-

fektivtemperatur von 25°C bis 29°C auf 6 Stunden und bei einer Effektivtempera-
tur von 29°C bis 30°C auf 5 Stunden beschränkt.[343] Dementsprechend sind zum
Beispiel für die Berechnung der Kostenwirkung der oben beschriebenen Ausprägungsänderung des Kostenbestimmungsfaktors "Effektive Arbeitszeit" diejenigen
Arbeitnehmer auszunehmen, für die es per Gesetz gar nicht zu einer Ausprägungsänderung des Kostenbestimmungsfaktors "Effektive Arbeitszeit" kommen darf.
Konkret heißt das, dass die entsprechende Kostenfunktion (in diesem Falle handelt
es sich um Gleichung 48) um einen Änderungsfaktor ergänzt werden muss, der die
Kostenwirkung der Ausprägungsänderung um den Anteil der Warmbeschäftigten
reduziert. Bezeichnet AN_{warm} den Anteil der Warmbeschäftigten im jeweiligen
Wertschöpfungsschritt, so ergibt sich die korrigierte Kostenfunktion zu Gleichung
79.

$$f(t_{AZ,eff}; t'_{AZ,eff}, AN_{warm}) = AN_{warm} + (1 - AN_{warm}) * \frac{t_{AZ,eff}}{t'_{AZ,eff}}$$

Gleichung 79 (Korrigierter Änderungsfaktor "Effektive Arbeitszeit" für die spezifischen Personalkosten)

In diesem Fall wäre eine entsprechende Änderung ebenfalls für Gleichung 42 vorzusehen, welche die Kostenwirkung einer Ausprägungsänderung des Kostenbestimmungsfaktors "Effektive Arbeitszeit" auf die spezifischen personalbezogenen
Material- und Dienstleistungskosten ausdrückt.

So wie an diesem Beispiel demonstriert, sind alle Kostenfunktionen an die spezielle Situation der zu analysierenden Unternehmung anzupassen. Hierfür ist zum einen je Kostenfunktionen zu untersuchen, ob ein Anpassungserfordernis besteht.
Besteht ein Anpassungserfordernis, so sind zum anderen die entsprechenden Modifikationen an der betreffenden Kostenfunktion vorzunehmen. Abschließend ist
für alle Kostenfunktionen – z.B. durch Einsetzen der Vorjahreszahlenwerte – zu
überprüfen, ob die entwickelten/modifizierten Kostenfunktionen die Kostenänderungswirkung einer Ausprägungsänderung hinreichend genau abbilden. Ist dies
der Fall, so kann, im Sinne der Diskussion von Kapitel 2.4.2, von einer hinreichenden Aussagekraft der durch das Analysemodell errechneten Analyseergebnisse ausgegangen werden.

2.5.2 Kosten erfassen

Der zweite Schritt für die konkrete Durchführung einer unternehmungsbezogenen
Kernkostenanalyse ist die Kostenerfassung im Rahmen des vorher festgelegten
Kostenumfangs.[344] Die erste Schwierigkeit besteht dabei zweifelsohne in der Fest-
legung eines geeigneten Referenzzeitraums, auf den sich die Durchführung der

---

[343] Vgl. §3 Abs. 1a und Abs. 1b KlimaBergV
[344] Vgl. hierfür Abbildung 18

Kernkostenanalyse konzentriert. Dieser darf zum einen nicht zu kurz gewählt werden, weil insbesondere stochastisch verteilte Kosten wie z.b. Reparatur- und Instandhaltungskosten (maschinenbezogene Dienstleistungskosten) sich nur über einen längeren Betrachtungszeitraum glätten und entsprechend als repräsentativ angenommen werden können. Zum anderen darf der Referenzzeitraum aber auch nicht zu lang gewählt werden, um etwaige langfristige Veränderungen im Produktionsprozess und/oder Fortschritte beim rationelleren Einsatz von Produktionsfaktoren zu verwischen.[345] In der betrieblichen Praxis hat sich aus diesem Grund der Referenzzeitraum von einem Jahr als in vielen Fällen sinnvoller Referenzzeitraum erwiesen. Dieser Wert kann allerdings nur als Richtwert dienen, der vor dem Hintergrund der jeweiligen in der zu analysierenden Unternehmung vorherrschenden Situation entsprechend anzupassen ist. Weitere Entscheidungsparameter können Strukturbrüche (z.B. gerade laufende Unternehmungsübernahmen oder Umstellungen im Produktionsprogramm) und die Datenverfügbarkeit sein.

Ist die Entscheidung hinsichtlich des Referenzzeitraums gefallen, so sind die Kosten der zu analysierenden Unternehmung für den gewählten Referenzzeitraum im Rahmen der gewählten Segmentierung (also sowohl hinsichtlich der Kostenstellen als auch hinsichtlich der Kostenarten) zu erfassen. Wie bereits in den Kapiteln 2.5.1.1 und 2.5.1.2 erläutert, ist es für das schnelle und möglichst aufwandsarme Erfassen der Kosten erforderlich, bereits beim Festlegen der für die Analyse zu verwendenden Kostenarten und Kostenstellen darauf zu achten, diese Strukturen hinsichtlich einer möglichst einfachen Kostenerfassung zu optimieren. Wird im Rahmen der Kostenerfassung (trotz der vorausgegangenen Überlegungen) festgestellt, dass das praktische Erfassen innerhalb der gewählten Kostenstellen-/Kostenartenstruktur nicht in einem vertretbaren Aufwandsrahmen durchgeführt werden kann, so ist entsprechend in die Arbeitsschritte "Herleiten unternehmungsspezifische Wertschöpfungsschritte" und "Festlegen Kostenartenstruktur" zurückzukoppeln.

Hinsichtlich des eigentlichen Erfassungsvorgangs ist zu beachten, dass dieser auch bei gegebener Kostenstellen- und Kostenartenstruktur und "optimaler" Passung zum existierenden Kostenrechnungssystem der Unternehmung einen nicht zu unterschätzenden Aufwand darstellt. Das liegt unter anderem am *Abfrageaufwand* und an der notwendigen *Datenverifizierung*, auf die nachfolgend kurz eingegangen wird.

- *Abfrageaufwand*: Selbst wenn die Kosten in dem für die Durchführung einer unternehmungsbezogenen Kernkosten gewählten Format im Rechnungswesensystem der betreffenden Unternehmung erfasst sind, kann die Abfrage dieser Daten teilweise erhebliche Schwierigkeiten bereiten. Das liegt im Wesentlichen daran, dass das Rechnungswesen des überwiegenden

---

[345] Vgl. Kilger/Pamper/Vikas, Flexible Plankostenrechnung und Deckungsbeitragsrechnung, 11. Aufl., 2002, S. 313

Teils der existierenden Unternehmungen über EDV-gestützte Systeme abgewickelt wird. Benutzt eine Unternehmung ein derartiges System, so sind typischerweise alle Kostendaten dieser Unternehmung in diesem System erfasst. Um die erfassten Kostendaten auch wieder abrufen zu können, bieten EDV-gestützte Rechnungswesensysteme typischerweise eine Reihe von Abfragemöglichkeiten an, die jedoch nicht zwangsweise ausreichen müssen, sämtliche Kosten der Unternehmung in der für die Durchführung einer unternehmungsbezogenen Kernkostenanalyse benötigten Kostenstellen-/Kostenartenstruktur abzurufen. Dies rechtfertigt sich im Wesentlichen damit, dass diese Systeme ja nicht vordergründig für die Durchführung einer unternehmungsbezogenen Kernkostenanalyse konzipiert wurden.

Das Problem lässt sich jedoch dadurch umgehen, dass die meisten EDV-gestützten Rechnungswesensysteme die Möglichkeit der freien Programmierung von Abfragen zulassen, so dass zumindest technisch die Abfrage der referenzzeitraumbezogenen Kostendaten in der gewünschten Kostenstellen-/Kostenartenstruktur möglich ist. Diese Programmierung kann jedoch zumeist nur durch Spezialisten vorgenommen werden. Neben der Tatsache, dass diese Spezialisten vergleichsweise (gegenüber normalen "Kostenerfassungskapazitäten") hohe Kosten verursachen und nicht zwangsläufig jederzeit in ausreichender Kapazität zur Verfügung stehen, ist insbesondere der Umstand in die Zeitplanung mit einzubeziehen, dass die Programmierung notwendiger Abfragealgorithmen auch entsprechend Zeit in Anspruch nimmt. Für die richtige Planung der Kostenerfassungsarbeiten ist es daher zwangsläufig erforderlich, vor dem Beginn der Arbeiten einen Überblick über den erläuterten (Zusatz-)Aufwand zu gewinnen, die benötigten Spezialisten frühzeitig zu buchen und die zum Einhalten des Zeitplans notwendigen Abfragekapazitäten bereitzustellen.

- *Datenverifizierung*: Neben dem reinen Erfassen der Kosten sind diese parallel zu verifizieren. Dass sämtliche Kostendaten in einem EDV-gestützten Rechnungswesensystem erfasst sind, bedeutet nämlich noch lange nicht, dass die erfassten Daten auch tatsächlich richtig sind. Da im Rahmen der Einführung EDV-gestützter Rechnungswesensysteme die Möglichkeit besteht, Daten nicht mehr nur in der Rechnungswesenabteilung einer Unternehmung, sondern bei gegebener Vernetzung am entsprechenden Entstehungsort der Kosten zu erfassen bzw. zuzuordnen, kann es zu Eingabe- oder Zuordnungsfehlern kommen, die im normalen Ablauf überhaupt nicht auffallen. Hauptgrund ist hierfür zumeist die Tatsache, dass zwar von dem Rechnungswesen einer Unternehmung zentral Vorgaben zur Dateneingabe gemacht werden, diese aber Interpretationsspielraum lassen und so zu unterschiedlichen Dateneingaben im Rahmen der dezentralen Dateneingabe bzw. Kontierung führen können.

Diese Fehleingaben stellen für die Funktionsweise des Rechnungswesens einer Unternehmung häufig nur ein kleines Problem dar. Schließlich sind die Kosten ihrer Höhe nach gebucht. Insbesondere vor dem Hintergrund einer stark aufgefächerten Kostenartenstruktur im Rahmen einer unternehmungsbezogenen Kernkostenanalyse können aber derartige Fehlkontierungen zu erheblichen Verzerrungen in den Analyseergebnissen führen. Dementsprechend sind im Rahmen der Kostenerfassung die erhobenen Daten zu verifizieren und entsprechende Fehleingaben (jeweils in enger Kooperation mit dem betrieblichen Rechnungswesen) zu korrigieren.

Abschließend ist auf die Notwendigkeit einer genauen Dokumentation des für die Kostenerfassung angewandten Vorgehens hinzuweisen. Diese Notwendigkeit begründet sich durch mehrere Punkte. Da es sich bei der Kernkostenanalyse mit dem Ziel der Ermittlung der unter den gegebenen Umweltbedingungen maximal durch die analysierte Unternehmung erreichbaren Kostenuntergrenze um das denkbar radikalste Kostenmanagementverfahren handelt und dementsprechend zu erwarten ist, dass den Analyseergebnissen größtmögliche Skepsis entgegengebracht wird, ist sicherzustellen, dass die Ausgangsdaten dieser Analyse – nämlich die Kostendaten – über jeden Zweifel hinsichtlich ihrer Richtigkeit erhaben sind. Der Weg, auf dem man zu den Ausgangsdaten gekommen ist, muss für jeden nachvollziehbar und verständlich dokumentiert sein. Des Weiteren ist die genaue Dokumentation des für die Kostenerfassung angewandten Vorgehens für den Fall notwendig, dass die Kernkostenanalyse (z.B. bei einer Änderung der gegebenen Umweltbedingungen oder zur Erfolgskontrolle einer vorangegangenen Kernkostenanalyse) wiederholt wird. Schlussendlich hilft die Dokumentation des für die Kostenerfassung angewandten Vorgehens auch, entsprechende Abfragen zu entwickeln, um die Kostenwirkung von im Rahmen einer unternehmungsbezogenen Kernkostenanalyse festgelegten Maßnahmen zu überprüfen. Entsprechend der zitierten vielfältigen Bedeutung einer genauen Dokumentation des Kostenerfassungsvorgehens sind bereits in der Planung der Kostenerfassung die notwenigen Kapazitäten vorzusehen und das für die Dokumentation anzuwendende Vorgehensmuster festzulegen.

Das Endergebnis dieses Arbeitsschritts besteht auf Basis des oben geschilderten Vorgehens darin, dass sämtliche Kosten der Unternehmung für alle Wertschöpfungsschritte in der gewählten/angepassten Kostenartensegmentierung vorliegen.

2.5.3 Ist-Ausprägung Kostenbestimmungsfaktoren erfassen

Parallel zu den Kosten der zu analysierenden Unternehmung ist die wertschöpfungsschrittbezogene Ausprägung der Kostenbestimmungsfaktoren zu erfassen. Wie bereits mehrfach zitiert, erklären die Kostenbestimmungsfaktoren die Entstehung und die Änderung der Kosten einer Unternehmung. Um mit Hilfe der in Kapitel 2.3.2 entwickelten Kostenfunktionen errechnen zu können, welche Kostenwirkung eine Ausprägungsänderung der in Kapitel 2.3.1.2 entwickelten Kostenbestimmungsfaktoren auf die Kosten der zu analysierenden Unternehmung hat, ist eine genaue Erfassung der Ist-Ausprägung der Kostenbestimmungsfaktoren notwendig, da diese neben den Kern- bzw. Zielausprägungen der Kostenbestimmungsfaktoren in die jeweiligen Kostenfunktionen eingehen.

2.5.3.1 Wertschöpfungsschrittbezogenes Zuordnen Kostenbestimmungsfaktoren

Der erste Schritt zum Erfassen der Ist-Ausprägung der Kostenbestimmungsfaktoren besteht typischerweise darin, die einzelnen wertschöpfungsschrittbezogenen Kennzahlen den Kostenbestimmungsfaktoren zuzuordnen. Diese Notwendigkeit ergibt sich aus dem Umstand, dass bei der Entwicklung der für eine unternehmungsbezogene Kernkostenanalyse anzuwendenden Kostenbestimmungsfaktoren bewusst darauf abgestellt wurde, "... ein einheitliches Set von generischen Kostenbestimmungsfaktoren für alle Wertschöpfungsschritte zu entwickeln, das bei der anschließenden Datenerhebung je Wertschöpfungsschritt entsprechend den tatsächlich angetroffenen Gegebenheiten interpretiert werden kann."[346] Dieses Vorgehen barg wie gesagt den nicht zu unterschätzenden Vorteil, ein einheitliches Set von Kostenbestimmungsfaktoren auf die Analyse sämtlicher Wertschöpfungsschritte anwenden zu können, führt aber bei der Ausprägungserfassung dazu, dass die einzelnen Kostenbestimmungsfaktoren den wertschöpfungsschrittbezogenen Kennzahlen zuzuordnen sind.

Ist das für die Kostenbestimmungsfaktoren "Faktorpreise" und "Faktoreinsatzmengen Repetierfaktoren" noch vergleichsweise einfach, so ergibt sich bei der Zuordnung des Kostenbestimmungsfaktors "Arbeits- und Betriebsmittelintensität" ein Problem. Das besteht darin, dass innerhalb eines Wertschöpfungsschritts nicht nur ein sondern zumeist eine Vielzahl von Arbeits- bzw. Betriebsmitteln existieren, die jeweils unterschiedliche Intensitäten aufweisen. Um dieses Problem zu lösen, ist die Summe der Arbeits- und Betriebsmittel eines Wertschöpfungsschritts als ein einziges Arbeits- bzw. Betriebsmittel zu betrachten/zu verstehen, auf das dann neben dem Kostenbestimmungsfaktor "Arbeits- und Betriebsmittelintensität" auch die Kostenbestimmungsfaktoren "Geplante Einsatzzeit Arbeits- und Betriebsmittel" sowie "Effektive Einsatzzeit Arbeits- und Betriebsmittel" zu beziehen sind. Geht man diesen Weg der Interpretation der Summe aller Arbeits- und Betriebsmittel eines Wertschöpfungsschritts als ein einziges virtuelles Arbeits- bzw. Betriebsmittel, so stellen die einzelnen Arbeits- und Betriebsmittel eines Wertschöpfungsschritts jeweils die Systemelemente des virtuellen Arbeits- und Betriebsmittels dar und können als Engpasskette interpretiert werden. Dabei nehmen die Kostenbestimmungsfaktoren des Gesamtsystems jeweils die Ausprägung an, die das schwächste Glied der Engpasskette annimmt.

---

346 Kapitel 2.3.1.2

Die Zuordnung der beiden Kostenbestimmungsfaktoren "Schichtbelegung" und "Effektive Arbeitszeit" ist wiederum vergleichsweise einfach. Während der Kostenbestimmungsfaktor "Schichtbelegung" die durchschnittliche personelle Belegung einer Schicht abbildet, ist dem Kostenbestimmungsfaktor "Effektive Arbeitszeit" die durchschnittliche effektive Arbeitszeit aller beschäftigen Mitarbeiter des jeweils betrachteten Wertschöpfungsschritts innerhalb eines feststehenden Referenzzeitraums zuzuordnen.

2.5.3.2 Datenerfassung

Sind die Kostenbestimmungsfaktoren je Wertschöpfungsschritt den entsprechenden Kennzahlen zugeordnet, so sind die Ist-Ausprägungen der Kostenbestimmungsfaktoren je Wertschöpfungsschritt zu erfassen. Deutlicher ausgedrückt sind die Zahlenwerte zu ermitteln, welche die einzelnen Kostenbestimmungsfaktoren im Referenzzeitraum angenommen haben. Um gleichzeitig jedoch das Ableiten der Kern-Ausprägung der Kostenbestimmungsfaktoren vorzubereiten, sind für einige Kostenbestimmungsfaktoren die Ist-Ausprägungen zusätzlicher Kennzahlen zu erfassen, welche das Ableiten der Kern-Ausprägungen der betreffenden Kostenbestimmungsfaktoren erst ermöglichen. Welche Daten hierfür je Kostenbestimmungsfaktor mindestens zu erfassen sind, wird nachfolgend geschildert.

Für den Kostenbestimmungsfaktor "Faktorpreise" wären im höchsten Detaillierungsgrad die Ist-Faktorpreise aller Produktionsfaktoren zu erfassen, was auch bei Einproduktunternehmungen einen höchstwahrscheinlich nicht zu rechtfertigenden Aufwand darstellen würde. Aus diesem Grund sollten je Kostenart nur die Preise einiger für die jeweilige Kostenart repräsentativer Referenzprodukte erfasst werden, die später zur Bestimmung der Kern-Ausprägung des Kostenbestimmungsfaktors "Faktorpreise" benutzt werden können.

Zur Erfassung der Ist-Ausprägung des Kostenbestimmungsfaktors "Faktoreinsatzmengen Repetierfaktoren" sind einfach nur die innerhalb des Referenzzeitraums verbrauchten Faktoreinsatzmengen der Repetierfaktoren zu erfassen, die bei der Bestimmung der Kern-Ausprägung dieses Kostenbestimmungsfaktors (zweckmäßigerweise auf ihre spezifische Einsatzmenge bezogen) hinsichtlich ihrer tatsächlichen Notwendigkeit hin untersucht werden.

Zur Erfassung der Ist-Ausprägung des Kostenbestimmungsfaktors "Arbeits- und Betriebsmittelintensität" ist im Wesentlichen die innerhalb des Referenzzeitraums in diesem Wertschöpfungsschritt produzierte Ausbringungsmenge zu erheben. Dabei ist unter dem Terminus Ausbringungseinheit nicht zwangsläufig immer das durch die Einproduktunternehmung erstellte Produkt zu verstehen. Vielmehr ist dieser Terminus insbesondere bei unterstützenden Wertschöpfungsschritten auch hinsichtlich der spezifischen Ausbringung des entsprechenden Wertschöpfungsschritts zu verstehen, der anschließend auf die im Referenzzeitraum produzierte Ausbringungsmenge des Endprodukts der Einproduktunternehmung bezogen werden kann.

Die Erfassung der Ist-Ausprägungen der Kostenbestimmungsfaktoren "Geplante Einsatzzeit Arbeits- und Betriebsmittel" und "Effektive Einsatzzeit Arbeits- und Betriebsmittel" kann gemeinsam erfolgen. Grundsätzlich ist hierbei zu beachten, dass nicht nur diese beiden, sondern eine Reihe weiterer Kennzahlen erfasst werden, die insgesamt den Zusammenhang zwischen der zur Verfügung stehenden Kalenderzeit und der geplanten und dann auch tatsächlich effektiv genutzten Einsatzzeit der Arbeits- und Betriebsmittel abbilden. Hierfür sind eine Reihe von Kennzahlensystemen bekannt. Zum einen sei an dieser Stelle das Kennzahlensystem von Slaby/Krasselt vorgestellt, die unter dem Gesichtspunkt der Planung der Betriebsmittelnutzung das in Abbildung 36 dargestellte Kennzahlensystem vorschlagen.

* Bedingt durch planfreie Samstage, Sonntage und Wochenfeiertage sowie durch das geplante Schichtsystem
** Z.B. infolge der Betriebssicherheit der Technologie und der planmäßigen Instandhaltung
Quelle: Slaby/Krasselt, Industriebetriebslehre, 1998, S. 62 (leicht angepasst)

Abbildung 36 (Kennzahlensystem Arbeits- und Betriebsmitteleinsatzzeit nach Slaby/Krasselt)

Unabhängig von der Detailaufteilung der einzelnen Komponenten der Kalenderzeit treffen Slaby/Krasselt mit dem von ihnen vorgestellten Kennzahlensystem die wesentlichen Unterscheidungen der Kalenderzeit, die auch im Rahmen einer unternehmungsbezogenen Kernkostenanalyse benötigt werden, in dem sie zum einen die geplante von der ungeplanten Nutzungszeit unterscheiden und hinsichtlich der ersten eine zusätzliche Unterscheidung in Bezug auf die dann innerhalb der geplanten Nutzungszeit wirklich zur Verfügung stehende produktive Nutzungszeit treffen.

Ein vergleichbares Kennzahlensystem zur Erfassung der effektiven Einsatzzeit in Bezug auf die Kalenderzeit schlägt auch Alcalde Rasch vor, der sich mit seinen

182

Ausführungen stark an das von Biedermann vorgeschlagene Kennzahlensystem[347] anlehnt.

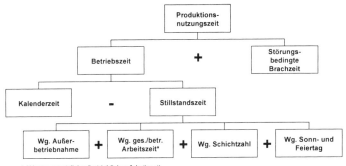

* Wegen gesetzlicher/betrieblicher Arbeitszeit
Quelle: Rasch, Erfolgspotential Instandhaltung, 2000, S. 164 (leicht angepasst)

Abbildung 37 (Kennzahlensystem Arbeits- und Betriebsmitteleinsatzzeit nach Alcalde Rasch)

Anhand der beiden beispielhaft erwähnten Kennzahlensysteme für die Arbeits- und Betriebsmitteleinsatzzeit lassen sich die für das Ableiten der Kern- und später auch der Ziel-Ausprägungen der Kostenbestimmungsfaktoren "Geplante Einsatzzeit Arbeits- und Betriebsmittel" und "Effektive Einsatzzeit Arbeits- und Betriebsmittel" benötigten Kennzahlen ableiten. Diese sind schematisch in Abbildung 38 dargestellt.

Diese Aufteilung der Kalenderzeit in zumindest diese groben Bestandteile ist notwendig, um auf Basis der Ist-Ausprägungen dieser Kennzahlen sowohl die Kern- als auch die Ziel-Ausprägungen der Kostenbestimmungsfaktoren "Geplante Einsatzzeit Arbeits- und Betriebsmittel" und "Effektive Einsatzzeit Arbeits- und Betriebsmittel" abzuleiten, die sich als Residualgrößen aus den Ausprägungsannahmen der restlichen zeitbezogenen Kennzahlen in einem Kern- bzw. Ziel-Zustand ergeben. Um abschätzen zu können, wie sich diese Kennzahlen in einem Kern- bzw. einem Zielzustand verhalten, sind die entsprechenden Ist-Zustände dieser Kennzahlen zusätzlich zur Ist-Ausprägung der Kostenbestimmungsfaktoren "Geplante Einsatzzeit Arbeits- und Betriebsmittel" und "Effektive Einsatzzeit Arbeits- und Betriebsmittel" zu erheben. Das in Abbildung 38 dargestellte Kennzahlensystem stellt dabei nur die Minimalanforderung dar. Die Ableitung der Kern-Ausprägung der beiden vorgenannten Kostenbestimmungsfaktoren vereinfacht und plausibilisiert sich erheblich, wenn in der zu analysierenden Unternehmung auf detailliertere Daten zurückgegriffen werden kann, sich zum Beispiel die ungeplanten störungsbedingten Stillstände noch weiter auffächern lassen.

---

[347] Vgl. Biedermann, Erfolgsorientierte Instandhaltung durch Kennzahlen, 1985, S. 82

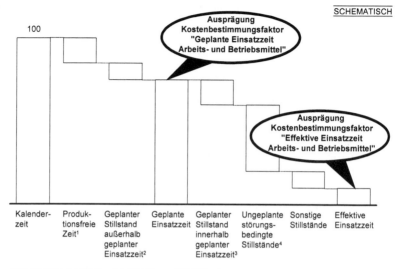

Kalender-zeit	Produk-tionsfreie Zeit[1]	Geplanter Stillstand außerhalb geplanter Einsatzzeit[2]	Geplante Einsatzzeit	Geplanter Stillstand innerhalb geplanter Einsatzzeit[3]	Ungeplante störungs-bedingte Stillstände[4]	Sonstige Stillstände	Effektive Einsatzzeit

[1] Z.B. Wochenenden, Feiertage, freie Schichten gemäß Schichtsystem
[2] Z.B. Wartungsarbeiten an Wochenenden und Rüst-/Umbauarbeiten außerhalb der geplanten Einsatzzeit
[3] Z.B. aufgrund geplanter Instandhaltungsarbeiten oder aufgrund gesetzlicher Auflagen
[4] Z.B. Störungen an den Arbeits- und Betriebsmitteln des betrachten oder nachgelagerter Wertschöpfungsschritte

Quelle: Weiss

Abbildung 38 (Kennzahlensystem Arbeits- und Betriebsmitteleinsatzzeit unternehmungsbezogene Kernkostenanalyse)

Für den Kostenbestimmungsfaktor "Schichtbelegung" ist eigentlich nur die durchschnittliche direkte und indirekte Schichtbelegung des jeweiligen Wertschöpfungsschrittes zu ermitteln. Unter der indirekten Schichtbelegung ist dabei Personal gemeint, welches nicht zwangsläufig in jeder Schicht anwesend ist. Exemplarisch kann dies an den Mitarbeitern der Qualitätskontrolle eines Wertschöpfungsschritts verdeutlicht werden, die gegebenenfalls nicht direkt zur Schichtbelegung gehören und auch nicht jede Schicht in voller Mannstärke anwesend sind, sondern vielleicht ausschließlich in einer normalen Tagschicht arbeiten. Hier sind entsprechend alle Mitarbeiter aufzunehmen, so dass ein Mittelwert gebildet werden kann, der dann in einem Kern- oder Ziel-Zustand als Referenzwert benutzbar ist.

Zur Erfassung der Ist-Ausprägung des Kostenbestimmungsfaktors "Effektive Arbeitszeit" sind abschließend neben der geplanten Arbeitszeit all die Zeiten zu erfassen, die als Differenz zur effektiven Arbeitszeit verbleiben. Sofern vorauszusehen ist, dass sich aus einer beschäftigtengruppenbezogenen Erfassung dieser Daten eine differenzierte Aussage in einem Kern- oder Ziel-Zustand ableiten lässt, ist eine solche Erfassung sinnvoll. Typischerweise reicht aber eine Erfassung der durchschnittlichen geplanten und effektiven Arbeitszeit des Personals aus.

Kostenbestimmungsfaktor	Zu erfassende Kennzahlen
• Faktorpreise	• Faktorpreise von ca. 3 für die jeweilige Kostenart repräsentativen Artikeln
• Faktoreinsatzmengen Repetierfaktoren	• Faktoreinsatzmengen wesentlicher Repetierfaktoren
• Arbeits- und Betriebsmittel-intensität	• Ausbringungseinheiten je Wertschöpfungsschritt • Technische Intensitäten der wesentlichen Arbeits- und Betriebsmittel
• Geplante Einsatzzeit Arbeits- und Betriebsmittel • Effektive Einsatzzeit Arbeits- und Betriebsmittel	• Referenzzeitraum • Produktionsfreie Zeit • Geplante Stillstandzeit außerhalb und innerhalb geplanter Einsatzzeit • Ungeplante störungsbedingte Stillstandzeiten • Sonstige Stillstandzeiten • Nutzungsdauer der wesentlichen Arbeits- und Betriebsmittel gemäß Zeitverschleiß • Kritische Ausbringungsmenge der wesentlichen Arbeits- und Betriebsmittel* • Maximale jeweils durch die wesentlichen Arbeits- und Betriebsmittel erzeugbaren Ausbringungsmengen
• Schichtbelegung	• Durchschnittliche Schichtbelegung**
• Effektive Arbeitszeit	• Durchschnittliche Effektivarbeitszeit**

* In Bezug auf Dominanzwechsel von Zeit- zu Gebrauchsverschleiß
** Wenn möglich aufgeteilt nach Beschäftigungsgruppen
Quelle: Weiss

Abbildung 39   (Je Wertschöpfungsschritt zu erhebender Standard-Datensatz)

Basierend auf den oben ausgeführten Schilderungen sind je Wertschöpfungsschritt mindestens die in Abbildung 39 aufgelisteten Ausprägungsdaten zur Durchführung einer unternehmungsbezogenen Kernkostenanalyse zu erfassen. Diese müssen aber nicht zwangsläufig immer in dieser Detaillierung in der zu analysierenden Unternehmung verfügbar sein. In den meisten Unternehmungen existiert zwar ein Anlagenberichtswesen, das auch entsprechende Anlagenkennzahlen nachhält und zur Verfügung stellt.[348] Häufig werden jedoch aufgrund anders lautender Anforderungen die im Leistungserstellungsprozess der jeweiligen Unternehmung benötigten Daten nur teilweise oder in einem anderen Format erfasst. Das betrifft insbesondere die Daten für die geplante und die effektive Einsatzzeit der Arbeits- und Betriebsmittel. Tritt eine solche Situation ein, besteht zum einen die Option, das für die Durchführung der unternehmungsbezogenen Kernkostenanalyse beschriebene Modell einschließlich der Kostenfunktionen zu modifizieren und an die in der Unternehmung vorhandenen Daten anzupassen. Sollten sich diese Anpassungen als zu aufwändig oder nicht zielführend erweisen, besteht die zweite Option darin, die Durchführung der unternehmungsbezogenen Kernkostenanalyse mit dem Absolvieren eines Referenzzeitraums zu starten, in dem dann die entspre-

---

[348] Vgl. Männel, Anforderungen neuer Organisationskonzepte an Softwaresysteme für die Instandhaltung, 1992, S. 100

chenden Daten in der gewünschten Detaillierung erfasst werden können. Während letztere Option die hinsichtlich der Datenqualität wünschenswerteste ist, besteht insbesondere im Einsatzfeld der unternehmungsbezogenen Kernkostenanalyse im Falle von Krisensituationen das Problem, dass die Zeit hierfür einfach nicht zur Verfügung steht. In diesem Falle sind dann entsprechende Kompromisse hinsichtlich der für die bei der Durchführung der unternehmungsbezogenen Kernkostenanalyse verwendeten Daten einzugehen.

2.5.4 Kern-Ausprägung Kostenbestimmungsfaktoren ableiten

Stellten die Erfassung der Ist-Kosten und der Ist-Ausprägungen der im Rahmen der unternehmungsbezogenen Kernkostenanalyse verwendeten Kostenbestimmungsfaktoren Arbeitsschritte dar, die ausschließlich Kreativität in der Datenerhebung verlangten, so ist das Ableiten der Kern-Ausprägungen der Kostenbestimmungsfaktoren ein Arbeitsschritt, der einen hohen Sachverstand hinsichtlich der einzelnen Wertschöpfungsschritte und ihrer Kennzahlen erfordert. Da das Ableiten der Kern-Ausprägungen der Kostenbestimmungsfaktoren zum einen von Wertschöpfungsschritt zu Wertschöpfungsschritt und zum anderen von Unternehmung zu Unternehmung vollkommen unterschiedlich ist, wird im Rahmen der vorliegenden Arbeit ausschließlich das grundsätzliche Vorgehen zum Ableiten der Kern-Ausprägung der Kostenbestimmungsfaktoren beschrieben. Dabei wird zwischen dem Ableiten der Kern-Ausprägung bei technisch und bei nicht technisch determinierten Kennzahlen unterschieden. Das so beschriebene grundsätzliche Vorgehen ist bei der Durchführung einer unternehmungsbezogenen Kernkostenanalyse auf die in der zu analysierenden Unternehmung vorgefundenen Umstände und Gegebenheiten anzupassen. Gleichzeitig ist darauf hinzuweisen, dass das nachfolgend beschriebene Vorgehen zum Ableiten der Kern-Ausprägung der Kostenbestimmungsfaktoren natürlich für jeden Wertschöpfungsschritt auszuführen ist, da sich die Kern-Ausprägungen der Kostenbestimmungsfaktoren aufgrund des unterschiedlichen Inhalts und Charakters der einzelnen Wertschöpfungsschritte zumeist voneinander unterscheiden. Endprodukt dieses Arbeitsschrittes ist demnach das Set der Kern-Ausprägungen der Kostenbestimmungsfaktoren je Wertschöpfungsschritt.

2.5.4.1 Kern-Ausprägung bei technisch determinierten Grenzen

Das Ableiten der Kern-Ausprägung bei technisch determinierten Grenzen bezieht sich insbesondere auf die mit den Kostenbestimmungsfaktoren "Faktoreinsatzmengen Repetierfaktoren", "Arbeits- und Betriebsmittelintensität", "Geplante Einsatzzeit Arbeits- und Betriebsmittel" sowie "Effektive Einsatzzeit Arbeits- und Betriebsmittel" in Verbindung stehenden Kennzahlen. Dies begründet sich im Wesentlichen damit, dass für diese Kennzahlen jeweils eine objektiv eindeutig ableitbare naturgesetzlich determinierte Grenze hinsichtlich der Kern-Ausprägung existiert, die zweifelsfrei ermittelt werden kann. Die Erläuterung zur Ermittlung dieser naturgesetzlich determinierten Grenzen ist Gegenstand der Schilderung der nachfolgenden Kapitel.

2.5.4.1.1 Kern-Ausprägung Faktoreinsatzmengen Repetierfaktoren

Die Kern-Ausprägung hinsichtlich der Faktoreinsatzmengen der Repetierfaktoren ist vergleichsweise einfach zu ermitteln. Die Ermittlung der Kern-Ausprägung erfolgt durch die Beantwortung der Frage, welche Einsatzmenge der jeweils in eine Ausbringungseinheit eingehenden Produktionsfaktoren unbedingt notwendig ist, damit gerade noch eine den Spezifikationen entsprechende Ausbringungseinheit erzeugt werden kann.

Die Hauptregel für die Beantwortung dieser Frage stellt dabei der Grundgedanke dar, dass die minimal benötigte Faktoreinsatzmenge sich tatsächlich ausschließlich an der stöchiometrisch festgelegten Input-/Outputbeziehung zu orientieren hat und keinerlei wie auch immer geartete Annahmen hinsichtlich innerbetrieblicher Verschwendungen oder Reservemengen enthalten darf. Es ist wirklich das unter (so in der Realität wahrscheinlich nicht existierenden) Idealbedingungen ohne irgendwelche Verschwendungen benötigte Faktoreinsatzmengenniveau zu ermitteln.

Wie in Kapitel 2.3.2.2.2.3 am Beispiel der spezifischen maschinenbezogenen Materialkosten erläutert, kann das Faktoreinsatzmengenniveau der Repetierfaktoren z.B. in Abhängigkeit von der Arbeits- und Betriebsmittelintensität schwanken. Aufgrund der in Gleichung 21 zum Ausdruck gebrachten Forderung nach einer Multiplizierbarkeit der einzelnen Änderungsfaktoren ist diese Überlegung nicht in das Ableiten der Kern-Ausprägung des Kostenbestimmungsfaktors "Faktoreinsatzmengen Repetierfaktoren" einzubeziehen, da es in Form einer Funktion im Rahmen des Änderungsfaktors "Arbeits- und Betriebsmittelintensität" der spezifischen maschinenbezogenen Materialkosten abgehandelt wird. Für die Ermittlung der Kern-Ausprägung des Kostenbestimmungsfaktors "Faktoreinsatzmengen Repetierfaktoren" ist dementsprechend ceteris paribus auf die vorgefundene Ist-Situation sämtlicher Kennzahlen aufzusetzen.

Hinsichtlich der praktischen Ermittlung der Kern-Ausprägung des Kostenbestimmungsfaktors "Faktoreinsatzmengen Repetierfaktoren" sind nicht zwangsläufig die Faktoreinsatzmengen sämtlicher Produktionsfaktoren zu ermitteln. Da – wie bei der Entwicklung der einzelnen Kostenfunktionen im Kapitel 2.3.2.2 leicht zu erkennen – in den Änderungsfaktoren die Entwicklung des Faktoreinsatzmengenniveaus FEMN berücksichtigt wird, sollte man sich bei der Ermittlung der Kern-Ausprägung auf die Faktoreinsatzmengen der je Kostenart wesentlichen Produktionsfaktoren beschränken, die für die Faktoreinsatzmengen der jeweiligen Kostenart repräsentativ sind. Aus denen ist dann ein wie auch immer geartetes Faktoreinsatzmengenniveau abzuleiten, wobei $FEMN_{n,ist}$ das Faktoreinsatzmengenniveau der Kostenart n in der Ist-Ausprägung und $FEMN_{n,kern}$ das Faktoreinsatzmengenniveau der Kostenart n in der Kern-Ausprägung des Kostenbestimmungsfaktors "Faktoreinsatzmengen Repetierfaktoren" bezeichnet. Da alle Änderungsfaktoren dimensionslos sind, ist dementsprechend auch die Dimension des Faktoreinsatz-mengenniveaus egal. Lediglich die Forderung nach einer übereinstimmenden Dimension der Ist- und der Kern-Ausprägung des Kostenbestimmungsfaktors ist zu beachten.

2.5.4.1.2 Kern-Ausprägung Arbeits- und Betriebsmittelintensität

Die Kern-Ausprägung des Kostenbestimmungsfaktors "Arbeits- und Betriebsmittelintensität" beschränkt sich darauf, die maximale Arbeits- und Betriebsmittelintensität zu bestimmen. Hierbei ist zu beachten, dass je Wertschöpfungsschritt höchstwahrscheinlich nicht nur ein, sondern eine gewisse Anzahl an Arbeits- und Betriebsmitteln existieren, die gemäß der Ausführung des Kapitels 2.5.3.1 als virtuelles Gesamtsystem zu betrachten sind, dessen einzelne Systemelemente in Form der Arbeits- und Betriebsmittel eine Engpasskette darstellen. Legt man diese Annahme zugrunde, so wird die maximal mögliche Arbeits- und Betriebsmittelintensität des Gesamtsystems und somit die Kern-Ausprägung des Kostenbestimmungsfaktors "Arbeits- und Betriebsmittelintensität" durch die maximal realisierbare Arbeits- und Betriebsmittelintensität des hinsichtlich der Arbeits- und Betriebsmittelintensität schwächsten Gliedes in der Engpasskette bestimmt. Dementsprechend ist für das Ableiten der Kern-Ausprägung der Arbeits- und Betriebsmittelintensität eines Wertschöpfungsschritts die Kern-Ausprägung aller kapazitätsrelevanten Arbeits- und Betriebsmittel eines Wertschöpfungsschritts zu ermitteln. Da die technischen Intensitäten der einzelnen Arbeits- und Betriebsmittel nicht zwangsläufig direkt miteinander vergleichbar sind, ist das Ableiten der Kern-Ausprägung der Arbeits- und Betriebsmittelintensität in Bezug auf die ökonomische Intensität vorzunehmen. Die Arbeits- und Betriebsmittelintensität des gesamten Wertschöpfungsschritts ergibt sich dann zu der Kern-Ausprägung der Arbeits- und Betriebsmittelintensität des Arbeits- und Betriebsmittels mit der niedrigsten Kern-Ausprägung (im Hinblick auf die ökonomische Intensität).

Das Ermitteln der je Arbeits- bzw. Betriebsmittel maximal realisierbaren ökonomischen Intensität ist wiederum vergleichsweise einfach. Grundsätzlich ist die vom Hersteller des jeweiligen Arbeits- und Betriebsmittels als nachhaltig maximal realisierbar angegebene Arbeits- und Betriebsmittelintensität als Kern-Ausprägung anzunehmen. Bestehen berechtigte Zweifel daran, dass die vom Hersteller angegebene Maximalintensität tatsächlich der nachhaltig realisierbaren Maximalintensität entspricht, so ist die tatsächliche nachhaltige Maximalintensität entweder in Rücksprache mit dem Hersteller oder durch die Durchführung geeigneter Versuche zu ermitteln.

Grundsätzlich muss sich diese Ermittlung der Maximalintensität wiederum an den technischen Grenzen orientieren, die unter Idealbedingungen (also nicht unter den in der Unternehmung herrschenden Umweltbedingungen) maximal nachhaltig erreichbar erscheinen. Die Einbeziehung von Randbedingungen (wie Umweltbedingungen) die sich nicht an dem Konzept der natürlichen Grenzen orientieren, bleibt der Ermittlung der Ziel-Ausprägung vorbehalten.

Abschließend bleibt zu erwähnen, dass das Arbeits- bzw. Betriebsmittel, das hinsichtlich der ökonomischen Intensität im Ist-Zustand den Engpass des virtuellen Gesamtsystems darstellt, nicht zwangsläufig auch das Engpassglied im Kern-Zustand sein muss. Dementsprechend sind alle relevanten Arbeits- und Betriebsmittel hinsichtlich der durch sie im Kern-Zustand erzielbaren ökonomischen Maximalintensität hin zu untersuchen.

2.5.4.1.3 Kern-Ausprägung geplante und effektive Einsatzzeit Arbeits- und Betriebsmittel

Die Ermittlung der Kern-Ausprägung der Kostenbestimmungsfaktoren "Geplante Einsatzzeit Arbeits- und Betriebsmittel" sowie "Effektive Einsatzzeit Arbeits- und Betriebsmittel" kann nicht direkt erfolgen, sondern muss über den Umweg der Bestimmung der Kern-Ausprägung der relevanten, in Abbildung 39 dargestellten Kennzahlen erfolgen. Bevor das jeweilige Vorgehen für die einzelnen Kennzahlen jedoch erläutert wird, soll an dieser Stelle kurz auf die generell zu beachtenden Vorgehensrichtlinien eingegangen werden. Wie bei den vorangegangenen Ermittlungen der jeweiligen Kern-Ausprägungen, so sind auch hier lediglich die naturgesetzlich determinierten Grenzen, sowie das Gebot der Nachhaltigkeit[349] zu beachten. Etwaige gesetzliche Einschränkungen wie gesetzliche Feiertage oder Sonntagsarbeitsverbote, sowie jegliche sonstigen, die effektive Einsatzzeit verringernden Randbedingungen wie z.B. tarifliche Vereinbarungen sind zu ignorieren.[350] Wie sich das hinsichtlich der einzelnen zu untersuchenden Kennzahlen auswirkt, wird nachfolgend beschrieben. Hierbei wird auf die in Abbildung 39 dargestellten Kennzahlen Bezug genommen, auf deren Basis sich die Kern-Ausprägungen der

---

[349] Unter dem Gebot der Nachhaltigkeit ist zum Beispiel zu verstehen, dass im Kernzustand nicht davon ausgegangen werden kann, dass keine Instandhaltung für die Arbeits- und Betriebsmittel benötigt wird und somit bei der Berechnung der Kern-Ausprägung des Kostenbestimmungsfaktors "Effektive Einsatzzeit Arbeits- und Betriebsmittel" keinerlei instandhaltungsbedingte Stillstandszeiten zu berücksichtigen sind. Vielmehr sind die Instandhaltungsaufwände zu berücksichtigen, die für den nachhaltigen Betrieb der eingesetzten Arbeits- und Betriebsmittel erforderlich sind. Diese sind dann aber bis an ihre natürlichen Grenzen so zu optimieren, dass die Instandhaltungsbedingten Stillstände geringstmöglich gehalten werden.

[350] Der Hintergrund hierfür besteht in der Annahme, dass sämtliche über die naturgesetzlichen Einschränkungen hinausgehenden Einschränkungen gegebenenfalls umgangen werden können. So lassen sich für Sonn- und Feiertagsarbeit trotz gesetzlicher Verbote Sondergenehmigungen einholen oder die tariflichen Arbeitszeitbeschränkungen gegebenenfalls durch Nachverhandlungen modifizieren oder ganz aufheben. Um derartige Lösungsmöglichkeiten nicht schon im Vorfeld zu verbauen und die Kosten zu errechnen, die ohne diese Beschränkungen erreichbar wären, sind einzig und allein die natürliche Grenzen bei der Ermittlung der Kern-Ausprägung der Kennzahlen/Kostenbestimmungsfaktoren zu berücksichtigen.

beiden Kostenbestimmungsfaktoren "Geplante Einsatzzeit Arbeits- und Betriebs-mittel" sowie "Effektive Einsatzzeit Arbeits- und Betriebsmittel" ergeben.

- *Kalenderzeit*: Die Kalenderzeit entspricht in ihrer Kern-Ausprägung ihrer Ist-Ausprägung, da der betrachtete Referenzzeitraum als konstant ange-nommen wird.

- *Produktionsfreie Zeit*: Sämtliche unter die produktionsfreie Zeit fallenden Stillstandszeiten sind ungeachtet gesetzlicher, tariflicher oder sonstiger Re-gelungen zur Ermittlung der Kern-Ausprägung zu streichen. Es dürfen ein-zig die produktionsfreien Zeiten eingerechnet werden, die in Anlehnung an das Konzept der natürlichen Grenzen zwingend erforderlich sind.[351]

- *Geplante Stillstände außerhalb geplanter Einsatzzeit*: Diese sind gegen-über der Ist-Ausprägung zur Ermittlung der Kern-Ausprägung auf ein Min-destmaß zu reduzieren. Soweit sie durch Instandhaltungsarbeiten induziert sind, ist zu untersuchen, inwieweit die Instandhaltung tatsächlich für den nachhaltigen Betrieb des Arbeits- bzw. Betriebsmittels erforderlich ist. Liegt dieses Ergebnis vor, so ist zu untersuchen, in welcher Minimalzeit sich dieser nachhaltig notwendige Instandhaltungsaufwand auch während des Betriebs des Arbeits- und Betriebsmittels durchführen lässt bzw. die dadurch verursachten geplanten Stillstandszeiten z.B. durch Parallelisierung der Arbeiten auf ein Mindestmaß reduziert werden können. Soweit die ge-planten Stillstandszeiten durch Rüstzeiten bedingt sind, ist zu untersuchen, inwieweit sich der Rüstaufwand aufgrund vergrößerter Losgrößen reduzie-ren lässt und inwieweit die dann noch verbleibenden Stillstandzeiten durch eine Optimierung/Parallelisierung der Rüstarbeiten verringert werden kön-nen. Hinsichtlich der verbleibenden geplanten Stillstandszeiten außerhalb der geplanten Einsatzzeit ist zu untersuchen, inwieweit sie für einen nach-haltigen Betrieb tatsächlich notwendig sind, sofern man sich am Konzept der natürlichen Grenzen orientiert. Findet sich für die jeweils geplanten Stillstandszeiten keinerlei hinreichende Begründung, so sind sie zur Ermitt-lung der Kern-Ausprägung ersatzlos zu streichen.

- *Geplante Stillstände innerhalb geplanter Einsatzzeit*: Hinsichtlich der ge-planten Stillstandszeiten innerhalb der geplanten Einsatzzeit gelten die glei-chen Vorgehensrichtlinien, die bereits für die geplanten Stillstände außer-halb der geplanten Einsatzzeit beschrieben wurden. Auf eine Wiederholung wird verzichtet.

- *Ungeplante störungsbedingte Stillstände*: Zur Ermittlung der Kern-Ausprägung sind sämtliche ungeplanten störungsbedingten Stillstände zu

---

[351] Ein Beispiel hierfür wäre z.B. bei bestimmten Bergbauunternehmungen eine geologisch not-wendige Abbaupause, die z.B. zur Beruhigung der Gebirgsstruktur notwendig ist, um im betreffenden Bergwerk nachhaltig Bergbau betreiben zu können.

streichen, da sie unter der Annahme idealisierter Umweltbedingungen nicht auftreten.

- *Sonstige Stillstände*: Die sonstigen Stillstände sind eingehend dahingehend zu untersuchen, ob sie für einen nachhaltigen Betrieb der Arbeits- und Betriebsmittel unter Berücksichtigung des Konzepts der natürlichen Grenzen tatsächlich erforderlich sind. Ist das nicht der Fall, so sind sie ersatzlos zu streichen, da sie in einer hinsichtlich der Erreichbarkeit natürlicher Grenzen idealisierten Umwelt nicht existieren. Wird jedoch festgestellt, dass ein Teil der sonstigen Stillstände tatsächlich zum nachhaltigen Betrieb der Arbeits- und Betriebsmittel benötigt wird, so ist zur Ermittlung der Kern-Ausprägung zu untersuchen, inwieweit sich diese Stillstandszeiten durch Optimierungen reduzieren lassen.

Sind die Kern-Ausprägungen der aufgezählten Kennzahlen ermittelt, können auf deren Basis in Anlehnung an die in Abbildung 39 aufgezeigten Zusammenhänge die Kern-Ausprägungen der Kostenbestimmungsfaktoren "Geplante Einsatzzeit Arbeits- und Betriebsmittel" sowie "Effektive Einsatzzeit Arbeits- und Betriebsmittel" errechnet werden.

2.5.4.2 Kern-Ausprägung bei nicht technisch determinierten Grenzen

Das Ableiten der Kern-Ausprägungen für Kostenbestimmungsfaktoren und sonstige Kennzahlen mit nicht direkt technisch determinierten Grenzen gestaltet sich als deutlich schwieriger, da ohne hohen Analyseaufwand zumeist keine direkte Verbindung zu einem naturgesetzlich determinierten Zusammenhang hergestellt werden kann. Ein gutes Beispiel ist hierfür der Faktorpreis eines im betrieblichen Herstellprozess zum Einsatz kommenden Produktionsfaktors. Der Kern-Preis (also der niedrigste Preis) mit dem dieser Produktionsfaktor erworben werden kann, ist nicht direkt mit einem naturgesetzlich determinierten Grundzusammenhang verbunden, der objektiv und für jedermann einsichtig zum Ableiten des Kern-Preises befähigt. Das liegt unter anderem daran, dass der Preis eines Produktionsfaktors (bzw. jedes Gutes) nicht nur durch die für die Herstellung des entsprechenden Gutes relevanten naturgesetzlichen Zusammenhänge, sondern auch durch andere Faktoren wie z.B. die Wettbewerbssituation auf Abnehmer- und Lieferantenmärken oder das Vorhandensein möglicher Substitute bestimmt ist.[352] Da – um bei dem Beispiel zu bleiben – jedoch nicht auf alle die Preisbildung des untersuchten Produktionsfaktors innerhalb der Durchführung einer unternehmungsbezogenen Kernkostenanalyse beeinflussenden Faktoren Einfluss genommen werden kann, sind anhand geeigneter Indikatoren und/oder Erfahrungswerte entsprechende Schätzungen hinsichtlich der Kern-Ausprägung des entsprechenden Faktorpreises vorzunehmen. Diese sollten erklärbar/nachvollziehbar und konsenzfähig sein.

---

[352] Vgl. Cezanne, Allgemeine Volkswirtschaftslehre, 3. Aufl., 1997, S. 151 ff

Das geschilderte Vorgehen betrifft insbesondere die Ermittlung der Kern-Ausprägung der Kostenbestimmungsfaktoren "Faktorpreise", "Schichtbelegung" und "Effektive Arbeitszeit" und wird in den nachfolgenden Kapiteln eingehend erläutert.

2.5.4.2.1 Kern-Ausprägung Faktorpreise

Wie bei der Ermittlung der Kern-Ausprägung des Kostenbestimmungsfaktors "Faktoreinsatzmengen Repetierfaktoren" können auch bei der Ermittlung der Kern-Ausprägung des Kostenbestimmungsfaktors "Faktorpreise" nicht alle zum Einsatz kommenden Produktionsfaktoren hinsichtlich der Kern-Ausprägung ihres Faktorpreises analysiert werden. Aus diesem Grund wird auch für die Ermittlung der Kern-Ausprägung des Kostenbestimmungsfaktors "Faktorpreise" vorgeschlagen, sich nur auf die Faktorpreise der je Kostenart wesentlichen Produktionsfaktoren zu beschränken, die für die Faktorpreise der jeweiligen Kostenart repräsentativ sind.[353]

Hinsichtlich der ausgewählten Produktionsfaktoren ist dann einzeln die Kern-Ausprägung oder anders gesagt, der absolut niedrigste Faktorpreis zu ermitteln. Hierbei ist wieder von idealisierten Umweltbedingungen auszugehen, die sich jedoch von Kostenart zu Kostenart unterscheiden. Aus diesem Grund sei an dieser Stelle kurz auf die anzunehmenden Idealbedingungen je Hauptkostenart eingegangen.

- *Materialkosten*: Bei den Materialkosten kann die Kern-Ausprägung der Faktorpreise gefunden werden, indem man hinsichtlich der Lieferanten einen Markt vollständiger Konkurrenz mit Preis gleich Grenzkosten, uneingeschränkte Marktmacht als Abnehmer sowie die Reduzierung der Spezifikation des jeweiligen Produktionsfaktors auf die technisch unbedingt erforderliche Minimalspezifikation annimmt. Ist der Radius der Lieferanten zurzeit noch regional oder national begrenzt, so ist zu untersuchen, inwieweit eine internationale Ausweitung dieses Radius Sinn hinsichtlich einer möglichen weiteren Verringerung der Faktorpreise (einschließlich der dann zusätzlich notwendigen Logistikkosten) macht.

- *Personalkosten*: Die Kern-Ausprägung der Personalkosten kann gefunden werden, indem man zum einen annimmt, dass jede (im Ist-Zustand) zu besetzende Position innerhalb der zu analysierenden Unternehmung mit einem Beschäftigten besetzt ist, der gerade die für die jeweilige Position notwendige Qualifikation aufweist und zu dem ortsüblichen Lohnkostensatz für diese Qualifikationsstufe entlohnt wird. Zudem sind Idealbedingungen hinsichtlich des Krankenstandes und sonstiger Fehlzeiten anzunehmen. Abschließend sind insofern Idealbedingungen anzunehmen, als dass alle Ur-

---

[353] Vgl. Kapitel 2.5.4.1.1

laubs- und Freizeiten tatsächlich dem minimalen, gesetzlich vorgeschriebenen Niveau entsprechen. Das sich dann gegenüber dem Personalfaktorpreisniveau im Ist-Zustand $FPN_{Pers,ist}$ ergebende Personalfaktorpreisniveau ist als Kern-Ausprägung des personalbezogenen Kostenbestimmungsfaktors "Faktorpreise" $FPN_{Pers,kern}$ zu interpretieren.

- *Dienstleistungskosten*: Hinsichtlich der Dienstleistungskosten gelten analog die für die Materialkosten ausgeführten Vorgehensregeln zum Ermitteln der Kern-Ausprägung der Faktorpreise.

- *Maschinenkosten*: Grundsätzlich gelten auch bei den Maschinenkosten die für die Materialkosten ausgeführten Vorgehensregeln zum Ermitteln der Kern-Ausprägung der Faktorpreise. Zusätzlich ist insbesondere bei dem Vorhandensein einer als Profit-Center geführten zentralen Betriebsmittelbewirtschaftung zu berücksichtigen, dass die zentrale Betriebsmittelbewirtschaftung eine Reihe von Maschinen vorhält, da nicht immer alle Maschinen auch tatsächlich verwendet werden können und da sich ein Anteil der Maschinen nach einem Einsatz in der Instandhaltung befindet. Die Kosten für diese Reservekapazität werden – da die zentrale Betriebsmittelbewirtschaftung ja als Profit-Center geführt wird – zumeist im Umlageverfahren auf die Maschinenmieten aufgeschlagen und erhöhen so die Maschinenkosten. Dementsprechend ist zur Ermittlung der Kern-Ausprägung der Maschinenkosten zusätzlich zu analysieren, inwieweit diese Reservehaltung auf ein absolut notwendiges Mindestmaß (z.B. durch verkürzte Instandhaltungszeiten und Reduzierung der Reservekapazitäten) zurückgefahren werden kann.

2.5.4.2.2 Kern-Ausprägung Schichtbelegung

Die Ermittlung der Kern-Ausprägung des Kostenbestimmungsfaktors "Schichtbelegung" kann nicht autark erfolgen, sondern muss sich mindestens an der Kern-Ausprägung des Kostenbestimmungsfaktors "Arbeits- und Betriebsmittelintensität" orientieren. Bei einer autarken Analyse wäre grundsätzlich zu untersuchen, welche Schichtbelegung unter Annahme der bereits zitierten Idealbedingungen fehlerfreie Produktion und maximale Produktivität der eingesetzten Beschäftigten bei Zugrundelegen der Ist-Situation hinsichtlich der Arbeits- und Betriebsmittelintensität realisierbar erscheint. Die aus dieser Analyse resultierende Ausprägung des Kostenbestimmungsfaktors "Schichtbelegung" berücksichtigt jedoch nicht die Kern-Ausprägung des Kostenbestimmungsfaktors "Arbeits- und Betriebsmittelintensität", die gemäß den in Kapitel 2.5.4.1.2 getroffenen Ausführungen in Form eines funktionalen Zusammenhangs Einfluss auf die Kern-Ausprägung der Schichtbelegung haben kann. Um diesen Einfluss zu berücksichtigen, ist der funktionale Zusammenhang zwischen Arbeits- und Betriebsmittelintensität und Schichtbelegung zu untersuchen und eine entsprechende Funktion abzuleiten, welche die Schichtbelegung in Abhängigkeit von der Arbeits- und Betriebsmittelintensität beschreibt. Anschließend ist auf Basis der für den Ist-Zustand ermittelten Kern-Ausprägung der Schichtbelegung die unter Berücksichtigung der Kern-Ausprägung des Kostenbestimmungsfaktors "Arbeits- und Betriebsmittelintensität" notwendige Schichtbelegung zu ermitteln, die dann die Kern-Ausprägung des Kostenbestimmungsfaktors "Schichtbelegung" im Kern-Zustand darstellt.

Der Vollständigkeit halber sei an dieser Stelle erwähnt, dass das oben vorgeschlagene Vorgehen zur Ermittlung der Kern-Ausprägung des Kostenbestimmungsfaktors "Schichtbelegung" impliziert, dass es immer kostengünstiger ist, die Arbeits- und Betriebsmittelintensität bis auf ihren Maximalwert zu steigern und die zur Bewältigung dieser Arbeits- und Betriebsmittelintensität notwendige Schichtbelegung entsprechend anzupassen. Diese Situation trat insbesondere bei den vom Autor bisher in der praktischen Umsetzung angetroffenen Situationen auf, ist jedoch nicht zwangsläufig immer so. Gleichzeitig implizieren die oben getroffenen Ausführungen, dass es keinen funktionalen Zusammenhang zwischen einer Veränderung der effektiven Einsatzzeit der Arbeits- und Betriebsmittel und der Schichtbelegung gibt. Diese in Kapitel 2.3.2.2.2.4 getroffene Annahme beruht auf der Überlegung, dass die Schichtbelegung grundsätzlich für den Einsatz der Arbeits- und Betriebsmittel innerhalb der effektiven Einsatzzeit ausreicht und während Stillstandszeiten innerhalb der geplanten Einsatzzeit mit Aufgaben wie z.B. Instandhaltung beschäftigt ist, die sich bei einer Verringerung der Stillstandszeit innerhalb der geplanten Einsatzzeit proportional reduzieren. Besteht innerhalb der zu analysierenden Unternehmung die berechtigte Annahme, dass diese Grundannahmen nicht zutreffen, so ist zum einen zwischen den Kern-Ausprägungen der Kostenbestimmungsfaktoren "Arbeits- und Betriebsmittelintensität", "Effektive Einsatzzeit Arbeits- und Betriebsmittel" und "Schichtbelegung" derart eine Optimierung vorzunehmen, dass sich für die Gesamtunternehmung die kostenoptimale Situation ergibt. Zum anderen ist im Falle einer doch festgestellten Abhängigkeit zwischen den Kostenbestimmungsfaktoren "Effektive Einsatzzeit Arbeits- und Betriebsmittel" und "Schichtbelegung" eine entsprechende Anpassung von Gleichung 40 und Gleichung 46 vorzunehmen.

2.5.4.2.3 Kern-Ausprägung effektive Arbeitszeit

Abschließend sei für die Ermittlung der Kern-Ausprägung bei nicht technisch determinierten Grenzen die Ermittlung der Kern-Ausprägung des Kostenbestimmungsfaktors "Effektive Arbeitszeit" erläutert. Hinsichtlich der effektiven Arbeitszeit ist grundsätzlich von einer konstanten geplanten Wochenarbeitszeit der Beschäftigten auszugehen, da eine Ausweitung der geplanten Wochenarbeitszeit ceteris paribus zu keiner Veränderung der effektiven Arbeitszeit der Beschäftigten führen würde und somit der Effekt auf die spezifischen Personalkosten null wäre. Grundsätzlich ist daher die effektive Arbeitszeit dahingehend zu untersuchen, wie das Verhältnis zwischen der geplanten und der effektiven Arbeitszeit verbessert werden kann, da nur eine Verbesserung dieses Verhältnisses zu einer Reduzierung der spezifischen Personalkosten führen kann.

Zur Erläuterung dieses Effekts sei in Anlehnung an die in Kapitel 2.3.2.2.2.4 getroffenen Ausführungen noch einmal auf die Zusammensetzung der Arbeitszeit des in einer Unternehmung beschäftigten Personals eingegangen. Die als konstant angenommene Wochenarbeitszeit $t_{woche,plan}$ wird typischerweise (bereits aus arbeitsrechtlichen Gründen) nicht an einem Stück, sondern aufgeteilt auf n Arbeitstage mit einer durchschnittlichen geplanten arbeitstäglichen Arbeitszeit von $t_{d,plan}$ abgeleistet, so dass Gleichung 80 gilt.

$$t_{woche,plan} = n * t_{d,plan}$$

Gleichung 80 (Zusammensetzung Wochenarbeitszeit)

Die durchschnittliche arbeitstägliche Arbeitszeit $t_{d,plan}$ setzt sich wiederum aus der effektiven Arbeitszeit $t_{d,eff}$ und der nicht für den betrieblichen Leistungserstellungsprozess genutzte sonstige Zeit $t_{d,sonst}$ zusammen, so dass Gleichung 81 gilt.

$$t_{d,plan} = t_{d,eff} + t_{d,sonst}$$

Gleichung 81 (Zusammensetzung arbeitstägliche Arbeitszeit)

Hinsichtlich der nicht für den betrieblichen Leistungserstellungsprozess genutzten sonstigen Arbeitszeit ist zwischen den arbeitstäglich notwendigen Rüst- und Vorbereitungszeiten $t_{d,vor}$, den von der arbeitstäglichen Arbeitszeit $t_{d,plan}$ abhängigen Pausenzeiten $t_{d,pause}(t_{d,plan})$ und den arbeitstäglichen Leerlaufzeiten $t_{d,leer}$ zu unterscheiden, so dass der in Gleichung 82 dargestellte Zusammenhang gilt.

$$t_{d,sonst} = t_{d,vor} + t_{d,pause}(t_{d,plan}) + t_{d,leer}$$

Gleichung 82 (Zusammensetzung sonstige Arbeitszeit)

Für die eigentliche Ermittlung der Kern-Ausprägung des Kostenbestimmungsfaktors "Effektive Arbeitszeit" ist wiederum unter Beachtung des Konzepts der natürlichen Grenzen zu analysieren, inwieweit sich der Anteil der sonstigen Arbeitszeit (der die Differenz zwischen der geplanten und der effektiven Arbeitszeit beschreibt) an der geplanten Arbeitszeit minimieren lässt. Hinsichtlich der einzelnen Komponenten der sonstigen Arbeitszeit ist dabei wie folgt vorzugehen.

In Anlehnung an das Konzept der natürlichen Grenzen darf es im Kern-Zustand keinerlei arbeitstägliche Leerlaufzeit $t_{d,leer}$ mehr geben, da von einer maximalen Produktivität des eingesetzten Personals ausgegangen wird. Dementsprechend sind die arbeitstäglichen Leerlaufzeiten $t_{d,leer}$ zu null anzunehmen. Darüber hinaus sind die arbeitstäglichen Pausenzeiten $t_{d,pause}(t_{d,plan})$ auf die arbeitsmedizinisch notwendigen Zeiten zu beschränken. Da davon ausgegangen werden kann, dass die arbeitsrechtlichen Vorschriften Ausdruck der arbeitsmedizinisch notwendigen Pausenzeiten sind und diese dementsprechend repräsentieren, ist hierfür keine besondere Analyse notwendig, sondern es können direkt die gesetzlichen Vorschriften als Untergrenze übernommen werden. Zusätzlich ist zu analysieren, inwieweit sich die arbeitstäglich notwendigen Rüst- und Vorbereitungszeiten $t_{d,vor}$ auf ein Mindestmaß reduzieren lassen.

Bereits allein durch die Anwendung dieser Annahmen dürfte sich der Anteil der sonstigen Arbeitszeit an der geplanten Wochenarbeitszeit reduzieren. Darüber hinaus existiert jedoch noch ein weiterer Hebel, um den Anteil der sonstigen Arbeitszeit an der geplanten Wochenarbeitszeit weiter zu reduzieren. Wie in Gleichung 80 ausgedrückt, wird die Wochenarbeitszeit nicht an einem Stück, sondern aufgeteilt auf n verschiedene Arbeitstage abgeleistet. An jedem dieser Arbeitstage n fallen zusätzlich zu den von der geplanten Arbeitszeit abhängigen Pausenzeiten $t_{d,pause}(t_{d,plan})$ die arbeitstäglichen Rüst- und Vorbereitungszeiten $t_{d,vor}$ an, die unabhängig von der Länge der geplanten arbeitstäglichen Arbeitszeit $t_{d,plan}$ sind. Wird nun durch Ausweitung der geplanten arbeitstäglichen Arbeitszeit $t_{d,plan}$ auf $t'_{d,plan}$ die Anzahl der zur Ableitung der Wochenarbeitszeit notwendigen Arbeitstage n auf n' reduziert, reduziert sich proportional die Anzahl der in einer Woche anfallenden arbeitstäglich anfallenden Rüst- und Vorbereitungszeiten $t_{d,vor}$, so dass der Anteil der effektiven Arbeitszeit an der konstanten Wochenarbeitszeit weiter steigt. Da jedoch die arbeitsmedizinisch verlangte arbeitstägliche Pausenzeit $t_{d,pause}(t_{d,plan})$ von der arbeitstäglich geplanten Arbeitszeit $t_{d,plan}$ abhängt, ist zu analysieren, inwieweit dieser Effekt von einer überproportional steigenden arbeitstäglichen Pausenzeit kompensiert oder gar überkompensiert wird.

Die Kern-Ausprägung des Kostenbestimmungsfaktors "Effektive Arbeitszeit" ergibt sich unter Anwendung des oben geschilderten Analysevorgehens zu dem Szenario mit der bei konstanter Wochenarbeitszeit höchsten effektiven Arbeitszeit.

2.5.4.3 Verträglichkeitsprüfung abgeleiteter Kern-Ausprägungen

Sind die Kern-Ausprägungen aller Kostenbestimmungsfaktoren abgeleitet, so ist abschließend eine Verträglichkeitsprüfung der einzelnen Ausprägungen (für jeden Wertschöpfungsschritt einzeln) durchzuführen. Die Notwendigkeit für diese Verträglichkeitsprüfung ergibt sich aus dem Umstand, dass die ermittelten Kern-Ausprägungen ceteris paribus gegebenenfalls erreichbar erscheinen. Da sich jedoch die Ausprägungen aller Kostenbestimmungsfaktoren ändern und für das Ableiten der Kern-Ausprägungen jeweils eine ceteris paribus Annahme getroffen wurde, kann es sein, dass sich die unabhängig voneinander ermittelten Kern-Ausprägungen der Kostenbestimmungsfaktoren nicht gleichzeitig erreichen lassen. Zusätzlich besteht das Problem, dass ein Erreichen der Kern-Ausprägungen nicht zwangsläufig zum angestrebten Erreichen der Kostenuntergrenze führt, was grundsätzlich kontraproduktiv wäre. Dies lässt sich exemplarisch am Beispiel der in Abbildung 25 dargestellten Faktorverbrauchsfunktion erläutern, die den Faktorverbrauch eines Aggregats in Abhängigkeit von der technischen Intensität des Aggregats abbildet. Wie zu erkennen ist, sinkt die der spezifische Faktorverbrauch bis zu einer bestimmten technischen Intensität auf einen Minimalpunkt ab, um bis zum Erreichen der maximalen technischen Intensität wiederum stark anzusteigen.

Um nun die Frage zu klären, mit welcher Ausprägungskombination der Kostenbestimmungsfaktoren tatsächlich die unter Anwendung des Konzepts der natürlichen Grenzen maximal erreichbare Kostenuntergrenze erreicht werden kann, ist eine Verträglichkeitsprüfung der ermittelten Kern-Ausprägungen durchzuführen. Diese Verträglichkeitsprüfung ist in Form einer Sensitivitätsanalyse durchzuführen. Die grundsätzliche Eignung des Instruments der Sensitivitätsanalyse für diese Aufgabe beschreiben Ellinger/Beuermann/Leisten folgendermaßen. "Die Schwankungsbreiten einzelner Modellgrößen [...] können [...] aus Handlungsalternativen des Entscheidungsträgers herrühren. So ist es denkbar, Kapazitätsgrenzen bewusst zu verändern, um einen besseren Zielfunktionswert zu erreichen. Genauso kann eine Veränderung von Produktionskoeffizienten ins Auge gefasst werden [...], so dass deren Auswirkung auf die Optimallösung geprüft werden muss. [...] In diesem Zusammenhang spricht man von postoptimaler Analyse: Die ermittelte Optimallösung wird daraufhin untersucht, wie sie sich ändert, wenn einzelne Modelldaten variieren."[354]

Praktisch sollte die Durchführung der Sensitivitätsanalyse so gestaltet werden, dass auf Basis der für den jeweiligen Wertschöpfungsschritt ermittelten Kern-Ausprägungen verschiedene Szenarien mit "verträglichkeitsgeprüften" Kern-Ausprägungen definiert werden. So ist es z.B. vorstellbar, ein Szenario zu definieren, in dem sowohl die Kern-Ausprägung des Kostenbestimmungsfaktors "Effektive Einsatzzeit Arbeits- und Betriebsmittel" als auch die Kern-Ausprägung des Kostenbestimmungsfaktors "Arbeits- und Betriebsmittelintensität" Berücksichtigung findet und alle anderen Kostenbestimmungsfaktoren hinsichtlich ihrer Kern-Ausprägung so adjustiert werden, dass das Erreichen dieser Kern-Ausprägung (unter der Annahme idealisierter Umweltbedingungen) im Sinne der Verträglichkeit der angesetzten Ausprägungen denn auch tatsächlich gewährleistet ist. Für ein weiteres Szenario wäre es z.B. denkbar, nicht die Kern-Ausprägung des Kostenbestimmungsfaktors "Arbeits- und Betriebsmittelintensität" anzusetzen, sondern vielmehr die Ausprägung dieses Kostenbestimmungsfaktors zu wählen, bei der in Anlehnung an Abbildung 25 die geringsten spezifischen maschinenbezogenen Materialkosten anfallen. Für die ausgewählten Szenarien sind anschließend mit Hilfe der in Abbildung 49 dargestellten Berechnungsmatrix die spezifischen Kernkosten des jeweils betrachteten Wertschöpfungsschritts zu errechnen. Für das endgültige Festlegen der Kern-Ausprägungen der Kostenbestimmungsfaktoren des jeweils untersuchten Wertschöpfungsschritts sind anschließend die Kostenbestimmungsfaktor-Ausprägungen des Szenarios zu wählen, mit dem die niedrigsten spezifischen Kosten des jeweils analysierten Wertschöpfungsschritts erreicht werden können.

Die Analyse ist für alle Wertschöpfungsschritte der identifizierten Wertschöpfungskette der zu analysierenden Unternehmung durchzuführen. Hierbei ist anzu-

---

[354] Ellinger/Beuermann/Leisten, Operations Research, 6. Aufl., 2003, S. 99

merken, dass es nicht ausreicht, die Analyse auf einen Wertschöpfungsschritt zu beschränken und das für diesen Wertschöpfungsschritt als spezifisch kostenoptimal identifizierte Szenario auf alle weiteren Wertschöpfungsschritte zu übertragen. Vielmehr ist die Analyse für jeden Wertschöpfungsschritt einzeln durchzuführen, um sicherzustellen die spezifisch kostenoptimale Ausprägungskombination der Kostenbestimmungsfaktoren auch tatsächlich ermittelt zu haben.

2.5.5 Kernkosten errechnen

Liegen die Ist-Kosten der zu analysierenden Unternehmung je Wertschöpfungsschritt aufgeteilt nach der gewählten Kostenartenlogik vor und sind sowohl die Ist- als auch die Kern-Ausprägungen sämtlicher Kostenbestimmungsfaktoren und alle für das Errechnen der Kernkosten notwendigen Kennzahlen abgeleitet, so kann mit dem Errechnen der Kernkosten der zu analysierenden Unternehmung begonnen werden. Dies geschieht normalerweise mit Hilfe eines Kernkostenmodells, das die Ist- und die Kern-Ausprägungen der Kostenbestimmungsfaktoren zueinander ins Verhältnis setzt und mit Hilfe der in Kapitel 2.3.2.2 entwickelten Kostenfunktionen auf Basis der Ist-Kosten die Kernkosten der zu analysierenden Unternehmung berechnet. Da sich die Entwicklung eines solchen Kernkostenmodells am besten anhand eines konkreten Beispiels erklären lässt und den Ausführungen von Kapitel 3 (in dem die Entwicklung eines Kernkostenmodells anhand des Beispiels einer Bergbauunternehmung beschrieben wird) nicht vorgegriffen werden soll, erfolgt an dieser Stelle nur die grundsätzliche Erläuterung der Rechenmechanik und der zu beachtenden Besonderheiten.

2.5.5.1 Berechnungsbasis Funktionsmatrix

Die grundsätzliche Berechnung der Kernkosten der zu untersuchenden Unternehmung bedient sich der in Kapitel 2.4 zusammengefassten Funktionsmatrix[355], die gewissermaßen den rechentechnischen Kern der unternehmungsbezogenen Kernkostenanalyse darstellt. Aufgrund der in jedem Wertschöpfungsschritt gleichen Kostenbestimmungsfaktoren (die hinsichtlich ihrer konkreten Ausprägung je Wertschöpfungsschritt entsprechend interpretiert wurden) und der über alle Wertschöpfungsschritte einheitlichen Kostenartenstruktur, kann die entwickelte Funktionsmatrix ohne weitere Modifikationen für sämtliche Wertschöpfungsschritte angewandt werden.

Die Verwendung der Funktionsmatrix zur konkreten Berechnung der Kernkosten je Wertschöpfungsschritt ist dabei denkbar einfach. Grundsätzlich ergeben sich in Anlehnung an Gleichung 21 die spezifischen Kernkosten jeder Kostenart durch einfaches Multiplizieren der spezifischen Ist-Kosten der Kostenart mit den einzelnen Änderungsfaktoren der Kostenbestimmungsfaktoren. Dieses Errechnen der

---

[355] Vgl. Abbildung 33

spezifischen Kernkosten einer Kostenart durch Multiplizieren der spezifischen Ist-Kosten dieser Kostenart mit den ihr zugeordneten Kostenänderungsfaktoren ist so einfach möglich, da (wie in Kapitel 2.3.2.2 erläutert) die einzelnen Kostenfunktionen in Anlehnung an Gleichung 20 als dimensionslose Änderungsfaktoren entwickelt wurden und bei der Entwicklung dieser Änderungsfaktoren streng darauf geachtet wurde, dass sie nur die unabhängige Wirkung einer Ausprägungsänderung des jeweils betrachteten Kostenänderungsfaktors auf die jeweiligen spezifischen Kosten abbilden, mithin die Kostenwirkung einer gleichzeitigen Ausprägungsänderung aller Kostenbestimmungsfaktoren durch die Multiplikation aller Änderungsfaktoren mit den spezifischen Ist-Kosten der jeweiligen Kostenart errechnet werden kann.

Auf Basis dieser Schilderung ergeben sich die spezifischen Kernkosten eines Wertschöpfungsschritts einfach dadurch, dass die spezifischen Ist-Kosten des Wertschöpfungsschritts je Kostenart in Anlehnung an die in Abbildung 33 dargestellte Funktionsmatrix mit den jeweiligen Änderungsfaktoren multipliziert werden, wobei die Ausprägungen der Kostenbestimmungsfaktoren vor der Ausprägungsänderung den Ist-Ausprägungen der Kostenbestimmungsfaktoren und nach der Ausprägungsänderung den Kern-Ausprägungen der Kostenbestimmungsfaktoren entsprechen. Die spezifischen Kernkosten eines Wertschöpfungsschritts sind dementsprechend die Summe der spezifischen Kernkosten der einzelnen Kostenarten. Diese Berechnung der spezifischen Kernkosten ist im Anschluss für alle Wertschöpfungsschritte der zu analysierenden Unternehmung durchzuführen. Abschließend ergeben sich die spezifischen Kernkosten der gesamten zu analysierenden Unternehmung grundsätzlich durch Aufaddieren der spezifischen Kernkosten der einzelnen Wertschöpfungsschritte. Diese so errechneten spezifischen Kernkosten stellen die theoretisch maximal erreichbare Kostenuntergrenze der zu analysierenden Unternehmung dar.

Leider reicht diese Information allein nicht aus, da zusätzlich die Frage zu beantworten ist, bei welcher Kern-Ausbringungsmenge diese Kostenposition erreicht wird. Auch diese Frage lässt sich vergleichsweise einfach beantworten. Wie in Kapitel 2.3.1.2 erwähnt, ist hinsichtlich der Kostenbestimmungsfaktoren zwischen kapazitätsbestimmenden und nicht kapazitätsbestimmenden Faktoren zu unterscheiden, wobei die Menge der kapazitätsbestimmenden Kostenbestimmungsfaktoren durch die Kostenbestimmungsfaktoren "Arbeits- und Betriebsmittelintensität", "Geplante Einsatzzeit Arbeits- und Betriebsmittel" und "Effektive Einsatzzeit Arbeits- und Betriebsmittel" determiniert ist. Wird im Zuge der Durchführung einer unternehmungsbezogenen Kernkostenanalyse eine Ausprägungsänderung dieser Kostenbestimmungsfaktoren ermittelt, so hat das mithin nicht nur Einfluss auf die Veränderung der spezifischen Kosten, sondern auch auf die Ausbringungsmenge x der analysierten Unternehmung. Bezeichnet auf Basis der eingeführten Nomenklatur X die Arbeits- und Betriebsmittelintensität, t_{plan} die geplante sowie t_{eff} die effektive Einsatzzeit der Arbeits- und Betriebsmittel vor und X' die Arbeits- und Betriebsmittelintensität t'_{plan} die geplante sowie t'_{eff} die effektive Einsatzzeit der Arbeits- und Betriebsmittel nach einer Ausprägungsänderung der kapazitätsbe-stimmenden Kostenbestimmungsfaktoren, so ergibt sich der Änderungsfaktor der die dadurch verursachte Veränderung der Ausbringungsmenge von x auf x' aus-drückt zu Gleichung 83.

$$f(X;X';t_{plan};t'_{plan};t_{eff};t'_{eff}) = \frac{X'*t'_{eff}}{X*t_{eff}}$$

Gleichung 83 (Änderungsfaktor Ausbringungsmenge)

Die Kern-Ausbringungsmenge x' lässt sich dementsprechend durch einfache Mul-tiplikation der Ist-Ausbringungsmenge x mit dem in Gleichung 83 beschriebenen Änderungsfaktor errechnen.

Da sich der Charakter der einzelnen Wertschöpfungsschritte einer Unternehmung wie oben beschrieben typischerweise voneinander unterscheidet und somit anzu-nehmen ist, dass es zu unterschiedlichen Ausprägungsänderungen der Kostenbe-stimmungsfaktoren, mithin auch zu unterschiedlichen Ausprägungsänderungen der kapazitätsbestimmenden Kostenbestimmungsfaktoren kommt, ist die Änderung der Ausbringungsmenge je Wertschöpfungsschritt auf Basis der jeweiligen wert-schöpfungsschrittbezogenen Ausprägungsänderungen der kapazitätsbestimmenden Kostenbestimmungsfaktoren zu ermitteln, woraus typischerweise eine je Wert-schöpfungsschritt unterschiedliche Ausbringungsmenge resultiert.[356]

Da es jedoch genauso wie im Ist-Zustand auch nur eine einheitliche Ausbrin-gungsmenge je (Einprodukt-)Unternehmung im Kern-Zustand geben kann, sind bei der praktischen Berechnung der spezifischen Kernkosten eine Reihe von Be-sonderheiten zu beachten, die hinsichtlich des Ist-Kosten-Aufsetzpunktes und der Beachtung der durch die Wertschöpfungsschritte gebildeten Engpasskette in den nachfolgenden Kapiteln näher erläutert werden.

2.5.5.2 Aufsetzpunkt nachhaltige Ist-Kosten

Die Berechnung der Kernkosten erfolgt in Anlehnung an Kapitel 2.3.2.2.1 auf Ba-sis der spezifischen Kosten. Hauptgrund hierfür war, mit der durch eine Ausprä-gungsänderung der kapazitätsbeeinflussenden Kostenbestimmungsfaktoren verur-sachten Änderung der Ausbringungsmenge nicht zusätzlich die Berechnung (und insbesondere die Entwicklung der Kostenfunktionen) zu erschweren, sondern die Änderung der Ausbringungsmenge parallel separat mitzuführen. Dementspre-

---

[356] In diesem Zusammenhang sei darauf verwiesen, dass ausschließlich die Berechnung der Kern-Ausbringungsmenge auf Basis des in Gleichung 83 beschriebenen Zusammenhangs ausschließlich für kapazitätsbestimmenden Wertschöpfungsfaktoren (also für Wertschöp-fungsschritte die direkt an der Herstellung des durch die Unternehmung erstellten Produkts beteiligt sind) Sinn macht. Eine nähere Erläuterung dieser Überlegung wird im Kapitel 2.5.5.3 vorgenommen.

chend sind als Ausgangspunkt für das Errechnen der Kernkosten die spezifischen Ist-Kosten der einzelnen Kostenarten in den einzelnen Wertschöpfungsschritten zu errechnen. Dies erfolgt grundsätzlich durch die Division der referenzzeitraumbezogenen Ist-Absolutkosten eines Wertschöpfungsschritts durch die referenzzeitraumbezogene Ausbringungsmenge, welche ja für die gesamte Unternehmung gleich ist.

Im Sinne der dieser Arbeit zugrunde liegenden Kostendefinition[357] liefert die undifferenzierte Anwendung des oben geschilderten grundsätzlichen Vorgehens jedoch ungenaue oder genauer gesagt falsche spezifische Ist-Kosten und damit auch falsche Kernkosten. Das liegt im Wesentlichen daran, dass in dem oben beschriebenen grundsätzlichen Vorgehen noch nicht die Nachhaltigkeitsforderung Witthoffs[358] beachtet wurde, welche in die dieser Arbeit zugrunde liegende Definition der Kernkosten eingearbeitet wurde. Demnach sind die Kernkosten "... der bewertete, bis an die natürlichen Grenzen optimierte Verzehr von Gütern und Dienstleistungen (einschließlich öffentlicher Abgaben), der zur Erstellung und zum Absatz der betrieblichen Leistungen sowie zur Aufrechterhaltung der Betriebsbereitschaft (Kapazität) erforderlich ist."[359] Bei dem Errechnen der spezifischen Ist-Kosten ist demnach zusätzlich die Frage zu stellen, ob die durch einfache Division von Ist-Kosten und Ausbringungsmenge errechneten spezifischen Kosten tatsächlich ausreichen, um nachhaltig die Betriebsbereitschaft der analysierten Unternehmung aufrecht zu erhalten.[360] Diese Forderung ist insbesondere bei Wertschöpfungsschritten zu untersuchen, die nicht direkt sondern vielmehr indirekt an der Erstellung der Ausbringungsmenge beteiligt sind und somit vielmehr unterstützende Aufgaben haben.

Als klassisches Beispiel ist hierfür eine Kiesunternehmung anzusehen, die jährlich den Vorrat einer Kiesgrube absetzt und dementsprechend auch jährlich mindestens

---

[357] Vgl. Kapitel 1.2.2

[358] Vgl. Witthoff, Kosten- und Leistungsrechnung der Industriebetriebe, 4. Aufl., 2001, S. 6

[359] Kapitel 1.2.3

[360] Der Nachhaltigkeitsbegriff als solcher geht zurück auf Hannß Carl von Carlowitz, der in seinem Werk "Sylvicultura Oeconomica" im Jahre 1713 zum ersten Mal (am Beispiel der Forstwirtschaft) erkannt, dass es gewisse Grundsätze für das nachhaltige Wirtschaften gibt, die es verbieten, die vorhandenen Ressourcen über Gebühr zu beanspruchen. Vielmehr kann der Ressourcenverbrauch nur in dem Maße erfolgen, in dem sich der Ressourcenbestand wiederum regenerieren kann. Von Carlowitz führte das am Beispiel des Holzverbrauchs aus, der zu seiner Zeit aufgrund von stark wachsenden Wirtschaft über dem Maße lag, mit dem sich die Holzbestände von selbst regenerierten. Um die sich abzeichnende Holznot zu vermeiden, plädierte von Carlowitz für eine nachhaltige Forstwirtschaft, bei der dem Wald genau die Menge Holz entnommen wird, die auch nachwächst. Abschließend ist anzumerken, dass von Carlowitz - Einwohner der Silberstadt Freiberg - eng mit dem Bergbau und dem Überwinden des befürchteten Holzmangels im sächsischen Silberbergbau verbunden ist und deswegen insbesondere in der Diskussion über die Nachhaltigkeit der Kosten im Rahmen dieser Arbeit einen besonderen Platz einnimmt. Vgl. Grober, Der Erfinder der Nachhaltigkeit, 2000; von Carlowitz, Sylvicultura oeconomica, 1713

eine neue Kiesgrube zu erschließen hat. Gesetzt den Fall es geht dieser Kiesunternehmung durch z.b. einen signifikanten Einbruch der Kies-Preise wirtschaftlich schlecht und sie hätte als kurzfristig wirksame Sparmaßnahme im Referenzzeitraum anstatt der notwendigen einen Kiesgrube nur eine halbe Kiesgrube mit den entsprechenden halben Absolutkosten erschlossen, so würde die Division dieser halben Absolutkosten mit der vollen Ausbringungsmenge spezifische Ist-Kosten liefern, mit denen die Betriebsbereitschaft langfristig nicht aufrecht erhalten werden kann, da ja langfristig mindestens der Kiesvorrat in Form einer Kiesgrube neu erschlossen werden muss, den die Unternehmung abbaut und verkauft.

Dieser "Fehler" der genauso gut auch hinsichtlich der umgekehrten Situation (es werden im Referenzzeitraum zwei Kiesgruben erschlossen, obwohl nur eine für die nachhaltige Aufrechterhaltung der Betriebsbereitschaft notwendig gewesen wäre) vorstellbar ist, muss zum Errechnen der definitionsgemäß richtigen spezifischen Kernkosten entsprechend korrigiert werden. Hierfür sind die spezifischen Ist-Kosten zu ermitteln, die für eine nachhaltige Aufrechterhaltung der Betriebsbereitschaft erforderlich sind. Die Ermittlung dieser nachfolgend als nachhaltige spezifische Ist-Kosten bezeichneten Kosten ist dabei denkbar einfach und kann je Wertschöpfungsschritt durch einfache Multiplikation eines Korrekturfaktors der spezifischen Ist-Kosten vorgenommen werden. Bezeichnet $FEMN_{ist,n}$ das Ist-Faktoreinsatzmengenniveau und $FEMN_{nachhaltig,n}(x)$ das von der Ausbringungsmenge abhängige, zum Aufrechterhalten der Betriebsbereitschaft nachhaltig notwendige Faktoreinsatzmengenniveau des Wertschöpfungsschritts n, so ergibt sich der entsprechende Korrekturfaktor in seiner allgemeinen Form gemäß Gleichung 84.

$$f(FEMN_{ist,n}; FEMN_{nachhaltig,n}; x) = \frac{FEMN_{nachhaltig,n}(x)}{FEMN_{ist,n}}$$

Gleichung 84 (Korrekturfaktor Nachhaltigkeit)

Unabhängig davon, wie die Korrektur der spezifischen Ist-Kosten am Ende tatsächlich durchgeführt wird, ist in jedem Fall zu beachten, dass die Berechnung der nachhaltigen spezifischen Ist-Kosten für jeden Wertschöpfungsschritt separat vorzunehmen ist, da sich der Grad der notwendigen Korrektur von Wertschöpfungsschritt zu Wertschöpfungsschritt unterscheiden kann. Erst wenn für jeden Wertschöpfungsschritt die nachhaltigen spezifischen Ist-Kosten ermittelt wurden, kann auf Basis dieser spezifischen Ist-Kosten die Berechnung der spezifischen Kernkosten mit dem in Kapitel 2.5.5.1 beschriebenen Verfahren erfolgen.

2.5.5.3 Beachtung Engpasskette

Aufgrund des unterschiedlichen Charakters der einzelnen Wertschöpfungsschritte und der dadurch bedingten unterschiedlichen Ausprägungsänderung der kapazitätsbestimmenden Kostenbestimmungsfaktoren ergibt sich insbesondere bei den kapazitätsbestimmenden Wertschöpfungsschritten eine im Vergleich mit den

Kern-Ausbringungsmengen der anderen kapazitätsbestimmenden Wertschöpfungsschritten unterschiedliche Kern-Ausbringungsmenge. Hierbei seien unter den kapazitätsbestimmenden Wertschöpfungsschritten die Wertschöpfungsschritte verstanden, die sich mit der physischen Herstellung des durch die Unternehmung erstellten Produkts befassen.

In Anlehnung an die in Kapitel 1.2.3 getroffenen Ausführungen stellt die Menge der kapazitätsbestimmenden Wertschöpfungsschritte ein als Engpasskette interpretierbares Gesamtsystem dar, das jeweils nur soviel produzieren kann, wie das schwächste Glied dieser Engpasskette zu produzieren in der Lage ist. Um also die korrekten spezifischen Kernkosten der zu analysierenden Unternehmung auszurechnen, ist das in Kapitel 2.5.5.1 beschriebene grundsätzliche Vorgehen zum Errechnen der spezifischen Kernkosten der zu analysierenden Unternehmung entsprechend zu erweitern. Dabei ist wie folgt vorzugehen.

Zuerst sind – wie in Kapitel 2.5.5 geschildert – die spezifischen Kernkosten und die spezifischen Kern-Ausbringungsmengen sämtlicher Wertschöpfungsschritte auszurechnen. Anschließend sind die kapazitätsbestimmenden Wertschöpfungsschritte dahingehend zu untersuchen, welcher dieser kapazitätsbestimmenden Wertschöpfungsschritte im Kern-Zustand auf die geringste Kern-Ausbringungsmenge optimiert werden kann. Diese minimale Kern-Ausbringungsmenge stellt die Kern-Ausbringungsmenge der Gesamtunternehmung dar und darf von keinem der kapazitätsbestimmenden Wertschöpfungsschritte überschritten werden. Dementsprechend sind die Ausprägungsänderungen der kapazitätsbestimmenden Kostenbestimmungsfaktoren der verbleibenden kapazitätsbestimmenden Wertschöpfungsschritte so anzupassen, dass sich unter Beachtung der Engpass-Kern-Ausbringungsmenge die jeweils niedrigsten spezifischen Kosten je kapazitätsbestimmendem Wertschöpfungsschritt ergeben.[361] Anschlie-

---

[361] Diese Optimierung muss vorgenommen werden, da die spezifischen Kernkosten der verbleibenden Wertschöpfungsschritte von den sich nunmehr wiederum verändernden Ausprägungen der kapazitätsbestimmenden Kostenbestimmungsfaktoren und somit von der Ausbringungsmenge abhängen. Diese Optimierung kann insbesondere aufgrund der in der Praxis recht komplizierten Kostenfunktionen hinsichtlich der Entscheidung anspruchsvoll sein, welcher kapazitätsbestimmende Kostenfaktor des jeweilig verbleibenden kostenbestimmenden Wertschöpfungsschritts hinsichtlich seiner Ausprägung angepasst werden soll. Eine mögliche Beantwortung dieser Frage (die hinsichtlich des begrenzten Zeitrahmens des für die Durchführung einer unternehmungsbezogenen Kernkostenanalyse zur Verfügung stehenden Zeitrahmens als empfehlenswert anzusehen ist) besteht darin, die Kern-Ausprägungen aller kapazitätsbestimmenden Kostenbestimmungsfaktoren der verbleibenden kapazitätsbestimmenden Wertschöpfungsschritte einheitlich um den Anteil zu reduzieren, um den die Kern-Ausbringungsmenge des jeweiligen Wertschöpfungsschritts die Engpassausbringungsmenge übersteigt. Bezeichnet x die Ist-Ausbringungsmenge, x_{eng} die Engpassausbringungsmenge und x' die Kern-Ausbringungsmenge des betreffenden kapazitätsbestimmenden Wertschöpfungs-

ßend sind auf Basis der modifizierten Ausprägungsänderungen der kapazitätsbestimmenden Kostenbestimmungsfaktoren die spezifischen Kernkosten der kapazitätsbestimmenden Wertschöpfungsschritte neu zu berechnen. Die spezifischen Kernkosten der gesamten Unternehmung ergeben sich dann final durch Addition der (angepassten) spezifischen Kernkosten der einzelnen Wertschöpfungsschritte. Die Kern-Ausbringungsmenge ergibt sich abschließend final zu der unter den kapazitätsbestimmenden Wertschöpfungsschritten ermittelten Engpassmenge.

2.5.5.4 Zusammenfassung Errechnungsvorgehen Kernkosten

Auf Basis des in den Kapiteln 2.5.5.1 bis 2.5.5.3 geschilderten Vorgehens kann nunmehr abschließend das grundsätzliche, zum Errechnen der spezifischen Kernkosten anzuwendende Errechnungsvorgehen zusammengefasst werden. Dieses ist unter Verwendung der Symbolsprache der Systemanalyse[362] in Abbildung 40 schematisch in Form eines Datenflussdiagramms (DFD) dargestellt.

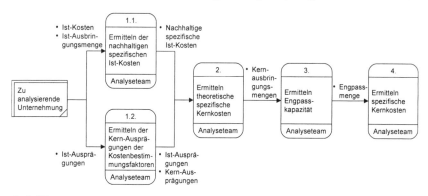

Quelle: Weiss

Abbildung 40 (Vorgehen Errechnen Kernkosten)

Ausgehend von den Ist-Daten der zu analysierenden Unternehmung sind in zwei durchführbaren Prozessen zum einen die nachhaltigen spezifischen Ist-Kosten und die Ist- und Kern-Ausprägungen der Kostenbestimmungsfaktoren zu ermitteln. Auf Basis dieser Daten können dann in einem weiteren Prozessschritt unter Zuhilfenahme der Funktionsmatrix die theoretischen spezifischen Kernkosten der einzelnen Wertschöpfungsschritte sowie die Kern-Ausbringungsmengen der kapazitätsbestimmenden Wertschöpfungsschritte errechnet werden. Die auf diesem Wege ermittelten Kern-Ausbringungsmengen der kapazitätsbestimmenden Wert-

---

schritts, so ergibt sich der hierfür zu verwendende Anpassungsfaktor wie folgt.

$$f(x_{eng}; x') = \frac{x_{eng}}{x'}$$

[362] Vgl. Krallmann, Systemanalyse in Unternehmen, 2. Aufl., 1996, S. 64

schöpfungsschritte werden in einem weiteren Prozessschritt miteinander verglichen. Auf Basis der kleinsten auf diesem Wege ermittelten Kern-
Ausbringungsmenge der kapazitätsbestimmenden Wertschöpfungsschritte wird
anschließend die Engpasskapazität ermittelt. Anschließend werden die Kern-
Ausprägungen der kapazitätsbestimmenden Kostenbestimmungsfaktoren der
verbleibenden kapazitätsbestimmenden Wertschöpfungsschritte so angepasst, dass
auch die verbliebenen kapazitätsbestimmenden Wertschöpfungsschritte die Engpasskapazität unter dem Optimierungskriterium der niedrigstmöglichen spezifischen Kosten erreichen. Ausgehend von der ermittelten Engpassmenge und den
modifizierten Kern-Ausprägungen der kapazitätsbestimmenden Kostenbestimmungsfaktoren der kapazitätsbestimmenden Wertschöpfungsschritte werden abschließend unter wiederholter Verwendung der Funktionsmatrix die spezifischen
Kernkosten der einzelnen Wertschöpfungsschritte ermittelt, die nunmehr aufaddiert die spezifischen Kernkosten oder anders formuliert die (bei der Herstellung
der ermittelten Engpassmenge) theoretisch maximal erreichbare Kostenuntergrenze der zu analysierenden Unternehmung beschreiben.

2.5.6 Zielniveau Kostenbestimmungsfaktoren ableiten

Die errechneten Kernkosten der zu analysierenden Unternehmung stellen – wie
bereits mehrfach angemerkt – nur die theoretisch maximal erreichbare Kostenuntergrenze der zu analysierenden Unternehmung dar, wenn für das Ableiten der
Kern-Ausprägungen der Kostenbestimmungsfaktoren das in Kapitel 1.2.3 zitierte
Konzept der natürliche Grenzen zugrunde gelegt wird. Praktisch erreichbar sind
diese theoretischen Kernkosten aufgrund der angenommenen idealisierten Umweltbedingungen jedoch nicht. Trotzdem stellen die so ermittelten Kernkosten die
unverzichtbare analytische Basis für die nun folgende Ableitung der in der Praxis
erreichbaren Zielkosten dar.

Die mit dem in Kapitel 2.5.5 beschriebenen Vorgehen errechneten Kernkosten bieten nämlich nunmehr die Möglichkeit, anhand der in diesem Zusammenhang ermittelten Kern-Ausprägungen der Kostenbestimmungsfaktoren unabhängig von
jedem Diskurs über Kosten oder Budgets darüber zu diskutieren, welche Hürden
in der betrieblichen Praxis das Erreichen der ermittelten Kern-Ausprägungen verhindern. Ist eine Einigkeit darüber erzielt worden, warum diese Kern-
Ausprägungen nicht erreichbar sind, so können auf Basis der ermittelten Hürden
die Kern-Ausprägungen zu Ziel-Ausprägungen der Kostenbestimmungsfaktoren
modifiziert werden. Um dabei tatsächlich die unter den gegebenen Umweltbedingungen maximal erreichbaren Ziel-Ausprägungen der Kostenbestimmungsfaktoren zu ermitteln, sind wiederum eine Reihe von Randbedingungen zu beachten,
die in den folgenden Kapiteln erläutert werden.

2.5.6.1 Ziel-Ausprägung bei technisch determinierten Grenzen

Das Ermitteln der Ziel-Ausprägung bei technisch determinierten Grenzen ist in Anlehnung an das in Kapitel 2.5.4.1 beschriebene Ermitteln der Kern-Ausprägungen bei technisch determinierten Grenzen vergleichsweise einfach. Grundsätzlich sind die für das Ermitteln der Kern-Ausprägungen angenommenen Idealbedingungen dahingehend zu hinterfragen, inwieweit sie sich in der praktischen Anwendung (die mit den gegebenen Umweltbedingungen konfrontiert ist) aufrechterhalten lassen bzw. inwieweit sie modifiziert werden müssen, um ihre Realisierung in der betrieblichen Praxis gerade noch zu erreichen. Dabei sollte das Ziel des Ermittelns der Ziel-Ausprägungen darin bestehen, möglichst viele der angenommenen Idealbedingungen auch in der Praxis zu realisieren und keinesfalls irgendwie geartete Puffer in das Ableiten der Ziel-Ausprägungen der Kostenbestimmungsfaktoren einfließen zu lassen, da es ja das in den Kapiteln 1.1.1 und 1.4 erklärte Ziel der unternehmungsbezogenen Kernkostenanalyse ist, die unter den gegebenen Umweltbedingungen maximal erzielbare Kostenuntergrenze einer Unternehmung zu ermitteln. Welche Randbedingungen hierbei zu beachten sind, wird im Folgenden für die Kostenbestimmungsfaktoren "Faktoreinsatzmenge Repetierfaktoren", "Arbeits- und Betriebsmittelintensität", "Geplante Einsatzzeit Arbeits- und Betriebsmittel" sowie "Effektive Einsatzzeit Arbeits- und Betriebsmittel" erläutert.

2.5.6.1.1 Ziel-Ausprägung Faktoreinsatzmengen Repetierfaktoren

Hinsichtlich der Kern-Ausprägung des Kostenbestimmungsfaktors "Faktoreinsatzmengen Repetierfaktoren" wurde angenommen, dass ausschließlich die sich aus der stöchiometrisch festgelegten Input-/Outputbeziehung resultierenden Faktormengen zum Einsatz kommen und keinerlei innerbetriebliche Verschwendung bzw. keine Reserve- und Puffermengen existieren. Dieses Endziel lässt sich in der betrieblichen Praxis wahrscheinlich nicht erreichen. Vielmehr ist anzunehmen, dass es in gewissem Maße immer zu einer "Verschwendung" von Produktionsfaktoren – und sei es nur durch kleine Unachtsamkeiten – kommen wird. Das heißt jedoch nicht, dass Faktoreinsatzmengen zu akzeptieren sind, die deutlich über den durch die stöchiometrisch festlegte Input-/Outputbeziehung determinierten Faktoreinsatzmengen liegen. Vielmehr ist durch Benchmarking oder andere geeignete Instrumente zu analysieren, wo entweder in der eigenen Unternehmung oder aber in (vergleichbaren) fremden Unternehmungen die dort erzielten Bestwerte der Faktorverbräuche im Verhältnis zu den jeweils dort einschlägigen, aus der stöchiometrisch festgelegten Input-/Outputbeziehung resultierenden Mindestfaktorverbräuchen liegen und wie lange es gedauert hat, diesen Bestwert zu erreichen. Auf Basis dieser Informationen kann dann in direktem Dialog mit den jeweils verantwortlichen Beschäftigten der zu analysierenden Unternehmung ein Ziel-Faktorverbrauchsniveau festgelegt werden, das sich unter größten Anstrengungen erreichen lässt und sich möglichst eng an der stöchiometrisch festgelegten Input-/Outputbeziehung orientiert.

2.5.6.1.2 Ziel-Ausprägung Arbeits- und Betriebsmittelintensität

Wurden zur Ermittlung der Kern-Ausprägung des Kostenbestimmungsfaktors "Arbeits- und Betriebsmittelintensität" die in der Unternehmung herrschenden Umweltbedingungen ignoriert und lediglich die Idealbedingungen zum Ermitteln der Kern-Ausprägung herangezogen, so sind die real existierenden Umweltbedingungen in der zu analysierenden Unternehmung für die Ermittlung der Ziel-Ausprägung unbedingt zu beachten.

Das betrifft hauptsächlich die sich aus gesetzlichen bzw. aufsichtsrechtlichen Regelungen ergebenden Begrenzungen der Arbeits- und Betriebsmittelintensität, die bei der Ermittlung der Ziel-Ausprägung unbedingt zu beachten sind. Diese sind grundsätzlich nicht einfach so als Einschränkungen gegenüber den Idealbedingungen hinzunehmen, sondern im Dialog mit dem Gesetzgeber bzw. der Aufsichtsbehörde zu hinterfragen. So zementiert die Gesetze und Verordnungen auf den ersten Blick auch erscheinen mögen, so viel Sinn macht es, sie zu hinterfragen. Hauptgrund hierfür ist der Umstand, dass viele Gesetze und Verordnungen vor einer geraumen Zeit erlassen und seit dem nicht mehr verändert wurden. Kann nachgewiesen werden, dass die Auflagen hinsichtlich der Arbeits- und Betriebsmittelintensität überholt sind (z.B. durch das Anführen von Praxisbeispielen aus anderen Ländern), so besteht zumeist die hohe Chance einer Veränderung der entsprechend einschlägigen Vorschriften oder zumindest der Erteilung einer entsprechenden Ausnahmegenehmigung. Hierbei ist natürlich immer abzuwägen, ob die Auseinandersetzung mit dem Gesetzgeber bzw. der Aufsichtsbehörde hinsichtlich Zeit- und Ressourcenbedarf in einem vertretbaren Verhältnis zum erzielbaren Erfolg steht.

Parallel hierzu sollten Begrenzungen der Arbeits- und Betriebsmittelintensität hinterfragt werden, die sich aus vertraglichen Vereinbarungen mit den Tarifparteien ergeben. Da derartige Vereinbarungen zumeist in Zeiten getroffen wurden, in dem es der zu analysierenden Unternehmung "gut" ging, sind derartige Beschränkungen (wenn überhaupt einschlägig) unter den gegebenenfalls veränderten Umweltbedingungen der Unternehmung nachzuverhandeln.

Abschließend sei auf die naturgesetzlichen Beschränkungen eingegangen, die sich aus den speziellen Umweltbedingungen der zu analysierenden Unternehmung ergeben. Als Beispiel sei an dieser Stelle auf die Beschränkung der Gewinnungsmaschinenintensität im Steinkohlenbergbau hingewiesen, welche auf die CH_4-Gaskonzentration unter Tage zurückzuführen ist. Hierbei ist zu untersuchen, inwieweit sich die sich aus den geologischen Bedingungen des Bergwerks ergebende Beschränkung der Gewinnungsmaschinenintensität durch geeignete Maßnahmen mit vertretbarem Aufwand verschieben oder sogar ganz aufheben lässt.

Auf Basis dieser Analysen, die sich ausschließlich an den (unter Berücksichtigung der in der zu analysierenden Unternehmung herrschenden Umweltbedingungen) maximal erreichbaren Arbeits- und Betriebsmittelintensitäten orientieren, sind

Ziel-Ausprägungen des Kostenbestimmungsfaktors "Arbeits- und Betriebsmittel-intensität" zu ermitteln. Die Ziel-Ausprägung des Kostenbestimmungsfaktors "Arbeits- und Betriebsmittelintensität" jedes Wertschöpfungsschritts ergibt sich – wie auch die Kern-Ausprägung – zu der Arbeits- und Betriebsmittelintensität des schwächsten Arbeits- und Betriebsmittels, wobei als Vergleichsmaßstab wiederum die ökonomische Intensität heranzuziehen ist.

2.5.6.1.3 Ziel-Ausprägung geplante und effektive Einsatzzeit Arbeits- und Betriebsmittel

Die Ziel-Ausprägung der Kostenbestimmungsfaktoren "Geplante Einsatzzeit Arbeits- und Betriebsmittel" und "Effektive Einsatzzeit Arbeits- und Betriebsmittel" kann, wie auch die Ermittlung der Kern-Ausprägung dieser Kostenbestimmungsfaktoren, nicht direkt, sondern nur indirekt über die Ermittlung der Ziel-Ausprägung der relevanten, in Abbildung 39 dargestellten Kennzahlen erfolgen. Anders als bei der Ermittlung der Kern-Ausprägung dieser Kennzahlen sind dabei nicht nur die naturgesetzlich determinierten Grenzen und das Gebot der Nachhal-tigkeit zu beachten. Vielmehr sind zur Ermittlung der Ziel-Ausprägungen auch die bei der Ermittlung der Kern-Ausprägungen nicht beachteten Randbedingungen der gesetzlichen Einschränkungen (gesetzliche Feiertage, Sonntagsarbeitsverbot etc.) und der sonstigen, die effektive Einsatzzeit verringernden Einschränkungen (tarif-liche Vereinbarungen etc.) einzubeziehen. Einbeziehen heißt in diesem Falle je-doch nicht, diese zusätzlichen Randbedingungen nicht zu hinterfragen. Vielmehr sind diese zusätzlich zu beachtenden Randbedingungen dahingehend zu hinterfra-gen, inwieweit sie tatsächlich als gegebene – und dann auch einzubeziehende – Umweltbedingungen anzusehen sind oder ob sie sich nicht durch geschickte Ver-handlungen und sachliche Argumentation umgehen oder zumindest einschränken lassen. Nachfolgend werden die in Abbildung 39 dargestellten Kennzahlen, auf deren Basis später die Ziel-Ausprägungen der beiden Kostenbestimmungsfaktoren "Geplante Einsatzzeit Arbeits- und Betriebsmittel" sowie "Effektive Einsatzzeit Arbeits- und Betriebsmittel" ermittelt werden können, in Bezug auf die im Ziel-Zustand gegenüber dem Kernzustand zusätzlich zu beachtenden Randbedingungen hin erläutert.

- *Kalenderzeit*: Die Kalenderzeit entspricht in ihrer Ziel-Ausprägung der Ist-Ausprägung, da der betrachtete Referenzzeitraum (wie auch bei der Ermitt-lung der Kern-Ausprägung) als konstant angenommen wird.

- *Produktionsfreie Zeit*: Bei der Ermittlung der Ziel-Ausprägung ist die er-mittelte Kern-Ausprägung nur in dem Falle zu erweitern, in denen sich die unter gegebenen Umweltbedingungen ergebenden Gründe aus gesetzlichen, tariflichen und sonstigen Regelungen tatsächlich nicht umgehen lassen. Hierfür ist durch engen Dialog mit den Verantwortlichen zum einen zu ü-berprüfen, inwieweit sich gesetzliche Regelungen durch z.B. die Erteilung von Sondergenehmigungen einschränken oder gar umgehen lassen. Des

Weiteren ist mit den Vertretern der Arbeitnehmerseite darüber zu verhandeln, inwieweit sich die z.b. in Tarifverträgen festgesetzten Regelungen zur produktionsfreien Zeit unter Beachtung der aktuellen Situation der Unternehmung nachverhandeln lassen, um eine dauerhafte Wettbewerbsfähigkeit der zu analysierenden Unternehmung sicherzustellen. Nach diesem Muster sind alle weiteren Regelungen hinsichtlich der produktionsfreien Zeit zu hinterfragen und nur die Regelungen in die Ermittlung der Ziel-Ausprägung einzubeziehen, die sich nach intensivem Hinterfragen als unumgänglich erwiesen haben.

- *Geplante Stillstände außerhalb geplanter Einsatzzeit:* Die Kern-Ausprägung dieser Kennzahl wurde bereits auf Basis des Nachhaltigkeitsgebots ermittelt. Dementsprechend ist grundsätzlich davon auszugehen, dass die Kern-Ausprägung auch der Ziel-Ausprägung dieser Kennzahl entspricht. Dies ist noch einmal mit den für die geplanten Stillstände außerhalb der geplanten Einsatzzeit zuständigen Verantwortlichen zu diskutieren. Sollten im Rahmen dieser Diskussion Argumente hervorgebracht werden, warum die Ziel-Ausprägung von der Kern-Ausprägung abweichen muss, so sind ausschließlich diese Argumente in die Festlegung der Ziel-Ausprägung einzubeziehen, die sich auch zeitmäßig quantifizieren lassen. Pauschalabschläge, nach dem Muster "lassen sie uns mal 10% Sicherheitszuschlag" berücksichtigen, die sich nicht substantiieren lassen, sind hingegen nicht zu berücksichtigen.

- *Geplante Stillstände innerhalb geplanter Einsatzzeit:* Für die Ermittlung der Ziel-Ausprägung dieser Kennzahl ist das gleiche Vorgehen wie für die Ermittlung der Ziel-Ausprägung der geplanten Stillstände außerhalb der geplanten Einsatzzeit anzuwenden.

- *Ungeplante störungsbedingte Stillstände:* Hinsichtlich der Kern-Ausprägung dieser Kennzahl wurde angenommen, dass es unter Idealbedingungen keinerlei ungeplante störungsbedingte Stillstände gibt. Diese Annahme kann zur Ermittlung der Ziel-Ausprägung dieser Kennzahlen nicht aufrecht erhalten werden, da auch bei Anwendung von modernsten Instandhaltungssystemen wie z.B. TPM eine (wenn auch gegenüber dem Ist-Zustand deutlich geringere - Nakajima gibt hierfür das erreichbare Verhältnis mit 1/50 an) gewisse Anzahl an ungeplanten störungsbedingten Stillständen nicht zu vermeiden ist.[363] Um die ungeplanten störungsbedingten Stillstände unter Beachtung der gegebenen Umweltbedingungen auf ein Mindestmaß zu reduzieren, ist daher zu analysieren, welche minimale Ausprägung dieser Kennzahl unter Verwendung modernster Instandhaltungs-

---

[363] Vgl. Nakajima, Management der Produktionseinrichtungen, 1995, S. 25

systeme realistisch erreicht werden kann.[364] Auf Basis dieser Information (für die im übrigen auch die Vergleichswerte von Unternehmungen herangezogen werden können, die derartige Systeme bereits eingeführt haben) und der Information, in welchem Zeitraum diese Verbesserungen erzielt worden sind, ist anschließend ein ambitioniertes Ziel-Niveau abzuleiten, das unter größten Anstrengungen auch realisierbar erscheint.

- *Sonstige Stillstände*: Hinsichtlich der sonstigen Stillstände ist die ermittelte Kern-Ausprägung dahingehend zu untersuchen, ob unter den gegebenen Umweltbedingungen der zu analysierenden Unternehmung irgendwelche Einschränkungen bestehen, die verhindern, dass die Ziel-Ausprägung dieser Kennzahl ihrer Kern-Ausprägung entspricht. Da zur Ermittlung der Kern-Ausprägung bereits das Argument der Nachhaltigkeit beachtet wurde, dürften diese Anpassungen im Allgemeinen gering ausfallen. Grundsätzlich ist auch hier wichtig, nur die Einschränkungen gegenüber dem Kern-Zustand in die Ermittlung des Ziel-Zustands einzubeziehen, die eindeutig quantitativ belegbar sind. Pauschalansätze nach dem Muster "lassen sie uns 10% Sicherheitszuschlag verwenden" sind wiederum nicht einzubeziehen.

Sind die Ziel-Ausprägungen der oben genannten Kennzahlen ermittelt, so lassen sich auf Basis des in Abbildung 39 dargestellten Zusammenhangs die Ziel-Ausprägungen der Kostenbestimmungsfaktoren "Geplante Einsatzzeit Arbeits- und Betriebsmittel" und "Effektive Einsatzzeit Arbeits- und Betriebsmittel" ermitteln.

2.5.6.2 Ziel-Ausprägung bei nicht technisch determinierten Grenzen

Wie bei der Ermittlung der Ziel-Ausprägungen bei technisch determinierten Grenzen sind auch bei der Ermittlung der Ziel-Ausprägungen bei nicht technisch determinierten Grenzen die herrschenden Umweltbedingungen der zu analysierenden Unternehmung einzubeziehen. Gegenüber den Kern-Ausprägungen ist jedoch auch für die Ermittlung der Ziel-Ausprägungen bei nicht technisch determinierten Grenzen darauf zu achten, dass Abstriche von den Kern-Ausprägungen nur dort gemacht werden, wo sie inhaltlich begründet und quantitativ fassbar sind. Pauschale Abschläge ("Wir haben in den letzten Jahren schon so viel gemacht, mehr als 10% sind da nicht mehr drin") verstellen den Blick auf die unter den gegebenen Umweltbedingungen realistisch erreichbare niedrigste Kostenposition und sind dementsprechend nicht in die Ermittlung der Ziel-Ausprägung der Kostenbestimmungsfaktoren einzubeziehen. Nachfolgend wird erläutert, wie diese Richtlinie zum Ermitteln der Ziel-Ausprägung der Kostenbestimmungsfaktoren "Faktorpreise", "Schichtbelegung" und "Effektive Arbeitszeit" umzusetzen ist.

---

[364] Wege wie das mit Hilfe des Instruments TPM erreicht werden kann zeigt z.B. Al-Rahhi in seinem TPM-Übersichtswerk auf; vgl. Al-Radhi, Moderne Instandhaltung - TPM, 1997, S. 1 ff

2.5.6.2.1 Ziel-Ausprägung Faktorpreise

Die Ermittlung der Ziel-Ausprägung des Kostenbestimmungsfaktors "Faktorpreise" ist streng an der ermittelten Kern-Ausprägung dieses Kostenbestimmungsfaktors auszurichten, wobei wiederum vorgeschlagen wird, sich nur auf die Faktorpreise der je Kostenart wesentlichen Produktionsfaktoren zu beschränken, die für die Faktorpreise jeweiligen Kostenart repräsentativ sind. Wie die Ermittlung der Ziel-Ausprägung unter Berücksichtigung der in der zu analysierenden Unternehmung zu beachtenden Umweltbedingungen durchzuführen ist, wird nachfolgend für jede Kostenart einzeln erläutert.

- *Materialkosten*: Für die Ermittlung der Kern-Ausprägungen wurde hinsichtlich der Lieferanten ein Markt vollständiger Konkurrenz, hinsichtlich der Abnehmer uneingeschränkte Marktmacht und hinsichtlich der Spezifikationen eine Spezifikationsreduzierung auf das unbedingt notwendige Maß angenommen. Realistischerweise können diese Annahmen zum Ermitteln der Ziel-Ausprägung nicht aufrechterhalten werden, sondern sind anzupassen. Bei der Anpassung dieser Annahmen hinsichtlich der Marktmacht der Lieferanten und der zu analysierenden Unternehmung als Abnehmer ist zu überlegen, wie durch eine spieltheoretisch basierte Optimierung der Einkaufsstrategie nachhaltig ein Zustand hergestellt werden kann, bei welchem das Preissetzungsverhalten der Lieferanten dem Preis-gleich-Grenzkosten-Zustand möglichst nahe kommt. Hierbei sind im Übrigen nicht die Faktorverbräuche anzunehmen, die sich im Ist-Zustand ergeben. Vielmehr sind die Faktorverbräuche anzunehmen die sich in Anlehnung an den für den Kern-Zustand errechneten Wert im Ziel-Zustand ergeben. Weiterhin ist zu untersuchen, inwieweit sich die im Kern-Zustand angenommene Spezifikationsbegrenzung auch im Ziel-Zustand aufrechterhalten lässt oder zu modifizieren ist. Auf Basis dieser Überlegungen (die durch Verhandlungen mit Lieferanten unterstützt werden können) ist anschließend die Ziel-Ausprägung abzuleiten.

- *Personalkosten*: Hinsichtlich der Kern-Annahmen jede Position mit Mitarbeitern zu besetzen, die exakt der jeweils erforderlichen Qualifikationsstufe entsprechen und diese auch maximal mit dem ortsüblichen Lohnkostensatz für diese Qualifikationsstufe zu entlohnen, ist im Ziel-Zustand nicht zu ändern. In Bezug auf die angenommenen Idealbedingungen hinsichtlich Krankenstand, sonstiger Fehlzeiten und der Urlaubs- und Freizeiten schon. Diese lassen sich unter den gegebenen Umweltbedingungen wahrscheinlich zumeist nicht durchsetzen und sind entsprechend hinsichtlich der absolut notwendigen Anpassungen zu analysieren, die dann auch in die Ermittlung der Ziel-Ausprägung einfließen. Neben der in Kapitel 2.5.6.1 geschilderten Richtlinie, ausschließlich inhaltlich begründete und quantitativ fassbare Einschränkungen der Kern-Ausprägung bei der Ermittlung der Ziel-Ausprägung zu berücksichtigen, ist es von ganz entscheidender Bedeutung, insbesondere bei allen Fragen, die die Beschäftigten betreffen, den Dialog mit der Arbeitnehmervertretung zu suchen und sie in die Ermittlung der Ziel-Ausprägung einzubeziehen. Nur so kann sichergestellt werden, dass sich die ermittelten Analyseergebnisse auch tatsächlich in der betrieblichen Praxis umsetzen lassen, mithin eine Umsetzung nicht an einer möglichen und bei Nichteinbeziehung auch wahrscheinlichen Blockade der Arbeitnehmervertretung scheitert.

- *Dienstleistungskosten*: Hinsichtlich der Dienstleistungskosten ist analog dem beschriebenen Vorgehen bei den Materialkosten zu verfahren.

- *Maschinenkosten*: Grundsätzlich gelten auch zum Ermitteln der Ziel-Ausprägung der Maschinenkosten die bei den Materialkosten und den Dienstleistungskosten angewandten Vorgehensregeln. Wie auch bei der Ermittlung der Kern-Ausprägung ist bei der Ermittlung der Ziel-Ausprägung der Maschinenkosten zusätzlich die Rolle einer zentralen Betriebsmittelbewirtschaftung (soweit vorhanden) einzubeziehen. Hierbei sind die im Rahmen der Ableitung der Kern-Ausprägung getroffenen Annahmen dahingehend zu überprüfen, ob bei Annahme der mit der zu analysierenden Unternehmung zu berücksichtigenden Umweltbedingungen Anpassungen an der ermittelten Kern-Ausprägung vorzunehmen sind. Rein sachlogisch dürfte das in den meisten Fällen nicht der Fall sein, da hinsichtlich der Minimierung der vorgehaltenen Reservekapazität bereits bei der Ermittlung der Kern-Kapazität auf die Nachhaltigkeit der dort veranschlagten Annahmen geachtet wurde. Im Allgemeinen ist dementsprechend davon auszugehen, dass die ermittelte Kern-Ausprägung zumindest im Bezug auf die Betriebsmittel-Vorhaltung unverändert als Ziel-Ausprägung übernommen werden kann.

2.5.6.2.2 Ziel-Ausprägung Schichtbelegung

Die Ermittlung der Ziel-Ausprägung für den Kostenbestimmungsfaktor "Schichtbelegung" ist vergleichsweise einfach. Sie orientiert sich in ihrem Vorgehen im Wesentlichen an dem Vorgehen, das bereits für die Ermittlung der Kern-Ausprägung in Kapitel 2.5.4.2.2 beschrieben wurde. Hinsichtlich des grundsätzlichen Vorgehens und der vorgenommenen Randbemerkung sind dementsprechend keine Modifikationen notwendig. Die einzige wirkliche Veränderung, die bei der Ermittlung der Ziel-Ausprägung zu berücksichtigen ist, besteht darin, dass zur Ermittlung der Ziel-Ausprägung des Kostenbestimmungsfaktors "Schichtbelegung" die Ziel- und nicht die Kern-Ausprägung des Kostenbestimmungsfaktors "Arbeits- und Betriebsmittelintensität" zu berücksichtigen ist.

2.5.6.2.3 Ziel-Ausprägung effektive Arbeitszeit

Abschließend sei auf das Vorgehen zur Ermittlung der Ziel-Ausprägung des Kostenbestimmungsfaktors "Effektive Arbeitszeit" eingegangen. Da sich die Ermittlung der Kern-Ausprägung insofern nicht an Idealbedingungen orientiert, als dass sie hinsichtlich der von der geplanten Arbeitszeit abhängigen arbeitstäglichen Pausenzeiten $t_{d,pause}(t_{d,plan})$ die bestehenden gesetzlichen Regeln in die Bestimmung der Kern-Ausprägung einbezieht, wäre zur Ermittlung der Ziel-Ausprägung des Kostenbestimmungsfaktors "Effektive Arbeitszeit" die Ziel-Ausprägung eigentlich der bereits ermittelten Kern-Ausprägung gleichzusetzen. Um den Anteil der effektiven Arbeitszeit an der als konstant angenommenen Wochenarbeitszeit jedoch so weit wie möglich zu steigern, wurde zusätzlich zur Beschränkung aller arbeitstäglichen Stillstands- und Leerlaufzeiten auf ein absolutes Mindestmaß die Anzahl der wöchentlichen Arbeitstage im Kernzustand auf das Mindestmaß reduziert, das unter Berücksichtigung der gesetzlich zulässigen arbeitstäglichen Höchstarbeitszeit gerade noch zulässig ist.[365] Obwohl sachlich und auch arbeitsrechtlich zulässig, lässt sich dieses Ergebnis in der Praxis vermutlich nicht umsetzen, da als Optimierungsergebnis in den meisten Fällen keine ganzzahlige Anzahl von Arbeitstagen ermittelt werden kann und sich die Optimierungsergebnisse dementsprechend nicht ohne weiteres in ein praktikables Schichtmodell umsetzen lassen. Aus diesem Grund ist die Kern-Ausprägung des Kostenbestimmungsfaktors "Effektive Arbeitszeit" derart zu einer Ziel-Ausprägung anzupassen, dass sowohl hinsichtlich der arbeitstäglich geplanten Arbeitszeit als auch hinsichtlich der Anzahl der Arbeitstage ein praktikables Arbeitszeitmodell für den Ziel-Zustand gefunden wird. Um die Anwendbarkeit dieses Ziel-Modells in der Praxis zu gewährleisten, empfiehlt es sich darüber hinaus, die Entwicklung des Modells in Zusammenarbeit mit der Arbeitnehmervertretung durchzuführen.

2.5.7 Zielkosten errechnen

Nachdem die Ziel-Ausprägungen der Kostenbestimmungsfaktoren für sämtliche Wertschöpfungsschritte der zu analysierenden Unternehmung abgeleitet wurden, gestaltet sich das Errechnen der Zielkosten wiederum sehr einfach, da für das Errechnen der Zielkosten das gleiche Vorgehenskonzept anzuwenden ist, das auch schon für das Errechnen der Kernkosten der zu analysierenden Unternehmung angewandt wurde. Konkret sind für das Errechnen der Zielkosten lediglich die Kern-Ausprägungen gegen die Ziel-Ausprägungen der Kostenbestimmungsfaktoren auszutauschen. Geschieht das und wird das in Abbildung 40 dargestellte Berechnungsvorgehen (das idealerweise in die Form eines Excel-Modells überführt wurde) angewandt, so können sowohl die spezifischen Zielkosten als auch die Ziel-Ausbringungsmenge der zu analysierenden Unternehmung in Sekundenbruchteilen berechnet werden.

---

[365] Vgl. Kapitel 2.5.4.2.3

Hinsichtlich der auf diesem Wege errechneten spezifischen Zielkosten ist anzumerken, dass es sich dabei um die unter den gegebenen Umweltbedingungen maximal erreichbare Kostenuntergrenze der zu analysierenden Unternehmung handelt, die genau dann erreicht werden kann, wenn auf Basis der Ziel-Ausprägungen der Kostenbestimmungsfaktoren die errechnete Ziel-Ausbringungsmenge produziert wird. Die so errechneten Zielkosten stellen deswegen die maximal erreichbare Kostenuntergrenze dar, weil die ermittelten Ziel-Ausprägungen der die Zielkosten bestimmenden Kostenbestimmungsfaktoren nicht durch pauschales Abschätzen abgeleitet, sondern faktenbasiert auf Basis der an den natürlichen Grenzen orientierten Kern-Ausprägungen unter ausschließlicher Einbeziehung von unumgänglich zu beachtenden (von den natürlichen Grenzen abweichenden) Umweltbedingungen der zu analysierenden Unternehmung ermittelt wurden. Wurde sowohl beim Erheben von Ist-Kosten und von Ist-Ausprägungen der Kostenbestimmungsfaktoren als auch beim Ableiten der Kern- und der Ziel-Ausprägungen der Kostenbestimmungsfaktoren die gebotene Sorgfalt angewandt, so ist – abweichend von allen existierenden Kostenmanagementverfahren – sichergestellt, dass mit dem Anwenden des beschriebenen Kostenmanagementverfahrens der unternehmungsbezogenen Kernkostenanalyse tatsächlich die unter den gegebenen Umweltbedingungen maximal erreichbare Kostenuntergrenze der zu analysierenden Unternehmung ermittelt wurde.

Aufbauend auf den so ermittelten spezifischen Zielkosten kann für die analysierte Unternehmung beurteilt werden, ob diese Unternehmung im direkten Konkurrenzvergleich sowohl kurzfristig als auch langfristig eine Chance hat, hinsichtlich der Kosten wettbewerbsfähig am Markt zu agieren.

2.5.8 Umsetzungsprogramm ableiten

Anders als andere Kostenmanagementverfahren beantwortet das Kostenmanagementverfahren der unternehmungsbezogenen Kernkostenanalyse nicht nur die Frage nach den erreichbaren und im Rahmen der Umsetzung auch zu erreichenden Zielkosten. Vielmehr ist nach der Durchführung einer unternehmungsbezogenen Kernkostenanalyse auch klar, welche konkreten Schritte unternommen werden müssen, um die errechneten Zielkosten denn auch tatsächlich zu erreichen. Das liegt im Wesentlichen daran, dass für das Errechnen der Kern- und Zielkosten das Ableiten der Kern- und der Ziel-Ausprägungen der diese Kosten bestimmenden Kostenbestimmungsfaktoren notwendig war. Dabei wurden nicht einfach nur die Ziel-Ausprägungen der Kostenbestimmungsfaktoren ermittelt. Vielmehr wurde durch die Durchführung der jeweiligen Analysen sichergestellt, dass die ermittelten Ziel-Ausprägungen der Kostenbestimmungsfaktoren auch tatsächlich erreichbar sind. Wurden diese Analysen dann auch noch – wie bei der Beschreibung des Verfahrens vorgeschlagen – in Zusammenarbeit mit den jeweils verantwortlichen Kollegen der einzelnen Wertschöpfungsschritte und Verantwortungsbereiche durchgeführt, so ist sichergestellt, dass sich auch die Beschäftigten der analysierten Unternehmung zu den analysierten Ziel-Ausprägungen und den daraus resultierenden Zielkosten bekennen und ihrer tatsächlichen Umsetzung zumindest auf einer faktenbasierten Argumentationsebene nichts entgegenzusetzen haben. Kurz gesagt - nach Durchführung einer unternehmungsbezogenen Kernkostenanalyse sind nicht nur die Zielkosten bekannt, sondern es besteht auch innerhalb der analysierten Unternehmung dahingehend ein Konsens, wie diese Zielkosten erreicht werden können.

Dementsprechend einfach ist es, ein Umsetzungsprogramm zum Erreichen der errechneten Zielkosten abzuleiten. Da sowohl die Zielkosten als auch die Ziel-Ausprägungen der Kostenbestimmungsfaktoren bekannt sind und aufgrund der durchgeführten Analyse zumindest grob klar ist, auf welchem Wege die Ist-Ausprägungen der Kostenbestimmungsfaktoren (in Anlehnung an die Kern-Ausprägungen) zu den ermittelten Ziel-Ausprägungen zu entwickeln sind, gibt es zwei Hauptaufgaben für das Ableiten eines Umsetzungsprogramms - *Priorisieren Umsetzungsschritte* und *Ableiten Umsetzungszeitplan*. Beide Punkte werden nachfolgend eingehend beschrieben.

- *Priorisieren Umsetzungsschritte*: Wie bereits angemerkt, lassen sich die errechneten Zielkosten der analysierten Unternehmung erreichen, indem die Ist-Ausprägungen der Kostenbestimmungsfaktoren zu ihren jeweiligen Ziel-Ausprägungen entwickelt werden. Aufgrund der Vielzahl der Aktionsfelder, die sich durch die Multiplikation der zu bearbeitenden Wertschöpfungsschritte mit der Anzahl der Kostenbestimmungsfaktoren ergibt, gliedert sich diese Aufgabe jedoch in eine Vielzahl von zu bewältigenden Einzelaktivitäten. Wurden zum Beispiel bei der zu analysierenden Unternehmung 15 Wertschöpfungsschritte identifiziert und bleibt es bei dem in Abbildung 23 dargestellten System aus 7 Kostenbestimmungsfaktoren, so ergeben sich allein daraus 105 Einzelaktivitäten, die für sich genommen wiederum die Durchführung mehrerer Unteraktivitäten erfordern. Allein aus dem geschilderten Beispiel lässt sich erkennen, dass ein gleichzeitiges Angehen dieser Einzelaktivitäten dazu geeignet ist, den Umsetzungsfokus zu verlieren und somit das Erreichen der Zielkosten zu gefährden. Aus diesem Grund sind die Einzelaktivitäten hinsichtlich ihrer Durchführung zu priorisieren.

Das Priorisieren der Einzelaktivitäten kann dabei nach unterschiedlichen Priorisierungskriterien erfolgen. So ist es zum Beispiel möglich, das Erreichen der Ziel-Ausprägung eines Kostenbestimmungsfaktors über alle Wertschöpfungsschritte oder das Erreichen der Ziel-Ausprägung aller Kostenbestimmungsfaktoren eines Wertschöpfungsschritts zu priorisieren. Vor allem vor dem Hintergrund des dringlichsten Anwendungsgebiets der unternehmungsbezogenen Kernkostenanalyse – nämlich auf Unternehmungen in Krisensituationen – erscheint es am sinnvollsten, diejenigen Einzelaktivitäten zu priorisieren, welche den größten Effekt auf die Reduzierung der spezifischen Ist-Kosten hin zu den spezifischen Zielkosten bewirken. Nur durch das Priorisieren dieser Einzelaktivitäten ist sichergestellt, dass die analysierte Unternehmung sich möglichst schnell aus einer möglicherweise vorherrschenden Krisensituation befreien kann und überhaupt die Kraft hat, die noch fehlenden Einzelaktivitäten zum vollständigen Erreichen der Zielkosten durchzuführen.

Die Identifikation der Einzelaktivitäten, welche den größten Effekt hinsichtlich einer schnellen Verringerung der spezifischen Ist-Kosten haben, ist im Rahmen der unternehmungsbezogenen Kernkostenanalyse ebenfalls einfach und kann in Form einer Sensitivitätsanalyse durchgeführt werden. Hierfür werden die Ziel-Ausprägungen der einzelnen Kostenbestimmungsfaktoren bis auf die Ziel-Ausprägung des jeweils zu analysierenden Kostenbestimmungsfaktors im jeweils zu analysierenden Wertschöpfungsschritt durch ihre jeweiligen Ist-Ausprägungen ersetzt. Zusammen mit den nachhaltigen spezifischen Ist-Kosten und den Ist-Ausprägungen der Kostenbestimmungsfaktoren werden mit diesem Datensatz auf Basis des in Abbildung 40 dargestellten Vorgehenskonzepts die resultierenden spezifischen Kosten und in Subtraktion mit den spezifischen nachhaltigen Ist-Kosten die spezifische Kostenwirkung einer priorisierten Entwicklung der Ist-Ausprägung des jeweiligen Kostenbestimmungsfaktors im jeweiligen Wertschöpfungsschritt hin zu der vorher ermittelten Ziel-Ausprägung errechnet. Wird dieses Vorgehen für die Ausprägungsänderung aller Kostenbestimmungsfaktoren in allen Wertschöpfungsschritten wiederholt (was durch ein entsprechendes Computer-Programm auch automatisiert erfolgen kann), so lässt sich leicht eine Liste der zu priorisierenden Einzelaktivitäten erstellen. Da jedoch unwahrscheinlich ist, dass die Einzelaktivitäten sequentiell abgearbeitet werden, kann durch das Abprüfen von Kombinationen der Ausprägungsänderung verschiedener Kostenbestimmungsfaktoren (in verschienenden Wertschöpfungsschritten) auch eine Priorisierungsliste erstellt werden, deren jeweilige Einzelschritte sich aus einer Teilmenge von Einzelaktivitäten zusammensetzen.

In beiden Fällen sollte als Endergebnis eine priorisierte Aktivitätenliste vorliegen, die beschreibt, auf welchem Wege die errechneten spezifischen Zielkosten so erreicht werden können, dass die Einzelaktivitäten mit dem größten Effekt auf eine Verringerung der spezifischen Kosten zuerst abgearbeitet werden.

- *Ableiten Umsetzungszeitplan:* Sind die Einzelaktivitäten hinsichtlich ihrer Umsetzungsreihenfolge priorisiert, so ist abschließend zu ermitteln, in welchem Zeitrahmen die Umsetzungsreihenfolge abgearbeitet wird. Hierfür sind die Einzelaktivitäten zum einen hinsichtlich des Zeitbedarfs zu ihrer jeweiligen Abarbeitung und zum anderen hinsichtlich ihrer Abhängigkeit zur Umsetzung anderer Einzelaktivitäten zu überprüfen. Auf Basis dieser

Information kann anschließend ein Umsetzungsplan für das Erreichen der im Rahmen der unternehmungsbezogenen Kernkostenanalyse errechneten Zielkosten abgeleitet werden.

Auf Basis der praktischen Erfahrung des Autors in der Anwendung des Kostenmanagementverfahrens der unternehmungsbezogenen Kernkostenanalyse sei jedoch davor gewarnt, diesen Zeitplan zu ambitioniert zu gestalten. Zwar ist besonders darauf zu achten, die am höchsten priorisierten Einzelaktivitäten schnell abzuarbeiten, um insbesondere für Unternehmungen in Krisensituationen möglichst schnell einen Kosteneffekt zu erzielen und so die betreffende Unternehmung überhaupt in die Lage zu versetzen, den Atem zu haben, auch noch die restlichen Einzelaktivitäten durchzuführen. Gleichzeitig ist aber zu beachten, dass es sich bei den ermittelten Ziel-Ausprägungen um Ausprägungen der Kostenbestimmungsfaktoren handelt, die unter den gegebenen Umweltbedingungen gerade noch machbar sind. Dementsprechend sind bei der Erstellung des Umsetzungsplans entsprechende Zeitpuffer vorzusehen, die verhindern, dass die Umsetzung schon aufgrund kleinerer Probleme zumindest auf dem Papier in Verzug kommt und so die Gefahr besteht, dass die Mitarbeiter entsprechend demoralisiert werden.

Liegt der Umsetzungsplan vor, so ist abschließend zu entscheiden, in welcher Organisationsform der abgeleitete Umsetzungsplan denn tatsächlich umgesetzt wird. Da die Diskussion der hierfür bestehenden Optionen keinerlei zusätzlichen Wertbeitrag für die Erläuterung des Kostenmanagementverfahrens der unternehmungsbezogenen Kernkostenanalyse darstellt, sei an dieser Stelle auf die einschlägige Fachliteratur verwiesen.[366]

2.5.9 Zusammenfassung des Vorgehenskonzepts

Auf Basis der in den Kapiteln 2.5.1 bis 2.5.8 getroffenen Ausführungen kann abschließend das Vorgehenskonzept der unternehmungsbezogenen Kernkostenanalyse in Anlehnung an Abbildung 35 wie in Abbildung 41 dargestellt zusammengefasst werden.

Die Erläuterung der Inhalte der einzelnen Schritte soll an dieser Stelle nicht wiederholt werden. Abschließend ist lediglich anzumerken, dass auf Basis dieses Vorgehens in jeder beliebigen Einproduktunternehmung eine unternehmungsbezogene Kernkostenanalyse durchgeführt werden kann. Grundsätzlich ist das be-

---

[366] Vgl. u.a. Beck, Die Projektorganisation und ihre Gestaltung, 1996; Jost, Organisation und Koordination, 2000, S. 502 ff; Picot/Dietl/Franck, Organisation, 3. Aufl., 2002, S. 321 ff; Schreyögg, Organisation, 3. Aufl., 1999, S. 190 ff; Schulte-Zurrhausen, Organisation, 3. Aufl., 2002, S. 306 ff; Walgenbach/Kieser, Organisation, 4. Aufl., 2003, S. 148 ff; Vahs, Organisation, 4. Aufl., 2003, S. 184 ff

schriebene Vorgehenskonzept auch auf Mehrproduktunternehmungen anzuwenden. Im Falle der Anwendung auf eine Mehrproduktunternehmung ist lediglich zu beachten, dass das Analysemodell im ersten Vorgehensschritt zusätzlich auf die sich aus dem Mehrerzeugnisprogramm ergebenden Besonderheiten anzupassen ist. Ist diese Modellanpassung einmal vorgenommen, so kann die Durchführung der unternehmungsbezogenen Kernkostenanalyse anhand des aufgezeigten Vorgehenskonzepts vorgenommen werden, ohne dass weitere Anpassungen vorzunehmen sind.

Analyse-modell anpassen	Kosten erfassen	Ist-Aus-prägung KBF erfassen	Kern-Niveau KBF ableiten	Kern-kosten errech-nen	Ziel-niveau KBF ableiten	Ziel-kosten errech-nen	Umset-zung herleiten
• Herleiten Wertschöp-fungs-schritte • Festlegen Kostenar-tenstruktur • Anpassen Kostenfunk-tionen	• Erfassen Ist-Kosten je Wertschöp-fungsschritt und Kosten-art	• Zuordnen Kostenbe-stimmungs-faktoren je Wertschöp-fungsschritt • Erfassen Ist-Ausprä-gung	• Ableiten Kern-Aus-prägung bei technisch determi-nierten Grenzen • Ableiten Kern-Aus-prägung bei nicht tech-nisch deter-minierten Grenzen	• Ermitteln nachhaltige Ist-Kosten • Abgleich Engpass-kette • Errechnen Kern-Kosten	• Ableiten Ziel-Aus-prägung bei technisch determi-nierten Grenzen • Ableiten Ziel-Aus-prägung bei nicht tech-nisch deter-minierten Grenzen	• Abgleich Engpass-kette • Errechnen Ziel-Kosten	• Ableiten Umsetzung sprogramm

Quelle: Weiss

Abbildung 41 (Detail-Vorgehenskonzept unternehmungsbezogene Kernkostenanalyse)

3 Anwendungsbeispiel Bergbauunternehmung

Ausgehend von der in Kapitel 2 vorgenommenen theoretischen Beschreibung des Kostenmanagementverfahrens der unternehmungsbezogenen Kernkostenanalyse, wird im folgenden Kapitel die praktische Durchführung einer unternehmungsbezogenen Kernkostenanalyse anhand einer Beispielunternehmung beschrieben. Da die Durchführungskomplexität einer unternehmungsbezogenen Kernkostenanalyse mit steigender Anzahl der Erzeugnisse im Erzeugnisprogramm einer Unternehmung zunimmt, erscheint es (wie bereits in Kapitel 1.2.1.2 angemerkt) sinnvoll, auch an dem in Kapitel 1.1.1 erklärten Ziel festzuhalten, und für die Erläuterung der praktischen Durchführung auf das Beispiel einer Einproduktunternehmung zurückzugreifen.

Grundsätzlich bieten sich für die Auswahl einer Beispielunternehmung eine Reihe von Branchen insbesondere aus dem Sektor der Grundstoffindustrie an. So erscheint eine Zementunternehmung, ebenso wie eine Kiesgrube oder eine Ölunternehmung für die praktische Anwendung der unternehmungsbezogenen Kernkostenanalyse geeignet. Einen besonderen Handlungsbedarf hinsichtlich der im Kapitel 1.1.1 beschriebenen Situation signifikanter Erlösrückgänge scheint es jedoch insbesondere bei Steinkohlebergbau-Unternehmungen zu geben. Nicht nur, dass die Steinkohlebeihilfen in Deutschland bis 2012 (in Bezug auf 2005) um mindestens 22% zurückgefahren werden. Zusätzlich ist diese Industrie auch signifikant durch die Ost-Erweiterung der EU bedrängt, kam doch zum 1. Mai 2004 z.B. mit Polen ein Land in die EU, welches ca. die dreifache Menge an Steinkohle zu deutlich günstigeren Kosten als deutsche Steinkohlunternehmungen fördert. Für die Steinkohleindustrie (nicht nur in Deutschland) erscheint es vor dem Hintergrund der geschilderten Situation sinnvoll, festzustellen, welche maximale Kostenuntergrenze unter den gegebenen Umweltbedingungen mit der eigenen Steinkohlenproduktion überhaupt erreicht werden kann. Das Ergebnis dieser grundsätzlichen Untersuchung dient einschließlich dem für die Realisierung dieser Kostenuntergrenze ermittelten Aufwand anschließend für die Unternehmungsleitung einer Steinkohleunternehmung als Entscheidungsbasis für die Entscheidung hinsichtlich der weiteren Unternehmungszukunft und definiert die Agenda des Top-Managements. Die Wahl einer Steinkohleunternehmung als Beispiel für die Beschreibung der praktischen Anwendung der unternehmungsbezogenen Kernkostenanalyse macht demnach insbesondere vor dem Hintergrund der aktuellen Entwicklung in dieser Branche Sinn.

Dementsprechend wird nachfolgend die Durchführung einer unternehmungsbezogenen Kernkostenanalyse anhand einer Steinkohlenbergbau-Unternehmung beschrieben, wobei jedoch nicht auf eine konkrete Gesellschaft, sondern vielmehr auf das Beispiel eines beliebigen Steinkohlenbergwerks zurückgegriffen wird. Die Begründung für den Rückgriff auf ein beliebiges Steinkohlenbergwerk besteht dabei aus zwei Komponenten. Zum einen sind "von außen" nicht ausreichend detaillierte Informationen erhältlich, auf deren Basis eine exakte Durchführung einer unternehmungsbezogenen Kernkostenanalyse durchgeführt werden könnte.[367] Die mit Hilfe der verfügbaren Informationen errechneten Kernkosten würde aus diesem Grund höchstwahrscheinlich nicht den korrekten Kernkosten entsprechen und so gegebenenfalls zu falschen Rückschlüssen in Bezug auf die betrachtete Unternehmung führen. Zum anderen bietet die Beschreibung der praktischen Durchführung einer Kernkostenanalyse anhand eines beliebigen Steinkohlenbergwerks die Chance, ein Ausführungsbeispiel zu schaffen, das in der erarbeiteten Form (aufgrund des Fehlens unternehmungsspezifischer Anpassungen) sofort auf jede beliebige Steinkohlenbergbau-Unternehmung (unter Vornahme der entsprechenden Anpassungen) angewendet werden kann. Vor diesem Hintergrund wird im nachfolgenden Kapitel die grundsätzliche Struktur einer Steinkohleunternehmung skizziert und anhand der entworfenen Struktur die Durchführung einer unternehmungsbezogenen Kernkostenanalyse erläutert.

3.1 Einführung in den Steinkohlenbergbau

Bevor mit der Schilderung der konkreten Durchführung einer unternehmungsbezogenen Kernkostenanalyse begonnen wird, soll an dieser Stelle ein kurzer Einblick in die Entstehungsgeschichte und die heutige Situation des Steinkohlenbergbaus gewährt werden. Dieser ist notwendig, um ein grundsätzliches Gefühl darüber zu gewinnen, unter welchen Bedingungen die Steinkohle heute in einem Steinkohlenbergwerk abgebaut wird und welche Besonderheiten hierbei zu beachten sind.

3.1.1 Entstehungsgeschichte Steinkohlenbergbau

3.1.1.1 Steinkohle - Begriff, Eigenschaft und Verwendung

Grundsätzlich kennzeichnet der Begriff Kohle eine feste, brennbare Substanz, welche durch die Umwandlung von organischen Substanzen unter Sauerstoffab-

---

[367] Da "von außen" keine ausreichenden Daten zur Durchführung einer unternehmungsbezogenen Kernkostenanalyse zur Verfügung stehen, wären die entsprechenden Ist-Daten einschließlich der Kern- und der Ziel-Ausprägungen der Kostenbestimmungsfaktoren zu ermitteln. Dieser Aufwand würde den Rahmen der vorliegenden Arbeit sprengen und insbesondere in Bezug auf die Erläuterung der praktischen Anwendung der unternehmungsbezogenen Kernkostenanalyse keinerlei Erkenntnisgewinn bringen.

schluss entstanden ist.[368] Dieser auch als Inkohlung bezeichnete Prozess lief in zwei Stufen ab und ist zeitlich in das Erdaltertum (Paläozoikum) einzuordnen.[369] In der ersten, der biochemischen Stufe wurden insbesondere an Waldsumpfmooren in großen Senkungsgebieten der Erdoberfläche (Geosynklinalen) abgestorbene Pflanzen (wie Bäume - weniger Wasserpflanzen) durch Absinken unter Ausschluss von Luftsauerstoff zuerst in Torf oder Erdbraunkohle umgewandelt. Die Zersetzungs- und Umwandlungsvorgänge wurden dabei vorwiegend durch Mikroorganismen wie Bakterien und Pilze durchgeführt. In der zweiten, der geochemischen Phase wurden durch Absinken der Ablagerungsräume in größere Teufen und die damit verbundene Einwirkung von Druck und Temperatur über längere Zeiträume der Ausgangsstoff der Erdbraunkohle in kohlenstoffhaltigere Substanzen umgewandelt.[370] Je nach Kohlenstoffgehalt der umgewandelten Substanzen unterscheidet man dabei von 55 bis 75 Gew.-% in Braunkohle, >80 Gew.-% in Steinkohle und 100 Gew.-% in Graphit.[371] Die Steinkohle selbst wird wiederum in eine Reihe von Unterarten gegliedert, deren Gliederungskriterien die Ausbeute an flüchtigen Bestandteilen darstellt, die der Kohle unter Luftabschluss gas- und dampfförmig ausgetrieben werden kann. Hierbei ist zu beachten, dass die Ausbeute an flüchtigen Bestandteilen mit steigendem Inkohlungsgrad (also steigendem Anteil von Kohlenstoff) geringer wird. Grundsätzlich ist hierbei – wie in Abbildung 42 erkennbar – zwischen Flamm-, Gasflamm-, Gas-, Fett-, Ess-, Magerkohlen und Anthrazit zu unterscheiden, wobei erstere den größten und letztere den geringsten Anteil an flüchtigen Bestandteilen aufweisen.

Quelle: Rinn, Handbuch der Bergwirtschaft, 1970, S. 119;
Wirtschaftsvereinigung Bergbau, Das Bergbau-Handbuch,
5. Aufl., 1994, S. 149

Abbildung 42 (Gliederung Steinkohlearten nach Anteil flüchtiger Bestandteile)

[368] Vgl. Bischoff/Bramann/Dürrer/Moebius/Quadfasel/Schlüter, Das kleine Bergbaulexikon, 8. Aufl., 1998, S. 208

[369] Vgl. Rinn, Handbuch der Bergwirtschaft, 1970, S. 118

[370] Vgl. Wirtschaftsvereinigung Bergbau, Das Bergbau-Handbuch, 5. Aufl., 1994, S. 149

[371] Vgl. Bischoff/Bramann/Dürrer/Moebius/Quadfasel/Schlüter, Das kleine Bergbaulexikon, 8. Aufl., 1998, S. 208

Aufgrund des beschriebenen Entstehungsprozesses der Steinkohle und der geringen Grundvoraussetzungen für die Entstehung von Steinkohle, sind die Steinkohlenvorkommen auf der gesamten Welt verbreitet.[372] Der Gesamtvorrat an gewinnbarer Steinkohle wird auf insgesamt ca. 732,3 Mrd. t SKE[373] geschätzt und würde – sofern die aktuelle Jahresförderung von ca. 3,55 Mrd. t SKE konstant bleibt – noch ca. 200 Jahre reichen. Die größten Vorräte entfallen dabei im Übrigen mit ca. 200 Mrd. t SKE auf Nordamerika.[374]

	Steinkohlenvorräte* (in Mrd. t SKE)	Steinkohlenförderung (in Mio. t p.a.)
Nordamerika	200,1 (27,3%)	951,0 (26,8%)
Eurasien**	187,2 (25,6%)	338,0 (9,5%)
Ferner Osten	90,4 (12,3%)	503,0 (14,2%)
China	88,5 (12,1%)	1.045,0 (29,4%)
Afrika	55,3 (7,6%)	227,0 (6,4%)
Australien	42,6 (5,8%)	240,0 (6,8%)
EU 15	25,1 (3,4%)	72,0 (2,0%)
EU Beitritt***	24,5 (3,3%)	124,0 (3,5%)
Mittel- und Südamerika	18,6 (2,5%)	49,0 (1,4%)
Summe	732,3 (100%)	3.549,0 (100%)

* Gewinnbare Vorräte
** Ehemalige UdSSR und sonstiges Europa
*** EU-Beitrittskandidaten zum 1. Mai 2004
Quelle: Gesamtverband deutsche Steinkohle, Steinkohle Jahresbericht 2003, 2003, S. 26 ff
sowie Statistikteil Tabelle 5

Abbildung 43 (Verteilung Weltvorräte und Weltförderung Steinkohle)

Hinsichtlich der Verwendung der Steinkohle wird grundsätzlich zwischen den Hauptverwendungsarten Stromerzeugung, Stahlerzeugung und sonstige Verwendung (z.B. in Form von Hausbrand) unterschieden. Während die Steinkohle im aufbereiteten Zustand nahezu unbehandelt in Kraftwerken zur Stromerzeugung verfeuert werden kann, ist zur Verwendung der Steinkohle für die Stahlerzeugung mit der Verkokung ein zusätzlicher Arbeitsschritt erforderlich.[375] Bei diesem werden der Steinkohle in einem thermischen Veredelungsverfahren unter Beaufschla-

---

[372] Vgl. Rinn, Handbuch der Bergwirtschaft, 1970, S. 119
[373] Bei der Einheit SKE (Steinkohle-Einheiten) handelt es sich um eine ältere technische Maßeinheit, die immer noch häufig in der relevanten Literatur verwendet wird. Eine SKE ist als die Wärmeenergie definiert, die in einem durchschnittlichen kg Steinkohle steckt (7.000 kcal). Umgerechnet in die weitaus gebräuchlichere Einheit Joule beträgt die entsprechende Wärmeenergie 7.000*4.186,8 J = 29.307.600 J = 29,3076 MJ; Vgl. Wirtschaftsvereinigung Bergbau, Das Bergbau-Handbuch, 5. Aufl., 1994, S. 314
[374] Vgl. Gesamtverband deutsche Steinkohle, Steinkohle Jahresbericht 2003, 2003, S. 26 ff sowie Statistikteil Tabelle 5
[375] Vgl. Taube, Stahlerzeugung kompakt, 1998, S. 39 ff

gung mit hohen Temperaturen (ca. 800°C für Mitteltemperatur-Verkokung und >1000°C bei Hochtemperatur-Verkokung) die flüchtigen Bestandteile wie Sauerstoff, Stickstoff, Wasserstoff, Methan, Kohlenoxid und andere Kohlenwasserstoffe entzogen, so dass der Koks nach einer Garungszeit von 18 bis 24 Stunden einen Kohlenstoffgehalt von ca. 97% aufweist und damit sowie durch die Gasdurchlässigkeit seines stabilen Korngerüsts für die Verhüttung im Stahlwerk geeignet ist.[376] In Deutschland wurden 2002 ca. 31,0 Mio. t Steinkohle aus heimischer Produktion abgesetzt. Davon ging der Hauptanteil – nämlich 23,3 Mio. t (was einem Anteil von 75% entspricht) – in die Stromerzeugung und ein weiterer Anteil von 7,2 Mio. t (ca. 23%) in die Stahlindustrie. Die verbleibende Menge von ca. 0,5 Mio. t (ca. 2%) wurde einer sonstigen Verwendung zugeführt.[377]

3.1.1.2 Historie Steinkohlenbergbau

Der Steinkohlenbergbau lässt sich in Deutschland und hier insbesondere an der Ruhr bis in das 13. Jahrhundert zurückverfolgen. Ausgangspunkt für den Steinkohlenbergbau waren die im südlichen Ruhrgebiet (in der Nähe von Essen, Bochum und Dortmund) an die Erdoberfläche zutage tretenden Kohlenflöze des Oberkarbons.[378] Wie Wiggering weiter ausführt, erlangte die Steinkohle im Anschluss an diese ersten Abbauversuche bereits im 14. Jahrhundert große Bedeutung als Brennstoff für Schmiedefeuer, wobei die hierfür benötigte Steinkohle weitgehend im Stollenbau abgebaut wurde. Nach weiteren Entwicklungsschritten, wie zum Beispiel dem Einsatz von Pferdegöpeln zur Schachtförderung, kam es zum nächsten großen Entwicklungsschritt zu Beginn des 19. Jahrhunderts, als zum einen die künstliche Bewetterung und die Wasserhaltung sowie der Einsatz von Dampfmaschinen und der Durchstoß der Deckgebirgsschicht den Abbau der Steinkohle aus größeren Tiefen ermöglichte.[379] Ab ca. 1920 setzte dann die verstärkte Mechanisierung des Steinkohlenbergbaus ein. Diese umfasste "zunächst die Gurtförderung in Abbaustrecken, dann den Einsatz von Diesellokomotiven ... [und reichte bis hin] ... zur Entwicklung von Kohlehobel und Schrämlader."[380] Einhergehend mit der zunehmenden Mechanisierung (und der damit verbundenen Substitution von Personal- durch Kapitalkosten, die eine hohe Kapitalbindung erforderte) erfolgte in der deutschen Steinkohlenindustrie eine zunehmende Konsolidierung der Steinkohlenbergbau-Unternehmungen sowie eine Konzentration auf wirtschaftlich betreibbare Grubenbetriebe. Wurden in Deutschland 1945 noch in 179 Bergwerken mit einer Belegschaft von 340.375 Mitarbeitern eine Kohlemenge von 38,9 Mio. tvF gefördert, so wurden 2003 in 10 verbliebenen Bergwerken mit

---

376 Vgl. Bischoff/Bramann/Dürrer/Moebius/Quadfasel/Schlüter, Das kleine Bergbaulexikon, 8. Aufl., 1998, S. 212

377 Bundesverband Kohlenstatistik, http://www.kohlenstatistik.de, Stand 09.03.2004

378 Vgl. Wiggering, Steinkohlenbergbau, 1993, S. 15

379 Vgl. Wiggering, Steinkohlenbergbau, 1993, S. 16

380 Wiggering, Steinkohlenbergbau, 1993, S. 17

insgesamt 45.581 Mitarbeitern 25,7 Mio. tvF gefördert.[381] Durch die zunehmende Mechanisierung stieg im selben Zeitraum die Schichtleistung pro Mann unter Tage von 1,056 tvF um über 500% auf 6,540 tvF.

3.1.2 Steinkohlenbergbau heute

Der Steinkohlenbergbau in Deutschland ist in der jüngsten Vergangenheit durch einen Konzentrationsprozess gekennzeichnet gewesen, der 1998 in der Konzentration aller in Deutschland verbliebenen Steinkohlenbergwerke in der Deutschen Steinkohle AG (DSK) – einer hundertprozentigen Tochter der Ruhrkohle AG – gipfelte. Die DSK betreibt heute noch 10 Steinkohlenbergwerke. Neben der zunehmenden Mechanisierung stellt den Hauptgrund dieses Konzentrationsprozesses das erklärte Ziel der Bundesregierung der Bundesrepublik Deutschland dar, die mit der Steinkohle verbundenen Subventionen abzubauen und die Förderung der Steinkohle so effizient wie möglich zu gestalten. Im Rahmen der Zusammenführung aller deutschen Steinkohlenaktivitäten unter dem Dach der DSK wurde 1998 der so genannte Kohlekompromiss geschlossen, mit dem die Rückführung der deutschen Steinkohlenförderung bis 2005 auf 26 Mio. tvF, der Abbau der durch die DSK beschäftigten Mitarbeiter auf 36.000 sowie die Verringerung der Steinkohlensubventionen auf 2,7 Mrd. EUR im Jahre 2005 beschlossen wurde.

Insbesondere aufgrund der Höhe dieser staatlichen Absatzhilfen für die heimische Steinkohle (eine Tonne Steinkohle wird 2005 bei einem Weltmarktpreis von ca. 40 EUR/tvF immerhin mit ca. 103 EUR/tvF gefördert) wurden unter Berücksichtigung der wirtschaftlichen Lage in Deutschland in den Jahren 2002/2003 eine Diskussion über die gänzliche Einstellung des deutschen Steinkohlenbergbaus geführt. Diese Diskussion wurde am 10. November 2003 zumindest für den Zeitraum von 2006 bis 2012 dadurch beendet, dass sich die Bundesministerien für Wirtschaft und Arbeit sowie für Finanzen auf eine weitere Unterstützung der heimischen Steinkohleproduktion verständigten. Hauptgrund hierfür war das Argument, den "... Zugang zur größten eigenen Energierohstoffreserve ..."[382] in Deutschland zu erhalten und die Basis für die deutsche Bergbau-Zulieferindustrie, die Weltrang genießt, nicht zu gefährden. Gegenstand der Entscheidung ist die Zusicherung der Bundesregierung, den deutschen Steinkohlenbergbau im Zeitraum von 2006 bis 2012 mit insgesamt 15,87 Mrd. EUR zu unterstützen, wobei die jährlichen Beihilfen bis 2012 auf 1,83 Mrd. EUR zurückgehen. Im Gegenzug wurde der deutsche Steinkohlenbergbau verpflichtet, seine Produktion von 26 Mio. tvF im Jahre 2005 auf 16 Mio. tvF im Jahre 2012 zurückzufahren. Vor dem Hintergrund dieser Entscheidung erscheint es sinnvoll, zu hinterfragen, auf welchem Wege das Rückführen der Steinkohlenförderung von 26 Mio. tvF in 2005 auf

---

381 Bundesverband Kohlenstatistik, http://www.kohlenstatistik.de, Stand 09.03.2004
382 Bundesministerium für Wirtschaft und Arbeit, Entscheidung der Bundesregierung zur Förderung des Steinkohlebergbaus von 2006 bis 2012, Pressemittelung vom 11. November 2003

16 Mio. tvF in 2012 denn am kostengünstigsten bewältigt werden kann - oder konkret, mit welchen der verbleibenden 8 Bergwerke die für 2012 vertraglich vereinbarte Menge am kostengünstigsten gefördert werden kann. Auf Basis dieser Ausgangssituation erscheint es, wie in der Einleitung zu Kapitel 3 bereits angerissen, sinnvoll, die praktische Durchführung einer unternehmungsbezogenen Kernkostenanalyse am Beispiel eines Steinkohlenbergwerks einer Steinkohlenbergbau-Unternehmung zu erläutern und mit dem so konstruierten Ausführungsbeispiel ein Kostenmanagementverfahren aufzuzeigen, das die oben gestellten Fragen hinreichend genau zu beantworten vermag.

3.2 Übertragung des Vorgehenskonzepts auf das Anwendungsbeispiel

3.2.1 Grundsätzliches Vorgehen

Die Übertragung des in Kapitel 2.5 entwickelten Vorgehenskonzepts der unternehmungsbezogenen Kernkostenanalyse auf das gewählte Ausführungsbeispiel einer Steinkohlenbergbau-Unternehmung (bzw. auf ein Steinkohlenbergwerk einer Steinkohlenbergbau-Unternehmung) orientiert sich im Wesentlichen an dem in Abbildung 41 aufgezeigten Vorgehenskonzept. Basis für diese Erläuterung sind dabei die grundsätzlichen theoretischen Überlegungen, die in Kapitel 2 erarbeitet wurden und entsprechend in Kapitel 3 nicht noch einmal wiederholt, sondern ausschließlich zitiert werden. Um die in Abbildung 41 aufgezeigte Systematik nicht zu durchbrechen, sondern vielmehr dem Leser die Möglichkeit zu geben, das aufgezeigte Vorgehenskonzept auf jede beliebige Unternehmung zu übertragen, werden beginnend mit dem Arbeitsschritt "Analysemodell anpassen" die einzelnen Arbeitsschritte chronologisch abgearbeitet und jeweils Bezug auf die Spezifika der gewählten Beispielunternehmung genommen. Da – wie in Kapitel 3 bereits einleitend angemerkt – die Erläuterung der praktischen Durchführung des Kostenmanagementverfahrens der unternehmungsbezogenen Kernkostenanalyse nicht an einem real existierenden, sondern vielmehr an einem fiktiven Steinkohlenbergwerk stattfindet, schließt sich am Ende der Erläuterung der Test des im Laufe der Erläuterung entwickelten Analysemodells mit Hilfe eines fiktiven Datensatzes an.

3.2.2 Analysemodell anpassen

Der erste Schritt für die praktische Durchführung einer unternehmungsbezogenen Kernkostenanalyse besteht in dem Anpassen des in Kapitel 2 erarbeiteten Analysemodells (vgl. Abbildung 34). Hierfür sind zum Konkretisieren der Kostenstellendimension des Analysemodells die Wertschöpfungsschritte der zu analysierenden Unternehmung herzuleiten. Anschließend ist die im Kapitel 2.2.2.1 erarbeitete Kostenartenstruktur an die tatsächlichen Gegebenheiten der zu analysierenden Unternehmung anzupassen. Auf Basis dieser Informationen ist dann der im Rahmen der unternehmungsweiten Kernkostenanalyse zu analysierende Kostenumfang festzulegen. Um die unternehmungsbezogene Kernkostenanalyse im Rahmen des festgelegten Kostenumfangs denn auch tatsächlich durchführen zu können, ist abschließend zu überprüfen, ob die in Kapitel 2.3.2 entwickelten Kostenfunktionen die Kostenwirkung einer Ausprägungsänderung der Kostenbestimmungsfaktoren vor dem Hintergrund der Spezifika der zu analysierenden Unternehmung richtig abbilden, oder ob eventuell Modifikationen an den Kostenfunktionen vorzunehmen sind. In jedem Fall stellt das Endprodukt dieses Arbeitsschritts ein funktionsfähiges, auf die zu analysierende Unternehmung angepasstes Analysemodell dar. Wie die praktische Umsetzung dieser Teilschritte für das gewählte Beispiel eines Steinkohlenbergwerks aussieht, wird in den folgenden Kapiteln beschrieben.

3.2.2.1 Herleiten Wertschöpfungsschritte

In der grundsätzlichen Einführung des Konzepts der Wertschöpfungskette in Kapitel 2.2.2.2 wurde bereits angemerkt, dass mit dem Herleiten der Wertschöpfungskette für die zu analysierende Unternehmung nicht das Ziel verfolgt wird, die in der zu analysierenden Unternehmung existierende Kostenstellenlogik zu ersetzen. Vielmehr soll durch das Herleiten der Wertschöpfungskette der zu analysierenden Unternehmung ein Kostenstellensystem geschaffen werden, das sich in die Systematik der Analyse einfügt (indem es die Unternehmung in einzelne, von Porter als Wertaktivitäten bezeichnete, Kostenstellen segmentiert) und vor allem im Rahmen der Analyse handhabbar ist. Dementsprechend erscheint es als logisch, für die Ermittlung der Wertschöpfungskette der zu analysierenden Unternehmung auf die in der Unternehmung existierende Kostenstellenlogik zurückzugreifen, was im Folgenden auch geschehen soll.

Grundsätzlich gelten im deutschen Steinkohlenbergbau "... für die Erfassung, Verteilung und Bewertung von Kosten und Erlösen die Richtlinien für das Betriebliche Rechnungswesen im Steinkohlenbergbau (RBS)."[383] Diese Richtlinien haben sich aus dem Bergbau-Kosten-Standard-System (BKSS) entwickelt, welches 1947 unter der britischen Militärregierung zum ersten Mal in Kraft trat und wurden im Laufe der vergangenen Jahrzehnte nach und nach durch Sonderrichtlinien ergänzt.[384] Auf dem heutigen Stand gliedern sich die RBS in die folgenden beiden Teile.

- Teil I: Allgemeine Richtlinien für die Betriebsabrechnung (Bergbau-Kosten-Standard-System)

---

[383] von Wahl, Bergwirtschaft Band II, 1990, S. 200
[384] Vgl. von Wahl, Bergwirtschaft Band II, 1990, S. 200

- Teil II: Sonderrichtlinien für Teilgebiete der Betriebsabrechnung[385]

Eine Erläuterung der RBS am praktischen Beispiel einer Steinkohlenbergbau-Unternehmung findet sich bei von Wahl. In diesem Zusammenhang erläutert von Wahl auch die Kostenstellengliederung, welche – wie in Kapitel 2.2.2.2 erläutert – die Basis für das Ableiten der Wertschöpfungsschritte darstellt. Der Vollständigkeit halber ist jedoch anzumerken, dass von Wahl sich auf die Kostenstellengliederung für den Untertagebetrieb im Steinkohlenbergbau beschränkt.[386] Von Wahl analysiert dabei die Kostenstellengliederung im Steinkohlenbergbau anhand des konkreten Beispiels des Betriebspunkt-Rahmenplans der Ruhrkohlen AG (RAG) und gruppiert die Kostenstellensegmentierung der RAG im Untertagebereich nach den folgenden drei Gesichtspunkten.

- Räumliche Gliederung

- Betriebsphasen

- Betriebsvorgänge

Auf Basis dieser Segmentierung wird ein dreidimensionales Betriebspunktkostenrechnungsmodell gebildet, welches in dieser Form von der RAG für die untertägige Kostenerfassung, -analyse und -rechnung genutzt wird.[387] Da es sich nach Porter bei dem Konzept der Wertschöpfungskette um eine Segmentierung der Unternehmen nach (Wert-)Aktivitäten oder – in der Begriffswelt von Wahls formuliert – nach Betriebsvorgängen handelt, sei an dieser Stelle auf von Wahls Segmentierung des Untertagebetriebs im Steinkohlenbergbau nach Betriebsvorgängen eingegangen, welche nachfolgend die Basis für das Herleiten der Wertschöpfungskette bilden. Von Wahl fasst die Betriebsvorgänge unter Tage, wie in Abbildung 44 dargestellt, grundsätzlich in die drei Bereiche Vorleistung, Betrieb und Sonstiges zusammen.

Da sich von Wahl ausdrücklich auf das Ausführungsbeispiel der RAG bezieht, ist anzunehmen, dass sich die Kostenerfassung eines Steinkohlenbergwerks (zumindest für den Untertagebereich) an der von von Wahl aufgezeigten Systematik aus-

---

[385] Diese Sonderrichtlinien gliedern sich wiederum in eine Reihe von Teilrichtlinien auf.
(1) Richtlinien für die Berechnung der (kalkulatorischen) Abschreibung auf Anlagegüter
(2) Richtlinien für die Berechnung des Kapitaldienstes (kalkulatorische Zinsen und Bergbauwagnis)
(3) Richtlinien für die Abrechnung von Werkstattleistungen
(4) Richtlinien für die Berechnung von Bergschäden
(5) Hinweise und Empfehlungen für die Revierkostenrechnung
(6) Allgemeine Empfehlungen für die Betriebspunktkostenrechnung
(7) Richtlinien für die Berechnung von Maschinenmieten
[386] Vgl. von Wahl, Bergwirtschaft Band II, 1990, S. 217
[387] Vgl. Ding, Entwicklung der Kostenstellenrechnung und -planung unter besonderer Berücksichtigung des chinesischen untertägigen Steinkohlenbergbaus, 1997, S. 24

richtet. Die gegebene Kostenstellenlogik auf Basis der Betriebsvorgänge ist dementsprechend bei dem Herleiten der Wertschöpfungskette zu beachten, mit der nachfolgend begonnen wird. Für das Herleiten der Wertschöpfungskette ist die genaue Kenntnis der Funktionsweise eines Steinkohlenbergwerks erforderlich, deren ausführliche Schilderung an dieser Stelle den Rahmen der vorliegenden Arbeit sprengen würde. Dementsprechend wird an dieser Stelle auf eine ausführliche Erläuterung verzichtet und stattdessen auf die zahlreichen Schilderungen in der bergbaulichen Fachliteratur verwiesen. Einen groben Überblick über die Funktionsweise eines Steinkohlenbergwerks bietet z.B. Reuther.[388] Ein Studium dieser Quelle gewährt einen für die nachfolgenden Schilderungen hinreichenden Einblick in die Materie.

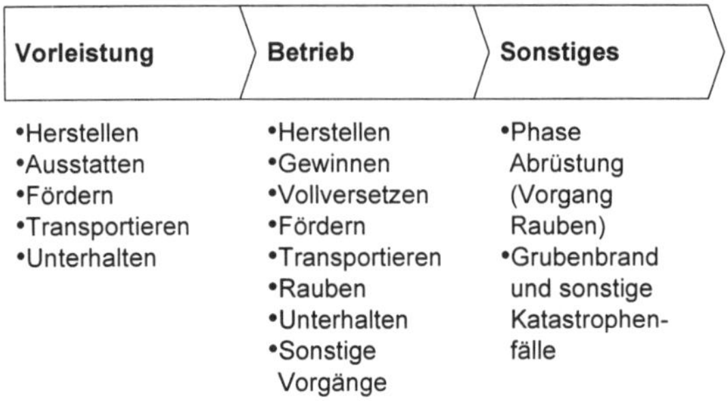

Vorleistung	Betrieb	Sonstiges
•Herstellen	•Herstellen	•Phase
•Ausstatten	•Gewinnen	Abrüstung
•Fördern	•Vollversetzen	(Vorgang
•Transportieren	•Fördern	Rauben)
•Unterhalten	•Transportieren	•Grubenbrand
	•Rauben	und sonstige
	•Unterhalten	Katastrophen-
	•Sonstige	fälle
	Vorgänge	

Quelle: von Wahl, Bergwirtschaft Band II, 1991, S. 217 (angepasst)

Abbildung 44 (Kostenstellengliederung für den Untertagebetrieb im Steinkohlenbergbau nach von Wahl)

3.2.2.1.1 Primäre Wertschöpfungsschritte

Das konkrete Herleiten der Wertschöpfungsschritte sollte mit dem Herleiten der primären Wertschöpfungsschritte begonnen werden. Unter primären Wertschöpfungsschritten werden dabei in Anlehnung an die Ausführungen von Kapitel 2.2.2.2.1 all die Wertschöpfungsschritte verstanden, die sich mit der physischen Herstellung des Produkts sowie dessen Übermittlung an die Abnehmer und den Kundendienst befassen.[389] Ausgangspunkt des Herleitens der primären Wertschöpfungsschritte ist die bereits zitierte Auflistung der Kostenstellengliederung nach Betriebsvorgängen von von Wahl.

Die erste Aktivitätsgruppe, die von Wahl in seiner Aufzählung thematisiert, sind die so genannten Vorleistungen, die er in die Unteraktivitäten (oder Einzelvorgänge) Herstellen, Ausstatten, Fördern, Transportieren und Unterhalten gliedert. Diese Segmentierung eignet sich nur bedingt für die Verwendung im Rahmen der unter-

---

[388] Vgl. Reuther, Einführung in den Bergbau, 1982, S. 19 ff
[389] Vgl. Porter, Wettbewerbsvorteile, 6. Aufl., 2000, S. 69

nehmungsbezogenen Kernkostenanalyse, da sich zum einen die Unteraktivitäten der Vorleistungen mit den Unteraktivitäten des Betriebs überschneiden[390] und da zum anderen die in Kapitel 2.2.2.2.2 aufgestellte Forderung nach hinreichender Transparenz der Wertschöpfungsschritte[391] nicht gegeben ist, da sich die Aktivität der Vorleistung in Vorleistungsteilaktivitäten aufschlüsseln lässt, die sich in Bezug auf ihren Charakter grundsätzlich unterscheiden und dementsprechend die Kostenbestimmungsfaktoren jeweils nicht nur einer, sondern mehreren (unterschiedlichen) Kennzahlen zuzuordnen sind. Da die einzelnen Wertschöpfungsschritte jedoch so zu gestalten sind, dass die Kostenbestimmungsfaktoren jedes Wertschöpfungsschritts jeweils nur einer Kennzahl zuzuordnen sind, sind die Vorleistungen in mehrere Wertschöpfungsschritte zu unterteilen.

Die Vorleistungen lassen sich grundsätzlich in die beiden Vorleistungsarten Ausrichtung und Vorrichtung unterteilen, denen jeweils wieder einzeln die von von Wahl aufgezählten Unteraktivitäten zuzuordnen sind. Da – wie bereits oben erwähnt – die Kostenbestimmungsfaktoren der Ausrichtung und der Vorrichtung jeweils unterschiedlichen Kennzahlen zuzuordnen sind und sich beide Vorleistungsarten grundsätzlich voneinander unterscheiden, sind sie jeweils als eigenständige Wertschöpfungsschritte zu behandeln. Unter dem Begriff (und somit auch unter dem Wertschöpfungsschritt) der Ausrichtung sei nach Reuther "... das Herstellen von Grubenbauen [verstanden], die ein Mineralvorkommen vom Tage her zugänglich machen ..."[392]. Einfacher lässt sich formulieren, dass unter der Ausrichtung das Erschließen "... einer Lagerstätte für den späteren Abbau ..."[393] zu verstehen ist. Der Wertschöpfungsschritt der Vorrichtung schließt sich chronologisch gesehen an den Wertschöpfungsschritt der Ausrichtung an, mit dem der grundsätzliche Zugang zur Lagerstätte (im Falle eines Steinkohlenbergbaus zu der Steinkohlenlagerstätte) geschaffen wurde. Die Vorrichtung umfasst dabei die Auffahrung "... derjenigen Grubenbaue, die zur Freilegung der Abbaufront für den planmäßigen Abbau erforderlich sind."[394] Im Falle eines Steinkohlenbergwerks werden dementsprechend im Rahmen der Vorrichtung, ausgehend von den im Rahmen der Ausrichtung geschaffenen Grubenbauen im Gestein oder den Hauptstrecken im Flöz, die Begleitstrecken und der Streb erstellt, die für das planmäßige Gewinnen der Steinkohle benötigt werden.[395] Das genaue Vorgehen innerhalb der einzelnen Wertschöpfungsschritte und die sich daraus für die Durchführung der

---

[390] Vgl. Abbildung 44

[391] Hierunter ist besonders die zweite Teilbedingung der Forderung nach hinreichender Transparenz, nämlich die Forderung nach hinreichender Transparenz der Kostenreagibilität nicht gegeben ist.

[392] Reuther, Lehrbuch der Bergbaukunde Band I, 11. Aufl., 1989, S. 11

[393] Bischoff/Bramann/Dürrer/Moebius/Quadfasel/Schlüter, Das kleine Bergbaulexikon, 8. Aufl., 1998, S. 44

[394] Bischoff/Bramann/Dürrer/Moebius/Quadfasel/Schlüter, Das kleine Bergbaulexikon, 8. Aufl., 1998, S. 376

[395] Vgl. Reuther, Einführung in den Bergbau, 1982, S. 29

unternehmungsbezogenen Kernkostenanalyse ergebenden Konsequenzen werden ausführlich in Kapitel 3.2.4 behandelt.

An den Wertschöpfungsschritt der Vorleistung schließen sich nach von Wahl die Betriebsaktivitäten an, die von Wahl in die Teilaktivitäten Herstellen, Gewinnen, Vollversetzen, Fördern, Transportieren, Rauben, Unterhalten und sonstige Vorgänge gliedert. Im Sinne einer Systematisierung dieser Teilaktivitäten des Betriebs empfiehlt es sich, die von von Wahl aufgeführten Teilaktivitäten vorerst zurückzustellen und eine eigene Systematik zur Segmentierung des Betriebs aufzustellen. Dies erfolgt nachfolgend anhand der sachlogischen Abfolge, die – im Rahmen des Gewinnungsprozesses von Steinkohle – ausgehend von den bereits behandelten Vorleistungen bis zum Verkauf der aufbereiteten Steinkohle abzuarbeiten ist.

Ist der Zugang zur Lagerstätte im Rahmen der Ausrichtung erschlossen und ist die Abbaufront einschließlich der hierfür notwendigen Strecken im Rahmen der Vorrichtung erstellt, so muss die Abbaufront, welche im Steinkohlenbergbau die Abbauseite des als Strebs bezeichneten Abbauraums darstellt[396], mit dem notwendigen Abbaugerät ausgestattet werden, bevor mit dem Gewinnen der Steinkohle begonnen werden kann. Dieses Einbringen der Gewinnungsgeräte (Hobel oder Walzenschrämmaschine, schreitender Strebausbau etc.) wird typischerweise als Herrichten bezeichnet.[397] Dementsprechend ist der Wertschöpfungsschritt Herrichten als logischer Nachfolger des Wertschöpfungsschritts Vorrichten zu interpretieren. Ist das Gewinnungsgerät in den Streb eingebaut und sind die entsprechenden Versorgungsstrecken, ausgehend von der Hauptstrecke, realisiert (und mit der entsprechenden Ausrüstung wie z.B. Fördersystemen versehen), so kann mit dem Gewinnen der Steinkohle begonnen werden. Dementsprechend schließt sich an den Wertschöpfungsschritt Herrichten der Wertschöpfungsschritt Gewinnen an. Unter dem Gewinnen der Kohle sei dabei ausschließlich das Lösen der Kohle aus der Abbaufront, nicht jedoch der Transport der Kohle verstanden.

Der Transport der mit dem Wertschöpfungsschritt Gewinnen gelösten Rohkohle (die Steinkohle wird in diesem Zustand als Rohkohle bezeichnet, weil sie unter anderem mitgelöstes Gestein enthält) ist Gegenstand des auf den Wertschöpfungsschritt Gewinnen folgenden Wertschöpfungsschritts. Dieser wird als Fördern bezeichnet, wobei unter dem Fördern der gewonnenen Rohkohle sowohl das söhlige (horizontale) als auch das seigere (vertikale) Fördern verstanden wird. Dem Wertschöpfungsschritt des Förderns kommt dabei die Aufgabe zu, die gewonnene Rohkohle vom Gewinnungsort zur Aufbereitung zu befördern. Neben dem Fortbewegen der gewonnenen Rohkohle werden jedoch im Wertschöpfungsschritt

---

[396] Vgl. Reuther, Einführung in den Bergbau, 1982, S. 28

[397] Vgl. Bischoff/Bramann/Dürrer/Moebius/Quadfasel/Schlüter, Das kleine Bergbaulexikon, 8. Aufl., 1998, S. 175

Fördern zusätzlich auch "... Haufwerk, Materialien und Lasten aller Art ..."[398] fort-bewegt. Grundsätzlich ist anzumerken, dass im Rahmen des Wertschöpfungs-schritts Fördern nicht nur die Rohkohlen aus dem Wertschöpfungsschritt Gewin-nen, sondern auch die Rohkohlen und das Haufwerk aus den Wertschöpfungs-schritten Ausrichten und Vorrichten transportiert werden.[399]

An den Wertschöpfungsschritt Fördern schließt sich der Wertschöpfungsschritt Aufbereiten an. "Da auf jeder Schachtanlage stets mehrere Flöze mit häufig sehr verschiedenen Eigenschaften gleichzeitig abgebaut werden, schwanken z.b. der Asche- und Schwefelgehalt sowie das Verkokungsverhalten der geförderten Roh-kohlen oft erheblich. Die Aufbereitung hat die Aufgabe, die [im Rahmen des För-derns geförderte] Rohkohle und damit die Produkte zu vergleichmäßigen, die Ber-ge abzustoßen und die gewaschene Kohle in die handelsüblichen Sorten zu klas-sieren."[400] Die Endprodukte des Wertschöpfungsschritts Aufbereiten sind zum ei-nen die verkaufsfertig aufbereiteten Kohlensorten und zum anderen die so genann-ten Waschberge[401].

Die Entsorgung dieser Waschberge ist Gegenstand des nächsten, als Bergewirt-schaft bezeichneten Wertschöpfungsschritts. Unter dem Begriff Bergewirtschaft wird dabei die Weiterverwendung der Berge – sei es z.B. durch Aufschütten zu Landschaftsbauwerken wie Bergehalden oder durch die Weiterverwendung der Berge als Baustoffe – verstanden.[402] Im angenommenen Ausführungsbeispiel des Steinkohlenbergwerks wird ausdrücklich angenommen, dass sämtliche Berge aus-schließlich als Waschberge anfallen und im Rahmen des Wertschöpfungsschritts Bergewirtschaft entsorgt bzw. verwertet werden. Die Möglichkeit des Versatzes und die damit verbundene Einbeziehung eines weiteren Wertschöpfungsschritts Versatz wird ausdrücklich ausgeschlossen.

Auch wenn der Eindruck entstehen könnte, dass die Aufzählung der primären Wertschöpfungsschritte abgeschlossen ist, ist der Aufzählung noch ein weiterer Wertschöpfungsschritt, nämlich das Rauben hinzuzufügen. Ist ein Kohlenfeld aus-

---

[398] Bischoff/Bramann/Dürrer/Moebius/Quadfasel/Schlüter, Das kleine Bergbaulexikon, 8. Aufl., 1998, S. 132

[399] Grundsätzlich ist hierzu anzumerken, dass insbesondere das Haufwerk aus dem Wertschöp-fungsschritt Ausrichten, das aus dem Auffahren von Gesteinsstrecken resultiert und gar kei-nen oder nur einen geringen Anteil an Rohkohlen aufweist in vielen Fällen zum Versatz, also zum Verfüllen der beim Abbau von Lagerstätten entstandenen Hohlräume eingesetzt und in diesen Fällen gar nicht über Tage gefördert wird. Vgl. Bischoff/Bramann/Dürrer/Moe-bius/Quadfasel/Schlüter, Das kleine Bergbaulexikon, 8. Aufl., 1998, S. 369

[400] Rinn, Handbuch der Bergwirtschaft, 1970, S. 141

[401] Unter Waschbergen werden die in der Aufbereitung bei der Sortierung bergbaulicher Roh-stoffe anfallenden Berge verstanden, wobei Berge als nicht verwertbarer Anteile der Rohför-dermenge definiert sind. Vgl. Bischoff/Bramann/Dürrer/Moebius/Quadfasel/Schlüter, Das kleine Bergbaulexikon, 8. Aufl., 1998, S. 59 und S. 381

[402] Vgl. Wiggering/Kerth, Bergehalden des Steinkohlenbergbaus, 1991, S. 9

gekohlt, d.h. ist der in einem Kohlenfeld durch das Vorrichten erschlossene Kohlenvorrat abgebaut, so sind sämtliche Maschinen (also das Gewinnungsgerät einschließlich der technischen Gerätschaften der Begleitstrecken) zu entfernen und entweder zum nächsten durch das Vorrichten erschlossenen Kohlenfeld umzuziehen oder der Instandhaltung zuzuführen. Dieser Vorgang der Entnahme des technischen Geräts eines ausgekohlten Kohlenfelds wird als Rauben bezeichnet.

In Anlehnung an das in Kapitel 2.2.2.2.1 aufgezeigte Konzept der Wertschöpfungskette nach Porter wären der vorgenommenen Aufzählung der primären Wertschöpfungsschritte noch die Wertschöpfungsschritte Marketing und Vertrieb, Ausgangslogistik sowie Kundendienst hinzuzufügen. Da insbesondere im deutschen Steinkohlenbergbau der Abnehmerkreis der gewonnenen Steinkohlen fast ausschließlich aus Industriekunden besteht, die entweder direkt neben den Bergwerken Kraftwerke gebaut haben oder die Steinkohlen direkt ab Bergwerk (bzw. ab Aufbereitung) kaufen und keinerlei Kundendienst in Anspruch nehmen, kann auf das Einbeziehen dieser Wertschöpfungsschritte verzichtet werden. Die entsprechenden Randaktivitäten aus diesen drei Bereichen werden bei der Behandlung der unterstützenden Wertschöpfungsschritte dem Wertschöpfungsschritt Verwaltung zugeordnet.

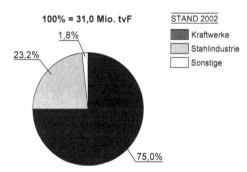

100% = 31,0 Mio. tvF

STAND 2002

Kraftwerke
Stahlindustrie
Sonstige

23,2%

1,8%

75,0%

Quelle: Gesamtverband deutsche Steinkohle, Steinkohle Jahresbericht
2003, 2003, Statistikteil Tabelle 21

Abbildung 45 (Absatzstruktur der in Deutschland gewonnenen Steinkohle)

Vergleicht man die oben sachlogisch aus dem Betrieb eines Steinkohlenbergwerks abgeleiteten primären Wertschöpfungsschritte, die direkt für die physische Herstellung der Steinkohle als Endprodukt erforderlich sind, mit der betriebsvorgangsbasierten Kostenstellengliederung von von Wahl, so sind weitreichende Übereinstimmungen festzustellen. So sind die Betriebsvorgänge Herstellen und Gewinnen durch den Wertschöpfungsschritt Gewinnen abgedeckt. Der Betriebsvorgang des Vollversatzes findet im vorliegenden Modell keine Anwendung, da (wie bereits bei den Ausführungen zum Wertschöpfungsschritt Aufbereiten ausgeführt) nicht die Anwendung eines wie auch immer gearteten Versatzes, sondern ein vollständiger Strebbruchbau angenommen wird, bei dem sämtliche Berge durch die

Aufbereitung gehen und im Rahmen der Bergewirtschaft entsorgt werden. Der von von Wahl zitierte Betriebsvorgang des Förderns wurde im Wertschöpfungsschritt Fördern verarbeitet. Der sowohl im Rahmen der Vorleistung als auch im Rahmen des Betriebs notwendige Betriebsvorgang Transportieren wurde im Rahmen der primären Wertschöpfungsschritte nicht verarbeitet, da es sich bei diesem Betriebsvorgang um einen unterstützenden Wertschöpfungsschritt handelt, der mehrere primäre Wertschöpfungsschritte unterstützt. Er ist deswegen auch im Rahmen der unterstützenden Wertschöpfungsschritte aufzunehmen. Der Betriebsvorgang des Raubens wurde zusammen mit dem von von Wahl unter Sonstiges subsumierten Betriebsvorgang der Abrüstung zum Wertschöpfungsschritt Rauben verarbeitet.

Die Betriebsaktivitäten Unterhalten und sonstige Vorgänge können den einzelnen Wertschöpfungsschritten zugerechnet werden, da sie eher der Dimension Kostenarten und da insbesondere der Kostenart Dienstleistungskosten zuzurechnen sind. Trotzdem ist nicht davon auszugehen, dass es sich bei dem Unterhalten nicht um einen Wertschöpfungsschritt handelt. Dieser Betriebsvorgang ist vielmehr im Rahmen der unterstützenden Wertschöpfungsschritte noch einmal zu analysieren.

Abschließend ist noch der von von Wahl unter Sonstiges subsumierte Betriebsvorgang Grubenbrand und sonstige Katastrophenfälle zu betrachten. Diese Ereignisse stellen aus Sicht des Autors keine eigenständigen Betriebsvorgänge dar und wären dementsprechend auch nicht in Form eines Wertschöpfungsschritts abzubilden. Grundsätzlich existieren jedoch auch im normalen Betrieb eines Steinkohlenbergwerks Aktivitäten, mit denen versucht wird, Ereignisse wie Grubenbrände oder sonstige Katastrophenfälle zu verhindern. Diese werden typischerweise zur Betriebsaktivität des Grubenrettungswesens zusammengefasst.[403] Da hierunter sowohl präventive Maßnahmen (wie z.B. die Begrenzung der Bildung gefährlicher Kohlenstäube) als auch tatsächliche Rettungsmaßnahmen im Falle des Eintritts einer solchen Katastrophe subsumiert werden, die sich über alle Wertschöpfungsschritte erstrecken, ist diese Betriebsaktivität im Rahmen der unterstützenden Wertschöpfungsschritte zu behandeln.

Auf Basis der vorgenommenen Ausführungen ist abschließend zum einen zusammenzufassen, dass sich die primären Wertschöpfungsschritte eines Steinkohlenbergwerks aus den folgenden acht Wertschöpfungsschritten zusammensetzen.

- Ausrichten

- Vorrichten

- Herrichten

- Gewinnen

- Fördern

---

[403] Vgl. Fritzsche, Lehrbuch der Bergbaukunde Band II, 10. Aufl., 1962, S. 734 ff

- Aufbreiten

- Bergewirtschaft

- Rauben

Zum anderen ist festzustellen, dass sich dieser Zuschnitt der Wertschöpfungsschritte – wie an der betriebsvorgangsbezogenen Kostenstellensegmentierung nach von Wahl gezeigt – problemlos in die bereits vorhandene Kostenstellensegmentierung existierender Steinkohlenbergwerke einfügt. Mithin ist anzunehmen, dass die Anwendung der vorgeschlagenen Systematik für die primären Wertschöpfungsschritte, bis auf kleinere Anforderungen hinsichtlich des Aufspaltens der Vorleistungs-Betriebsvorgänge, nur einen geringen Anpassungsaufwand für das Erheben der Ist-Kosten darstellt.

3.2.2.1.2 Unterstützende Wertschöpfungsschritte

Nachdem im vorangegangenen Kapitel die grundsätzlichen primären Wertschöpfungsschritte eines Steinkohlenbergwerks erarbeitet wurden, sind nunmehr für das Komplettieren der Wertschöpfungskette der zu analysierenden Steinkohlenbergbau-Unternehmung die unterstützenden Wertschöpfungsschritte zu ermitteln. In Anlehnung an die in Kapitel 2.2.2.2.1 zitierte Definition der unterstützenden Wertschöpfungsschritte von Porter sollen dabei unter den unterstützenden Wertschöpfungschritten diejenigen Wertschöpfungsschritte verstanden werden, welche die primären Wertschöpfungsschritte unter sich selbst gegenseitig dadurch aufrechterhalten, dass sie für den Kauf von Inputs, Technologie, menschlichen Ressourcen und von verschiedenen Funktionen für die gesamte Unternehmung sorgen.[404]

Das Ableiten der unterstützenden Wertschöpfungsschritte für die zu analysierende Steinkohlenbergbau-Unternehmung sollte sich grundsätzlich an den von Porter aufgezeigten Grundaktivitäten im Bereich der unterstützenden Aktivitäten orientieren und die im Rahmen des Ableitens der primären Wertschöpfungsschritte bereits identifizierten unterstützenden Aktivitäten berücksichtigen. Porter zählt als die grundsätzlichen unterstützenden Aktivitäten die Aktivitätsoberbegriffe Unternehmungsinfrastruktur, Personalwirtschaft, Technologieentwicklung und Beschaffung auf.[405] Diese sollen nachfolgend hinsichtlich ihres Inhalts im Falle der exemplarisch betrachteten Steinkohlenbergbau-Unternehmung analysiert werden.

Hinsichtlich des ersten von Porter zitierten Aktivitätsoberbegriffs – der Unternehmungsinfrastruktur – ist anzumerken, dass es diese natürlich auch in einer Steinkohlenbergbau-Unternehmung gibt. Grundsätzlich setzt sich die Unternehmungsinfrastruktur eines Steinkohlenbergwerks aus mehreren Komponenten zusammen, die teilweise schon bei der Behandlung der primären Wertschöpfungsschritte er

[404] Vgl. Kapitel 2.2.2.2.1
[405] Vgl. Porter, Wettbewerbsvorteile, 6. Aufl., 2000 S. 66

wähnt wurden. Eine dieser Infrastrukturkomponenten ist der Betriebsvorgang Transportieren. Dieser Betriebsvorgang ist keinem der primären Wertschöpfungsschritte eindeutig zuzuordnen. Vielmehr ist das Transportieren eine Voraussetzung für die Funktionsfähigkeit der primären Wertschöpfungsschritte, da diese z.B. regelmäßig mit den entsprechenden Materialien und Betriebsstoffen versorgt werden müssen. Da sich die Kostenbestimmungsfaktoren jeweils eindeutig Kennzahlen zuordnen lassen, ist das Transportieren (oder auch die Logistik) als unterstützender Wertschöpfungsschritt zu interpretieren.

Der zweite von von Wahl zitierte Betriebsvorgang, der nicht den primären Wertschöpfungsschritten zugeordnet werden konnte, war das Unterhalten, da es als Dienstleistung (mindestens) von allen primären Wertschöpfungsschritten in Anspruch genommen wird und für deren Funktionieren zwangsläufig erforderlich ist. Das Unterhalten kann dabei dahingehend konkretisiert werden, dass insbesondere das Instandhalten zum Aufrechterhalten der Funktionsfähigkeit der primären Wertschöpfungsschritte erforderlich ist. Wie in Kapitel 2.3.2.2.4.3 ausgeführt, zählen darunter sowohl die vorausschauende Wartung, als auch die Inspektion und die Instandsetzung. Da auch bei der Instandhaltung die Kostenbestimmungsfaktoren jeweils einzelnen Kennzahlen (die sich in ihrer Ausprägung natürlich von Instandhaltungs- zu Instandhaltungsart unterscheiden) zugeordnet werden können und das Instandhalten allen Anforderungen an einen unterstützenden Wertschöpfungsschritt gerecht wird[406], ist das Instandhalten als zweiter unterstützender Wertschöpfungsschritt zu identifizieren.

Der dritte Betriebsvorgang, der im Rahmen der primären Wertschöpfungsschritte diskutiert, jedoch nicht als ein primärer Wertschöpfungsschritt verarbeitet wurde, ist das Grubenrettungswesen. Den Hauptgrund, warum das Grubenrettungswesen nicht als primärer Wertschöpfungsschritt interpretiert wurde, stellt die Tatsache dar, dass es sowohl in allen primären Wertschöpfungsschritten als auch bei sämtlichen unterstützenden Wertschöpfungsschritten erforderlich ist, um einen sicheren Betriebsablauf zu gewährleisten. Dementsprechend ist das Grubenrettungswesen als unterstützender Wertschöpfungsschritt zu klassifizieren. Grundsätzlich ist später zu untersuchen, ob das Grubenrettungswesen aufgrund der speziellen Verbindung von Kostenbestimmungsfaktoren und Kennzahlen nicht mit anderen unterstützenden Wertschöpfungsschritten zusammengefasst werden kann.

Neben den im Rahmen des Herleitens der primären Wertschöpfungsschritte bereits diskutierten Betriebsvorgänge, die in unterstützenden Wertschöpfungsschritten zu behandeln sind, existieren innerhalb einer Steinkohlenbergbau-Unternehmung eine Reihe weiterer Betriebsvorgänge, die im Rahmen der unterstützenden Wertschöpfungsschritte zu behandeln sind. Um diese im Einzelnen zu identifizieren, werden nachfolgend die von Porter zitierten Aktivitätsoberbegriffe Unternehmungsinfra-

---

406 Vgl. Kapitel 2.2.2.2.1

struktur, Personalwirtschaft, Technologieentwicklung und Beschaffung einzeln abgeprüft.

Im Rahmen der Unternehmungsinfrastruktur ist als ein wichtiger Betriebsvorgang das Grubenbewettern in die Wertschöpfungskette mit einzubeziehen. Unter dem Grubenbewettern wird gemäß Reuther die "... planmäßige Versorgung von Grubenbauen mit frischer Luft ..."[407] verstanden. An den drei Hauptaufgaben des Grubenbewetterns - "... der in der Grube befindlichen Belegschaft die zum Atmen erforderliche Menge an frischen Wettern zuzuführen; matte, giftige oder schlagende Wetter bis zur Unschädlichkeit zu verdünnen und wegzuspülen [...]; für zumutbares und erträgliches Grubenklima an den Stellen des Grubengebäudes zu sorgen, wo Leute beschäftigt sind." - ist leicht zu erkennen, dass das Grubenbewettern keinem einzelnen primären Wertschöpfungsschritt zuzuordnen ist, sondern vielmehr benötigt wird, um die primären Wertschöpfungsschritte überhaupt durchführen zu können. Das Grubenbewettern ist dementsprechend als unterstützender Wertschöpfungsschritt zu klassifizieren.

Einen weiteren wichtigen Betriebsvorgang stellt im Rahmen einer Steinkohlenbergbau-Unternehmung das bergmännische Wasserhalten dar. Unter dem bergmännischen Wasserhalten – oder richtiger unter der bergmännischen Wasserwirtschaft – werden nach Fritzsche alle Fragen verstanden, "... die sich mit der Bedrohung der Grubenräume durch das Auftreten von Wasser mit den Maßnahmen und Vorrichtungen zur Fernhaltung der Wässer von den Grubenbauen, mit der Ausrichtung der Grube im Hinblick auf die Wasserhaltung und mit der Wasserhebung aus den Bauen beschäftigen."[408] Wie auch das Grubenbewettern ist das bergmännische Wasserhalten dementsprechend keinem einzelnen primären Wertschöpfungsschritt zuzuordnen, sondern ist für das Durchführen der primären Wertschöpfungsschritte zwingend erforderlich. Aus diesem Grunde ist das bergmännische Wasserhalten als unterstützender Wertschöpfungsschritt zu klassifizieren.

Wie bereits im Rahmen der Kostenfunktionsentwicklung für die spezifischen Maschinenkosten angeschnitten, stellt das zentrale Betriebsmittelbewirtschaften einen weiteren im Rahmen der unterstützenden Wertschöpfungsschritte abzuhandelnden Betriebsvorgang dar.[409] Unter der zentralen Betriebsmittelbewirtschaftung wird dabei in Anlehnung an Slaby/Krasselt der Bereich einer Steinkohlenbergbau-Unternehmung verstanden, der "... die von ihm betreuten Betriebsmittel an andere Unternehmensteile [vermietet]."[410] Dabei ist dieser Bereich wiederum keinem einzelnen primären Wertschöpfungsschritt zuzuordnen, sondern wird zur Durchführung der primären Wertschöpfungsschritte benötigt. Dementsprechend ist das

---

[407] Reuther, Lehrbuch der Bergbaukunde Band I, 11. Aufl., 1989, S. 577
[408] Fritzsche, Lehrbuch der Bergbaukunde Band II, 10. Aufl., 1962, S. 621
[409] Vgl. Kapitel 2.3.2.2.5
[410] Slaby/Krasselt, Industriebetriebslehre, 1998, S. 90

zentrale Betriebsmittelbewirtschaften als unterstützender Wertschöpfungsschritt zu klassifizieren.

Abseits von den Vorleistungen, die planmäßig zum Erschließen einer Lagerstätte oder zum Freilegen der Abbaufront durchgeführt werden, sind zum Durchführen und Aufrechterhalten des Betriebs einer Steinkohlenbergbau-Unternehmung eine Reihe so genannter Sonderprojekte notwendig. Unter einem Sonderprojekt wird dabei ein Projekt verstanden, für das ein Sonderbetriebsplan erforderlich ist.[411] Als Beispiele für derartige Sonderprojekte können das Erstellen von Bunkern, Bandbergen oder aber auch von Wetterschächten angeführt werden. Wie leicht zu erkennen ist, sind diese Betriebsvorgänge wiederum keinem primären Wertschöpfungsschritt dediziert zuzurechen, jedoch dringend für die Durchführung der primären Wertschöpfungsschritte erforderlich. Dementsprechend ist auch das Durchführen der Sonderprojekte als unterstützender Wertschöpfungsschritt zu behandeln. Mit den bis jetzt beschriebenen unterstützenden Wertschöpfungsschritten ist der Aktivitätsoberbegriff der Unternehmungsinfrastruktur für eine Steinkohlenbergbau-Unternehmung erschöpfend behandelt.

Abschließend wären dementsprechend die von Porter definierten Aktivitätsoberbegriffe Personalwirtschaft, Technologieentwicklung und Beschaffung zu behandeln. Auch diese Aktivitäten werden in Form von Betriebsvorgängen im Rahmen einer Steinkohlenbergbau-Unternehmung abgehandelt. Dabei ist grundsätzlich davon auszugehen, dass all die aufgezählten Aktivitäten im Rahmen der Verwaltung einer Steinkohlenbergbau-Unternehmung abgebildet werden. So gibt es innerhalb der Verwaltung einer Steinkohlenbergbau-Unternehmung sowohl eine Hauptabteilung, die sich mit der Personalwirtschaft beschäftigt, als auch Hauptabteilungen, welche die Aktivitäten Technologieentwicklung (in Zusammenarbeit mit den Lieferanten) und Beschaffung abbilden. Zudem sind Hauptabteilungen vorhanden, die sich mit dem internen und externen Rechnungswesen, der Öffentlichkeitsarbeit, dem Absatz der aufbereiteten Steinkohle, den Betriebsgenehmigungsverfahren o-

---

[411] Grundsätzlich sind sämtliche bergbaulichen Aktivitäten und Bauten in umfangreichen Verfahren zu genehmigen. Die in ihrer Laufzeit unterschiedlichen Genehmigungen bauen dabei aufeinander auf. Ausgangsbasis ist die Genehmigung eines Rahmenbetriebsplans, mit dessen Bestätigung in Form eines Planfeststellungsbeschlusses die groben bergbaulichen Aktivitäten über einen längeren Betriebszeitraum grundsätzlich genehmigt werden. Auf dieser Basis müssen nachfolgend die konkreten einzelnen Aktivitäten, die bereits jetzt vorhersehbar (und nicht einmalig) sind, in einem Hauptbetriebsplan genehmigt werden. Sämtliche Projekte die nicht vom Hauptbetriebsplan umfasst wurden weil sie entweder zum Zeitpunkt der Erstellung des Hauptbetriebsplans noch nicht vorhersehbar waren oder einmalige Projekte darstellen, sind in Form sogenannter Sonderbetriebspläne zu genehmigen. Derartige Projekte werden dementsprechend als Sonderprojekte bezeichnet. Der Hauptunterschied zwischen diesen beiden Genehmigungsarten besteht darin, dass der Hauptbetriebsplan für einen bestimmten Zeitraum genehmigt wird während sich die Genehmigungsdauer des Sonderbetriebsplans anhand der Projektdauer des vorzunehmenden Sonderprojekts orientiert. Vgl. GVSt, Steinkohlenbergbau in Deutschland, 2003, S. 24; Schmidt, Vorlesung Bergrecht, 2004

der auch der Ausbildung von Nachwuchsarbeitskräften beschäftigen. In dem Zusammenhang kann – wie bereits weiter oben angemerkt – grundsätzlich darüber
nachgedacht werden, das Grubenrettungswesen als eine Abteilung in die Verwaltung zu integrieren. Unabhängig davon ist jedoch abschließend hinsichtlich des
Verwaltens festzustellen, dass das Verwalten ebenso wie die anderen unterstützenden Wertschöpfungsschritte nicht dediziert einem primären Wertschöpfungsschritt zuzurechnen ist, sondern vielmehr benötigt wird, um die primären Wertschöpfungsschritte überhaupt durchführen zu können. Aus diesem Grund ist das
Verwalten als unterstützender Wertschöpfungsschritt zu behandeln.

Auf Basis der vorgenommenen Ausführungen ist festzustellen, dass sämtliche von
Porter genannten Aktivitätsoberbegriffe abgearbeitet wurden und somit davon
auszugehen ist, dass auch die unterstützenden Wertschöpfungsschritte vollständig
erfasst wurden. Insgesamt setzen sich die unterstützenden Wertschöpfungsschritte
einer Steinkohlenbergbau-Unternehmung demzufolge aus den folgenden acht un-
terschützenden Wertschöpfungsschritten zusammen.

- Transportieren

- Instandhalten

- Grubenrettungswesen

- Grubenbewettern

- Bergmännisches Wasserhalten

- Zentrales Betriebsmittelbewirtschaften

- Sonderprojekte

- Verwalten

Auch diese Segmentierung der unterstützenden Wertschöpfungsschritte dürfte sich
fast problemlos in die typischerweise innerhalb einer Steinkohlenbergbau-
Unternehmung existierenden Kostenstellenlogik einfügen. Das begründet sich insbesondere damit, dass die erwähnten Kostenstellen jeweils auch eigene Kostenstellen im Rahmen des Kostenstellenplans einer Steinkohlenbergbau-
Unternehmung darstellen. Insofern erfüllen auch die identifizierten unterstützenden Wertschöpfungsschritte die für das spätere Erheben der Ist-Kosten wichtige
Forderung, sich möglichst eng an dem existierenden Kostenrechnungssystem der
Unternehmung zu orientieren.

3.2.2.1.3 Zusammenfassung Wertschöpfungsschritte
Abschließend sind die in den Kapiteln 3.2.2.1.1 und 3.2.2.1.2 erarbeiteten primären und unterstützenden Wertschöpfungsschritte der zu analysierenden Steinkohlenbergbau-Unternehmung zu einer Wertschöpfungskette zusammenzufassen. In

Anlehnung an die von Porter gewählte Darstellung ist die für eine Steinkohlen-bergbau-Unternehmung zu verwendende Wertschöpfungskette wie in Abbildung 46 dargestellt zu skizzieren.

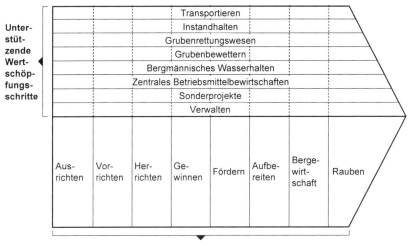

Quelle: Weiss

Abbildung 46 (Wertschöpfungskette Steinkohlenbergbau-Unternehmung)

Die auf diesem Wege hergeleitete Wertschöpfungskette für eine Steinkohlenberg-bau-Unternehmung stellt die Ausgangsbasis für die weitere Analyse und insbesondere das Grundgerüst für das später zu entwickelnde Kernkosten-Berechnungsmodell dar. Sie ist dementsprechend in den nachfolgenden Bearbeitungsschritten der unternehmungsbezogenen Kernkostenanalyse eins zu eins als Grundlage zu verwenden.

3.2.2.2 Festlegen Kostenartenstruktur

Der nächste Bearbeitungsschritt im Rahmen des Anpassens des Analysemodells stellt das Festlegen der Kostenartenstruktur dar. Genauso wie die Kostenstellen-struktur ist auch die Kostenartenstruktur einer Steinkohlenbergbau-Unternehmung in den Richtlinien für das betriebliche Rechnungswesen im Steinkohlenbergbau (RBS) festgelegt.[412] Der Teil I der RBS enthält dabei die allgemeinen Richtlinien für die Betriebsabrechnung (Bergbau-Kosten-Standard-System - BKSS). Innerhalb dieses ersten Teils der RBS wird im Rahmen des BKSS zwischen den Hauptkos-tenarten Arbeitskosten, Sachkosten, Bergschadenkosten sowie Kapitalkosten und

---

[412] Vgl. von Wahl, Bergwirtschaft Band II, 1990, S. 200

Betriebsmittelmieten unterschieden.[413] Der Inhalt der einzelnen Kostenarten wird nachfolgend kurz beschrieben.

3.2.2.2.1 Kostenartenstruktur nach RBS/BKSS

3.2.2.2.1.1 Arbeitskosten

Die Arbeitskosten untergliedern sich im Steinkohlenbergbau aufgrund der besonderen Begebenheiten in besonderer Art und Weise. Das liegt unter anderem daran, dass im Steinkohlenbergbau durch externe Unternehmer erbrachte Dienstleistungen nicht als Dienstleistungskosten erfasst, sondern auf die einzelnen Kostenblöcke aufgeteilt werden. Dementsprechend ergibt sich folgende Gliederung der Arbeitskosten.

- Löhne

- Lohnnebenkosten[414]

- Soziale Abgaben Arbeiter[415]

- Gehälter

- Gehaltsnebenkosten

- Soziale Abgaben Angestellte

- Arbeitskosten der Bergbau-Spezialunternehmungen in untertägigen Produktionsbetrieben

Der Grund für die Einbeziehung der Arbeitskosten der Bergbau-Spezialunternehmungen in untertägigen Produktionsbetrieben in die Arbeitskosten besteht darin,

---

413 Vgl. von Wahl, Bergwirtschaft Band II, 1990, S. 206 ff
414 Hinsichtlich der Lohnnebenkosten und der Gehaltsnebenkosten ist anzumerken, dass sich diese noch weiter unterteilen. Grundsätzlich setzten sie sich aus den folgenden Komponenten zusammen.
(1) Urlaubsgeld, Weihnachtsgeld, Feiertagsbezahlung
(2) Tarifliches Kindergeld
(3) Lohnfortzahlung im Krankheitsfall
(4) Sondervergütungen (Deputate)
(5) Sonstiges (Trennungsgeld, berufliche Bildung etc.)
415 Die sozialen Abgaben für Arbeiter umfassen (ebenso wie die sozialen Abgaben für Angestellte)
(1) Arbeitgeberbeiträge zur knappschaftlichen Krankenversicherung
(2) Arbeitgeberbeiträge zur knappschaftlichen Rentenversicherung
(3) Arbeitgeberbeiträge zur Bergbau-Berufsgenossenschaft
(4) Arbeitgeberbeiträge zur Arbeitslosenversicherung

die Vergleichbarkeit von Schachtanlagen mit jeweils unterschiedlichem Unternehmereinsatz zu bewahren.[416]

3.2.2.2.1.2 Sachkosten

Die Kostenart der Sachkosten umfasst im Rahmen des RBS/BKSS die Kosten der folgenden Produktionsfaktoren.[417]

- Energie[418]

- Material[419]

- Instandhaltung

- Mieten und Pachten

- Unternehmerleistungen (ohne die Personalkosten von Bergbau-Spezialunternehmungen)

- Sonstige Sachkosten

Innerhalb der Kosten für die einzelnen Produktionsfaktoren sind die Sachkosten auf der Ebene der Kostenstellen weiter untergliedert, um "... der Faktorverbrauchsstruktur der Hauptbetriebe Rechnung zu tragen."[420] Bei der Betrachtung der Sachkosten im Rahmen des RBS/BKSS ist es, wie Deng richtig bemerkt, wichtig zu beachten, dass im Falle einer Maschinenmieten- oder kalkulatorischen Kapitalkostenverrechnung keine Berücksichtigung dieser Kosten im Rahmen der Sachkosten erfolgt.[421] Diese Kosten werden im Falle einer Berücksichtigung der Kostenart Kapitalkosten und Betriebsmittelmieten zugerechnet.[422]

---

[416] Vgl. von Wahl, Bergwirtschaft Band II, 1990, S. 207
[417] Vgl. von Wahl, Bergwirtschaft Band II, 1990, S. 207
[418] Die Energiekosten umfassen den bewerteten Verbrauch der folgenden fünf Produktionsfaktoren
(1) Strom
(2) Dampf
(3) Druckluft
(4) Gas zur Unterfeuerung
(5) Sonstige Energie und Brennstoffe einschließlich Wasser
[419] Eine detailliertes Ausführungsbeispiel für die Untergliederung der Materialkosten (einschließlich der Instandhaltungskosten) für den Hauptbetrieb Grubenbetrieb findet sich bei von Wahl, Bergwirtschaft Band II, 1990, S. 208
[420] von Wahl, Bergwirtschaft Band II, 1990, S. 207
[421] Vgl. Ding, Entwicklung der Kostenstellenrechnung und -planung unter besonderer Berücksichtigung des chinesischen untertägigen Steinkohlenbergbaus, 1997, S. 20
[422] Vgl. Kapitel 3.2.2.2.1.3

3.2.2.2.1.3 Kapitalkosten und Betriebsmittelmieten

Wie überall verursacht die Inanspruchnahme von Kapital sowie der Verzehr von Kapitalgütern Kosten, die typischerweise in der Kostenrechnung mit Hilfe kalkulatorischer Kosten erfasst werden. Wie von Wahl ausführt, erfolgt die Berücksichtigung dieser Kosten im Steinkohlenbergbau durch die Verrechnung von verbrauchsbedingten Abschreibungen und betriebsbedingtem Kapitaldienst für all die Anlagen, für die entsprechende Anlagenkonten geführt werden.[423] Für alle ortsbeweglichen Anlagen des untertägigen Betriebs (für die keine Anlagenkonten geführt werden), "... werden Betriebsmittelmieten berechnet, in die außer den Kapitalkosten Instandsetzungs- bzw. Reparaturkosten eingehen."[424] Da die Erläuterung, welche Berechnungsgrundlagen den einzelnen Kapitalkosten und Betriebsmittelmieten zugrunde liegen, den Rahmen dieser Arbeit sprengen und im übrigen an dieser Stelle auch zu keinem Erkenntnisgewinn im Sinne dieser Arbeit führen würden, sei an dieser Stelle auf die detaillierten Ausführungen in der bergwirtschaftlichen Fachliteratur verwiesen.[425]

3.2.2.2.1.4 Bergschadenskosten

Die letzte Kostenart, welche RBS/BKSS vorsehen, sind die Bergschadenkosten. Bei den Bergschadenkosten handelt es sich um die Kosten, die ein Bergwerkseigentümer aufzuwenden hat, um die durch den Betrieb des Bergwerks an der Tagesoberfläche entstandenen Schäden zu beheben bzw. zu regulieren. Die Verpflichtung hierzu ergibt sich aus §114 des Bundesberggesetzes.[426] Demnach sind sowohl Schäden als auch Wertminderung an Sachen, welche durch die bergbauliche Betätigung entstehen, zu beseitigen oder zu entgelten. Da die Schäden, die sich durch die bergbauliche Betätigung ergeben, jedoch zumeist nicht direkt nach der bergbaulichen Betätigung, sondern vielmehr mit einer zeitlichen Verzögerung von mehreren Jahren, teilweise auch mehreren Jahrzehnten auftreten, besteht der Hauptteil der Bergschadenskosten aus Rückstellungen.[427] Die Rückstellungen sind jeweils dann aufzulösen, wenn ein den Rückstellungen zuordenbares Schadensereignis eintritt. Die Kosten ergeben sich im Übrigen nicht nur für die Schäden am Eigentum Dritter, sondern auch für Schäden an übertägigen Bergwerksanlagen.

---

[423] Dabei handelt es sich zumeist um unbewegliche Anlagen wie die Schächte oder das Grubengebäude

[424] von Wahl, Bergwirtschaft Band II, 1990, S. 209

[425] Vgl. Ding, Entwicklung der Kostenstellenrechnung und -planung unter besonderer Berücksichtigung des chinesischen untertägigen Steinkohlenbergbaus, 1997, S. 20 ff; von Wahl, Bergwirtschaft Band II, 1990, S. 209 ff

[426] Vgl § 114 BBergG

[427] Vgl. von Wahl, Bergwirtschaft Band II, 1990 S. 208 f

3.2.2.2.2 Kostenartenstruktur Analysemodell

Die in den letzten Kapiteln erläuterten Kostenarten der Richtlinien für das betriebliche Rechnungswesen im Steinkohlenbergbau stellen die Basis dar, auf der nun die Kostenartenstruktur des Analysemodells festgelegt werden kann. Hierfür empfiehlt es sich grundsätzlich, die innerhalb der zu analysierenden Unternehmung existierende Kostenartenstruktur (in diesem Falle die Kostenartenstruktur der RBS/BKSS) der generischen Kostenartenstruktur des in Kapitel 2 beschriebenen Analysemodells[428] gegenüberzustellen.

Kostenarten generisches Analysemodell	Kostenarten nach RBS/BKSS
• Materialkosten – Produktbezogen – Maschinenbezogen – Personalbezogen	• Sachkosten – Energie – Material – Sonstige Sachkosten
• Personalkosten	• Arbeitskosten (für aktive Belegschaft)

• Dienstleistungskosten
– Produktbezogen
– Maschinenbezogen
  • Nutzungsabhängige Wartungskosten
  • Nutzungsabhängige Inspektionskosten
  • Geplante nutzungsabhängige Instandsetzungskosten
  • Ungeplante nutzungsabhängige Instansetzungskosten
  • Nutzungsunabhängige Instandhaltungskosten
– Personalbezogen
– Sonstige
	• Sachkosten
	– Unternehmerleistungen
	– Instandhaltung

• Maschinenkosten	• Kapitalkosten und Betriebsmittelmieten • Sachkosten – Mieten und Pachten**
	• Bergschadenskosten

* Instandsetzungs- und Reparaturkosten sind jeweils separat auszuweisen
Quelle: von Wahl, Bergwirtschaft Band II, 1991, S. 206 ff; Weiss

Abbildung 47   (Gegenüberstellung Kostenartenstruktur)

Auf Basis der in Abbildung 47 vorgenommenen Gegenüberstellung kann nun abgeleitet werden, welche Kostenartenstruktur bei der Durchführung der unternehmungsbezogenen Kernkostenanalyse für das gewählte Ausführungsbeispiel einer Steinkohlenbergbau-Unternehmung zur Anwendung kommt. Die vorgenommene Zuordnung der Kostenartenstruktur wird für das nähere Verständnis nachfolgend kurz erläutert.

Die im Rahmen der RBS/BKSS als Sachkosten bezeichneten Kosten sind grundsätzlich aufzuspalten, um eine trennscharfe Zuordnung der Sachkosten zu den entsprechend einschlägigen Kostenarten des generischen Analysemodells zu errei-

---

[428] Vgl. Abbildung 33

chen. Die Unterkostenarten für Energie, Material und sonstige Sachkosten sind den Materialkosten des generischen Analysemodells zuzuordnen, da sie grundsätzlich als Materialkosten zu interpretieren sind. Auf die Sachkosten-Unterkostenarten für die Unternehmerleistungen und die Instandhaltung trifft diese Klassifizierung nicht zu. Sie sind grundsätzlich als Dienstleistungskosten zu interpretieren und entsprechend den Dienstleistungskosten zuzuordnen. Innerhalb der Dienstleistungskosten sind die beiden Unterkostenarten der Sachkosten dann wiederum unterschiedlichen Unterkostenarten der Dienstleistungskosten des generischen Analysemodells zuzuordnen. Während sich die Unternehmerleistungen weitgehend als produktbezogene Dienstleistungskosten interpretieren lassen, sind die Sachkosten der Instandhaltung den maschinenbezogenen Dienstleistungskosten zuzuordnen. Da scheinbar in den Kostenarten nach RBS/BKSS keinerlei personalbezogene oder sonstige Dienstleistungen vorgesehen sind, wären diese Kostenarten im Rahmen des Analysemodells eigentlich vermeidbar und könnten dementsprechend aus der Kostenartenstruktur entfernt werden. Ob das tatsächlich der Fall ist oder ob nicht gegebenenfalls im Rahmen der Kostenerfassung diesen Dienstleistungskostenarten nicht doch sinnvoller Weise Kosten zuzuschlüsseln sind, ist anhand der konkreten Steinkohlenbergbau-Unternehmung zu klären. Die letzte Unterkostenart der Sachkosten – nämlich die Mieten und Pachten – sind schließlich den Maschinenkosten zuzuschlüsseln.

Die Arbeitskosten sind direkt der Kostenart der Personalkosten des generischen Analysemodells zuzuordnen. Hierbei ist nicht zu überprüfen, inwieweit die Personalkosten personalbezogene Dienstleistungskosten enthalten, da bei beiden Kostenarten, also sowohl bei den Personalkosten als auch bei den personalbezogenen Dienstleistungskosten, die gleichen Kostenfunktionen zum Einsatz kommen. Bei den Arbeitskosten ist lediglich darauf zu achten, dass die Arbeitskosten der zu analysierenden Beispielunternehmung tatsächlich nur Arbeitskosten enthalten, die für die aktive Belegschaft anfallen. Sämtliche Arbeitskosten, die sich z.B. aus Pensionsverpflichtungen gegenüber ehemaligen Beschäftigten der Steinkohlenbergbau-Unternehmung ergeben und im Rahmen einer unternehmungsbezogenen Kernkostenanalyse nicht beeinflusst werden können, sind jedoch gesondert zu behandeln und nicht den Personalkosten zuzuordnen.

Die Kosten der Kostenart Kapitalkosten sowie die Betriebsmittelmieten nach RBS/BKSS sind der Kostenart Maschinenkosten des generischen Analysemodells zuzuordnen. Dabei sind grundsätzlich auch die in den Betriebsmittelmieten enthaltenen Instandsetzungs- und Reparaturkosten auszuweisen, um sie im Rahmen der Betrachtungen des unterstützenden Wertschöpfungsschritts "Zentrales Betriebsmittelbewirtschaften" entsprechend einer genauen Analyse unterziehen zu können.

Die Bergschadenskosten sind ebenfalls separat zu erfassen. Dabei ist es nicht notwendig, sie in die Kostenarten des generischen Analysemodells aufzuteilen. Vielmehr können sie undifferenziert als Kostenblock erfasst werden, da sie im Rahmen der unternehmungsbezogenen Kernkostenanalyse aufgrund der nicht möglichen periodengleichen Zuordnung ohnehin als nicht beeinflussbar erscheinen.

Auf Basis der vorgenommenen Schilderungen kann abschließend festgestellt werden, dass die Kostenartenstruktur des in Kapitel 2 entwickelten generischen Analysemodells für die Durchführung einer unternehmungsbezogenen Kernkostenanalyse am Ausführungsbeispiel der Steinkohlenbergbau-Unternehmung nicht grundsätzlich modifiziert werden muss. Vielmehr ist festzustellen, dass sich die nach den Richtlinien für das betriebliche Rechnungswesen im Steinkohlenbergbau in Steinkohlenbergbau-Unternehmungen anzuwendende Kostenartenstruktur nahezu problemlos in die für das generische Analysemodell entwickelte Kostenartenstruktur überführen lässt. Die notwendigen kleineren Zuschlüsselungsarbeiten sind demzufolge ausschließlich im Rahmen der Kostenerfassung (vgl. Kapitel 3.2.3) vorzunehmen.

3.2.2.3 Definition Untersuchungsumfang

3.2.2.3.1 Eingrenzungskriterien Untersuchungsumfang

Die hergeleitete Wertschöpfungskette und die festgelegte Kostenartenstruktur können nunmehr als Vorlage für die Definition des Untersuchungsumfangs benutzt werden. Diese ist notwendig, um klar und eindeutig abzugrenzen, welche Kosten des Gesamtkostenumfangs der als Ausführungsbeispiel herangezogenen Steinkohlenbergbau-Unternehmung im Rahmen der unternehmungsweiten Kernkostenanalyse denn betrachtet werden. Grundsätzlich gilt, dass nur die Kostenumfänge in den Untersuchungsumfang einzubeziehen sind, die auch tatsächlich im Rahmen einer unternehmungsweiten Kernkostenanalyse (messbar) beeinflusst werden können. Um die auszuschließenden Kostenumfänge zu analysieren, ist sowohl die Wertschöpfungskette als auch die festgelegte Kostenartenstruktur unter dem Licht des oben aufgeführten Selektionskriteriums jeweils kritisch zu untersuchen.

Für die praktische Durchführung der unternehmungsbezogenen Kernkostenanalyse empfiehlt sich zusätzlich die Verwendung des Selektionskriteriums Datenverfügbarkeit und Durchgriffsmöglichkeit. Hierbei ist grundsätzlich die Frage zu stellen, ob tatsächlich alle Unternehmungteile derart eng miteinander verbunden sind, dass sowohl die Datenverfügbarkeit als auch die Durchgriffsmöglichkeit für eine Umsetzung der Analyseergebnisse gegeben ist. Dies ist insbesondere immer dann nicht der Fall, wenn die Unternehmung nicht aus einer Gesellschaft besteht, sondern eine Zergliederung der Unternehmung in Teilgesellschaften vorgenommen wurde, auf die nur ein begrenzter rechtlicher Durchgriff besteht. Vor diesem Hintergrund wird nachfolgend der Untersuchungsumfang für das gewählte Ausführungsbeispiel einer Steinkohlenbergbau-Unternehmung festgelegt.

3.2.2.3.2 Untersuchungsumfang Ausführungsbeispiel

Beim Herleiten der Wertschöpfungskette für das gewählte Ausführungsbeispiel einer Steinkohlenbergbau-Unternehmung wurde bereits grundsätzlich darauf geachtet, die Wertschöpfungskette nur für die Wertaktivitäten auszulegen, die grundsätzlich und unabdingbar für das Funktionieren einer Steinkohlenbergbau-Unternehmung notwendig sind und auf die eine Steinkohlenbergbau-Unternehmung typischerweise auch Durchgriffsmöglichkeiten besitzt. Dies bedeutet implizit, dass all die Wertaktivitäten in der hergeleiteten Wertschöpfungskette ausgeschlossen wurden, auf die diese Kriterien nicht zutreffen. In Anlehnung an die Gliederung der Abrechnungsbereiche einer Steinkohlenbergbau-Unternehmung nach RBS bedeutet das, dass insbesondere die Veredelungsbetriebe[429] nicht Gegenstand des Untersuchungsumfangs sind.

Nach der Abgrenzung des Untersuchungsumfangs auf Basis der hergeleiteten Wertschöpfungskette ist nunmehr zusätzlich die Kostenartenstruktur in Bezug auf Kostenumfänge zu untersuchen, die – in Anlehnung an die in Kapitel 3.2.2.3.1 aufgezählten Selektionskriterien – aus dem Untersuchungsumfang des Ausführungsbeispiels auszuschließen sind. Im Rahmen des Festlegens der Kostenartenstruktur wurden bereits zwei Kostenarten selektiert, für die grundsätzlich zu analysieren ist, ob sie in den Untersuchungsumfang einbezogen oder von diesem ausgeschlossen werden sollten.[430] Dabei handelt es sich um die Kostenarten *Arbeits- bzw. Personalkosten für die nicht mehr aktive Belegschaft* und *Bergschadenskosten*. Beide Kostenarten werden nachfolgend hinsichtlich ihrer Einbeziehung in den Untersuchungsumfang diskutiert.

- *Arbeits-/Personalkosten nicht mehr aktive Belegschaft*: Grundsätzlich umfassen die Arbeitskosten einer Steinkohlenbergbau-Unternehmung die Kosten, die für die direkte und indirekte Entlohnung der aktiven Belegschaft der jeweiligen Unternehmung erforderlich sind. Darüber hinaus ist es jedoch auch möglich, dass die Unternehmung Kosten für die nicht mehr aktive Belegschaft zu übernehmen hat. Das kann zum Beispiel dann der Fall sein, wenn aufgrund von Personalabbaumaßnahmen ein Teil der ehemals aktiven Belegschaft in den Vorruhestand überführt wurde, jedoch von der Unternehmung noch anteilig Kosten für das Vorruhestandsgeld zu übernehmen sind. Ein weiterer Fall wären z.B. Pensionszahlungen für bereits ausgeschiedene Mitarbeiter, die nicht durch im Vorfeld gebildete Rückstellungen oder Beitragszahlungen zur bergbaulichen Berufsgenossenschaft gedeckt sind. Dass insbesondere ersterer Fall nicht aus der Luft gegriffen ist, zeigt sich aus dem Umfang des in den vergangenen Jahren abgebauten Personals im deutschen Steinkohlenbergbau. So sank allein im Zeitraum

---

[429] Von Wahl führt hier insbesondere die Veredelungsbetriebe Kokerei, Brikettfabrik, Kraftwerk und Hilfsbetriebe an; vgl. von Wahl, Bergwirtschaft Band II, 1990, S. 203

[430] Vgl. Kapitel 3.2.2.2.2

von 1997 bis 2002 die Zahl der im deutschen Steinkohlenbergbau beschäftigten Arbeiter und Angestellten von ca. 78.100 auf 48.700 Mitarbeiter, was nur unter Zuhilfenahme von personalpolitischen Instrumenten wie z.B. Vorruhestandsregelungen realisierbar war.[431] Das sich diese Entwicklung fortsetzt, ist daran zu erkennen, dass auf Basis des aktuellen Verhandlungsstands zwischen Bundesregierung und RAG die Zahl der im deutschen Steinkohlenbergbau beschäftigten Arbeiter und Angestellten von 36.000 in 2005 auf ca. 20.000 in 2012 sinken soll.[432]

Fallen Arbeits-/Personalkosten für Teile der nicht mehr aktiven Belegschaft an, so sind sie typischerweise auf Basis vertraglicher Regelungen für eine bestimmte Laufzeit sowohl dem Grunde als auch der Höhe nach festgelegt. Dementsprechend ist davon auszugehen, dass diese Kosten im Rahmen der Durchführung einer unternehmungsbezogenen Kernkostenanalyse nicht beeinflussbar sind. Da das Mitführen dieser Kostenumfänge bei der Durchführung der unternehmungsbezogenen Kernkostenanalyse keinerlei Erkenntnisgewinn bringt, sind sie aus dem Untersuchungsumfang zu entfernen. Das bedeutet selbstverständlich nicht, dass damit auch die Kosten entfallen. Vielmehr sind diese Kosten nach der Durchführung der unternehmungsbezogenen Kernkostenanalyse quasi als Fixkostenblock den errechneten Kern- bzw. Zielkosten zuzuschlagen.

- *Bergschadenskosten*: Wie bereits im Kapitel 3.2.2.2.1.4 erwähnt, besteht seitens der Steinkohlenbergbau-Unternehmung die Verpflichtung, die Kosten für die Beseitigung der von ihr verursachten Bergschäden vollständig zu übernehmen. Dabei wird unter einem Bergschaden die "... Beeinträchtigung der Tagesoberfläche mit dort befindlichen baulichen Anlagen durch Absenkung, Schiefstellung, Zerrung und Pressung infolge bergbaulicher Betätigung verstanden."[433] Grundsätzlich scheint es aus diesem Grunde einen direkten Zusammenhang zwischen der bergbaulichen Betätigung und den Bergschäden zu geben. Problematischerweise treten – wie ebenfalls in Kapitel 3.2.2.2.1.4 erwähnt – die Bergschäden nicht direkt nach der bergbaulichen Betätigung, sondern vielmehr mit einem Zeitverzug von mehreren Jahren oder gar mehreren Jahrzehnten auf. Um diesen Aspekt zu berücksichtigen, wird von Steinkohlenbergbau-Unternehmungen gefordert, dass diese in der Höhe der zu erwartenden Bergschadenskosten Rückstellungen bilden, die dann im Schadensfall zur Regulierung des Schadens aufgelöst

---

[431] Vgl. GVSt, Steinkohle Jahresbericht 2003, 2003, Statistikteil Tabelle 28

[432] Bundesministerium für Wirtschaft und Arbeit, Entscheidung der Bundesregierung zur Förderung des Steinkohlebergbaus von 2006 bis 2012, Pressemittelung vom 11. November 2003

[433] Bischoff/Bramann/Dürrer/Moebius/Quadfasel/Schlüter, Das kleine Bergbaulexikon, 8. Aufl., 1998, S. 61

werden können.[434] Dies ist in der Vergangenheit – zumindest in Deutschland – nicht immer im erforderlichen Umfang erfolgt.[435]

Da zum einen die Bildung der notwendigen Rückstellungen für die Bergschäden auf Schätzwerten beruht und nicht zwangsweise exakt vorausbestimmt werden kann, ob die in der Vergangenheit gebildeten Rückstellungen zur Regulierung der Bergschäden eines Betrachtungszeitraums ausreichen oder eventuell ein Nachschussbedarf besteht, unterliegen die Bergschadenskosten einer Periode einer nicht zu unterschätzenden Unsicherheit. Da (unter gegebenen Umweltbedingungen wie z.b. der Festlegung auf ein bestimmtes Gewinnungsverfahren) zudem nur beschränkt Einfluss auf das aus der bergbaulichen Tätigkeit resultierende Schadensaufkommen genommen werden kann, erscheint es angebracht, die Kostenart der Bergschadenskosten komplett aus dem Untersuchungsumfang der unternehmungsbezogenen Kernkostenanalyse für die zu betrachtende Steinkohlenbergbau-Unternehmung herauszunehmen und separat zu betrachten. Wie bereits bei den Arbeits-/Personalkosten der nicht mehr aktiven Belegschaft bedeutet das jedoch nicht, dass diese Kosten nicht vorhanden sind. Sie sind vielmehr nach der Durchführung der unternehmungsbezogenen Kernkostenanalyse als unveränderter absoluter Kostenblock eins zu eins auf die errechneten Kern- bzw. Zielkosten aufzuschlagen.

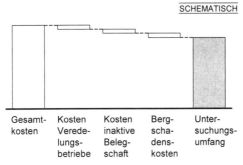

Quelle: Weiss

Abbildung 48 (Untersuchungsumfang Steinkohlenbergbau-Unternehmung)

Hinsichtlich der betrachteten Kostenarten bleibt abschließend festzuhalten, dass es sowohl hinsichtlich der Arbeits-/Personalkosten für die nicht mehr aktive Belegschaft als auch hinsichtlich der Bergschadenskosten empfehlenswert erscheint, diese aus dem Untersuchungsumfang der unternehmungsbezogenen Kernkosten-

---

[434] Vgl. von Wahl, Bergwirtschaft Band II, 1990, S. 208
[435] Vgl. Schmalenbach, Gutachten über die gegenwärtige Lage des Rhein.-Westf. Steinkohlenbergbaus, 1928, S. 15

248

analyse zu separieren. Zusammen mit dem ebenfalls nicht zu berücksichtigenden Kostenumfang der kompletten Veredelungsbetriebe ergibt sich für die zu analysierende Steinkohlenbergbau-Unternehmung der in Abbildung 48 dargestellte Untersuchungsumfang.

Wie bereits bei der Behandlung der einzelnen auszuschließenden Kostenumfänge angemerkt, sind diese nach wie vor vorhanden. Konkret bedeutet das, dass die ausgeschlossenen Kostenumfänge in ihrer absoluten Höhe nach der Durchführung der unternehmungsbezogenen Kernkostenanalyse eins zu eins den errechneten Kern- bzw. Zielkosten zuzuschlagen sind.

3.2.2.4 Anpassen Kostenfunktionen

Der letzte Teilschritt im Rahmen des Arbeitsschritts "Analysemodell anpassen" besteht in dem Anpassen der in Kapitel 2.3.2 entwickelten generischen Kostenfunktionen auf die Spezifika der als Ausführungsbeispiel gewählten Steinkohlenbergbau-Unternehmung.

Im Wesentlichen sind für das gewählte Ausführungsbeispiel der Steinkohlenbergbau-Unternehmung gegenüber der für die Entwicklung der Kostenfunktionen verwendeten fiktiven Unternehmung zwei Besonderheiten zu beachten. Zum einen handelt es sich dabei um die Behandlung der Maschinenmieten und zum anderen um die Behandlung der so genannten Arbeitszeit vor Ort (AvO). Beide Spezifika werden in den folgenden Kapiteln einschließlich der sich daraus ergebenden Implikationen auf die betroffenen Kostenfunktionen (bzw. die Änderungsfaktoren) ausführlich behandelt.

3.2.2.4.1 Behandlung der Maschinenmieten

Innerhalb der Richtlinien für das betriebliche Rechnungswesen im Steinkohlenbergbau und dort insbesondere im Teil II im Kapitel Richtlinien für die Berechnung von Maschinenmieten[436] ist festgelegt, dass die Gewinnungsbetriebe einer Steinkohlenbergbau-Unternehmung für den Zeitraum für den eine Produktion geplant ist, kalendertäglich mit den auf Basis der Richtlinien ermittelten Maschinenmieten zu beaufschlagen sind.[437] Exakt diese Regelung findet derzeit auch in der RAG Anwendung. Damit unterscheidet sich die Berechnung der Maschinenmieten in der bergbaulichen Praxis von der Berechnung der spezifischen Maschinenkosten im Rahmen der in Kapitel 2.3.2.2.5 entwickelten Kostenfunktion (Gleichung 78).

---

[436] Vgl. von Wahl, Bergwirtschaft Band II, 1990, S. 201

[437] Hierbei wird innerhalb der Richtlinie noch dahingehend unterschieden, ob die Arbeits- und Betriebsmittel in einem ein-, zwei- oder dreischichtigen Betrieb zum Einsatz kommen. Für die verschiedenen Einsatzszenarien wird dann ein bestimmter Prozentsatz vom Tagesneuwert für die Jahresmiete angesetzt, die kalendertäglich abgerechnet wird. Vgl. RBS/II-G Tz 201 ff (Stand 10/1963)

Für die Behandlung der Maschinenkosten im Rahmen der Durchführung der unternehmungsbezogenen Kernkostenanalyse ergeben sich dementsprechend zwei Optionen für die Behandlung der spezifischen Maschinenkosten. Die erste Option besteht darin, die kalendertäglichen Maschinenmieten auch im Kern-Zustand ohne Berücksichtigung der effektiven Einsatzzeit und der Arbeits- und Betriebsmittelintensität einfach fortzuschreiben. Dieses entspräche der Annahme, dass auch im Kern-Zustand die eingesetzten Arbeits- und Betriebsmittel ausschließlich einem Zeitverschleiß ausgesetzt wären. Die zweite Option besteht darin, die Berechnungsweise der spezifischen Maschinenkosten auf die in Kapitel 2.3.2.2.5 erarbeitete Systematik zu basieren. Das hätte den Vorteil, dass nicht ungeprüft angenommen würde, dass sich der Zeitverschleiß unendlich fortschreiben lässt. Vielmehr würde ab dem Überschreiten der kritischen Ausbringungsmenge x_{krit} für die Ermittlung der spezifischen Maschinenkosten der dann einsetzende Gebrauchsverschleiß zum Ansatz kommen. Da letztere Option die wahren Maschinenkosten bei der Ausprägungsveränderung der Kostenbestimmungsfaktoren "Arbeits- und Betriebsmittelintensität", "Geplante Einsatzzeit Arbeits- und Betriebsmittel" sowie "Effektive Einsatzzeit Arbeits- und Betriebsmittel" am genauesten zum Ansatz bringt, wird für die Durchführung der unternehmungsbezogenen Kernkostenanalyse am ausgewählten Beispiel der Steinkohlenbergbau-Unternehmung an dem in Kapitel 2.3.2.2.5 entwickelten Änderungsfaktor[438] festgehalten. Der Sicherheitsfaktor x_{sich} ist für die Ermittlung der Kern- und Zielkosten dann so zu wählen, dass die errechneten Maschinenkosten im Einklang mit den in Teil II der RBS erwähnten Richtlinien für die Berechnung von Maschinenmieten stehen.

3.2.2.4.2 Behandlung der Arbeitszeit vor Ort

Wie bereits einleitend in Kapitel 2.5.1.3 angedeutet, sind hinsichtlich der Ausprägung des Kostenbestimmungsfaktors "Effektive Arbeitszeit" innerhalb einer Steinkohlenbergbau-Unternehmung eine Reihe von Besonderheiten zu beachten. Grundsätzlich ist in einer Steinkohlenbergbau-Unternehmung die Schichtzeit eines Arbeitnehmers nicht seiner effektiven Arbeitszeit gleichzusetzen. Das ergibt sich im Wesentlichen aus dem Umstand, dass der Arbeitsplatz unter Tage von den Arbeitnehmern, die ihre Schicht natürlich über Tage beginnen, erst einmal erreicht werden muss.[439] Die Zeit, die der Arbeitnehmer einer Steinkohlenbergbau-Unternehmung benötigt, um vom übertägigen Ort des Arbeitsantritts (z.B. ab dem Umziehen in der Kaue) bis zum Erreichen seines eigentlichen Arbeitsplatzes unter Tage (z.B. dem Gewinnungsbetrieb) benötigt, zählt grundsätzlich zu seiner Arbeitszeit und macht ca. 20% der gesamten Arbeitszeit (respektive der Arbeitskos-

---

[438] Vgl. Gleichung 78

[439] Die Schicht beginnt übrigens für die untertägig beschäftigten Beschäftigten des deutschen Steinkohlenbergbaus nicht beim Durchschreiten des Werktores, sondern vielmehr kurz vor dem Einfahren des Bergmanns an der sogenannten Rasenhängebank. Dementsprechend fallen sämtliche Vor- und Nachbereitungsarbeiten des Bergmanns (wie Umziehen oder Waschen) nicht in die Schichtzeit.

ten) aus.[440] Die Zeit, die ein in einer Steinkohlenbergbau-Unternehmung Beschäftigter zum Erreichen und wieder Verlassen seines Arbeitsplatzes benötigt, wird als Fahrungszeit bezeichnet.

Basierend auf dieser Besonderheit setzt sich die Arbeitzeit eines durchschnittlichen Beschäftigten in einer Steinkohlenbergbau-Unternehmung nicht nur aus den Komponenten Pausenzeit t_{Pause} und effektiver Arbeitszeit $t_{AZ,eff}$, sondern zusätzlich noch aus der Komponente Fahrungszeit t_{fahr} zusammen. Insgesamt gilt dementsprechend für die geplante Arbeitszeit $t_{AZ,plan}$ der in Gleichung 85 dargestellte Zusammenhang.

$$t_{AZ,plan} = t_{AZ,eff} + t_{fahr} + t_{pause}$$

Gleichung 85 (Zusammensetzung geplante Arbeitszeit)

Bleibt die geplante Arbeitszeit $t_{AZ,plan}$ konstant, so bestehen dementsprechend in einer Steinkohlenbergbau-Unternehmung zwei Möglichkeiten die effektive Arbeitszeit $t_{AZ,eff}$ und somit die Ausprägung des Kostenbestimmungsfaktors "Effektive Arbeitszeit" zu verändern - zum einen durch eine Veränderung des Anteils der Pausenzeiten t_{Pause} und zum anderen durch eine Veränderung des Anteils der Fahrungszeiten t_{fahr} an der geplanten Arbeitszeit $t_{AZ,plan}$. Grundsätzlich kann letztere wiederum durch zwei Möglichkeiten bewirkt werden. Zum einen indem die Fahrungszeit pro Weg durch wie auch immer geartete Maßnahmen verringert wird. Zum anderen, indem die Anzahl der Fahrungen in Bezug auf die geplante Arbeitszeit $t_{AZ,plan}$ z.B. durch Ausweitung der Schichtzeit verringert werden.[441] Während die erstgenannte Beeinflussung der Fahrungszeit für alle untertägig Beschäftigten seine Wirkung entfaltet, tut das die zweitgenannte Beeinflussung nur für ein Teil der untertägig Beschäftigten. Das liegt im Wesentlichen daran, dass sich die klimatischen Bedingungen unter Tage von denen über Tage unterscheiden und aufgrund der höheren Temperaturbelastung unter Tage eine Reihe von Regelungen existieren, welche das Ausweiten der Schichtzeiten (bzw. der Beschäftigungszeit) unter Tage einschränken. Neben dem ohnehin zu beachtenden Arbeitszeitgesetz (ArbZG) sind das unter anderem der Manteltarifvertrag, die Klimaverordnung und die Klimaberg-Verordnung. Aufgrund der Vielzahl der zu beachtenden Regelungen wird an dieser Stelle auf eine ausführliche Behandlung verzichtet und stattdessen auf die ausführlichen Schilderungen von Aunkofer/Weiland/Laskawy/Arnold verwiesen.[442] Vereinfachend kann jedoch angenommen werden, dass ein Anteil der untertägigen Beschäftigten in so genannten Warmbereichen beschäftigt ist. Für diese als Warmbeschäftigten bezeichneten Beschäftigten kann die arbeitstägliche Schichtzeit nicht ausgeweitet werden. Für alle anderen untertägigen Beschäftigten kann die arbeitstägliche Schichtzeit ausgeweitet werden.

---

440 Vgl. Aunkofer/Weiland/Laskawy/Arnold, Handbuch der Bergbaulogistik, 1992, S. 262
441 Vgl. Kapitel 2.5.1.3
442 Vgl. Aunkofer/Weiland/Laskawy/Arnold, Handbuch der Bergbaulogistik, 1992, S. 267 ff

Im Ergebnis sind dementsprechend die in Gleichung 42 und Gleichung 48 darge-stellten Kostenfunktionen in Form von Änderungsfaktoren so zu modifizieren, dass sie diese speziellen Regelungen des Steinkohlenbergbaus adäquat beachten. Bezeichnet $AN_{üT}$ den Anteil der übertägigen Beschäftigten, $AN_{uT,normal}$ den Anteil der untertägigen nicht Warmbeschäftigten und $AN_{uT,warm}$ den Anteil der untertägigen Warmbeschäftigten und bezeichnet weiter $t_{AZ,eff,üT}$ bzw. $t'_{AZ,eff,üT}$ die effektive Arbeitszeit der übertägigen Beschäftigten, $t_{AZ,eff,uT,normal}$ bzw. $t'_{AZ,eff,uT,normal}$ die effektive Arbeitszeit der untertägigen nicht Warmbeschäftigten sowie $t_{AZ,eff,uT,warm}$ bzw. $t'_{AZ,eff,uT,warm}$ die effektive Arbeitszeit der untertägigen Warmbeschäftigten vor bzw. nach einer Ausprägungsänderung des Kostenbestimmungsfaktors "Effek-tive Arbeitszeit", so ergibt sich die Kostenfunktion, welche die Ausprägungsände-rung des vorgenannten Kostenbestimmungsfaktors auf die spezifischen personal-bezogenen Materialkosten, die spezifischen Personalkosten und die spezifischen personalbezogenen Dienstleistungskosten in Form eines Änderungsfaktors be-schreibt zu Gleichung 86.

$$
f\begin{pmatrix} AN_{üT}; AN_{uT,normal}; AN_{uT,warm}; \\ t_{AZ,eff,üT}; t'_{AZ,eff,üT}; t_{AZ,eff,uT,normal}; \\ t'_{AZ,eff,uT,normal}; t_{AZ,uT,warm}; \\ t'_{AZ,uT,warm} \end{pmatrix} = AN_{üT} * \frac{t_{AZ,eff,üT}}{t'_{AZ,eff,üT}} + AN_{uT,normal} * \frac{t_{AZ,eff,uT,normal}}{t'_{AZ,eff,uT,normal}}
$$

$$
+ AN_{uT,warm} * \frac{t_{AZ,eff,uT,warm}}{t'_{AZ,eff,uT,warm}}
$$

Gleichung 86 (Änderungsfaktor "Effektive Arbeitszeit" für die spezifischen personalbezo-genen Materialkosten, die spezifischen Personalkosten und die spezifischen personalbezo-genen Dienstleistungskosten)

3.2.2.4.3 Ableitung Funktionsmatrix Beispielunternehmung

Unter Beachtung der in den vorangegangenen Kapiteln vorgenommenen Modifi-kationen der Kostenfunktionen zum Anpassen der Kostenfunktionen an die Spezi-fika der als Ausführungsbeispiels gewählten Steinkohlenbergbau-Unternehmung ergibt sich die Funktionsmatrix zu Abbildung 49.

Mit der vorgenommenen Anpassung der Funktionsmatrix ist die Anpassung des Analysemodells abgeschlossen.

Kostenbestim-mungsfak-toren / Kostenarten	Faktorpreise	Faktoreinsatz-mengen Repetier-faktoren	Arbeits- und Betriebs-mittelintensität	Geplante Einsatzzeit Arbeits- und Betriebsmittel	Effektive Einsatzzeit Arbeits- und Betriebsmittel	Schicht-belegung	Effektive Arbeitszeit
Materialkosten							
• Produktbezogen	Gleichung 23	Gleichung 24	1	1	1	1	1
• Maschinenbezogen	Gleichung 25	Gleichung 26	Gleichung 27	1	Gleichung 36	1	1
• Personalbezogen	Gleichung 37	Gleichung 38	Gleichung 39	1	Gleichung 40	Gleichung 41	Gleichung 86
Personalkosten	Gleichung 43	1	Gleichung 44	Gleichung 45	Gleichung 46	Gleichung 47	Gleichung 86
Dienstleistungskosten							
• Produktbezogen	Gleichung 23	Gleichung 24	1	1	1	1	1
• Maschinenbezogen							
– Nutzungsabhängige Wartungskosten	Gleichung 50	Gleichung 51	Gleichung 52	1	1	1	1
– Nutzungsabhängige Inspektionskosten	Gleichung 50	Gleichung 51	Gleichung 52	1	1	1	1
– Geplante nutzungs-abhängige Instand-setzungskosten	Gleichung 50	Gleichung 51	Gleichung 52	1	1	1	1
– Ungeplante nut-zungsabhängige Instansetzungs-kosten	Gleichung 53	Gleichung 54	Gleichung 55	1	Gleichung 59	1	1
– Nutzungsunabhän-gige Instand-haltungskosten	Gleichung 60	Gleichung 61	Gleichung 62	Gleichung 63	Gleichung 64	1	1
• Personalbezogen	Gleichung 37	Gleichung 38	Gleichung 39	1	Gleichung 40	Gleichung 41	Gleichung 86
• Sonstige	Gleichung 60	Gleichung 61	Gleichung 62	Gleichung 63	Gleichung 64	1	1
Maschinenkosten	Gleichung 72	1	Gleichung 78			1	1

Quelle: Weiss

Abbildung 49   (Funktionsmatrix Steinkohlenbergbau-Unternehmung)

3.2.3 Kosten erfassen

Analog zu der Beschreibung in Kapitel 2.5.2 besteht der zweite große Arbeits-schritt im Rahmen der Durchführung einer unternehmungsbezogenen Kernkosten-analyse in dem Erfassen der Kosten. Da auf die Bedeutung und die grundsätzli-chen Handlungsempfehlungen zum Erfassen der Kosten bereits in vorgenanntem Kapitel in aller Ausführlichkeit eingegangen wurde, sei an dieser Stelle lediglich auf die Spezifika hingewiesen, die für das gewählte Ausführungsbeispiel einer Steinkohlenbergbau-Unternehmung zu beachten sind. Dabei handelt es sich im Wesentlichen um Spezifika, die sich aus der hergeleiteten Wertschöpfungskette und der festgelegten Kostenartenstruktur ergeben.

Wie in Kapitel 3.2.2.1 beim Herleiten der Wertschöpfungskette für das gewählte Ausführungsbeispiel beschrieben, orientieren sich die festgelegten Wertschöp-fungsschritte zwar an der Kostenstellenlogik, beachten da jedoch primär nur die Segmentierung nach Betriebsvorgängen und lassen die anderen beiden Dimensio-

253

nen des in den RBS aufgespannten dreidimensionalen Kostenstellenraums[443] weitgehend unbeachtet. Um nun alle Kosten des Untersuchungsumfangs (vgl. Kapitel) der zu analysierenden Steinkohlenbergbau-Unternehmung auch tatsächlich zu erfassen, ist vor dem Erfassen der Kosten zu entscheiden, welche Kostenstellen der Kostenstellenlogik nach RBS den einzelnen Wertschöpfungsschritten zugeordnet werden. Die hierfür gewählte Logik ist im Analyseteam zu entwickeln und mit den Kostenstellenverantwortlichen der Kostenstellen nach RBS abzustimmen. Ist eine Einigung über die Aufteilung und Zuordnung der Kostenstellen nach RBS zu der in Kapitel 3.2.2.1 entwickelten Wertschöpfungskette (vgl. Abbildung 46) getroffen, so sind die Zuordnungsregeln sorgfältig zu dokumentieren, um jederzeit die errechneten Ergebnisse nachvollziehen zu können. Kommt in der zu analysierenden Steinkohlenbergbau-Unternehmung bereits ein IT-basiertes Kostenrechnungssystem zur Anwendung, so empfiehlt es sich darüber hinaus, die getroffene Zuordnungsregel in feste Abfragen durch z.B. die Programmierung so genannter Queries zu überführen. Das erleichtert erstens die Datenabfrage, verringert zweitens die Fehleranfälligkeit der Abfrage bzw. erhöht die Uniformität der Abfragen und führt drittens dazu, dass – sollte die Durchführung der unternehmungsbezogenen Kernkostenanalyse zu einem späteren Zeitpunkt wiederholt werden – jederzeit eine neue Kostenerfassung in der festgelegten Kostenstruktur durchgeführt werden kann.

Ein ähnliches Vorgehen ist vor dem Erfassen der Kosten ebenfalls für die Kostenarten erforderlich. Wie in Kapitel 3.2.2.2.2 erarbeitet und in Abbildung 47 dargestellt, waren an der entwickelten Kostenartenstruktur keinerlei größere Veränderungen notwendig, um sie an die Kostenartenstruktur der als Ausführungsbeispiel gewählten Steinkohlenbergbau-Unternehmung anzupassen. Gleichzeitig konnte jedoch bei der Gegenüberstellung der Kostenartenstruktur[444] der fiktiven Unternehmung und der Kostenartenstruktur nach RBS/BKSS festgestellt werden, dass zwar in den Hauptkostenarten Material-, Personal-, Dienstleistungs- und Maschinenkosten eine grundsätzliche Übereinstimmung besteht, in der darauf folgenden Detaillierungsstufe jedoch klare Zuordnungsregeln fehlen bzw. auf den ersten Blick nicht ersichtlich sind. Exemplarisch sei dies an der Kostenart Materialkosten erläutert. Die Kostenartenstruktur des in Kapitel 2 entwickelten generischen Analysemodells sieht für diese Kostenart eine Unterteilung in die Kostenarten produktbezogene, maschinenbezogene und personalbezogene Materialkosten vor. Ausgangspunkt für diese Untergliederung war die Überlegung, dass diese einzelnen Materialkostenvolumina jeweils unterschiedlich auf eine Änderung ihrer Bestimmungsgrößen reagieren. Den Materialkosten wurden in der Gegenüberstellung aus Abbildung 47 die Sachkosten in der Untergliederung Energie, Material und

---

[443] Hierbei handelt es sich um die beiden Dimensionen "Gliederung nach räumlichen Gesichtspunkten" und "Gliederung nach Betriebsphasen"; vgl. von Wahl, Bergwirtschaft Band II, 1990, S, 216

[444] Vgl. Abbildung 47

sonstige Sachkosten gegenübergestellt, die zumindest in dieser Gliederung noch nicht eindeutig der Kostenartengliederung des generischen Analysemodells zugeordnet werden können. Vielmehr sind im Vorfeld – also noch vor Beginn des Erfassens der Kosten – Zuordnungsregeln aufzustellen, mit denen die Sachkosten mit ihrer Segmentierung in Energie, Material und sonstige Sachkosten den Materialkosten des generischen Analysemodells zugeordnet werden können. Um die spätere Akzeptanz der Analyseergebnisse sicherzustellen, sind – genauso wie bei der Zuordnung der Kostenstellen zu der hergeleiteten Wertschöpfungskette – die entwickelten Zuordnungsregeln mit den jeweils Verantwortlichen und insbesondere mit dem Rechnungswesen und dem Controlling der Steinkohlenbergbau-Unternehmung abzustimmen. Da sich in der praktischen Anwendung des beschriebenen Verfahrens gezeigt hat, dass eine exakte Zuordnung z.B. der Energiekosten auf die drei Materialkostenarten des generischen Analysemodells (produktbezogene, maschinenbezogene und personalbezogene Materialkosten) wenn überhaupt nur mit unvertretbar hohem Aufwand möglich ist, so sollte grundsätzlich auf Abschätzungen bzw. abgeschätzte Zuordnungsquoten ausgewichen werden. Dies mag zwar wissenschaftlich nicht vollkommen exakt sein. Vor dem Hintergrund des Umstands, dass für die Durchführung der unternehmungsbezogenen Kernkostenanalyse die Kosten der gesamten Unternehmung innerhalb eines begrenzten Bearbeitungszeitraums zugeordnet werden müssen, erscheint diese Vorgehensweise jedoch als legitim. Wie bei der Zuordnung der Kostenstellen zu den Wertschöpfungsschritten ist es im übrigen auch bei der Zuordnung der Kostenarten nach RBS/BKSS zu den Kostenarten des generischen Analysemodells empfehlenswert, die finalen Zuordnungsregeln in feste Abfragemechanismen zu programmieren.

Ist die Zuordnung der Kostenarten nach RBS/BKSS zu den Kostenarten des generischen Analysemodells erfolgt, so ist abschließend noch der Zusammenhang zwischen den Kostenarten und den Wertschöpfungsschritten herzustellen. Hierbei ist festzustellen (und festzuhalten) welche Volumina einer jeden Kostenart zu den einzelnen Wertschöpfungsschritten zuzurechnen ist. Ist auch dieser letzte Zuordnungsschritt erfolgt, so sind die Kosten in dem vorgesehenen Format aus dem Rechnungswesen der zu analysierenden Steinkohlenbergbau-Unternehmung zu erfassen und in die Wertschöpfungsschritt-/Kostenarten-Struktur des Analysemodells auf Basis der erarbeiteten Zuordnungsregeln zu überführen. Ist auch dies erfolgt, so sind die erfassten Kosten in einem allerletzten Arbeitsschritt hinsichtlich ihrer Plausibilität zu überprüfen. Dabei sind die folgenden fünf einfachen Fragen zu beantworten.

- Entspricht die Summe der Kosten aller Wertschöpfungsschritte den Kosten des in Kapitel 3.2.2.3 festgelegten Untersuchungsumfangs?

- Entspricht die Summe der Kosten aller Kostenarten den Kosten des in Kapitel 3.2.2.3 festgelegten Untersuchungsumfangs?

- Sind alle Teilkostenvolumina der Kostenarten eineindeutig jeweils einem Wertschöpfungsschritt zugeordnet?

- Wurden die entwickelten und angewandten Zuordnungsregeln so mit den jeweils zuständigen Verantwortlichen abgestimmt, dass die Akzeptanz der später auf dieser Basis errechneten Kern- und Zielkosten gegeben ist?

- Sind die entwickelten und angewandten Zuordnungsregeln so dokumentiert und über Abfragen programmiert, dass das nochmalige Erfassen der Kosten für den gleichen Zeitraum exakt das gleiche Zuordnungsergebnis erbringen würde?

Konnten alle diese Fragen mit einem klaren Ja beantwortet werden, so kann auf Basis der auf diesem Wege ermittelten Ist-Kosten mit der Durchführung der unternehmungsbezogenen Kernkostenanalyse fortgefahren werden. Grundsätzlich sei aus den Erfahrungen des Autors in der praktischen Anwendung der unternehmungsbezogenen Kernkostenanalyse noch einmal auf den Aufwand und die Bedeutung dieses Arbeitsschrittes hingewiesen, der aus diesem Grund möglichst früh zu beginnen und mit ausreichenden Personalressourcen auszustatten ist.

3.2.4 Ist-Ausprägung Kostenbestimmungsfaktoren erfassen

Der auf das Erfassen der Kosten folgende Arbeitsschritt ist der Arbeitsschritt des Erfassens der Ist-Ausprägungen der Kostenbestimmungsfaktoren (je Wertschöpfungsschritt). Hierbei ist zuerst einmal grundsätzlich anzumerken, dass es von der Aufzählung des Ablaufs her richtig ist, dass dieser Arbeitsschritt dem Arbeitsschritt des Erfassens der Ist-Kosten folgt. Da aber bereits nach dem Arbeitsschritt des Anpassens des Analysemodells alle Voraussetzungen geschaffen sind, um die Ist-Ausprägungen der Kostenbestimmungsfaktoren zu erfassen und das Erfassen der Ist-Ausprägungen der Kostenbestimmungsfaktoren einen ähnlichen Arbeitsaufwand wie das Erfassen der Ist-Kosten darstellt, empfiehlt es sich grundsätzlich, beide Arbeitsschritte nicht sequentiell, sondern parallel abzuarbeiten. Diese Empfehlung wird von dem Umstand unterstützt, dass das Erfassen der Ist-Kosten (zumindest technisch) vollkommen unabhängig von dem Erfassen der Ist-Ausprägung der Kostenbestimmungsfaktoren ist. Dementsprechend ist eine Parallelisierung dieser beiden Arbeitsschritte zu empfehlen.

Der Arbeitsschritt "Ist-Ausprägung Kostenbestimmungsfaktoren erfassen" gliedert sich grundsätzlich in zwei Teilarbeitsschritte. Bevor mit dem Erfassen der Ist-Ausprägungen der Kostenbestimmungsfaktoren begonnen werden kann, sind die Kostenbestimmungsfaktoren erst einmal je Wertschöpfungsschritt den relevanten Kennzahlen zuzuordnen. Welche Kennzahlen das je Wertschöpfungsschritt der als Ausführungsbeispiel gewählten Steinkohlenbergbau-Unternehmung sind und welche Besonderheiten in diesem Zusammenhang zu beachten sind, wird in den nachfolgenden Kapiteln erläutert. An diese Erläuterung schließt sich im darauf folgenden Kapitel die Beschreibung des eigentlichen Arbeitsschritts "Ist-Ausprägung Kostenbestimmungsfaktoren erfassen" an.

3.2.4.1 Zuordnen Kostenbestimmungsfaktoren zu Kennzahlen

Das Zuordnen der Kostenbestimmungsfaktoren zu den jeweils relevanten Kennzahlen erfolgt für jeden Wertschöpfungsschritt nach dem gleichen Muster. Basierend auf den Kostenbestimmungsfaktoren des in Abbildung 23 dargestellten Systems aus Kostenbestimmungsfaktoren wird je Kostenbestimmungsfaktor untersucht, welche wertschöpfungsschrittspezifischen Kennzahlen je Wertschöpfungsschritt den einzelnen Kostenbestimmungsfaktoren zuzuordnen sind. Sollte das im Zweifelsfall mehr als eine Kennzahl sein oder sollte sich die Kennzahl aus unterschiedlichen Bestandteilen zusammensetzen, so ist zusätzlich zu ermitteln, welche Bestandteile dies sind und wie sie zueinander in Zusammenhang stehen. Um diese sehr theoretische Arbeitsanweisung mit Leben zu füllen und insbesondere in der praktischen Durchführung handhabbar zu machen, wird nachfolgend am gewählten Ausführungsbeispiel der Steinkohlenbergbau-Unternehmung das Zuordnen der Kostenbestimmungsfaktoren zu Kennzahlen je Wertschöpfungsschritt demonstriert. Basis für die nachfolgende Erläuterung ist dabei die in Kapitel 3.2.2.1 entwickelte Wertschöpfungskette einer Steinkohlenbergbau-Unternehmung.[445]

3.2.4.1.1 Primäre Wertschöpfungsschritte

Um die Wahl der den Kostenbestimmungsfaktoren zugeordneten Kennzahlen zu plausibilisieren, ist es erforderlich einen kurzen Einblick über die Aktivitäten der einzelnen Wertschöpfungsschritte zu geben, bevor mit der Zuordnung begonnen werden kann. Dementsprechend wird in den nachfolgenden Kapiteln dem Zuordnen der Kennzahlen jeweils eine kurze Erläuterung der grundsätzlichen Aktivitäten jedes Wertschöpfungsschritts vorgeschaltet.

3.2.4.1.1.1 Wertschöpfungsschritt Ausrichten

Wie bereits ansatzweise beim Herleiten der Wertschöpfungskette beschrieben, dient das Ausrichten primär dazu, mit Hilfe der im Rahmen des Ausrichtens erstellten Ausrichtungsbaue eine "... dauerhafte Verbindung [...] zwischen dem über die Lagerstätte hinweggehenden Abbau und der Tagesoberfläche [zu schaffen]."[446] In der bergbaulichen Definition gliedert sich das Ausrichten in das übertägige und das untertägige Ausrichten. Definitionsgemäß zählen dabei zu den im übertägigen Ausrichten erstellten Grubenbauen die Komponenten Stollen, geneigte Strecken und Tagesschächte (tonnlägig, seiger, gebrochen). Zu den im untertägigen Ausrichten erstellten Grubenbauen zählen die Hauptstrecken (söhlig und geneigt), Blindschächte und große Räume (z.B. Füllorte, Werkstätten, Bunker, Sumpfstre-

---

445 Vgl. Abbildung 46
446 Reuther, Lehrbuch der Bergbaukunde Band I, 11. Aufl., 1989, S. 11

cken).[447] Vor dem Hintergrund der in Kapitel 3.2.2.1 entwickelten Wertschöpfungskette soll jedoch abweichend von der durch Reuther aufgezeigten Definition des Ausrichtens lediglich das Auffahren von Hauptstrecken unter Tage verstanden werden. Alle darüber hinausgehenden Ausrichtungsarbeiten, die in der bergbaulichen Praxis zumeist durch eine Sonderbetriebserlaubnis genehmigt werden müssen, sind im Sinne der in Kapitel 3.2.2.1 entwickelten Wertschöpfungskette dem unterstützenden Wertschöpfungsschritt Sonderprojekte zuzurechnen.

Unter einer Strecke versteht man grundsätzlich "... einen planmäßig hergestellten, lang gestreckten Raum im Grubengebäude eines Bergwerks."[448] Dieser weist typischerweise einen gleich bleibenden Querschnitt nach Form und Größe auf und verläuft zumeist söhlig oder mit einer Neigung, die 20 gon[449] selten übersteigt.[450] Unter den im Rahmen des Ausrichtens erstellten Hauptstrecken, die eine Teilmenge der Strecken im Grubengebäude eines Bergwerks darstellen, wird grundsätzlich eine Strecke verstanden, die der Mineralförderung, der Fahrung, der Wetterführung sowie dem Transport dient[451] und typischerweise für eine längere Lebenszeit von teilweise sogar mehreren Jahrzehnten konzipiert ist.[452] Werden Hauptstrecken im Erzbergbau typischerweise im Gestein aufgefahren, so ist es insbesondere auch im deutschen Steinkohlenbergbau üblich, Hauptstrecken auch im Flöz aufzufahren.[453]

Grundsätzlich ist hinsichtlich des Auffahrens von Hauptstrecken (dem Streckenvortrieb) zwischen zwei Verfahren zu unterscheiden. "Beim Vortreiben von Strecken kann der Ausbruch geschaffen werden durch Bohren und Sprengen, im so genannten Sprengvortrieb, oder durch Lösen des Steins mit der Vortriebsmaschine."[454] Dementsprechend ist hinsichtlich des Ausrichtens zwischen dem Ausrichten im Sprengvortrieb und dem Ausrichten mit der Vortriebsmaschine zu unterscheiden. Wie bereits anhand dieser kurzen Erklärung erkannt werden kann, unterscheiden sich die beiden genannten Ausrichtungsverfahren grundsätzlich. Während der Sprengvortrieb[455] sich aus den Arbeitsvorgängen Bohren, Sprengen,

---

[447] Vgl. Fritzsche, Lehrbuch der Bergbaukunde, Band II, 10. Aufl., 1961, S. 2 ff; Reuther, Lehrbuch der Bergbaukunde Band I, 11. Aufl., 1989, S. 11

[448] Reuther, Lehrbuch der Bergbaukunde Band I, 11. Aufl., 1989, S. 317

[449] Gon stellt die Einheit für ebene Winkel dar und wird auch Neugrad genannt. 1 gon ist dabei als 1/100 eines rechten Winkels definiert. Die zitierte Neigung von 20 gon entspricht demnach einem Winkel von 18°

[450] Vgl. Reuther, Lehrbuch der Bergbaukunde Band I, 11. Aufl., 1989, S. 317

[451] Vgl. Bischoff/Bramann/Dürrer/Moebius/Quadfasel/Schlüter, Das kleine Bergbaulexikon, 8. Aufl., 1998, S. 173

[452] Vgl. Reuther, Lehrbuch der Bergbaukunde Band I, 11. Aufl., 1989, S. 11

[453] Vgl. Reuther, Lehrbuch der Bergbaukunde Band I, 11. Aufl., 1989, S. 46

[454] Reuther, Lehrbuch der Bergbaukunde Band I, 11. Aufl., 1989, S. 318

[455] Der Sprengvortrieb wird in der bergmännischen Umgangssprache auch als konventioneller Vortrieb bezeichnet

Wegfüllen und (sofern erforderlich) Ausbauen zusammensetzt[456], verläuft das Ausrichten mit einer Vortriebsmaschine eher als kontinuierlicher Prozess in dem parallel geschnitten, gefördert und ausgebaut wird.[457] Zusätzlich ist anzumerken, dass der Streckenvortrieb mit Hilfe von Vortriebsmaschinen[458] (bei den im deutschen Steinkohlenbergbau üblicherweise anzutreffenden Gebirgsverhältnissen) typischerweise doppelt so schnell wie mit dem konventionellen Sprengvortrieb ist.[459] Dieser Umstand bedeutet jedoch nicht, dass der konventionelle Sprengvortrieb durch das Ausrichten mit einer Vortriebsmaschine (z.B. TSM) substituiert werden kann. Vielmehr bestehen zum einen technische bzw. bergmännische Notwendigkeiten hinsichtlich der Verwendung des konventionellen Sprengvortriebs. Zum anderen bestehen auch teilweise erhebliche Kostenunterschiede zwischen den beiden Ausrichtungsarten, die dazu führen, dass sowohl der konventionelle Sprengvortrieb als auch das Ausrichten mit einer Vortriebsmaschine ihre Berechtigung haben und zumindest auch auf absehbare Zeit beibehalten werden. Da die Ermittlung der Kernkosten im Rahmen der unternehmungsbezogenen Kernkostenanalyse auf Basis der "gegebenen Umweltbedingungen" erfolgt, wird für die Durchführung der Kernkostenanalyse davon ausgegangen, dass beide Ausrichtungsarten sowohl hinsichtlich ihres grundsätzlichen Vorgehens als auch in dem in der Ist-Situation des Referenzzeitraums bestehenden Verhältnisses notwendig sind.[460] Auf Basis dieser Unterschiede ist für das Erfassen der Ist-Ausprägungen der Kostenbestimmungsfaktoren grundsätzlich zwischen dem konventionellen Ausrichten und dem maschinellen Ausrichten (Ausrichten mit Vortriebsmaschinen) zu unterscheiden. Folgerichtig sind auch für jede der beiden Ausrichtungsarten den Kostenbestimmungsfaktoren jeweils unterschiedliche Kennzahlen zuzuordnen.

Für das Zuordnen der Kennzahlen wird mit dem Zuordnen für die konventionelle Ausrichtung begonnen. Wie bereits einleitend angekündigt wird dabei auf das in Abbildung 23 dargestellte System der Kostenbestimmungsfaktoren zurückgegriffen, dass dem in Kapitel 2 entwickelten Analysemodell der unternehmungsbezogenen Kernkostenanalyse zugrunde liegt.

- *Faktorpreise*: Dem Kostenbestimmungsfaktor "Faktorpreise" wird als Kennzahl die Kennzahl Faktorpreisniveau zugeordnet. Dabei bezeichnet die Kennzahl Faktorpreisniveau das Faktorpreisniveau der Produktionsfakto-

---

[456] Vgl. Reuther, Lehrbuch der Bergbaukunde Band I, 11. Aufl., 1989, S. 318

[457] Vgl. Reuther, Lehrbuch der Bergbaukunde Band I, 11. Aufl., 1989, S. 333 ff

[458] Im Steinkohlenbergbau werden als Vortriebsmaschinen hauptsächlich Teilschnittmaschinen eingesetzt; Vgl. Reuther, Lehrbuch der Bergbaukunde Band I, 11. Aufl., 1989, S. 347

[459] Vgl. Reuther, Lehrbuch der Bergbaukunde Band I, 11. Aufl., 1989, S. 347

[460] Sollten sich im Rahmen der Erhebung der Ist-Ausprägung der Kostenbestimmungsfaktoren Anhaltspunkte dafür ergeben, dass das Verhältnis zwischen dem konventionellen und dem maschinellen Ausrichten nicht optimal ist, so ist dieses Verhältnis natürlich entsprechend zu korrigieren.

ren, die am repräsentativsten für die Faktorpreise des konventionellen Ausrichtens sind. Konkret heißt das, dass hierfür die Faktorpreise der Produktionsfaktoren auszuwählen sind, die weder als "überteuert", noch als "besonders günstig" in Bezug auf den Preisdurchschnitt der Produktionsfaktoren des konventionellen Ausrichtens anzusehen sind. Da die Kostenbestimmungsfaktoren im Rahmen der unternehmungsbezogenen Kernkostenanalyse hinsichtlich ihrer Wirkung auf alle Kostenarten untersucht werden, ist auch je Kostenart eine Kennzahl Faktorpreisniveau (FPN) aus den je Kostenart repräsentativen Produktionsfaktoren zu bilden. In Bezug auf das in Kapitel 3.2.2.2 festgelegte Kostenartensystem bedeutet dies, dass insgesamt neun Faktorpreisniveaus zu bilden sind (3 FPNs für die Materialkostenarten, 1 FPN für die Personalkosten, 4 FPNs für die Dienstleistungskostenarten sowie 1 FPN für die Maschinenkosten). Während das Faktorpreisniveau der Personalkosten das durchschnittliche Lohnniveau aller dem konventionellen Ausrichten zuzurechnenden Mitarbeiter darstellt, umfasst das Faktorpreisniveau der Maschinenkosten das durchschnittliche Mietniveau der Haupt-Arbeits- und Betriebsmittel. Grundsätzlich ist hinsichtlich der Faktorpreisniveaus noch anzumerken, dass sie zur besseren Vergleichbarkeit im Ist-Zustand (d.h. in ihrer Durchschnittsausprägung im Referenzzeitraum) am besten in Form der Indexzahl 100 ausgedrückt werden, auf die dann ihre Kern- bzw. Zielausprägung bezogen werden kann.

- *Faktoreinsatzmengen Repetierfaktoren*: Der Kostenbestimmungsfaktor "Faktoreinsatzmengen Repetierfaktoren" ist grundsätzlich mit der Kennzahl Faktoreinsatzmengen der Repetierfaktoren zu verknüpfen. Da wiederum nicht alle Faktorverbräuche bis ins letzte Detail nachverfolgt werden können, sind je Repetierfaktorgattung (in der Segmentierung der Kostenartenstruktur) die Faktoreinsatzmengen der wesentlichen Produktionsfaktoren zu erfassen und wiederum (zur besseren Vergleichbarkeit) indiziert zu einem Faktoreinsatzmengenniveau (FEMN) zusammenzufassen. Entsprechend der festgelegten Kostenartenstruktur sind sieben Faktoreinsatzmengenniveaus zu bilden (drei FEMNs für die Materialkostenarten und 4 FEMNs für die Dienstleistungskostenarten)

Da die pure Kennzahl des Faktoreinsatzmengenniveaus für sich genommen nur eine begrenzte Aussagekraft aufweist, sind die Faktoreinsatzmengenniveaus jeweils auf eine Bezugsgröße zu beziehen. Diese stellt bei dem Wertschöpfungsschritt Ausrichten die ausgerichtete Strecke in Meter [m] dar. Unter dem Faktoreinsatzmengenniveau ist dementsprechend nicht die absolute, sondern die auf die Bezugsgröße "ausgerichtete Meter" bezogene Faktoreinsatzmenge der jeweils repräsentativen Repetierfaktoren zu verstehen.

- *Arbeits- und Betriebsmittelintensität*: Wie bereits oben beschrieben, besteht das konventionelle Ausrichten nicht nur aus einem, sondern aus einer Vielzahl von Arbeitsschritten, die jeweils unterschiedliche Arbeits- und Betriebsmittel mit jeweils unterschiedlichen Arbeits- und Betriebsmittelintensitäten benötigen. Grundsätzlich lässt sich jedoch auch das konventionelle Ausrichten als ein Engpasssystem begreifen, das in seiner obersten Aggregationsstufe als Gesamtsystem das konventionelle Ausrichten vornimmt. Vor diesem Hintergrund drückt sich die ökonomische Intensität dieses Gesamtsystems in der Kennzahl konventionell ausgerichtete Meter je Zeiteinheit aus. Hierbei richtet sich die Arbeits- und Betriebsmittelintensität des Gesamtsystems nach der realisierten Arbeits- und Betriebsmittelintensität des schwächsten Glieds der Engpasskette (als die das Gesamtsystem verstanden wird). Vor dem Hintergrund, dass mit dem konventionellen Ausrichten nach Reuther durchschnittlich eine Auffahrleistung von 4 m/d erreicht wird, scheint es angebracht, die Arbeits- und Betriebsmittelintensität des konventionellen Ausrichtens in der Dimension m/h zu erfassen.[461]

- *Geplante Einsatzzeit Arbeits- und Betriebsmittel*: Grundsätzlich ist die geplante Einsatzzeit der Arbeits- und Betriebsmittel gemäß der in Abbildung 38 dargestellten Logik als Differenz zwischen der Kalenderzeit und der Summe von produktionsfreier Zeit und geplanter Stillstandszeit außerhalb der geplanten Einsatzzeit definiert und als Kennzahl dem Kostenbestimmungsfaktor "Geplante Einsatzzeit Arbeits- und Betriebsmittel" zuzuordnen. Diese Betrachtung kann für das konventionelle Ausrichten nur der grundsätzlichen Idee, nicht jedoch der Definition nach aufrechterhalten werden. Das liegt im Wesentlichen daran, dass es nicht eine konventionelle Ausrichtung gibt, sondern dass sich das konventionelle Ausrichten vielmehr aus einer Vielzahl von Einzelauffahrungen zusammensetzt. Konkret heißt das, dass selbst in ein und demselben Bergwerk parallel an zwei verschiedenen Stellen – durch das konventionelle Auffahren unterschiedlicher Hauptstrecken – konventionell aufgefahren werden kann. Erschwerend kommt hinzu, dass nicht zwangsläufig sichergestellt ist, dass diese konventionellen Ausrichtungen – jeweils für sich genommen – überhaupt den gesamten Referenzzeitraum dauern. Wird der Referenzzeitraum der unternehmungsbezogenen Kernkostenanalyse auf ein Jahr bezogen, so kann es durchaus sein, dass das konventionelle Auffahren einer 1000m langen Hauptstrecke mit einer angenommenen Leistung von 4 m/d nur 250 Tage dauert. Die geplante Einsatzzeit der Arbeits- und Betriebsmittel dieser konventionellen Auffahrung mit der Kalenderzeit des Referenzzeitraums in Beziehung zu setzen, würde dementsprechend das Bild verzerren.

Natürlich bietet sich aus diesem Dilemma ein Ausweg an, der aus zwei Komponenten besteht. Zum einen ist jede während des Referenzzeitraums betriebene konventionelle Ausrichtung einzeln (für sich genommen) zu untersuchen. Zum anderen ist die geplante Einsatzzeit jeweils auf die Kalen-

---

[461] Vgl. Reuther, Lehrbuch der Bergbaukunde Band I, 11. Aufl., 1989, S. 347

derzeit zu beziehen, in der die jeweilige konventionelle Ausrichtung durchgeführt wurde. Startete eine konventionelle Ausrichtung am 1. März und war am 31. August des Referenzzeitraums beendet, so umfasst die Kalenderzeit nicht die 365 Tage des Referenzzeitraums (ein normales und kein Schaltjahr zugrunde gelegt), sondern die 184 Tage des Zeitraums zwischen dem 1. März und dem 31. August (diese beiden Tage einbezogen). Die geplante Einsatzzeit für diese eine konventionelle Ausrichtung ergibt sich dann aus der Differenz zwischen den 184 Tagen, der produktionsfreien Zeit in diesem Zeitraum (z.B. Samstage, Sonntage, Feiertage) und den geplanten Stillstandszeiten außerhalb der geplanten Einsatzzeit in diesem Zeitraum. Um diese Zeiten vergleichbar zu machen, empfiehlt es sich, sie auf den speziellen Referenzzeitraum dieser konventionellen Ausrichtung zu beziehen und somit einen Prozentwert für die einzelnen Zeitkomponenten zu erhalten.

Die geplante Einsatzzeit der Arbeits- und Betriebsmittel in der konventionellen Ausrichtung sollte zur Vereinfachung des Analysemodells jedoch nicht für jede konventionelle Ausrichtung einzeln, sondern als eine einheitliche Zahl für alle konventionellen Ausrichtungen der zu analysierenden Steinkohlenbergbau-Unternehmung (bzw. sofern sich diese aus mehreren Bergwerken zusammensetzt je Bergwerk) angegeben werden. Das kann zum einen dadurch erreicht werden, dass nur eine konventionelle Ausrichtung untersucht wird, die repräsentativ für alle Ausrichtungen im Referenzzeitraum ist. Zum anderen kann dieser einheitliche Wert dadurch ermittelt werden, dass alle konventionellen Ausrichtungen analysiert und ihre (prozentualen) geplanten Einsatzzeiten der Arbeits- und Betriebsmittel zu einem arithmetischen (sofern notwendig auch gewichteten) Mittelwert zusammengeführt werden.

- *Effektive Einsatzzeit Arbeits- und Betriebsmittel*: In der Systematik seiner Zuordnung folgt der Kostenbestimmungsfaktor "Effektive Einsatzzeit Arbeits- und Betriebsmittel" dem oben beschriebenen Kostenbestimmungsfaktor "Geplante Einsatzzeit Arbeits- und Betriebsmittel". Wie oben beschrieben, gilt jedoch auch hier, dass es theoretisch wiederum zwei Möglichkeiten gibt, eine einheitliche Kennzahl für die effektive Einsatzzeit der Arbeits- und Betriebsmittel über alle konventionellen Ausrichtungen zu bilden. Zum einen durch die Auswahl einer repräsentativen konventionellen Ausrichtung und zum anderen über das (gewichtete) Mitteln der effektiven Einsatzzeiten aller konventionellen Ausrichtungen im betrachteten Referenzzeitraum. Um jedoch eine Vergleichbarkeit der Ausprägungen der beiden Kostenbestimmungsfaktoren zu erreichen, sollte die Zuordnungsoption gewählt werden, die für die Zuordnung des Kostenbestimmungsfaktors "Geplante Einsatzzeit Arbeits- und Betriebsmittel" gewählt wurde.

- *Schichtbelegung*: Diesem Kostenbestimmungsfaktor ist theoretisch die Kennzahl Schichtbelegung zuzuweisen. Hierbei muss jedoch mit Vorsicht vorgegangen werden, da es teilweise zu unterschiedlichen Interpretationen des Begriffs Schichtbelegung kommen kann – oder anders ausgedrückt – die einzelnen Schichten durchaus unterschiedlich belegt sein können. Dieser Umstand kann mit der in Abbildung 50 dargestellten Auflistung der Belegung eines Flözstreckenvortriebs mit Bohr- und Sprengarbeiten im (deutschen) Steinkohlenbergbau illustriert werden.

Tätigkeit, Funktion	Belegung (in Drittel/Tag)	Belegungsstärke (in MS/Drittel)	(in MS/Tag)
• Vortrieb	4	5	20
• Sprengarbeit	4	1	4
• Transport im Vorortbereich	1	2	2
• EHB-Wartung*	1	2	2
• Explosionsschutz	1	2	2
• Bandwartung	1	1	1
• Band, Rohre, Lutten verlängern	1	6	6
• Schlosser	3	1	3
• Elektriker	2	1	2
Gesamt			42

* Einschienenhängebahn
Quelle: Reuther, Lehrbuch der Bergbaukunde, 11. Aufl., 1989, S. 331

Abbildung 50 (**Belegung Flözstreckenvortrieb mit Bohr- und Sprengarbeiten im Steinkohlenbergbau**)

Dargestellt ist die Belegung einer konventionellen Ausrichtung im Flöz, die mit einer Vier-Drittel-Belegung (d.h. vier Schichten pro Tag mit Ablösung vor Ort) gefahren wird. Wie zu erkennen ist, sind in den einzelnen Dritteln – oder anders gesagt – in den einzelnen Schichten nicht immer alle Funktionen vertreten. Während die Mitarbeiter des Vortriebs in allen vier Dritteln des Tages vor Ort sind, ist z.B. die EHB-Wartung nur an einem Drittel je Tag vor Ort. Würde die Schichtbelegung nun an dem einen Drittel bemessen, an dem alle Funktionen vor Ort sind, die jeweils nur ein Drittel am Tag belegt sind, so würde man eine verzerrte Schichtbelegung erhalten, die gegebenenfalls zu falschen Rückschlüssen beim Ermitteln der Kern-Ausprägung des Kostenbestimmungsfaktors "Schichtbelegung" führen kann. Vor diesem Hintergrund empfiehlt es sich, den Kostenbestimmungsfaktor "Schichtbelegung" vielmehr der Kennzahl durchschnittliche Belegungsstärke je Schicht zuzuordnen, da in diesem Fall alle Funktionen in ihrem tatsächlichen Anteil an der Tagesbelegung erfasst sind.

Im Übrigen ist zu beachten, dass auch tatsächlich alle Beschäftigten aller konventionellen Ausrichtungen erfasst werden. Es besteht durchaus die Möglichkeit, dass es zusätzlich zu den in Abbildung 50 dargestellten Beschäftigen Beschäftigte gibt, die dem Wertschöpfungsschritt Ausrichten und dort insbesondere dem konventionellen Ausrichten zuzuordnen sind. Auch diese zählen letztendlich anteilig zur Belegungsstärke, selbst wenn sie nicht direkt vor Ort arbeiten. Das Erfassen und Zurechnen dieser Personen ist jedoch wichtig, um im Rahmen der unternehmungsbezogenen Kernkostenanalyse tatsächlich die maximal erreichbare Kostenuntergrenze ermitteln zu können.

- *Effektive Arbeitszeit*: Wie bereits mehrfach erläutert, ist dem Kostenbestimmungsfaktor "Effektive Arbeitszeit" die Kennzahl Arbeitszeit vor Ort (AvO) zuzuordnen. Da hierunter die durchschnittliche AvO aller Beschäftigten aller konventionellen Ausrichtungen verstanden wird, gliedert sich diese Kennzahl in mehrere Unterkennzahlen auf, die dann im Rahmen des Erfassens der Ist-Ausprägung des Kostenbestimmungsfaktors entsprechend einzeln zu erfassen sind. Dabei handelt es sich um den jeweiligen Anteil von Normal- und Warmbeschäftigten sowie deren durchschnittliche AvO.

Nach der Zuordnung der Kostenbestimmungsfaktoren des konventionellen Ausrichtens zu den entsprechend relevanten Kennzahlen sind im Anschluss daran die relevanten Kennzahlen des maschinellen Ausrichtens den Kostenbestimmungsfaktoren zuzuordnen. Grundsätzlich handelt es sich dabei dem Typus nach um die im übertragenen Sinne jeweils gleichen Kennzahlen, die sich für das konventionelle Ausrichten ergeben. Aus diesem Grund soll an dieser Stelle die Zuordnung der Kostenbestimmungsfaktoren zu den für das maschinelle Ausrichten relevanten Kennzahlen nicht wiederholt werden. Vielmehr wird auf die entsprechenden Ausführungen für das konventionelle Ausrichten verwiesen. Der Vollständigkeit halber sei an dieser Stelle insbesondere im Hinblick auf die Kostenbestimmungsfaktoren "Geplante Einsatzzeit Arbeits- und Betriebsmittel" sowie "Effektive Einsatzzeit Arbeits- und Betriebsmittel" erwähnt, dass auch bei dem maschinellen Ausrichten innerhalb des festgelegten Referenzzeitraums mehrere maschinelle Ausrichtungen parallel betrieben werden können und wiederum die Entscheidung zu treffen ist, ob die übergreifende Kennzahl anhand einer als repräsentativ identifizierten maschinellen Ausrichtung oder als Durchschnittswert über alle Ausrichtungen gebildet wird. Um die Konsistenz im Vorgehen zu bewahren, empfiehlt es sich jedoch die Vorgehensweise zu wählen, die bereits hinsichtlich der entsprechenden Kennzahlen der konventionellen Ausrichtungen gewählt wurde.

3.2.4.1.1.2 Wertschöpfungsschritt Vorrichten

Vergleichbar mit dem Wertschöpfungsschritt Ausrichten beschäftigt sich auch der Wertschöpfungsschritt Vorrichten mit dem Auffahren von Strecken. War es jedoch Schwerpunkt des Ausrichtens Hauptstrecken und Querschläge im Gestein bzw. im Flöz zum Zugänglichmachen der Lagerstätte aufzufahren, so kommt der Vorrichtung durch Auffahren der Begleitstrecken und der Aufhauen die Aufgabe zu, den Abbau durch die Schaffung vorgenannter Grubenbaue unmittelbar vorzubereiten.[462] Diese Unterscheidung lässt sich am besten anhand des in Abbildung 51 dargestellten praktischen Beispiels verdeutlichen.

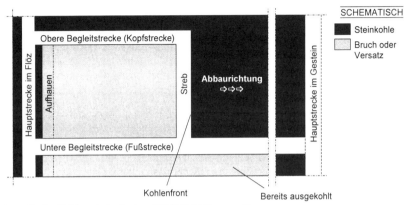

Quelle: Reuther, Einführung in den Bergbau, 1982, S. 28 (leicht angepasst)

Abbildung 51 (Schema des Strebbaus, streichend geführt im Vorbau)

Am linken und am rechten Rand von Abbildung 51 sind die beiden Hauptstrecken zu erkennen, die im Rahmen des Wertschöpfungsschritts Ausrichten erstellt wurden und im Wesentlichen dazu dienen, die Lagerstätte grundsätzlich zugänglich zu machen. Dabei ist zu erkennen, dass die linke Hauptstrecke im Flöz und die rechte Hauptstrecke im Gestein aufgefahren wurde. Nach dem die Lagerstätte durch das Auffahren der beiden Hauptstrecken (Wertschöpfungsschritt Ausrichten) erschlossen wurde, war es grundsätzlich möglich, mit dem Abbau der erschlossenen Steinkohle zu beginnen. Hierfür war es vorbereitend notwendig, im Rahmen des Wertschöpfungsschritts Vorrichten die untere Begleitstrecke und die obere Begleitstrecke aufzufahren sowie den Abbauraum aufzuhauen.[463] Dabei ist es – wie in Abbildung 51 schematisch zu erkennen – symptomatisch, dass im Rahmen des Wertschöpfungsschritts Vorrichten die entsprechend aufzufahrenden Strecken im Flöz aufgefahren werden. Unabhängig von diesem Umstand ist anzumerken, dass für das Auffahren der Begleitstrecken und das Aufhauen des Abbauraums – wie auch beim Wertschöpfungsschritt Ausrichten – grundsätzlich wiederum die beiden Arten des Streckenvortriebs Sprengvortrieb und Vortrieb mit einer Vortriebsmaschine zu unterscheiden sind. Entsprechend wird hinsichtlich des Wertschöpfungsschritts Vorrichten zwischen dem konventionellen Vorrichten (Sprengvortrieb) und dem maschinellen Vorrichten (Vortrieb mit Vortriebsmaschine) unterschie-

---

[462] Vgl. Reuther, Einführung in den Bergbau, 1982, S. 29

[463] Grundsätzlich ist anzumerken, dass die untere Bergstrecke in dem in Abbildung 51 dargestellten Szenario nicht im Rahmen des Vorrichtens, sondern im Rahmen der Gewinnung im unten angedeuteten Kohlenfeld aufgefahren wurde. Grundsätzlich ist jedoch beim ersten Kohlenfeld das Auffahren der unteren Bergstrecke im Rahmen des Vorrichtens erforderlich gewesen.

den. Zwar mag sich das konventionelle/maschinelle Ausrichten von dem konventionellen/maschinellen Vorrichten in der technischen Ausführung und im Ablauf teilweise unterscheiden. Hinsichtlich der einzelnen den Kostenbestimmungsfaktoren zugeordneten Kennzahlen ist grundsätzlich kein Unterschied zu machen. Es ist lediglich wieder in Bezug auf die Kostenbestimmungsfaktoren "Geplante Einsatzzeit Arbeits- und Betriebsmittel" und "Effektive Einsatzzeit Arbeits- und Betriebsmittel" darauf zu achten, ein einheitliches Vorgehen in der Auswahl der übergreifenden Kennzahlen sowohl zwischen den beiden Wertschöpfungsketten als auch zwischen den beiden Vortriebsarten (konventionell und maschinell) zu wählen.

3.2.4.1.1.3 Wertschöpfungsschritt Herrichten

Im Wertschöpfungsschritt Herrichten wird in der als Ausführungsbeispiel gewählten Steinkohlenbergbau-Unternehmung sowohl das Gewinnungsgerät (Hobel oder Walzenschrämmaschine) als auch der schreitende Strebausbau (z.B. Schildausbau) in den als Aufhauen bezeichneten Abbauraum eingebracht.[464] Wie das schematisch funktioniert, illustriert Abbildung 52.

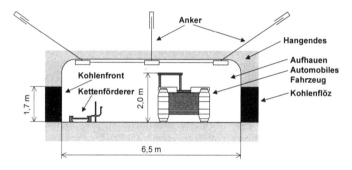

Quelle: Bischoff/Bramann/Dürrer/Moebius/Quadfasel/Schlüter, Das kleine Bergbaulexikon, 8. Aufl., 1998, S. 175

Abbildung 52   (Herrichten eines Strebs mit einem automobilen Fahrzeug)

Zunächst wird im Rahmen des Wertschöpfungsschritts Vorrichten ein als Aufhauen bezeichneter Abbauraum zwischen den beiden ebenfalls im Rahmen des Wertschöpfungsschritts Vorrichten aufgefahrenen Abbaustrecken (Begleitstrecken) erstellt.[465] Dieser zeichnet sich dadurch aus, dass er höher als das eigentliche Kohlenflöz ist und es somit ermöglicht, das Gewinnungsgerät und den Strebausbau in den Abbauraum einzubringen. Der Wertschöpfungsschritt Herrichten an sich befasst sich – wie oben bereits beschrieben – mit dem Einbau von Gewinnungsgerät

---

[464] Vgl. Bischoff/Bramann/Dürrer/Moebius/Quadfasel/Schlüter, Das kleine Bergbaulexikon, 8. Aufl., 1998, S. 175
[465] Vgl. Abbildung 51

und Strebausbau. Aufgrund der Länge moderner Strebe (die durchschnittliche Streblänge im deutschen Steinkohlenbergbau lag 1986 bei ca. 240 m[466]; Tendenz steigend), der vorherrschenden Enge und des Gewichts des Ausbaus nimmt diese Arbeit zumeist mehrere Wochen, wenn nicht sogar Monate in Anspruch. Dabei erstreckt sich der "Leistungsumfang" des Wertschöpfungsschritts Herrichten von der Abnahme der durch den Wertschöpfungsschritt Vorrichten übernommenen Aufhauen bis zur Übergabe des fertig hergerichteten und gewinnungsbereiten Strebs an den Wertschöpfungsschritt Gewinnen. Zusätzlich zu dem beschriebenen Leistungsumfang umfasst der Wertschöpfungsschritt Herrichten zudem das Einbringen des für die Wertschöpfungsschritte Gewinnen und Fördern notwendigen Geräts in die beiden Abbaustrecken (Begleitstrecken). Dazu zählt neben den Förderbändern unter anderem auch die elektrische Einrichtung und das Strebrandsystem.[467]

Aufgrund der spezifischen Aufgabenstellung des Wertschöpfungsschritts Herrichten unterscheiden sich auch die den einzelnen Kostenbestimmungsfaktoren zugeordneten Kennzahlen von denen, die den Kostenbestimmungsfaktoren im Rahmen der bereits behandelten Wertschöpfungsschritte Ausrichten und Vorrichten zugeordnet wurden. Welche Kennzahlen das im Einzelnen sind, wird nachfolgend für die einzelnen Kostenbestimmungsfaktoren erläutert.

- *Faktorpreise*: Dem Kostenbestimmungsfaktor "Faktorpreise" wird wiederum die Kennzahl Faktorpreisniveau (FPN) zugeordnet. Um Wiederholungen zu vermeiden, wird hinsichtlich der Ausgestaltung dieser Kennzahl auf die ausführlichen Erläuterungen in Kapitel 3.2.4.1.1.1 verwiesen.

- *Faktoreinsatzmengen Repetierfaktoren*: Dem Kostenbestimmungsfaktor "Faktoreinsatzmengen Repetierfaktoren" wird wiederum die Kennzahl Faktoreinsatzmengenniveau (FEMN) zugeordnet. Um Wiederholungen zu vermeiden, wird hinsichtlich der Ausgestaltung dieser Kennzahl auf die ausführlichen Erläuterungen in Kapitel 3.2.4.1.1.1 verwiesen.

- *Arbeits- und Betriebsmittelintensität*: Um dem Kostenbestimmungsfaktor "Arbeits- und Betriebsmittelintensität" eine Kennzahl zuordnen zu können, ist der gesamte Wertschöpfungsschritt als ein einheitliches System zu betrachten, das im Detail betrachtet eine Vielzahl einzelner Arbeits- und Betriebsmittel aufweist. Zusätzlich ist das Herrichten bzw. das mit dem Wertschöpfungsschritt des Herrichtens verbundene Leistungspaket als ein geschlossenes Produkt zu betrachten, das innerhalb eines bestimmten Zeitraums erstellt und dann an den Wertschöpfungsschritt Gewinnen übergeben

---

466 Vgl. Bischoff/Bramann/Dürrer/Moebius/Quadfasel/Schlüter, Das kleine Bergbaulexikon, 8. Aufl., 1998, S. 337

467 Vgl. Bischoff/Bramann/Dürrer/Moebius/Quadfasel/Schlüter, Das kleine Bergbaulexikon, 8. Aufl., 1998, S. 338 f

wird. Aus diesem so beschriebenen Zusammenhang lässt sich dann – zuge-gebener Weise auf einer sehr abstrakten Ebene – dem Kostenbestimmungs-faktor "Arbeits- und Betriebsmittelintensität" eine Kennzahl zuordnen. Da-bei handelt es sich um die Kennzahl "Anteil fertig gestellter Herrichtung je Zeiteinheit". Wird die Arbeits- und Betriebsmittelintensität des Gesamtsys-tems Herrichten erhöht, so erhöht sich auch der Anteil der in einer festge-legten Zeiteinheit fertig gestellten Herrichtung. Zum Finalisieren dieser Kennzahl ist nun nur noch zu entscheiden, auf welche Zeiteinheit diese Kennzahl zu beziehen ist. Wird das Herrichten in der von der Gewinnung bekannten (und im Rahmen des Wertschöpfungsschritts Ausrichten bereits erwähnten) Vier-Drittel-Belegung durchgeführt, so könnte als Bezuggröße die Einheit Tag gewählt werden. Problematischerweise wird jedoch das Herrichten im deutschen Steinkohlenbergbau standardmäßig im Zwei-schichtbetrieb vorgenommen, der dann, wenn besondere Eile beim Herrich-ten geboten ist, optional auch auf eine Vier-Drittel-Belegung ausgedehnt werden kann. Vor diesem Hintergrund erscheint die Wahl der Einheit Tag als Bezugsgröße ungeeignet, da ein Ausweiten der effektiven Einsatzzeit von einer Zwei- auf eine Vier-Drittel-Belegung eine Ausprägungsänderung des Kostenbestimmungsfaktors "Effektive Einsatzzeit Arbeits- und Be-triebsmittel" darstellt, und dementsprechend nicht im Rahmen des Kosten-bestimmungsfaktors "Arbeits- und Betriebsmittelintensität" abzuhandeln ist. Im Ergebnis erscheint es am sinnvollsten, als Bezugsgröße auf die Ein-heit "Schicht" zurückzugreifen, wobei die Dauer der Bezugsgröße "Schicht" zu standardisieren ist. Vor dem Hintergrund des im deutschen Steinkohlenbergbau anzutreffenden Schichtmodells der Vier-Drittel-Belegung empfiehlt es sich, die Einheit "Schicht" als einen Zeitraum von 6 Stunden zu definieren. Dementsprechend ist dem Kostenbestimmungsfaktor "Arbeits- und Betriebsmittelintensität" die Kennzahl "Anteil abgeschlosse-ner Herrichtung je Schicht" zuzuordnen.

• *Geplante Einsatzzeit Arbeits- und Betriebsmittel*: Dem Kostenbestim-mungsfaktor "Geplante Einsatzzeit Arbeits- und Betriebsmittel" wird wie-derum die Kennzahl geplante Einsatzzeit Arbeits- und Betriebsmittel zuge-ordnet. Um Wiederholungen zu vermeiden, wird hinsichtlich der Ausgestal-tung dieser Kennzahl auf die ausführlichen Erläuterungen in Kapitel 3.2.4.1.1.1 verwiesen. Ergänzend sei jedoch angemerkt, dass sich – wie auch bei den einzelnen Ausrichtungen des Wertschöpfungsschritts Ausrich-ten – zum einen eine Herrichtung nicht über den gesamten Referenzzeit-raum erstrecken muss. Die Bemessung der geplanten Einsatzzeit der Ar-beits- und Betriebsmittel ist aus diesem Grund wiederum nicht an der Ka-lenderzeit des Referenzzeitraums, sondern an der Kalenderzeit der Dauer der jeweiligen Herrichtung zu orientieren. Da es möglich ist, dass innerhalb des Referenzzeitraums (auch innerhalb desselben Steinkohlenbergwerks) mehrere Herrichtungen vorgenommen werden, besteht zudem wieder das

Problem, eine übergreifende Kennzahl zu bestimmen. Hier ist aus Konsistenzgründen wiederum die Option zu wählen, mit der die entsprechende übergreifende Kennzahl in den Wertschöpfungsschritten Ausrichten und Vorrichten gebildet wurde.

- *Effektive Einsatzzeit Arbeits- und Betriebsmittel*: Dem Kostenbestimmungsfaktor "Effektive Einsatzzeit Arbeits- und Betriebsmittel" wird wiederum die Kennzahl geplante Einsatzzeit Arbeits- und Betriebsmittel zugeordnet (Vgl. Kapitel 3.2.4.1.1.1).

- *Schichtbelegung*: Grundsätzlich ist diesem Kostenbestimmungsfaktor wie bei allen anderen Wertschöpfungsschritten auch die Kennzahl Schichtbelegung zuzuweisen. Leider kann jedoch nicht ohne Modifikation auf die Kennzahl MS/Tag zurückgegriffen werden, da – wie bereits bei der Behandlung der Arbeits- und Betriebsmittelintensität beschrieben – im Rahmen des Wertschöpfungsschritts Herrichten nicht immer mit einem Vier-Drittel-Schichtmodell gefahren wird. Dementsprechend bleibt hier als einziger Ausweg, auf die Bezugsgröße Schicht zurückzugreifen. Da jedoch auch beim Wertschöpfungsschritt Herrichten nicht zwangsläufig in allen Schichten mit der gleichen Belegung gefahren wird, ist mit dem Durchschnitt zu rechnen. Dementsprechend ist dem Kostenbestimmungsfaktor "Schichtbelegung" die Kennzahl Durchschnittsbelegung je Schicht zuzuordnen. Hierbei ist wiederum auf die einheitliche Definition des Begriffs Schicht (vgl. Kostenbestimmungsfaktor "Arbeits- und Betriebsmittelintensität") zurückzugreifen.

- *Effektive Arbeitszeit*: Dem Kostenbestimmungsfaktor "Effektive Arbeitszeit" wird wiederum die Kennzahl effektive Arbeitszeit zugeordnet (vgl. Kapitel 3.2.4.1.1.1).

3.2.4.1.1.4 Wertschöpfungsschritt Gewinnen

Wie der Name bereits sagt, beschäftigt sich der Wertschöpfungsschritt Gewinnen mit dem Unternehmungszweck der als Ausführungsbeispiel gewählten Steinkohlenbergbau-Unternehmung - mit dem Gewinnen der Steinkohle. Hierbei ist grundsätzlich zwischen dem Abbauverfahren und der für den Abbau eingesetzten Gewinnungstechnologie zu unterscheiden.

Die Menge der Abbauverfahren lässt sich grob anhand der Bestimmungsgrößen Bauweise und Dachbehandlung segmentieren.[468] Hinsichtlich der ersten Bestim-

---

[468] Grundsätzlich sind auch weitere Segmentierungskriterien wie z.B. Abbau- und Verhiebsrichtung einzubeziehen, mit denen jedoch eher eine Feingliederung der Abbauverfahren vorgenommen werden kann, die an dieser Stelle nicht notwendig erscheint. Aus diesem Grunde sei für weitere Segmentierungskriterien auf die einschlägige Fachliteratur verwiesen. Vgl. Reuther, Lehrbuch der Bergbaukunde Band I, 11. Aufl., 1989, S. 427 ff

mungsgröße – Bauweise – ist zwischen den Bauweisen langfrontartig, stoßartig, pfeilerartig, kammerartig und blockartig zu unterscheiden, wobei im deutschen Steinkohlenbergbau gegenwärtig nur noch die langfrontartige Bauweise zum Einsatz kommt.[469] Dementsprechend wird an dieser Stelle auf die anderen Abbauverfahren nicht weiter eingegangen, sondern vielmehr auf die einschlägige Fachliteratur verwiesen.[470] Die langfrontartige Bauweise beschreibt Reuther wie folgt. "Bei der langfrontartigen Bauweise wird der zum Abbau vorgesehene Abschnitt einer Lagerstätte an einer Front von 50, 100 oder mehreren hundert Metern Länge angegriffen und im ganzen von einem zum anderen Ende hin auf breiter Fläche hereingewonnen."[471] Auf Basis dieser Definition wird für die zu analysierende Steinkohlenbergbau-Unternehmung der ausschließliche Einsatz der langfrontartigen Bauweise angenommen. Hinsichtlich der zweiten Bestimmungsgröße – Dachbehandlung[472] – ist zwischen den Dachbehandlungsarten Festenbau, Versatzbau und Bruchbau zu unterscheiden. Hierbei ist insbesondere der Bruchbau hervorzuheben, der typischerweise in deutschen Steinkohlenbergwerken zum Einsatz kommt.[473] Unter dem Bruchbau wird dabei ein Abbauverfahren verstanden, bei dem "... das Dach über dem Alten Mann planmäßig zu Bruch geworfen [wird]." Der Sinn für dieses Vorgehen besteht nach Reuther darin, zu verhindern, "... dass nach dem Hereingewinnen des Lagerstätteninhalts ein größerer Raum offen bleibt, an dessen Umgrenzung übermäßige Spannungen im Gebirge entstehen, die weiteren Abbau gefährden können."[474] Basierend auf den vorgenommenen Beschreibungen von Bauweise und Dachbehandlung soll im Rahmen dieser Arbeit davon ausgegangen werden, dass in sämtlichen Gewinnungsbetrieben (bzw. an sämtlichen Betriebspunkten) der als Ausführungsbeispiel gewählten Steinkohlenbergbau-Unternehmung als Abbauverfahren langfrontartige Bauweisen im Bruchbau zur Anwendung kommen und insofern keine Unterscheidungen zwischen den einzelnen Gewinnungsbetrieben (bzw. Betriebspunkten) hinsichtlich der Abbauart vorzunehmen sind.

---

[469] Vgl. Reuther, Lehrbuch der Bergbaukunde Band I, 11. Aufl., 1989, S. 421

[470] Vgl. u.a. Stočes, Weltatlas der bergmännischen Abbauverfahren Band I - III, 1963

[471] Reuther, Lehrbuch der Bergbaukunde Band I, 11. Aufl., 1989, S. 421

[472] Unter dem Begriff Dach sollen die lotrecht über dem Abbauraum anstehenden festen oder losen Massen verstanden sein, also hangendes Nebengestein, angebaute Lagerstätte oder Alter Mann. - Vgl. Reuther, Lehrbuch der Bergbaukunde Band I, 11. Aufl., 1989, S. 426

[473] Kommt im Steinkohlenbergbau hinsichtlich der Bauweise in der modernen Betriebsführung ausschließlich die langfrontartige Bauweise zum Einsatz, so gibt es bei der Dachbehandlung größere Vielfalt. Zwar ist es richtig, dass in der Gegenwart zumeist Bruchbau zum Einsatz kommt. Grundsätzlich wurden aber auch umfangreiche Versuche zum Versatzbau (z.B. Blasversatz) vorgenommen, die auch teilweise zum Einsatz kommen. In Bezug auf die in dieser Arbeit erläuterte Steinkohlenbergbau-Unternehmung sei jedoch davon ausgegangen, dass im Rahmen der Dachbehandlung ausschließlich der Bruchbau zum Einsatz gelangt. Vgl. hierzu auch Kundel, Kohlengewinnung, 6.Aufl., 1983, S. 28 und S. 55

[474] Reuther, Lehrbuch der Bergbaukunde Band I, 11. Aufl., 1989, S. 426

Hinsichtlich der im deutschen Steinkohlenbergbau zum Einsatz kommenden Gewinnungstechnologie ist anzumerken, dass der Anteil der nicht- bzw. teilmechanischen Gewinnung in den letzten Jahrzehnten bis auf Null zurückgegangen ist und die Steinkohle nunmehr ausschließlich mit vollmechanischen Gewinnungsverfahren gewonnen wird.[475] Hinsichtlich der vollmechanischen Gewinnung haben sich im deutschen Steinkohlenbergbau zwei Gewinnungstechnologien entwickelt, die beide parallel zum Einsatz kommen. Dabei handelt es sich zum einen um die schälende und zum anderen um die schneidende Gewinnungstechnologie.

Die heute zum Einsatz kommenden Gewinnungsmaschinen für die schälende Gewinnung werden als Kohlenhobelanlagen (kurz Hobel) bezeichnet und entsprechen in ihrer Funktionsweise grundsätzlich der eines Schreinerhobels.[476] Sie bestehen typischerweise aus einem so genannten "... Hobelkörper mit einem schlittenartigen Unterteil (mit oder ohne Schwert), Hobeloberteilen, Gewinnungswerkzeugen und Steuereinrichtungen für die Schnitttiefe sowie für die Schnittlage am Liegenden."[477] Dieser Hobelschlitten ist an einem Zugmittel (Hobelketten) befestigt und wird über die ganze Streblänge mit hoher Geschwindigkeit (30 bis 90 m/min) an der anstehenden Kohle (Kohlenfront) vorbeigezogen. In dieser "Vorbeiziehbewegung" schälen, die direkt an der Kohlenfront vorbeigeführten Gewinnungswerkzeuge des Hobels dann eine 3 bis 8 cm dicke Schicht vom Kohlenstoß ab, die anschließend durch den im Streb stationierten Strebförderer zum Streckenband abtransportiert wird.

Die heute zum Einsatz kommenden Gewinnungsmaschinen für die schneidende Gewinnung werden als Walzenschrämlader bezeichnet. Dabei wird unter einem Walzenschrämlader eine (schneidende) Gewinnungsmaschine verstanden, die sich (selbsttätig) an der Kohlenfront bzw. am Kohlenstoß entlangbewegt und mindestens eine (zumeist an einem Schwenkarm befestigte) rotierende Walze aufweist, die mit zahlreichen Meißeln bestückt ist und zum automatischen Abtransport der gewonnenen Kohlen auf den Strebförderer eine gewindeartige Oberflächenstruktur (mit entsprechender Meißelanordnung) besitzt.[478] Zum Gewinnen der Steinkohle bewegt sich der Walzenschrämlader mit ca. 6 m/min am Kohlenstoß entlang und scheidet mit seiner rotierenden, mit Meißeln bestückten Walze einen ca. 80 cm breiten Streifen heraus, der dann aufgrund der gewindeartigen Gestaltung der Walze automatisch auf den im Streb befindlichen Strebförderer übergeben und von diesem zum Streckenband abtransportiert wird.[479] Gegenüber den anfangs eingeführten Walzenschrämladern mit einer starren Walze hat sich im deutschen

---

[475] Vgl. Kundel, Kohlengewinnung, 6. Aufl., 1983, S. 29

[476] Vgl. GVSt, Steinkohlenbergbau in Deutschland, 2003, S. 19

[477] Kundel, Kohlengewinnung, 6. Aufl., 1983, S. 69

[478] Vgl. Bischoff/Bramann/Dürrer/Moebius/Quadfasel/Schlüter, Das kleine Bergbaulexikon, 8. Aufl., 1998, S. 379; GVSt, Steinkohlenbergbau in Deutschland, 2003, S. 18; Kundel, Kohlengewinnung, 6. Aufl., 1983, S. 108 ff

[479] Vgl. GVSt, Steinkohlenbergbau in Deutschland, 2003, S. 18

Steinkohlenbergbau ein als Doppelwalzenschrämlader bezeichneter Walzenschrämlader durchgesetzt[480], der über zwei an schwenkbaren Armen befestigte rotierende Walzen verfügt. So ausgerüstet ist es modernen Doppelwalzenschrämladern sowohl möglich auf der Berg- und auf der Talfahrt Kohlen zu gewinnen, als auch Kohlenflöze mit einer Mächtigkeit von bis zu 5 m in einem Arbeitsgang hereinzugewinnen.[481]

Grundsätzlich findet im deutschen Steinkohlenbergbau sowohl die schälende als auch die schneidende Gewinnungstechnologie Anwendung. Dies wird auch auf absehbare Zeit so bleiben, da die eine Gewinnungstechnologie nur begrenzt durch die jeweils andere Gewinnungstechnologie zu substituieren ist. "Es gibt z.B. besonders dicke Flöze mit harter Kohle und geringer mächtige Flöze mit weicherer Kohle. Flöz Zollverein ist zum Beispiel ein dickes Flöz mit sehr fester, harter Kohle. Ein Hobel könnte nur wenige Zentimeter tief die Kohle lösen und wäre auch zu niedrig, um das Flöz in der gesamten Höhe abzubauen. In solchen Flözen werden fast ausschließlich Walzenschrämlader eingesetzt. Anders dagegen im dünneren Flöz Katherina mit mittlerer Kohlenhärte. Dort ist der Hobel das besser geeignete Abbaugerät."[482] Da sich – wie oben erläutert – die einzusetzende Gewinnungstechnologie im Steinkohlenbergbau grundsätzlich nicht auf eine Gewinnungstechnologie beschränken lässt, sind folglicherweise sowohl die schälende Gewinnung mit Hobel als auch die schneidende Gewinnung mit Walzenschrämlader im Rahmen der unternehmungsbezogenen Kernkostenanalyse zu betrachten. Da sich beide Gewinnungstechnologien grundsätzlich voneinander unterscheiden, erscheint eine getrennte Betrachtung im Rahmen des Wertschöpfungsschritts Gewinnen sinnvoll.

Bevor mit dem Zuordnen der Kostenbestimmungsfaktoren zu den jeweils relevanten Kennzahlen begonnen wird, ist noch eine grundsätzliche Anmerkung hinsichtlich der Behandlung der einzelnen Gewinnungsbetriebe vorzunehmen. Typischerweise wird in einem Steinkohlenbergwerk nicht nur ein, sondern mehrere Gewinnungsbetriebe (Betriebspunkt) gleichzeitig betrieben, wobei diese nicht zwangsläufig die gleiche Gewinnungstechnologie anwenden müssen. Die einzelnen, parallel betriebenen Gewinnungsbetriebe sind jeweils ein Glied einer Baukette, mit der nacheinander die verschiedenen Kohlenfelder eines Kohlenflözes hereingewonnen werden. Ist ein Kohlenfeld des Flözes (Betriebspunkt) ausgekohlt, so wird sowohl die Mannschaft als auch das Gewinnungsgerät aus dem ausgekohlten Kohlefeld in das nächste abbaubare Kohlenfeld der Baukette umgezogen und die Gewinnung am neuen Betriebspunkt fortgesetzt. Die Anzahl der parallel betriebenen Bauketten eines Steinkohlenbergwerks wird typischerweise nicht durch die parallel abbaubaren Kohlenfelder, sondern vielmehr durch andere Engpässe wie z.B.

[480] Vgl. Kundel, Kohlengewinnung, 6. Aufl., 1983, S. 21
[481] Vgl. Kundel, Kohlengewinnung, 6. Aufl., 1983, S. 111
[482] GVSt, Steinkohlenbergbau in Deutschland, 2003, S. 19

die Kapazität des Schachtes oder der übertägigen Aufbereitung begrenzt. Da im Rahmen der unternehmungsbezogenen Kernkostenanalyse nicht nur die Kernkosten, sondern auch die Kernkapazitäten ermittelt werden und es vorstellbar ist, dass die Kernkapazität sämtlicher Gewinnungsbetriebe höher ist als die Kernkapazitäten der bereits in der Ist-Situation den Engpass darstellenden anderen Glieder der Wertschöpfungskette (z.b. Fördern oder Aufbereiten), ist es notwendig, sämtliche Bauketten einzeln zu betrachten. Nur so kann – sollte es sich tatsächlich herausstellen, dass die Kernkapazität des Wertschöpfungsschritts Gewinnen höher als die der Wertschöpfungsschritte Fördern bzw. Aufbereiten ist – entschieden werden, welche Baukette im Kern-Zustand in ihrer Kapazität zu begrenzen ist.[483] Dementsprechend ist es nicht wie z.b. in den Wertschöpfungsschritten Ausrichten oder Vorrichten erlaubt, den Kostenbestimmungsfaktoren "übergreifende Kennzahlen" (über alle Bauketten) zuzuordnen. Vielmehr sind sämtliche Bauketten einzeln zu behandeln.

Neben dieser Einschränkung sind jedoch erfreulicherweise zumindest beim Zuordnen der Kostenbestimmungsfaktoren hinsichtlich der Kennzahlen keine Unterscheidungen zwischen den einzelnen Gewinnungstechnologien zu treffen. Vielmehr stimmen die den Kostenbestimmungsfaktoren zuzuordnenden Kennzahlen für die schälende und die schneidende Gewinnungstechnologie überein.

- *Faktorpreise*: Dem Kostenbestimmungsfaktor "Faktorpreise" wird wiederum die Kennzahl Faktorpreisniveau (FPN) zugeordnet (vgl. Kapitel 3.2.4.1.1.1).

- *Faktoreinsatzmengen Repetierfaktoren*: Dem Kostenbestimmungsfaktor "Faktoreinsatzmengen Repetierfaktoren" wird wiederum die Kennzahl Faktoreinsatzmengenniveau (FEMN) zugeordnet (vgl. Kapitel 3.2.4.1.1.1).

- *Arbeits- und Betriebsmittelintensität*: Der jeweilige Gewinnungsbetrieb setzt sich aus einer Vielzahl von Arbeits- und Betriebsmitteln zusammen, die jeweils eine eigene Arbeits- und Betriebsmittelintensität aufweisen. Letztlich wird jedoch das Gesamtsystem Gewinnungsbetrieb hinsichtlich seiner Arbeits- und Betriebsmittelintensität durch das Arbeits- bzw. Betriebsmittel im Sinne einer Engpasskette bestimmt, welches die niedrigste Arbeits- bzw. Betriebsmittelintensität aufweist. Diese drückt sich typischerweise in der Kennzahl verwertbare Förderung je Zeiteinheit aus. Um insbesondere die Effekte, die sich aus einer Ausprägungsänderung der Kostenbestimmungsfaktoren "Geplante Einsatzzeit Arbeits- und Betriebsmittel" sowie "Effektive Einsatzzeit Arbeits- und Betriebsmittel" ergeben, zu umgehen, empfiehlt es sich, die Kennzahl auf verwertbare Förderung je Stunde Einsatzzeit zu konkretisieren. Dem Kostenbestimmungsfaktor "Arbeits-

---

[483] Sollte dieser Fall eintreten, so ist die Entscheidung hinsichtlich der Kapazitätseinschränkung einzelnen Bauketten auf Basis der Kernkosten der einzelnen Bauketten zu treffen.

und Betriebsmittelintensität" wird aus diesem Grunde die Kennzahl verwertbare Förderung je Stunde Einsatzzeit zugeordnet.

- *Geplante Einsatzzeit Arbeits- und Betriebsmittel*: Dem Kostenbestimmungsfaktor "Geplante Einsatzzeit Arbeits- und Betriebsmittel" ist gleichnamige Kennzahl zuzuordnen. Sie stellte – wie oben erläutert – nicht die übergreifende Kennzahl über alle Gewinnungsbetriebe dar, sondern ist für jeden Gewinnungsbetrieb einzeln zu erfassen.

- *Effektive Einsatzzeit Arbeits- und Betriebsmittel*: Dem Kostenbestimmungsfaktor "Effektive Einsatzzeit Arbeits- und Betriebsmittel" ist gleichnamige Kennzahl zuzuordnen. Sie stellte wie oben erläutert nicht die übergreifende Kennzahl über alle Gewinnungsbetriebe dar, sondern ist für jeden Gewinnungsbetrieb einzeln zu erfassen.

- *Schichtbelegung*: Hinsichtlich der Schichtbelegung gelten grundsätzlich die Ausführungen, die in Kapitel 3.2.4.1.1.1 in Bezug auf die Schichtbelegung der Ausrichtungsbetriebe getroffen wurden.[484]

Arbeitsvorgänge im Streb	1. Schicht	2. Schicht	3. Schicht	4. Schicht
• Instandhaltung	x	x	x	-
• Sicherung der Abbaustrecken	x	x	x	x
• Herstellen der Maschinenställe	x	x	x	x
• Ausbau- und Raubarbeit	x	x	x	-
• Bedienung der Hobelanlage	x	x	x	-
• Wartung	-	-	-	x
• Abbaustoßtränken	-	-	-	x

Quelle: Kundel, Kohlengewinnung, 6. Aufl., 1983, S. 213 (leicht angepasst)

Abbildung 53 (Betriebsablaufplan Hobelbetrieb)

Wie der Darstellung in Abbildung 53 nämlich leicht zu nehmen ist, bestehen zwischen den einzelnen Schichten – selbst bei einer Vier-Drittel-Belegung – Unterschiede in der Belegung. Deswegen ist dem Kostenbestimmungsfaktor entweder die Kennzahl Belegungsstärke in MS/d oder Durchschnittsbelegung je Schicht zuzuordnen. Um bei einem Abweichen von der Vier-Drittel-Belegung einen Konflikt mit den Kostenbestimmungsfaktoren "Geplante Einsatzzeit Arbeits- und Betriebsmittel" sowie "Effektive Einsatzzeit Arbeits- und Betriebsmittel" zu vermeiden, erscheint es sicherer, dem Kostenbestimmungsfaktor die virtuelle Kennzahl Durchschnittsbelegung je Schicht zuzuordnen. Wie bereits oben bemerkt, bezieht

---

[484] Vgl. Abbildung 50

sich diese Kennzahl auf jeden einzelnen Gewinnungsbetrieb bzw. jede einzelne Baukette und ist nicht als übergreifende Kennzahl zu interpretieren.

- *Effektive Arbeitszeit*: Dem Kostenbestimmungsfaktor "Effektive Arbeitszeit" wird wiederum die Kennzahl effektive Einsatzzeit zugeordnet (vgl. Kapitel 3.2.4.1.1.1). Auch diese Kennzahl ist auf den einzelnen Gewinnungsbetrieb bzw. die einzelne Baukette zu beziehen.

3.2.4.1.1.5 Wertschöpfungsschritt Fördern

Gegenstand des Wertschöpfungsschritts Fördern ist die Fortbewegung des gewonnenen mineralischen Rohstoffs (der Steinkohle) und des unhaltigen Haufwerks.[485] Hinsichtlich des Förderns wird zwischen der Grubenförderung und der Tagesförderung unterschieden. Die Grubenförderung umfasst die Bewegung von Steinkohle und Haufwerk zwischen Abbau und Hängebank[486]. Die Tagesförderung beginnt an der Hängebank und umfasst die Fortbewegung bis zur Aufbereitung, zum Versand und zur oder von der Halde. Im Rahmen des Wertschöpfungsschritts Fördern der in Kapitel 3.2.2.1 entwickelten Wertschöpfungskette für die als Ausführungsbeispiel betrachtete Steinkohlenbergbau-Unternehmung sei ausschließlich die Grubenförderung verstanden.

Die den Leistungsinhalt des Wertschöpfungsschritts Fördern ausmachende Grubenförderung beginnt am Übergabepunkt zwischen Streb und Strecke, an dem die Rohkohle vom Strebförderer (zumeist als Kettenförderer ausgelegt) auf den Abbaustreckenförderer übergeben wird, setzt sich auf der (bzw. auf den) Hauptstrecke(n) fort, die Abbaustrecke und Schacht verbinden und endet – nach der Förderung durch den Schacht – an der Hängebank, an dem die Förderung vom Schacht an die übertägige Förderung übergeben wird.

Dieser oben beschriebene Leistungsinhalt des Wertschöpfungsschritts Fördern ist grob schematisiert in Abbildung 54 veranschaulicht. Auf Basis dieser Beschreibung lässt sich die Grubenförderung in die beiden Gliederungseinheiten söhlige Grubenförderung und seigere Grubenförderung unterteilen, wobei unter der söhligen die in Richtung der Sohle (d.h. horizontal) verlaufende[487] und unter der seigeren die vertikal verlaufende Grubenförderung[488] verstanden wird. Geneigte Grubenbaue – im Steinkohlenbergbau auch als Berg (bzw. Bandberg) bezeichnet –

---

[485] Fritzsche, Lehrbuch der Bergbaukunde Band I, 10. Aufl., 1961, S. 280

[486] Unter dem Begriff Hängebank wird eine übertägige Anlage im Schachtbereich verstanden, in der die Produktenförderung des Schachtes in die übertägige Förderung umgeleitet wird. Vgl. Bischoff/Bramann/Dürrer/Moebius/Quadfasel/Schlüter, Das kleine Bergbaulexikon, 8. Aufl., 1998, S. 168

[487] Vgl. Bischoff/Bramann/Dürrer/Moebius/Quadfasel/Schlüter, Das kleine Bergbaulexikon, 8. Aufl., 1998, S. 319

[488] Vgl. Bischoff/Bramann/Dürrer/Moebius/Quadfasel/Schlüter, Das kleine Bergbaulexikon, 8. Aufl., 1998, S. 308

werden überwiegend zur Bandförderung benutzt, jedoch aufgrund des Ziels der Höhenüberwindung als Teil der seigeren Förderung betrachtet. Die Übernahme dieser Grobgliederung zwischen söhliger und seigerer Förderung in das Analysemodell der unternehmungsbezogenen Kernkostenanalyse macht vor allen Dingen vor dem Hintergrund Sinn, dass beide Förderarten Einzelelemente in der bereits in Kapitel 2.5.5.3 beschriebenen Engpasskette darstellen und es darüber hinaus vorstellbar ist, dass sich die Kern- bzw. Zielkapazitäten der söhligen und seigeren Grubenförderung voneinander unterscheiden. Dementsprechend werden nachfolgend söhlige und seigere Grubenförderung im Rahmen der unternehmungsbezogenen Kernkostenanalyse getrennt voneinander behandelt.

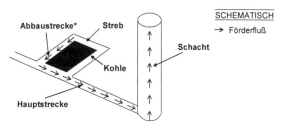

* Auch als Nebenstrecke oder Begleitstrecke bezeichnet
Quelle: Weiss

Abbildung 54 (Grobschema Grubenförderung)

Hinsichtlich der für beide Förderarten einsetzbaren Technologie stehen eine große Anzahl alternativer Technologien zur Verfügung, die zu erklären den Rahmen dieser Arbeit sprengen und darüber hinaus für die Erklärung der Anwendung der unternehmungsbezogenen Kernkostenanalyse keinen Erkenntnisgewinn bringen würden. Deshalb sei für die ausführliche Diskussion der einzelnen Technologien auf die einschlägige Fachliteratur verwiesen.[489] Grundsätzlich sei jedoch an dieser Stelle kurz auf die jeweils gängigste Technologie der beiden Grubenförderungsarten (söhlig und seiger) eingegangen.

Kam früher in der söhligen Grubenförderung fast ausschließlich die Wagenförderung zum Einsatz[490], so wurde diese nach und nach durch die Einführung von Stahlseilgurten und gewebeverstärkten Gummigurten fast vollständig durch den Einsatz von als Stetigförderer zu klassifizierenden Bandförderanlagen ersetzt.[491] Diese können durch einen mit Hilfe von Rollen erzeugten wannenartigen Fördergurtquerschnitt das Fördergut aufnehmen und transportieren es mit Geschwindigkeiten von über 3 m/s zum jeweiligen Bestimmungsort. In der seigeren Gruben-

---

[489] Vgl. u.a. Arnold, Schachtfördertechnik, 1981; Fritzsche, Lehrbuch der Bergbaukunde Band I, 10. Aufl., 1961, S. 280 ff; Roschlerau/Heintze, Wissensspeicher Bergbau, 3. Aufl., 1986, S. 176 ff

[490] Vgl. Fritzsche, Lehrbuch der Bergbaukunde Band I, 10. Aufl., 1961, S. 284

[491] Vgl. Reuther, Einführung in den Bergbau, 1982, S. 36

förderung hat sich in den vergangenen Jahrzehnten an dem angewandten Förderverfahren grundsätzlich nichts geändert. Vielmehr kommt in der seigeren Grubenförderung zumeist das Verfahren der Pendelförderung zum Einsatz. Hierbei wird mindestens ein Gefäß zwischen zwei Fixpunkten hin und her und somit das Fördergut in einem diskontinuierlichen Strom bewegt. In der seigeren Schachtförderung nimmt dabei ein Gefäß oder ein Gestell (bei Wagenförderung) die Kohle am Einfüllpunkt auf, befördert das Fördergut in einer Aufwärtsbewegung zur Hängebank und übergibt das Fördergut da an die Tagesförderung. Ungeachtet der tatsächlich zum Einsatz kommenden Fördertechnologie sind sowohl die söhlige als auch die seigere Grubenförderung durch die gleichen Kennzahlen bestimmt, da letztendlich unabhängig von der Förderart oder der eingesetzten Fördertechnologie als Leistungskennzahl einzig die Kennzahl Förderkapazität pro Zeiteinheit darüber entscheidet, ob der Wertschöpfungsschritt Fördern innerhalb des Gesamtsystems Steinkohlenbergwerk zum Engpass wird oder nicht. Dementsprechend ist bei der nachfolgenden Zuordnung der Kostenbestimmungsfaktoren zu den relevanten Kennzahlen nicht zwischen der söhligen und der seigeren Grubenförderung zu unterscheiden.

- *Faktorpreise*: Dem Kostenbestimmungsfaktor "Faktorpreise" wird wiederum die Kennzahl Faktorpreisniveau (FPN) zugeordnet (vgl. Kapitel 3.2.4.1.1.1).

- *Faktoreinsatzmengen Repetierfaktoren*: Dem Kostenbestimmungsfaktor "Faktoreinsatzmengen Repetierfaktoren" wird wiederum die Kennzahl Faktoreinsatzmengenniveau (FEMN) zugeordnet (vgl. Kapitel 3.2.4.1.1.1).

- *Arbeits- und Betriebsmittelintensität*: Wie bereits oben kurz erläutert, besteht die zentrale Kennzahl des Wertschöpfungsschritts Fördern in der zur Verfügung stehenden Förderkapazität, die typischerweise in der Kennzahl Förderkapazität pro Zeiteinheit oder konkreter t/h ausgedrückt wird. Diese Kennzahl ergibt sich bei Stetigförderern – wie sie in der söhligen Grubenförderung eingesetzt werden – als Produkt aus dem Füllquerschnitt, der Dichte des Füllguts und der Transportgeschwindigkeit. Bei der in der seigeren Grubenförderung zum Einsatz kommenden Gefäßförderung ergibt sich diese Kennzahl aus dem Produkt des Gefäßvolumens, der Dichte des Füllguts und der Spielanzahl je Zeiteinheit (Stunde). Dementsprechend erscheit es zweckmäßig, dem Kostenbestimmungsfaktor "Arbeits- und Betriebsmittelintensität" die Kennzahl Förderkapazität/Zeiteinheit zuzuordnen. Grundsätzlich ist bei dieser Zuordnung anzumerken, dass für die Bestimmung der Ausprägung der Kennzahl und somit auch des Kostenbestimmungsfaktors die jeweilige Art der Grubenförderung als Gesamtsystem anzusehen ist, deren Kapazität durch das jeweils schwächste Systemglied determiniert ist.

- *Geplante Einsatzzeit Arbeits- und Betriebsmittel*: Dem Kostenbestimmungsfaktor "Geplante Einsatzzeit Arbeits- und Betriebsmittel" ist gleichnamige Kennzahl zuzuordnen. Hierbei ist nicht wie bei der Gewinnung für jedes einzelne Systemglied, sondern eine für das Gesamtsystem geltende Kennzahl zu bilden. Das hierfür erforderliche Vorgehen unterscheidet sich jedoch insbesondere für die söhlige Grubenförderung signifikant von dem bei den Wertschöpfungsschritten Ausrichten, Vorrichten und Herrichten geschilderten Vorgehen. Das liegt im Wesentlichen daran, dass die einzelnen Systemkomponenten des Gesamtsystems söhlige Grubenförderung nicht voneinander unabhängig, sondern im höchsten Maße voneinander abhängig sind. Welche Implikationen sich daraus für die Ermittlung der Ausprägungen des Kostenbestimmungsfaktors ergeben wird ausführlich im Kapitel 3.2.4.2 erläutert.

- *Effektive Einsatzzeit Arbeits- und Betriebsmittel*: Dem Kostenbestimmungsfaktor "Effektive Einsatzzeit Arbeits- und Betriebsmittel" ist wiederum gleichnamige Kennzahl zuzuordnen. Hinsichtlich der Ermittlung dieser Kennzahl gilt analog das bereits für den Kostenbestimmungsfaktor "Geplante Einsatzzeit Arbeits- und Betriebsmittel" Angemerkte.

- *Schichtbelegung*: Hinsichtlich der Schichtbelegung greifen wiederum die Ausführungen die bereits in den Kapiteln 3.2.4.1.1.1 und 3.2.4.1.1.4 vorgenommen wurde. Da auch im Rahmen des Wertschöpfungsschritts Fördern von einer inhomogenen Belegung der einzelnen Schichten auszugehen ist, ist dem Kostenbestimmungsfaktor "Schichtbelegung" entsprechend die Kennzahl durchschnittliche Belegung je Schicht zuzuordnen.

- *Effektive Arbeitszeit*: Dem Kostenbestimmungsfaktor "Effektive Arbeitszeit" wird grundsätzlich wiederum die Kennzahl effektive Arbeitszeit zugeordnet (vgl. Kapitel 3.2.4.1.1.1). Aufgrund der Erstreckung der Fördereinrichtungen über das gesamte Grubengebäude und der sich daraus ergebenden unterschiedlichen und auch häufig wechselnden Fahrungszeiten der Beschäftigten des Wertschöpfungsschritts Fördern ist zum Ermitteln der Kennzahl effektive Arbeitszeit ein entsprechendes Verfahren anzuwenden, mit dem die durchschnittliche effektive Arbeitszeit zumindest näherungsweise bestimmt werden kann. Dem Kostenbestimmungsfaktor "Effektive Arbeitzeit" ist daher die Kennzahl durchschnittliche effektive Arbeitszeit zuzuordnen.

3.2.4.1.1.6 Wertschöpfungsschritt Aufbereiten

Reineking bezeichnet den Wertschöpfungsschritt Aufbereiten als "... das Bindeglied zwischen der Lagerstätte und dem Markt."[492] Im Wertschöpfungsschritt Aufbereiten werden – in Abhängigkeit von den Rohstoffeigenschaften und den Anforderungen des Marktes – aus den zu Tage geförderten Rohkohlen Verkaufs-

---

[492] Reineking, Steinkohlenaufbereitung, 1993, S. 67

produkte mit verschiedenen Asche-, Wasser- und Schwefelgehalten in verschiedenen Kornklassen hergestellt. Dieser Wertschöpfungsschritt ist (zumindest im deutschen Steinkohlenbergbau) notwendig, da die zu Tage geförderten Rohkohlen aufgrund des hohen Gehalts an Inertstoffen, den Nebengesteinen und Zwischenmitteln der Kohlenflöze (den so genannten Bergen) ohne Aufbereiten nicht verwendbar wären.[493]

Das Aufbereiten an sich setzt sich aus verschiedenen Teilvorgängen zusammen, die schematisch in Abbildung 55 dargestellt sind.

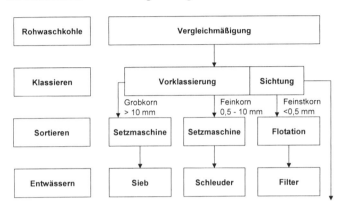

Quelle: Reineking, Steinkohlenaufbereitung, 1993, S. 68

Abbildung 55   (Standardverfahren Steinkohlenaufbereitung)

Im Rahmen des ersten Teilschritts des Wertschöpfungsschritts Aufbereiten wird die Rohkohle in einer so genannten Vergleichmäßigungsanlage vergleichmäßigt, um eventuelle Inhomogenitäten in der Rohkohlenzusammensetzung zu beheben. Dies ist erforderlich, da die nachfolgenden Trennungsprozesse zu ihrer effektiven Durchführung eine möglichst homogene Beaufschlagung erfordern. Um das zu erreichen, wird die Rohkohle einer Tagesproduktion in einer so genannten Vergleichmäßigungsanlage schichtenweise zu einer Halde aufgeschüttet und anschließend orthogonal zu der vorgenommenen Schichtung abgetragen, so dass eine maximale Mischung der einzelnen Schichten und somit eine Homogenisierung des Rohkohlengemischs erreicht wird.

Auf den Teilschritt der Vergleichmäßigung folgt der Teilschritt der Klassierung. Hierbei wird die Rohkohle in Fraktionen unterschiedlicher Korngrößen aufgeteilt, da der nachfolgende Teilschritt der Sortierung sich am besten einzeln für die jeweiligen Kornklassen durchführen lässt. Der wesentliche Unterschied zwischen den beiden Teilschritten Klassieren und Sortieren besteht dabei darin, dass im Rahmen des Klassierens die Rohkohle in unterschiedliche Korngrößen getrennt

---

[493] Vgl. Reineking, Steinkohlenaufbereitung, 1993, S. 67

wird, wohingegen im Arbeitsschritt des Sortierens die Trennung der Rohkohle nach unterschiedlichen Mineraleigenschaften erfolgt.[494] Auf die einzelnen Verfahren zum Klassieren und Sortieren sei an dieser Stelle nicht eingegangen, da daraus keinerlei Erkenntnisgewinn mit Blick auf die Durchführung der unternehmungsbezogenen Kernkostenanalyse resultieren würde. Vielmehr sei an dieser Stelle auf die zusammenfassenden Ausführungen von Reineking[495] bzw. auf die detaillierten Ausführungen von Schubert[496] verwiesen.

Ist die Rohkohle im Rahmen des Klassierens in einzelne Korngrößenfraktionen und im Rahmen des Sortierens von den Bergen getrennt, so ist sie im abschließenden Arbeitsschritt des Entwässerns von dem im Rahmen des Teilschritts Sortieren eingebrachten Wasser zu trennen[497]. Diese Entwässerung gestaltet sich grundsätzlich mit abnehmender Korngröße aufwendiger. Während die Grobkohlen einfach auf Sieben entwässert und so weitestgehend vom Oberflächenwasser getrennt werden können, ist für die Feinstkohlen eine Entwässerung in so genannten Schwingsiebfiltern oder unter Vakuum notwendig.

Haben die Kohlen alle Aufbereitungsschritte durchlaufen, so lassen sich anschließend die im Rahmen der Aufbereitung erstellten Aufbereitungsteilprodukte durch Mischen und Dosieren in Verkaufsprodukte umwandeln und an den jeweiligen Endabnehmer verkaufen. Das Endprodukt des Wertschöpfungsschritts Aufbereitung sind demnach die verkaufsbereiten Endprodukte sowie die während der Aufbereitung aus der Rohkohle abgetrennten Waschberge. Der Wertschöpfungsschritt Aufbereiten wird im deutschen Steinkohlenbergbau in einer als Aufbereitung bezeichneten Anlage abgewickelt, die sämtliche Systeme zum Abarbeiten der oben aufgeführten Teilschritte in sich vereint und deswegen für die Zuweisung der Kostenbestimmungsfaktoren zu den einzelnen Kennzahlen wiederum als Gesamtsystem anzusehen ist.[498] Für die Zuweisung der Kostenbestimmungsfaktoren zu den jeweils relevanten Kennzahlen ist es dabei entscheidend, dass je Bergwerk typi-

---

[494] Vgl. Reineking, Steinkohlenaufbereitung, 1993, S. 67

[495] Vgl. Reineking, Steinkohlenaufbereitung, 1993, S. 68 ff

[496] Vgl. Schubert, Aufbereitung fester mineralischer Rohstoffe - Band III, 1972, S. 54 ff

[497] Grundsätzlich nutzt man zum Sortieren die Eigenschaft, dass die Kohle eine deutlich niedrigere Dichte als die Berge aufweist. Um diesen Dichteunterschied nutzen zu können, versetzt man die Rohkohle mit Wasser und sortiert sie anschließend entweder im Schwimm-Sink-Verfahren oder im Setzverfahren. Zum Sortieren des Feinstkorns werden die unterschiedlichen Grenzflächeneigenschaften der Kohle gegenüber den Bergen benutzt. Während die Kohle hydrophob ist, sind die Berge hydrophil. Da - wie gezeigt werden konnte - alle Sortierverfahren nassmechanisch arbeiten, ist nach dem Teilschritt des Sortierens die Kohle vom Wasser zu trennen.

[498] Im deutschen Steinkohlenbergbau ist davon auszugehen, dass zum einen die durchschnittliche Aufbereitungskapazität >1.000 t/h ist und das man zum anderen bestrebt ist, zur Verringerung der Anzahl der Einzelmaschinen und damit zur Minimierung der Instandhaltungskosten je Verfahrensstufe nur eine Maschine einzusetzen. Vgl. GVSt, Steinkohlenbergbau in Deutschland, 2003, S. 41; Reineking, Steinkohlenaufbereitung, 1993, S. 67 f

scherweise nur eine Aufbereitung existiert, und dementsprechend das bei anderen Wertschöpfungsschritten bestehende Problem des Herleitens übergreifender Kennzahlen entfällt.

- *Faktorpreise*: Dem Kostenbestimmungsfaktor "Faktorpreise" wird wiederum die Kennzahl Faktorpreisniveau (FPN) zugeordnet (vgl. Kapitel 3.2.4.1.1.1).

- *Faktoreinsatzmengen Repetierfaktoren*: Dem Kostenbestimmungsfaktor "Faktoreinsatzmengen Repetierfaktoren" wird wiederum die Kennzahl Faktoreinsatzmengenniveau (FEMN) zugeordnet (vgl. Kapitel 3.2.4.1.1.1).

- *Arbeits- und Betriebsmittelintensität*: Dem Kostenbestimmungsfaktor "Arbeits- und Betriebsmittelintensität" wird die Kennzahl Aufbereitungskapazität zugeordnet. Diese Kennzahl bezeichnet das Volumen (bzw. die Masse) an Rohkohle, das pro Zeiteinheit (typischerweise Stunde) durch die Aufbereitungsanlage verarbeitet werden kann. Aus dieser Kennzahl lässt sich wiederum leicht die Kennzahl Volumen an verwertbarer Förderung pro Zeiteinheit ableiten, indem einfach der Berganteil (also der Anteil an in der Rohkohle enthaltenen Bergen) abgezogen wird. Dementsprechend ist die zuzuordnende Kennzahl zu tvF/h zu konkretisieren.

- *Geplante Einsatzzeit Arbeits- und Betriebsmittel*: Dem Kostenbestimmungsfaktor "Geplante Einsatzzeit Arbeits- und Betriebsmittel" ist gleichnamige Kennzahl zuzuordnen (vgl. Kapitel 3.2.4.1.1.1).

- *Effektive Einsatzzeit Arbeits- und Betriebsmittel*: Dem Kostenbestimmungsfaktor "Effektive Einsatzzeit Arbeits- und Betriebsmittel" ist wiederum gleichnamige Kennzahl zuzuordnen (vgl. Kapitel 3.2.4.1.1.1

- *Schichtbelegung*: Hinsichtlich der Schichtbelegung greifen wiederum die Ausführungen, die bereits in den Kapiteln 3.2.4.1.1.1 und 3.2.4.1.1.4 vorgenommen wurden. Da auch im Rahmen des Wertschöpfungsschritts Aufbereiten von einer inhomogenen Belegung der einzelnen Schichten auszugehen ist, ist dem Kostenbestimmungsfaktor "Schichtbelegung" entsprechend die Kennzahl durchschnittliche Belegung je Schicht zuzuordnen.

- *Effektive Arbeitszeit*: Dem Kostenbestimmungsfaktor "Effektive Arbeitszeit" wird wiederum die Kennzahl effektive Arbeitszeit zugeordnet. Dabei ist gegenüber den in den vorangegangenen Kapiteln behandelten Wertschöpfungsschritten zu beachten, dass der Wertschöpfungsschritt Aufbereiten komplett übertägig durchgeführt wird, so dass sich in der Konsequenz keinerlei Fahrungszeiten und somit auch keinerlei AvO-Effekte ergeben. Dementsprechend bestimmt sich die effektive Arbeitszeit grundsätzlich nur noch aus der Differenz zwischen der geplanten Arbeitszeit und den Pausenzeiten.

3.2.4.1.1.7 Wertschöpfungsschritt Bergewirtschaft

Wie bereits bei der Erläuterung des Wertschöpfungsschritts Aufbereiten angemerkt, enthält die zu Tage geförderte Rohkohle neben der verwertbaren Förderung
auch die so genannten Berge. Unter den Bergen wird dabei taubes Gestein (bzw.
mitgeförderte Rückstände[499]) verstanden, das z.B. beim Auffahren von Strecken
und bei der Gewinnung anfällt.[500] Der Anteil der Berge an der Rohkohle ist im
Zeitverlauf gestiegen. Betrug er im Jahre 1940 noch ca. 18%[501], so ist der Anteil
der Berge an der Rohkohle bis 1980 auf 47% gestiegen, verblieb jedoch seit damals auf einem relativ konstanten Niveau von ca. 50%.[502] Hauptursachen für diese
Entwicklung war die Tatsache, dass man früher versucht hat, "... das Bergematerial vor Ort möglichst aus der Förderung herauszuhalten."[503]

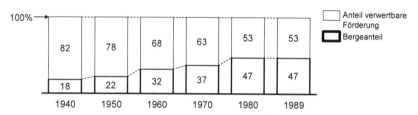

Quelle: Schulz/Wiggering, Die industrielle Entwicklung des Steinkohlenbergbaus und der Anfall von Bergematerial, 1991, S. 12

Abbildung 56   (Entwicklung Bergeanteil)

Mit der zunehmenden Mechanisierung des Wertschöpfungsschritts Gewinnen und
der Verlagerung des Abbaus in größere Teufen, die aus klimatischen Gründen und
aus Gründen des Gebirgsdrucks größere Streckenquerschnitte mit entsprechend
mehr Gesteinsausbruch erforderte, hat jedoch im Zeitverlauf der Bergeanteil im
oben beschriebenen Maße zugenommen. Bei welchen Arbeitsschritten die Berge
heutzutage anfallen und wie sie verwendet werden zeigt Abbildung 57.

Bei der Betrachtung dieser Zahlen wird deutlich, dass der Großteil der Berge im
Rahmen des Wertschöpfungsschritts Gewinnen anfällt und typischerweise auf so
genannten Bergehalden gelagert wird. Auf Basis dieser Erläuterungen können nun
die wesentlichen Inhalte des Wertschöpfungsschritts Bergewirtschaft definiert
werden. Während der Bergeanfall Gegenstand der Wertschöpfungsschritte Aus-

---

[499] Vgl. Schulz/Wiggering, Die industrielle Entwicklung des Steinkohlenbergbaus und der Anfall
von Bergematerial, 1991, S. 9
[500] Vgl. Bischoff/Bramann/Dürrer/Moebius/Quadfasel/Schlüter, Das kleine Bergbaulexikon, 8.
Aufl., 1998, S. 59
[501] Vgl. Schulz/Wiggering, Die industrielle Entwicklung des Steinkohlenbergbaus und der Anfall
von Bergematerial, 1991, S. 13
[502] Vgl. Reineking, Steinkohlenaufbereitung, 1993, S. 67; Schulz/Wiggering, Die industrielle
Entwicklung des Steinkohlenbergbaus und der Anfall von Bergematerial, 1991, S. 13
[503] Vgl. Schulz/Wiggering, Die industrielle Entwicklung des Steinkohlenbergbaus und der Anfall
von Bergematerial, 1991, S. 13

richten, Vorrichten und Gewinnen ist, sei der Inhalt des in diesem Kapitel behandelten Wertschöpfungsschritts Bergewirtschaft mit der oben erläuterten Bergeverwendung definiert.

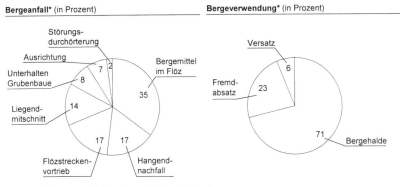

Bergeanfall* (in Prozent) **Bergeverwendung*** (in Prozent)

* Jeweils bezogen auf die Bergebilanz des Ruhrgebiets 1989
Quelle: Schulz/Wiggering, Die industrielle Entwicklung des Steinkohlenbergbaus und der Anfall von Bergematerial, 1991, S. 12 f

Abbildung 57 (Anfall und Verwendung Berge)

Anders als in Abbildung 57 dargestellt, umfasst der Wertschöpfungsschritt Bergewirtschaft dabei jedoch keinerlei Aktivitäten hinsichtlich des Versatzes, da diese Aktivität gemäß der Definition in Kapitel 3.2.2.1.1 für die als Ausführungsbeispiel gewählte Steinkohlenbergbau-Unternehmung ausgeschlossen wurde. Da angenommen wird, dass für den Anteil des Fremdabsatzes ausschließlich Verwaltungsarbeiten anfallen, umfasst der Wertschöpfungsschritt Bergewirtschaft lediglich die Aktivitäten, die für das Aufhalden der Berge auf so genannten Bergehalden sowie für den Unterhalt dieser Halden erforderlich sind. Gegenstand des Wertschöpfungsschritts Bergewirtschaft sind dementsprechend die folgenden drei Aktivitäten.[504]

- Transportieren der Berge vom Bergwerksgelände zur Halde

- Einbringen der Berge auf die Halde

- Umwandlung der aufgeschütteten Halde zu einem Landschaftsbauwerk (einschließlich nachgelagerter Überwachungsaktivitäten)

Während sich die erste Aktivität klar als Einzelaktivität betrachten und auch behandeln lässt, sind die letzten beiden Aktivitäten zusammenhängend zu betrachten, da der Prozess des Einbringens der Berge und der Prozess der Umwandlung der aufgeschütteten Halde zu einem Landschaftsbauwerk weitgehend parallel verlaufen oder zumindest als ineinander übergehend angesehen werden können. Dem-

---

[504] Vgl. D'Alleux, Nutzungskonflikte bei der Aufschüttung von Bergehalden, 1991, S. 59

283

entsprechend ist der Wertschöpfungsschritt Bergewirtschaft in zwei Unteraktivitäten einzuteilen - zum einen in den Transport der Berge vom Bergwerksgelände zur Halde und zum anderen in das Erstellen der Bergehalde.[505] Welche Kennzahlen dabei je Aktivität den einzelnen Kostenbestimmungsfaktoren zuzuordnen sind, wird nachfolgend für die beiden Grundaktivitäten erläutert. Die Erläuterung beginnt dabei mit der Aktivität des Transports der Berge vom Bergwerksgelände zur Halde.

- *Faktorpreise*: Dem Kostenbestimmungsfaktor "Faktorpreise" wird wiederum die Kennzahl Faktorpreisniveau (FPN) zugeordnet (vgl. Kapitel 3.2.4.1.1.1).

- *Faktoreinsatzmengen Repetierfaktoren*: Dem Kostenbestimmungsfaktor "Faktoreinsatzmengen Repetierfaktoren" wird wiederum die Kennzahl Faktoreinsatzmengenniveau (FEMN) zugeordnet (vgl. Kapitel 3.2.4.1.1.1).

- *Arbeits- und Betriebsmittelintensität*: Der Prozess des Aufhaldens einer Bergehalde erstreckt sich grundsätzlich über einen Zeitraum von mehreren Jahren.[506] Da die Durchführung der unternehmungsbezogenen Kernkostenanalyse das Ermitteln der maximal erreichbaren Kostenuntergrenze unter gegebenen Umweltbedingungen zum Ziel hat und grundsätzlich im Regelfall nicht davon auszugehen ist, dass sich die Entfernung zwischen Bergwerksgelände und Bergehalde auf absehbare Zeit ändert, ist die Entfernung nicht in die Ermittlung der dem Kostenbestimmungsfaktor "Arbeits- und Betriebsmittelintensität" zuzuordnenden Kennzahl einzubeziehen. Aus diesem Grund empfiehlt es sich, als zuzuordnende Kennzahl ausschließlich die Kennzahl transportierte Bergemenge je Zeiteinheit auszuwählen, wobei als Zeiteinheit sinnvollerweise die Einheit Stunde gewählt wird. Dementsprechend ist dem Kostenbestimmungsfaktor die Kennzahl t_{Berge}/h zuzuordnen.

- *Geplante Einsatzzeit Arbeits- und Betriebsmittel*: Dem Kostenbestimmungsfaktor "Geplante Einsatzzeit Arbeits- und Betriebsmittel" ist gleichnamige Kennzahl zuzuordnen (vgl. Kapitel 3.2.4.1.1.1).

---

[505] Die Inhalte der einzelnen Aktivitäten sowie die grundsätzlich zu beachtenden Randbedingungen werden an dieser Stelle nicht erläutert, da sie keinen grundsätzlichen Erkenntnisgewinn für die Erläuterung der praktischen Anwendung des Kostenmanagementverfahrens der unternehmungsbezogenen Kernkostenanalyse bringen würden. Dementsprechend wird an dieser Stelle nur auf die einschlägige Fachliteratur verwiesen. Einen guten Überblick über die verschiedenen Aspekte der Bergewirtschaft und die in diesem Zusammenhang zu beachtenden Randbedingungen geben Wiggering/Kerth in Wiggering/Kerth, Bergehalden des Steinkohlenbergbaus, 1991

[506] Vgl. Hofmann/Winter, Steinkohlenbergehalden als Landschaftsbauwerke, 1991, S. 36

- *Effektive Einsatzzeit Arbeits- und Betriebsmittel*: Dem Kostenbestimmungsfaktor "Effektive Einsatzzeit Arbeits- und Betriebsmittel" ist wiederum gleichnamige Kennzahl zuzuordnen (vgl. Kapitel 3.2.4.1.1.1).

- *Schichtbelegung*: Hinsichtlich der Schichtbelegung greifen wiederum die Ausführungen, die bereits in den Kapiteln 3.2.4.1.1.1 und 3.2.4.1.1.4 vorgenommen wurden. Da auch im Rahmen der Aktivität Transportieren des Wertschöpfungsschritts Bergewirtschaft von einer inhomogenen Belegung der einzelnen Schichten auszugehen ist, ist dem Kostenbestimmungsfaktor "Schichtbelegung" entsprechend die Kennzahl durchschnittliche Belegung je Schicht zuzuordnen.

- *Effektive Arbeitszeit*: Dem Kostenbestimmungsfaktor "Effektive Arbeitszeit" wird wiederum die Kennzahl effektive Arbeitszeit zugeordnet. Im Übrigen gelten für den Kostenbestimmungsfaktor "Effektive Arbeitszeit" die entsprechenden Ausführungen des Kapitels 3.2.4.1.1.6.

Die vorgenommene Zuordnung der Kostenbestimmungsfaktoren zu den jeweiligen Kennzahlen für die Aktivität Transportieren geht dabei grundsätzlich davon aus, dass diese Aktivität durch die Steinkohlenbergbau-Unternehmung selbst abgewickelt wird. Diese Annahme ist sicherlich nicht zu verallgemeinern, da anzunehmen ist, dass einige Steinkohlenbergbau-Unternehmungen diese Aktivität ausgelagert haben. Ist dies der Fall, dann reduziert sich die beschriebene Zuordnung der Kostenbestimmungsfaktoren ausschließlich auf die Kostenbestimmungsfaktoren "Faktorpreise" und "Faktoreinsatzmengen Repetierfaktoren". Den weiteren Kostenbestimmungsfaktoren ist die Kennzahl 1 zuzuordnen, da sie in diesem Fall (zumindest für die Steinkohlenbergbau-Unternehmung) keinerlei Relevanz haben.

Unabhängig von dieser Zwischenbemerkung wird (unter der Annahme, dass diese Tätigkeit durch die Steinkohlenbergbau-Unternehmung selbst durchgeführt wird) nachfolgend die Zuordnung der Kostenbestimmungsfaktoren für die Aktivität Erstellen der Bergehalde erläutert.

- *Faktorpreise*: Dem Kostenbestimmungsfaktor "Faktorpreise" wird wiederum die Kennzahl Faktorpreisniveau (FPN) zugeordnet (vgl. Kapitel 3.2.4.1.1.1).

- *Faktoreinsatzmengen Repetierfaktoren*: Dem Kostenbestimmungsfaktor "Faktoreinsatzmengen Repetierfaktoren" wird wiederum die Kennzahl Faktoreinsatzmengenniveau (FEMN) zugeordnet (vgl. Kapitel 3.2.4.1.1.1).

- *Arbeits- und Betriebsmittelintensität*: Analog zu den Ausführungen hinsichtlich der Aktivität Transport der Berge ist für das Erstellen der Bergehalde dem Kostenbestimmungsfaktor "Arbeits- und Betriebsmittelintensität" die Kennzahl eingebrachte Bergemenge je Zeiteinheit zuzuordnen. Analog zu vorgenannter Aktivität empfiehlt es sich, hierfür die Kennzahl t_{Berge}/h zu verwenden.

- *Geplante Einsatzzeit Arbeits- und Betriebsmittel*: Dem Kostenbestimmungsfaktor "Geplante Einsatzzeit Arbeits- und Betriebsmittel" ist gleichnamige Kennzahl zuzuordnen (vgl. Kapitel 3.2.4.1.1.1).

- *Effektive Einsatzzeit Arbeits- und Betriebsmittel*: Dem Kostenbestimmungsfaktor "Effektive Einsatzzeit Arbeits- und Betriebsmittel" ist wiederum gleichnamige Kennzahl zuzuordnen (vgl. Kapitel 3.2.4.1.1.1

- *Schichtbelegung*: Hinsichtlich der Schichtbelegung greifen wiederum die Ausführungen die bereits in den Kapiteln 3.2.4.1.1.1 und 3.2.4.1.1.4 vorgenommen wurden. Da auch im Rahmen der Aktivität Transportieren des Wertschöpfungsschritts Bergewirtschaft von einer inhomogenen Belegung der einzelnen Schichten auszugehen ist, ist dem Kostenbestimmungsfaktor "Schichtbelegung" entsprechend die Kennzahl durchschnittliche Belegung je Schicht zuzuordnen.

- *Effektive Arbeitszeit*: Dem Kostenbestimmungsfaktor "Effektive Arbeitszeit" wird wiederum die Kennzahl effektive Arbeitszeit zugeordnet. Im Übrigen gelten für den Kostenbestimmungsfaktor "Effektive Arbeitszeit" die entsprechenden Ausführungen des Kapitels 3.2.4.1.1.6.

Analog der Anmerkungen zu der Aktivität Transportieren der Berge gelten die vorgenommenen Kennzahlzuordnungen auch für die Aktivität Erstellen der Berghalde nur für den Fall, dass die Steinkohlenbergbau-Unternehmung diese Aktivitäten selbst durchführt und nicht fremd vergibt. Sollte letzterer Fall eintreten, so sind wiederum nur die Kennzahlenzuordnungen für die Kostenbestimmungsfaktoren "Faktorpreise" und "Faktoreinsatzmengen Repetierfaktoren" relevant. Den weiteren Kostenbestimmungsfaktoren wäre wiederum die Kennzahl 1 zuzuordnen.

3.2.4.1.1.8 Wertschöpfungsschritt Rauben

Beschäftigt sich der Wertschöpfungsschritt Herrichten mit dem Einbringen des Gewinnungsgeräts, des Strebausbaus und des Ausbaus der Abbaubegleitstrecken in den als Aufhauen bezeichneten Abbauraum vor dem Beginn der eigentlichen Gewinnungsarbeiten im vorbereiteten Kohlenfeld[507], so beschäftigt sich der Wertschöpfungsschritt Rauben damit, die eingebrachte Ausrüstung aus Streb und Abbaubegleitstrecken nach Auskohlung eines Kohlenfelds wieder zu entfernen und gegebenenfalls in ein neu erschlossenes Kohlenfeld umzuziehen.[508] Insbesondere vor dem Hintergrund letzterer Aufgabe wird der Wertschöpfungsschritt Rauben

---

[507] Vgl. Kapitel 3.2.4.1.1.3

[508] Vgl. Bischoff/Bramann/Dürrer/Moebius/Quadfasel/Schlüter, Das kleine Bergbaulexikon, 8. Aufl., 1998, S. 263; Roschlau/Heinze, Wissensspeicher Bergbau, 3. Aufl., 1986, S. 98

auch als Umziehen bezeichnet, wobei jedoch darauf zu achten ist, Überschneidungen mit den Herrichtungsaktivitäten für die nächste Bauhöhe (bzw. das nächste Kohlenfeld) zu vermeiden.

Grundsätzlich entsprechen jedoch die Aktivitäten des Wertschöpfungsschritts Rauben den gespiegelten, im Rahmen des Wertschöpfungsschritts Herrichten vorzunehmenden Aktivitäten. Dementsprechend kann der Wertschöpfungsschritt Rauben als eine Spiegelung des Wertschöpfungsschritts Herrichten angesehen werden. Aus dieser Erkenntnis ergeben sich zwei Implikationen. Zum einen wird auf die Schilderung der Aktivitäten des Wertschöpfungsschritts Rauben verzichtet und stattdessen auf die entsprechenden Ausführungen des Wertschöpfungsschritts Herrichten verwiesen (vgl. Kapitel 3.2.4.1.1.3). Zum anderen erübrigt sich an dieser Stelle damit auch die Erläuterung der Zuordnung der Kostenbestimmungsfaktoren zu Kennzahlen, da diese Zuordnung genau der Zuordnung entspricht, die für die Kostenbestimmungsfaktoren im Rahmen des Wertschöpfungsschritts Herrichten vorgenommen wurde.[509] Aus diesem Grund kann an dieser Stelle die Zuordnungsdiskussion der Kostenbestimmungsfaktoren für den Wertschöpfungsschritt Rauben abgeschlossen und zur Zuordnung der Kostenbestimmungsfaktoren für die unterstützenden Wertschöpfungsschritte übergegangen werden.

3.2.4.1.2 Unterstützende Wertschöpfungsschritte

Zur Plausibilisierung der Wahl der den Kostenbestimmungsfaktoren zugeordneten Kennzahlen erscheint es – wie bereits für die primären Wertschöpfungsschritte durchgeführt – erforderlich, jeweils einen kurzen Einblick in die grundsätzlichen Aktivitäten jedes unterstützenden Wertschöpfungsschritts zu geben, bevor mit der Zuordnung begonnen werden kann. Dementsprechend wird in den nachfolgenden Kapiteln dem Zuordnen der Kennzahlen jeweils eine kurze Erläuterung der grundsätzlichen Aktivitäten jedes unterstützenden Wertschöpfungsschritts vorangestellt.

3.2.4.1.2.1 Wertschöpfungsschritt Transportieren

Der Wertschöpfungsschritt Transportieren umfasst inhaltlich einen Großteil der in einer Steinkohlenbergbau-Unternehmung anfallenden Logistik, ist jedoch von den ebenfalls Teile der bergbaulichen Logistik umfassenden Wertschöpfungsschritten Fördern und Bergewirtschaft abzugrenzen. Bevor diese Abgrenzung und damit die inhaltliche Beschreibung des Wertschöpfungsschritts Transportieren erfolgen kann, sind vorbereitend die Inhalte und Aufgaben der bergbaulichen Logistik zu klären.

Die bergbauliche Logistik umfasst nach Aunkofer/Weiland/Laskawy/Arnold im Wesentlichen die fünf Logistikbereiche Beschaffungslogistik, Produktionslogistik, Distributionslogistik, Entsorgungslogistik und Personallogistik, deren jeweils zu-

---

[509] Vgl. Kapitel 3.2.4.1.1.3

geordnete Logistikobjekte und logistische Funktionen in Abbildung 58 dargestellt sind.[510]

Logistikbereich	Logistikobjekte	Logistische Funktionen	Zuordnung zu Wertschöpfungsschritten
• Beschaffungs-logistik	Roh-, Hilfs- und Betriebs-stoffe, Kaufteile, Handelsware	Versorgung der Betriebspunkte durch Beschaffung/Lagerung, Transport, Einsatz/Verbrauch, Transport bzw. Quertransport, Sortierung/Sichtung/Reparaturen, erneute Zweckzuführung	▶ Transportieren
• Produktions-logistik	S.o. + Halb- und Fertigfabrikate	Gewinnung/Auffahrung/Unterhal-tung, Förderung, Aufbereitung	▶ Fördern
• Distributions-logistik	Fertigfabrikate, Ersatzteile für Fertigfabrikate, Handelsware	Absatz, Sorten, Qualität & Bergewirtschaft	▶ Nicht enthalten* ▶ Bergewirtschaft
• Entsorgungs-logistik	Recyclinggüter, Instand-haltung, Austauschaggre-gate, Leergut, Retouren, Abfall- und Schadstoffe	Sammeln, Lagern, Transport, Sortieren, Bereitstellen, Transport, Verwerten, Vernichten, Endlagern	▶ Transportieren
• Personallogistik	Arbeiter, Angestellte, Berater	Bereitstellung, Fahrung zum Betriebspunkt/Arbeitsleistung/ Fahrung vom Betriebspunkt	▶ Fördern/ Transportieren

* Die Absatzlogistik ist nicht in der entwickelten Wertschöpfungskette enthalten. Vielmehr wird "frei Werk" verkauft.
Quelle: Aunkofer/Weiland/Laskawy/Arnold, Handbuch der Bergbaulogistik, 1992, S. 15; Weiss

Abbildung 58 (Bergbauliche Logistikbereiche und logistische Funktionen)

Wie Abbildung 58 entnommen werden kann, sind eine Reihe der unter dem Ober-begriff der Logistik zusammengefassten Aktivitäten bereits durch den Aktivitäts-bzw. Leistungsumfang anderer Wertschöpfungsschritte abgedeckt. So ist die Pro-duktionslogistik vollständig durch den Wertschöpfungsschritt Fördern abgedeckt. Weiterhin ist die Distributionslogistik der Berge durch die Bergewirtschaft abge-deckt. Die Distributionslogistik der Fertigfabrikate entfällt im Falle der als Aus-führungsbeispiel gewählten Steinkohlenbergbau-Unternehmung, da angenommen wird, dass die aufbereiteten Kohlen "frei Werk" verkauft werden und somit die Distributionslogistik in den Wirkungsbereich des Abnehmers fällt.[511] Die verblei-benden Logistikbereiche Beschaffungslogistik, Entsorgungslogistik und Personal-logistik sind nun abschließend dahingehend zu untersuchen, ob sie als Aktivitäten tatsächlich im Wertschöpfungsschritt Transportieren zusammenzufassen sind. Ba-sierend auf Abbildung 58 kann das zumindest für die Beschaffungslogistik und die Entsorgungslogistik bejaht werden. Dementsprechend ist lediglich hinsichtlich der Personallogistik zu klären, ob sie als Aktivität dem unterstützenden Wertschöp-fungsschritt Transportieren zuzurechnen ist.

---

[510] Vgl. Aunkofer/Weiland/Laskawy/Arnold, Handbuch der Bergbaulogistik, 1992, S. 14 ff
[511] Vgl. Kapitel 3.2.4.1.1.6

Grundsätzlich wird unter dem Logistikbereich der Personallogistik die Personen-beförderung unter Tage verstanden, die "... mit dem bergmännischen Terminus Fahrung belegt [ist]."[512] Diese ist notwendig, da sich die Betriebspunkte unter Ta-ge meist in weiter Entfernung vom Schacht befinden und zur Überwindung dieser Entfernungen im deutschen Steinkohlenbergbau ca. 20% der Arbeitskosten für die Fahrungszeit unter Tage eingesetzt werden müssen.[513] "Zur Überwindung [dieser] nicht unerbebliche[n] Wegstrecken – vom Schacht zum Arbeitsplatz (Betriebs-punkt) und von dort wieder zurück – werden vielfach maschinelle Beförderungs-mittel eingesetzt."[514] Welche maschinellen Beförderungsmittel dafür grundsätzlich zum Einsatz kommen, zeigt Abbildung 59.

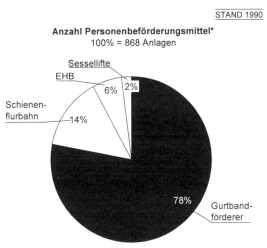

STAND 1990

Anzahl Personenbeförderungsmittel*
100% = 868 Anlagen

Sessellifte
EHB
6% 2%
Schienen-flurbahn
14%
78%
Gurtband-förderer

* Bezogen auf den deutschen Steinkohlenbergbau
Quelle: Aunkofer/Weiland/Laskawy/Arnold, Handbuch der Bergbaulogistik, 1992, S. 262

Abbildung 59 (Maschinelle Beförderungsmittel im deutschen Steinkohlenbergbau)

Wie in Abbildung 59 zu erkennen ist, wird ein Großteil (nämlich ca. vier Fünftel) der maschinellen Personenbeförderung über die dem Wertschöpfungsschritt För-dern zuzurechnenden Gurtbandförderer abgewickelt. Auf Basis dieser Information erscheint es sinnvoll, für die als Ausführungsbeispiel gewählte Steinkohlenberg-bau-Unternehmung, den Logistikbereich der Personallogistik dem Wertschöp-

---

[512] Aunkofer/Weiland/Laskawy/Arnold, Handbuch der Bergbaulogistik, 1992, S. 262
[513] Vgl. Aunkofer/Weiland/Laskawy/Arnold, Handbuch der Bergbaulogistik, 1992, S. 262
[514] Aunkofer/Weiland/Laskawy/Arnold, Handbuch der Bergbaulogistik, 1992, S. 262; Zusätz-lich ist jedoch zu beachten, dass die durch maschinelle Beförderungsmittel unterstützte Fah-rung nicht im gesamten Grubengebäude möglich ist. Dementsprechend müssen häufig be-schwerliche Wege zu Fuß zurückgelegt werden. Die hierbei entstehenden Arbeitskosten sind dann direkt den Wertschöpfungsschritten zuzurechnen, denen auch die durch die jeweilige Fahrung betroffenen Beschäftigten zuzurechnen sind.

fungsschritt Fördern zuzurechnen.[515] Da die Gurtbandförderer ohnehin im Wertschöpfungsschritt Fördern für das söhlige Fördern der Rohkohle benötigt werden und die zusätzlich Belastung durch die Fahrung keine nennenswerten Einflüsse auf die Kapazität der Gurtbandförderer hat, sind keine zusätzlichen Anpassungen an den in Kapitel 3.2.4.1.1.5 hinsichtlich des Wertschöpfungsschritts Fördern getroffenen Aussagen vorzunehmen.

Abschließend kann damit festgestellt werden, dass sich der Wertschöpfungsschritt Transportieren im Rahmen der Wertschöpfungskette für die als Ausführungsbeispiel gewählte Steinkohlenbergbau-Unternehmung ausschließlich auf die Logistikbereiche Beschaffungs- und Entsorgungslogistik fokussiert. Welchen Aktivitätsumfang bzw. welche zu bewegenden Gütermengen selbst dieser eingeschränkte Inhalt des Wertschöpfungsschritts Transportieren aufweist, verdeutlicht Abbildung 60.

Wie in Abbildung 60 zu erkennen, sind im Rahmen des Wertschöpfungsschritts Transportieren gewaltige Materialmengen zu bewegen. Rechnet man die von Aunkofer/Weiland/Laskawy/Arnold angegebenen jährlichen Mengenströme unter Annahme von 250 Fördertagen auf den Fördertag um, so sind jeden Fördertag durchschnittlich ca. 200 Tonnen Material von über Tage nach unter Tage und ca. 55 Tonnen in die Gegenrichtung zu transportieren. Zusätzlich ergibt sich ein Transportbedarf von ca. 50 Tonnen Material unter Tage. Um dieses Transportvolumen im Rahmen des Wertschöpfungsschritts Transportieren zu bewältigen und dabei parallel das Hauptziel des Wertschöpfungsschritts Transportieren zu erreichen – nämlich sämtliche Materialien zu dem gewünschten Zeitpunkt in der gewünschten Qualität und Menge am gewünschten Ort zu wirtschaftlich vertretbaren Kosten zu haben[516] – stehen eine Reihe von technischen Betriebsmitteln und Einrichtungen (sowohl für unter Tage als auch für über Tage) zur Verfügung. Da die Erläuterung dieser technischen Betriebsmittel und Einrichtungen jedoch keinerlei Erkenntnisgewinn hinsichtlich der Durchführung der unternehmungsbezogenen Kernkostenanalyse bringen würde, sei an dieser Stelle auf die ausführliche Schilderung in der einschlägigen Fachliteratur verwiesen.[517] Wichtig erscheint vor dem Hintergrund der auf die Beschreibung der wesentlichen Inhalte des Wertschöpfungsschritts Transportieren folgenden Zuordnung der Kostenbestimmungsfaktoren zu den relevanten Kennzahlen jedoch in diesem Zusammenhang zu erwähnen, dass sämtliche Betriebsmittel und Einrichtungen einschließlich der im Rahmen des

---

[515] Grundsätzlich wird dabei für das gewählte Ausführungsbeispiel der Steinkohlenbergbau-Unternehmung davon ausgegangen, dass für die Personenbeförderung ausschließlich Gurtbandförderer zum Einsatz kommen und mithin keine darüber hinaus gehenden maschinellen Beförderungsmittel zu berücksichtigen sind.

[516] Vgl. Aunkofer/Weiland/Laskawy/Arnold, Handbuch der Bergbaulogistik, 1992, S. 39

[517] Einen sehr tiefgehenden Beitrag bieten hierzu Aunkofer/Weiland/Laskawy/Arnold. Vgl. Aunkofer/Wieland/Laskawy/Arnold, Handbuch der Bergbaulogistik, 1992, S. 49 ff und S. 178 ff

Wertschöpfungsschritts Transportieren zuzurechnenden Beschäftigten ein System darstellen, das für das Zuordnen der Kostenbestimmungsfaktoren zu den jeweils relevanten Kennzahlen als ein einheitliches und geschlossenes Transportsystem anzusehen ist.

Transportgut	Transportmengen* (in t p.a.)		
	Nach unter Tage	Quertransport unter Tage	Nach über Tage
• Streckenausbau	12.000	500	4.000
• Strebausbau	550	3.400	550
• Reparaturmaterial, Ersatzteile Strebausbau	2.500	-	-
• Abbaumaterial (Kappen, Stützen, Stempel)	1.250	600	600
Abbaubetriebe			
• Gewinnungsmaschinen	150	-	150
• Fördereinrichtungen	2.000	500	2.000
Streckenvortriebe			
• Teilschnittmaschinen einschließlich Fördereinrichtungen & Entstaubung	290	470	290
• Elektromaterial	450	80	70
• Schmierstoffe, Öle	2.000	-	2.000
• Baustoffe einschließlich Fallleitung und Wagenförderung	10.000	5.000	-
• Konsolidierungsmaterial	5.400	-	-
• Betonsteine	1.250	-	-
• Gleisbaumaterial (Schienen, Schotter, Schwellen)	7.000	-	-
• Rohre	1.300	500	-
Gummigurtförderer			
• Bänder	1.000	50	-
• Rollen, Böcke	600	100	-
• EHB-Schienen	600	100	-
• Grubenholz	2.100	-	-
• Diverse Teile (einschließlich Abfall)	1.250	500	3.750
• Summe aller Mengenströme (p.a.)	50.440	11.900	13.410

* Bezogen auf ein durchschnittliches Steinkohlenbergwerk mit 3 Mio. tvF p.a.
Quelle: Aunkofer/Weiland/Laskawy/Arnold, Handbuch der Bergbaulogistik, 1992, S. 33

Abbildung 60 (Jährliche Mengenströme der Beschaffungs- und Entsorgungslogistik eines deutschen Durchschnitts-Steinkohlenbergwerks)

Dabei ist bewusst darauf zu verzichten, den Wertschöpfungsschritt Transportieren in einen über-Tage- und einen unter-Tage-Bereich zu zerteilen, da durch diese Aufteilung insbesondere das Synchronisieren der Schnittstelle zwischen beiden Bereichen die praktische Durchführung der unternehmungsbezogenen Kernkostenanalyse unnötig erschweren würde, ohne einen zusätzlichen Erkenntnisgewinn für die Durchführung der Analyse zu gewähren. Auf Basis dieser Vorgaben wurde die nachfolgende Zuordnung der Kostenbestimmungsfaktoren zu den jeweils relevanten Kennzahlen vorgenommen.

- *Faktorpreise*: Dem Kostenbestimmungsfaktor "Faktorpreise" wird wiederum die Kennzahl Faktorpreisniveau (FPN) zugeordnet (vgl. Kapitel 3.2.4.1.1.1).

- *Faktoreinsatzmengen Repetierfaktoren*: Dem Kostenbestimmungsfaktor "Faktoreinsatzmengen Repetierfaktoren" wird wiederum die Kennzahl Faktoreinsatzmengenniveau (FEMN) zugeordnet (vgl. Kapitel 3.2.4.1.1.1).

- *Arbeits- und Betriebsmittelintensität*: Wie bereits weiter oben ausgeführt, sind sämtliche technischen Betriebsmittel und Einrichtungen des Wertschöpfungsschritts Transportieren einschließlich aller zuzurechnenden Beschäftigten für die Durchführung der unternehmungsbezogenen Kernkostenanalyse als Gesamtsystem zu betrachten. Dementsprechend sind die Kostenbestimmungsfaktoren den Kennzahlen dieses Gesamtsystems zuzuordnen. Die Arbeits- und Betriebsmittelintensität des Transportsystems lässt sich wiederum am besten durch die Kennzahl transportiertes Transportvolumen (besser transportiertes Transportgewicht) je Zeiteinheit beschreiben. Diese Kennzahl ist jedoch nur für den Fall tatsächlich anwendbar, in dem die mittlere Transportweitenentfernung im Steinkohlenbergwerk konstant ist. Ist dies nicht der Fall, so ist die Kennzahl zusätzlich um einen Entfernungsbezug zu ergänzen. Im Falle der als Ausführungsbeispiel betrachteten Steinkohlenbergbau-Unternehmung wird jedoch von einer konstanten mittleren Transportweitenentfernung ausgegangen, so dass dem Kostenbestimmungsfaktor "Arbeits- und Betriebsmittelintensität" die Kennzahl Transportgewicht je Zeiteinheit oder konkreter $t_{transportiert}/h$ zuzuordnen ist.

- *Geplante Einsatzzeit Arbeits- und Betriebsmittel*: Dem Kostenbestimmungsfaktor "Geplante Einsatzzeit Arbeits- und Betriebsmittel" ist gleichnamige Kennzahl zuzuordnen (vgl. Kapitel 3.2.4.1.1.1).

- *Effektive Einsatzzeit Arbeits- und Betriebsmittel*: Dem Kostenbestimmungsfaktor "Effektive Einsatzzeit Arbeits- und Betriebsmittel" ist wiederum gleichnamige Kennzahl zuzuordnen (vgl. Kapitel 3.2.4.1.1.1

- *Schichtbelegung*: Hinsichtlich der Schichtbelegung greifen wiederum die Ausführungen die bereits in den Kapiteln 3.2.4.1.1.1 und 3.2.4.1.1.4 vorgenommen wurden. Da auch im Rahmen des Wertschöpfungsschritts Transportieren von einer inhomogenen Belegung der einzelnen Schichten auszugehen ist, ist dem Kostenbestimmungsfaktor "Schichtbelegung" entsprechend die Kennzahl durchschnittliche Belegung je Schicht zuzuordnen.

- *Effektive Arbeitszeit*: Dem Kostenbestimmungsfaktor "Effektive Arbeitszeit" wird wiederum die Kennzahl effektive Arbeitszeit zugeordnet. Im Übrigen gelten für den Kostenbestimmungsfaktor "Effektive Arbeitszeit" die entsprechenden Ausführungen des Kapitels 3.2.4.1.1.6.

3.2.4.1.2.2 Wertschöpfungsschritt Instandhalten

Die wesentlichen Inhalte des Wertschöpfungsschritts Instandhalten wurden bereits im Kapitel 2.3.2.2.4.3 bei der Entwicklung der Kostenfunktionen für die spezifischen maschinenbezogenen Dienstleistungskosten ausführlich erläutert. Demnach ist hinsichtlich des Wertschöpfungsschritts Instandhalten in die drei Unteraktivitäten Wartung, Inspektion und Instandsetzung zu unterscheiden[518], wobei sich die Unteraktivität Instandsetzung weiter in die Teilaktivitäten geplante Instandsetzung, vorbereitete Instandsetzung und unvorhergesehene Instandsetzung aufteilen lässt.[519] Diese einzelnen Instandhaltungsarten – in der Gesamtzahl fünf – sind im Rahmen des Wertschöpfungsschritts Instandhalten jeweils einzeln zu betrachten, da sie sich inhaltlich teilweise signifikant voneinander unterscheiden. Während zum Beispiel Inspektionen auf jeden Fall in gewissen Zeitintervallen durchgeführt werden müssen, ist der Anfall der unvorhergesehenen Instandsetzungen stark von der durch die jeweilige Unternehmung gewählten Instandhaltungsstrategie abhängig.[520]

Unabhängig von der jeweils zu betrachtenden Instandhaltungsart sind jedoch die den Kostenbestimmungsfaktoren zuzuordnenden Kennzahlen ihrer Art nach gleich. Dementsprechend kann die nachfolgend erläuterte Zuordnung der Kostenbestimmungsfaktoren zu den jeweiligen Kennzahlen auf alle Instandhaltungsarten angewandt werden. Bevor nachfolgend mit der Erläuterung dieser Zuordnung begonnen wird, sei an dieser Stelle darauf hingewiesen, dass die im Rahmen des Wertschöpfungsschritts Instandhaltung anfallenden Kosten typischerweise nicht im Wertschöpfungsschritt Instandhalten "verbleiben", sondern vielmehr in Form der spezifischen maschinenbezogenen Dienstleistungskosten verursachungsgerecht direkt in die Kosten der primären Wertschöpfungsschritte weiterverrechnet werden. Im unterstützenden Wertschöpfungsschritt Instandhalten ist demnach nicht zu untersuchen, wie die durch den als (internen) Dienstleister interpretierbaren Wertschöpfungsschritt Instandhalten zur Verfügung gestellten Instandhaltungsdienstleistungen in den einzelnen primären Wertschöpfungsschritten am kostengünstigsten eingesetzt werden können. Diese Entscheidung ist Gegenstand der in den einzelnen primären Wertschöpfungsschritten gewählten Instandhaltungsstrategie. Vielmehr ist im Rahmen des Wertschöpfungsschritts Instandhalten zu untersuchen, wie kostengünstig die (intern) angebotene Dienstleistung Instandhalten denn angeboten werden kann. Die nachfolgende Zuordnung der Kostenbestimmungsfaktoren zu den jeweils relevanten Kennzahlen fokussiert für den Wertschöpfungsschritt Instandhalten auf letztere Betrachtung.

---

[518] Vgl. DIN 31051

[519] Vgl. Abbildung 29

[520] Eine Ausführliche Erläuterung zu den grundsätzlichen Instandhaltungsstrategien und den daraus folgenden Implikationen für den Einsatz der unterschiedlichen Instandhaltungsarten findet sich bei Alcalde Rasch; Alcalde Rasch, Erfolgspotenzial Instandhaltung, 2000, S. 84 ff

- *Faktorpreise*: Dem Kostenbestimmungsfaktor "Faktorpreise" wird wiederum die Kennzahl Faktorpreisniveau (FPN) zugeordnet (vgl. Kapitel 3.2.4.1.1.1).

- *Faktoreinsatzmengen Repetierfaktoren*: Dem Kostenbestimmungsfaktor "Faktoreinsatzmengen Repetierfaktoren" wird wiederum die Kennzahl Faktoreinsatzmengenniveau (FEMN) zugeordnet (vgl. Kapitel 3.2.4.1.1.1).

- *Arbeits- und Betriebsmittelintensität*: Hinsichtlich der Arbeits- und Betriebsmittelintensität im Wertschöpfungsschritt Instandhalten ist anzumerken, dass im Rahmen der Instandhaltung weniger Maschinen im Sinne eines Produktionsprozesses (mit einer bestimmten Ausbringungsmenge je Zeiteinheit) sondern vielmehr Personalressourcen zum Einsatz kommen, die unter Zuhilfenahme von Arbeits- und Betriebsmitteln (genauer von Werkzeugen) die notwendigen Instandhaltungsarbeiten durchführen. Vor diesem Hintergrund merkt Alcalde Rasch in Bezug auf Biedermann an, dass es am zweckmäßigsten erscheint, die Arbeitsproduktivität der Instandhaltung durch die Kennzahl Ausfallgrad auszudrücken.[521] Unter dem so genannten Ausfallgrad wird dabei "der Quotient aus arbeitsablaufbedingter Ausfallzeit der Instandhaltungsmitarbeiter dividiert durch deren gesamte Anwesenheitszeit abzüglich Sozialstunden ..."[522] verstanden. Diese von Alcalde Rasch zur Messung der Arbeits- und Betriebsmittelintensität vorgeschlagene Kennzahl ist im Rahmen des in Abbildung 23 dargestellten Systems aus Kostenbestimmungsfaktoren jedoch bereits (indirekt) durch die beiden Kostenbestimmungsfaktoren "Geplante Einsatzzeit Arbeits- und Betriebsmittel" und "Effektive Einsatzzeit Arbeits- und Betriebsmittel" für die mit den Arbeits- und Betriebsmitteln in Zusammenhang stehenden Kosten und durch den Kostenbestimmungsfaktor "Effektive Arbeitszeit" für die mit dem Personal in Zusammenhang stehenden Kosten abgebildet. Die Arbeits- und Betriebsmittelintensität ist dementsprechend nicht durch eine weitere Kennzahl abzubilden. Aus diesem Grund ist dem Kostenbestimmungsfaktor "Arbeits- und Betriebsmittelintensität" für den Wertschöpfungsschritt Instandhalten über alle Instandhaltungsarten die Kennzahl 1 zuzuordnen. Etwaige Ansatzpunkte hinsichtlich der Definition der Schichtbelegung sind zudem über den Kostenbestimmungsfaktor "Schichtbelegung" abgebildet.

- *Geplante Einsatzzeit Arbeits- und Betriebsmittel*: Dem Kostenbestimmungsfaktor "Geplante Einsatzzeit Arbeits- und Betriebsmittel" ist gleichnamige Kennzahl zuzuordnen (vgl. Kapitel 3.2.4.1.1.1).

---

[521] Vgl. Alcalde Rasch, Erfolgspotenzial Instandhaltung, 2000, S. 161; Biedermann, Erfolgsorientierte Instandhaltung durch Kennzahlen, 1985, S. 43

[522] Alcalde Rasch, Erfolgspotenzial Instandhaltung, 2000, S. 161

- *Effektive Einsatzzeit Arbeits- und Betriebsmittel*: Dem Kostenbestim-mungsfaktor "Effektive Einsatzzeit Arbeits- und Betriebsmittel" ist wieder-um gleichnamige Kennzahl zuzuordnen (vgl. Kapitel 3.2.4.1.1.1

- *Schichtbelegung*: Hinsichtlich der Schichtbelegung ist dem Kostenbestim-mungsfaktor "Schichtbelegung" entsprechend die Kennzahl durchschnittli-che Belegung je Schicht zuzuordnen.

- *Effektive Arbeitszeit*: Dem Kostenbestimmungsfaktor "Effektive Arbeits-zeit" wird wiederum die Kennzahl effektive Arbeitszeit zugeordnet. Im Üb-rigen gelten für den Kostenbestimmungsfaktor "Effektive Arbeitszeit" die entsprechenden Ausführungen des Kapitels 3.2.4.1.1.6.

3.2.4.1.2.3 Wertschöpfungsschritt Grubenrettungswesen

Die Arbeit in einer Steinkohlenbergbau-Unternehmung ist in vielen Punkten ge-fährlicher als die Arbeit in einer "normalen" Unternehmung, was insbesondere durch die vielen Spezifika einer Steinkohlenbergbau-Unternehmung bedingt ist. So findet die Gewinnung der Rohkohlen schwer zugänglich unter Tage statt. Zu dieser schweren Zugänglichkeit kommt hinzu, dass mit der Rohkohle und dem im Rahmen der Kohlengewinnung erzeugten Kohlenstaub ein Rohstoff gewonnen wird, der leicht entzündlich ist. Weiterhin ist im Rahmen des Steinkohlenbergbaus die Ausgasung von Grubengas zu beachten, das im Wesentlichen Methan besteht. Außerdem können Kohlendioxid, Kohlenmonoxid, Stickoxiden und teilweise Wasserstoff im Grubengebäude auftreten. Wird Grubengas freigesetzt, so ist es bei einer Konzentration zwischen 5% und 14% in der Luft explosiv. "Der Berg-mann nennt ein solches Luft-Gas-Gemisch Schlagwetter."[523] Um Belegschaft so-wie Arbeits- und Betriebsmittel vor diesen besonderen Gefahren zu schützen, werden in einer Steinkohlenbergbau-Unternehmung typischerweise eine Reihe von Vorsichtsmaßnahmen ergriffen[524], die verhindern, dass sich diese besonderen Gefahren materialisieren und zu einer Unglückssituation führen. Trotz aller Vor-sichtsmaßnahmen lässt sich jedoch nicht vollständig ausschließen, dass ein derar-tiger Unglücksfall auftritt. Um in diesem Fall Hilfestellung leisten zu können, ist in Steinkohlenbergbau-Unternehmungen ein so genanntes Grubenrettungswesen zu installieren, das nach Röschlau/Heintze die folgenden Aufgaben hat.[525]

- Menschen vor Gefahren schützen und in Gefahrensituationen retten

- Betriebsanlagen, Maschinen und Einrichtungen schützen und bergen

- Fortsetzung der Produktion sichern

---

[523] GVSt, Steinkohlenbergbau in Deutschland, 2003, S. 10
[524] Vgl. u.a. Kapitel 3.2.4.1.2.4
[525] Roschlau/Heinze, Wissensspeicher Bergbau, 3. Aufl., 1986, S. 156

Außer den Vorsorgemaßnahmen werden diese Aufgaben in Steinkohlenbergbau-Unternehmungen durch so genannte Grubenwehren wahrgenommen, die sich aus "erprobten Bergleuten"[526] zusammensetzen und in periodischen Abständen Schulungs- und Übungsmaßnahmen durchlaufen, um im Gefahrenfall denn auch tatsächlich Hilfestellungen leisten zu können. Da die Erläuterung von Aufgaben und Arbeitsabläufen keinerlei zusätzlichen Erkenntnisgewinn für die Durchführung der unternehmungsbezogenen Kernkostenanalyse bringt, sei hierfür auf die einschlägige Fachliteratur verwiesen.[527] Vielmehr soll nachfolgend gleich mit der Zuordnung der Kostenbestimmungsfaktoren zu den jeweils relevanten Kennzahlen fortgefahren werden.

- *Faktorpreise*: Dem Kostenbestimmungsfaktor "Faktorpreise" wird wiederum die Kennzahl Faktorpreisniveau (FPN) zugeordnet (vgl. Kapitel 3.2.4.1.1.1).

- *Faktoreinsatzmengen Repetierfaktoren*: Dem Kostenbestimmungsfaktor "Faktoreinsatzmengen Repetierfaktoren" wird wiederum die Kennzahl Faktoreinsatzmengenniveau (FEMN) zugeordnet (vgl. Kapitel 3.2.4.1.1.1).

- *Arbeits- und Betriebsmittelintensität*: Wie bereits der Wertschöpfungsschritt Instandhalten ist auch der Wertschöpfungsschritt Grubenrettungswesen im Wesentlichen durch Personalressourcen determiniert, so dass der Kostenbestimmungsfaktor "Arbeits- und Betriebsmittelintensität" wiederum der Kennzahl 1 zuzuordnen ist.

- *Geplante Einsatzzeit Arbeits- und Betriebsmittel*: Da im Rahmen des Wertschöpfungsschritts Grubenrettungswesen keinerlei den Wertschöpfungsschritt bestimmende Arbeits- und Betriebsmittel zum Einsatz kommen und mithin der Einsatz der vorhandenen Arbeits- und Betriebsmittel stochastisch ist (eine Einsatzbereitschaft demnach über die gesamte Kalenderzeit bestehen muss), ist dem Kostenbestimmungsfaktor "Geplante Einsatzzeit Arbeits- und Betriebsmittel" die Kennzahl 1 zuzuordnen.

- *Effektive Einsatzzeit Arbeits- und Betriebsmittel*: Mit vorgenannter Begründung ist auch dem Kostenbestimmungsfaktor "Effektive Einsatzzeit Arbeits- und Betriebsmittel" die Kennzahl 1 zuzuordnen.

- *Schichtbelegung*: Grundsätzlich kann nicht von einer Schichtbelegung gesprochen werden, da es ja keinerlei Schichten gibt. Synonym kann jedoch dem Kostenbestimmungsfaktor "Schichtbelegung" für den Wertschöpfungsschritt Grubenrettungswesen die Kennzahl Grubenwehrstärke zuge-

---

[526] Fritzsche, Lehrbuch der Bergbaukunde, Band II, 10. Aufl., 1961, S. 735
[527] Vgl. Fritzsche, Lehrbuch der Bergbaukunde, Band II, 10. Aufl., 1961, S. 735 ff; Roschlau/Heinze, Wissensspeicher Bergbau, 3. Aufl., 1986, S. 156 ff; Wirtschaftsvereinigung Bergbau, Das Bergbau-Handbuch, 5. Aufl., 1994, S. 53 ff

ordnet werden, wobei unter der Kennzahl Grubenwehrstärke die Anzahl der der Grubenwehr zugeordneten Mitarbeiter zu verstehen ist.

- *Effektive Arbeitszeit*: Da das Gefahrenereignis stochastisch verteilt eintritt und somit die effektive Arbeitszeit keinerlei (messbaren) Einfluss auf die Kosten der Grubenwehr ausübt, ist dem Kostenbestimmungsfaktor "Effektive Arbeitszeit" die Kennzahl 1 zuzuordnen.

3.2.4.1.2.4 Wertschöpfungsschritt Grubenbewettern

Unter dem Wertschöpfungsschritt Grubenbewettern wird (wie bereits in Kapitel 3.2.2.1.2 erläutert) "... die planmäßige Versorgung von Grubenbauen mit frischer Luft bezeichnet."[528] Der Begriff des Grubenbewetterns bzw. der Grubenbewetterung geht dabei inhaltlich auf den Begriff Wetter zurück, wobei der Begriff Wetter "... alle in der Grube befindlichen Gasgemische ..." bezeichnet. Grundsätzlich wird dabei zwischen den folgenden drei Wetterarten unterschieden.

- *Frische/gute Wetter*: Diese Bezeichnung wird verwendet, solange das Gasgemisch im Grubengebäude der Zusammensetzung der atmosphärischen Luft entspricht.

- *Matte/stickende Wetter*: Diese Bezeichnung wird verwendet, sofern das Gasgemisch einen Gehalt an Gasen wie Kohlendioxid, Stickstoff, Methan oder Wasserstoff hat, der es für die menschliche Atmung kaum oder überhaupt nicht mehr geeignet erscheinen lässt.

- *Giftige Wetter*: Diese Bezeichnung wird verwendet, wenn das Gasgemisch giftige Beimengungen wie zum Beispiel Kohlenmonoxid, Stickoxide oder Schwefelwasserstoff hat und somit auf keinen Fall mehr für die menschliche Atmung geeignet erscheint.

- *Schlagende Wetter*: Diese Bezeichnung wird abschließend immer dann verwendet, wenn das Gasgemisch ein explosionsgefährliches Gemisch von brennbaren Gasen darstellt. Ein Beispiel hierfür ist das Gemisch aus Methan und Luft.[529]

Neben diesen auf dem Gasgemisch basierenden Bezeichnungen der Wetter wird gelegentlich auch die Bezeichnung feuchte/heiße Wetter verwendet, sofern "... Wasserdampfgehalt und Temperatur der umgebenden Luft das Wohlbefinden des Menschen und damit dessen Leistungsfähigkeit merklich beeinträchtigen."[530]

Aus den aufgezählten Eigenschaften der Wetter ergeben sich die bereits im Kapitel 3.2.2.1.2 angerissenen Aufgaben des Wertschöpfungsschritts Grubenbewettern.

---

[528] Reuther, Lehrbuch der Bergbaukunde Band I, 11. Aufl., 1989, S. 577
[529] Dieses Gemisch erreicht ab einem Anteil von ca. 5% Methan Explosionsgefährlichkeit.
[530] Reuther, Lehrbuch der Bergbaukunde Band I, 11. Aufl., 1989, S. 577

- Aufgabe 1: Der in der Grube befindlichen Belegschaft die zum Atmen erforderliche Menge an frischen/guten Wettern zuführen.

- Aufgabe 2: Bis zur Unschädlichkeit verdünnen und wegspülen von matten/stickenden, giftigen und schlagenden Wettern.

- Aufgabe 3: An den Stellen des Grubengebäudes für zumutbares oder erträgliches Grubenklima zu sorgen, an denen Mitarbeiter beschäftigt sind.

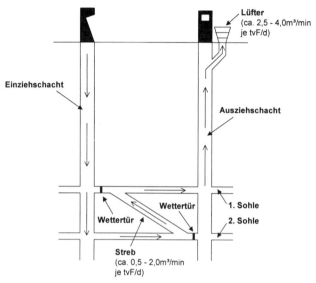

Quelle: GVSt, Steinkohlenbergbau in Deutschland, 2003, S. 9 (leicht modifiziert);
Reuther, Lehrbuch der Bergbaukunde Band I, 11. Aufl., 1989, S. 578

Abbildung 61 (Schema der Wetterführung)

Zum Erfüllen dieser Aufgaben sind in Steinkohlenbergwerken besonders starke Wetterströme erforderlich. Das ist zum einen schon allein deswegen notwendig, um die Ansammlung von so genanntem Grubengas (CH_4) und der daraus herrührenden Schlagwettergefahr zu begegnen und hierfür den Anteil des Grubengases auf unter 1 Vol.-% zu reduzieren. Zum anderen ist ein starker Wetterstrom notwendig, um in einer allgemein heißen Grube[531] überhaupt ein erträgliches bzw. zumutbares Klima im Abbau zu realisieren. Aus diesen sachlichen Argumenten hat der Gesetzgeber eine Reihe von gesetzlichen Regelungen erlassen, welche den Leistungsumfang des Wertschöpfungsschritts Grubenbewettern zumindest für deutsche Steinkohlenbergbau-Unternehmungen regeln. So ist gemäß BVOSt §150

---

[531] Steinkohlenbergwerke erreichen Teufen bis zu 1.500 m, wobei alle 100 m von einer Temperaturzunahme um 3°°C auszugehen ist. Vgl. GVSt, Steinkohlenbergbau in Deutschland, 2003, S. 9

Abs. 3 und BPVSt §224 Abs. 3 ein Wetterstrom vom 6 m³ je Minute und Person (bezogen auf die am stärksten belegte Schicht) erforderlich. Zusätzlich gelten entsprechende Regelungen für die Strömungsgeschwindigkeit der Wetter, um Methanansammlungen der Grubenbaue zu verhindern.[532] Neben den bergbehördlichen Vorschriften existieren eine Reihe von Faustregeln für den Wetterbedarf im deutschen Steinkohlenbergbau, die schematisch in Abbildung 61 dargestellt sind.

Demnach wird der Bedarf an frischen Wettern im Streb mit 0,5 bis 2,0 m³/min je tvF/d veranschlagt, wofür am Lüfter ein Wetterstrom von ca. 2,5 bis 4,0 m³/min je tvF/d erforderlich ist. Da typischerweise mehrschichtig im Bergwerk gefördert wird und zudem eine schädliche Konzentration von giftigen und schlagenden Wettern über den gesamten Kalenderzeitraum zu verhindern ist, ist die Grubenbewetterung permanent und unterbrechungsfrei aufrecht zu erhalten.[533] Die sich daraus ergebenden Implikationen schlagen sich folgerichtig auch bei der Zuordnung der Kostenbestimmungsfaktoren zu den relevanten Kennzahlen nieder.

- *Faktorpreise*: Dem Kostenbestimmungsfaktor "Faktorpreise" wird wiederum die Kennzahl Faktorpreisniveau (FPN) zugeordnet (vgl. Kapitel 3.2.4.1.1.1).

- *Faktoreinsatzmengen Repetierfaktoren*: Dem Kostenbestimmungsfaktor "Faktoreinsatzmengen Repetierfaktoren" wird wiederum die Kennzahl Faktoreinsatzmengenniveau (FEMN) zugeordnet (vgl. Kapitel 3.2.4.1.1.1).

- *Arbeits- und Betriebsmittelintensität*: Dem Kostenbestimmungsfaktor "Arbeits- und Betriebsmittelintensität" ist die Kennzahl Volumenstrom je Zeiteinheit (m³/min) zuzuordnen, wobei der jeweils durch den Lüfter erzeugte Volumenstrom als relevant anzunehmen ist.

- *Geplante Einsatzzeit Arbeits- und Betriebsmittel*: Da sich die geplante wie auch die effektive Einsatzzeit des Lüfters als wesentliches Arbeits- und Betriebsmittel über die gesamte Kalenderzeit erstreckt, ist dem Kostenbestimmungsfaktor "Geplante Einsatzzeit Arbeits- und Betriebsmittel" die Kennzahl 1 zuzuordnen.

- *Effektive Einsatzzeit Arbeits- und Betriebsmittel*: Mit vorgenannter Begründung ist auch dem Kostenbestimmungsfaktor "Effektive Einsatzzeit Arbeits- und Betriebsmittel" die Kennzahl 1 zuzuordnen.

---

[532] Vgl. Reuther, Lehrbuch der Bergbaukunde Band I, 11. Aufl., 1989, S. 578
[533] Auf die besonderen Erfordernisse die sich für die Bewetterung nicht durchschlägiger Grubenbaue im Rahmen der Sonderbewetterung ergibt sei an dieser Stelle nicht eingegangen. Vielmehr sei an dieser Stelle auf die Schilderung von Graumann verwiesen, der diese Thematik erschöpfend abhandelt. Vgl. Graumann, Sonderbewetterung in Steinkohlenbergwerken, 1991, S. 11 ff

- *Schichtbelegung*: Dem Kostenbestimmungsfaktor "Schichtbelegung" ist wiederum die Kennzahl durchschnittliche Schichtbelegung zuzuordnen.

- *Effektive Arbeitszeit*: Dem Kostenbestimmungsfaktor "Effektive Arbeitszeit" wird wiederum die Kennzahl effektive Arbeitszeit zugeordnet. Im Übrigen gelten für den Kostenbestimmungsfaktor "Effektive Arbeitszeit" die entsprechenden Ausführungen des Kapitels 3.2.4.1.1.6.

3.2.4.1.2.5 Wertschöpfungsschritt Bergmännisches Wasserhalten

Der Wertschöpfungsschritt bergmännisches Wasserhalten umfasst – wie bereits einleitend in Kapitel 3.2.2.1.2 beschrieben – alle Maßnahmen, die sich mit der "... Fernhaltung der Wässer von Grubenbauen, mit der Ausrichtung der Grube im Hinblick auf die Wasserhaltung und mit der Wasserhebung aus den Bauen beschäftigt."[534] Der grundsätzliche Bedarf für den Wertschöpfungsschritt bergmännisches Wasserhalten ergibt sich aus einer Reihe von natürlichen Gründen, die nachfolgend (unvollständig[535]) aufgezählt werden.[536]

- *Niederschlag*: Zum einen führt der Niederschlag und das damit verbundene Versickern des Niederschlagwassers dazu, dass Wasser in das Grubengebäude eindringt. Dabei ist grundsätzlich zu beachten, dass es sich bei dieser Belastung nicht um eine gleichmäßige Belastung handelt, sondern dass der Niederschlag ungleichmäßig über das Jahr verteilt ist.

- *Grundwasser*: Zusätzlich zum Niederschlag bedroht das ohnehin vorhandene Grundwasser den Grubenbau, wobei zwischen Schichtwasser, Kluftwasser und Tiefengrundwasser unterschieden werden muss. Während die beiden ersteren gegenüber dem Meeresspiegel ein Gefälle besitzen und frei beweglich sind, liegt das Tiefengrundwasser auf Meeresspiegel.

- *Störungen als Wasserzubringer*: Von erheblicher Bedeutung für die Bedrohung des Grubengebäudes durch Wasser sind auch die so genannten Störungen. Hierbei sind insbesondere die in Folge von Gebirgsbewegungen entstandenen Klüfte und Spalten zu benennen. Diese können als "... gefährliche Wasserzubringer auftreten, indem sie aus großer Entfernung Wasser herleiten oder eine Verbindung durch ein im übrigen wasserstauendes Mittel erstellen."[537]

- *Thermale Solen*: Grundsätzlich geht auch eine Gefahr von von unten aufsteigenden Solen aus, die typischerweise in mineralisierten oder vererzten

---

[534] Fritzsche, Lehrbuch der Bergbaukunde Band II, 10. Aufl., 1962, S. 621

[535] Die Nebenbemerkung "unvollständig" soll andeuten, dass nur die für den Steinkohlenbergbau relevanten Gründe aufgezählt werden.

[536] Vgl. hierzu auch Fritzsche, Lehrbuch der Bergbaukunde Band II, 10. Aufl., 1962, S. 622 ff

[537] Fritzsche, Lehrbuch der Bergbaukunde Band II, 10. Aufl., 1962, S. 625

Querstörungen aufsteigen und infolge ihrer Wärme- und Feuchtigkeitsabgabe eine nachteilige Wirkung auf das Grubenklima entfalten.

Um das aus diesen "Quellen" resultierende Wasser aus dem Grubenbau fernzuhalten oder zumindest seine Verbreitung zu kontrollieren, werden im Rahmen des Wertschöpfungsschritts bergmännisches Wasserhalten eine Reihe von Maßnahmen durchgeführt. Hierbei handelt es sich zum einen um bauliche Maßnahmen wie das Errichten von Wasserabdämmungen, das Errichten von Grubenbauen für die Wasserhaltung und das Abpumpen (Heben) von Wasser über so genannte Wasserhebevorrichtungen. Da die Beschreibung der genauen Spezifika des Wertschöpfungsschritts bergmännisches Wasserhalten keinerlei zusätzlichen Erkenntnisgewinn für die Erläuterung der praktischen Durchführung der unternehmungsbezogenen Kernkostenanalyse bietet, sei an dieser Stelle auf die Ausführungen der einschlägigen Fachliteratur verwiesen.[538] Abschließend sei jedoch darauf hingewiesen, dass der Wertschöpfungsschritt bergmännisches Wasserhalten genauso wie der Wertschöpfungsschritt Grubenbewettern nicht nur während der Phase der Gewinnung durchzuführen ist. Vielmehr ist der unterstützende Wertschöpfungsschritt bergmännisches Wasserhalten permanent und unterbrechungsfrei durchzuführen, um das Grubengebäude zu erhalten und die Sicherheit im Grubengebäude permanent zu gewährleisten. Wird die Wasserhaltung auch nur zeitweise unterbrochen, können die, sich auf dieser Basis ergebenden, Wassereinbrüche irreparable Schäden am Grubengebäude anrichten, die im schlimmsten Fall zum Verlust des gesamten Grubengebäudes führen können. Die sich aus dem permanenten Durchführen des Wertschöpfungsschritts bergmännisches Wasserhalten ergebenden Implikationen schlagen sich ebenso wie die im Rahmen des Wertschöpfungsschritts Grubenbewettern in der Zuordnung der Kostenbestimmungsfaktoren zu den jeweils relevanten Kennzahlen nieder.

- *Faktorpreise*: Dem Kostenbestimmungsfaktor "Faktorpreise" wird wiederum die Kennzahl Faktorpreisniveau (FPN) zugeordnet (vgl. Kapitel 3.2.4.1.1.1).

- *Faktoreinsatzmengen Repetierfaktoren*: Dem Kostenbestimmungsfaktor "Faktoreinsatzmengen Repetierfaktoren" wird wiederum die Kennzahl Faktoreinsatzmengenniveau (FEMN) zugeordnet (vgl. Kapitel 3.2.4.1.1.1).

- *Arbeits- und Betriebsmittelintensität*: Dem Kostenbestimmungsfaktor "Arbeits- und Betriebsmittelintensität" ist die Kennzahl gehobenes Wasservolumen je Zeiteinheit zuzuordnen. Konkret erscheint dabei die Zuordnung der Kennzahl m^3/h sinnvoll.

- *Geplante Einsatzzeit Arbeits- und Betriebsmittel*: Da sich (wie auch beim Wertschöpfungsschritt Grubenbewettern) die geplante wie auch die effekti-

---

538 Vgl. u.a. Fritzsche, Lehrbuch der Bergbaukunde Band II, 10. Aufl., 1962, S. 621 ff

ve Einsatzzeit der Arbeits- und Betriebsmittel des Wertschöpfungsschritts bergmännisches Wasserhalten über die gesamte Kalenderzeit erstreckt, ist dem Kostenbestimmungsfaktor "Geplante Einsatzzeit Arbeits- und Betriebsmittel" die Kennzahl 1 zuzuordnen.

- *Effektive Einsatzzeit Arbeits- und Betriebsmittel*: Mit vorgenannter Begründung ist auch dem Kostenbestimmungsfaktor "Effektive Einsatzzeit Arbeits- und Betriebsmittel" die Kennzahl 1 zuzuordnen.

- *Schichtbelegung*: Dem Kostenbestimmungsfaktor "Schichtbelegung" ist wiederum die Kennzahl durchschnittliche Schichtbelegung zuzuordnen.

- *Effektive Arbeitszeit*: Dem Kostenbestimmungsfaktor "Effektive Arbeitszeit" wird wiederum die Kennzahl effektive Arbeitszeit zugeordnet.

Abschließend ist anzumerken, dass insbesondere der großflächig betriebene Steinkohlenbergbau teilweise erhebliche Einflüsse auf den Wasserhaushalt (bzw. den hydrologischen Kreislauf) der gesamten Abbauregion hat. Dies resultiert zum einen aus dem Umstand, dass es durch den Steinkohlenbergbau zu einer Absenkung der Tagesoberfläche und damit zur Mulden- bzw. Senkenbildung kommt. Wie Schmalenbach bereits 1928 erläuterte, führt das z.B. in der Steinkohlenabbauregion am Rhein dazu, dass "... nach Auskohlung des sehr großen an den Rhein grenzenden Feldes [...] das ganze Feld mehrere Meter unter Rheinspiegel und unter Wasser [liegt]."[539] Zum anderen resultieren daraus – wie Rathke erläutert – hydrologische Implikationen wie Einflüsse auf den Oberflächenabfluss, den Grundwasserabfluss und die Interaktion von Gewässern und Grundwasser.[540] Beide Effekte zusammen betrachtet machen zusätzliche Wasserhaltungsmaßnahmen (im Wesentlichen Poldermaßnahmen) notwendig, die "... nach Auskohlung des Feldes für alle Ewigkeiten fortzusetzen [sind]."[541] Die in diesem Zusammenhang notwendigen Wasserhaltungsmaßnahmen werden aufgrund ihres eher indirekten Bezugs zum aktuellen Gewinnungsgeschehen typischerweise der Kategorie der Bergschäden zugerechnet, für die entsprechende Vorkehrungen zu treffen sind. Schmalenbach schlägt hierfür vor, dass ein Kapitalstock zur Verfügung gestellt werden muss, "... dessen Zinsen die sämtlichen Polderkosten decken."[542] Da die Bergschäden für das gewählte Ausführungsbeispiel der Steinkohlenbergbau-Unternehmung jedoch aus dem Untersuchungsumfang genommen wurden[543], sei an dieser Stelle darauf hingewiesen, dass insbesondere die aufgrund der Langzeitschädigung für den

---

[539] Schmalenbach/Baade/Lufft/Springorum/Stein, Gutachten über die gegenwärtige Lage des rhein.-westf. Steinkohlenbergbaus, 1928, S. 19

[540] Vgl. Rathke, Hydrologisch-hydrogeologische Beeinträchtigungen, 1993, S. 136 ff

[541] Schmalenbach/Baade/Lufft/Springorum/Stein, Gutachten über die gegenwärtige Lage des rhein.-westf. Steinkohlenbergbaus, 1928, S. 19

[542] Schmalenbach/Baade/Lufft/Springorum/Stein, Gutachten über die gegenwärtige Lage des rhein.-westf. Steinkohlenbergbaus, 1928, S. 19

[543] Vgl. Kapitel 3.2.2.3.2

Schutz der Abbauregion zu treffenden Wasserhaltungsmaßnahmen nicht in den aufgezeigten Untersuchungsbereich des Wertschöpfungsschritts bergmännisches Wasserhalten einzubeziehen, sondern außerhalb der unternehmungsbezogenen Kernkostenanalyse zu untersuchen sind.

3.2.4.1.2.6 Wertschöpfungsschritt Zentrales Betriebsmittelbewirtschaften

Im Rahmen des Wertschöpfungsschritts zentrales Betriebsmittelbewirtschaften werden die Betriebsmittel sämtlicher Wertschöpfungsschritte der als Ausführungsbeispiel gewählten Steinkohlenbergbau-Unternehmung bewirtschaftet. [544] Diese hervorgehobene Stellung der Betriebsmittelbewirtschaftung begründet von Wahl mit dem "... außerordentliche[n] Einfluss der Aufwendungen für den Betriebsmitteleinsatz auf die Gesamtkosten eines Bergwerkbetriebs und die Abhängigkeit der Produktionsmenge und der Produktionsqualität vom Betriebsmitteleinsatz."[545] Je nach Art der Betriebsmittel ergeben sich im Rahmen des Wertschöpfungsschritts zentrales Betriebsmittelbewirtschaften unterschiedliche Bewirtschaftungsschwerpunkte. Während dieser bei Schächten, Grubenbauen, Gebäuden über Tage sowie bei den ortsfesten Maschinen und Einrichtungen über Tage bei der Instandhaltungsplanung und -überwachung liegt, liegt er bei den für die bergbauliche Produktion besonders wichtigen ortsbeweglichen Betriebsmitteln unter und über Tage bei der Betriebsmittelbedarfs- und -einsatzplanung. Für die Betrachtung des Wertschöpfungsschritts zentrales Betriebsmittelbewirtschaften im Rahmen des gewählten Ausführungsbeispiels einer Steinkohlenbergbau-Unternehmung wird jedoch von dieser Inhaltsdefinition insofern abgewichen, als dass ersteres Betätigungsfeld – nämlich die Betriebsmittelbewirtschaftung der Schächte, Grubenbaue, Gebäude über Tage sowie bei den ortsfesten Maschinen und Einrichtungen über Tage – den einzelnen, diese Einrichtungen nutzenden Wertschöpfungsschritten zugeordnet wird. Der Hauptgrund für diese Trennung von den für die bergbauliche Produktion besonders wichtigen ortsbeweglichen Betriebsmitteln unter und über Tage besteht darin, eine homogene Analysegrundlage zu schaffen, da sich letztere Gruppe der Arbeits- und Betriebsmittel von ersterer im Wesentlichen darin unterscheidet, dass sie typischerweise bevorratet wird und sich insofern für die Betriebsmittelbewirtschaftung neben der Instandhaltungsoptimierung noch das Problem der Vorrats- bzw. Einsatzoptimierung stellt.

Auf Basis dieser Abgrenzung lassen sich die Inhalte des Wertschöpfungsschritts Betriebsmittelbewirtschaften nach von Wahl in den folgenden fünf Aufgaben zusammenfassen.[546]

- Planung des Betriebsmittelbedarfs, der Betriebsmittelversorgung und des Betriebsmitteleinsatzes sowie der Instandhaltung

---

[544] Vgl. Slaby/Krasselt, Industriebetriebslehre, 1998, S. 90
[545] Vgl. von Wahl, Bergwirtschaft Band I, 1990, S. 239
[546] Vgl. von Wahl, Bergwirtschaft Band I, 1990, S. 240

- Überwachung des Betriebsmitteleinsatzes

- Planung von technischen Einrichtungen für die Betriebsmittelbevorratung und -bereitstellung

- Optimierung des Betriebsmitteleinsatzes und aller Vorgänge zur Betriebsmittelversorgung

- Planung des Betriebsmittelge- und -verbrauchs und Veranlassung der Verrechnung im Rahmen der betrieblichen Kostenrechnung

Für die Erfüllung dieser Aufgaben wird vom jeweiligen Bedarfsträger an die zentrale Betriebsmittelbewirtschaftung ein Mietzins entrichtet, der grundsätzlich den Berechnungsvorschriften der in Teil II der RBS enthaltenen Richtlinien für die Berechnung von Maschinenmieten folgt.[547] Auf Basis dieser Information kann nachfolgend den Kostenbestimmungsfaktoren die jeweils relevante Kennzahl zugeordnet werden.

- *Faktorpreise*: Dem Kostenbestimmungsfaktor "Faktorpreise" wird wiederum die Kennzahl Faktorpreisniveau (FPN) zugeordnet (vgl. Kapitel 3.2.4.1.1.1).

- *Faktoreinsatzmengen Repetierfaktoren*: Dem Kostenbestimmungsfaktor "Faktoreinsatzmengen Repetierfaktoren" wird wiederum die Kennzahl Faktoreinsatzmengenniveau (FEMN) zugeordnet (vgl. Kapitel 3.2.4.1.1.1).

- *Arbeits- und Betriebsmittelintensität*: Grundsätzlich handelt es sich bei dem Wertschöpfungsschritt zentrales Betriebsmittelbewirtschaften ja (wie bei allen unterstützenden Wertschöpfungsschritten) nicht um einen Produktionsprozess im eigentlichen Sinne, so dass auf den ersten Blick die Zuordnung des Kostenbestimmungsfaktors "Arbeits- und Betriebsmittelintensität" nicht möglich erscheint. Wird jedoch der Wertschöpfungsschritt Arbeits- und Betriebsmittelintensität wiederum als Gesamtsystem verstanden, so ergibt sich die grundsätzliche Intensität dieses Wertschöpfungsschritts aus dem Verhältnis der "vermieteten" Arbeits- und Betriebsmittel zur Gesamtmenge der (in der zu analysierenden Beispielunternehmung) vorhandenen Arbeits- und Betriebsmittel. Diese Kennzahl erscheint vor allen Dingen vor dem Hintergrund relevant, als dass die Kosten für die vorhandenen aber nicht "vermieteten" Arbeits- und Betriebsmittel in Form einer Umlage auf die Mieten der "vermieteten" Arbeits- und Betriebsmittel aufgeschlagen werden müssen, um eine Kostendeckung zu erreichen. In diesem Sinne ist die Arbeits- und Betriebsmittelintensität umso höher, je höher der Anteil der "vermieteten" Arbeits- und Betriebsmittel an der Gesamtmenge der vorhandenen Arbeits- und Betriebsmittel ist. Dementsprechend ist dem

---

[547] Vgl. von Wahl, Bergwirtschaft Band II, 1990, S. 201

Kostenbestimmungsfaktor "Arbeits- und Betriebsmittelintensität" die Kennzahl Vermietungsgrad[548] zuzuordnen.

- *Geplante Einsatzzeit Arbeits- und Betriebsmittel*: Da sich die "Auslastung" der Arbeits- und Betriebsmittel im Wertschöpfungsschritt zentrales Betriebsmittelbewirtschaften bereits in der dem Kostenbestimmungsfaktor "Arbeits- und Betriebsmittelintensität" zugeordneten Kennzahl Vermietungsgrad ausdrückt und Überschneidungen in den Kennzahlen zu vermeiden sind, ist dem Kostenbestimmungsfaktor "Geplante Einsatzzeit Arbeits- und Betriebsmittel" die Kennzahl 1 zuzuordnen.

- *Effektive Einsatzzeit Arbeits- und Betriebsmittel*: Mit vorgenannter Begründung ist auch dem Kostenbestimmungsfaktor "Effektive Einsatzzeit Arbeits- und Betriebsmittel" die Kennzahl 1 zuzuordnen.

- *Schichtbelegung*: Dem Kostenbestimmungsfaktor "Schichtbelegung" ist wiederum die Kennzahl durchschnittliche Schichtbelegung zuzuordnen.

- *Effektive Arbeitszeit*: Dem Kostenbestimmungsfaktor "Effektive Arbeitszeit" wird wiederum die Kennzahl effektive Arbeitszeit zugeordnet.

3.2.4.1.2.7 Wertschöpfungsschritt Sonderprojekte

Unter einem Sonderprojekt wird – wie bereits in Kapitel 3.2.2.1.2 erläutert – ein Projekt verstanden, für das ein Sonderbetriebsplan erforderlich ist, das nicht durch den Rahmen- bzw. Hauptbetriebsplan abgedeckt ist. Die Summe aller Sonderprojekte wird vom Wertschöpfungsschritt Sonderprojekte umfasst. Typische Beispiele für Sonderprojekte sind das Erstellen von Bunkern, Bandbergen und Wetterschächten.

Für die Behandlung der Sonderprojekte im Rahmen der unternehmungsbezogenen Kernkostenanalyse ist es wichtig anzumerken, dass der Bedarf und auch die Charakteristika der durchzuführenden Sonderprojekte von Periode zu Periode schwanken. Mithin stellen die im Rahmen des für die Durchführung der unternehmungsbezogenen Kernkostenanalyse gewählten Referenzzeitraums abgearbeiteten Sonderprojekte der als Ausführungsbeispiel gewählten Steinkohlenbergbau-Unternehmung nur eine Momentaufnahme dar. Diese ist für die praktische Durchführung der unternehmungsbezogenen Kernkostenanalyse dahingehend zu korrigieren, dass gewissermaßen eine Vergleichmäßigung der zugerechneten Sonderprojekte erfolgt, so dass in die unternehmungsbezogene Kernkostenanalyse der tatsächlich nachhaltig erforderliche Umfang der Sonderprojekte eingeht und so Verzerrungen des Analysebilds vermieden werden können. Zusätzlich ist – wie auch bei den Wertschöpfungsschritten Herrichten und Rauben (vgl. Kapitel

---

[548] Unter dem Vermietungsgrad soll dabei der Anteil der "vermieteten" an der Gesamtmenge der vorhandenen Arbeits- und Betriebsmittel verstanden werden.

3.2.4.1.1.3 und 3.2.4.1.1.8) – zu beachten, dass sich die Fertigstellung der Sonderprojekte auch teilweise über die Zeitgrenzen des gewählten Referenzzeitraums erstreckt. Tritt dieser Fall ein, so sind die Sonderprojekte nur in Bezug auf ihren tatsächlichen Fertigstellungsgrad im gewählten Referenzzeitraum dem Untersuchungsumfang der Kernkostenanalyse zuzurechnen. Abschließend ist anzumerken, dass es sich bei den Sonderprojekten normalerweise um Projekte mit komplett unterschiedlichen Charakteristika handelt, was die praktische Behandlung der Summe dieser Projekte im Rahmen der Durchführung der unternehmungsbezogenen Kernkostenanalyse erschwert. Dieses Problem ist dadurch zu lösen, dass die Projekte einzeln zu betrachten und hinsichtlich der den nachfolgend den Kostenbestimmungsfaktoren zugeordneten Kennzahlen einzeln auszuwerten sind. Um eine ganzheitliche Aussage für den Wertschöpfungsschritt Sonderprojekte zu bekommen, sind die Kennzahlen der Einzelprojekte im Anschluss an die geschilderte Analysephase jeweils zu einer übergreifenden Kennzahl zusammenzuführen.

- *Faktorpreise*: Dem Kostenbestimmungsfaktor "Faktorpreise" wird wiederum die Kennzahl Faktorpreisniveau (FPN) zugeordnet (vgl. Kapitel 3.2.4.1.1.1). Hierfür ist die übergreifende Kennzahl des Faktorpreisniveaus über alle Sonderprojekte zu verwenden, die z.B. mit Hilfe der Bildung eines gewichteten Durchschnitts ermittelt werden kann.

- *Faktoreinsatzmengen Repetierfaktoren*: Dem Kostenbestimmungsfaktor "Faktoreinsatzmengen Repetierfaktoren" wird wiederum die Kennzahl Faktoreinsatzmengenniveau (FEMN -vgl. Kapitel 3.2.4.1.1.1)zugeordnet, die als übergreifende Kennzahl z.B. in Form eines gewichteten Durchschnitts über alle Sonderprojekte zu bilden ist.

- *Arbeits- und Betriebsmittelintensität*: Die Zuordnung des Kostenbestimmungsfaktors "Arbeits- und Betriebsmittelintensität" orientiert sich an den bereits für die entsprechende Kostenbestimmungsfaktor-Zuordnung getroffenen Aussagen des Wertschöpfungsschritts Herrichten.[549] Demnach besteht das optimale Vorgehen wiederum darin, den Wertschöpfungsschritt Sonderprojekte für die Zuordnung als Gesamtsystem zu betrachten, welches aus der Summe der im Referenzzeitraum bearbeiteten einzelnen Sonderprojekte besteht. Wird der Wertschöpfungsschritt Sonderprojekte wie geschildert als Gesamtsystem betrachtet, so kann dem Kostenbestimmungsfaktor "Arbeits- und Betriebsmittelintensität" die Kennzahl "Anteil fertig gestellter Sonderprojekte je Zeiteinheit" zugeordnet werden. Um diese Zuordnung zu konkretisieren, ist abschließend der Terminus Zeiteinheit zu konkretisieren. Die hierfür zur Verfügung stehenden Optionen einschließlich ihrer Bewertung wurden ebenfalls im Rahmen des Wertschöpfungsschritts Herrichten erläutert und sollen an dieser Stelle nicht wiederholt werden. Um eine Einheitlichkeit im Analysevorgehen zu wahren, wird daher vorge-

---

[549] Vgl. Kapitel 3.2.4.1.1.3

schlagen, als Zeiteinheit ebenfalls die Einheit Schicht (mit der im Bergbau typischen Schichtdauer von 6 Stunden bei einer Vier-Drittel-Belegung) zu verwenden. Entsprechend ist dem Kostenbestimmungsfaktor "Arbeits- und Betriebsmittelintensität" die Kennzahl "Anteil fertig gestellter Sonderprojekte je Schicht" zuzuordnen. Abschließend sei angemerkt, dass diese Kennzahl wiederum übergreifend über alle Sonderprojekte des Referenzzeitraums zu ermitteln ist.

- *Geplante Einsatzzeit Arbeits- und Betriebsmittel*: Dem Kostenbestimmungsfaktor "Geplante Einsatzzeit Arbeits- und Betriebsmittel" wird wiederum die Kennzahl geplante Einsatzzeit Arbeits- und Betriebsmittel zugeordnet (vgl. Kapitel 3.2.4.1.1.1). Ergänzend sei jedoch angemerkt, dass sich – wie auch bei den einzelnen Ausrichtungen des Wertschöpfungsschritts Ausrichten oder den einzelnen Herrichtungen des Wertschöpfungsschritts Herrichten – zum einen die einzelnen Sonderprojekte nicht über den gesamten Referenzzeitraum erstrecken müssen. Die Bemessung der geplanten Einsatzzeit der Arbeits- und Betriebsmittel ist aus diesem Grund wiederum nicht an der Kalenderzeit des Referenzzeitraums, sondern an der Kalenderzeit der Dauer der jeweiligen Sonderprojekte zu orientieren. Da es möglich ist, dass innerhalb des Referenzzeitraums (auch innerhalb desselben Steinkohlenbergwerks) mehrere Sonderprojekte vorgenommen werden, besteht zudem wieder das Problem, eine übergreifende Kennzahl zu bestimmen. Hier ist aus Konsistenzgründen wiederum die Option zu wählen, mit der die entsprechende übergreifende Kennzahl in den Wertschöpfungsschritten Ausrichten und Vorrichten gebildet wurde.

- *Effektive Einsatzzeit Arbeits- und Betriebsmittel*: Dem Kostenbestimmungsfaktor "Effektive Einsatzzeit Arbeits- und Betriebsmittel" ist wiederum gleichnamige Kennzahl zuzuordnen (vgl. Kapitel 3.2.4.1.1.1). Hierbei sind jedoch zusätzlich die für die Zuordnung des Kostenbestimmungsfaktors "Geplante Einsatzzeit Arbeits- und Betriebsmittel" getroffenen Aussagen zu beachten.

- *Schichtbelegung*: Dem Kostenbestimmungsfaktor "Schichtbelegung" ist die Kennzahl durchschnittliche Schichtbelegung zuzuordnen, wobei wiederum zu beachten ist, dass die Kennzahl einen gewichteten Durchschnitt über alle Sonderprojekte darzustellen hat.

- *Effektive Arbeitszeit*: Dem Kostenbestimmungsfaktor "Effektive Arbeitszeit" wird die gleichlautende Kennzahl effektive Arbeitszeit zugeordnet. Hierbei ist zum einen darauf zu achten, dass es sowohl über- als auch untertägige Beschäftigte gibt die, den Sonderprojekten zuzurechnen sind und jeweils unterschiedliche Fahrungszeiten zu ihren jeweiligen Betriebspunkten haben. Zusätzlich ist zu beachten, dass eine übergeordnete Kennzahl über alle Sonderprojekte zu bilden ist. Insofern ist die Kennzahl als gewichteter

Durchschnitt über die effektive Arbeitszeit aller über- und untertägig Beschäftigten aller Sonderprojekte zu bilden.

3.2.4.1.2.8 Wertschöpfungsschritt Verwalten

Als letzter Wertschöpfungsschritt ist für den Wertschöpfungsschritt Verwalten eine Zuordnung von Kostenbestimmungsfaktoren zu den jeweils relevanten Kennzahlen vorzunehmen. Hierfür erübrigt sich eine über die Erläuterungen des Kapitels 3.2.2.1.2 hinausgehende Erläuterung des Wertschöpfungsschritts Verwalten, da sich die Verwaltung einer Steinkohlenbergbau-Unternehmung nur thematisch von der Verwaltung anderer Unternehmungen unterscheidet. Die wesentlichen durchzuführenden Aktivitäten sind jedoch grundsätzlich die gleichen.

Hinsichtlich der eigentlichen Kostenbestimmungsfaktor-Zuordnung ist es jedoch wichtig anzumerken, dass die im Rahmen des Wertschöpfungsschritts Verwalten durchzuführenden Einzelaktivitäten höchst unterschiedlich sind. Das führt dazu, dass die einzelnen Aktivitäten jeweils separat analysiert werden müssen. Die in dieser Phase gewonnenen Analyseergebnisse der Einzelaktivitäten sind im Anschluss an die Analysephase zu einer übergreifenden Kennzahl zusammenzuführen, die dann den Kostenbestimmungsfaktoren zuzuordnen ist. Die nachfolgend erläuterte Zuordnung der Kostenbestimmungsfaktoren zu der jeweils relevanten Kennzahl bezieht sich auf Basis dieser Ausführungen auf die über alle Einzelaktivitäten des Wertschöpfungsschritts Verwalten übergeordnete Kennzahl.

- *Faktorpreise*: Dem Kostenbestimmungsfaktor "Faktorpreise" wird wiederum die Kennzahl Faktorpreisniveau (FPN) zugeordnet (vgl. Kapitel 3.2.4.1.1.1).

- *Faktoreinsatzmengen Repetierfaktoren*: Dem Kostenbestimmungsfaktor "Faktoreinsatzmengen Repetierfaktoren" wird wiederum die Kennzahl Faktoreinsatzmengenniveau (FEMN) zugeordnet (vgl. Kapitel 3.2.4.1.1.1).

- *Arbeits- und Betriebsmittelintensität*: Die im Rahmen des Wertschöpfungsschritts Verwalten verwendeten Arbeits- und Betriebsmittel sind zumeist Hilfsmittel für die sie bedienenden Beschäftigten und weisen typischerweise keine variable Arbeits- und Betriebsmittelintensität auf. Wesentlich entscheidender in Bezug auf die Nutzung der Arbeits- und Betriebsmittel erscheint daher die Arbeitsproduktivität der eingesetzten Belegschaft, die jedoch durch den Kostenbestimmungsfaktor Schichtbelegung abgebildet wird. Vor dem Hintergrund dieser Argumentation macht es am meisten Sinn dem Kostenbestimmungsfaktor "Arbeits- und Betriebsmittelintensität" die Kennzahl 1 zuzuweisen und die Arbeitsproduktivität der Mitarbeiter wie gewohnt über den Kostenbestimmungsfaktor "Schichtbelegung" abzubilden.

- *Geplante Einsatzzeit Arbeits- und Betriebsmittel*: Dem Kostenbestimmungsfaktor "Geplante Einsatzzeit Arbeits- und Betriebsmittel" ist gleichnamige Kennzahl zuzuordnen (vgl. Kapitel 3.2.4.1.1.1). Diese Zuordnung mag auf den ersten Blick verwirrend erscheinen, wird doch im Wertschöpfungsschritt Verwaltung typischerweise kein tangibles Produkt hergestellt. Auf den zweiten Blick betrachtet, macht diese Zuordnung jedoch auch im Falle des Wertschöpfungsschritts Verwalten Sinn. Dies sei am Beispiel eines als Arbeits- und Betriebsmittel interpretierbaren Bürogebäudes erläutert. Dieses Bürogebäude wurde für die Verwaltung angemietet, die im Ist-Zustand einschichtig (z.B. von 09.$^{\circ\circ}$ bis 17.$^{\circ\circ}$ Uhr) arbeitet. Dementsprechend ist für jeden Mitarbeiter ein Büro anzumieten. Grundsätzlich wäre es jedoch auch möglich, durch z.B. eine Verdoppelung der geplanten Einsatzzeit der Arbeits- und Betriebsmittel die Beschäftigten zweischichtig arbeiten zu lassen und die Personenbindung der einzelnen Büroräume aufzuheben, so dass der Beschäftigte der Frühschicht den Büroraum an den Beschäftigten der Spätschicht übergibt. Sollte dieses Konzept möglich sein, so ließe sich langfristig die Hälfte der angemieteten Büroräume entmieten und entsprechende Einsparungen realisieren. Vor dem Hintergrund dieses einfachen Ausführungsbeispiels macht es durchaus Sinn, die vorgeschlagene Kostenbestimmungsfaktor-Zuordnung vorzunehmen.

- *Effektive Einsatzzeit Arbeits- und Betriebsmittel*: Dem Kostenbestimmungsfaktor "Effektive Einsatzzeit Arbeits- und Betriebsmittel" ist – unter Beachtung obiger Begründung – wiederum gleichnamige Kennzahl zuzuordnen (vgl. Kapitel 3.2.4.1.1.1).

- *Schichtbelegung*: Auch wenn im Wertschöpfungsschritt Verwalten typischerweise nur eine Schicht beschäftigt ist, erscheint es insbesondere vor dem Hintergrund der für die Kostenbestimmungsfaktor-Zuordnung des Kostenbestimmungsfaktors "Geplante Einsatzzeit Arbeits- und Betriebsmittel" vorgenommenen Ausführungen sinnvoll, dem Kostenbestimmungsfaktor "Schichtbelegung" die Kennzahl Schichtbelegung zuzuordnen.

- *Effektive Arbeitszeit*: Dem Kostenbestimmungsfaktor "Effektive Arbeitszeit" wird wiederum die Kennzahl effektive Arbeitszeit zugeordnet. Dabei ist grundsätzlich zu beachten, dass auch im Wertschöpfungsschritt Verwalten Beschäftigte existieren, welche mindestens einen Teil ihrer Arbeitszeit unter Tage verbringen. Als Beispiel hierfür seien exemplarisch die Beschäftigten des Markscheidewesens angeführt. Die effektive Arbeitszeit ist dementsprechend als gewichteter Durchschnitt der effektiven Arbeitszeit der im Wertschöpfungsschritt Verwalten beschäftigen Mitarbeiter zu ermitteln, wobei für den Teil der untertägig beschäftigten Mitarbeiter jeweils die Fahrungszeiten mit einzubeziehen sind.

3.2.4.1.3 Zusammenfassung

Mit Hilfe der Erläuterungen der vorangegangenen Kapitel ist es gelungen, den einzelnen Kostenbestimmungsfaktoren des in Abbildung 23 dargestellten Systems aus Kostenbestimmungsfaktoren die je Wertschöpfungsschritt relevanten Kennzahlen zuzuordnen. Welche Kennzahlen das im Einzelnen sind, zeigt Abbildung 62.

Kostenbestimmungsfaktoren / Kostenarten	Faktorpreise	Faktoreinsatzmengen Repetierfaktoren	Arbeits- und Betriebsmittelintensität	Geplante Einsatzzeit Arbeits- und Betriebsmittel	Effektive Einsatzzeit Arbeits- und Betriebsmittel	Schichtbelegung	Effektive Arbeitszeit
Primäre Wertschöpfungsschritte							
• Ausrichten							
• Vorrichten	FPN	FEMN	m/h; % Fertigstellung/Schicht	% Kalenderzeit Projektdauer	% Kalenderzeit Projektdauer		
• Herrichten							
• Gewinnen			tvF/h; t/h			Ø Schichtbelegung	% gepl. Schichtzeit
• Fördern	FPN	FEMN	tvF/h	% Kalenderzeit	% Kalenderzeit		
• Aufbereiten							
• Bergewirtschaft			t_Raub/h;				
• Rauben			% Fertigstellung/Schicht	% Kalenderzeit Projektdauer	% Kalenderzeit Projektdauer		
Unterstützende Wertschöpfungsschritte							
• Transportieren			t_transport/h			Ø Schichtbelegung	% gepl. Schichtzeit
• Instandhalten			1			Wehrstärke	1
• Grubenrettungswesen				1	1		
• Grubenbewettern			m_Luft³/h				
• Wasserhalten	FPN	FEMN	m_Wasser³/h; Vermietungsgrad				
• Zentrales Betriebsmittelbewirtschaften						Ø Schichtbelegung	% gepl. Schichtzeit
• Sonderprojekte			% Fertigstellung/Schicht	% Kalenderzeit Projektdauer	% Kalenderzeit Projektdauer		
• Verwalten			1	% Kalenderzeit	% Kalenderzeit		

Quelle: Weiss

Abbildung 62 (Kennzahlenzuordnung Steinkohlenbergbau-Unternehmung)

Wie sich zeigt, unterscheiden sich zwischen den einzelnen Wertschöpfungsschritten insbesondere die Kennzahlen, die den Kostenbestimmungsfaktoren "Arbeits- und Betriebsmittelintensität", "Geplante Einsatzzeit Arbeits- und Betriebsmittel" sowie "Effektive Einsatzzeit Arbeits- und Betriebsmittel" zugeordnet sind. Das begründet sich im Wesentlichen damit, dass diese drei Kostenbestimmungsfaktoren jeweils am deutlichsten die Charakteristika des jeweiligen Wertschöpfungsschritts ausdrücken und allein aus diesem Grund den jeweils wertschöpfungsschrittspezifischen Kennzahlen zuzuordnen sind.

Zusammenfassend ist festzustellen, dass mit der in Kapitel 3.2.2.1 vorgenommenen Aufteilung der als Ausführungsbeispiel gewählten Steinkohlenbergbau-Unternehmung in primäre und unterstützende Wertschöpfungsschritte das in Kapitel 2.2.2.2.2 formulierte Ziel der hinreichenden Transparenz hinsichtlich der Kostenreagibilität erreicht wurde. Das ist im Wesentlichen daran zu erkennen, dass es mit der in Kapitel 3.2.2.1 vorgenommenen Ableitung der Wertschöpfungskette der Beispielunternehmung gelungen ist, die Wertschöpfungsschritte so zu schneiden, dass jedem Kostenbestimmungsfaktor je Wertschöpfungsschritt jeweils eine Kennzahl zugeordnet werden konnte, welche die Ausprägung des jeweiligen Kostenbestimmungsfaktors im jeweiligen Wertschöpfungsschritt hinreichend genau abbildet. Somit wurde eine Verbindung mit dem entwickelten (generischen) Analysemodell und der (konkreten) Ausprägung der Kostenbestimmungsfaktoren für die Wertschöpfungsschritte der als Ausführungsbeispiel gewählten Steinkohlenbergbau-Unternehmung geschaffen. Nachfolgend sind für das endgültige Berechnen der Kern- und Zielkosten "nur noch" die Ist-, Kern- und Ziel-Ausprägungen der Kostenbestimmungsfaktoren zu ermitteln, mit deren Hilfe dann die Kern- bzw. Zielkosten errechnet werden können.

3.2.4.2 Erfassen Ist-Ausprägungen

Die Erfassung der Ist-Ausprägung der Kostenbestimmungsfaktoren gestaltet sich für die als Ausführungsbeispiel gewählte Steinkohlenbergbau-Unternehmung im Gegensatz zu Unternehmungen anderer Branchen sowohl für die Ausprägungen der rechnungswesenorientierten als auch für die Ausprägungen der operativen Kennzahlen vergleichsweise einfach. Grundsätzlich sind hierfür je Wertschöpfungsschritt die in Kapitel 2.5.3.2 erläuterten und in Abbildung 39 zusammenfassend dargestellten Daten zu erfassen.

Hinsichtlich der rechnungswesenorientierten Kennzahlen – hierunter sind insbesondere die den Kostenbestimmungsfaktoren "Faktorpreise" und "Faktoreinsatzmengen Repetierfaktoren" zugeordneten Kennzahlen zu zählen – sind die notwendigen Ist-Ausprägungen einfach dem Rechnungswesen der Steinkohlenbergbau-Unternehmung zu entnehmen. Dieses sollte für alle Wertschöpfungsschritte die benötigten Ist-Daten bereithalten. Dass die entsprechenden Daten auch abgegrenzt für die einzelnen Wertschöpfungsschritte vorliegen, wurde ja bereits dadurch sichergestellt, dass sich das Ableiten der Wertschöpfungsschritte eng an den für alle (deutschen) Steinkohlenbergbau-Unternehmungen verbindlichen RBS (Richtlinien für das betriebliche Rechnungswesen im Steinkohlenbergbau) orientiert hat.[550] Dementsprechend ist das Erfassen der Ist-Ausprägungen der Kostenbestimmungsfaktoren "Faktorpreise" und "Faktoreinsatzmengen Repetierfaktoren" weniger eine intellektuelle als vielmehr eine kapazitive Herausforderung.

Das Erfassen der Ist-Ausprägungen der operativen Kennzahlen (hierunter werden die den Kostenbestimmungsfaktoren "Arbeits- und Betriebsmittelintensität", "Geplante Einsatzzeit Arbeits- und Betriebsmittel", "Effektive Einsatzzeit Arbeits- und Betriebsmittel", "Schichtbelegung" und "Effektive Arbeitszeit" zugeordneten Kennzahlen verstanden) gestaltet sich ähnlich einfach. Das hat im Wesentlichen zwei Gründe. Zum einen wird der gesamte Betriebsablauf im deutschen Steinkohlenbergbau seit der Installation der Grubenwarten in den 50er Jahren des 20. Jahrhunderts permanent erfasst, so dass die Datenverfügbarkeit gesichert ist und sogar historische Vergleichsdaten vorliegen, mit denen die Ausprägungsentwicklung

---

[550] Vgl. Kapitel 3.2.2.1

einzelner Kennzahlen nachvollzogen werden kann.[551] Zum anderen sind die erfassten Daten (bzw. die ihnen zugrunde liegenden Begriffe) "... vom zuständigen Fachausschuss für den gesamten Steinkohlenbergbau verbindlich für alle Mitgliedsgesellschaften eindeutig definiert."[552] So ist der im Rahmen dieser Arbeit eingeführte Begriff der geplanten Einsatzzeit der Arbeits- und Betriebsmittel im Steinkohlenbergbau als Betriebszeit verbindlich definiert. Unter der Betriebszeit wird dabei die Zeit verstanden "... in der Gewinnungsaggregate und Vortriebsmaschinen betrieben werden können. "[553] Die Laufzeit – synonym mit dem Begriff der effektiven Einsatzzeit der Arbeits- und Betriebsmittel – ist wiederum der Zeitraum innerhalb der Betriebszeit, innerhalb dem die Gewinnungsaggregate und Vortriebsmaschinen denn tatsächlich betrieben werden. Der dritte im Steinkohlenbergbau ausgeführte Begriff der Stillstandszeit bildet sich aus der Differenz von Betriebs- und Laufzeit. Diese drei Begriffsdefinitionen sollen nur einen kleinen Einblick in die standardisierte Begriffswelt des deutschen Steinkohlenbergbaus geben.

Zusätzlich zu diesen Einsatzzeit-Kennzahlen werden sämtliche operativen Kennzahlen (die selbstverständlich seit geraumer Zeit im Steinkohlenbergbau auch zur Einsatzsteuerung verwendet werden[554]) permanent überwacht und jeden Tag zu so genannten "Tagesberichten" zusammengefasst. Diese Tagesberichte können als Quelle für die Erfassung der Ist-Ausprägung der oben aufgezählten operativen Kostenbestimmungsfaktoren verwendet werden. Die in diesen Tagesberichten enthaltenen Inhalte beschreibt Breer wie folgt. "Es sind Informationen über Förderung, Abbaufortschritt, die Streckenauffahrung, die Raubarbeiten, die noch verbleibenden Rückmeter an den Antrieben aufgeführt. Weiterhin ist angegeben, ob der Streckenpanzer gezogen wurde. Über die Betriebsdauer, den Ausnutzungsrad und die Stillstände wird berichtet. Schnitttiefe, Leistung der Gewinnungsmaschinen, mittlere Hobelzuglänge und Anzahl der Schaltvorgänge sowie die Uhrzeit der abgemeldeten, aufgehobelten Reihen sind erkennbar. Dieser allgemeinen Übersicht ist ein Blatt über die chronologische Reihenfolge der Stillstände größer 10 Minuten beigefügt. Die Stillstandsursachen und die Dauer der Betriebsstörungen sind angegeben, wobei zwischen bergmännischen, maschinentechnischen oder elektrotechnischen Störungen unterschieden wird. [...] Auf weiteren Blättern wird über das Fördergeschehen informiert. Für den Bereich der Zwischenförderung können Berichte über die Laufzeit zentraler Grubenbandanlagen erstellt werden [...] Weitere zusammenfassende Berichte informieren über die Förderdaten."[555] Aus dieser sorgfältigen Aufnahme der Ist-Daten lassen sich ohne weiteres die

---

[551] Vgl. Aunkofer/Weiland/Laskawy/Arnold, Handbuch der Bergbaulogistik, 1992, S. 291; Breer, Erfassung betrieblicher und sicherheitlicher Daten, 1989, S. 195

[552] Aunkofer/Weiland/Laskawy/Arnold, Handbuch der Bergbaulogistik, 1992, S. 291

[553] Aunkofer/Weiland/Laskawy/Arnold, Handbuch der Bergbaulogistik, 1992, S. 291

[554] Breer gibt als Startpunkt der Einsatzsteuerung mit EDV-Unterstützung das Jahr 1980 an. Vgl. Breer, Erfassung betrieblicher und sicherheitlicher Daten, 1989, S. 194

[555] Breer, Erfassung betrieblicher und sicherheitlicher Daten, 1989, S. 201 f

Ausprägungen der (operativen) Kostenbestimmungsfaktoren für den gewählten Referenzzeitraum erfassen. Bei dieser Erfassung ist darauf zu achten, dass nicht nur die Ist-Ausprägung auf dem Aggregationsniveau des Referenzzeitraums erfasst wird. Vielmehr hat es sich als vorteilhaft erwiesen, die Erfassung der Ist-Ausprägung der Kostenbestimmungsfaktoren auf dem Aggregationsniveau von Kalendertagen zu erfassen. Diese etwas detailliertere Erfassung (die natürlich auch einen höheren Erfassungsaufwand nach sich zieht) erweist sich erfahrungsgemäß insbesondere im Rahmen des Ableitens der Ziel-Ausprägung der Kostenbestimmungsfaktoren als sinnvoll, da anhand des Vergleichs der abgeleiteten Ziel-Ausprägungen der Kostenbestimmungsfaktoren mit an einzelnen Tagen erreichten Bestwerten für den jeweiligen Kostenbestimmungsfaktor eine Abschätzung hinsichtlich der Realisierbarkeit der abgeleiteten Werte getroffen werden kann. Ein derartiges Vorgehen erhöht die Kredibilität der abgeleiteten Werte ungemein und vereinfacht vielfach die Argumentation für die Durchführung des in Kapitel 3.2.9 herzuleitenden Umsetzungsprogramms.

Neben den reinen Ist-Ausprägungen der Kostenbestimmungsfaktoren werden für die Durchführung der unternehmungsbezogenen Kernkostenanalyse eine Reihe weiterer Ist-Daten benötigt, die ebenfalls in diesem Arbeitsschritt zu erfassen sind. Dabei handelt es sich im Wesentlichen um Daten, die benötigt werden, um die spezifischen Kosten zu berechnen, auf denen das Analysemodell aufgebaut ist.[556] Wie in Kapitel 2.5.5.2 unter Hinweis auf die Überlegungen von von Carlowitz angedeutet, ist das Analysemodell nicht nur auf die spezifischen, sondern vielmehr auf die (in Bezug auf den Analyseumfang) nachhaltigen spezifischen Kosten ausgerichtet, so dass das ausschließliche Erfassen der Ausbringungs- bzw. Fördermenge (in tvF) nicht ausreicht. Vielmehr sind je Wertschöpfungsschritt spezifische Daten zu erfassen, die für die einzelnen Wertschöpfungsschritte nachfolgend aufgezählt werden.

- Primäre Wertschöpfungsschritte

  o Aus- und Vorrichtung

    ▪ Je Aus- bzw. Vorrichtungsart aufgefahrene Strecken

    ▪ Umrechnungsfaktor der aufgefahrenen Meter in tvF für Ausrichtung

    ▪ Umrechnungsfaktor der aufgefahrenen Meter in tvF für Vorrichtung

  o Herrichten

    ▪ Kohleninhalt der hergerichteten Kohlenfelder

---

556 Vgl. Kapitel 2.3.2.2.1

- o Gewinnen, Fördern, Aufbereiten und Bergewirtschaft

  - Förderung

  - Bergeanteil

- o Rauben

  - Kohleninhalt der geraubten (bereits ausgekohlten) Kohlenfelder

- Unterstützende Wertschöpfungsschritte

  - o Transportieren

    - Transportvolumina (bzw. Transportgewicht)

  - o Instandhalten

    - Durchlaufzeiten für die Instandsetzung in Werkstätten je Arbeits- und Betriebsmittelgattung

  - o Zentrales Betriebsmittelbewirtschaften

    - Ist-Bestände je Arbeits- und Betriebsmittelgattung

Der Vollständigkeit halber sei erwähnt, dass es für die meisten dieser Ist-Daten (insbesondere für die der primären Wertschöpfungsschritte) Sinn macht, ebenfalls nicht nur einen Wert auf dem Aggregationsniveau des Referenzzeitraums zu ermitteln, sondern für das Erfassen der Ist-Daten vielmehr das Aggregationsniveau Kalendertag zu wählen. Sind alle Ist-Ausprägungen der Kostenbestimmungsfaktoren in den einzelnen Wertschöpfungsschritten ermittelt, so kann mit dem Ableiten der Kern-Ausprägungen begonnen werden.

3.2.5 Kern-Ausprägung Kostenbestimmungsfaktoren ableiten

Das grundsätzliche Vorgehen zum Ableiten der Kern-Ausprägungen der Kostenbestimmungsfaktoren wurde bereits in Kapitel 2.5.4 erschöpfend beschrieben und soll an dieser Stelle nicht noch einmal in vollem Umfang wiederholt werden. Vielmehr wird in den folgenden Kapiteln auf die Spezifika eingegangen, die für das Ableiten der Kern-Ausprägungen im Rahmen der als Ausführungsbeispiel gewählten Steinkohlenbergbau-Unternehmung zu beachten sind. An diese Schilderung schließen sich in Kapitel 3.2.5.2 Überlegungen hinsichtlich der vorzunehmenden Verträglichkeitsprüfung der ermittelten Kern-Ausprägungen an, auf deren Basis anschließend erläutert wird, wie die (in die anschließende Rechnung eingehenden) finalen Kern-Ausprägungen der Kostenbestimmungsfaktoren festgelegt werden.

3.2.5.1 Kern-Ausprägungen in Steinkohlenbergbau-Unternehmung

3.2.5.1.1 Kern-Ausprägung bei technisch determinierten Grenzen

3.2.5.1.1.1 Kern-Ausprägung Faktoreinsatzmengen Repetierfaktoren

Die Ermittlung der Kern-Ausprägung des Kostenbestimmungsfaktors "Faktoreinsatzmengen Repetierfaktoren" soll nachfolgend beispielhaft für den Wertschöpfungsschritt Ausrichten[557] erläutert werden. Wie in Kapitel 2.5.4.1.1 angemerkt, ist es für das Ableiten der Kern-Ausprägungen der Kostenbestimmungsfaktoren nicht zwangsweise notwendig, die Faktoreinsatzmengen aller Repetierfaktoren des zu analysierenden Wertschöpfungsschritts zu untersuchen. Vielmehr wird es für das Erfüllen der Analysezwecke als ausreichend angesehen, sich auf die "... Faktoreinsatzmengen der je Kostenart wesentlichen Produktionsfaktoren zu beschränken, die für die Faktoreinsatzmengen der jeweiligen Kostenart repräsentativ sind."[558] Im Falle des Wertschöpfungsschritts Ausrichten kann (ebenso wie im Wertschöpfungsschritt Vorrichten) der Ausbau der Strecke (auch als Streckenausbau bezeichnet) als wesentlicher Repetierfaktor angesehen werden, der dementsprechend zu analysieren ist und aus diesem Grunde hier als Erläuterungsbeispiel herangezogen wird.

Im Rahmen des Wertschöpfungsschritts Ausrichten werden zum Erschließen der Lagerstätte so genannte Ausrichtungsbaue z.B. in Form von Strecken (planmäßig hergestellter lang gestreckter Raum im Grubengebäude eines Bergwerks) aufgefahren. Dieses Auffahren einer Strecke "... beraubt das darüberliegende Gebirge gewissermaßen seines Auflagers. Dadurch wird in der Umgebung des Grubenbaus der ursprüngliche Spannungszustand verändert ..."[559] Diese veränderten Druckverhältnisse bedrohen zum einen die aufgefahrene Strecke (und somit den Zugang zur Lagerstätte), da die Gefahr besteht, dass durch die Belastung des auf die Strecke einwirkenden Gebirgsdrucks der aufgefahrene Streckenquerschnitt verkleinert wird – oder im schlimmsten Fall – vollkommen "zuwächst", so dass keinerlei Zugang mehr zur Lagerstätte besteht. Selbst wenn diese Szenarien nicht eintreten, bedrohen die durch das Auffahren der Strecke veränderten Druckverhältnisse zum anderen die Sicherheit der Beschäftigten, da insbesondere bei der Entspannung des Gebirges die Gefahr besteht, dass die Sicherheit der Beschäftigten durch aus der Firste herabfallende Gesteinsbrocken beeinträchtigt wird. Um diesen Gefahren entgegenzuwirken, wird der aufgefahrene Streckenquerschnitt direkt nach der Auffahrung durch den so genannten Streckenausbau gesichert. Die Hauptaufgabe des Streckenausbaus gliedert sich dann auch gemäß der oben vorgenommenen Gefahrenschilderung in zwei Bereiche. "Erstens Offenhalten der Grubenbaue, zwei-

---

[557] Vgl. Kapitel 2.5.4.1.1
[558] Kapitel 2.5.4.1.1
[559] Reuther, Lehrbuch der Bergbaukunde Band I, 11. Aufl., 1989, S. 362

tens Schutz der Belegschaft vor hereinbrechendem Gestein."[560] Um diese Aufgabe zu erfüllen, muss der Ausbau zum einen das Gewicht des Gesteins tragen, das über dem Streckenquerschnitt und seitlich davon wirksam wird. Zum anderen muss der Ausbau jedoch auch dem Stoßdruck widerstehen, der durch Rissbildung im Gebirge entsteht und sich im Falle des Auftretens fast in Form einer Sprengung unter Vermehrung des Gesteinsvolumens auf den Ausbau niederschlägt.

Die Notwendigkeit des Ausbaus wurde mit der Begründung des Bergbaus (zwangsläufig heuristisch) erkannt. Aus Ermangelung an anderen Materialien kam als Ausbaumaterial bis weit ins 19. Jahrhundert Holz als Ausbaumaterial zur Verwendung. Da Holz jedoch neben vielen positiven Eigenschaften (z.b. geringes Gewicht, frühe Materialversagensankündigung durch Knack-/Bruchgeräusche) auch substantielle negative Eigenschaften (z.b. Pilzbefall/Fäule bei Feuchtigkeitseinwirkung, Brandanfälligkeit) hat, wurde mit der Verbreitung der ersten Stahlwalzwerke gegen Mitte des 19. Jahrhunderts das Ausbaumaterial Holz durch das Ausbaumaterial Stahl ersetzt, das bis heute Anwendung im Steinkohlenbergbau findet und an dessen Beispiel das Ableiten der Kern-Ausprägung des Kostenbestimmungsfaktors "Faktoreinsatzmengen Repetierfaktoren" nachfolgend erläutert wird.

Der heutzutage zum Einsatz kommende Stahl-Streckenausbau besteht typischerweise aus den Elementen *Ausbauprofile*, *Verbolzung* und *Verzug*, den jeweils die nachfolgend erläuterten Aufgaben zukommen.

- *Ausbauprofile*: Wie bereits erläutert, besteht die eine der beiden Hauptaufgaben des Streckenausbaus in dem Offenhalten des Grubenbaus. Um diese Aufgabe zu erfüllen, ist durch den Ausbau die vornehmlich von oben kommende (Druck-)Belastung des Gebirges auf den Streckenquerschnitt abzufangen und idealerweise in die seitlichen Fußpunkte des Streckenquerschnitts abzuleiten. Diese Aufgabe übernehmen vornehmlich die Ausbauprofile, indem sie in unterschiedlichster Form zu Gebilden starren bis flexiblen statischen Systemen zusammengesetzt werden, die den aufzunehmenden Gebirgsdruck anforderungsgemäß ableiten. Einen detaillierten Überblick über die hierfür zur Verfügung stehenden Profilarten sowie die Grundformen der ausführbaren statischen Systeme kann Reuther entnommen werden.[561]

- *Verbolzung*: "Damit jeder [aus den Ausbauprofilen bestehende] Ausbaurahmen sicher steht und Last aufnehmen kann, muß er gesichert werden gegen Schubkraft in Streckenrichtung, die etwa verursacht ist durch Gebirgsbewegung oder Sprengerschütterung. Dazu werden die Baue untereinander

---

[560] Reuther, Lehrbuch der Bergbaukunde Band I, 11. Aufl., 1989, S. 367
[561] Vgl. Reuther, Lehrbuch der Bergbaukunde Band I, 11. Aufl., 1989, S. 370 u. 372

zug- und druckfest verbolzt, falls erforderlich auch gegen das Gebirge."[562] Die hierfür verwendeten Bolzen stellen das zweite Element des Strecken-ausbaus dar. Als Besonderheit bestehen diese Bolzen im Steinkohlenberg-bau typischerweise aus Stahl und sind somit nicht nur in der Lage Druck-, sondern auch Zugkräfte aufzunehmen und geben somit dem statischen Ge-samtsystem zusätzliche Stabilität.

- *Verzug*: Das dritte wesentliche Element des Streckenausbaus ist der so ge-nannte Verzug. Dieser erfüllt die zweite Hauptaufgabe des Streckenausbaus - nämlich das Gewährleisten einer hinreichenden Sicherheit für die Beleg-schaft: "Zum Schutz der Belegschaft vor nachbrechendem Gestein müssen die freien Flächen zwischen den Bauen durch Verzug gesichert werden."[563] Um diese Aufgabe zu erfüllen, wird als Verzugsmaterial typischerweise Maschendrahtzaun (oder Drahtmatten) eingesetzt, der hinter die Ausbau-profile und Verbolzungen eingebracht und dementsprechend von diesen gehalten wird.[564]

Die drei beschriebenen Hauptelemente Ausbauprofile, Verbolzung und Verzug werden typischerweise wie in Abbildung 63 und Abbildung 64 schematisch darge-stellt zu einem funktionsfähigen Streckenausbau zusammengesetzt.

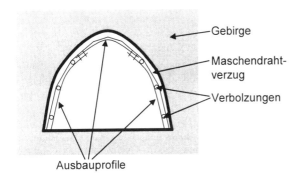

Quelle: Weiss

Abbildung 63 (Draufsicht Streckenausbau-Querschnitt)

Zum Ableiten der Kern-Ausprägung des Kostenbestimmungsfaktors "Faktor-einsatzmengen Repetierfaktoren" ist nun hinsichtlich der Profile zu untersuchen, welche Profile (bzw. welche Profilstärke) in der jeweils vorgefundenen Strecken-situation unter Anwendung des Konzepts der natürlichen Grenzen zu verwenden

---

[562] Reuther, Lehrbuch der Bergbaukunde Band I, 11. Aufl., 1989, S. 374
[563] Reuther, Lehrbuch der Bergbaukunde Band I, 11. Aufl., 1989, S. 374
[564] Vgl. Reuther, Lehrbuch der Bergbaukunde Band I, 11. Aufl., 1989, S. 375

sind. Hinsichtlich der Verbolzung ist ebenfalls unter Anwendung des Konzepts der natürlichen Grenzen zu untersuchen, welche Bolzen(-stärke) und welcher Bolzenabstand unter optimierten Gesichtspunkten zu verwenden ist. Dabei ist unter der Anwendung des Konzepts der natürlichen Grenzen zu verstehen, die aufgezählten Kennzahlen-Ausprägungen zu identifizieren, unter denen das Tragwerk gerade noch die durch das Gebirge anzunehmenden Lasten abtragen und somit die intendierten Hauptziele des Streckenausbaus erfüllen kann.

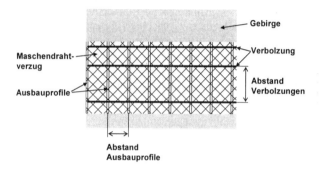

Quelle: Weiss

Abbildung 64 (Längsansicht Streckenausbau)

Für eine übertägig zum Einsatz kommende Stahlkonstruktion wäre diese Systemdimensionierung des Tragwerks vergleichsweise einfach unter Zuhilfenahme der bekannten statischen Gesetze lösbar. Da jedoch die Zusammensetzung und die speziellen Randbedingungen des über dem Ausbau befindlichen Deckgebirges nicht in jedem Punkt vollkommen bekannt sind, gestaltet sich diese Rechnung in der praktischen Anwendung als überaus schwierig. Reuther merkt hierzu folgendes an. "Die Bemessung entzieht sich weitgehend einer statischen Berechnung, sie muß daher von Fall zu Fall durch Variation von Profilmasse und Bauabstand ertastet werden ..."[565] Um hier dennoch zu einem Ergebnis zu kommen, kann für das Ermitteln der Minimalbemessung des Ausbaus insbesondere für den Steinkohlenbergbau auf Entscheidungshilfen zurückgegriffen werden, die auf jahrelanger Aufschreibung in Steinkohlenbergbau-Unternehmungen beruht.[566] Die auf Basis dieser Entscheidungshilfen ermittelte Minimal-Ausbaubemessung sollte dann folgende Aussagen enthalten.

- Profilstärke der Ausbauprofile

---

[565] Reuther, Lehrbuch der Bergbaukunde Band I, 11. Aufl., 1989, S. 373
[566] Vgl. Steinkohlenbergbauverein, Gebirgsmechanische und ausbautechnische Entscheidungshilfen (Gesteinsstrecken), 1986; Steinkohlenbergbauverein, Gebirgsmechanische und ausbautechnische Entscheidungshilfen (Abbaustrecken), 1986

- Abstand der Ausbauprofile

- Dimensionierung und Abstand der Verbolzung

- Verzugsdimensionierung

Grundsätzlich sei an dieser Stelle angemerkt, dass die Minimal-Ausbaubemessung natürlich nicht nur die Minimalbemessung für einen möglichst einfach zu installierenden und mit möglichst wenig Faktoreinsatz auskommenden Ausbau im Fokus haben sollte. Vielmehr ist eine Betrachtung über den gesamten Lebenszyklus vorzunehmen, um nicht (insbesondere bei Strecken mit einer langen geplanten Lebensdauer) kurz nach dem Einbringen des Ausbaus bereits mit unverhältnismäßigen Instandhaltungsarbeiten beginnen zu müssen.[567] Nicht jedoch zu berücksichtigen sind irgendwelche ominösen "Sicherheitszuschläge", die sich nicht faktenbasiert aus den statischen Verhältnissen ableiten lassen. Ebenfalls nicht zu beachten sind wie auch immer geartete Abrundungen, die lediglich kosmetische Wirkung haben. Konkret heißt das folgendes. Ergibt die Bemessung, dass ein Abstand der Ausbauprofile von 1,02 m den statischen Anforderungen gerade noch entspricht, so ist dieser Abstand nicht auf 1,00 m mit der Begründung abzurunden, dass man diesen Wert in der praktischen Arbeit ohnehin nie erreicht. Vielmehr ist bewusst der errechnete Idealwert zu verwenden - selbst wenn klar ist, dass dieser im betrieblichen Alltag nicht realisierbar erscheint.

Ist im Rahmen dieser Vorgaben die Minimalbemessung vorgenommen, so ist für den Referenzzeitraum unter Beachtung der im Rahmen des Wertschöpfungsschritts Ausrichten aufgefahrenen Strecken zu berechnen, wie viel Ausbaumaterial (in Form von Ausbauprofilen, Verbolzungen und Verzugsmaterial) unter Beachtung dieser minimalen Ausbaubemessung hätte verbaut werden dürfen.[568] Durch die Bildung eines Quotienten zwischen der Kern-Ausprägung der Faktoreinsatzmenge an Ausbaumaterial und der gemäß Kapitel 3.2.4.2 ermittelten Ist-Ausprägung der Faktoreinsatzmenge an Ausbaumaterial kann abgelesen werden, um wie viel tiefer die Kern-Ausprägung gegenüber der Ist-Ausprägung liegt.

In analoger Weise sind anschließend für sämtliche verbleibenden Wertschöpfungsschritte die Kern-Ausprägungen der Kostenbestimmungsfaktoren zu ermitteln. Auch für diese Ermittlungen ist es jeweils wichtig, unter der Annahme von Idealbedingungen (die sich an den natürlichen Grenzen orientieren und nicht zwangsläufig in der betrieblichen Praxis umsetzbar erscheinen) die Kern-Ausprägungen des Kostenbestimmungsfaktors "Faktoreinsatzmengen Potenzialfaktoren" zu ermitteln. Hauptansatzpunkt für diese Ermittlung ist und bleibt die

567 Vgl. Reuther, Lehrbuch der Bergbaukunde Band I, 11. Aufl., 1989, S. 374

568 Vorsichtshalber sei an dieser Stelle angemerkt, dass hierfür natürlich auch der unterschiedliche Streckenquerschnitt der aufgefahrenen Strecken einzubeziehen ist, da ein gegenüber dem untersuchten Querschnitt veränderter Querschnitt natürlich unterschiedliche Anforderungen an die Ausbaubemessung stellt.

beispielhaft für den Wertschöpfungsschritt Ausrichten erläuterte stöchiometrische Input-/Output-Beziehung der Faktoreinsatzmengen der Potenzialfaktoren.

3.2.5.1.1.2 Kern-Ausprägung Arbeits- und Betriebsmittelintensität

Das Ableiten der Kern-Ausprägung des Kostenbestimmungsfaktors "Arbeits- und Betriebsmittelintensität" wird nachfolgend beispielhaft anhand der Arbeits- und Betriebmittelintensität des Wertschöpfungsschritts Gewinnen erläutert. Wie bereits in Kapitel 3.2.4.1.1.4 erläutert wurde, stehen für den Wertschöpfungsschritt Gewinnen grundsätzlich zwei Arbeits- und Betriebsmittelsysteme zur Verfügung. Zum einen der Walzenschrämlader und zum anderen die Kohlenhobelanlage. Um die Beschreibung des Ableitens der Kern-Ausprägung des Kostenbestimmungsfaktors "Arbeits- und Betriebsmittelintensität" zu fokussieren, wird vorgenannte Beschreibung nachfolgend am Beispiel einer Kohlenhobelanlage vorgenommen.

Auf die Arbeits- und Betriebsmittelintensität einer Kohlenhobelanlage haben typischerweise neben den von Gutenberg als z-Situation bezeichneten Parametern zusätzliche Faktoren Einfluss, die sich aus den Einsatzbedingungen der Kohlenhobelanlage ergeben. So stellen unter anderem die Streblänge, die Flözmächtigkeit und der Anstieg (Einfall) Parameter dar, welche die Arbeits- und Betriebsmittelintensität beeinflussen. Das führt im Ergebnis dazu, dass ein und dieselbe Kohlenhobelanlage unterschiedliche Arbeits- und Betriebsmittelintensitäten in Abhängigkeit von den jeweiligen Einsatzbedingungen erreichen kann. Dementsprechend ist es nicht möglich für jeden Anlagentyp genau eine maximale Arbeits- und Betriebsmittelintensität zu berechnen, die dieser zukünftig erreichen soll. Dies ist im Rahmen der Durchführung einer unternehmungsbezogenen Kernkostenanalyse auch gar nicht erforderlich. Vielmehr untersucht die unternehmungsbezogene Kernkostenanalyse, auf Basis der ex-post Betrachtung eines Referenzzeitraumes, die im Ist-Zustand (unter den Ist-Rahmenbedingungen) erzielten Arbeits- und Betriebsmittelintensitäten und stellt diesen die für die Bedingungen des Referenzzeitraums jeweils einschlägigen maximalen Arbeits- und Betriebsmittelintensitäten entgegen. Da für den ex-post betrachteten Referenzzeitraum die jeweils vorherrschenden Rahmenbedingungen bekannt sind, kann auf deren Basis die maximale Arbeits- und Betriebsmittelintensität errechnet werden, die im Referenzzeitraum hätte erreicht werden können.

Für diese Ermittlung hat sich in der betrieblichen Praxis der Deutschen Steinkohle AG (DSK) ein Simulationsprogramm durchgesetzt, mit dessen Hilfe die maximale Arbeits- und Betriebsmittelintensität unter Einbeziehung aller Rahmenbedingungen rechnerisch ermittelt werden kann. Dieses Simulationsprogramm wird nachfolgend kurz beschrieben.

Grundsätzlich ergibt sich die Arbeits- und Betriebsmittelintensität einer Kohlenhobelanlage aus dem Produkt der durchschnittlichen Schnitttiefe, der Flözmächtigkeit und der Geschwindigkeit mit der der Kohlenhobel am Streb entlang gezogen werden kann, um die Kohle abzuschälen. Während die Flözmächtigkeit und die Geschwindigkeit, mit der der Hobel am Streb entlang gezogen wird, als gegeben anzusehen sind, lässt sich die Schnitttiefe variieren. Aus dieser simplen Überlegung heraus ergibt sich demnach die maximale Arbeits- und Betriebsmittelintensität bei der maximalen Schnitttiefe der Kohlenhobelanlage. Diese wird durch die drei Engpassfaktoren *Installierte Leistung Strebförderer*, *Installierte Leistung Hobelanlage* und *Verfügbarer Füllquerschnitt* begrenzt, die nachfolgend erläutert werden.

- *Installierte Leistung Strebförderer*: Das für den Wertschöpfungsschritt Gewinnen zu betrachtende System aus Arbeits- und Betriebsmitteln besteht nicht nur aus dem Hobel, sondern vielmehr zusätzlich aus dem so genannten Strebförderer, mit dem die vom Hobel gelöste Rohkohle entlang des Strebs abtransportiert und auf den Gurtbandförderer der Beleitstrecke übergeben wird. Die Menge der vom Strebförderer abtransportierbaren Rohkohle wird dabei entscheidend von der installierten Leistung des Strebförderers determiniert. Wird nämlich zuviel Rohkohle durch den Hobel gelöst und liegt dementsprechend zuviel Kohle auf dem Strebförderer, kann dieser die gelöste Rohkohle nicht mehr abtransportieren. Tritt dieser Fall ein, käme es zu einem Stillstand des Gesamtsystems. Im Ergebnis müsste die Schnitttiefe des Hobels reduziert werden.

- *Installierte Leistung Hobelanlage*: Wird die Schnitttiefe des Hobels zu groß gewählt, so kann sich das Problem materialisieren, dass die installierte Leistung der Hobelanlage nicht mehr ausreicht, den Hobelschlitten am Kohlenstreb entlang zu ziehen. In diesem Fall käme es wiederum zu einem Stillstand des Hobels infolge dessen die Schnitttiefe des Hobels reduziert werden müsste.

- *Verfügbarer Füllquerschnitt*: Den letzten Engpassfaktor stellt der verfügbare Füllquerschnitt des Strebförderers dar. Wird der verfügbare Füllquerschnitt des Strebförderers überschritten, so kann der Strebförderer die vom Hobel gelöste Rohkohle nicht mehr abtransportieren. Infolgedessen würde es schnell zu einem Rohkohlestau kommen, der innerhalb weniger Minuten des Anlagenbetriebs zu einem Anlagenstillstand führen würde. Im Ergebnis wäre wiederum die Schnitttiefe des Hobels zu reduzieren.

Das von der DSK entwickelte Simulationsmodell berücksichtigt die funktionalen Zusammenhänge zwischen all den Einflussfaktoren und bildet die Arbeits- und Betriebsmittelintensität als Funktionswert in Form des Austrags (t/h) ab. Zum Ermitteln der unter den gegebenen Umweltbedingungen (also gegebener installierter Leistung, gegebenem Füllquerschnitt, gegebenen geologischen Bedingungen etc.) maximalen Ausprägung des Kostenbestimmungsfaktors, wird ein iteratives Berechnungsverfahren angewendet. Dabei wird – ausgehen von der Minimalschnitttiefe der Hobelanlage – die Schnitttiefe der Hobelanlage Schritt für Schritt solange gesteigert, bis einer der drei oben beschriebenen Engpassfaktoren (also entweder die installierte Leistung des Strebförderers, die installierte Leistung der Hobelanlage oder der verfügbare Füllquerschnitt des Strebförderers) den vorgesehenen Grenzwert überschreitet. In der Praxis stellt sich dies wie in Abbildung 65 aufgezeigt dar.

	A	B	C	D	E	F	G
1	Zuschnitt				Hobel		
2					Kombinationsverfahren		
3	Streblänge	m	275.0		Hobelgeschwindigkeit Berg-/Talfahrt	m/s	2,96/1,00
4	Ansteigen	gon	-2.0		Schnitttiefe auf Berg-/Talfahrt	mm	35/30
5	Flöz-/Kohlemächtigkeit	m	2.80/2.19		Erreichbare Schnitttiefe Berg-/Talfahrt	mm	58/60
6	Förderer				Hobelkettenabmaße		38 x 137
7					Hobelkettengewicht	kg/m	29.0
8	Fördergeschwindigkeit	m/s	1,31		Widerstandsbeiwert Hobelkette		0.40
9	Übersetzungsverhältnis Ha-/Hi-Antrieb		33.37/33.37		Flächenverhiebwirkungsgrad	%	60
10	Kettenbandbezeichnung		DMK		*Installierte Leistung Berg-/Talfahrt*	*kW*	*800/800*
11	Kettenabmaße		34/126		Verfügbare Hobelkraft Berg-/Talfahrt	kN	134/138
12	Kettenbandgewicht	kg/m	100,96		Kettensicherheit		4,966
13	Kettennagelung		6		Gewinnung		
14	Zähnezahl Ha-/Hi-Antrieb		7 / 7		Füllquerschnitt Bergfahrt	m²	0,09
15	Widerstandsbeiwert Ober-/Untertrum		0.65/0.40		Füllquerschnitt Talfahrt	m²	0,37
16	Reibungswert		0.30		Maximale Anzahl Beladungen		1
17	*Installierte Leistung Ha-/Hi-Antrieb*	*kW*	*400/400*		Maximal erford. Füllquerschnitt	m²	0,37
18	Anzahl Motoren Ha-/Hi-Antrieb		1/1		*Verfügbarer Füllquerschnitt*	*m²*	*0,48*
19	Erford. korr. Leistung Ha-/Hi-Antrieb	kW	367/367		Ausnutzung Füllquerschnitt	%	77,65
20	Auslastung	%	91,69		Mittl./max. Volumenstrom	m³/h	408/1755
21	Kettensicherheit		2.37		Mittl./max. Austrag	t/h	421/1810

Abbildung 65   (Simulationsmodell DSK)

In dem, in Abbildung 65 dargestellten, Beispiel wurde die maximale Arbeits- und Betriebsmittelintensität einer Hobelanlage ermittelt, die im Kombinationsverfahren[569] betrieben wird. Wie oben beschrieben, wurde die Schnitttiefe (Feld G4) des Hobels so lange gesteigert, bis einer der drei Engpasswerte erreicht wurde. Die jeweiligen Engpasswerte sind hierbei schattiert dargestellt. Bei einer Schnitttiefe von 35/30 mm (Berg-/Talfahrt) wurde dabei der Grenzwert für den Antrieb des Strebförderers erreicht, der bei ca. 90% der Auslastung der installierten Leistung (Feld C20) liegt. Wie zu erkennen ist, liegt die in diesem Szenario erforderliche Leistung des Strebförderers für den Haupt- bzw. Hilfsantrieb bei 367/367 kW. Dieser Wert liegt bei 91,69% der Auslastung der installierten Leistung des Strebförderers von 400/400 kW (in Bezug auf den Haupt- und den Hilfsantrieb).[570] Dementsprechend ergibt sich in Feld G21 der errechnete Austrag – der als Kennzahl dem Kostenbestimmungsfaktor "Arbeits- und Betriebsmittelintensität" des Wertschöpfungsschritts Gewinnen zuzuordnen ist zu 421/1810 t/h (mittlerer/maximaler Austrag). Der so ermittelte Wert für den Austrag stellt zwar noch

---

[569] Unter dem Kombinationsverfahren wird dabei ein Hobelverfahren verstanden, bei dem die Hobelgeschwindigkeit für die Bergfahrt (zum Hilfsantrieb hin) und für die Talfahrt unterschiedlich sind (im vorliegenden Beispiel 2,96/1,00 m/s).

[570] Der Grenzwert von ca. 90% entspricht dabei erfahrungsgemäß dem Wert, der in der praktischen Anwendung nicht überschritten werden sollte, um Blockadezustände am Strebförderer zu vermeiden.

nicht die Kern-Ausprägung dar. Hierfür wäre der Grenzwert für die Auslastung des Strebförderers unter Ansatz idealisierter Umweltbedingungen auf 100% zu setzen. Jedoch zeigt der Rechenweg auf, wie die Kern-Ausprägung des Kostenbestimmungsfaktors "Arbeits- und Betriebsmittelintensität" für den Wertschöpfungsschritt Gewinnen bei Einsatz einer Hobelanlage ermittelt werden kann.

Wie anhand des beschriebenen Ausführungsbeispiels des Wertschöpfungsschritts Gewinnen zu erkennen ist, folgt das Ableiten der Kern-Ausprägung des Kostenbestimmungsfaktors "Arbeits- und Betriebsmittelintensität" ausschließlich technischen Zusammenhängen unter dem Ansatz des Konzepts der natürlichen Grenzen und nicht pauschalen Abschätzungen. Zum Ableiten der Kern-Ausprägungen des Kostenbestimmungsfaktors "Arbeits- und Betriebsmittelintensität" für die restlichen Wertschöpfungsschritte sind dementsprechend vergleichbare Modelle zu verwenden, die – sollten sie nicht fertig entwickelt zur Verfügung stehen – auf Basis der technischen Zusammenhänge des betreffenden Wertschöpfungsschritts zu entwickeln sind.

3.2.5.1.1.3 Kern-Ausprägung geplante und effektive Einsatzzeit Arbeits- und Betriebsmittel

Das Ableiten der Kern-Ausprägung für die Kostenbestimmungsfaktoren "Geplante Einsatzzeit Arbeits- und Betriebsmittel" und "Effektive Einsatzzeit Arbeits- und Betriebsmittel" wird nachfolgend anhand des Ableitens dieser Kern-Ausprägungen für den Wertschöpfungsschritt Gewinnen erläutert.

Wie in Kapitel 3.2.4.2 angeführt, wird der Produktionsprozess im deutschen Steinkohlenbergbau rechnergestützt überwacht. Die auf Basis dieser Überwachung gewonnenen Kennzahlen – die gespeichert und zu so genannten Tagesberichten zusammengefasst werden – dienen (wie in Kapitel 3.2.4.2 erläutert) zum Erfassen der Ist-Ausprägung der Kostenbestimmungsfaktoren. Durch die Analyse dieser Daten und das Ziehen der entsprechenden Rückschlüsse können die Kern-Ausprägungen der Kostenbestimmungsfaktoren ermittelt werden. Wie das für die Kostenbestimmungsfaktoren "Geplante Einsatzzeit Arbeits- und Betriebsmittel" und "Effektive Einsatzzeit Arbeits- und Betriebsmittel" funktioniert, wird nachfolgend am Beispiel des Wertschöpfungsschritts Gewinnen erläutert.

Ein anonymisiertes Beispiel für einen derartigen Tagesbericht ist in Abbildung 66 dargestellt. Wie zu erkennen ist, enthält dieser Tagesbericht neben sämtlichen relevanten betrieblichen Daten auch Daten über die Einsatz- und die Stillstandszeiten der eingesetzten Arbeits- und Betriebsmittel für den betrachteten Berichtstag. Die Bedeutung der einzelnen Daten wird für den Wertschöpfungsschritt Gewinnen nachfolgend erläutert.[571]

---

[571] Hierbei wird generell auf die Stillstandsgruppenbezeichnung der DSK zurückgegriffen, die nicht vollständig in Abbildung 66 dargestellt ist.

	A	B	C	D	E	F	G
1	**Tagesstillstände**						
2							
3	01.03.2004						
4	Bergwerk	Betriebspunkt	Schl.	Stillstände	Anzahl	Minuten	Prozent
5	BW 1	BP 1	52614	Kohlenbunker / Kohlenangebot zu hoch	5	97	6,7
6	BW 1	BP 1	14733	Streb-Strecken-Übergang KA / Kappe vorbauen	3	76	5,3
7	BW 1	BP 1	91225	Streb / Schichtwechsel	3	65	4,5
8	BW 1	BP 1	36261	Streckenförderer / Antrieb ruecken/Vorziehen	1	55	3,8
9	BW 1	BP 1	01090	Schrämanlage / Keine Angaben von u.Tg.	14	47	3,3
10	BW 1	BP 1	15732	Streb-Strecken-Übergang KO / Einzelstempel einbr./umb.	1	42	2,9
11	BW 1	BP 1	32261	Strebförderer Hauptantrieb / Antrieb ruecken/Vorziehen	4	36	2,5
12	BW 1	BP 1	01002	Schrämanlage / Brocken zerkleinern	4	30	2,1
13	BW 1	BP 1	01078	Schrämanlage / Zugkraftueberwach. angsp.	1	28	1,9
14	BW 1	BP 1	01021	Schrämanlage / Schneidwerkzeug wechseln	1	18	1,3
15	BW 1	BP 1	41459	Band / Bremsueberwachung angsp.	3	16	1,1
16	BW 1	BP 1	31452	Strebförderer / Rinne Verbindung defekt	1	10	0,7
17	BW 1	BP 1	14732	Streb-Strecken-Übergang KA / Einzelstempel einbr./umb.	1	8	0,6
18	BW 1	BP 1	37301	Bunker-/Dosierförderer / Stillsetzanlage betaetigt	1	8	0,6
19	BW 1	BP 1	37306	Bunker-/Dosierförderer / Uebergabeschalter angsp.	1	8	0,6
20	BW 1	BP 1	41402	Band / Leerfahren	1	8	0,6
21	BW 1	BP 1	41456	Band / Uebergabeschalter angsp.	2	7	0,5
22	BW 1	BP 1	31329	Strebförderer / Steuergeraet int. Fehler	1	5	0,3
23	BW 1	BP 1	14711	Streb-Strecken-Übergang KA / Stk-Ausbau Stempel loesen	1	4	0,3
24	BW 1	BP 1	41476	Band / Datenuebertragung defekt	1	2	0,1
25					50	570	39,6

Abbildung 66 (Anonymisiertes Beispiel Tagesbericht)

- *Planmäßige Wartung*: Bei der planmäßigen Wartung handelt es sich um von den Herstellern der Arbeits- und Betriebsmittel vorgeschriebene bzw. präventive Wartung, die während der geplanten Einsatzzeit der Arbeits- und Betriebsmittel durchgeführt wird und aus diesem Grund die effektive Einsatzzeit der Arbeits- und Betriebsmittel unterbricht. Da für die planmäßige Wartung eine entsprechende Stillstandszeit veranschlagt wurde, zählt nur die Stillstandszeit als Stillstandszeit aufgrund planmäßiger Wartung, die innerhalb des geplanten Zeitraums anfällt. Darüber hinausgehende Stillstandszeiten werden in der Gruppe A-S erfasst.

- *Ablaufbedingter Stillstand*: Unter den ablaufbedingten Stillständen werden all die Stillstände gezählt, die sich aus dem normalen Betriebsablauf ergeben. Beispiele hierfür sind das turnusmäßige Wechseln der Schneidwerkzeuge oder die Zeiten, die z.B. für eine Räum-/Leerfahrt einer Walzenschrämmaschine erforderlich sind.

- *Geologisch bedingter Stillstand*: Hierunter sind all die Stillstandszeiten zu subsumieren, die durch geologische Störungen verursacht werden. Als Beispiele sind hierfür die Stillstandszeiten anzuführen, die sich bei Sicherungsarbeiten im Nachfallbereich oder bei CH_4-Abschaltungen ergeben.

- *Stillstände nachgelagerter Infrastruktur*: Unter dieser Stillstandsart sind all die Stillstandszeiten zusammenzufassen, die sich dadurch ergeben, dass die im Rahmen des Wertschöpfungsschritts Gewinnen gewonnene Kohle aufgrund des Ausfalls nachgelagerter Fördereinrichtungen (z.b. Bunker und Bänder) nicht abgefördert werden kann.

- *Organisatorisch bedingter Stillstand*: Hierunter werden all die Stillstände zusammengefasst, die sich aufgrund organisatorischer Umstände wie z.b. Verzögerungen beim Schichtwechsel ergeben.

- *Technische Defekte*: In dieser Stillstandsgruppe sind all die Stillstandszeiten zusammengefasst, die sich aus Instandsetzungsmaßnahmen ergeben, welche durch den außerplanmäßigen Ausfall der Arbeits- und Betriebsmittel verursacht wurden. Ferner werden in dieser Gruppe all die Stillstände zusammengefasst, die sich bei einer Überschreitung der Sollzeiten geplanter Stillstände (z.b. geplanter Wartungsarbeiten) ergeben.

- *Kurzzeitstillstände*: Unter dieser Stillstandsart werden alle die Stillstände erfasst, für die aufgrund ihrer geringen Stillstandsdauer (z. Zt. 5 Minuten) keine genaue Stillstandsgrunderfassung durchgeführt wurde.

Auf Basis dieser den einzelnen Tagesberichten zu entnehmenden Stillstandszeiten (und der sich aus der Differenz zu der maximalen Einsatzzeit eines Tages ergebenden effektiven Einsatzzeit der Arbeits- und Betriebsmittel) kann jedoch noch keine Ableitung der effektiven Einsatzzeit im gewählten Referenzzeitraum erfolgen. Dies hat den einfachen Grund, dass neben den Betriebstagen (für die jeweils ein Tagesbericht existiert) natürlich auch noch die Tage (z.b. Sonn- oder Feiertage) existieren, an denen überhaupt keine Gewinnung geplant war. Um auch diese Zeiträume in den im Rahmen der unternehmungsbezogenen Kernkostenanalyse betrachteten Referenzzeitraum einzubeziehen, müssen die nachfolgend erläuterten Elemente zusätzlich zum Ableiten der Kern-Ausprägung aus der Ist-Ausprägung herangezogen werden.

- *Produktionsfreie Zeit*: Hierbei handelt es sich um die Zeiträume, in denen aufgrund von Wochenenden, Feiertagen und ähnlichem überhaupt keine Produktion (bzw. Gewinnung) stattfindet.

- *Planmäßige Wochenend-Wartung*: Ist für das Wochenende keine Produktion geplant, so ist diese Zeit eigentlich der produktionsfreien Zeit zuzurechnen. Dies gilt jedoch dann nicht, wenn z.B. am Samstag eine Wartungsschicht durchgeführt wird. Diese Zeit ist dann dem Element "Planmäßige Wochenend-Wartung" zuzurechnen.

- *Herrichten nicht parallel zur Gewinnung*: Wie bereits in Kapitel 3.2.4.1.1.4 angemerkt, ist der Kohlenvorrat in einem Kohlenfeld (bzw. einer Bauhöhe) begrenzt. Dementsprechend kann die Situation eintreten, dass innerhalb des Referenzzeitraums ein Kohlenfeld durch den Wertschöpfungsschritt Gewinnen ausgekohlt ist und das nächste zur Gewinnung vorgesehene Kohlenfeld noch nicht hergerichtet ist, so dass sich der Wertschöpfungsschritt Gewinnen um die noch für das Abschließen der betreffenden Herrichtung notwendige Zeit verzögert. Dieser Verzögerungszeitraum ist diesem Zeitelement zuzuordnen.

Mit Hilfe der aufgezählten Zeitelemente kann nachfolgend ein Überblick über die geplante und die effektive Einsatzzeit im Verhältnis zur Kalenderzeit des Referenzzeitraums erstellt werden. Schematisch stellt sich dies gemäß Abbildung 67 dar.

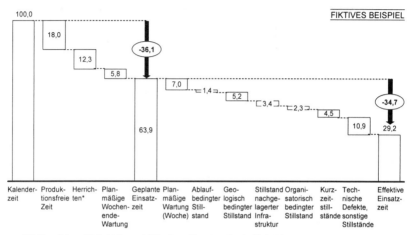

* Nicht parallel zum Wertschöpfungsschritt Gewinnen (der entsprechenden Baukette)
Quelle: Weiss

Abbildung 67   (Geplante und effektive Einsatzzeit im Ist-Zustand)

Wie an dem entwickelten fiktiven Zahlenbeispiel zu erkennen ist, ist nur an 63,9 Prozent der Kalenderzeit überhaupt ein Einsatz der Arbeits- und Betriebsmittel geplant. Nach Abzug sämtlicher Stillstandszeiten verbleiben 29,2 Prozent der Kalenderzeit als effektive Einsatzzeit der Arbeits- und Betriebsmittel im Ist-Zustand. Die Ist-Ausprägung des Kostenbestimmungsfaktors "Geplante Einsatzzeit Arbeits- und Betriebsmittel" ist dementsprechend 63,9% und die des Kostenbestimmungsfaktors "Effektive Einsatzzeit Arbeits- und Betriebsmittel" 29,2%. Mit Hilfe der Betrachtung der einzelnen Zeitkomponenten aus dem Blickwinkel des in Kapitel 1.2.3 erläuterten Konzepts der natürlichen Grenzen, sind jetzt die einzelnen Zeitkomponenten hinsichtlich ihrer Kern-Ausprägung zu untersuchen. Diese Betrachtung wird anhand des fiktiven Zahlenbeispiels aus Abbildung 67 nachfolgend exemplarisch für alle Zeitkomponenten durchgeführt. Hierbei kommen die theoretischen Ausführungen aus Kapitel 2.5.4.1.3 zur Anwendung.

- *Produktionsfreie Zeit*: Die produktionsfreie Zeit gibt es im Kern-Zustand nicht. Entsprechend ist ihre Kern-Ausprägung gleich 0.

- *Herrichten nicht parallel zur Gewinnung*: Im Kern-Zustand sind die Wertschöpfungsschritte Herrichten und Gewinnen vollständig zu parallelisieren, um Stillstände im Wertschöpfungsschritt Gewinnen zu vermeiden. Unter Annahme dieser Idealbedingung ergibt sich diese Stillstandszeit in ihrer Kern-Ausprägung ebenfalls zu 0.

- *Planmäßige Wochenend-Wartung*: Grundsätzlich ist Wochenend-Wartung auch im Kern-Zustand erforderlich, um einen nachhaltigen Betrieb der Gewinnungsmaschinen zu gewährleisten. Da es jedoch im Kern-Zustand keine produktionsfreie Zeit mehr gibt, sind die 5,8 Prozent Wochenend-Wartung vollständig in den Posten "Planmäßige Wartung Woche" zu überführen. Dementsprechend ist die Kern-Ausprägung dieser Stillstandszeit ebenfalls 0.

- *Planmäßige Wartung Woche*: Die Planmäßige Wartung innerhalb der Woche ist grundsätzlich erforderlich. Zudem ist die Wartung, die bisher am Wochenende gemacht wurde (5,8%), hinzuzurechnen. Eine Untersuchung der notwendigen Wartung unter Kern-Gesichtspunkten ergab, dass die gesamte Wartung bei einer effektiven Einsatzzeit der Arbeits- und Betriebsmittel im Ist-Zustand von 29,2% statt wie im Ist-Zustand in 12,8% (=7,0% + 5,8%) der Kalenderzeit auch in 5,8% der Kalenderzeit (also einem Fünftel der effektiven Einsatzzeit) hätte abgearbeitet werden können. Dieses Verhältnis zwischen Stillstandszeit durch Wartung und effektiver Einsatzzeit von 1 zu 5 scheint das erzielbare Kern-Verhältnis zu sein. Dementsprechend ist die Kern-Ausprägung $0,2 * t_{eff,Kern}$.

- *Ablaufbedingte Stillstände*: Die ablaufbedingten Stillstände lassen sich auch im Kern-Zustand nicht vollkommen vermeiden. Dieser Umstand ergibt sich aus der Konstruktion des Gewinnungsgeräts, die eine bestimmte Anzahl von Räum-/Leerfahrten erforderlich macht. Im Kern-Zustand lässt sich hierfür aber ein Verhältnis von ablaufbedingten Stillständen zu effektiver Einsatzzeit von 1 zu 30 erreichen. Dementsprechend ist die Kern-Ausprägung dieser Zeitkomponente $0,033 * t_{eff,Kern}$.

- *Geologisch bedingter Stillstand*: Da die geologisch bedingten Stillstände naturgesetzlich bedingt sind, orientiert sich ihr Auftreten bereits grundsätzlich am Konzept der natürlichen Grenzen. Dementsprechend ist das Ist-Verhältnis zwischen den geologisch bedingten Stillständen und der effektiven Einsatzzeit von 1 zu 5,6 gleichzeitig auch das Kern-Verhältnis. Dementsprechend ist die Kern-Ausprägung dieser Zeitkomponente $0,176 * t_{eff,Kern}$.

- *Stillstände nachgelagerter Infrastruktur*: Die Stillstände nachgelagerter Infrastruktur gibt es im Kern-Zustand unter der Annahme idealisierter Umweltbedingungen nicht. Die Kern-Ausprägung dieser Stillstandskomponente ist dementsprechend 0.

- *Organisatorisch bedingte Stillstände*: Organisatorisch bedingte Stillstände gibt es im Kern-Zustand unter der Annahme idealisierter Umweltbedingungen nicht. Die Kern-Ausprägung dieser Stillstandskomponente ist dementsprechend 0.

- *Technische Defekte*: Technische Defekte gibt es im Kern-Zustand unter der Annahme idealisierter Umweltbedingungen nicht. Die Kern-Ausprägung dieser Stillstandskomponente ist dementsprechend 0.

- *Kurzzeitstillstände*: Kurzzeitstillstände gibt es im Kern-Zustand unter der Annahme idealisierter Umweltbedingungen nicht. Die Kern-Ausprägung dieser Stillstandskomponente ist dementsprechend 0.

Auf Basis der so ermittelten Kern-Ausprägungen der einzelnen Zeit-Komponenten können nunmehr die Kern-Ausprägungen der Kostenbestimmungsfaktoren "Geplante Einsatzzeit Arbeits- und Betriebsmittel" sowie "Effektive Einsatzzeit Arbeits- und Betriebsmittel" ermittelt werden. Die Kern-Ausprägung des Kostenbestimmungsfaktors "Geplante Einsatzzeit Arbeits- und Betriebsmittel" ergibt sich zu 100%, da sowohl die produktionsfreie Zeit, das Herrichten nicht parallel zum Wertschöpfungsschritt Gewinnen als auch die Wochenend-Wartung als Zeitbedarfe entfallen.[572] Für die Kern-Ausprägung des Kostenbestimmungsfaktors "Effektive Einsatzzeit Arbeits- und Betriebsmittel" gilt folgende Gleichung.

$$t_{plan,Kern} = 0,2 * t_{eff,Kern} + 0,033 * t_{eff,Kern} * 0,176 * t_{eff,Kern} + t_{eff,Kern}$$
$$= 1,409 * t_{eff,Kern}$$

Gleichung 87

Da die Kern-Ausprägung der geplanten Einsatzzeit 100% der Kalenderzeit beträgt, ergibt sich die Kern-Ausprägung des Kostenbestimmungsfaktors "Effektive Einsatzzeit Arbeits- und Betriebsmittel" durch einfaches Umformen von Gleichung 87 zu 71,0%. Auf Basis dieses Ergebnisses stellt sich die Kalenderzeitbetrachtung des Ist-Zustandes aus Abbildung 67 für den Kern-Zustand gemäß Abbildung 68 dar.

Mit Hilfe des aufgezeigten Weges sind in der praktischen Anwendung der unternehmungsbezogenen Kernkostenanalyse für all die Wertschöpfungsschritte die Kern-Ausprägungen der Kostenbestimmungsfaktoren zu bestimmen, denen im Rahmen der Zuordnung der Kostenbestimmungsfaktoren zu Kennzahlen für die beiden Kostenbestimmungsfaktoren "Geplante Einsatzzeit Arbeits- und Betriebsmittel" und "Effektive Einsatzzeit Arbeits- und Betriebsmittel" nicht die Kennzahl 1 zugeordnet wurde.

---

[572] Die Wochenendwartung entfällt natürlich nicht, sondern wird lediglich der Wochenwartung zugerechnet.

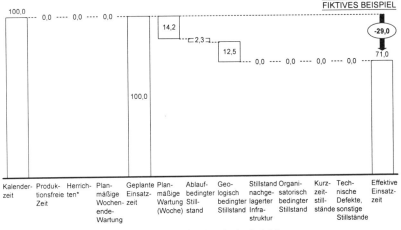

* Nicht parallel zum Wertschöpfungsschritt Gewinnen (der entsprechenden Baukette)
Quelle: Weiss

Abbildung 68   (Geplante und effektive Einsatzzeit im Kern-Zustand)

3.2.5.1.2 Kern-Ausprägung bei nicht technisch determinierten Grenzen

3.2.5.1.2.1 Kern-Ausprägung Faktorpreise

Das Ableiten der Kern-Ausprägung für den Kostenbestimmungsfaktor "Faktorpreise" soll nachfolgend sowohl für die Kostenart Materialkosten als auch für die Kostenart Personalkosten erfolgen.

Das Ableiten der Kern-Ausprägung des Kostenbestimmungsfaktors "Faktorpreise" für die Kostenart Materialkosten lässt sich zwar theoretisch klar beschreiben, stellt den Anwender jedoch in der praktischen Umsetzung vor ein Ausführungsproblem. Grundgedanke hinter dem Ableiten der Kern-Ausprägung ist es, in Anlehnung an das Konzept der natürlichen Grenzen die Preisuntergrenzen zu ermitteln, die für die jeweiligen Materialarten anzusetzen sind, wobei zweckmäßigerweise wiederum eine Konzentration auf die wesentlichen Materialarten und im Anschluss an die Ermittlung der Kern-Ausprägung eine Extrapolation auf die gesamten Materialkosten erfolgt. Gemäß der volkswirtschaftlichen Definition ergibt sich die Preisuntergrenze bei einem Markt vollkommener Konkurrenz aus der Preis-gleich-Grenzkosten-Regel.

Der Gewinn einer Unternehmung in einem Markt vollständiger Konkurrenz ist demnach "... dann maximal, wenn die Grenzkosten gleich dem Preis sind."[573] Ist der Preis für den Produzenten ein Datum, wird er immer die zu dem Schnittpunkt

---

[573] Czesanne, Allgemeine Volkswirtschaftslehre, 3. Aufl., 1997, S. 140

der Grenzkostenfunktion mit der Preisabsatzfunktion gehörende Produktionsmenge erzeugen. Ein Unterschreiten dieses Preises wäre für ihn zwar kurzfristig möglich – jedoch nicht lohnend, da er die Produktionsmenge nicht ausdehnen kann, ohne auf noch mehr absoluten Gewinn zu verzichten. Unter idealisierten Umweltbedingungen (die ja die Randbedingung für das Ableiten der Kern-Ausprägungen sind) ist dementsprechend der Preis, der sich bei Beachtung der Preis-gleich-Grenzkosten-Regel ergibt, die langfristig maximal erreichbare Kostenuntergrenze.

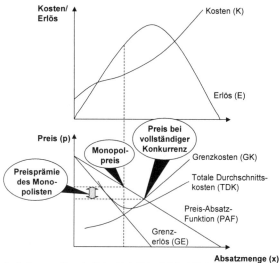

Quelle: Cezanne, Allgemeine Volkswirtschaftlehre, 3. Aufl., 1997, S. 146; Weiss

Abbildung 69   (Theorie Preisbildung)

Problematischerweise herrscht jedoch auf den wenigsten Märkten vollständiger Wettbewerb, so dass sich auf den wenigsten Märkten diese Preisuntergrenze einstellt. Um das zu verdeutlichen sei die Preisbildung für einen Markt des anderen Extrems (Monopol) beschrieben, die ebenfalls Abbildung 69 entnommen werden kann. Da der Monopolist den Preis frei setzen kann, sucht er sich die Produktionsmenge heraus, bei der der Gewinn je produzierter Einheit (Durchschnittsgewinn) maximal ist. Dies tritt in dem Punkt ein, in dem "... die Grenzkosten gleich dem Grenzerlös sind."[574] Wie Abbildung 69 entnommen werden kann, liegt dieser Preis aber deutlich über dem Preis, der sich im Falle eines Marktes vollständiger Konkurrenz erzielen lässt.

Das Ableiten der Kern-Ausprägung des Kostenbestimmungsfaktors "Faktorpreise" für die Kostenart Materialkosten besteht nun darin, die Preisuntergrenze für die einzelnen Materialarten zu ermitteln. Bezeichnet $p_{ist,x}$ den Preis für eine Einheit

---

[574] Czesanne, Allgemeine Volkswirtschaftslehre, 3. Aufl., 1997, S. 146

des Produktionsfaktors Materialart x und n_x die Anzahl der eingesetzten Produktionsfaktoren, so ergibt sich die Ist-Ausprägung des Kostenbestimmungsfaktors "Faktorpreise" für die Kostenart Materialkosten gemäß Gleichung 88.

$$K_{Ist,Material} = \sum_{x=1}^{z} p_{ist,x} * n_x$$

Gleichung 88 (Ist-Ausprägung Kostenbestimmungsfaktor "Faktorpreise" für die Kostenart Materialkosten)

Analog ergibt sich die entsprechende Kern-Ausprägung zu Gleichung 89.

$$K_{kern,Material} = \sum_{x=1}^{z} p_{kern,x} * n_x$$

Gleichung 89 (Kern-Ausprägung Kostenbestimmungsfaktor "Faktorpreise" für die Kostenart Materialkosten)

Um eine Verwechslung mit den Absolutkostendaten des jeweiligen Wertschöpfungsschritts zu vermeiden, empfiehlt es sich, sowohl die Ist- als auch die Kern-Ausprägung zu indexieren. Zudem sollten im Rahmen der Überprüfung der Verträglichkeitsbedingung Anpassungen hinsichtlich der Produktionsfaktormengen gemacht werden, sofern es im Kern-Zustand parallel zu einer Ausprägungsänderung des Kostenbestimmungsfaktors "Faktoreinsatzmengen Repetierfaktoren" kommt.

Aus der Erklärung der Theorie der Ableitung der Kern-Ausprägung offenbart sich auch schon das oben angemerkte Ausführungsproblem. Das besteht darin, tatsächlich die Grenzkosten für die einzelnen Materialarten zu finden, was insbesondere dadurch erschwert wird, dass keiner der Marktteilnehmer (schon gar nicht bei einer monopolistischen Marktstruktur) seine Grenzkosten verraten wird. Da es unwahrscheinlich ist, dass der Anbieter auf jedem Markt den gleichen Preis verlangt, hat sich in der praktischen Anwendung der weltweite Preisvergleich (unter Einbeziehung von Transportkosten und Faktorkostenunterschieden) als wirkungsvolles Instrument erwiesen. Letztlich ist jedoch von Materialart zu Materialart zu entscheiden, welches Vorgehen zum Ermitteln der Kern-Ausprägung des Kostenbestimmungsfaktors "Faktorpreise" für die Kostenart Material zur Anwendung kommt. Mit analogem Vorgehen lassen sich die Kern-Ausprägungen des Kostenbestimmungsfaktors "Faktorpreise" für die Kostenarten Dienstleistungskosten und Maschinenkosten ableiten.

Etwas einfacher in der praktischen Durchführung gestaltet sich das Ableiten der Kern-Ausprägung des Kostenbestimmungsfaktors "Faktorpreise" für die Kostenart Personalkosten. Dieses besteht aus den beiden Komponenten *Ermitteln Kern-Entlohnung je Qualifikationsstufe* und *Ermitteln Mindestqualifikation je benötigter Stelle*. Beide Komponenten werden nachfolgend erläutert.

- *Ermitteln Kern-Entlohnung je Qualifikationsstufe*: Für jede Qualifikations-stufe q ist zuerst einmal die durchschnittliche Jahresentlohnung $K_{ist,q,avg}$ je Beschäftigten und die Anzahl der Beschäftigten n_q der Qualifikationsstufe q zu ermitteln. Anschließend ist festzustellen, wie hoch die minimale Jahres-entlohnung $K_{ist,q,min}$ für die betrachtete Qualifikationsstufe q in der Unter-nehmung (unter Beachtung möglicherweise unterschiedlicher Lohnzuschlä-ge) ist. Als dritter Wert ist die ortsübliche unternehmungsexterne Jahresent-lohnung $K_{ist,q,ext}$ zu ermitteln.

$$K_{kern,q} = Min\{K_{ist,q,avg} ; K_{ist,q,min} ; K_{ist,q,ext}\}$$

Gleichung 90 (Kern-Entlohnung je Qualifikationsstufe)

Sind diese drei Vergleichswerte ermittelt, so leitet sich die Kern-Entlohnung $K_{kern,q}$ je Qualifikationsstufe q gemäß Gleichung 90 aus dem Minimum dieser drei Vergleichswerte ab.[575]

- *Ermitteln Mindestqualifikation je benötigter Stelle*: Aufgrund verschie-denster Ursachen kann in der betrieblichen Praxis immer wieder das Phä-nomen angetroffen werden, dass die auf den einzelnen Stellen beschäftigen Arbeitnehmer für die verrichtete Beschäftigung überqualifiziert sind, je-doch nicht bezüglich der Qualifikationserfordernisse der von ihnen verrich-teten Beschäftigung, sondern bezüglich ihrer Qualifikation entlohnt werden. Um aus diesem Ist-Zustand unter Orientierung an dem in Kapitel 1.2.3 vor-gestellten Konzept der natürlichen Grenzen den Kern-Zustand abzuleiten, ist für jede Stelle die notwendige Minimalqualifikation zu ermitteln. Sind für alle Stellen die Ist-Qualifikationen (gemäß der Ist-Entlohnung) und die im Kern-Zustand erforderlichen Minimalqualifikationen ermittelt, so sind jeweils die Anzahl der Stellen je Qualifikationsniveau für den Ist- und für den Kern-Zustand zusammenzuzählen. Hierbei bezeichnet $n_{ist,q}$ die Anzahl der Stellen je Qualifikationsniveau im Ist- und $n_{kern,q}$ die Anzahl der Stellen je Qualifikationsniveau im Kern-Zustand des jeweiligen Wertschöpfungs-schritts.

Auf Basis der oben für die beiden Komponenten vorgenommenen Schilderungen ergibt sich die Ist-Ausprägung des Kostenbestimmungsfaktors "Faktorpreise" für die Kostenart Personalkosten zu Gleichung 91.

$$K_{Pers,ist} = \sum_{q=1}^{n} K_{ist,q,avg} * n_{ist,q}$$

Gleichung 91 (Ist-Personalkosten für analysierten Wertschöpfungsschritt)

---

[575] Hintergrund dieser Überlegung ist, dass sich zumindest am aktuellen Produktionsort –ein Bergwerk ist ja an seinen bestehenden Produktionsort gebunden – wahrscheinlich kein nied-rigeres als das beschriebene Minimum der drei aufgezählten Vergleichslöhne durchsetzen lässt.

Demgegenüber ergibt sich die Kern-Ausprägung des Kostenbestimmungsfaktors "Faktorpreise" für die Kostenart Personalkosten zu Gleichung 92.

$$K_{Pers,kern} = \sum_{q=1}^{n} K_{kern,q} * n_{kern,q}$$

Gleichung 92 (Kern-Personalkosten für analysierten Wertschöpfungsschritt)

Grundsätzlich sind zum Sicherstellen einer akkuraten Anwendung der vorgenommenen Ausführungen zwei Anmerkungen zu machen. Zum einen empfiehlt es sich, sowohl die Ist- als auch die Kern-Ausprägung des Kostenbestimmungsfaktors "Faktorpreise" zu indexieren, um eine Verwechslung mit den absoluten Kostendaten auszuschließen. Zum anderen verbirgt sich hinter den vorgenommenen Ausführungen die Annahme, dass das Verhältnis der einzelnen Qualifikationsstufen zur Gesamtmenge aller Stellen des jeweiligen Wertschöpfungsschritts konstant bleibt. Diese Annahme ist jedoch in sofern mit Vorsicht zu genießen, als dass sich dieses Verhältnis durch eine Ausprägungsänderung des Kostenbestimmungsfaktors "Schichtbelegung" ändern kann. Sollte dieser Fall eintreten, sind im Rahmen der Verträglichkeitsprüfung der abgeleiteten Kern-Ausprägung[576] entsprechende Änderungen vorzunehmen.

3.2.5.1.2.2 Kern-Ausprägung Schichtbelegung

Zum Ableiten der Kern-Ausprägung des Kostenbestimmungsfaktors "Schichtbelegung" wird als Beispiel die Schichtbelegung des Wertschöpfungsschritts Aufbereiten herangezogen. Basis dieser Ableitung ist die Ist-Ausprägung des Kostenbestimmungsfaktors "Schichtbelegung", die bereits im Rahmen der Aufnahme der Ist-Ausprägung dieses Kostenbestimmungsfaktors arbeitsplatzbezogen zu erfassen ist. Ausgehend von diesen arbeitsplatzbezogenen Ist-Daten sind die einzelnen Arbeitsplätze hinsichtlich ihrer *Notwendigkeit für die Durchführung des Produktionsprozesses* und hinsichtlich der erforderlichen *personellen Ausstattung für das nachhaltige Aufrechterhalten des Produktionsprozesses* zu analysieren.

- *Notwendigkeit für die Durchführung des Produktionsprozesses*: Die einzelnen Arbeitsplätze sind grundsätzlich dahingehend zu überprüfen, ob sie tatsächlich für die Durchführung des Produktionsprozesses benötigt werden. Hierfür ist jeweils zu hinterfragen, welche Folgen das ganze bzw. teilweise Weglassen des Arbeitsplatzes auf den Produktionsprozess hat.

- *Personelle Ausstattung für das nachhaltige Aufrechterhalten des Produktionsprozesses*: Hinsichtlich der personellen Ausstattung ist je Arbeitsplatz zu untersuchen, welche personelle Ausstattung minimal erforderlich ist, um den Produktionsbetrieb ceteris paribus nachhaltig aufrecht zu erhalten.

---

[576] Vgl. Kapitel 3.2.5.2

Diesen beiden Analysen sind jeweils die Annahmen des Konzepts der natürlichen Grenzen zugrunde zu legen. Zwar ergibt sich der Soll-Personalbestand nach REFA "... kurzfristig aus dem gegenwärtigen Auftragsbestand und mittel- und langfristig durch beabsichtigte Veränderungen im Produktionsprogramm, durch neue Arbeitsverfahren und Arbeitsmethoden und durch Umstellungen in der Aufbau- und Ablauforganisation."[577] Diese Analysebedingungen sind zum Ermitteln der Kern-Ausprägung des Kostenbestimmungsfaktors "Schichtbelegung" jedoch dahingehend zu verschärfen, dass Idealbedingungen hinsichtlich der Aufbau- und Ablauforganisationen anzunehmen sind. Dabei ist in Kauf zu nehmen, dass sich diese Idealbedingungen in der realen Umsetzung wahrscheinlich nicht erreichen lassen.

Die Durchführung dieser Analysen für den Wertschöpfungsschritt Aufbereiten ergab für ein Beispielbergwerk das in Abbildung 70 dargestellte Ergebnis.

Arbeitsplatz	Ist-Ausprägung			Kern-Ausprägung		
	Schicht 1	Schicht 2	Schicht 3	Schicht 1	Schicht 2	Schicht 3
• Leitung Aufbereitung						
– Vorarbeiter Wäsche und Sieberei	2	2	2	1	1	1
• Aufbereitungslabor						
– Vorarbeiter	1					
– Probenvorbereitung, Analyse	1	1		1		
– Probenehmer	1	1	1	1	1	1
• Steuerstand Aufbereitung	1	1	1	1	1	1
• Rohkohlenvorbereitung						
– Klauber	2	2	2	2	2	2
– Bergeweg	1	1	1	1	1	1
– Bandwärter	3	3	2	1	1	1
• Grob-, Mittel- und Feinkornsortierung						
– Setzmaschinist	1	1	1	1	1	1
– S-Wäsche-Maschinist	1	1	1	1	1	1
– Wasserkreislauf	1	1	1	1	1	1
• Feinstkornaufbreitung						
– Flotation und Filter	1	1	1	1	1	1
• Bunkerung, Mischung, Verladung						
– Verwieger	3	2	2	1	1	1
– Filterpresse	1	1	1	1	1	1
• Waschbergetransport	1	1	1	1	1	1
Summe	21	19	17	15	14	14
Gesamtsumme	57			43		

Quelle: DSK-Interview vom 21.04.2004; Weiss

Abbildung 70 (Analyse Schichtbelegung Wertschöpfungsschritt Aufbereiten)

So ergab die Analyse zum einen, dass für die Leitung der Aufbereitung unter Kern-Annahmen maximal ein Vorarbeiter benötigt wird, der zusätzlich weitere Aufgaben wie z.B. die Überwachung des Aufbereitungslabors übernehmen kann. Dementsprechend wurde festgestellt, dass der Arbeitsplatz des Vorarbeiters im

---

[577] REFA, Anforderungsermittlung (Arbeitsbewertung), 2. Aufl., 1991, S. 96

Aufbereitungslabor unter Annahme idealisierter Umweltbedingungen nicht separat zu besetzen ist. Weiterhin wurde festgestellt, dass die Probenvorbereitung und - analyse mit nur einem Mitarbeiter in der ersten Schicht durchführbar ist. Darüber hinaus notwendige Probenanalysen können laut Arbeitsablaufbeschreibung durch den in jeder Schicht belassenen Probennehmer durchgeführt werden. Die für die Rohkohlenvorbereitung vorgesehenen Mitarbeiter sind (bis auf die Bandwärter – hier ist je Schicht nur ein Beschäftigter erforderlich) auch unter idealisierten Umweltbedingungen erforderlich, um den nachhaltigen und vor allen Dingen sicheren Betrieb der Aufbereitungsanlage zu gewährleisten. Gleiches trifft auf die Mitarbeiter der Grob-, Mittel- und Feinstkornsortierung, der Feinstkornaufbereitung sowie auf die Mitarbeiter des Waschbergetransports zu. Hinsichtlich der Tätigkeit der Verwieger im Bereich der Bunkerung, Mischung und Verladung konnte jedoch festgestellt werden, dass – unter der Annahme idealisierter Umweltbedingungen – die anfallenden Arbeiten je Schicht von einem einzigen Beschäftigten durchgeführt werden können, mithin nur ein Beschäftigter benötigt wird. Insgesamt reduziert sich unter der Annahme idealisierter Umweltbedingungen im Kern-Zustand die durchschnittliche Schichtbelegung im Wertschöpfungsschritt Aufbereiten[578] von 19,0 auf 14,3 Beschäftige je Schicht.

Zusätzlich hat die praktische Erfahrung gezeigt, dass es sich für die Ermittlung der Ist-Ausprägung lohnt, sich nicht nur die Ist-Ausprägung der Schichtbelegung laut Belegungsplan anzusehen. Diese sind in den meisten Fällen veraltet und bieten nur einen begrenzten Anhaltspunkt. Vielmehr ist es erforderlich, tatsächlich vor Ort zu gehen und die Mitarbeiter in den einzelnen Schichten quasi "von Hand" durchzuzählen. Die entsprechende Analyse ergab für das in Abbildung 70 dargestellte Beispiel der Belegung für den Wertschöpfungsschritt Aufbereiten die erstaunliche Erkenntnis, dass anstelle der im Belegungsplan aufgeführten 57 Beschäftigten tatsächlich 71 Beschäftige vor Ort waren. Um daraus möglicherweise resultierende Analyseungenauigkeiten zu vermeiden, ist zu untersuchen, in welchem Wertschöpfungsschritt die Kosten für diese Beschäftigten auflaufen und inwieweit diese Beschäftigten unter der Annahme idealisierter Umweltbedingungen benötigt werden. Die Erfahrung des Autors hat für die Durchführung von unternehmungsbezogenen Kernkostenanalysen gezeigt, dass diese Beschäftigten typischerweise nicht benötigt werden.

Um ganz sicher zu gehen, dass tatsächlich alle Beschäftigten in die Ableitung der Kern-Ausprägung des Kostenbestimmungsfaktors "Schichtbelegung" einbezogen wurden, ist – nachdem für alle Wertschöpfungsschritte die Kern-Ausprägung des Kostenbestimmungsfaktors abgeleitet wurde – die Summe aller in der Ist-Ausprägung erfassten Beschäftigten mit der von z.B. der Personalabteilung ausgewiesenen tatsächlichen Anzahl der Beschäftigten zu vergleichen. Werden hier-

---

[578] Ohne die Beachtung zusätzlich benötigter Handwerker

bei Differenzen festgestellt, so sind die Ursachen für diese Differenzen zu ermitteln und das Ableiten der Kern-Ausprägung gegebenenfalls zu wiederholen.

3.2.5.1.2.3 Kern-Ausprägung effektive Arbeitszeit

Das Ableiten der Kern-Ausprägung des Kostenbestimmungsfaktors "Effektive Arbeitszeit" soll nachfolgend am Beispiel eines Beschäftigten des Wertschöpfungsschritts Gewinnen demonstriert werden. Dieser Beschäftigte hat das folgende Beschäftigungsprofil.

- Beschäftigungsort: Wertschöpfungsschritt Gewinnen

- Geplante Arbeitszeit ($t_{plan,woche,ist}$): 40 Stunden Woche

- Schichtdauer ($t_{d,ist}$): 8 Stunden pro Schicht (bzw. pro Arbeitstag)

- Fahrungszeit (Hin- und Rückweg je Schicht - $t_{Fahrung}$): 2 Stunden

- Pausenzeit je Schicht ($t_{Pause,ist}$): 1 Stunde

- Jahresurlaub (d_{Urlaub}): 30 Arbeitstage

- Fehltage aufgrund Krankmeldungen (d_{krank}): 12,3 Arbeitstage[579]

- Fehltage aufgrund von Schulungen ($d_{Schulung}$): 5 Arbeitstage

- Fehltage aufgrund von Feiertagen ($d_{Feiertag}$): 7 Arbeitstage

Mit Hilfe dieser Daten kann die effektive Ist-Jahresarbeitszeit $t_{eff,jahr,ist}$ errechnet werden, die der als Beispiel gewählte Beschäftigte der Steinkohlenbergbau-Unternehmung überhaupt effektiv für den Wertschöpfungsschritte Gewinnen zur Verfügung steht.

$$t_{eff,jahr,ist} = \frac{\left(365 - 52*2 - d_{Urlaub,ist} - d_{krank,ist} - d_{Schulung,ist} - d_{Feiertag,ist}\right)}{\frac{t_{plan,woche,ist}}{t_{d,ist}}}$$

$$* \frac{t_{plan,woche,ist}}{t_{d,ist}} * \left(t_{d,ist} - t_{Fahrung} - t_{Pause,ist}\right)$$

$$= \frac{365 - 104 - 30 - 12,3 - 5 - 7}{\frac{40h}{8h}} * \frac{40h}{8h} * \left(8h - 2h - 1h\right)$$

$$= 1.033,5h$$

Gleichung 93 (Effektive Ist-Jahresarbeitszeit Beispiel-Beschäftigter)

---

[579] Annahme des bundesdeutschen Durchschnittswerts für das Jahr 2002. Vgl. Badura/Schnellschmidt/Vetter, Fehlzeitenreport 2003, 2004

Gemäß Gleichung 93 ergibt sich die effektive Ist-Jahresarbeitszeit des Beispielbe-schäftigten zu 1.033,5h. Zum Ermitteln der effektiven Kern-Jahresarbeitszeit des Beispiel-Beschäftigten (und somit zum Ableiten der Kern-Ausprägung des Kos-tenbestimmungsfaktors "Effektive Arbeitszeit") werden nachfolgend die einzelnen Kennzahlen des Beschäftigungsprofils des Beispiel-Beschäftigten in Anlehnung an das in Kapitel 1.2.3 erläuterte Konzept der natürlichen Grenzen hinsichtlich ih-rer Kern-Ausprägung untersucht.

- Beschäftigungsort: Der Beschäftigungsort des Beispiel-Beschäftigten bleibt auch im Kern-Zustand der Wertschöpfungsschritt Gewinnen.

- Geplante Arbeitszeit ($t_{plan,woche,kern}$): Um eine Vergleichbarkeit der Ist- und der Kern-Situation zu gewährleisten, wird die geplante Wochenarbeitszeit auch im Kern-Zustand konstant bei 40 Stunden gehalten.

- Schichtdauer ($t_{d,kern}$): Um den relativen Anteil der (als konstant anzuneh-menden) Fahrungszeit an der Schichtzeit zu verringern, wird die Schichtzeit maximal ausgedehnt. Hierzu wird die Ausnahmegenehmigung nach §15 Abs. 1 a ArbZG für kontinuierliche Schichtbetriebe in Anspruch genom-men, mit deren Hilfe die Schichtdauer auf 12 Stunden im Kern-Zustand ausgedehnt werden kann. Die Schichtdauer $t_{d,kern}$ wird aus diesem Grunde zu 12 Stunden angenommen.

- Fahrungszeit (Hin- und Rückweg je Schicht - $t_{Fahrung}$): Die Fahrungszeit je Schicht bleibt konstant bei 2 Stunden für den Hin- und Rückweg, da sich ja bei einer Ausdehnung der Schichtzeit nicht die Fahrungszeit zum Betriebs-punkt ändert.

- Pausenzeit je Schicht ($t_{Pause,kern}$): Die Pausenzeit je Schicht wird auf das gemäß §4 ArbZG geforderte Mindestmaß von 45 Minuten bei einer Schichtdauer über 9 Stunden gesenkt.

- Jahresurlaub ($d_{Urlaub,kern}$): Der Jahresurlaub wird auf das gemäß Bundesur-laubsgesetz erlaubte Mindestmaß reduziert. Dieses beträgt gemäß §3 Abs. 1 BUrlG 24 Werktage, wobei gemäß §3 Abs. 2 BUrlG unter Werktagen alle Kalendertage verstanden werden, die nicht Sonn- oder gesetzliche Feiertage sind. Da die demnach den Werktagen zuzurechnenden Samstage in der in Gleichung 93 dargestellten Rechnung jedoch bereits den Wochenenden zu-gerechnet werden, beträgt der Jahresurlaub im Kern-Zustand 20 Arbeitsta-ge.

- Fehltage aufgrund Krankmeldungen ($d_{krank,kern}$): Der Umgang mit den Fehl-tagen aufgrund Krankmeldungen ist nicht eindeutig zu bewerten. Einerseits kann die Auffassung vertreten werden, dass unter idealisierten Umweltbe-dingungen keinerlei Fehltage aufgrund Krankmeldungen existieren. Ande-rerseits kann die Auffassung vertreten werden, dass es sich bei den Fehltagen aufgrund Krankmeldungen um naturgesetzliche Zusammenhänge handelt, die auch unter der Annahme idealisierter Umweltbedingungen vollständig anzusetzen sind. Auch wenn gegen letzteres Argument vor allem der Umstand spricht, dass die Anzahl der Fehltage aufgrund von Krankheit auch mit der konjunkturellen Entwicklung und der damit verbundenen Angst der Arbeitnehmer vor Arbeitsplatzverlust verbunden ist und dadurch schwankt[580], werden die Fehltage aufgrund von Krankmeldungen im Rahmen dieser Arbeit als naturgesetzliche Grenze betrachtet. Dementsprechend beträgt auch im Kern-Zustand die Anzahl der Fehltage aufgrund von Krankmeldungen 12,3 Arbeitstage.

- Fehltage aufgrund von Schulungen ($d_{Schulung,kern}$): Für den Kern-Zustand wird angenommen, dass sich die Anzahl der Fehltage aufgrund von Schulungen auf Null reduzieren lässt. Schulungen werden zwar weiterhin angeboten. Da es jedoch auch im Interesse der Arbeitnehmer ist, an diesen Schulungen teilzunehmen, um sich für die angebotene Arbeit zu qualifizieren, werden die Schulungen grundsätzlich auf Wochenenden verlegt und die Schulungszeit nicht mehr entlohnt. Dementsprechend ergeben sich die Fehltage aufgrund von Schulungen im Kern-Zustand zu Null.

- Fehltage aufgrund von Feiertagen ($d_{Feiertag,kern}$): Die Anzahl der Fehltage aufgrund von Feiertagen lässt sich im Kern-Zustand einkommensneutral auf Null reduzieren, wie bereits mehrfach durch die Streichung von Feiertagen in der Praxis beobachtet werden konnte. Dementsprechend ergibt sich die Anzahl der Fehltage aufgrund von Feiertagen im Kern-Zustand zu Null.

In Anlehnung an Gleichung 93 lässt sich auf Basis des oben abgeleiteten Kern-Beschäftigungsprofils des Beispiel-Beschäftigten die effektive Kern-Jahresarbeitszeit berechnen.

$$
t_{eff,jahr,kern} = \frac{\left(365 - 52*2 - d_{Urlaub,kern} - d_{krank,kern} - d_{Schulung,kern} - d_{Feiertag,kern}\right)}{\dfrac{t_{plan,woche,kern}}{t_{d,ist}}}
$$

$$
* \frac{t_{plan,woche,kern}}{t_{d,kern}} * \left(t_{d,kern} - t_{Fahrung,kern} - t_{Pause,kern}\right)
$$

$$
= \frac{365 - 104 - 20 - 12,3 - 0 - 0}{\dfrac{40h}{8h}} * \frac{40h}{12h} * \left(12h - 2h - 0,75h\right)
$$

$$
= 1.410,3h
$$

Gleichung 94 (Effektive Kern-Jahresarbeitszeit Beispiel-Beschäftigter)

---

[580] Vgl. Badura/Schnellschmidt/Vetter, Fehlzeitenreport 2003, 2004, S. 1 ff

Gemäß der in Gleichung 94 vorgenommenen Berechnung ergibt sich die effektive Jahresarbeitszeit – und somit auch die Kern-Ausprägung des Kostenbestimmungsfaktors "Effektive Arbeitszeit" – für den Beispielbeschäftigten zu 1.410,3 Stunden. Damit liegt die effektive Kern-Jahresarbeitszeit um ca. 36,5% über der effektiven Ist-Jahresarbeitszeit des betrachteten Beispiel-Beschäftigten.

Um nun die Kern-Ausprägung des Kostenbestimmungsfaktors "Effektive Arbeitszeit" für die jeweiligen Wertschöpfungsschritte abzuleiten, sind nach oben aufgeführtem Muster je Wertschöpfungsschritt repräsentative Beschäftigte zu definieren, welche das durchschnittliche Beschäftigungsprofil der im jeweiligen Wertschöpfungsschritt beschäftigten Arbeitnehmer abbilden. Sind diese durchschnittlichen Beschäftigungsprofile je Wertschöpfungsschritt bestimmt, so sind anschließend die Kern-Ausprägungen der einzelnen Kennzahlen abzuleiten. Mit Hilfe der in Gleichung 94 dargestellten Formel ist dann abschließend die durchschnittliche Kern-Jahresarbeitszeit der Beschäftigten des jeweiligen Wertschöpfungsschritts und somit die Kern-Ausprägung des Kostenbestimmungsfaktors "Effektive Arbeitszeit" für diesen Wertschöpfungsschritt zu ermitteln.

3.2.5.2 Verträglichkeitsprüfung abgeleiteter Kern-Ausprägungen

Zum endgültigen Festlegen der Kern-Ausprägung der Kostenbestimmungsfaktoren der jeweiligen Wertschöpfungsschritte ist – wie in Kapitel 2.5.4.3 geschildert – eine Verträglichkeitsprüfung der ermittelten Kostenbestimmungsfaktoren in Form einer Sensitivitätsanalyse durchzuführen. Hierfür sind je Wertschöpfungsschritt auf Basis der ermittelten Kern-Ausprägungen der Kostenbestimmungsfaktoren sinnvolle Ausprägungs-Szenarien zu bilden, die sich durch eine Verträglichkeit der Kern-Ausprägungen der einzelnen Kostenbestimmungsfaktoren zueinander kennzeichnen. Aus diesen Ausprägungs-Szenarien ist mit Hilfe der in Abbildung 49 dargestellten Berechnungsmatrix anschließend für jeden Wertschöpfungsschritt das Ausprägungs-Szenario zu wählen, mit dem sich für den jeweils betrachteten Wertschöpfungsschritt (unter Annahme idealisierter Umweltbedingungen im Kern-Zustand) die niedrigsten spezifischen Kosten erreichen lassen. Eine Verträglichkeit zwischen den einzelnen Wertschöpfungsschritten ist hierbei noch nicht herzustellen. Das Lösen dieser Aufgabe ist Gegenstand der Schilderungen des Kapitels 3.2.6.

3.2.6 Kernkosten errechnen

Grundsätzlich unterscheidet sich das tatsächliche Berechnen der Kernkosten für die als Ausführungsbeispiel gewählte Steinkohlenbergbau-Unternehmung nicht von dem in Kapitel 2.5.5.1 geschilderten Vorgehen, wobei jedoch die für das Ausführungsbeispiel der Steinkohlenbergbau-Unternehmung konkretisierte Funktionsmatrix gemäß Abbildung 49 Anwendung findet. Um eine wiederholende Beschreibung des grundsätzlich anzuwendenden Berechnungsvorgehens zu vermeiden, sei an dieser Stelle auf die entsprechenden Schilderungen des Kapitels 2.5.5.1 verwiesen. Es erscheint jedoch an dieser Stelle sinnvoll, die Spezifika zu erläutern, die sich für die als Ausführungsbeispiel gewählte Steinkohlenbergbau-Unternehmung hinsichtlich des Ermittelns der nachhaltigen Ist-Kosten sowie hinsichtlich des Abgleichs der Engpasskette ergeben. Dabei handelt es sich zum einen um die detaillierte Beschreibung der Ermittlung der nachhaltigen spezifischen Ist-Kosten und zum anderen um die Engpassanalyse für den Spezialfall der als Ausführungsbeispiel gewählten Steinkohlenbergbau-Unternehmung.

3.2.6.1 Ermitteln nachhaltige spezifische Ist-Kosten

Basis eines sachlich richtigen Errechnens der Kernkosten für die als Ausführungsbeispiel gewählte Steinkohlenbergbau-Unternehmung ist das Ermitteln der nachhaltigen spezifischen Ist-Kosten. Wie bereits in Kapitel 2.5.5.2 erläutert, ergeben sich diese nachhaltigen spezifischen Ist-Kosten nicht einfach durch die Division der Ist-Kosten des Referenzzeitraums durch die Ausbringungsmenge des Referenzzeitraums. Das liegt im Wesentlichen daran, dass das Endprodukt der einzelnen Wertschöpfungsschritte nicht zwangsweise "just in time" in den Produktionsprozess eingeht, sondern vielmehr eine Reihe von Vorprodukten existieren, die mit zeitlichem Vorlauf erstellt werden müssen, um einen sicheren Produktionsablauf zu gewährleisten. Dies ist typischerweise auch bei einer Steinkohlenbergbau-Unternehmung der Fall. Während sich der eigentliche Produktionsprozess einer Steinkohlenbergbau-Unternehmung aus den in Kapitel 3.2.6.2 beschriebenen Engpass-Wertschöpfungsschritten (die eine so genannte Engpasskette bilden) zusammensetzt, existieren eine Reihe von primären und unterstützenden Wertschöpfungsschritten, die entweder die Voraussetzungen für die nachhaltige Aufrechterhaltung des Produktionsprozesses schaffen oder aber für den reibungslosen Ablauf des Produktionsprozesses sorgen.

Die Menge der nicht zur Engpasskette bzw. zum eigentlichen Produktionsprozess zuzurechnenden Wertschöpfungsschritte lässt sich zusätzlich in eine Teilmenge mit Wertschöpfungsschritten deren "Vorprodukte" speicherbar und dementsprechend auf Vorrat zu produzieren sind, sowie eine Teilmenge mit Wertschöpfungsschritten deren Vorprodukte diese Eigenschaft genau nicht haben, aufteilen. Während die Teilmenge der Wertschöpfungsschritte deren von ihnen produzierte Vorprodukte nicht speicherbar sind sich dadurch auszeichnet, dass diese Wertschöpfungsschritte typischerweise genau die Ausbringungsmenge produzieren, die auch nachhaltig zum Aufrechterhalten des Produktionsprozesses erforderlich ist, gilt diese Eigenschaft für die Teilmenge der Wertschöpfungsschritte deren von ihnen produzierte Vorprodukte speicherbar sind nicht zwangsläufig. Durch die Eigenschaft der Speicherbarkeit der Vorprodukte (und durch das dadurch bedingte "Loslösen" dieser Wertschöpfungsschritte vom eigentlichen Produktionsprozess) besteht die Möglichkeit, dass im betrachteten Referenzzeitraum nicht genau die Menge an Vorprodukten erzeugt wurde, die für das nachhaltige Aufrechterhalten des Produktionsprozesses erforderlich ist. Vielmehr besteht die Gefahr, dass entweder mehr oder weniger erzeugt, mithin also Vorräte auf- bzw. abgebaut wurden. Würden – diese Erkenntnis voraussetzend – die spezifischen Ist-Kosten durch einfache Division der absoluten Ist-Kosten der Unternehmung im Referenzzeitraum durch die im Referenzzeitraum erzeugte Ausbringungsmenge erfolgen, bestünde die Gefahr, das Auf- bzw. Abbauen von Vorprodukt-Vorräten nicht adäquat in den spezifischen Ist-Kosten abzubilden. Somit könnte nicht sichergestellt werden, dass die errechneten spezifischen Ist-Kosten auch tatsächlich die Kosten abbilden, die unter den gegebenen Ist-Ausprägungen der Kostenbestimmungsfaktoren auch tatsächlich erforderlich wären, um die Produktion nachhaltig aufrecht zu erhalten.

Dieser Effekt wird an dieser Stelle deswegen so hervorgehoben, da er insbesondere für die Unternehmung (bzw. für Unternehmungen in der Situation) interessant ist, bei denen grundsätzlich die Anwendung der unternehmungsweiten Kernkostenanalyse in Frage kommt. Wie in Kapitel 1.1.1 erläutert, sind das nämlich insbesondere Unternehmungen der Grundstoffindustrie, die sich aufgrund signifikanter Erlösrückgänge in einer wirtschaftlich schwierigen Situation befinden.[581] Insbesondere bei derartigen Situationen besteht jedoch die Gefahr, dass die betroffenen Unternehmungen – um kurzfristig Kosten zu sparen – von ihren Vorräten leben. War dies auch im betrachteten Referenzzeitraum der Fall, so wären absolut weniger Kosten angefallen, als für das nachhaltige Aufrechterhalten des Produktionsbetriebs erforderlich gewesen wären. Mithin würden in diesem Falle die spezifischen Ist-Kosten zu gering veranschlagt werden.

Um diesem Effekt zu entgehen, sind zum einen all die Wertschöpfungsschritte zu identifizieren, die nicht zu den Engpass-Wertschöpfungsschritten zählen und deren von ihnen erzeugte Vorprodukte (für den eigentlichen Produktionsprozess) speicherbar sind. Im Falle einer Steinkohlenbergbau-Unternehmung handelt es sich dabei vordergründig um die Wertschöpfungsschritte Ausrichten, Vorrichten, Herrichten, Rauben und (im eingeschränkten Maße) Bergewirtschaft.[582]

Anschließend ist für die Berechnung der (nachhaltigen) spezifischen Ist-Kosten dieser Wertschöpfungsschritte (gegenüber den anderen Wertschöpfungsschritten, bei denen sich die spezifischen Ist-Kosten durch die reine Division der absoluten

---

[581] Vgl. Abbildung 1

[582] Zusätzlich bestünde die Möglichkeit, hierzu auch noch die Wertschöpfungsschritte Instandhalten und Sonderprojekte zu zählen. Die von diesen Wertschöpfungsschritten erstellten Vorprodukte sind auch teilweise speicherbar. Eine effiziente Betriebsführung vorausgesetzt, sollte jedoch davon ausgegangen werden, dass die notwendigen Instandhaltungsarbeiten und die entsprechenden Sonderprojekte durchgeführt wurden, da sich anderenfalls relativ schnell negative Auswirkungen auf den Produktionsprozess bemerkbar machen. Trotzdem sollte im Sinne der Vollständigkeit bei der Durchführung einer unternehmungsbezogenen Kernkostenanalyse in der als Ausführungsbeispiel gewählten Steinkohlenbergbau-Unternehmung untersucht werden, ob im Referenzzeitraum Vorräte in diesen beiden Wertschöpfungsschritten ersatzlos abgebaut wurden. Ist dies der Fall, so sind diese Wertschöpfungsschritte entsprechend in die Analyse der nachhaltigen spezifischen Ist-Kosten einzubeziehen.

Ist-Kosten im Referenzzeitraum durch die im Referenzzeitraum produzierte Ausbringungsmenge ergeben) ein Sonderweg zu beschreiten. Dieser ist zweiteilig. Der erste Teil dieses Sonderweges besteht darin, die auf das jeweilige Vorprodukt bezogenen "wertschöpfungsschritt-spezifischen" Ist-Kosten zu bestimmen. Konkret bedeutet das für die relevanten Wertschöpfungsschritte folgendes.

- *Aus- und Vorrichten*: Das bei diesen beiden Wertschöpfungsschritten erzeugte speicherbare Vorprodukt sind die aus- bzw. vorgerichteten Strecken, die benötigt werden, um die Kohlenfelder zu erschließen und die Kohle abbauen zu können. Dementsprechend sind (für die einzelnen Arten des Aus- und Vorrichtens[583]) die im Referenzzeitraum pro Meter aus- bzw. vorgerichteter Strecke angefallenen wertschöpfungsschritt-spezifischen Ist-Kosten durch Division der absoluten Ist-Kosten durch die jeweils aus- bzw. vorgerichteten Meter zu bestimmen (bzw. zu errechnen).

- *Herrichten*: Das bei diesem Wertschöpfungsschritt erzeugte speicherbare Vorprodukt ist das für die Gewinnung hergerichtete Kohlenfeld. Die wertschöpfungsschritt-spezifischen Ist-Kosten lassen sich dabei ermitteln, indem das Kohlenvolumen des hergerichteten Kohlenfelds (bzw. der hergerichteten Kohlenfelder) in einen Zusammenhang zu den absoluten Ist-Kosten des Wertschöpfungsschritts Herrichten gestellt wird. Dementsprechend ergeben sich die wertschöpfungsschritt-spezifischen Ist-Kosten zu Ist-Kosten je Tonne verwertbarer Förderung [EUR/tvF]. Diese Kosten sind aber streng von den spezifischen Kosten zu separieren, die sich bei der Division der absoluten Ist-Kosten des Wertschöpfungsschritts Herrichten im Referenzzeitraum durch die im Referenzzeitraum erzeugte Ausbringungsmenge ergeben, da sich das Kohlenvolumen des/r hergerichteten Kohlenfeldes/er von der Ausbringungsmenge des Referenzzeitraums unterscheiden kann/können.

- *Rauben*: Das Vorprodukt dieses Wertschöpfungsschritts ist nicht im positiven, jedoch aber im negativen Sinne speicherbar. Zwar können keine Kohlenfelder auf Vorrat "geraubt" werden. Es können jedoch eigentlich erforderliche Raubvorgänge unterlassen oder verzögert werden. Die wertschöpfungsschritt-spezifischen Ist-Kosten ergeben sich analog zu den für den Wertschöpfungsschritt Herrichten vorgenommenen Schilderungen.

- *Bergewirtschaft*: Das Vorprodukt dieses Wertschöpfungsschritts ist ebenfalls zumeist nur im negativen Sinne speicherbar. So kann nur dann mehr Bergewirtschaft im Referenzzeitraum betrieben werden, wenn in den vorherigen Zeiträumen die Bergewirtschaft nicht in dem erforderlichen Umfang betrieben wurde. Die wertschöpfungsschritt-spezifischen Ist-Kosten erge-

---

[583] Hierunter sind konkret das konventionelle und das maschinelle Aus- und Vorrichten zu verstehen.

ben sich bei diesem Wertschöpfungsschritt durch die Division der absoluten Ist-Kosten des Referenzzeitraums durch die tatsächlich im Referenzzeitraum "bewirtschafteten" Bergemengen.

Der zweite Teil des oben zitierten Sonderwegs besteht (für das gewählte Ausführungsbeispiel der Steinkohlenbergbau-Unternehmung) darin, eine Beziehung zwischen den "wertschöpfungsschritt-spezifischen" Ist-Kosten und dem für das nachhaltige Aufrechterhalten des Produktionsprozesses erforderlichen Maß an Vorprodukteinsatz zu ermitteln. Konkret bedeutet das für die relevanten Wertschöpfungsschritte folgendes.

- *Aus- und Vorrichten*: Für diese beiden Wertschöpfungsschritte ist zu ermitteln, wie viel Meter aus- bzw. vorgerichteter Strecken erforderlich sind, um eine Tonne verwertbarer Förderung zu erzeugen. Die nachhaltigen spezifischen Ist-Kosten für diese beiden Wertschöpfungsschritte lassen sich im Anschluss daran einfach durch die Multiplikation der jeweiligen wertschöpfungsschritt-spezifischen Ist-Kosten mit dem jeweils ermittelten Umrechnungsfaktor errechnen. Aus der praktischen Erfahrung heraus ergeben sich diese Umrechnungsfaktoren im deutschen Steinkohlenbergbau für den Wertschöpfungsschritt Ausrichten typischerweise zu ca. 0,001 bis 0,002 m/tvF und für den Wertschöpfungsschritt Vorrichten typischerweise zu ca. 0,003 m/tvF, wobei diese Faktoren von Bergwerk zu Bergwerk unterschiedlich sein können.[584]

- *Herrichten und Rauben*: Für diese beiden Wertschöpfungsschritte ist der Umrechnungsfaktor von Vorprodukteinsatz zu tatsächlichem Endprodukt 1. Das heißt, dass die wertschöpfungsschritt-spezifischen Ist-Kosten den nachhaltigen spezifischen Ist-Kosten entsprechen. Dies begründet sich aus der Tatsache, dass zum Gewinnen von 1 tvF auch ein Kohlenvolumen von 1 tvF hergerichtet und geraubt werden muss.

- *Bergewirtschaft*: Für diesen Wertschöpfungsschritt ergibt sich der Umrechnungsfaktor aus dem Bergeanteil der gewonnenen Rohkohle. Wenn man – wie in Abbildung 56 dargestellt – von einem mittleren Bergeanteil von 47% ausgeht, so ergibt sich der Umrechnungsfaktor zu ca. 0,8868 t_{Berge}/tvF. Es müssen demnach im Wertschöpfungsschritt Bergewirtschaft je tvF ca. 0,8868 t_{Berge} entsorgt werden. Auf Basis dieses Umrechnungsfaktors ergeben sich die nachhaltigen spezifischen Ist-Kosten des Wertschöpfungsschritts Bergewirtschaft aus der Division der wertschöpfungsschritt-spezifischen Ist-Kosten durch den ermittelten Umrechnungsfaktor.

---

[584] Interview mit DSK vom 21.04.2004

Die nachhaltigen spezifischen Ist-Kosten der gesamten Unternehmung können so einfach dadurch bestimmt werden, indem die nachhaltigen spezifischen Ist-Kosten der einzelnen Wertschöpfungsschritte aufaddiert werden. Bilden anschließend die so ermittelten nachhaltigen spezifischen Ist-Kosten die Ausgangsbasis für die Berechnung der Kernkosten, so ist sichergestellt, dass mit den Kernkosten Kosten vorliegen, mit denen (unter der Annahme idealisierter Umweltbedingungen im Kern-Zustand) nachhaltig der Produktionsprozess aufrecht erhalten werden kann.

Um diese Bedingung auch im Rahmen des Errechnens der Kernkosten sicherzustellen, sind die Kernkosten für die betroffenen Wertschöpfungsschritte Ausrichten, Vorrichten, Herrichten, Rauben und Bergewirtschaft zuerst auf Basis der wertschöpfungsschritt-spezifischen Kosten zu errechnen und erst anschließend in die spezifischen Kosten umzurechnen. Nur so kann eine sachlich richtige Verbindung zwischen den Kostenbestimmungsfaktoren und den (spezifischen) Kosten des jeweiligen Wertschöpfungsschritts hergestellt werden.

3.2.6.2 Beachtung Engpasskette

Neben dem (im vorangegangenen Kapitel 3.2.6.1 beschriebenen) Aufsetzen der Kernkostenberechnung auf den nachhaltigen spezifischen Ist-Kosten besteht das zweite Spezifikum des Berechnens der spezifischen Kernkosten in dem grundsätzlichen Beachten der Engpasskette. Da Sinn und Zweck des Beachtens dieses Spezifikums bereits in Kapitel 2.5.5.3 erschöpfend geschildert sind, wird an dieser Stelle lediglich die Beschreibung der Engpasskette für die als Ausführungsbeispiel gewählte Steinkohlenbergbau-Unternehmung vorgenommen.

Die Engpasskette der als Ausführungsbeispiel gewählten Steinkohlenbergbau-Unternehmung besteht typischerweise aus den kapazitätsbestimmenden Wertschöpfungsschritten Gewinnen, Fördern und Aufbereiten, wobei der Wertschöpfungsschritt Fördern gedanklich (wie in Kapitel 3.2.4.1.1.5 beschrieben) in die beiden kapazitätsbestimmenden Teilwertschöpfungsschritte seigeres und söhliges Fördern zu unterteilen ist. Diese Tatsache begründet sich damit, dass am Ende durch die Steinkohlenbergbau-Unternehmung nur die Menge an verwertbarer Förderung erzeugt werden kann, die im Wertschöpfungsschritt Gewinnen gewonnen, beim söhligen und seigeren Fördern gefördert und beim Aufbereiten aufbereitet werden kann. Diesem Umstand ist für die Berechnung der spezifischen Kernkosten der als Ausführungsbeispiel betrachteten Steinkohlenbergbau-Unternehmung insofern Rechnung zu tragen, als dass die Kern-Ausprägungen der Kostenbestimmungsfaktoren nicht nur innerhalb der einzelnen Wertschöpfungsschritte auf Verträglichkeit geprüft werden[585], sondern, dass vielmehr eine wertschöpfungsübergreifende Verträglichkeitsprüfung der kapazitätsbestimmenden Kostenbestimmungsfaktoren stattfindet. Hierdurch soll sichergestellt werden, dass die kapazitätsbestimmenden Wertschöpfungsschritte in Form der Kern-Ausprägung der ka-

---

[585] Vgl. Kapitel 3.2.5.2

pazitätsbestimmenden Kostenbestimmungsfaktoren ("Arbeits- und Betriebsmittelintensität", "Geplante Einsatzzeit Arbeits- und Betriebsmittel" sowie "Effektive Einsatzzeit Arbeits- und Betriebsmittel") so aufeinander abgestimmt werden, dass alle kapazitätsbestimmenden Wertschöpfungsschritte im (adjustierten) Kernzustand die gleiche Ausbringungsmenge erzeugen. Das hierfür anzuwendende Vorgehen ist wiederum erschöpfend in Kapitel 2.5.5.3 beschrieben und soll an dieser Stelle nicht wiederholt werden.

Abschließend sei an dieser Stelle jedoch angemerkt, dass es für das Engpass-Adjustieren der kapazitätsbestimmenden Wertschöpfungsschritte, die nicht den Engpass darstellen, verschiedene Möglichkeiten gibt, die insbesondere vor dem Hintergrund des gewollten Praxisbezugs der Analyseergebnisse von Bedeutung sind. Besteht der Engpass nämlich nicht im Wertschöpfungsschritt Gewinnen, so besteht zum einen die Möglichkeit die Ausbringungsmenge aller Gewinnungsbetriebe (mehr oder weniger) gleichmäßig zu reduzieren. Insbesondere in dem Fall in dem jedoch mehrere Gewinnungsbetriebe zur Verfügung stehen, besteht darüber hinaus die Möglichkeit, einen oder mehrere Gewinnungsbetriebe vollkommen einzustellen, sollte sich mit den verbleibenden Gewinnungsbetrieben im Kernzustand (also bei Erreichen der Kern-Ausprägungen der Kostenbestimmungsfaktoren) ebenfalls die Engpassmenge erreichen lassen. Insofern erscheint es erforderlich, für das Errechnen der genauen Kernkosten eine Optimierung dahingehend vorzunehmen, mit welchen Gewinnungsbetrieben des Wertschöpfungsschritts Gewinnen die Engpassmenge im Einzelfall des betrachteten Bergwerks denn tatsächlich erzeugt werden soll. Um die Berechnung in der praktischen Anwendung zu vereinfachen und nicht durch unnötige Detailoptimierungen zu komplizieren, wird vorgeschlagen das entsprechende Berechnungsmodell so zu gestalten, dass eine parallele Berechnung der spezifischen Kernkosten für das Szenario erfolgt, dass alle Gewinnungsbetriebe bis zum Erreichen der Engpassmenge (gleichmäßig) in ihrer Ausbringungsmenge begrenzt werden oder dass solange die spezifisch teuersten Gewinnungsbetriebe "abgeschaltet" werden, bis die Summe der Ausbringungsmengen aller noch verbleibenden Gewinnungsbetriebe die Engpassmenge nicht mehr übersteigt.

3.2.6.3 Zusammenfassung Errechnungsvorgehen Kernkosten

Das konkrete Errechnen der Kernkosten kann mit Hilfe des in Kapitel 3.3 beschriebenen Berechnungsmodells vorgenommen werden. Dieses Berechnungsmodell, das speziell für die als Ausführungsbeispiel gewählte Steinkohlenbergbau-Unternehmung entwickelt wurde, beachtet sowohl die in Kapitel 3.2.6.1 beschriebene Berechnung der nachhaltigen spezifischen Ist-Kosten als auch die in Kapitel 3.2.6.2 beschriebene Adjustierung der Engpasskette, die sich bei den kapazitätsbestimmenden Wertschöpfungsschritten Gewinnen, Fördern (söhlig und seiger) sowie Aufbereiten ergibt. Zum Berechnen der Kernkosten sind einfach nur die Inputdaten in Form der absoluten Ist-Kosten (segmentiert nach Kostenarten[586] und Wertschöpfungsschritten[587]), der Ist- und der (adjustierten) Kern-Ausprägungen der Kostenbestimmungsfaktoren (wiederum segmentiert nach Wertschöpfungsschritten) sowie der sonstigen Kennzahlen (Umrechnungsfaktoren, referenzzeitraumbezogene Ausbringungsmengen etc.) in die entsprechend markierten Inputfelder einzutragen. Das anschließende Berechnen der Kernkosten führt das Modell vollautomatisch aus.

3.2.7 Ziel-Ausprägung Kostenbestimmungsfaktoren ableiten

Das grundsätzliche Vorgehen zum Ableiten der Ziel-Ausprägungen der Kostenbestimmungsfaktoren wurde hinsichtlich der zur Anwendung kommenden Theorie bereits in Kapitel 2.5.6 erschöpfend behandelt und wird an dieser Stelle nicht wiederholt. Vielmehr wird in den folgenden Kapiteln konkret darauf eingegangen, welche Spezifika beim Ableiten der Ziel-Ausprägungen der Kostenbestimmungsfaktoren für die als Ausführungsbeispiel gewählte Steinkohlenbergbau-Unternehmung zu beachten sind. Um den Zusammenhang zu den in Kapitel 3.2.5.1 abgeleiteten Kern-Ausprägungen herzustellen, wird nachfolgend auf die für die einzelnen Kostenbestimmungsfaktoren gewählten Ausführungsbeispiele eingegangen und für diese jeweils das Ableiten der Zielausprägung aus den in Kapitel 3.2.5.1 jeweils abgeleiteten Kern-Ausprägungen erläutert.

3.2.7.1 Ziel-Ausprägungen in Steinkohlenbergbau-Unternehmung

3.2.7.1.1 Ziel-Ausprägung bei technisch determinierten Grenzen

3.2.7.1.1.1 Ziel-Ausprägung Faktoreinsatzmengen Repetierfaktoren
Das Ableiten der Kern-Ausprägung des Kostenbestimmungsfaktors "Faktoreinsatzmengen Repetierfaktoren" erfolgte im Kapitel 3.2.5.1.1.1 anhand des Wertschöpfungsschritts Ausrichten. Hierbei wurde für das im Wertschöpfungsschritt Ausrichten benötigte Ausbaumaterial analysiert, welche Faktoreinsatzmengen an Ausbaumaterial im Kern-Zustand – d.h. unter Anwendung des Konzepts der natürlichen Grenzen – mindestens eingesetzt werden müssen. "Dabei ist unter der Anwendung des Konzepts der natürlichen Grenzen zu verstehen, die aufgezählten Kennzahlen-Ausprägungen zu identifizieren, unter denen das Tragwerk gerade noch die durch das Gebirge anzunehmenden Lasten abtragen und somit die intendierten Hauptziele des Streckenausbaus erfüllen kann."[588] Die auf diesem Wege ermittelte Minimal-Ausbaubemessung wurde anhand der Kennzahlen "Profilstärke

---

[586] Vgl. Abbildung 47
[587] Vgl. Abbildung 46
[588] Kapitel 3.2.5.1.1.1

der Ausbauprofile", "Abstand der Ausbauprofile", "Dimensionierung und Abstand der Verbolzung" sowie "Verzugsdimensionierung" beschrieben.

Wie bereits in Kapitel 3.2.5.1.1.1 beschrieben, setzt die so ermittelte Minimal-Ausbaubemessung – die ihrerseits die Kern-Ausprägung des Kostenbestimmungsfaktors "Faktoreinsatzmenge Repetierfaktoren" beschreibt – eine Reihe von Idealbedingungen voraus, die so in der Realität nicht (sinnvoll) realisierbar erscheinen. Durch das Analysieren dieser als unter den gegebenen Umweltbedingungen nicht realisierbar erscheinenden idealisierten Umweltbedingungen wird im vorliegenden Arbeitsschritt aus den ermittelten Kern-Ausprägungen des Kostenbestimmungsfaktors " Faktoreinsatzmenge Repetierfaktoren" die Ziel-Ausprägung dieses Kostenbestimmungsfaktors abgeleitet. Konkret heißt das für die einzelnen, die Ausbaubemessung beschreibenden, Kennzahlen folgendes.

- *Profilstärke der Ausbauprofile:* Grundsätzlich erscheint die im Rahmen des Ableitens der Kern-Ausprägung ermittelte Profilstärke der Ausbauprofile aus statischer Sicht ausreichend, so dass hier theoretisch keinerlei Dimensionierungszuschläge erforderlich wären. Problematischerweise wird die mit dem Konzept der natürlichen Grenzen ermittelte Minimalanforderung an die Profilstärke typischerweise nicht in eine handelsübliche Profilstärke resultieren. Würde man dementsprechend versuchen, tatsächlich nur die Minimal-Anforderungen zu erfüllen, wäre es wahrscheinlich notwendig, auf ein speziell angefertigtes Profil zurückgreifen zu müssen. Diese Profile sind aber normalerweise deutlich teurer als es Standardprofile sind. Dementsprechend würde die Verwendung des Minimalanforderungsprofils gegenüber der Verwendung des nächstgrößeren Standardprofils zwar die Faktoreinsatzmenge, nicht jedoch den Faktorpreis reduzieren. Aus diesem Grunde ist es im Ziel-Zustand typischerweise sinnvoll, statt dem (speziell anzufertigenden) Minimalanforderungsprofil das nächstgrößere Standardprofil einzusetzen.[589] Dementsprechend ergibt sich die Ziel-Ausprägung des Kostenbestimmungsfaktors "Faktoreinsatzmengen Repetierfaktoren" hinsichtlich des zu verwendenden Profils nicht wie im Kern-Zustand aus dem Minimal- sondern aus dem nächstgrößeren Standardprofil.

- *Abstand der Ausbauprofile:* Hinsichtlich des Abstands der Ausbauprofile wurde für das Ermitteln der Kern-Ausprägung angemerkt, dass keinerlei wie auch immer geartete Sicherheitszuschläge beim Abstand der Ausbauprofile anzurechnen sind, sondern dass genau der Abstand der Ausbauprofi-

---

[589] Insbesondere wenn eine große Menge an Ausbauprofilen (wie das im deutschen Steinkohlenbergbau typisch ist) benötigt wird, verschwindet unter Umständen der Kostenvorteil den das nächstgrößere Standardprofil gegenüber einem speziell anzufertigenden Minimalanforderungsprofil bietet. In diesem Fall ist an der Verwendung des Minimalanforderungsprofils anzupassen. Zumindest hinsichtlich der Profilstärke des Ausbauprofils würde die Ziel-Ausprägung dann der in Kapitel 3.2.5.1.1.1 ermittelten Kern-Ausprägung entsprechen.

le anzusetzen ist, der sich aus der statischen Berechnung ergibt. Da sich der Abstand der Ausbauprofile konstruktionsbedingt direkt aus der Länge der Verbolzung ergibt[590], wäre der Abstand der Ausbauprofile zumindest theoretisch bei der Überführung von der Kern- zur Ziel-Ausprägung nicht anzupassen. Praktisch kann jedoch das Problem bestehen, dass die Fertigungsgenauigkeit der Länge der Verbolzung den sich aus der Statik ergebenden Maximalabstand der Ausbauprofile von z.B. 1,23874 m nicht genau erreichen kann, mithin also die Gefahr besteht, dass aufgrund von Fertigungstoleranzen die Maximallänge der Verbolzung und damit der Maximalabstand der Ausbauprofile überschritten wird und somit die Tragfähigkeit des Ausbaus gegebenenfalls nicht mehr gegeben ist. Um das Eintreten dieses Eventualfalls zu vermeiden, ist der Abstand der Ausbauprofile zum Ableiten der Ziel-Ausprägung so festzulegen, dass sich zum einen eine sinnvolle (z.B. standardisierte) Länge der Verbolzung ergibt und zum anderen die Länge der Verbolzung plus die zu beachtende Fertigungsdifferenz gerade noch unter dem errechneten statischen Maximalabstand der Ausbauprofile liegt.

• *Dimensionierung und Abstand der Verbolzung*: Insbesondere für die Dimensionierung der Verbolzung gilt für das Ableiten der Ziel-Ausprägung die gleiche Dimensionierungsanweisung wie für die Dimensionierung der Profilstärke der Ausbauprofile. Es empfiehlt sich hierbei häufig, nicht auf die statisch erforderliche Minimaldimensionierung (Kern-Ausprägung) zu bemessen, sondern lieber auf die nächst größere Standarddimensionierung zurückzugreifen. Wird dieses Vorgehen für das Ableiten der Ziel-Ausprägung gewählt, so ist hinsichtlich des Abstands der Verbolzung im Bezug auf die ermittelte Kern-Ausprägung keinerlei Adjustierung vorzunehmen, da davon ausgegangen werden kann, dass durch das Verwenden der in Bezug auf die Minimaldimensionierung nächst größeren Standarddimensionierung der Verbolzung ausreichend Spielraum gewonnen wird, um kleinere Abstands-Ungenauigkeiten beim Montieren der Verbolzung ausgleichen zu können, ohne die Tragfähigkeit des Ausbaus zu gefährden.

• *Verzugsdimensionierung*: Da es sich bei dem im Wertschöpfungsschritt Ausrichten verwendeten Verzugsmaterial typischerweise um standardisierte Verzugsmatten oder sogar einfachen Maschendrahtzaun handelt, erscheint es vom wirtschaftlichen Standpunkt her nicht sinnvoll, die im Kern-Zustand statisch errechnete Minimaldimensionierung in die Ziel-Ausprägung zu überführen. Vielmehr erscheint es bei diesem typischerweise wenig werthaltigen Material sinnvoll, wiederum die auf die Minimaldimensionierung folgende, nächst stärkere Standarddimensionierung zu wählen.

Abschließend sei angemerkt, dass für das Ermitteln der Ziel-Dimensionierung und damit für das Ableiten der Ziel-Ausprägung des Kostenbestimmungsfaktors "Fak-

---

[590] Vgl. Abbildung 64

toreinsatzmengen Repetierfaktoren" zu beachten ist, dass die Dimensionierungen der Einzelkomponenten des Ausbaus natürlich untereinander in Zusammenhang stehen und garantiert sein muss, dass auch im Ziel-Zustand die Tragfähigkeit des Ausbaus gewährleistet sein muss. Sind die Ziel-Ausprägungen für die einzelnen Komponenten ermittelt worden, so ist dementsprechend abschließend zu überprüfen, ob diese Forderung auch im Zielzustand erreicht wird (was normalerweise auch kein Problem sein dürfte, da die Dimensionierung der Einzelkomponenten des Ausbaus ja typischerweise nach oben angepasst werden und somit die Tragfähigkeit des Gesamtsystems wächst). Gleichzeitig impliziert dieser Zusammenhang zwischen den Dimensionierungen der Einzelkomponenten jedoch auch, dass – sofern die Dimensionierung einer Komponente im Ziel-Zustand gegenüber der Kern-Dimensionierung nach oben angepasst wurde – zumindest theoretisch die Möglichkeit besteht, die Dimensionierung der anderen Kennzahlen bzw. Parameter unter die im Kern-Zustand ermittelten Dimensionierungen anzupassen. An einem konkreten Beispiel erläutert, wäre das z.B. der Fall, wenn im Zuge der Dimensionierung der Ausbauprofile auf die größere Profilstärke des nächst größeren Standardprofils ausgewichen wird. In diesem Fall könnte z.B. gegebenenfalls der für die Kern-Ausprägung errechnete Maximalabstand der Ausbauprofile überschritten werden, ohne dass die Tragfähigkeit des Ausbaus gefährdet würde. Um diesen Effekt zu berücksichtigen, sind bei der Ziel-Dimensionierung der Kennzahlen bzw. Parameter immer auch die bereits ermittelten Ziel-Dimensionierungen der anderen Kennzahlen bzw. Parameter zu beachten und eine entsprechende Optimierung der Ziel-Dimensionierungen in Bezug auf den gesamten Ausbau vorzunehmen.

Im Übrigen erfolgt das Ableiten der Ziel-Ausprägungen des Kostenbestimmungsfaktors "Faktoreinsatzmengen Repetierfaktoren" (insbesondere hinsichtlich der Beachtung der Lebenszykluskosten) wie in Kapitel 3.2.7.1.1.1 für das Ableiten der Kern-Ausprägungen dieses Kostenbestimmungsfaktors erläutert. Ist im Rahmen dieser Vorgaben die Ziel-Bemessung vorgenommen, so ist für den Referenzzeitraum unter Beachtung der im Rahmen des Wertschöpfungsschritts Ausrichten aufgefahrenen Strecken zu berechnen, wie viel Ausbau-Material (in Form von Ausbauprofilen, Verbolzungen und Verzugsmaterial) unter Beachtung der Ziel-Ausbaubemessung hätte verbraucht werden dürfen. Durch die Bildung eines Quotienten zwischen der Ziel-Ausprägung der Faktoreinsatzmenge an Ausbaumaterial und der gemäß Kapitel 3.2.4.2 ermittelten Ist-Ausprägung der Faktoreinsatzmenge an Ausbaumaterial kann die indexierte Ziel-Ausprägung des Kostenbestimmungsfaktors "Faktoreinsatzmengen Repetierfaktoren" ermittelt werden.

3.2.7.1.1.2 Ziel-Ausprägung Arbeits- und Betriebsmittelintensität

Das Ermitteln der Ziel-Ausprägung des Kostenbestimmungsfaktors "Arbeits- und Betriebsmittelintensität" ist – sofern bereits die entsprechende Kern-Ausprägung ermittelt wurde – vergleichsweise einfach. Um dies zu illustrieren, sei auf das in Kapitel 3.2.5.1.1.2 zitierte Beispiel der Arbeits- und Betriebsmittelintensität einer Hobelanlage zurückgegriffen.

Grundsätzlich kommt zum Ermitteln der Ziel-Ausprägung das gleiche Simulationstool zur Anwendung, das bereits zum Ableiten der Kern-Ausprägung Anwendung fand. Der einzige Unterschied zum Ableiten der Kern-Ausprägung ergibt sich beim Ermitteln der Ziel-Ausprägung dadurch, dass die Grenzwerte der Engpassparameter (installierte Leistung des Strebförderers, installierte Leistung der Hobelanlage und verfügbarer Füllquerschnitt des Strebförderers) im Simulationsmodell nicht mehr an den natürlichen Grenzen unter den Annahme idealisierter Umweltbedingungen, sondern vielmehr an den Grenzen orientiert werden, die sich im praktischen Betrieb als sinnvoll erwiesen haben. Dementsprechend ergibt sich die Ziel-Ausprägung des Kostenbestimmungsfaktors "Arbeits- und Betriebsmittelintensität" für den Wertschöpfungsschritt Gewinnen bei dem in Abbildung 65 dargestellten Grenzwert von ca. 90% für die Auslastung der installierten Leistung des Strebförderers. Dieses Vorgehen ist analog (auf Basis des jeweiligen Simulationstools) für alle verbliebenen Wertschöpfungsschritte anzuwenden.

3.2.7.1.1.3 Ziel-Ausprägung geplante und effektive Einsatzzeit Arbeits- und Betriebsmittel

Basierend auf den in Kapitel 3.2.5.1.1.3 vorgenommenen Ausführungen hinsichtlich des Ableitens der Kern-Ausprägungen für die Kostenbestimmungsfaktoren "Geplante Einsatzzeit Arbeits- und Betriebsmittel" und "Effektive Einsatzzeit Arbeits- und Betriebsmittel" am Beispiel des Wertschöpfungsschritts Gewinnen, wird nachfolgend das Ableiten der Ziel-Ausprägungen ebendieser Kostenbestimmungsfaktoren ebenfalls am bereits bekannten Beispiel des Wertschöpfungsschritts Gewinnen vorgenommen. Ausgangspunkt für diese Erläuterung sind wiederum die in Kapitel 3.2.5.1.1.3 definierten Zeitkomponenten der Kalenderzeit sowie ihre jeweiligen (in Abbildung 68 dargestellten) Kern-Ausprägungen. Diese werden nachfolgend komponentenweise dahingehend analysiert, inwieweit sie (die jeweiligen Kern-Ausprägungen) für das Ableiten der Ziel-Ausprägungen zu adjustieren sind.

- *Produktionsfreie Zeit*: Die Kern-Ausprägung der produktionsfreien Zeit wurde im Kern-Zustand mit 0 angenommen, da es unter idealisierten Umweltbedingungen keinerlei produktionsfreie Zeit gibt. Unter den gegebenen Umweltbedingungen existieren jedoch Einschränkungen, die zumindest beim Ableiten der Ziel-Ausprägung zu beachten sind. So hat zum Beispiel das Arbeitszeitgesetz gemäß §1 Abs. 2 das Ziel "... den Sonntag und die staatlich anerkannten Feiertage als Tage der Arbeitsruhe und der seelischen Erhebung der Arbeitnehmer zu schützen."[591] Dementsprechend ist zumindest theoretisch an Sonn- und Feiertagen keine Produktion möglich.[592] Diese grundsätzliche Regelung kann jedoch durch das Beantragen einer Son-

---

[591] §1 Abs. 1 ArbZG
[592] Vgl. §9 Abs. 1 ArbZG

dergenehmigung außer Kraft gesetzt werden, die z.B. für so genannte "kontinuierlich arbeitende Betriebe" erteilt werden. So erlaubt z.B. §10 Abs. 1 Nr. 14 ArbZG die Beschäftigung von Arbeitnehmern an Sonn- und Feiertagen "... bei der Reinigung und Instandhaltung von Betriebseinrichtungen, soweit hierdurch der regelmäßige Fortgang des eigenen oder eines fremden Betriebs bedingt ist, bei der Vorbereitung der Wiederaufnahme des vollen werktätigen Betriebs ..."[593] wodurch es zumindest möglich erscheint, geplante Wartungsarbeiten auf Sonn- und Feiertage zu legen. Darüber hinaus erlaubt §10 Abs. 2 ArbZG die Beschäftigung von Arbeitnehmern an Sonn- und Feiertagen mit Produktionsarbeiten, "... wenn nach [§10] Abs. 1 Nr. 14 zulässige Arbeiten den Einsatz von mehr Arbeitnehmern als bei durchgehender Produktion erfordern."[594]

Aus diesen gesetzlichen Regelungen kann – vorausgesetzt alle erforderlichen Randbedingungen für das Beschäftigen von Arbeitnehmern im Wertschöpfungsschritt Gewinnen an Sonn- und Feiertagen können erfüllt werden – abgeleitet werden, dass auch im Ziel-Zustand keinerlei produktionsfreie Zeit existiert, mithin die Ziel-Ausprägung dieser Zeitkomponente sich wie die Kern-Ausprägung zu 0 ergibt. Hierbei sind jedoch zusätzlich etwaig bestehende tarifvertragliche Vereinbarungen zu beachten, die im Einzelfall auch die Arbeitszeit verhindern können. Im vorliegenden Fall soll davon ausgegangen werden, dass der Tarifvertrag zwar die Fortführung der Produktion an Feiertagen nicht jedoch an Sonntagen zulässt, sondern dass an Sonntagen einzig und allein die planmäßige Wochenend-Wartung durchgeführt werden kann. Dementsprechend ergibt sich die Ziel-Ausprägung der Zeitkomponente "produktionsfreie Zeit" aus der Differenz des Kalenderzeitanteils der Sonntage (= 14,3%) und der für die planmäßige Wochenend-Wartung vorgesehenen Kalenderzeit. Da sich diese gegenüber der Kern-Ausprägung dieser Zeitkomponente jedoch ändert, kann die Ziel-Ausprägung der Zeitkomponente "produktionsfreie Zeit" erst später berechnet werden.

- *Herrichten nicht parallel zur Gewinnung*: Gegenüber der Kern-Annahme, die beiden Wertschöpfungsschritte Herrichten und Gewinnen vollständig zu parallelisieren, ist auch im Ziel-Zustand nichts zu verändern, da selbst im Ist-Zustand die Parallelisierung der Wertschöpfungsschritte Herrichten und Gewinnen durchgeführt wurde. Die Ziel-Ausprägung dieser Zeitkomponente entspricht demnach ihrer Kern-Ausprägung und ergibt sich zu 0.

- *Planmäßige Wochenend-Wartung*: Wie bereits beim Ableiten der Kern-Ausprägung für diese Zeitkomponente in Kapitel 3.2.5.1.1.3 angemerkt, ist auch im Kern-Zustand die planmäßige Wochenend-Wartung notwendig.

---

[593] §10 Abs. 1 Nr. 14 ArbZG
[594] §10 Abs. 2 ArbZG

Diese wurde jedoch im Kern-Zustand der Zeitkomponente "planmäßige Wartung Woche" zugeschlagen, da ja im Kern-Zustand die Kern-Ausprägung der Zeitkomponente "produktionsfreie Zeit" 0 war. Unter den oben erläuterten Bedingungen des Ziel-Zustandes wonach am Sonntag – aufgrund der angenommenen tarifvertraglichen Regelungen – keinerlei Produktion, sondern nur Instandhaltungsarbeiten möglich sind, erscheint es jetzt jedoch sinnvoll, soviel wie möglich der anstehenden Wartungsarbeiten auf den im Ziel-Zustand produktionsfreien Sonntag zu übertragen. Ergibt eine nähere Untersuchung der Realisierbarkeit dieses Vorhabens auf Basis der zu beachtenden Umweltbedingungen das Ergebnis, dass bei Auslagern aller für das Auslagern auf das Wochenende geeigneten (geplanten) Wartungsarbeiten jeweils 12 Stunden am Sonntag gearbeitet werden müsste, so ergibt sich die Ziel-Ausprägung der Zeitkomponente "planmäßige Wochenend-Wartung" zu 7,1% der Kalenderzeit. In Anlehnung daran ergibt sich die Ziel-Ausprägung der Zeitkomponente "produktionsfreie Zeit" zu 7,2% der Kalenderzeit.

- *Planmäßige Wartung Woche*: Dadurch dass im Ziel-Zustand ein Großteil der anstehenden planmäßigen Wartung auf den produktionsfreien Sonntag verschoben wurde, reduziert sich der Kalenderzeit-Anteil der Zeitkomponente "planmäßige Wartung Woche". Da jedoch beim Ableiten der Ziel-Ausprägung dieser Zeitkomponente nicht wie im Kern-Zustand idealisierte Umweltbedingungen sondern statt dessen vielmehr die gegebenen Umweltbedingungen zu beachten sind, kann die Kern-Ausprägung dieser Zeitkomponente nicht proportional mit der Auslagerung der geplanten Wartungsarbeiten auf den produktionsfreien Sonntag verringert werden. Statt dessen hat eine entsprechende Analyse für den Ziel-Zustand gezeigt, dass im Ziel-Zustand ein Verhältnis zwischen Stillstandzeit durch planmäßige Wartung in der Woche und effektiver Einsatzzeit der Arbeits- und Betriebsmittel von 1 zu 6 (das Verhältnis beträgt im Ist-Zustand 1 zu ~4,2) erreichbar scheint. Die Ziel-Ausprägung dieser Zeitkomponente ergibt sich dementsprechend zu $0{,}17 * t_{eff,Ziel}$.

- *Ablaufbedingte Stillstände*: Genauso wenig wie im Kern-Zustand lassen sich auch im Ziel-Zustand ablaufbedingte Stillstände vermeiden, da sich diese unmittelbar aus der Konstruktion des Gewinnungsgerätes ergeben, welche eine bestimmte Anzahl von Räum- und Leerfahrten erforderlich macht. Da sich diese konstruktionsbedingten Erfordernisse gegenüber den idealisierten Annahmen des Kern-Zustandes auch bei Zugrundelegen der gegebenen Umweltbedingungen nicht ändern (die Konstruktion des Gewinnungsgeräts bleibt ja unverändert), entspricht die Ziel-Ausprägung unverändert der Kern-Ausprägung dieser Zeitkomponente, mithin also $0{,}033 * t_{eff,Ziel}$.

- *Geologisch bedingter Stillstand*: Wie im Kern-Zustand ist auch im Ziel-Zustand davon auszugehen, dass die geologisch bedingten Stillstände naturgesetzlich bedingt sind. Somit entspricht das Ist-Verhältnis zwischen geologisch bedingten Stillständen und effektiver Einsatzzeit der Arbeits- und Betriebsmittel nicht nur dem Kern- sondern auch dem Ziel-Verhältnis. Die Ziel-Ausprägung dieser Zeitkomponente ergibt sich dementsprechend unverändert zu $0,176*t_{eff,Ziel}$.

- *Stillstände nachgelagerter Infrastruktur*: Die unter Annahme idealisierter Umweltbedingungen im Kern-Zustand abgeleitete Kern-Ausprägung dieser Zeitkomponente von 0 kann im Ziel-Zustand so nicht aufrechterhalten werden. Das liegt im Wesentlichen daran, dass unter den gegebenen Umweltbedingungen jede Komponente der nachgelagerten Infrastruktur eine gewisse Ausfallwahrscheinlichkeit hat, die sich zu einem gewissen Anteil für das Gesamtsystem zu einer Gesamt-Ausfallzeit aufaddieren. Zwar können durch organisatorische Maßnahmen wie z.B. intensivierte Wartung der nachgelagerten Infrastruktur gegenüber der Ist-Ausprägung dieser Zeitkomponente im Ziel-Zustand Verbesserungen erzielt werden. Im Ziel-Zustand kann unter Beachtung der gegebenen Umweltbedingungen jedoch die Ziel-Ausprägung nicht den Wert 0 erreichen. Das Berechnungsvorgehen zum Errechnen der maximal erreichbaren Ziel-Ausprägung dieser Zeitkomponente ist überaus komplex und bedient sich vorwiegend der Methoden des Operations Research. Da die inhaltliche Schilderung des Berechnungsvorgehens keinerlei Erkenntnisgewinn für die Durchführung der unternehmungsbezogenen Kernkostenanalyse bringt, sei an dieser Stelle auf die einschlägige Fachliteratur verwiesen.[595] Basierend auf diesen Ausführungen sei jedoch davon ausgegangen, dass eine entsprechende Analyse der Stillstandszeiten nachgelagerter Infrastruktur für den Ziel-Zustand ergeben hat, dass sich das Verhältnis aus Stillständen nachgelagerter Infrastruktur zur effektiven Einsatzzeit der Arbeits- und Betriebsmittel gegenüber dem Ist-Zustand von 1 zu ~8,6 im Ziel-Zustand auf ca. 1 zu 16 verbessern lässt. Die Ziel-Ausprägung dieser Zeitkomponente ergibt sich entsprechend zu $0,0625*t_{eff,Ziel}$.

- *Organisatorisch bedingte Stillstände*: Wie im Kern-Zustand unter idealisierten Umweltbedingungen sind auch im Ziel-Zustand unter Beachtung der gegebenen Umweltbedingungen organisatorisch bedingte Stillstände nicht akzeptabel und darüber hinaus auch nicht notwendig, da es hierfür keinerlei sachlich gerechtfertigte Begründung gibt. Dementsprechend ist davon aus-

---

[595] Hierfür sei insbesondere auf die folgenden beiden Werke verwiesen. Stoyan/Stoyan, Mathematische Methoden in der Operationsforschung, 1971; König/Sajkiewicz/Stoyan, Leistungsberechnung für Fördersysteme, 1985

zugehen, dass die Ziel-Ausprägung dieser Zeitkomponente wie auch im Kern-Zustand gleich 0 ist.

- *Technische Defekte*: Die im Kern-Zustand unter Annahme idealisierter Umweltbedingungen getroffene Festlegung, dass es zu keinerlei Stillständen aufgrund technischer Defekte kommt, ist unter Beachtung der gegebenen Umweltbedingungen nicht aufrecht zu erhalten, da auch bei perfektester Instandhaltung nicht auszuschließen ist, dass es zu technischen Defekten kommt. Für das Ableiten der Ziel-Ausprägung dieser Zeitkomponente ist es deshalb erforderlich abzuschätzen, zu welchen Stillstandszeiten aufgrund technischer Defekte es auf Basis der angenommenen Stillstandszeiten für die geplante Wartung und der Verbesserung der Maschinenbedienung durch das Personal (z.B. durch verbesserte Schulungen und intensivierte Aufsicht) kommen wird. Wird angenommen, dass eine entsprechende Analyse ergab, dass sich in diesem Zusammenhang das Verhältnis von Stillstandszeiten durch technische Defekte zur effektiven Einsatzzeit der Arbeits- und Betriebsmittel von 1 zu ~2,68 im Ist-Zustand auf 1 zu 6 im Ziel-Zustand verbessern lässt, so ergibt sich die Ziel-Ausprägung dieser Zeitkomponente zu $0,176*t_{eff,Ziel}$.

- *Kurzzeitstillstände*: Die für die Stillstandszeiten durch technische Defekte getroffenen Aussagen können analog auf die Kurzzeitstillstände übertragen werden. Wird angenommen, dass eine entsprechende Analyse für die Kurzzeitstillstände im Ziel-Zustand ergab, dass sich das Verhältnis von Kurzzeitstillständen zur effektiven Einsatzzeit der Arbeits- und Betriebsmittel von 1 zu ~6,5 im Ist-Zustand auf 1 zu 10 im Ziel-Zustand verbessern lässt, so ergibt sich die Ziel-Ausprägung dieser Zeitkomponente zu $0,1*t_{eff,Ziel}$.

Auf Basis der so ermittelten Ziel-Ausprägungen der einzelnen Zeitkomponenten können nunmehr die Ziel-Ausprägungen der Kostenbestimmungsfaktoren "Geplante Einsatzzeit Arbeits- und Betriebsmittel" sowie "Effektive Einsatzzeit Arbeits- und Betriebsmittel" ermittelt werden.

$$t_{plan,Ziel} = 100,0\% - 7,1\% - 7,2\%$$
$$= 85,7\%$$

Gleichung 95 (Ziel-Ausprägung "Geplante Einsatzzeit Arbeits- und Betriebsmittel" Wertschöpfungsschritt Gewinnen)

Die Ziel-Ausprägung des Kostenbestimmungsfaktors "Geplante Einsatzzeit Arbeits- und Betriebsmittel" ergibt sich zu 85,7% der Kalenderzeit, da von den 100% zur Verfügung stehenden Kalenderzeit die Zeitkomponenten "produktionsfreie Zeit" sowie "geplante Wochenend-Wartung" abzuziehen sind. Für die Ziel-Ausprägung des Kostenbestimmungsfaktors "Effektive Einsatzzeit Arbeits- und Betriebsmittel" gilt folgende Gleichung.

$$t_{plan,Ziel} = (0,1700 + 0,0330 + 0,1760 + 0,0625 + 0,1760 + 0,1000) * t_{eff,Ziel}$$

$$85,7\% = 1,7175 * t_{eff,Ziel}$$

Gleichung 96

Dementsprechend ergibt sich die Ziel-Ausprägung des Kostenbestimmungsfaktors "Effektive Einsatzzeit Arbeits- und Betriebsmittel" gemäß Gleichung 97 zu 49,9% der verfügbaren Kalenderzeit.

$$t_{eff,Ziel} = \frac{85,7\%}{1,7175}$$
$$= 49,9\%$$

Gleichung 97 (Ziel-Ausprägung "Effektive Einsatzzeit Arbeits- und Betriebsmittel" Wertschöpfungsschritt Gewinnen)

Auf Basis der im Rahmen dieses Kapitels, ausgehend von hypothetischen Zahlenwerten, ermittelten Ziel-Ausprägungen der einzelnen Zeitkomponenten für den Wertschöpfungsschritt Gewinnen, lässt sich die Aufteilung der Kalenderzeit für den Wertschöpfungsschritt Gewinnen wie in Abbildung 71 skizziert darstellen.

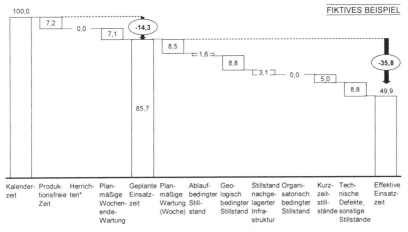

* Nicht parallel zum Wertschöpfungsschritt Gewinnen (der entsprechenden Baukette)
Quelle: Weiss

Abbildung 71 (Geplante und effektive Einsatzzeit im Ziel-Zustand)

Die im Rahmen dieser Erläuterung ermittelte Ziel-Ausprägung des Kostenbestimmungsfaktors "Effektive Einsatzzeit Arbeits- und Betriebsmittel" ist zwar um ca. 30% geringer als die in Kapitel 3.2.5.1.1.3 ermittelte Kern-Ausprägung, stellt aber immerhin noch fast eine Verdoppelung der Ist-Ausprägung dar. Aufgrund der Faktenbasiertheit der vorgenommenen Analysen und der Anwendung des Konzepts der natürlichen Grenzen ist jedoch sichergestellt, dass die ermittelte Ziel-

Ausprägung zum einen unter den gegebenen Umweltbedingungen auch erreicht werden kann und zum anderen die unter den gegebenen Umweltbedingungen auch maximal erreichbare Ziel-Ausprägung dieses Kostenbestimmungsfaktors darstellt.

3.2.7.1.2 Ziel-Ausprägung bei nicht technisch determinierten Grenzen

3.2.7.1.2.1 Ziel-Ausprägung Faktorpreise

Das Ableiten der Ziel-Ausprägung des Kostenbestimmungsfaktors "Faktorpreise" lehnt sich wiederum stark an das Vorgehen an, dass in Rahmen der Schilderungen des Kapitels 3.2.5.1.2.1 zum Ableiten der Kern-Ausprägung dieses Kostenbestimmungsfaktors verwendet wurde. Um eine Vergleichbarkeit der Ausführungen beider Kapitel sicherzustellen, wird das Ableiten der Ziel-Ausprägung des Kostenbestimmungsfaktors "Faktorpreise" nachfolgend wieder für die beiden Kostenarten Material- und Personalkosten erläutert.

Das Ableiten der Kern-Ausprägung in Bezug auf die Kostenart Material folgte in Kapitel 3.2.5.1.2.1 dem Grundgedanken, die – unter idealisierten Umweltbedingungen – maximal erreichbare Kostenuntergrenze für die wesentlichen Materialarten der Kostenart Material über die Preis-gleich-Grenzkosten-Regel zu ermitteln.[596] Diesem Vorgehen lag die Annahme zugrunde, dass die Grenzkosten in einem Markt vollständiger Konkurrenz die Kostenuntergrenze darstellen, die langfristig von keinem der Marktteilnehmer unterschritten werden darf.[597] Im gleichen Atemzug wurde jedoch darauf hingewiesen, dass die Ermittlung dieser Kostenuntergrenze in der praktischen Umsetzung vergleichsweise schwierig ist, da keiner der Marktteilnehmer seine Kostenuntergrenze freiwillig aufdecken wird. Da – wenn kein Marktteilnehmer seine Grenzkosten veröffentlicht – auch kein Marktteilnehmer (sofern er nicht durch die Wettbewerbssituation auf dem betroffenen Markt gezwungen ist) seine Produkte zu diesen Grenzkosten anbieten wird, bleibt die Kern-Ausprägung des Kostenbestimmungsfaktors "Faktorpreise" eine theoretische Größe, die nicht eins zu eins in eine Ziel-Ausprägung überführt werden kann.

Trotzdem kann die ermittelte Kern-Ausprägung bzw. die durch z.B. adjustierte internationale Preisvergleiche ermittelten Kostenuntergrenzen für die einzelnen Materialarten für das Ableiten der Ziel-Ausprägung verwendet werden. Letztendlich ist nämlich zu klären, inwieweit man sich der theoretisch im Rahmen des Ableitens der Kern-Ausprägung ermittelten Kostenuntergrenze unter Beachtung der gegebenen Umweltbedingungen (d.h. z.B. tatsächlich nachgefragtes Mengengerüst, Lieferkonditionen) praktisch nähern kann. Hierbei hilft es für die Preis-Verhandlungen mit den Lieferanten ungemein, die "theoretische" Kostenuntergrenze zu kennen, um dann die richtigen Verhandlungsforderungen stellen zu können. Damit erschließt sich indirekt auch schon das Vorgehen zum Ableiten der

---

[596] Vgl. Abbildung 69
[597] Czesanne, Allgemeine Volkswirtschaftslehre, 3. Aufl., 1997, S. 140

Ziel-Ausprägung des Kostenbestimmungsfaktors "Faktorpreise". Für die praktische Umsetzung des Ermittelns dieser unter Beachtung der gegebenen Rahmenbedingungen tatsächlich erreichbaren Kostenuntergrenze existieren dann auch eine Reihe von Möglichkeiten, von denen eine kleine Auswahl nachfolgend aufgezählt wird.

- *Verhandlung mit Lieferanten*: Die direkteste Möglichkeit ergibt sich aus einer neuen Preisverhandlung mit den Lieferanten. Da die tatsächlich erreichbare Preisuntergrenze zumeist erst nach etlichen Verhandlungsrunden und unter Hinzuziehen weiterer Instrumente (wie weltweite Ausschreibung, Spezifikationsänderungen etc.) erreicht werden kann, stellt die direkte Verhandlung häufig nur eine Komponente im Vorgehen zum Ableiten der Ziel-Ausprägung dar.

- *Benchmarking mit Wettbewerbern bzw. anderen Nachfragern*: Ein gutes Indiz für die tatsächlich erreichbare Preisuntergrenze stellt das Benchmarking mit anderen Nachfragern gleicher Leistungen und Produkte dar. Derartige Kooperationen unter Nachfragern sind im Übrigen auch dazu geeignet, Einkaufsgemeinschaften zu bilden, die durch Volumenbündelungen gegebenenfalls zusätzliche Preissenkungen erreichen können.

- *Einsatz externer Berater*: Grundsätzlich kann auch der Einsatz externer Einkaufsberater sinnvoll sein, die durch ihre tagtägliche Arbeit bereits ein Gefühl darüber gewonnen haben, welche Preisuntergrenzen unter den gegebenen Umweltbedingungen ausgehend von der ermittelten Kern-Ausprägung denn tatsächlich erreichbar erscheinen. Zusätzlich bieten sie anschließend durch ihre Verhandlungserfahrung auch Hilfe, die geschätzte Preisuntergrenze auch tatsächlich zu erreichen.

Welcher Weg auch immer beschritten wird, um die unter den gegebenen Umweltbedingungen tatsächlich erreichbare Kostenuntergrenze zu ermitteln. In Anlehnung an die in Gleichung 89 ermittelte Kern-Ausprägung ergibt sich die Ziel-Ausprägung des Kostenbestimmungsfaktors "Faktorpreise" für die Kostenart Material zu Gleichung 98.

$$K_{Ziel,Material} = \sum_{x=1}^{z} p_{Ziel,x} * n_x$$

Gleichung 98 (Ziel-Ausprägung Kostenbestimmungsfaktor "Faktorpreise" für die Kostenart Materialkosten)

Um wiederum eine Verwechslung mit den Absolutkostendaten des jeweiligen Wertschöpfungsschritts zu vermeiden, empfiehlt es sich – wie auch schon bei der Darstellung der Kern-Ausprägung – die ermittelte Ziel-Ausprägung in Bezug auf die Ist-Ausprägung indexiert darzustellen. Gleichzeitig sei an dieser Stelle darauf hingewiesen, dass im Rahmen der Verträglichkeitsprüfung als letzten Schritt des Festlegens der tatsächlichen Ziel-Ausprägungen gegebenenfalls Anpassungen an den Produktionsfaktormengen n_x vorzunehmen sind, sofern es im Ziel-Zustand für die betreffenden Materialarten parallel zu einer Ausprägungsänderung des Kostenbestimmungsfaktors "Faktoreinsatzmengen Repetierfaktoren" kommt.

Hinsichtlich des Ermittelns der Ziel-Ausprägung des Kostenbestimmungsfaktors "Faktorpreise" für die Kostenart Personal ist das Vorgehen gegenüber der Kostenart Material vergleichsweise einfach. Inhaltlich ist an dem für das Ableiten der Kern-Ausprägung ausgeführten Vorgehen, das sich aus den beiden Schritten "Ermitteln Kern-Entlohnung je Qualifikationsstufe" und "Ermitteln Mindestqualifikation je benötigter Stelle" zusammensetzt, nichts zu ändern. Das begründet sich damit, dass dieses Vorgehenskonzept inhaltlich vollkommen faktenbasiert aufgebaut und deshalb auch nicht angreifbar ist. Trotzdem lassen sich die ermittelten Ergebnisse unter den gegebenen Umweltbedingungen wahrscheinlich nicht eins zu eins umsetzen, weswegen die ermittelte Kern-Ausprägung auch nicht eins zu eins in die Ziel-Ausprägung überführt werden kann (und sollte). Das liegt unter anderem an den folgenden Faktoren, die zugegebener Maßen nicht ganz unabhängig voneinander sind.

- *Montanmitbestimmung*: Traditionell sind insbesondere im deutschen Steinkohlenbergbau ein Großteil der Beschäftigten gewerkschaftlich organisiert[598], was im Ergebnis dazu führt, dass Arbeitnehmervertreter einen nicht zu unterschätzenden Einfluss auf wesentliche Unternehmungsentscheidungen im deutschen Steinkohlenbergbau haben.[599] Es kann daher nicht erwartet werden, dass das vollkommene Zurückfahren der Entlohnung der Mitarbeiter auf das für die Kern-Ausprägung ermittelte Niveau durch die Mitbestimmung mitgetragen wird.[600] In Abhängigkeit von der jeweiligen Situation, in der sich die betrachtete Unternehmung zum Verhandlungszeitpunkt befindet, ist davon auszugehen, dass mit der Mitbestimmung ein Kompromiss gefunden werden kann, der mehr oder weniger von der ermittelten Kern-Ausprägung abweicht. Wie groß diese Abweichung ist, ist allein in konkreten Verhandlungen ermittelbar und soll an dieser Stelle auch bewusst nicht diskutiert werden.

---

[598] Zur Entwicklung und Geschichte der gewerkschaftlichen Organisation sowie zur Montanmitbestimmung sei an dieser Stelle auf die ausführlichen Schilderungen von Potthoff verwiesen. Vgl. Potthoff, Der Kampf um die Montan-Mitbestimmung, 1957, S. 9

[599] Eine sehr ausführliche und hochaktuelle Abhandlung zum aktuellen Stand und den Entwicklungsperspektiven findet sich bei Lompe/Blöcker/Marquardt/Rölke/Weis. Vgl. Lompe/Blöcker/Marquardt/Rölke/Weis, Bilanz und Perspektive der Montanmitbestimmung, 2003

[600] Davon ist insbesondere deswegen nicht auszugehen, da die Arbeitnehmerseite nach §13 Montan-MitbestG in Form des Arbeitsdirektors ein Vorstandsmitglied stellt, dass sich um die personellen und sozialen Angelegenheiten der Beschäftigten der betreffenden Unternehmung kümmert und somit die natürliche Opposition zu den vorgestellten Adjustierungen der Personalfaktorkosten darstellt. Vgl. Hentze/Kammel, Personalwirtschaftslehre 1, 7. Aufl. 2001, S. 173 ff

- *Personalangebot*: Grundsätzlich entscheidet natürlich auch das Personalangebot ob tatsächlich ausreichend Personal in den einzelnen Qualifikationsstufen gefunden werden kann, um den im Kern-Niveau in den einzelnen Qualifikationsstufen ermittelten Personalbedarf zu decken. Das ist insbesondere vor dem Hintergrund der eingeschränkten Mobilität von Arbeitskräften bedeutend, da es auch in geringen Qualifikationsstufen zu Engpässen in der Personalversorgung kommen kann, wenn am Einsatzort nicht ausreichend Personal zur Verfügung steht.

- *Gesetzliche Regelungen*: Letztendlich läuft ja der beim Ableiten der Kern-Ausprägung entwickelte Grundgedanke darauf hinaus, über Niveau bezahltes und überqualifiziertes Personal durch Personal auf einem angemessenen Entlohnungsniveau mit der gerade ausreichenden Qualifikation zu besetzen. Insbesondere aufgrund diverser Kündigungsschutzregelungen, die insbesondere in Deutschland zu berücksichtigen sind, ist es teilweise nicht oder nur sehr schwer möglich, über Niveau entlohntes bzw. überqualifiziertes Personal freizusetzen. Da diese Regelungen auch im Ziel-Zustand zu beachten sind, sind an dieser Stelle entsprechende Anpassungen gegenüber dem Kern-Niveau vorzunehmen.

- *Motivationswirkung der Entlohnung*: Grundsätzlich wird der Entlohnungshöhe (und der Entlohnungsstruktur) natürlich auch eine nicht zu verachtende Motivationswirkung zugesprochen.[601] Selbst wenn es sachlich richtig erscheint, das Personal der betrachteten Unternehmung gemäß den Kern-Annahmen umzuschichten. Die Motivation der Belegschaft wird diese Maßnahme sicherlich nicht positiv beeinflussen. Damit stellt sich an dieser Stelle ein klassischer Zielkonflikt zwischen der eigentlich benötigten Höchstmotivation der Belegschaft, die für das Erreichen der Ziel-Ausprägungen benötigt wird, und der möglichst geringen Personalfaktorpreise dar. Dieser Umstand sollte ebenso in die Ermittlung der Ziel-Ausprägung einfließen, stellt doch die Belegschaft der Unternehmung einen wichtigen, wenn nicht sogar den wichtigsten Produktionsfaktor einer Unternehmung dar.

Zusammenfassend kann also angemerkt werden, dass das Ableiten der Ziel-Ausprägung des Kostenbestimmungsfaktors "Faktorpreise" für die Kostenart Personal im Wesentlichen durch das Verhandeln der Personalfaktorkosten auf Basis der ermittelten Kern-Ausprägungen unter Beachtung der geltenden gesetzlichen Rahmenbedingungen erfolgt. Um hierbei zu einem optimalen Verhandlungsergebnis zu kommen, kann es vorteilhaft sein, keine pauschalen Abschätzungen über alle Qualifikationsstufen zu machen, sondern die einzelnen Qualifikationsstufen tatsächlich einzeln durchzugehen, um auf Basis der ermittelten Kern-Ausprägungen die Ziel-Ausprägung für die einzelne Qualifikationsstufe festzulegen. Die zu-

---

[601] Vgl. Wagner, Organisation, Führung und Personalmanagement, 1989, S. 276

sammengefasste Ziel-Ausprägung für die Kostenart Personal ergibt sich auf Basis dieses Vorgehens in Anlehnung an Gleichung 92 zu Gleichung 99.

$$K_{Pers,Ziel} = \sum_{q=1}^{n} K_{Ziel,q} * n_{Ziel,q}$$

Gleichung 99 (Ziel-Personalkosten für analysierten Wertschöpfungsschritt)

Im Übrigen gelten hinsichtlich der Indexierung und hinsichtlich einer möglichen Adjustierung der ermittelten Ziel-Ausprägung im Rahmen der Verträglichkeitsprüfung die im Kapitel 3.2.5.1.2.1 vorgenommenen Ausführungen.

3.2.7.1.2.2 Ziel-Ausprägung Schichtbelegung

Wie bereits in Kapitel 3.2.5.1.2.2 zur Erläuterung des Ableitens der Kern-Ausprägung des Kostenbestimmungsfaktors "Schichtbelegung" wird auch zum Ableiten der Ziel-Ausprägung auf das Beispiel der Schichtbelegung des Wertschöpfungsschritts Aufbereiten zurückgegriffen. Ausgehend von der ermittelten Kern-Ausprägung wird hierfür für jeden Arbeitsplatz einzeln untersucht, welche personelle Ausstattung für den jeweiligen Arbeitsplatz für das nachhaltige Aufrechterhalten des Produktionsprozesses unter Ansatz der Ziel-Bedingungen notwendig ist. Dabei wird nicht – wie beim Ableiten der Kern-Ausprägung dieses Kostenbestimmungsfaktors – darauf eingegangen, ob der jeweils untersuchte Arbeitsplatz für die Durchführung des Produktionsprozesses notwendig ist, da davon ausgegangen werden kann, dass all die Arbeitsplätze, die im Kern-Zustand als notwendig erachtet wurden auch im Ziel-Zustand erforderlich sind.

Die grundsätzliche Möglichkeit, dass für einen Arbeitsplatz (bzw. einen Tätigkeitsbereich) im Ziel-Zustand eine höhere personelle Ausstattung als im Kern-Zustand erforderlich ist, lässt sich im Wesentlichen auf die zum Ableiten der Kern-Ausprägung angenommenen idealisierten Umweltbedingungen zurückführen. Am einfachsten kann das am Vergleich von Abbildung 68 und Abbildung 71 verdeutlicht werden, die jeweils die Kern- und die Ziel-Ausprägungen der Kostenbestimmungsfaktoren "Geplante Einsatzzeit Arbeits- und Betriebsmittel" sowie "Effektive Einsatzzeit Arbeits- und Betriebsmittel" beschreiben. Wie recht einfach zu erkennen ist, ist der Anteil der effektiven an der geplanten Einsatzzeit der Arbeits- und Betriebsmittel im Kern-Zustand höher als im Ziel-Zustand. Im Umkehrschluss bedeutet das, dass häufiger wie auch immer geartete Stillstandszeiten auftreten, die den Produktionsprozess unterbrechen und den Einsatz von mehr Personal erfordern. Sind zum Beispiel im Kern-Zustand Stillstände aufgrund technischer Effekte durch die Annahme idealisierter Umweltbedingungen vollkommen ausgeschlossen, die jedoch im Ziel-Zustand unter Zugrundelegen der gegebenen Umweltbedingungen nicht vollständig zu vermeiden sind, so werden im Ziel-Zustand gegenüber dem Kern-Zustand mehr Arbeitskräfte zur Anlagenüberwachung und Instandsetzung benötigt. Gleichzeitig wird im Kern-Zustand – auf Basis der Annahme idealisierter Umweltbedingungen – von mit Maximalproduktivität arbeitenden Beschäftigten ausgegangen, die es unter den gegebenen Umwelt-bedingungen wahrscheinlich nicht gibt, so dass auch aus diesem Grunde im Ziel-Zustand entsprechende Zuschläge vorzunehmen sind. Wichtig ist jedoch für das Ableiten der Ziel-Ausprägung des Kostenbestimmungsfaktors "Schichtbelegung" nur die Zuschläge zu den je Arbeitsplatz ermittelten Kern-Ausprägungen zuzulas-sen, die auch tatsächlich faktenbasiert notwendig sind. Beispiele hierfür sind die erwähnten erhöhten Stillstandszeitanteile und eine geringere Durchschnittsproduk-tivität. Pauschale Zuschläge, wie "hier planen wir zur Sicherheit einen Mann mehr ein", sind zu vermeiden. Wie man auf Basis dieser Arbeitsanweisungen das Ablei-ten der Ziel-Ausprägung für den Wertschöpfungsschritt Aufbereiten vornimmt, zeigt nachfolgende Schilderung in Zusammenhang mit Abbildung 72.

Arbeitsplatz	Ist-Ausprägung			Kern-Ausprägung			Ziel-Ausprägung		
	Schicht 1	Schicht 2	Schicht 3	Schicht 1	Schicht 2	Schicht 3	Schicht 1	Schicht 2	Schicht 3
• Leitung Aufbereitung									
– Vorarbeiter Wäsche und Sieberei	2	2	2	1	1	1	1	1	1
• Aufbereitungslabor									
– Vorarbeiter	1								
– Probenvorbereitung, Analyse	1	1		1			1		
– Probenehmer	1	1	1	1	1	1	1	1	1
• Steuerstand Aufbereitung	1	1	1	1	1	1	1	1	1
• Rohkohlenvorbereitung									
– Klauber	2	2	2	2	2	2	2	2	2
– Bergeweg	1	1	1	1	1	1	1	1	1
– Bandwärter	3	3	2	1	1	1	2	2	2
• Grob-, Mittel- und Feinkornsortierung									
– Setzmaschinist	1	1	1	1	1	1	1	1	1
– S-Wäsche-Maschinist	1	1	1	1	1	1	1	1	1
– Wasserkreislauf	1	1	1	1	1	1	1	1	1
• Feinstkornaufbreitung									
– Flotation und Filter	1	1	1	1	1	1	1	1	1
• Bunkerung, Mischung, Verladung									
– Verwieger	3	2	2	1	1	1	2	1	1
– Filterpresse	1	1	1	1	1	1	1	1	1
• Waschbergetransport	1	1	1	1	1	1	1	1	1
Summe	21	19	17	15	14	14	17	15	15
Gesamtsumme	57			43			47		

Quelle: DSK-Interview vom 21.04.2004; Weiss

Abbildung 72 (Ziel-Ausprägung "Schichtbelegung" Wertschöpfungsschritt Aufbereiten)

Für das bereits in Kapitel 3.2.5.1.2.2 zitierte Beispiel der Kern-Ausprägung des Kostenbestimmungsfaktors Schichtbelegung wurde für eine fiktive Aufbereitung analysiert, ob bei den einzelnen Arbeitsplätzen zum Ableiten der Ziel-Ausprägung gegenüber der Kern-Ausprägung Adjustierungen vorzunehmen sind. Dabei wurde hinsichtlich den im Kern-Zustand vorgenommenen Adjustierungen für die Leitung der Aufbereitung und das Aufbereitungslabor kein Adjustierungsbedarf identifi-ziert. Hinsichtlich der Rohkohlenvorbereitung wurde jedoch festgestellt, dass die Reduzierung der Bandwärter, die aufgrund der Annahme idealisierter Umweltbe-dingungen im Kern-Zustand auf jeweils einen Beschäftigten je Schicht reduziert wurde im Ziel-Zustand aufgrund eines gegenüber dem Kern-Zustand höheren

Stillstandsanteil an der geplanten Einsatzzeit der Arbeits- und Betriebsmittel nicht aufrecht erhalten werden kann. Stattdessen wurde die Anzahl der Bandwärter je Schicht im Ziel-Zustand auf 2 Beschäftigte adjustiert. Hinsichtlich der Grob-, Mittel- und Feinkornsortierung, der Feinstkornaufbereitung sowie dem Waschbergetransport wurden gegenüber dem Kern-Zustand keine Adjustierungen für das Ableiten der Ziel-Ausprägung vorgenommen, da die Kern-Ausprägung der Ist-Ausprägung entspricht. Abschließend wurde in der Bunkerung, Mischung und Verladung eine Adjustierung bei den Verwiegern in Form von einem zusätzlichen Beschäftigten für Schicht 1 vorgenommen. Diese Hinzunahme eines Beschäftigten gegenüber dem Kern-Zustand begründet sich damit, dass im Kern-Zustand eine gleichmäßige Verteilung der Verladeleistung über den gesamten Tag als idealisierte Umweltbedingung angenommen wurde. Da sich aber unter den gegebenen Umweltbedingungen (insbesondere aufgrund externer Einflüsse durch Speditionen) die Verladeleistung insbesondere am Vormittag – also in Schicht 1 – konzentriert, musste hierfür ein zusätzlicher Beschäftigter eingeplant werden.

Auf Basis der vorgenommenen Adjustierungen ergibt sich die Ziel-Ausprägung des Kostenbestimmungsfaktors "Schichtbelegung" in Form der Kennzahl durchschnittliche Schichtbelegung zu 15,7 Beschäftigten je Schicht. Damit liegt die Ziel-Ausprägung ca. 10% über der ermittelten Kern-Ausprägung von 14,3 Beschäftigten je Schicht.

3.2.7.1.2.3 Ziel-Ausprägung effektive Arbeitszeit

Basis des Ableitens der Ziel-Ausprägung des Kostenbestimmungsfaktors "Effektive Arbeitszeit" ist das bereits in Kapitel 3.2.5.1.2.3 für das Ableiten der Kern-Ausprägung des gleichen Kostenbestimmungsfaktors verwendete Beispiel eines Beschäftigten des Wertschöpfungsschritts Gewinnen. Wie für das Ableiten der anderen Ziel-Ausprägungen, ist auch in diesem Fall von den ermittelten Kern-Ausprägungen auszugehen. Aus diesem Grund wird nachfolgend das Kern-Beschäftigungsprofil des Beispiel-Beschäftigten dahingehend untersucht, inwieweit für das Ableiten der unter den gegebenen Umweltbedingungen erreichbaren Ziel-Ausprägungen Adjustierungen der Kern-Ausprägungen notwendig sind. Hierbei wird auf das in Kapitel 3.2.5.1.2.3 ausführlich erläuterte Beschäftigungsprofil des Beispiel-Beschäftigten zurückgegriffen.

- Beschäftigungsort: Der Beschäftigungsort des Beispiel-Beschäftigten ist auch im Ziel-Zustand der Wertschöpfungsschritt Gewinnen.

- Geplante Arbeitszeit ($t_{plan,woche,Ziel}$): Um eine Vergleichbarkeit des Ist-, Kern- und Ziel-Zustands zu erreichen, bleibt die geplante Wochenarbeitszeit auch im Zielzustand bei konstant 40 Stunden.

- Schichtdauer ($t_{d,Ziel}$): Um den relativen Anteil der Fahrungszeit an der Schichtdauer zu vermindern, wurde die Schichtdauer im Kern-Zustand auf das gemäß §15 Abs. 1 a ArbZG maximal mögliche Maß ausgedehnt. Aufgrund der Intervention der Arbeitnehmermitbestimmung[602] lässt sich diese maximal mögliche Ausdehnung der Schichtdauer unter den gegebenen Umweltbedingungen nicht durchsetzen. Vielmehr konnte nach Verhandlungen mit der Mitbestimmung der Kompromiss erzielt werden, die Schichtdauer unter Konstanthalten der geplanten Wochenarbeitszeit auf 10 Stunden (gegenüber 8 Stunden im Ist-Zustand) auszudehnen. Dementsprechend beträgt die Ziel-Ausprägung der Schichtdauer $t_{d,Ziel}$ 10 Stunden.

- Fahrungszeit (Hin- und Rückweg je Schicht - $t_{Fahrung}$): Wie bereits im Kern-Zustand kann auch im Ist-Zustand die Fahrungszeit nicht geändert werden. Dementsprechend beträgt auch die Ziel-Ausprägung der Fahrungszeit 2 Stunden.

- Pausenzeit je Schicht ($t_{Pause,Ziel}$): Da die Ziel-Ausprägung der Schichtdauer über dem in §4 ArbZG festgelegten Schwellenwert von 9 Stunden liegt, ist im Ziel-Zustand eine Mindestpausenzeit von 45 Minuten erforderlich. Da die Absenkung der Pausenzeit von 60 Minuten im Ist-Zustand auf 45 Minuten im Ziel-Zustand mit der Mitbestimmung abgestimmt werden konnte, beträgt die Ziel-Ausprägung der Pausenzeit 45 Minuten.

- Jahresurlaub ($d_{Urlaub,Ziel}$): Es wird angenommen, dass die Kern-Ausprägung des Jahresurlaubs $d_{Urlaub,Kern}$ gemäß den Vorgaben von §3 Abs. 2 BUrlG in den Verhandlungen mit der Mitbestimmung leider nicht ohne Abschlag in die Ziel-Ausprägung überführt werden konnte. Vielmehr wird angenommen, dass in den Verhandlungen mit der Mitbestimmung deswegen Zuschläge auf diesen Minimalwert vorgenommen werden mussten, da die schwere körperliche Arbeit der Beschäftigten einer Regeneration von mindestens 25 Urlaubstagen (zzgl. Wochenenden) bedarf. Da dieses Argument mit medizinischen Gutachten belegt werden konnte, ist die Ziel-Ausprägung des Jahresurlaubs $t_{Urlaub,Ziel}$ 25 Tage (ohne Samstage und Sonntage).

- Fehltage aufgrund von Krankmeldungen ($d_{krank,Ziel}$): Da beim Ableiten der Kern-Ausprägung die Fehltage aufgrund von Krankmeldungen als naturgesetzliche Grenze interpretiert wurden und somit die Kern-Ausprägung der Ist-Ausprägung entsprach, sind für das Ableiten der Ziel-Ausprägung keinerlei Anpassungen vorzunehmen. Dementsprechend ergibt sich auch die Ziel-Ausprägung der Fehltage aufgrund von Krankmeldungen zu 12,3 Arbeitstagen.

- Fehltage aufgrund von Schulungen ($d_{Schulung,Ziel}$): Beim Ableiten der Kern-Ausprägung der Fehltage aufgrund von Schulungen wurde die Kern-Ausprägung mit dem Argument bis auf 0 Arbeitstage reduziert, dass zwar

---

602 Vgl. hierzu die entsprechenden Schilderungen zur Mitbestimmung aus Kapitel 3.2.7.1.2.2

weiterhin Schulungen für die Beschäftigten angeboten, der hierfür aufzuwendende Zeitaufwand jedoch nicht entlohnt wird. Dies wird auch unter den gegebenen Umweltbedingungen im Ziel-Zustand als realisierbar betrachtet, weswegen sich die Ziel-Ausprägung der Fehltage aufgrund von Schulungen $d_{Schulung,Ziel}$ ebenfalls zu 0 Arbeitstagen ergibt.

- Fehltage aufgrund von Feiertagen ($d_{Feiertag,Ziel}$): Die Annahme idealisierter Umweltbedingungen unter denen eine einkommensneutrale Reduzierung der Fehltage aufgrund von Feiertagen als machbar erschien, lässt sich aufgrund der Regelung in §1 Abs. 2 ArbZG und §9 ArbZG im Ziel-Zustand unter den gegebenen Umweltbedingungen nicht realisieren. Zwar darf der Beschäftigte gemäß §10 Abs. 1 Nr. 14 während eines Feiertags beschäftigt werden. Das ist jedoch insofern nicht einkommensneutral, als dass dem betreffenden Beschäftigten gemäß §11 Abs. 3 ArbZG ein Ersatzruhetag zu gewähren ist. Aus diesem Grunde entspricht die Ziel-Ausprägung der Fehltage aufgrund von Feiertagen mit $d_{Feiertag,Ziel}$ = 7 Arbeitstage der Ist-Ausprägung.

Auf Basis der abgeleiteten Ziel-Ausprägungen der einzelnen Zeitkomponenten kann nachfolgend in Anlehnung an die Überlegungen von Gleichung 93 die Ziel-Ausprägung des Kostenbestimmungsfaktors "Effektive Arbeitszeit" für den als Ausführungsbeispiel gewählten Beispiel-Beschäftigten des Wertschöpfungsschritts Gewinnen berechnet werden.

$$
t_{eff,jahr,Ziel} = \frac{\left(365 - 52 * 2 - d_{Urlaub,Ziel} - d_{krank,Ziel} - d_{Schulung,Ziel} - d_{Feiertag,Ziel}\right)}{\dfrac{t_{plan,woche,Ziel}}{t_{d,ist}}}
$$

$$
* \frac{t_{plan,woche,Ziel}}{t_{d,Ziel}} * \left(t_{d,Ziel} - t_{Fahrung,Ziel} - t_{Pause,Ziel}\right)
$$

$$
= \frac{365 - 104 - 25 - 12,3 - 0 - 7}{\dfrac{40h}{8h}} * \frac{40h}{10h} * \left(10h - 2h - 0,75h\right)
$$

$$
= 1.256,9h
$$

Gleichung 100 (Effektive Ziel-Jahresarbeitszeit Beispiel-Beschäftigter)

Wie Gleichung 100 entnommen werden kann, liegt damit die Ziel-Ausprägung des Kostenbestimmungsfaktors "Effektive Arbeitszeit" zwar gut 11% unter der Kern-Ausprägung jedoch immer noch fast 22% über der Ist-Ausprägung des gleichen Kostenbestimmungsfaktors. Das Ableiten der Ziel-Ausprägung des Kostenbestimmungsfaktors "Effektive Arbeitszeit" für die gesamten Beschäftigten eines Wertschöpfungsschritts erfolgt dann analog zur geschilderten Ableitung, nur dass dann nicht mehr das Beschäftigungsprofil des Beispiel-Beschäftigten, sondern vielmehr das gewichtete Beschäftigungsprofil des Durchschnittsbeschäftigten des jeweils zu untersuchenden Wertschöpfungsschritts zu verwenden ist.

3.2.7.2 Verträglichkeitsprüfung abgeleiteter Ziel-Ausprägungen

Bevor im nächsten Arbeitsschritt die Zielkosten für die zu analysierende Beispiel-Unternehmung errechnet werden können, ist – analog zum Vorgehen für das Errechnen der Kern-Ausprägungen – eine Verträglichkeitsprüfung hinsichtlich der abgeleiteten Ziel-Ausprägungen durchzuführen. Da Sinn und Zweck der Verträglichkeitsprüfung und der in diesem Zusammenhang vorzunehmenden Anpassungen bereits ausführlich in den Kapiteln 2.5.4.3 und 3.2.5.2 beschrieben sind, wird an dieser Stelle auf eine Wiederholung der relevanten Inhalte verzichtet und statt dessen auf die vorgenannten Kapitel verwiesen. Im Endergebnis müssen nach dem Durchführen der Verträglichkeitsprüfung die Ziel-Ausprägungen der Kostenbestimmungsfaktoren je Wertschöpfungsschritt so aufeinander abgestimmt sein, dass die wertschöpfungsschrittbezogene Berechnung der Zielkosten mit Hilfe der finalen Ziel-Ausprägungen der Kostenbestimmungsfaktoren auf Basis der in Abbildung 49 dargestellten Berechnungsmatrix die unter den gegebenen Umweltbedingungen maximal erreichbare Kostenuntergrenze des betreffenden Wertschöpfungsschritts ergeben.

Wichtig ist hierbei anzumerken, dass die Verträglichkeitsprüfung (und der entsprechende Abgleich der Ziel-Ausprägungen) ausschließlich für die Ziel-Ausprägungen der Kostenbestimmungsfaktoren eines Wertschöpfungsschritts vorzunehmen ist. Das Herstellen der Verträglichkeit zwischen den einzelnen Wertschöpfungsschritten ist hingegen Aufgabe des nachfolgenden Arbeitsschritts "Zielkosten errechnen".

3.2.8 Zielkosten errechnen

Das Errechnen der Zielkosten unterscheidet sich in keiner Weise von dem in Kapitel 3.2.6 beschriebenen Arbeitsschritts des Errechnens der Kern-Kosten. Vielmehr ist das exakt gleiche Vorgehen anzuwenden, das sich nur in einem einzigen Punkt von dem in Kapitel 3.2.6 beschriebenen Vorgehen unterscheidet. Um die Zielkosten zu errechnen, sind einfach die im Kapitel 3.2.5 abgeleiteten Kern-Ausprägungen der Kostenbestimmungsfaktoren gegen die in Kapitel 3.2.7 abgeleiteten Ziel-Ausprägungen auszutauschen.

In der praktischen Handhabung des Errechnens der Zielkosten bedeutet das zwei wesentliche Verfahrenserleichterungen. So ist zum einen nur ein Berechnungsmodell zu entwickeln, das im Anschluss an seine Entwicklung sowohl für das Errechnen der Kern- als auch für das Errechnen der Zielkosten verwendet werden kann. Durch das Verwenden des selben Berechnungsmodells ist zum anderen sichergestellt, dass sowohl die Kern- als auch die Zielkosten auf exakt der selben Berechnungsmethode beruhen, mithin Differenzen zwischen den errechneten Kern- und Zielkosten ausschließlich auf die Differenzen der Ausprägungen der Kostenbestimmungsfaktoren zurückzuführen sind.

Da das Errechnen der Zielkosten – wie oben angemerkt – den theoretischen Ausführungen des Kapitels 2.5.5 und den auf das Ausführungsbeispiel der Steinkohlenbergbau-Unternehmung abgestimmten Ausführungen des Kapitels 3.2.6 eins zu eins folgt, sei an dieser Stelle auf eine Wiederholung dieser Ausführungen verzichtet und stattdessen auf die vorgenannten Kapitel verwiesen.

3.2.9 Umsetzung herleiten

Sind die Zielkosten der als Ausführungsbeispiel gewählten Steinkohlenbergbau-Unternehmung errechnet, so besteht der letzte Schritt in der Durchführung der unternehmungsbezogenen Kernkostenanalyse darin, ein Umsetzungsprogramm herzuleiten, mit dem die Ist-Ausprägungen der Kostenbestimmungsfaktoren in den einzelnen Wertschöpfungsschritten (in Anlehnung an die abgeleiteten Kern-Ausprägungen) hin zu den abgeleiteten Ziel-Ausprägungen verändert und somit die errechneten Zielkosten erreicht werden können. Da zum Durchführen dieses Arbeitsschritts für die als Ausführungsbeispiel gewählte Steinkohlenbergbau-Unternehmung gegenüber den entsprechenden theoretischen Schilderungen des Kapitels 2.5.8 keinerlei Besonderheiten zu beachten sind, sei für die Beschreibung der Durchführung dieses Arbeitsschritts auf das Kapitel 2.5.8 verwiesen.

Als Endergebnis dieses Arbeitsschritts (der aus den Teilschritten "Priorisieren Umsetzungsschritte" und "Ableiten Umsetzungsplan" besteht) sollte eine Liste priorisierter Umsetzungsschritte vorliegen, welche im Wesentlichen zwei Anforderungen erfüllt. Zum einen sollten die Umsetzungsschritte zeitlich priorisiert sein, die hinsichtlich des Erreichens der errechneten Zielkosten den größten Effekt bringen und somit am ehesten helfen, die wirtschaftliche Situation der analysierten Steinkohlenbergbau-Unternehmung zu stabilisieren. Zum anderen sollte der Umsetzungsplan zeitlich so gestaltet und mit quantifizierten Meilensteinen versehen sein, dass zum einen eine tatsächliche Kontrolle und Steuerung des Umsetzungsfortschritts anhand der je Meilenstein zu erreichenden Ziel-Ausprägungen der Kostenbestimmungsfaktoren sowie der jeweiligen (Ziel-)Kosten möglich ist und die zeitlichen Intervalle zwischen den einzelnen Umsetzungsschritten so gewählt sind, dass die Umsetzungsaufgabe unter realistischen Rahmenbedingungen auch tatsächlich erreicht werden kann. Letztere Forderung ist insbesondere vor dem Hintergrund wichtig, als dass die Ziel-Ausprägungen der Kostenbestimmungsfaktoren ja die unter den gegebenen Umweltbedingungen maximal erreichbaren Ausprägungen des jeweiligen Kostenbestimmungsfaktors darstellen. Da das Erreichen dieser Ziel-Ausprägungen dementsprechend hohe Anforderung an die Beschäftigten der Unternehmung stellt, sollen diese nicht bereits im Rahmen der Umsetzung dadurch demotiviert werden, dass sie bei Umsetzungsschwierigkeiten gleich aus dem aufgestellten Umsetzungsplan laufen.

3.3 Beschreibung des Kalkulationsmodells

Zum Abrunden der in den vorangegangenen Kapiteln beschriebenen Durchführung der unternehmungsbezogenen Kernkostenanalyse am Beispiel einer Steinkohlenbergbau-Unternehmung und zum Unterstreichen der Umsetzbarkeit der vorgenommenen theoretischen Schilderungen in eine konkrete Berechnung, wird in den nachfolgenden Teilkapiteln ein konkretes Kalkulationsmodell beschrieben, mit dem sowohl die Kern- als auch die Zielkosten einer Steinkohlenbergbau-Unternehmung berechnet werden können.

3.3.1 Modellaufbau

Bevor mit der Beschreibung des Modellaufbaus begonnen wird, sei an dieser Stelle darauf hingewiesen, dass das für die Steinkohlenbergbau-Unternehmung entwickelte Kalkulationsmodell vollständig auf Basis des Tabellenkalkulationsprogramms Excel programmiert wurde. Alle nachfolgend verwendeten Begrifflichkeiten und Beschreibungen beziehen sich dementsprechend auf das verwendete Tabellenkalkulationsprogramm. Der Vollständigkeit halber sei jedoch darauf hingewiesen, dass eine Realisierung des vorgestellten Kalkulationsprogramms natürlich in keiner Art und Weise auf die Verwendung von Excel begrenzt ist. Vielmehr kann die dem Kostenmanagementverfahren der unternehmungsbezogenen Kernkostenanalyse zugrunde liegende Berechnungslogik nahezu mit jedem anderen Kalkulationsprogramm in ein entsprechendes Kalkulationsmodell umgesetzt werden.

Das konkrete, auf Basis des Tabellenkalkulationsprogramms Excel entwickelte Kalkulationsmodell ist grundsätzlich in vier Module aufgeteilt, denen jeweils eine separate Aufgabe beim Berechnen der Kern- bzw. der Zielkosten zukommt. Da sich die einzelnen Module dementsprechend in ihrem Aufbau und ihrer Funktionsweise unterscheiden, werden die Module nachfolgend kurz erläutert. Im Einzelnen handelt es sich dabei um die Module *Inputaufnahme*, *Kostenkalkulation Wertschöpfungsschritte*, *Wertschöpfungsschrittübergreifende Engpasskalkulation* und *Ergebnisausgabe*. Zusätzlich wurde dem Kalkulationsmodell das Hilfsmodul *Nomenklatur* zugeordnet, das zwar für die Kostenberechnung nicht benötigt wird, dessen Inhalt jedoch der Vollständigkeit halber am Ende der Beschreibung kurz angerissen wird.

- Modul *Inputaufnahme*: Dem Modul Inputaufnahme kommt im Wesentlichen die Aufgabe zu, sämtliche in das Kalkulationsmodell eingehenden Daten übersichtlich auf einem Worksheet zusammenzufassen. Das bringt für die Benutzung/Bedienung des Kalkulationsmodells zum einen den Vorteil, dass Inputdaten nur über eine definierte Schnittstelle in das Kalkulationsmodell gelangen können. Ist diese Schnittstelle einmal definiert, so bringt das Vorhandensein dieser Definition den weiteren Vorteil, dass ab diesem

Zeitpunkt das Erfassen der Inputdaten vollkommen von dem Entwickeln des Kalkulationsmodells getrennt werden kann, was die Möglichkeit bietet, beide Prozesse zu parallelisieren. Um die beschriebene Übersichtlichkeit zu gewähren und die aufgezählten Vorteile auch wirklich realisieren zu können, wurde das Modul Inputaufnahme im entwickelten Kalkulationsmodell in seiner Ausdehnung auf das eine, oben beschriebene Worksheet zusammengefasst.

- Modul *Kostenkalkulation Wertschöpfungsschritte*: Das Modul Kostenkalkulation Wertschöpfungsschritte umfasst eine Reihe von Teilmodulen, in denen jeweils für einen Wertschöpfungsschritt die Berechnung der Kern- bzw. Zielkosten vorgenommen wird. Die einzelnen Teilmodule sind hierfür als einzelne Worksheets aufgebaut und enthalten als zentrale Berechnungseinheit (in unterschiedlicher Form) die in Abbildung 49 dargestellte Berechnungsmatrix.

- Modul *Wertschöpfungsschrittübergreifende Engpasskalkulation*: Im Modul wertschöpfungsschrittübergreifende Engpasskalkulation ist eine Berechnungslogik enthalten, welche die in Kapitel 2.5.5.3 theoretisch beschriebene, wertschöpfungsschrittübergreifende Anpassung der Engpasskette der als Ausführungsbeispiel gewählten Steinkohlenbergbau-Unternehmung enthält. Mit Hilfe dieser Berechnungslogik wird für das Berechnen der Kern- bzw. Zielkosten die Verträglichkeit der einzelnen Wertschöpfungsschritte hinsichtlich der jeweiligen Kern- bzw. Ziel-Ausprägungen der kapazitätsbestimmenden Kostenbestimmungsfaktoren sichergestellt.

- Modul *Ergebnisausgabe*: Dem Modul Ergebnisausgabe kommt als letztem Hauptmodul die Aufgabe zu, die durch das Kalkulationsmodell ermittelten Berechnungsergebnisse auszugeben. Dabei liegt der Fokus dieses Moduls nicht ausschließlich auf der Ausgabe des Berechnungsergebnisses als reine Zahl. Vielmehr ist es das Ziel dieses Moduls, die Berechnungsergebnisse so auszugeben, dass zum einen für den Nutzer die Möglichkeit besteht, eine Plausibilitätsprüfung an den errechneten Ergebnissen vorzunehmen und zum anderen dass die Berechnungsergebnisse in einem solchen Detail dargestellt werden, dass der Benutzer ein Gefühl dafür bekommt, welche Berechnungsergebnisse für die einzelnen Unternehmungsteile (z.B. Wertschöpfungsschritte) ermittelt wurden.

- Hilfsmodul *Nomenklatur*: Den Hauptmodulen ist zusätzlich das Hilfsmodul Nomenklatur zugeordnet, in dem sämtliche im Kalkulationsmodell verwendeten Begrifflichkeiten zentral hinterlegt sind. Durch die Verwendung dieses Hilfsmoduls – auf das alle Hauptmodule hinsichtlich der verwendeten Begrifflichkeiten zurückgreifen – ist sichergestellt, dass im gesamten Kalkulationsmodell eine Konsistenz hinsichtlich der verwendeten Begrifflichkeiten gewährleistet ist.

Auf Basis der beschriebenen Module lässt sich der Aufbau des Kalkulationsmodells wie in Abbildung 73 dargestellt zusammenfassen.

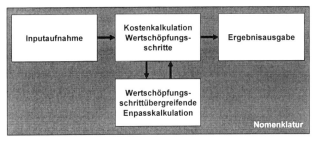

Quelle: Weiss

Abbildung 73   (Aufbau Kalkulationsmodell)

Wie die einzelnen Module in ihrer Funktionsweise ineinander greifen und wie das Berechnen der Kern- bzw. Zielkosten mit Hilfe der vorgestellten Module funktioniert, ist Gegenstand der Schilderungen des nächsten Kapitels.

3.3.2 Funktionsweise Kalkulationsmodell

3.3.2.1 Inputübergabe

Der Ausgangspunkt für die richtige Verwendung des Kalkulationsmodells ist die korrekte Eingabe der Input-Werte in das Kalkulationsmodell. Um die korrekte Eingabe der Input-Werte in das Kalkulationsmodell zu gewährleisten und auch eine automatische Übergabe der Inputwerte zu ermöglichen, wurde das Modul Inputübergabe in Form des Worksheets "Input" so strukturiert, dass sämtliche, für einen Wertschöpfungsschritt notwendigen Inputwerte in jeweils einer Spalte und sämtliche für einen Ausprägungszustand einer Kennzahl (bzw. eines Kostenbestimmungsfaktors) wichtigen Informationen in einer Zeile zu finden sind.

Dieses Design bietet hinsichtlich des Ausprägungszustands der Kennzahlen (bzw. der Kostenbestimmungsfaktoren) den Vorteil, dass die Ausprägungszustände über alle Wertschöpfungsschritte quasi auf einen Blick erfasst und mögliche Inkonsistenzen schnell identifiziert und behoben werden können. Dies sollte auch der erste Arbeitsschritt nach jedem Befüllen des Modells mit Inputwerten sein, da die Eingabe der richtigen Inputwerte notwendigerweise eine zwingende Voraussetzung für die Möglichkeit der Ausgabe korrekter Berechnungsergebnisse ist.

INPUT-ÜBERGABE Bergwerk				Beispielbergwerk 1										
Wertschöpfungsschritt			Einheit	Ausrichten		Vorrichten		Herrichten		Gewinnen				Fördern
				Konventionell	Maschinell	Konventionell	Maschinell			Bauhöhe 1 Walze	Bauhöhe 2 Hobel	Bauhöhe 3 Hobel	Schräg	Seiger
Betriebsart														
Faktorpreisniveau [FPN]														
FPN produktbezogene Materialkosten$_{ist}$			Index	1,000	1,000	1,000	1,000	1,000	1,000	1,000	1,000	1,000	1,00(
FPN produktbezogene Materialkosten'			Index	0,920	0,880	0,920	0,880	1,000	0,900	0,900	0,900	0,900	0,90(
FPN maschinenbezogene Materialkosten$_{ist}$			Index	1,000	1,000	1,000	1,000	1,000	1,000	1,000	1,000	1,000	1,00(
FPN maschinenbezogene Materialkosten'			Index	0,870	0,950	0,870	0,950	0,930	0,880	0,880	0,880	0,870	0,87(
FPN personalbezogene Materialkosten$_{ist}$			Index	1,000	1,000	1,000	1,000	1,000	1,000	1,000	1,000	1,000	1,00(
FPN personalbezogene Materialkosten'			Index	0,930	0,930	0,930	0,930	0,930	0,910	0,910	0,910	0,950	0,95(
FPN Personalkosten$_{ist}$			Index	1,000	1,000	1,000	1,000	1,000	1,000	1,000	1,000	1,000	1,00(
FPN Personalkosten'			Index	0,870	0,880	0,870	0,880	0,870	0,920	0,920	0,920	0,910	0,91(
FPN produktbezogene Dienstleistungskosten$_{ist}$			Index	1,000	1,000	1,000	1,000	1,000	1,000	1,000	1,000	1,000	1,00(
FPN produktbezogene Dienstleistungskosten'			Index	0,780	0,770	0,780	0,770	0,800	0,770	0,770	0,770	1,000	1,00(
FPN nutzungsabhängige Wartungskosten$_{ist}$			Index	1,000	1,000	1,000	1,000	1,000	1,000	1,000	1,000	1,000	1,00(
FPN nutzungsabhängige Wartungskosten'			Index	0,585	0,585	0,585	0,585	0,585	0,585	0,585	0,585	0,585	0,58(
FPN nutzungsabhängige Inspektionskosten$_{ist}$			Index	1,000	1,000	1,000	1,000	1,000	1,000	1,000	1,000	1,000	1,00(
FPN nutzungsabhängige Inspektionskosten'			Index	0,525	0,525	0,525	0,525	0,525	0,525	0,525	0,525	0,525	0,52(
FPN geplante nutzungsabhängige Instandsetzungskosten$_{ist}$			Index	1,000	1,000	1,000	1,000	1,000	1,000	1,000	1,000	1,000	1,00(
FPN geplante nutzungsabhängige Instandsetzungskosten'			Index	0,469	0,469	0,469	0,469	0,469	0,469	0,469	0,469	0,469	0,46(
FPN ungeplante nutzungsabhängige Instandsetzungskosten$_{ist}$			Index	1,000	1,000	1,000	1,000	1,000	1,000	1,000	1,000	1,000	1,00(
FPN ungeplante nutzungsabhängige Instandsetzungskosten'			Index	0,491	0,491	0,491	0,491	0,491	0,491	0,491	0,491	0,491	0,49(
FPN nutzungsunabhängige Instandhaltungskosten$_{ist}$			Index	1,000	1,000	1,000	1,000	1,000	1,000	1,000	1,000	1,000	1,00(
FPN nutzungsunabhängige Instandhaltungskosten'			Index	0,422	0,422	0,422	0,422	0,422	0,422	0,422	0,422	0,422	0,42(
FPN personalbezogene Dienstleistungskosten$_{ist}$			Index	1,000	1,000	1,000	1,000	1,000	1,000	1,000	1,000	1,000	1,00(
FPN personalbezogene Dienstleistungskosten'			Index	0,670	0,730	0,670	0,730	0,910	0,730	0,730	0,730	0,770	0,77(
FPN sonstige Dienstleistungskosten$_{ist}$			Index	1,000	1,000	1,000	1,000	1,000	1,000	1,000	1,000	1,000	1,00(
FPN sonstige Dienstleistungskosten'			Index	0,920	0,950	0,920	0,950	0,900	0,910	0,910	0,910	0,900	0,90(
FPN Maschinenkosten$_{ist}$			Index	1,000	1,000	1,000	1,000	1,000	1,000	1,000	1,000	1,000	1,00(
FPN Maschinenkosten'			Index	0,726	0,726	0,726	0,726	0,726	0,726	0,726	0,726	0,726	0,72(
Faktoreinsatzmengen Repetierfaktoren FEMN														
FEMN produktbezogene Materialkosten$_{ist}$			Index	1,000	1,000	1,000	1,000	1,000	1,000	1,000	1,000	1,000	1,00(
FEMN produktbezogene Materialkosten'			Index	0,920	0,920	0,920	0,920	1,000	0,830	0,830	0,830	1,000	1,00(
FEMN maschinenbezogene Materialkosten$_{ist}$			Index	1,000	1,000	1,000	1,000	1,000	1,000	1,000	1,000	1,000	1,00(

`H ← → H \ Übersicht / Input / Engpasskapazität / Ausrichten / Vorrichten / Herrichten / Gewinnen / Fördern / Aufbereiten / Bergwirtschaft / Flauben / |◄|`

Abbildung 74 (Gestaltung Worksheet "Input")

3.3.2.2 Berechnen der Kern-/Zielkosten bei Maximal-Ausprägung der Kostenbestimmungsfaktoren

Die eingegebenen und im Worksheet "Input" zusammengefassten Input-Werte bilden die Basis für den ersten Schritt der Berechnung der Kern- bzw. Zielkosten. Dieser erfolgt – wie die gesamte Berechnung der Kern- bzw. Zielkosten – separat für die einzelnen Wertschöpfungsschritte, wobei die Berechnung der Kern- bzw. Zielkosten eines Wertschöpfungsschritts jeweils in einem Worksheet zusammengefasst ist. Die Erläuterung dieses ersten Berechnungsschritts – nämlich die Berechnung der Kern- bzw. Zielkosten bei Maximal-Ausprägung der Kostenbestimmungsfaktoren – ist Gegenstand der Schilderung der nachfolgenden Kapitel.

3.3.2.2.1 Aufbau der Wertschöpfungsschritt-Berechnungsworksheets

Bevor mit der Schilderung der eigentlichen Berechnungssystematik begonnen werden kann, erscheint es zweckmäßig, kurz den grundsätzlichen Aufbau der Berechnungsworksheets für die einzelnen Wertschöpfungsschritte zu erläutern. Diese folgen in ihrer Grundstruktur dem in Abbildung 75 skizzierten Schema.

Die eigentliche Berechnung der Kern- bzw. Zielkosten erfolgt hierbei in Detailberechnungsmodulen, die im unteren Teil von Abbildung 75 dargestellt sind und in ihrem Aufbau durch die in Abbildung 49 dargestellte Kalkulationsmatrix determiniert sind. Um das Detailberechnungsmodul strukturiert (bzw. – anders ausgedrückt – auf die immer gleiche Art und Weise) mit den entsprechenden Inputdaten zu versorgen, ist räumlich unter dem jeweiligen Detailberechnungsmodul ein Inputübernahmemodul angeordnet, das die für die jeweilige Detailberechnung benötigten Inputdaten aus dem Hauptmodul "Inputaufnahme" bzw. – für die Berechnung unter Engpass-Ausprägung der Kostenbestimmungsfaktoren – aus dem Hauptmodul "Wertschöpfungsschrittübergreifende Engpasskalkulation" übernimmt. Das hat den Vorteil, dass sämtliche Detailberechnungsmodule in exakt der gleichen Art und Weise mit Input versorgt werden, mithin etwaige Modifikationen an der Kalkulationsmatrix ohne großen Arbeitswand und vor allen Dingen ohne größeres Fehlbedienungspotenzial auf alle anderen Kalkulationsmatrizen übertragen werden können.

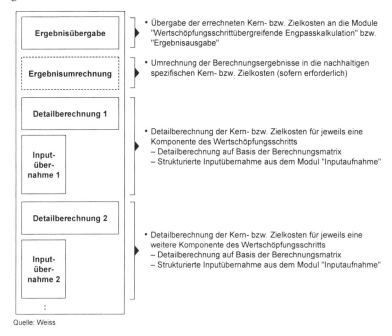

Quelle: Weiss

Abbildung 75 (Aufbauschema Berechnungsworksheets)

Das Detailberechnungsmodul selbst – räumlich über der jeweils zugehörigen Inputübernahme angeordnet – besteht im Wesentlichen aus zwei übereinander angeordneten Kalkulationsmatrizen, die in ihrer Gestaltungart und Funktionsweise exakt der in Abbildung 49 dargestellten Kalkulationsmatrix entsprechen. Die obere der beiden in ihrer Funktionsweise vollkommen identischen Kalkulationsmatrizen wird dabei dazu verwendet, die Kern- bzw. Zielkosten unter der ermittelten maximalen Kern- bzw. Ziel-Ausprägung der Kostenbestimmungsfaktoren zu berechnen. Die untere findet hingegen Verwendung für die Berechnung der Kern- bzw. Zielkosten unter Beachtung der Engpass-Ausprägungen der Kostenbestimmungsfaktoren für den Kern- bzw. Zielzustand.

Die Anzahl der je Wertschöpfungsschritt notwendigen Detailberechnungsmodule richtet sich dabei ausschließlich nach den strukturellen Anforderungen der einzelnen Wertschöpfungsschritte. Ist zum Beispiel für den Wertschöpfungsschritt Herrichten nur eine Detailberechnung erforderlich, innerhalb der die gesamte Berechnung für den Wertschöpfungsschritt Herrichten durchgeführt werden kann, so werden für den Wertschöpfungsschritt Fördern bereits zwei Detailberechnungsmodule benötigt. Eines für die Berechnung der Kern- bzw. Zielkosten für die söhlige Förderung und ein zweites für die entsprechende Berechnung der Kern- bzw. Zielkosten der seigeren Förderung.[603]

Räumlich über den Detailberechnungsmodulen angeordnet, befindet sich das Modul Ergebnisumrechnung. Dieses ist jedoch nur in den Worksheets für die Wertschöpfungsschritte enthalten, bei denen sich die in Kapitel 3.2.6.1 geschilderte Problematik der Berechnung der nachhaltigen spezifischen Kosten ergibt. Um diesen speziellen Berechnungsschritt zu berücksichtigen, werden innerhalb dieses Moduls die Ist- sowie die errechneten Kern- bzw. Zielkosten, die innerhalb der Detailberechnungsmodule ja noch auf das jeweilige durch den Wertschöpfungsschritt erzeugte Vorprodukt bezogen sind, zusammengefasst und somit auf die Umrechnung in spezifische Kosten der Einheit EUR/tvF vorbereitet. Zusammengefasst bedeutet in diesem Zusammenhang, dass die Berechnungsergebnisse der Detailberechnungsmodule des jeweiligen Worksheets zu seinem Gesamtergebnis auf der Ebene der vorproduktbezogenen spezifischen Kosten zusammengefasst werden. Wie in Kapitel 3.2.6.1 beschrieben, ist dieser für die Umrechnung notwendige Zwischenschritt jedoch nur bei einigen Wertschöpfungsschritten erforderlich. Dementsprechend ist das Modul Ergebnisumrechnung ausschließlich in den Worksheets der Wertschöpfungsschritte Ausrichten, Vorrichten, Herrichten, Rauben und optional im Worksheet des Wertschöpfungsschritts Bergewirtschaft enthalten. Die eigentliche Umrechnung der noch vorproduktbezogenen spezifischen Kosten in endproduktbezogene spezifische Kosten findet für die aufgezählten Wertschöpfungsschritte beim Überführen der im Modul Ergebnisumrechnung enthaltenen Daten in das Modul Ergebnisübergabe statt.

Dieses Modul Ergebnisübergabe ist räumlich über dem (optionalen) Modul der Ergebnisumrechnung – und somit übersichtlich am Kopf des Worksheets – positioniert. Ihm kommen mehrere Aufgaben zu. Grundsätzlich besteht die Hauptaufgabe dieses Moduls darin, die Berechnungsergebnisse für den jeweiligen Wertschöpfungsschritt – also die errechneten Kern- bzw. Zielkosten sowie den Einfluss der Ausprägungsänderungen der Kostenbestimmungsfaktoren – übersichtlich darzustellen und somit eine strukturierte Ergebnisübergabe an das Hauptmodul "Ergebnisausgabe" zu gewährleisten. Je nachdem ob es sich um einen Wertschöpfungsschritt handelt in dem – wie oben beschrieben – eine Ergebnisumrechnung erforderlich ist, kommt dem Modul jedoch noch eine spezielle zusätzliche Aufgabe zu.

---

603 Vgl. Kapitel 3.2.4.1.1.5

Liegt ein eine entsprechende Ergebnisumrechnung erfordernder Wertschöpfungsschritt vor, so werden – ausgehend von den Daten des Moduls Ergebnisumrechnung – die errechneten vorproduktspezifischen auf die entsprechenden endproduktspezifischen Kosten mit Hilfe der jeweiligen Umrechnungsfaktoren umgerechnet. Ist dies nicht der Fall, so kommt dem Modul Ergebnisübergabe die Aufgabe zu, die schon endproduktbezogenen spezifischen Kosten der Detailberechnungsmodule – so es denn mehr als eines sind – zu einem Berechnungsergebnis für den gesamten Wertschöpfungsschritt zusammenzuführen. Im Ergebnis wird das konkrete Berechnungsergebnis für den Wertschöpfungsschritt durch das Modul Ergebnisübergabe an die Hauptmodule "Wertschöpfungsschrittübergreifende Engpasskalkulation" und "Ergebnisausgabe" übergeben.

3.3.2.2.2 Berechnungssystematik für Maximal-Ausprägung der Kostenbestimmungsfaktoren

Nachdem im vorangegangenen Kapitel der grundsätzliche Aufbau des Berechnungsworksheets erläutert wurde, kann mit der Erläuterung der Berechnungsystematik fortgefahren werden. Grundsätzlich orientiert sich die Berechnungssystematik des Berechnungsmodells an dem in Abbildung 40 schematisch dargestellten Berechnungsvorgehen, bildet es mithin eins zu eins im vorliegenden Berechnungsmodell ab. Der erste Schritt in diesem Berechnungsvorgehen stellt das Berechnen der theoretischen Kern- bzw. Zielkosten dar, die sich unter der Verwendung der vom Analyseteam ermittelten Maximal-Ausprägungen der Kostenbestimmungsfaktoren ergeben.

Für diese Berechnung werden in einem ersten Schritt (automatisch) sämtliche für die jeweilige Detailberechnung relevanten Inputdaten in die in Abbildung 75 dargestellte Inputdatenübernahme des jeweiligen Detailberechnungsmoduls übernommen. Die so zur Verfügung gestellten Inputdaten werden anschließend (ebenfalls automatisch) in die Berechnungsmatrix des jeweiligen Detailberechnungsmoduls eingespeist. Wie bereits in Kapitel 3.3.2.2.1 angemerkt, basiert das Detailberechnungsmodul auf der in Abbildung 49 dargestellten angepassten Kalkulationsmatrix für Steinkohlenbergbau-Unternehmungen. Dabei enthält das Detailberechnungsmodul – wie Abbildung 76 entnommen werden kann – jedoch nicht nur eine, sondern zwei Kalkulationsmatrizen.

Während die untere dieser beiden Kalkulationsmatrizen für die Berechnung der Kern- bzw. Zielkosten unter den Engpass-Ausprägungen der Kostenbestimmungsfaktoren Anwendung findet, wird die obere Kalkulationsmatrix (Felder A181:K195) für die Berechnung der Kern- bzw. Zielkosten unter den ermittelten Maximal-Ausprägungen verwendet. Die eigentliche Berechnung – die ebenfalls automatisch durch das Kalkulationsmodell vorgenommen wird – ist dabei vergleichsweise einfach und wird nachfolgend anhand des in Abbildung 76 dargestellten Beispiels für den Gewinnungsbetrieb 2 des Wertschöpfungsschritts Gewinnen erläutert.

SPEZIFISCHE KOSTEN GEWINNUNGSBETRIEB 2

in EUR/vF

Kostenart	Spezifische IST-Kosten	Faktorpreise	Faktoreinsatzmengen Repetierfaktoren	Arbeits- und Betriebsmittelintensität	Geplante Einsatzzeit Arbeits- und Betriebsmittel	Effektive Einsatzzeit Arbeits- und Betriebsmittel	Schichtbelegung	Effektive Arbeitszeit	Spezifische Kosten bei Ansetzen aller Kostenbestimmungshebel
182 Produktbezogene Materialkosten	2,02	0,90	0,83	1,00	1,00	1,00	1,00	1,00	1,51
183 Maschinenbezogene Materialkosten	0,40	0,88	1,10	0,86	1,00	0,86	1,00	1,00	0,29
184 Personalbezogene Materialkosten	0,09	0,31	0,75	0,86	1,00	0,48	0,77	0,80	0,02
185 Personalkosten	3,31	0,32	1,00	0,86	1,04	0,48	0,77	0,80	0,94
186 Produktbezogene Dienstleistungskosten	1,55	0,77	0,90	1,00	1,00	1,00	1,00	1,00	1,07
187 Nutzungsabhängige Wartungskosten	2,68	0,58	1,10	1,00	1,00	1,00	1,00	1,00	1,72
188 Nutzungsabhängige Inspektionskosten	0,21	0,53	1,10	1,00	1,00	1,00	1,00	1,00	0,12
189 Geplante nutzungsabhängige Instandsetzungskosten	0,41	0,47	0,95	1,00	1,00	1,00	1,00	1,00	0,18
190 Ungeplante nutzungsabhängige Instandsetzungskosten	1,08	0,48	0,60	1,00	1,00	0,35	1,00	1,00	0,11
191 Nutzungsunabhängige Instandhaltungskosten	0,05	0,42	0,98	0,86	0,73	0,48	1,00	1,00	0,01
192 Personalbezogene Dienstleistungskosten	0,03	0,73	0,80	0,86	1,00	0,48	0,77	0,80	0,01
193 Sonstige Dienstleistungskosten	0,04	0,31	0,91	0,86	0,73	0,48	1,00	1,00	0,01
194 Maschinenkosten	2,63	0,73	1,00		0,30		1,00	1,00	0,57
195 Gesamt	15,11								6,56
196 Produktbezogene Materialkosten	2,02	0,9	0,83	1,00	1,00	1,00	1,00	1,00	1,51
197 Maschinenbezogene Materialkosten	0,40	0,88	1,10	0,86	1,00	0,86	1,00	1,00	0,29
198 Personalbezogene Materialkosten	0,09	0,31	0,75	0,86	1,00	0,48	0,77	0,80	0,02
199 Personalkosten	3,31	0,32	1,00	0,86	1,00	0,48	0,77	0,80	0,91
200 Produktbezogene Dienstleistungskosten	1,55	0,77	0,90	1,00	1,00	1,00	1,00	1,00	1,07
201 Nutzungsabhängige Wartungskosten	2,68	0,58	1,10	1,00	1,00	1,00	1,00	1,00	1,72
202 Nutzungsabhängige Inspektionskosten	0,21	0,53	1,10	1,00	1,00	1,00	1,00	1,00	0,12
203 Geplante nutzungsabhängige Instandsetzungskosten	0,41	0,47	0,95	1,00	1,00	1,00	1,00	1,00	0,18
204 Ungeplante nutzungsabhängige Instandsetzungskosten	1,08	0,48	0,60	1,00	1,00	0,37	1,00	1,00	0,12
205 Nutzungsunabhängige Instandhaltungskosten	0,05	0,42	0,98	0,86	1,05	0,48	1,00	1,00	0,01
206 Personalbezogene Dienstleistungskosten	0,03	0,73	0,80	0,86	1,00	0,48	0,00	0,80	0,01
207 Sonstige Dienstleistungskosten	0,04	0,31	0,91	0,86	1,05	0,48	1,00	1,00	0,02
208 Maschinenkosten	2,63	0,73	1,00		0,43		1,00	1,00	0,82
209 Gesamt	15,11								6,79

Übersicht / Input / Engpasskapazität / Ausrichten / Vorrichten / Herrichten \ **Gewinnen** / Fördern / Aufbereiten / Bergewirtschaft / Rauben /

Abbildung 76 (Beispiel Detailberechnungsmodul für Gewinnungsbetrieb 2)

Ausgangsbasis der Berechnung – die wie oben beschrieben in der oberen Kalkulationsmatrix in den Feldern A181:K195 erfolgt – ist die Berechnung der spezifischen Kosten in den einzelnen Kostenarten in den Feldern C182:C194. Diese erfolgt für den Wertschöpfungsschritt Gewinnen einfach durch die Division der absoluten Kosten des Wertschöpfungsschritts Gewinnen des Gewinnungsbetriebs 2 durch die im Referenzzeitraum gewonnene Menge an verwertbarer Förderung. Die Ergebnisse der Kostenfunktionen in Form der in den Kapiteln 2.3.2.2 und 3.2.2.4 entwickelten Änderungsfaktoren werden anschließend in den Feldern D182:J194 auf Basis der Maximal-Ausprägungen der Kostenbestimmungsfaktoren errechnet und ergeben jeweils einen Zahlenwert. Sind diese Änderungsfaktoren für die Maximal-Ausprägungen der Kostenbestimmungsfaktoren (natürlich unter hinzuziehen der entsprechenden Ist-Ausprägungen) ermittelt, so werden (für diesen Arbeitsschritt) abschließend die Kern- bzw. Zielkosten für die einzelnen Kostenarten in Anlehnung an die in Gleichung 21 aufgezeigte Systematik berechnet. Konkret am Beispiel der Berechnung der spezifischen Kern- bzw. Zielkosten am Beispiel der spezifischen produktbezogenen Materialkosten des Gewinnungsbetriebs 2 (dargestellt in Zeile 182 der Abbildung 76) erläutert, heißt das, dass sich die entsprechenden spezifischen produktbezogenen Kern- bzw. Ziel-Materialkosten durch die Multiplikation der spezifischen produktbezogenen Ist-Materialkosten (dargestellt in Feld C182) mit den relevanten Änderungsfaktoren der Kostenbestimmungsfaktoren (dargestellt in den Feldern D182:J182) zu dem endgültigen Berechnungsergebnis in Feld K182 ergeben. Die Summe der auf diesem Wege für alle Kostenarten des Gewinnungsbetriebs 2 des Wertschöpfungsschritts Gewinnen errechneten Kern- bzw. Zielkosten ist dann übersichtlich in Feld K195 dargestellt.

3.3.2.3 Berechnen der Engpassbedingung

Wie in Kapitel 2.5.5.3 theoretisch und in Kapitel 3.2.6.2 praktisch am Ausführungsbeispiel der Steinkohlenbergbau-Unternehmung erläutert, stellen die auf Basis der Maximal-Ausprägungen errechneten Kern- bzw. Zielkosten noch nicht die finalen Kern- bzw. Zielkosten dar. Das liegt im Wesentlichen daran, dass noch keinerlei Verträglichkeitsprüfung der kapazitätsbestimmenden Wertschöpfungsschritte hinsichtlich der im Kernzustand durch die Gesamtunternehmung produzierte Kern-Ausbringungsmenge stattgefunden hat, mithin nicht sichergestellt ist, dass die eine Engpasskette darstellenden kapazitätsbestimmenden Wertschöpfungsschritte denn auch tatsächlich die gleiche Kern-Ausbringungsmenge produzieren. "Dementsprechend sind die Ausprägungsänderungen der kapazitätsbestimmenden Kostenbestimmungsfaktoren der verbleibenden kapazitätsbestimmenden Wertschöpfungsschritte so anzupassen, dass sich unter Beachtung der Engpass-Kern-Ausbringungsmenge die jeweils niedrigsten spezifischen Kosten je kapazitätsbestimmendem Wertschöpfungsschritt ergeben."[604]

Das entsprechend notwendige Berechnen der Engpass-Ausprägungen der kapazitätsbestimmenden Kostenbestimmungsfaktoren (auf deren Basis anschließend die finalen Kern- bzw. Zielkosten errechnet werden können) ist Gegenstand der nachfolgenden Schilderungen. Die Berechnung der Engpass-Ausprägungen für die kapazitätsbestimmenden Wertschöpfungsschritte erfolgt – wie in Abbildung 73 dargestellt – im Hauptmodul "Wertschöpfungsschrittübergreifende Engpasskalkulation". Die Berechnung umfasst dabei die Engpassermittlung für die kapazitätsbestimmenden Wertschöpfungsschritte " Gewinnen, Fördern und Aufbereiten, wobei der Wertschöpfungsschritt Fördern gedanklich (wie in Kapitel 3.2.4.1.1.5 beschrieben) in die beiden kapazitätsbestimmenden Teilwertschöpfungsschritte seigeres und söhliges Fördern zu unterteilen ist."[605]

Ausgangspunkt für die Berechnung der Engpass-Ausprägungen der Kostenbestimmungsfaktoren der kapazitätsbestimmenden Wertschöpfungsschritte sind die ermittelten maximalen Kern- bzw. Ziel-Ausprägungen der Kostenbestimmungsfaktoren sowie die auf dieser Basis errechneten Kern- bzw. Zielkosten. Diese werden aus den entsprechenden Worksheets der kapazitätsbestimmenden Wertschöpfungsschritte an das Hauptmodul "Wertschöpfungsschrittübergreifende Engpasskalkulation" übergeben und dort selektiv abgelegt.

Wie Abbildung 77 entnommen werden kann, sind das die Daten für den Wertschöpfungsschritt Aufbereiten (Spalte D), für den Wertschöpfungsschritt Fördern

---

[604] Kapitel 2.5.5.3
[605] Kapitel 3.2.6.2

(seiger – Spalte E, söhlig – Spalte F) sowie für den Wertschöpfungsschritt Gewinnen (Gewinnungsbetrieb 1 – Spalte H, Gewinnungsbetrieb 2 – Spalte I, Gewinnungsbetrieb 3 – Spalte J, Zusammenfassung aller Gewinnungsbetriebe – Spalte G). Auf Basis dieser Daten werden zuerst die unter Anwendung der jeweiligen Maximal-Ausprägungen der Kostenbestimmungsfaktoren in den einzelnen kapazitätsbestimmenden Wertschöpfungsschritten maximal möglichen Kern- bzw. Ziel-Ausbringungsmengen errechnet. Diese Berechnung erfolgt in der Zeile 11. Das Ergebnis dieser Berechnung der Maximalkapazitäten der einzelnen Wertschöpfungsschritte – die Maximalkapazität für den Wertschöpfungsschritt Gewinnen wird dabei im Feld G11 aus den Maximalkapazitäten der einzelnen Gewinnungsbetriebe zusammengefasst – dient anschließend als Ausgangsbasis, die Engpasskapazität der Steinkohlenbergbau-Unternehmung zu ermitteln. Diese ergibt sich aus dem Minimum der errechneten Maximalkapazitäten aller kapazitätsbestimmenden Wertschöpfungsschritte und wird in Feld D12 dargestellt. In dem in Abbildung 77 dargestellten Berechnungsbeispiel ergibt sich die Engpasskapazität mit 12.230 tvF/d (Kalendertag) zur maximalen Kapazität des Wertschöpfungsschritts Aufbereiten, der im vorliegenden Fall den Engpass des betrachteten Steinkohlenbergwerks der als Ausführungsbeispiel gewählten Steinkohlenbergbau-Unternehmung darstellt.

	A / B	C	D	E	F	G	H	I	J	K	L	M
1	**ANPASSUNG DER KOSTENBESTIMMUNGSFAKTOREN-AUSPRÄGUNG AUF ENGPASSKAPAZITÄT**											
2												
3							Gewinnungsbetriebe			Ranking der Gewinnungsbetriebe (nach spezifischen Kosten)		
4				Fördern			1. Gewinnung	2. Gewinnung	3. Gewinnung	1. Rang	2. Rang	3. Rang
5		Einheit	Aufbereiten	Schacht	Bandförderung	Gewinnung	Bauhöhe 1	Bauhöhe 2	Bauhöhe 3	Bauhöhe 1	Bauhöhe 3	Bauhöhe 2
6	Ausgangsdaten Engpassberechnung											
7	Arbeits- und Betriebsmittelintensität'	Index	1.250	1.439	1.687		1.451	1.356	1.116	1.451	1.116	1.356
8	Effektive Einsatzzeit'	% Kalendertag	83,5%	81,9%	84,5%		63,4%	40,5%	47,8%	63,4%	47,8%	40,5%
9	Geplante Einsatzzeit'	% Kalendertag	88,1%	84,7%	85,8%		87,0%	82,2%	81,5%	87,0%	81,5%	82,2%
10	Nettoproduktion$_{IST}$ (inkl. Aus-/Vorrichtung)	tvF/d (Kalendertag)	5.955	5.955	5.955	5.955	3.556	1.612	787	3.556	787	1.612
11	Kapazität'	tvF/d (Kalendertag)	12.230	13.789	13.202	24.770	12.988	5.413	6.369	12.988	6.369	5.413
12	**Engpasskapazität**	tvF/d (Kalendertag)		**12.230**								
13	Anteil Engpasskapazität an Max-Kapazität		1,00	0,89	0,93		2,28	6,56	4,75			
14	Spezifische Kosten (unter Maximalkapazität)	EUR/tvF					2,28	6,56	4,75	2,28	4,75	6,56
15	Kostenrang	#					1	3	2	1	2	3
16												
17	**Szenario 1 (unter Berücksichtigung Marktbeschränkungen)**											
18	Noch verfügbare Gewinnungskapazität	tvF/d (Kalendertag)								12.230	6.477	3.737
19	Kapazität$_{ENGPASS}$	tvF/d (Kalendertag)	12.230	12.230	12.230					5.753	2.740	3.737
20	Engpasskapazität (in tvF/d)	12.230										
21	Engpasskapazität (in tvF/a)	4.464.005										
22	Vermarktbare Menge pro Jahr	(tvF/a)					2.100.000	365.000.000	1.000.000	2.100.000	1.000.000	365.000.000
23	Vermarktbare Menge pro Tag	(tvF/d)					5.753	1.000.000	2.740	5.753	2.740	1.000.000
24												
25	**Szenario 2 (unter Berücksichtigung Marktbeschränkungen, jedoch unter Vollauslastung aller laufenden Betriebe)**											
26	Noch verfügbare Gewinnungskapazität	tvF/d (Kalendertag)								12.230	6.477	3.737
27	Kapazität$_{ENGPASS}$	tvF/d (Kalendertag)	8.493	8.493	8.493					5.753	2.740	0
28	Engpasskapazität (in tvF/d)	8.493										
29	Engpasskapazität (in tvF/a)	3.100.000										
30	Vermarktbare Menge pro Jahr	(tvF/a)					2.100.000	365.000.000	1.000.000	2.100.000	1.000.000	365.000.000
31	Vermarktbare Menge pro Tag	(tvF/d)					5.753	1.000.000	2.740	5.753	2.740	1.000.000
32												
33	**Szenario 3 (ohne Berücksichtigung Marktbeschränkung)**											
34	Noch verfügbare Gewinnungskapazität	tvF/d (Kalendertag)								12.230	0	0
35	Kapazität$_{ENGPASS}$	tvF/d (Kalendertag)	12.230	12.230	12.230					12.230	0	0
36	Engpasskapazität (in tvF/d)	12.230										
37	Engpasskapazität (in tvF/a)	4.464.005										
38												
39	**Szenario 4 (ohne Berücksichtigung Marktbeschränkung, jedoch unter Vollauslastung aller laufender Betriebe)**											
40	Noch verfügbare Gewinnungskapazität	tvF/d (Kalendertag)								12.230	0	0
41	Kapazität$_{ENGPASS}$	tvF/d (Kalendertag)	12.230	12.230	12.230					12.230	0	0

Übersicht / Input / **Engpasskapazität** / Ausrichten / Vorrichten / Herrichten / Gewinnen / Fördern / Aufbereiten / Bergewirtschaft / Rauben

Abbildung 77 (Engpasskalkulation 1/2)

Ausgehend von der festgestellten Engpasskapazität werden anschließend die Kern- bzw. Zielausprägungen der Kostenbestimmungsfaktoren der kapazitätsbestimmenden Wertschöpfungsschritte so angepasst, dass sich über alle kapazitätsbestimmenden Wertschöpfungsschritte die gleiche Kern- bzw. Ziel-Ausbringungsmenge ergibt. Um das zu erreichen, sind für die einzelnen kapazitätsbestimmenden

Wertschöpfungsschritte jeweils unterschiedliche Vorgehensweisen erforderlich, die nachfolgend erläutert werden.

- *Wertschöpfungsschritt Aufbereiten*: Die Anpassung der Kostenbestimmungsfaktoren für den Wertschöpfungsschritt Aufbereiten basiert auf der grundsätzlichen Überlegung, dass – sollte die Aufbereitung nicht der Engpass sein (was in der Beispielsituation nicht der Fall ist) – die Aufbereitungsanlage nur dann eingeschaltet wird, wenn ausreichend Rohkohlen für den Aufbereitungsprozess zur Verfügung stehen. Ist die Aufbereitungsanlage einmal eingeschaltet, so produziert sie mit maximaler Produktivität, da sie in diesem Maximalpunkt den optimalen Anlagenwirkungsgrad erreicht. Entsprechend wird zum Anpassen des Wertschöpfungsschritts Aufbereiten an die Engpasskapazität – sofern dieser nicht selbst der Engpass ist – die Ausprägung der Kostenbestimmungsfaktoren "Geplante Einsatzzeit Arbeits- und Betriebsmittel" sowie (analog dazu) "Effektive Einsatzzeit Arbeits- und Betriebsmittel" soweit reduziert, bis die sich unter den modifizierten Kern- bzw. Ziel-Ausprägungen der Kostenbestimmungsfaktoren ergebende Ausbringungsmenge zu der Engpassmenge aus Feld D12 ergibt. Eine Anpassung des Kostenbestimmungsfaktors "Arbeits- und Betriebsmittelintensität" erfolgt vor dem Hintergrund der oben geschilderten Überlegungen nicht.

- *Wertschöpfungsschritt Fördern*: Die Anpassung der Kostenbestimmungsfaktoren für den Wertschöpfungsschritt Fördern folgt einer anderen Logik. Grundgedanke des hier anzuwendenden Anpassungsvorgehens ist die Überlegung, dass sowohl das söhlige als auch das seigere Fördern für den gesamten geplanten Gewinnungszeitraum gewährleistet sein muss. Diese Erfordernis ergibt sich aus dem Umstand, dass – sofern der Wertschöpfungsschritt Gewinnen über die gesamte Kalenderzeit (zumindest im preiswertesten Gewinnungsbetrieb) aktiv ist – die anfallende Rohkohle abtransportiert werden muss. Dementsprechend verbietet es sich sowohl für das söhlige als auch für das seigere Fördern, die Kapazitätsanpassung über eine Ausprägungsanpassung der Kostenbestimmungsfaktoren "Geplante Einsatzzeit Arbeits- und Betriebsmittel" sowie "Effektive Einsatzzeit Arbeits- und Betriebsmittel" vorzunehmen. Diese Erfordernis leuchtet auch bei genauerem Betrachten des Betriebsablaufs in einem Steinkohlenbergwerk ein. Die Förderanlagen sind dort über die gesamte geplante Betriebszeit aktiv und laufen – zumindest im Fall der eingesetzten Gurtbandförderer – permanent, sofern nicht ein technischer Defekt oder ein sonstiger Stillstandsgrund vorliegt. Dementsprechend ist die Kapazitätsanpassung für den Wertschöpfungsschritt Fördern über eine Ausprägungsänderung des verbleibenden kapazitätsbestimmenden Kostenbestimmungsfaktors "Arbeits- und Betriebsmittelintensität" vorzunehmen. Hierbei wird – für die söhlige und seigere Förderung jeweils unabhängig – die maximale Kern- bzw. Ziel-Ausprägung des Kostenbestimmungsfaktors "Arbeits- und Betriebsmittelintensität" so angepasst, dass sowohl für das söhlige als auch für das seigere Fördern die in Feld D12 festgelegte Engpasskapazität ohne eine Modifikation der geplanten/effektiven Einsatzzeit der Arbeits- und Betriebsmittel erreicht wird.

- *Wertschöpfungsschritt Gewinnen*: Die Anpassung der Kostenbestimmungsfaktor-Ausprägungen des Wertschöpfungsschritts Gewinnen unterscheidet sich von den beiden vorgenannten Anpassungsverfahren. Grundsätzlich wird im Modell angenommen, dass der Wertschöpfungsschritt Gewinnen nie zum Engpass wird, da zum Beispiel durch Inbetriebnehmen eines noch nicht existierenden Betriebspunkts zumindest mittelfristig die Kapazität des Wertschöpfungsschritts Gewinnen (beliebig) ausgedehnt werden kann. Ausgehend von dieser Grundannahme besteht der Grundgedanke der Kapazitätsanpassung für den Wertschöpfungsschritt Gewinnen darin, von den existierenden Gewinnungsbetrieben nur die günstigsten Gewinnungsbetriebe bzw. Betriebspunkte im Kern-/Zielzustand weiterlaufen zu lassen. Die Grenze für die in dieses Gewinnungsvorgehen gerade noch einzubeziehenden Gewinnungsbetriebe/Betriebspunkte wird dabei durch die Engpasskapazität determiniert.

Grundsätzlich ist vorstellbar, dieses Gewinnungsvorgehen in verschiedenen Szenarien zu realisieren. Basisszenario ist hierbei, tatsächlich die gesamte Engpasskapazität auszunutzen. Das führt im Zweifel dazu, dass der letzte "günstige" Gewinnungsbetrieb/Betriebspunkt, der gerade noch benötigt wird, um den letzten Rest der Engpasskapazität auszufüllen, nicht voll produziert, sondern nur eine derart geringe Kapazität zugewiesen bekommt, dass es unter Umständen nicht kostenoptimal ist, diesen Gewinnungsbetrieb/Betriebspunkt tatsächlich zu betreiben. Aus diesem Grunde besteht das zweite Szenario darin, die Engpasskapazität nur so mit Gewinnungsbetrieben/Betriebspunkten auszufüllen, wie dies durch "voll" produzierende Gewinnungsbetriebe/Betriebspunkte möglich ist. Das führt im Zweifel dazu, dass Teile der zur Verfügung stehenden Engpasskapazität nicht genutzt werden und dementsprechend eine Anpassung der Kostenbestimmungsfaktor-Ausprägungen der anderen kapazitätsbestimmenden Kostenbestimmungsfaktoren erforderlich ist.

Zusätzlich sind – basierend auf den geschilderten – weitere Gewinnungsvorgehens-Szenarien vorstellbar, wenn man den Umstand mit einbezieht, dass gegebenenfalls für die Kohlen eines Betriebspunktes eine Begrenzung hinsichtlich der jährlich auf dem Markt absetzbaren Menge besteht. Bezieht man diese Möglichkeit in die Engpassberechnung mit ein, so ergeben sich auch für diesen Fall die beiden Szenarien, entweder die zur Verfügung stehende Engpasskapazität vollkommen auszunutzen oder aber die Engpasskapazität nur soweit auszunutzen, wie hierfür voll ausgelastete Gewinnungsbetriebe/Betriebspunkte genutzt werden können. Insgesamt ergeben sich also vier Szenarien, die im Rahmen der Engpassberechnung hinsichtlich des Wertschöpfungsschritts Gewinnen zu berücksichtigen sind. Sie sind aus Übersichtlichkeitsgründen in Abbildung 78 zusammengefasst.

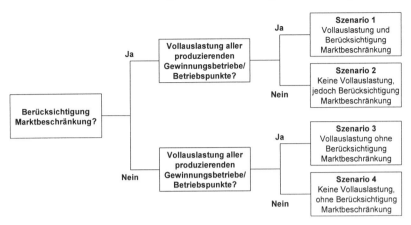

Quelle: Weiss

Abbildung 78 (Szenarien Gewinnungsvorgehen)

Das Hauptmodul "Wertschöpfungsschrittübergreifende Engpasskalkulation" verfügt über alle vier Szenarien, die je nach gewünschtem Gewinnungsvorgehen separat (entweder automatisch oder manuell) angewählt werden können. Unabhängig vom gewählten Szenario verläuft aber die Anpassung der einzelnen Gewinnungsbetriebe/Betriebspunkte immer nach dem gleichen Muster. Der erste Vorgehensschritt besteht darin, die einzelnen Gewinnungsbetriebe hinsichtlich ihres Kostenrangs (d.h. der von ihnen unter Verwendung der Maximal-Ausprägungen der Kostenbestimmungsfaktoren erzielbaren spezifischen Gewinnungskostenuntergrenze) zu ordnen. Dies erfolgt – im Rückgriff auf Abbildung 77 – in den Spalten K bis M, wobei in Spalte K der spezifisch kostengünstigste und in Spalte M der spezifisch teuerste Gewinnungsbetrieb/Betriebspunkt des betrachteten Steinkohlenbergwerks abgebildet ist. Ist diese Ordnung der Gewinnungsbetriebe/Betriebspunkte erfolgt, so wird – den Vorgaben der einzelnen Szenarien folgend – die theoretisch zur Verfügung stehende Gewinnungskapazität beginnend mit dem niedrigsten Kostenrang verteilt. Hierfür wird sequentiell (beginnend mit dem spezifisch günstigsten Gewinnungsbetrieb/Betriebspunkt) untersucht, ob der spezifisch kostengünstigste zur Verfügung stehende Gewinnungsbetrieb/Betriebspunkt, mit Maximalkapazität produzieren kann, ohne die noch zur Verfügung stehende Engpasskapazität zu überschreiten. Ist dies der Fall, wird die verbleibende Engpasskapazität durch Subtraktion der bestehenden Engpasskapazität um die Kapazität des eben betrachteten Gewinnungsbetriebs/Betriebspunkts errechnet und der

Schritt für den spezifisch nächst teureren Gewinnungsbetrieb/Betriebspunkt wiederholt. Sollte das jedoch nicht der Fall sein, so wird die Engpassberechnung abgeschlossen. Für die Szenarien 1 und 3 bedeutet das, dass der letzte betrachtete Gewinnungsbetrieb mit einer gegenüber seiner Maximalkapazität verringerten Kapazität betrieben wird. Für die Szenarien 2 und 4 bedeutet das, dass der letzte betrachtete Gewinnungsbetrieb im Engpassszenario gar nicht betrieben wird.

Abhängig vom gewählten Szenario werden abschließend die Kern- bzw. Ziel-Ausprägungen der kapazitätsbestimmenden Kostenbestimmungsfaktoren angepasst. Mit dem gleichen Argument, das für die entsprechende Anpassung im Wertschöpfungsschritt Aufbereiten verwendet wurde, ist diese Anpassung auch im Wertschöpfungsschritt Gewinnen für die einzelnen Gewinnungsbetriebe/Betriebspunkte ausschließlich bei den Ausprägungen der Kostenbestimmungsfaktoren "Geplante Einsatzzeit Arbeits- und Betriebsmittel" sowie (analog) "Effektive Einsatzzeit Arbeits- und Betriebsmittel" vorzunehmen. Eine Anpassung erfolgt dabei nur bei den Gewinnungsbetrieben/Betriebspunkten, die entweder nur beschränkt oder gar nicht produzieren. Bei den Gewinnungsbetrieben, die gar nicht produzieren wird sowohl die Ausprägung des Kostenbestimmungsfaktors "Geplante Einsatzzeit Arbeits- und Betriebmittel" als auch die Ausprägung des Kostenbestimmungsfaktors "Effektive Einsatzzeit Arbeits- und Betriebsmittel" zu 0 adjustiert. Bei den Gewinnungsbetrieben/Betriebspunkten, die im Engpassszenario mit einer gegenüber ihrer Maximalkapazität verringerten Kapazität betrieben werden (dieser Zustand kann nur in den Szenarien 1 und 3 auftreten), werden die Ausprägungen der Kostenbestimmungsfaktoren "Geplante Einsatzzeit Arbeits- und Betriebsmittel" sowie "Effektive Einsatzzeit Arbeits- und Betriebsmittel" so adjustiert, dass die adjustierte Kapazität dieser Gewinnungsbetriebe der gerade noch verbliebenen, ihnen zugewiesenen Engpasskapazität entspricht.

Da in den Szenarien 2 und 4 die Möglichkeit besteht, dass die theoretisch für den Wertschöpfungsschritt Gewinnen zur Verfügung stehende Engpasskapazität nicht voll genutzt wird, überprüft das Kalkulationsmodell auf Basis des gewählten Szenarios für das Gewinnungsvorgehen die tatsächlich genutzte Engpasskapazität. Für den Fall, dass die tatsächlich genutzte Engpasskapazität kleiner der theoretisch möglichen Engpasskapazität ist, passt das Kalkulationsmodell die Ausprägungen der kapazitätsbestimmenden Kostenbestimmungsfaktoren nach dem für die Wertschöpfungsschritte Aufbereiten und Fördern geschilderten Vorgehen automatisch an.

Die sich aus der oben angeführten Schilderung der Engpasslogik ergebende Berechnung im Modell ist vergleichsweise einfach und wird nachfolgend anhand von Abbildung 79 beschrieben.

	A/B	C	D	E	F	G	H	I	J	K	L	M
1	**ANPASSUNG DER KOSTENBESTIMMUNGSFAKTOREN-AUSPRÄGUNG AUF ENGPASSKAPAZITÄT**											
2												
3							Gewinnungsbetriebe			Ranking der Gewinnungsbetriebe (nach spezifischen Kosten)		
4				Fördern			1. Gewinnung	2. Gewinnung	3. Gewinnung	1. Rang	2. Rang	3. Rang
5		Einheit	Aufbereiten	Schacht	Bandförderung	Gewinnung	Bauhöhe 1	Bauhöhe 2	Bauhöhe 3	Bauhöhe 1	Bauhöhe 3	Bauhöhe 2
25	**Szenario 2 (unter Berücksichtigung Marktbeschränkungen, jedoch unter Vollauslastung aller laufenden Betriebe)**											
26	Noch verfügbare Gewinnungskapazität	tvF/d (Kalendertag)								12.230	6.477	3.737
27	$Kapazität_{ENGPASS}$	tvF/d (Kalendertag)	8.493	8.493	8.493					5.753	2.740	0
28	Engpasskapazität (in tvF/d)	8.493										
29	Engpasskapazität (in tvF/a)	3.100.000										
30	Vermarktbare Menge pro Jahr	(tvF/a)					2.100.000	365.000.000	1.000.000	2.100.000	1.000.000	365.000.000
31	Vermarktbare Menge pro Tag	(tvF/d)					5.753	1.000.000	2.740	5.753	2.740	1.000.000
32												
33	**Szenario 3 (ohne Berücksichtigung Marktbeschränkung)**											
34	Noch verfügbare Gewinnungskapazität	tvF/d (Kalendertag)								12.230	0	0
35	$Kapazität_{ENGPASS}$	tvF/d (Kalendertag)	12.230	12.230	12.230					12.230	0	0
36	Engpasskapazität (in tvF/d)	12.230										
37	Engpasskapazität (in tvF/a)	4.464.005										
38												
39	**Szenario 4 (ohne Berücksichtigung Marktbeschränkung, jedoch unter Vollauslastung aller laufender Betriebe)**											
40	Noch verfügbare Gewinnungskapazität	tvF/d (Kalendertag)								12.230	0	0
41	$Kapazität_{ENGPASS}$	tvF/d (Kalendertag)	12.230	12.230	12.230					12.230	0	0
42	Engpasskapazität (in tvF/d)	12.230										
43	Engpasskapazität (in tvF/a)	4.464.005										
44												
45	**Übergabeschnittstelle**											
46	Gewähltes Szenrario (in Übersicht)	1										
47	Engpasskapazität im gewählten Szenario		12230	12230	12230		5753	3737	2740			
48												
49	**Berechnung der INPUT-Werte für Engpassszenario**											
50												
51	**Zeitannahmen**											
52	Effektive Einsatzzeit Arbeits- und Betriebsmittel$_{IST}$	% Kalenderzeit	48,4%	39,5%	59,1%		20,6%	14,1%	6,8%			
53	Effektive Einsatzzeit Arbeits- und Betriebsmittel'	% Kalenderzeit	83,5%	81,9%	84,5%		28,1%	28,0%	20,5%			
54	Geplante Einsatzzeit Arbeits- und Betriebsmittel$_{IST}$	% Kalenderzeit	73,5%	73,3%	70,3%		54,6%	59,6%	29,2%			
55	Geplante Einsatzzeit Arbeits- und Betriebsmittel'	% Kalenderzeit	88,1%	84,7%	85,8%		38,5%	56,7%	35,1%			
56												
57	**Produktivitätsannahmen**											
58	Ökonomische Intensität$_{IST}$		1.050	1.289	1.088		1.224	1.165	967			
59	Ökonomische Intensität'		1.250	1.277	1.563		1.451	1.356	1.116			
60												

Übersicht / Input / Engpasskapazität / Ausrichten / Vorrichten / Herrichten / Gewinnen / Fördern / Aufbereiten / Bergewirtschaft / Rauben

Abbildung 79 (Engpasskalkulation 2/2)

Auf Basis des (manuell oder automatisch) gewählten Szenarios (Feld C46) wird die dem jeweiligen Szenario entsprechende endgültige Engpasskapazität dem jeweiligen Szenario entnommen. Damit ergibt sich für die einzelnen Wertschöpfungsschritte und Gewinnungsbetriebe/Betriebspunkte die im Engpassszenario zu beachtende Engpasskapazität, die übersichtlich in Zeile 47 dargestellt ist. Auf Basis dieser im Engpassszenario jeweils zu beachtenden Engpasskapazität werden anhand dem oben für die Wertschöpfungsschritte Aufbereiten, Fördern und Gewinnen geschilderten jeweiligen Anpassungsvorgehen die Kern- bzw. Ziel-Ausprägungen der kapazitätsbestimmenden Kostenbestimmungsfaktoren so angepasst, dass die jeweils festgelegte Engpasskapazität genau erreicht wird. Das am Ende des beschriebenen Arbeitsschritts vorliegende Ergebnis sind die entsprechend der Engpassbedingung angepassten Kern- bzw. Ziel-Ausprägungen der kapazitätsbestimmenden Kostenbestimmungsfaktoren der kapazitätsbestimmenden Wertschöpfungsschritte. Werden die so ermittelten Kern- bzw. Ziel-Ausprägungen für das weitere Berechnungsvorgehen benutzt, so ist die wertschöpfungsschrittübergreifende Verträglichkeit der Berechnung sichergestellt.

3.3.2.4 Berechnen der finalen Kern-/Zielkosten

Der letzte Berechnungsschritt ist das Berechnen der finalen Kern- bzw. Zielkosten. Hierfür werden die entsprechend der Engpasslogik modifizierten Kern- bzw. Ziel-Ausprägungen der kapazitätsbestimmenden Kostenbestimmungsfaktoren der kapazitätsbestimmenden Wertschöpfungsschritte wiederum in die jeweiligen Berechnungsworksheets der einzelnen Wertschöpfungsschritte zurückgegeben. Dort fließen sie in die (in Abbildung 80 schematisch dargestellte) Inputübernahme des jeweiligen Detailberechnungsmoduls ein. Entscheidend hierbei ist, dass für die so genannten Engpass-Ausprägungen ein eigener Inputübernahmebereich zur Verfügung steht.

	A	B	C	D	E	F
213	IST-Produktion im Referenzzeitraum		IST			
214	Gewonnen Kohlenmenge (in tvF)		588.288			
215	**ANNAHMEN GEWINNUNGSBETRIEB 2**					
216			Einheit	Bei maximaler Kapazitätsausschöpfung	Bei Kapazitätsausschöpfung gemäß Engpasskapazität	
217	Faktorpreisniveau (FPN)					
218		FPN produktbezogene MaterialkostenIST	Index	100%	100%	
219		FPN produktbezogene Materialkosten'	Index	90%	90%	
220		FPN maschinenbezogene MaterialkostenIST	Index	100%	100%	
221		FPN maschinenbezogene Materialkosten'	Index	88%	88%	
222		FPN personalbezogene MaterialkostenIST	Index	100%	100%	
223		FPN personalbezogene Materialkosten'	Index	91%	91%	
224		FPN PersonalkostenIST	Index	100%	100%	
225		FPN Personalkosten'	Index	92%	92%	
226		FPN produktbezogene DienstleistungskostenI	Index	100%	100%	
227		FPN produktbezogene Dienstleistungskosten'	Index	77%	77%	
228		FPN nutzungsabhängige WartungskostenIST	Index	100%	100%	

Abbildung 80   (Inputübernahme – Beispiel Gewinnungsbetrieb 2)

Während in Spalte D die Inputwerte unter der Annahme maximaler Kapazitätsausschöpfung (Maximal-Ausprägungen) übernommen werden, dient Spalte E für die Übernahme der Engpass-Ausprägungen der Kostenbestimmungsfaktoren. Die finale Berechnung der Kern- bzw. Zielkosten unter Engpasskapazität erfolgt abschließend im Detailberechnungsmodul (vgl. Abbildung 75). Zur Erläuterung dieser Berechnung kann wiederum auf das in Abbildung 76 dargestellte Beispiel des Detailberechnungsmoduls für den Gewinnungsbetrieb 2 zurückgegriffen werden. Die Berechnung der Kern- bzw. Zielkosten unter Engpasskapazität erfolgt in der unteren der beiden Berechnungsmatrizen und folgt in ihrem Vorgehen dem bereits für die Berechnung der Kern- bzw. Zielkosten unter Verwendung der Maximal-Ausprägung der Kostenbestimmungsfaktoren geschilderten Vorgehen. Der einzige Unterschied zu dem in Kapitel 3.3.2.2.2 geschilderten Vorgehen besteht darin, dass hierfür nicht die Inputdaten der Spalte D der Inputübernahme (Maximal-Ausprägungen der Kostenbestimmungsfaktoren) sondern die Inputdaten der Spalte E der Inputübernahme mit den Engpass-Ausprägungen der Kostenbestimmungsfaktoren verwendet werden. Die Zusammenfassung der Ergebnisse der verschiedenen Detailberechnungsmodule sowie die Umrechnung in die nachhaltigen spezifischen Kosten folgt genau dem gleichen, in Kapitel 3.3.2.2.1 geschilderten Vorgehen. Im Endergebnis werden die unter Verwendung der Engpass-Ausprägungen berechneten Kern- bzw. Zielkosten zusammen mit den unter Verwendung der Maximal-Ausprägungen errechneten Kern- bzw. Zielkosten in dem im Kapitel

3.3.2.2.1 beschriebenen Ergebnisübergabemodul ausgegeben. Dieses ist beispielhaft für den Wertschöpfungsschritt Gewinnen in Abbildung 81 dargestellt.

SPEZIFISCHE KOSTEN GEWINNEN

in EUR/tvF

	Spezifische IST Kosten	Faktorpreise	Faktoreinsatz mengen Repetierfaktoren	Arbeits- und Betriebsmittel ntensität	Geplante Einsatzzeit Arbeits- und Betriebsmittel	Effektive Einsatzzeit Arbeits- und Betriebsmittel	Schichtbelegung	Effektive Arbeitszeit	Spezifische Kosten bei Ansetzen aller Kostenbestim mungshebel
Produktbezogene Materialkosten	0,88	0,75	0,62	0,62	0,62	0,62	0,62	0,62	0,62
Maschinenbezogene Materialkosten	0,18	0,15	0,16	0,14	0,14	0,12	0,12	0,12	0,12
Personalbezogene Materialkosten	0,05	0,04	0,03	0,03	0,03	0,01	0,01	0,01	0,01
Personalkosten	2,14	2,07	2,07	1,78	1,86	0,85	0,68	0,57	0,57
Produktbezogene Dienstleistungskosten	1,04	0,89	0,80	0,80	0,80	0,80	0,80	0,80	0,80
Nutzungsabhängige Wartungskosten	1,53	0,92	1,01	1,01	1,01	1,01	1,01	1,01	1,01
Nutzungsabhängige Inspektionskosten	0,14	0,07	0,08	0,08	0,08	0,08	0,08	0,08	0,08
Geplante nutzungsabhängige Instandsetzungskosten	0,33	0,16	0,15	0,15	0,15	0,15	0,15	0,15	0,15
Ungeplante nutzungsabhängige Instandsetzungskosten	0,74	0,40	0,24	0,24	0,24	0,07	0,07	0,07	0,07
Nutzungsunabhängige Instandhaltungskosten	0,03	0,02	0,02	0,01	0,01	0,00	0,00	0,00	0,00
Personalbezogene Dienstleistungskosten	0,02	0,02	0,01	0,01	0,01	0,01	0,00	0,00	0,00
Sonstige Dienstleistungskosten	0,02	0,02	0,02	0,01	0,01	0,00	0,00	0,00	0,00
Maschinenkosten	2,04	1,51	1,51		0,39			0,39	0,39
Gesamt	9,12								3,85
Produktbezogene Materialkosten	0,96	0,87	0,72	0,72	0,72	0,72	0,72	0,72	0,72
Maschinenbezogene Materialkosten	0,20	0,17	0,19	0,16	0,16	0,14	0,14	0,14	0,14
Personalbezogene Materialkosten	0,05	0,05	0,03	0,03	0,03	0,01	0,01	0,01	0,01
Personalkosten	2,43	2,23	2,23	1,92	1,92	0,89	0,73	0,59	0,59
Produktbezogene Dienstleistungskosten	1,20	0,92	0,83	0,83	0,83	0,83	0,83	0,83	0,83
Nutzungsabhängige Wartungskosten	1,69	0,99	1,08	1,08	1,08	1,08	1,08	1,08	1,08
Nutzungsabhängige Inspektionskosten	0,15	0,08	0,09	0,09	0,09	0,09	0,09	0,09	0,09
Geplante nutzungsabhängige Instandsetzungskosten	0,35	0,17	0,16	0,16	0,16	0,16	0,16	0,16	0,16
Ungeplante nutzungsabhängige Instandsetzungskosten	0,86	0,41	0,25	0,25	0,25	0,09	0,09	0,09	0,09
Nutzungsunabhängige Instandhaltungskosten	0,04	0,02	0,02	0,01	0,02	0,01	0,01	0,01	0,01
Personalbezogene Dienstleistungskosten	0,03	0,02	0,01	0,01	0,01	0,01	0,00	0,00	0,00
Sonstige Dienstleistungskosten	0,02	0,02	0,02	0,02	0,02	0,01	0,01	0,01	0,01
Maschinenkosten	2,14	1,55	1,55		0,72			0,72	0,72
Gesamt	10,11								4,44

Übersicht / Input / Engpasskapazität / Ausrichten / Vorrichten / Herrichten / Gewinnen / Fördern / Aufbereiten / Bergewirtschaft / Rauben

Abbildung 81 (Ergebnisübergabe – Beispiel Wertschöpfungsschritt Gewinnen)

Während die unter Verwendung der Maximal-Ausprägung errechneten Kern- bzw. Zielkosten im Bereich A5:K18 ausgegeben werden, erfolgt die Ausgabe der unter Verwendung der Engpass-Ausprägungen berechneten Kern- bzw. Zielkosten im Bereich A19:K32.

Abschließend sei angemerkt, dass die Berechnung der Kern- bzw. Zielkosten unter den Engpass-Ausprägungen der Kostenbestimmungsfaktoren ausschließlich für die kapazitätsbestimmenden Wertschöpfungsschritte erforderlich ist. Bei allen anderen Wertschöpfungsschritten ist dies nicht erforderlich, da sie keinerlei direkten Einfluss auf die Kapazität der als Ausführungsbeispiel gewählten Steinkohlenbergbau-Unternehmung haben. Aufgrund dieser Tatsache erfolgt die Berechnung der Kern- bzw. Zielkosten für diese Wertschöpfungsschritte in den einzelnen Berechnungsworksheets ausschließlich unter Verwendung der in das Modell eingegebenen Maximal-Ausprägungen der Kostenbestimmungsfaktoren, weswegen die Felder C19:K32 für diese Wertschöpfungsschritte nicht belegt, mithin irrelevant sind. Die in der Zusammenfassung entsprechend zu verwendenden Kern- bzw. Zielkosten können direkt den Feldern K5:K18 entnommen werden.

3.3.2.5 Ergebnisausgabe

Um die Ergebnisauswertung so einfach wie möglich zu machen, werden die errechneten Ergebnisse im Hauptmodul "Ergebnisausgabe" übersichtlich aufbereitet ausgegeben. Hierfür greift das Hauptmodul "Ergebnisausgabe" – wie in Kapitel 3.3.2.2.1 beschrieben – auf das jeweilige Modul "Ergebnisübergabe" der einzelnen Berechnungsworksheets zu. Die einzelnen Ausgabewerte werden nachfolgend anhand des Beispiels des in Abbildung 82 dargestellten Hauptmoduls "Ergebnisausgabe" erläutert.

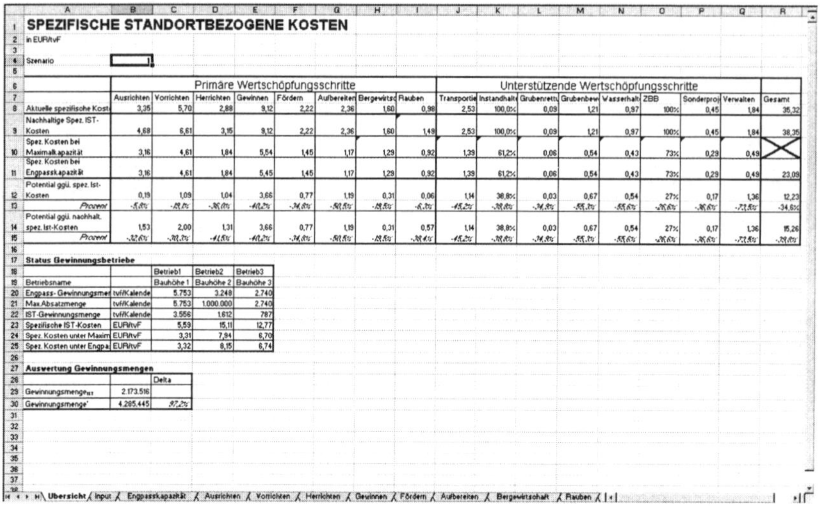

SPEZIFISCHE STANDORTBEZOGENE KOSTEN

in EUR/tvF

Szenario: 1

	Primäre Wertschöpfungsschritte								Unterstützende Wertschöpfungsschritte								
	Ausrichten	Vorrichten	Herrichten	Gewinnen	Fördern	Aufbereiten	Bergewirtsc	Rauben	Transportie	Instandhalt	Grubenrettu	Grubenbew	Wasserhalt	ZBB	Sonderproj	Verwalten	Gesamt
Aktuelle spezifische Kost	3,35	5,70	2,88	9,12	2,22	2,36	1,60	0,98	2,53	100,0%	0,09	1,21	0,97	100%	0,45	1,84	35,32
Nachhaltige Spez. IST-Kosten	4,68	6,61	3,15	9,12	2,22	2,36	1,60	1,49	2,53	100,0%	0,09	1,21	0,97	100%	0,45	1,84	38,35
Spez. Kosten bei Maximalkapazität	3,16	4,61	1,84	5,54	1,45	1,17	1,29	0,92	1,39	61,2%	0,06	0,54	0,43	73%	0,29	0,49	
Spez. Kosten bei Engpasskapazität	3,16	4,61	1,84	5,45	1,45	1,17	1,29	0,92	1,39	61,2%	0,06	0,54	0,43	73%	0,29	0,49	23,09
Potential ggü. spez. Ist-Kosten	0,19	1,09	1,04	3,66	0,77	1,19	0,31	0,06	1,14	38,8%	0,03	0,67	0,54	27%	0,17	1,36	12,23
Prozent	-5,8%	-19,1%	-36,0%	-40,2%	-34,8%	-50,5%	-19,5%	-6,3%	-45,2%	-38,8%	-34,9%	-55,3%	-55,6%	-26,6%	-36,6%	-73,5%	-34,6%
Potential ggü. nachhalt. spez. Ist-Kosten	1,53	2,00	1,31	3,66	0,77	1,19	0,31	0,57	1,14	38,8%	0,03	0,67	0,54	27%	0,17	1,36	15,26
Prozent	-32,6%	-30,3%	-41,5%	-40,2%	-34,8%	-50,5%	-19,5%	-38,4%	-45,2%	-38,8%	-34,9%	-55,3%	-55,6%	-26,6%	-36,6%	-73,5%	-39,8%

Status Gewinnungsbetriebe

		Betrieb1	Betrieb2	Betrieb3
Betriebsname		Bauhöhe 1	Bauhöhe 2	Bauhöhe 3
Engpass- Gewinnungsmen	tvf/Kalende	5.753	3.248	2.740
Max.Absatzmenge	tvf/Kalende	5.753	1.000.000	2.740
IST-Gewinnungsmenge	tvf/Kalende	3.556	1.612	787
Spezifische IST-Kosten	EUR/tvF	5,59	15,11	12,77
Spez. Kosten unter Maxim	EUR/tvF	3,31	7,94	6,70
Spez. Kosten unter Engpa	EUR/tvF	3,32	8,15	6,74

Auswertung Gewinnungsmengen

		Delta
$Gewinnungsmenge_{IST}$	2.173.516	
Gewinnungsmenge'	4.285.445	97,2%

Abbildung 82 (Hauptmodul "Ergebnisausgabe")

Die Aufgabe, dem Betrachter einen Überblick über die spezifischen Kosten des Ist-Zustands zu geben, übernimmt die Darstellung in den Zeilen 6 bis 9. Den Zeilen 6 und 7 kommt dabei die Aufgabe zu, einen grundsätzlichen Überblick über die Struktur der Unternehmung in Form der Aufschlüsselung der primären und unterstützenden Wertschöpfungsschritte zu geben. Weiterhin sind in Zeile 8 die spezifischen Ist-Kosten abgebildet, die sich ergeben, wenn man die absoluten Kosten des Referenzzeitraums einfach durch das im Referenzzeitraum geförderte Volumen an verwertbarer Förderung teilt. Zeile 9 gibt schließlich Auskunft darüber, welche nachhaltigen spezifischen Ist-Kosten sich ergeben, wenn der in Kapitel 3.2.6.1 ausführlich beschriebenen Forderung nach der Nachhaltigkeit der spezifischen Ist-Kosten als fehlerfreie Aufsetzbasis zur Kalkulation der spezifischen Kern- bzw. Zielkosten Genüge getan wird. Während hierfür in den Spalten B bis Q jeweils die spezifischen Kosten der einzelnen Wertschöpfungsschritte abgebildet sind, zeigt Spalte R jeweils die Summe der jeweiligen spezifischen Kosten.

Basierend auf diesem Überblick über die Unternehmungsstruktur und die jeweiligen spezifischen Kosten im Ist-Zustand der Unternehmung gibt die Zeile 10 eine

Auskunft über die jeweiligen (theoretischen) Kern- bzw. Zielkosten, die sich bei Ansatz der im Modul "Inputaufnahme" eingegebenen Maximal-Ausprägungen der Kostenbestimmungsfaktoren ergeben. Diese mit Hilfe der Maximal-Ausprägungen ermittelten Kern- bzw. Zielkosten sind deswegen theoretisch, weil – wie in Kapitel 3.2.6.2 erläutert – bei Verwendung der Maximal-Ausprägungen der Kostenbestimmungsfaktoren in Bezug auf die kapazitätsbestimmenden Wertschöpfungsschritte Gewinnen, Fördern und Aufbereiten noch keinerlei Verträglichkeitsabgleich vorgenommen wurde. Dementsprechend wird die Summe dieser theoretischen Kern- bzw. Zielkosten je Wertschöpfungsschritt auch nicht im Feld R10 zu einer Summe zusammengeführt.

Die mit Hilfe der Engpass-Ausprägungen ermittelten finalen Kern- bzw. Zielkosten – bei denen dann auch eine Verträglichkeit zwischen den kapazitätsbestimmenden Wertschöpfungsschritten besteht – sind abschließend in Zeile 11 dargestellt, wobei die Summe der Kern- bzw. Zielkosten aller Wertschöpfungsschritte im Feld R11 dargestellt ist. Das sich mit den so errechneten spezifischen Kernbzw. Zielkosten gegenüber den spezifischen bzw. nachhaltigen spezifischen Ist-Kosten ergebende Potenzial ist in den Zeilen 12 bis 15 dargestellt. Diese Darstellung gibt dem Betrachter eine Übersicht darüber, welcher Wertschöpfungsschritt jeweils welchen Anteil an der berechneten Kostenveränderung hat. Hieran ist schnell und einfach abzulesen, welcher Verbesserungsbedarf sich ergibt, sofern die spezifischen Ist- auf nachhaltige spezifische Kern- bzw. Zielkosten überführt werden sollen. Da diese Betrachtung nicht losgelöst von der implizit angenommenen Volumenentwicklung erfolgen kann, ist der sich gegenüber der Ist-Situation ergebende Volumeneffekt in den Feldern A28:C30 dargestellt.

Abschließend bietet das Hauptmodul "Ergebnisausgabe" einen Überblick darüber, welche Gewinnungsbetriebe/Betriebspunkte im Engpass-Zustand in welcher Form tatsächlich gewinnen. Die entsprechenden Informationen können den Feldern A18:E25 entnommen werden. Neben der Engpass-Gewinnungsmenge werden die maximalen Absatzmengen (aufgrund von Marktbeschränkungen) sowie die im Ist-Zustand durch die einzelnen Gewinnungsbetriebe gewonnenen Kohlenvolumina dargestellt.[606] Die Darstellung wird in den Zeilen 23 bis 25 durch die Angabe der spezifischen Gewinnungskosten bei Ansatz der verschiedenen Kostenbestimmungsfaktor-Ausprägungen (Ist-, Maximal- und Engpass-Ausprägung) komplettiert, wodurch sich für die Auswertung auf einen Blick erschließt, welche Kostenposition die einzelnen Gewinnungsbetriebe haben und wie die Zuordnung der Engpassmenge zu den einzelnen Gewinnungsbetrieben bei Ansatz der Engpass-Ausprägung der Kostenbestimmungsfaktoren zustande kommt.

---

[606] Hierbei ist zu beachten, dass die in den Wertschöpfungsschritten Vorrichten und Ausrichten anfallenden Kohlenvolumina anteilig den einzelnen Gewinnungsbetrieben zugerechnet werden.

Neben der Aufgabe der bloßen Darstellung der durch das Kalkulationsmodell er-rechneten Kern- bzw. Zielkosten kommt dem Hauptmodul "Ergebnisausgabe" je-doch noch eine weitere Aufgabe zu. Diese besteht darin, dem potenziellen Nutzer die Möglichkeit zu geben, sich einen Überblick darüber zu verschaffen, welche Kern- bzw. Zielkosten sich im Rahmen der jeweils nicht gewählten Engpass-Szenarien ergeben. Wie in Kapitel 3.3.2.3 erläutert und in Abbildung 78 darge-stellt, berücksichtigt das Kalkulationsmodell insgesamt vier unterschiedliche Mög-lichkeiten der Engpass-Szenariobildung. Davon ist das Szenario 1 – nämlich die Vollauslastung aller Gewinnungsbetriebe/Betriebspunkte unter Berücksichtigung etwaiger Marktbeschränkungen – standardmäßig voreingestellt. Dieses Engpass-Szenario (in Kapitel 3.3.2.3 auch als Szenario für das Gewinnungsvorgehen be-zeichnet) muss jedoch nicht in jeder Situation das jeweils sinnvollste bzw. über-greifend kostenoptimale Szenario sein. Um dem potenziellen Nutzer des Kalkula-tionsmodells eine Möglichkeit an die Hand zu geben, zu überprüfen, welche Kern-bzw. Zielkosten sich bei der Wahl der verbleibenden Engpass-Szenarien ergeben und ihm gleichzeitig zu ermöglichen, quasi "auf einen Blick" zu sehen, wie sich die Kern- bzw. Zielkosten der einzelnen Wertschöpfungsschritte (einschließlich der sich hinsichtlich der Gewinnungsmenge ergebenden Implikationen) entwi-ckeln, kann das Engpass-Szenario in Feld B4 frei gewählt werden. Die Eingabe in Feld B4 wird automatisch in die in das Hauptmodul "Wertschöpfungsschrittüber-greifende Engpasskalkulation" übertragen und bewirkt dort direkt die rechnerische Berücksichtigung des gewählten Szenarios. Die sich aus dem ausgewählten Eng-pass-Szenario ergebenden Implikationen werden anschließend automatisch und verzögerungsfrei in den entsprechenden Feldern des Hauptmoduls "Ergebnisaus-gabe" dargestellt.

3.3.3 Zusammenfassung Funktionsweise Kalkulationsmodell

Zusammenfassend kann resümiert werden, dass das erstellte Kalkulationsmodell sowohl die in Kapitel 3.2.2 erarbeitete Struktur der als Ausführungsbeispiel ge-wählten Steinkohlenbergbau-Unternehmung vollständig beachtet als auch den in Kapitel 2.5.5 beschriebenen Berechnungsweg für die Kern- bzw. Zielkostenbe-rechnung eins zu eins abbildet. Zur Berechnung der finalen Zielkosten werden demnach zuerst die theoretischen Kern- bzw. Zielkosten unter Verwendung der Maximal-Ausprägungen der Kostenbestimmungsfaktoren errechnet. Auf Basis der so gewonnenen Informationen über die theoretisch möglichen (spezifischen) Kern-bzw. Zielkosten sowie die theoretisch je kapazitätsbestimmenden Wertschöp-fungsschritt möglichen maximalen Ausbringungsmengen wird anschließend in ei-ner Engpassberechnung der engpassbestimmende Wertschöpfungsschritt unter den kapazitätsbestimmenden Wertschöpfungsschritten ermittelt. Mit Hilfe der so er-mittelten Engpassmenge werden anschließend – unter Zuhilfenahme des gewähl-ten Engpass-Szenarios (bzw. Gewinnungsvorgehens) – die Maximal-Ausprägun-gen der kapazitätsbestimmenden Kostenbestimmungsfaktoren der kapazitätsbestimmenden Wertschöpfungsschritte so zu Engpass-Ausprägungen angepasst, dass eine Verträglichkeit zwischen allen Wertschöpfungsschritten der Steinkohlenberg-bau-Unternehmung herbeigeführt wird. Auf Basis der Engpass-Ausprägungen werden in einem letzten Berechnungsschritt die finalen (spezifischen) Kern- bzw. Zielkosten errechnet, die sich im Rahmen des gewählten Engpass-Szenarios (bzw. Gewinnungsvorgehens) ergeben. Die auf diesem Wege ermittelten Ergebnisse werden abschließend im Hauptmodul "Ergebnisausgabe" übersichtlich dargestellt.

3.4 Anonymisiertes Fallbeispiel

Die beschriebene Systematik der unternehmungsbezogenen Kernkostenanalyse wurde durch den Autor bereits mehrfach bei unterschiedlichen Bergbau-Unternehmungen im Stein- und im Braunkohlenbergbau zur Anwendung gebracht. Neben entsprechenden Untersuchungen in Deutschland konnte der Autor mit der Anwendung der unternehmungsbezogenen Kernkostenanalyse bereits Erfahrungen in Ungarn und in China gewinnen und hat dabei tiefe Einblicke in die grundsätzli-che Anwendbarkeit des von ihm vorgeschlagenen Verfahrens in der unternehmeri-schen Praxis sammeln können. Zwar können die Ergebnisse dieser Untersuchun-gen im Rahmen dieser Arbeit nicht in Form der Realdaten wiedergegeben werden – schließlich bietet eine unternehmungsbezogene Kernkostenanalyse den tiefsten überhaupt möglichen (und gerade deshalb schützenswerten) Einblick in die opera-tiven Kennzahlen einer Unternehmung. Eine entsprechende Darstellung würde somit direkt die Wettbewerbsposition und die möglichen Verbesserungspotenziale einer Unternehmung offen legen. Trotzdem soll dem Leser ein Einblick darin ge-währt werden, welche (relative) Dimension die Kostensenkungspotenziale haben, die sich durch Durchführung einer unternehmungsbezogenen Kernkostenanalyse identifizieren lassen. Um dem Leser dies zu ermöglichen, wird nachfolgend ein fiktives Fallbeispiel vorgestellt, das mit Hilfe der durch den Autor im internationa-len Umfeld gewonnenen Anwendungserfahrung konstruiert wurde. Während die Ausprägungen der Kostenbestimmungsfaktoren (in allen Ausprägungsdimensio-nen) durchaus (gemischten[607]) Realdaten entsprechen, die der Autor in seiner in-ternationalen Anwendungserfahrung über Bergbau-Unternehmungen (sowohl Stein- als auch Braunkohle) gewonnen hat, sind die damit verbundenen Kostenin-formationen konstruiert. Dem reinen Zahlenwert der im Ergebnis ermittelten spe-zifischen Kern- bzw. Zielkosten (und auch der Ist-Kosten) ist dementsprechend keine Aussagekraft beizumessen.

---

[607] Um die Realdaten der untersuchten Unternehmungen so gut wie nur irgend möglich zu schüt-zen, wurden die Ausprägungen der Kostenbestimmungsfaktoren an internationale Durch-schnittswerte angepasst. Dementsprechend ist auch ein Rückschluss von den Ausprägungen der Kostenbestimmungsfaktoren auf eine bestimmte Unternehmung nicht möglich.

Die Erläuterung des Fallbeispiels erfolgt nachfolgend zweigeteilt. Im ersten Teil werden – der Systematik des in Abbildung 23 dargestellten Systems aus Kostenbestimmungsfaktoren folgend – die möglichen Ausprägungsbeeinflussungen der Kostenbestimmungsfaktoren sowohl für die Kern- als auch für die Ziel-Ausprägung diskutiert. Im zweiten Teil werden die sich daraus ergebende Implikation auf die spezifischen Kern- bzw. Zielkosten sowie die damit verbundenen Kern- bzw. Zielkapazitäten diskutiert.

3.4.1 Ausgangslage Beispiel-Unternehmung

Gegenstand des Fallbeispiels ist ein einzelnes Steinkohlenbergwerk einer fiktiven Steinkohlenbergbau-Unternehmung. In diesem Steinkohlenbergwerk wird in einer Tiefe von ca. 500 m Steinkohle in insgesamt 3 Gewinnungsbetrieben bzw. Betriebspunkten gewonnen. Diese haben im Referenzzeitraum – als Referenzzeitraum für die Durchführung der unternehmungsbezogenen Kernkostenanalyse wird ein Kalenderjahr gewählt – zusammen (einschließlich der zuzurechnenden Förderung aus den Aus- und Vorrichtungsbetrieben) ein Volumen von 2.173.516 tvF gefördert.

Das Steinkohlenbergwerk entspricht in seiner Struktur den Schilderungen des Kapitels 3.2.2.1 und verfügt dementsprechend neben dem eigentlichen Bergwerk noch über eine Aufbereitungsanlage sowie eine Bergehalde, die sich in einiger Entfernung zum eigentlichen Bergwerk befindet und zur Endlagerung der Waschberge benutzt wird.

Aufgrund von Marktveränderungen sieht sich die betrachtete Steinkohlenbergbau-Unternehmung zur Zeit sinkenden Erlösen gegenüber, die im vergangenen Jahr dazu geführt haben, dass die spezifischen Kosten der Steinkohlengewinnung im betreffenden Bergwerk – die im Referenzzeitraum nach der Berechnung der Unternehmung 35,32 EUR/tvF frei Aufbereitung betragen haben – die mit der Steinkohle erzielbaren Erlöse von ca. 28,00 EUR/tvF übersteigen.[608] Diese für die Beispiel-Unternehmung existenzbedrohliche Kostenunterdeckung führt seitens der Beispiel-Unternehmung zu der Frage, welche maximale Kostenuntergrenze die Beispiel-Unternehmung zu erreichen in der Lage ist. Anhand dieses Analyseergebnisses möchte das Management der Beispiel-Unternehmung über die Fortführung oder die Stilllegung bzw. Aufgabe des betreffenden Steinkohlenbergwerks entscheiden.

---

[608] Wie bereits in Kapitel 3.4 angemerkt, handelt es sich sowohl bei dem betrachteten Fallbeispiel als auch bei den angenommenen Marktdaten um fiktive Zahlen, die keinerlei Bezug zu den aktuellen Weltmarktpreisen für Steinkohle aufweisen.

3.4.2 Kern- und Ziel-Ausprägungen Kostenbestimmungsfaktoren

Ausgangspunkt für das Ermitteln der spezifischen Kern- und Zielkosten der zu analysierenden Beispiel-Unternehmung ist – neben dem Erfassen der spezifischen Ist-Kosten (das an dieser Stelle nicht näher erläutert wird, bringt es doch für die Beschreibung des Fallbeispiels keinerlei zusätzlichen Erkenntnisgewinn) – das Ableiten der Kern- und Ziel-Ausprägungen der Kostenbestimmungsfaktoren. Die im Rahmen der durchgeführten Analyse ermittelten Kern- bzw. Ziel-Ausprägungen der einzelnen Kostenbestimmungsfaktoren werden nachfolgend erläutert. Um die diesbezügliche Beschreibung zu begrenzen, fokussiert die Erläuterung auf die zusammenfassende Darstellung der Kostenbestimmungsfaktorausprägungen je Kostenbestimmungsfaktortyp. In den einzelnen Wertschöpfungsschritten beobachtete Besonderheiten – das heißt Kostenbestimmungsfaktor-Ausprägungen, die von der jeweils dargestellten Durchschnitts-Ausprägung des einzelnen Zustands abweichen – werden herausgehoben und zusätzlich erläutert.

3.4.2.1 Kostenbestimmungsfaktor "Faktorpreise"

Naturgemäß stellt sich die Ermittlung der Kern-Ausprägung (und abgeleitet davon natürlich auch die Ermittlung der Ziel-Ausprägung) des Kostenbestimmungsfaktors "Faktorpreise" als – verglichen mit den anderen Kostenbestimmungsfaktoren – kompliziert dar. Das hängt – wie in Kapitel 3.2.5.1.2.1 bereits angemerkt – vor allem damit zusammen, dass zwar die Theorie zur Bestimmung der Preisuntergrenze bekannt ist, outside-in jedoch nicht ermittelt werden kann, wie weit die Marktteilnehmer bereit und auch fähig sind, sich dieser Preisuntergrenze zu nähern. Welche Ergebnisse bei den Untersuchungen an der Beispiel-Unternehmung erzielt wurden, wird nachfolgend zum einen zusammenfassend für die Kostenarten Material-, Dienstleistungs- und Maschinenkosten sowie zum anderen für die Kostenart Personalkosten geschildert.

Hinsichtlich der Kostenarten Material-, Dienstleistungs- und Maschinenkosten wurden sowohl für die Ermittlung der Kern- als auch für die Ermittlung der Zielkosten externe Berater engagiert, die sich speziell auf das Gebiet des bergbaulichen Einkaufs spezialisiert hatten. Mit Hilfe dieser spezialisierten Berater wurden ausgewählte Warengruppen in den einzelnen Wertschöpfungsschritten hinsichtlich ihrer Kostensenkungspotenziale untersucht. Im Mittelpunkt dieser Untersuchung standen dabei die folgenden Ansatzpunkte.

- *Standardisieren der Spezifikationsanforderungen*: Waren bis dato die Spezifikationen des Bedarfs zumeist streng an den bergbaulichen Erfordernissen ausgerichtet, so wurden die betrachteten Spezifikationen im Rahmen der Analyse auf das maximal erreichbare Standardisierungslevel getrieben.

- *Volumenbündelung*: Neben der Standardisierung – die automatisch eine Volumenbündelung von Einkaufsvolumina mit bisher unterschiedlichen Spezifikationen bringt – wurde konsequent untersucht, wie sich die Volumenbündelung noch erhöhen lässt. Hierbei wurden nicht nur Volumenbündelungseffekte im untersuchten Bergwerk, sondern darüber hinaus auch in der Gesamtunternehmung und mit anderen (zum Beispiel in der gleichen Region ansässigen) Unternehmungen untersucht. Insbesondere letztere Maßnahme brachte den positiven Effekt, von den teilweise günstigeren Einkaufspreisen der Teilnehmer dieses "Einkaufsverbunds" zu profitieren und somit weitere Effekte hinsichtlich der Ausprägungsverringerung des Kostenbestimmungsfaktors "Faktorpreise" zu bewirken.

- *Internationalisierung des Lieferantenfeldes*: Vollkommen unabhängig von der Veränderung der Spezifikationen und der Volumenbündelung wurde das Lieferantenfeld konsequent internationalisiert. Die hierfür notwendigen Informationen wurden im Rahmen einer weltweiten Lieferantenanalyse gewonnen.[609]

- Spieltheoretische Untermauerung der Verhandlungsführung: Abschließend wurde die Verhandlungsführung der Einkaufsteams durch Schulungsmaßnahmen nach spieltheoretisch optimalen Vorgehensweisen angepasst.

Als Ergebnis dieses Vorgehens wurden die in Abbildung 83 dargestellte Kern- und Ziel-Ausprägung des Kostenbestimmungsfaktors "Faktorpreise" für die Kostenarten Material-, Dienstleistungs- und Maschinenkosten ermittelt.

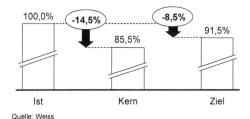

Quelle: Weiss

Abbildung 83 (Kern- und Ziel-Ausprägung "Faktorpreise" für die Material-, Dienstleistungs- und Maschinenkosten)

Die Abschläge, die hinsichtlich der Ziel-Ausprägung gegenüber der Kern-Ausprägung vorgenommen wurden, resultieren dabei im Wesentlichen aus dem Umstand, dass die im Kern-Zustand angenommene Verwendung von Standardmaterialien aufgrund entsprechender bergbaulicher Vorschriften (die im Kern-Zustand unter

---

[609] Hierbei hat sich im Übrigen herausgestellt, dass diese Internationalisierung aufgrund der Transportweitenbeschränkung vor allem geringwertiger Güter nur begrenzt durchgeführt werden kann.

der Annahme idealisierter Umweltbedingungen nicht beachtet wurden) im Ziel-Zustand so nicht vollständig durchgeführt werden konnte.

Hinsichtlich der Ausprägung des Kostenbestimmungsfaktors für die Personalkosten wurde exakt dem in Kapitel 3.2.5.1.2.1 geschilderten Verfahren gefolgt, das durchzuführen sich wesentlich einfacher als die Ermittlung der Kern-/Ziel-Ausprägung des gleichen Kostenbestimmungsfaktors für die oben beschriebenen Kostenarten darstellte. Die hierbei ermittelten Ergebnisse sind in Abbildung 84 dargestellt.

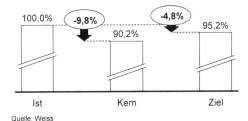

Quelle: Weiss

Abbildung 84 (Kern- und Ziel-Ausprägung "Faktorpreise" für die Personalkosten)

Hauptgrund für die Differenz zwischen der Ist- und der Kern-Ausprägung waren dabei erstaunlicher Weise nicht (interne oder externe) Differenzen im Entlohnungsniveau der einzelnen Qualifikationsstufen. Vielmehr konnte festgestellt werden, dass die Beschäftigten einen – gemessen an den vorliegenden Vergleichsmaßstäben – eher unterdurchschnittlichen Lohn empfingen. Ansatzhebel war vor allem die nicht qualifikationsgerechte Besetzung der einzelnen Arbeitsplätze. So wurde bei einer überwiegenden Anzahl der Arbeitsplätze festgestellt, dass sie mit "überqualifizierten" (oder zumindest zu hoch qualifizierten) Beschäftigten besetzt waren. Die in Abbildung 84 dargestellte Differenz zwischen der Kern- und der Ziel-Ausprägung ergab sich zum einen aufgrund des Umstands, dass es im Rahmen der Verhandlung mit der Gewerkschaft nicht gelang, die ermittelte "überqualifizierte Besetzung" der Arbeitsplätze zu reduzieren. Zum anderen ergibt sich die Differenz daraus, dass in bestimmten Bereichen, in denen z.B. andere Kostenbestimmungsfaktor-Ausprägungen im Ziel-Zustand gegenüber dem Ist-Zustand erhebliche Differenzen aufweisen, bewusst "überqualifizierte" Beschäftigte belassen wurden, um die ambitionierten Ziel-Ausprägungen überhaupt erreichen zu können und nicht durch Personalmaßnahmen die Motivation der Beschäftigten übermäßig negativ zu beeinflussen.

3.4.2.2 Kostenbestimmungsfaktor "Faktoreinsatzmengen Repetierfaktoren"

Das Ableiten der Kern- und Ziel-Ausprägungen des Kostenbestimmungsfaktors "Faktoreinsatzmengen Repetierfaktoren" wurde insbesondere im Zusammenhang mit der Ableitung der Kern- und Ziel-Ausprägungen des Kostenbestimmungsfak-

tors "Faktorpreise" der Kostenarten Material-, Dienstleistungs- und Maschinenkosten und dort vor allem im Zusammenhang mit dem Hebel der Spezifikations-
standardisierung durchgeführt. Das hierfür zur Anwendung gebrachte Vorgehenskonzept beschränkte sich im Wesentlichen auf das Zurückführen der Faktorverbräuche in den einzelnen Kostenarten auf das durch die Input-/Outputbeziehung
vorgegebene Maß.[610] Die Ergebnisse dieses Vorgehens sind in Abbildung 85 in
Form des spezifischen Faktoreinsatzmengenniveaus dargestellt.

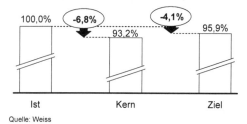

Quelle: Weiss

**Abbildung 85 (Kern- und Ziel-Ausprägungen "Faktoreinsatzmengen Repetierfaktoren"
der Kostenarten Material- und Dienstleistungskosten)**

Der geringe Abstand zwischen den Ist- und den Kern- bzw. Ziel-Ausprägungen erklärt sich im Wesentlichen aus zwei Komponenten. Die erste Komponente besteht
schlicht und ergreifend aus dem Umstand, dass die innerbetriebliche Verschwendung in der Beispiel-Unternehmung ein – verglichen mit anderen Unternehmungen – geringes Niveau aufwies. Die andere Komponente ergibt sich aus dem Umstand, dass bei näherer Analyse festgestellt wurde, dass insbesondere das Faktoreinsatzmengenniveau der beiden Dienstleistungsarten "nutzungsabhängige Wartung" und "nutzungsabhängige Inspektion" im Ist-Zustand zu gering war und dementsprechend zum einen hohe Instandsetzungsaufwände und zum anderen auch
vergleichsweise hohe Ausfallzeiten der betroffenen Arbeits- und Betriebsmittel zu
verzeichnen waren. Um diesen Umstand im Kern- und auch Ziel-Zustand zu ändern, wurden die spezifischen Faktoreinsatzmengenniveaus dieser beiden Instandhaltungsarten, wie in Abbildung 86 dargestellt, erhöht, was natürlich maßgeblich
die Gesamtbetrachtung des in Abbildung 85 dargestellten Gesamtfaktoreinsatz-
mengenniveaus beeinflusst.

Der Anstieg der Ausprägung des Kostenbestimmungsfaktors "Faktoreinsatzmengen Repetierfaktoren" vom Kern- zum Ziel-Zustand begründet sich im Wesentlichen damit, dass insbesondere die genaue Bemessung der Faktorverbräuche auf
die stöchiometrische Input-/Output-Beziehung sich als im Ziel-Zustand als nicht
durchführbar erwies und somit erhöhte Faktorverbräuche erforderlich machte.

---

[610] Vgl. diesbezügliche Schilderungen des Kapitels 3.2.5.1.1.1

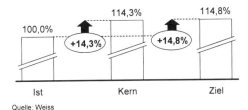

Abbildung 86 (Kern- und Ziel-Ausprägung "Faktoreinsatzmengen Repetierfaktoren" für die Kostenarten "nutzungsabhängige Wartungskosten" und "nutzungsabhängige Inspektionskosten")

3.4.2.3 Kostenbestimmungsfaktoren "Arbeits- und Betriebsmittelintensität", "Geplante Einsatzzeit Arbeits- und Betriebsmittel" und "Effektive Einsatzzeit Arbeits- und Betriebsmittel"

Grundsätzlich macht eine wertschöpfungsschrittübergreifende Darstellung der Kern- und Ziel-Ausprägungen für diese drei Kostenbestimmungsfaktoren nur eingeschränkt Sinn. Das liegt im Wesentlichen daran, dass insbesondere in Bezug auf die entsprechenden Kern- und Ziel-Ausprägungen der oben genannten Kostenbestimmungsfaktoren der kapazitätsbestimmenden Wertschöpfungsschritte Gewinnen, Fördern und Aufbereiten nur bedingt richtige Aussagen getroffen werden können, da diese im Rahmen des Moduls "Wertschöpfungsschrittübergreifende Engpasskalkulation"[611] ohnehin angepasst werden. Dementsprechend werden die analysierten Kern- und Ziel-Ausprägungen nachfolgend bezogen auf einzelne Wertschöpfungsschritte bzw. Wertschöpfungsschrittgruppen diskutiert.

3.4.2.3.1 Vorleistungen

Hinsichtlich der Vorleistungen ist in Bezug auf die Ermittlung der Kern- und Ziel-Ausprägungen der oben genannten Kostenbestimmungsfaktoren vor allen Dingen die Ermittlung der entsprechenden Ausprägungen für den Kostenbestimmungsfaktor "Arbeits- und Betriebsmittelintensität" hervorzuheben. Wie Abbildung 87 entnommen werden kann, konnte im Rahmen der Analyse festgestellt werden, dass sich durch Verfahrensumstellungen – nämlich insbesondere die Parallelisierung von Vortrieb und Ausbau – eine signifikante Verringerung der Zykluszeiten und somit eine über 50 prozentige Erhöhung der entsprechenden Kostenbestimmungsfaktor-Ausprägungen erreichen lässt.

---

[611] Vgl. Kapitel 3.3

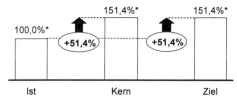

Ist   Kern   Ziel

* Gewichtet auf Basis Absolutkosten Vorleistungsarten
Quelle: Weiss

Abbildung 87 **(Kern- und Ziel-Ausprägungen "Arbeits- und Betriebsmittelintensität" für die Vorleistungs-Wertschöpfungsschritte)**

Die für den Kern-Zustand gegenüber dem Ist-Zustand ermittelte Ausprägungserhöhung konnte dabei ohne Abstriche in den Zielzustand überführt werden.

Direkt verbunden damit sei an dieser Stelle auf die ebenfalls analysierte Ausprägungs-Ausweitung hinsichtlich des Kostenbestimmungsfaktors "Effektive Einsatzzeit Arbeits- und Betriebsmittel" hingewiesen. Diese – detailliert in Abbildung 88 dargestellt – resultiert zum einen aus dem Umstand, dass die Vorleistungen – also die Wertschöpfungsschritte Aus- und Vorrichten – im Ist-Zustand ausschließlich im Zeitraum Montag bis Freitag vorgenommen wurden. Eine Ausweitung der geplanten Arbeitszeit auf die gesamte Woche und die zusätzliche Verringerung der Ausfallzeiten aufgrund der Einführung eines vorbeugenden Wartungskonzepts führten zu der in Abbildung 88 dargestellten Differenz der ermittelten Kern- und Ziel-Ausprägungen gegenüber der Ist-Ausprägung.

Ist   Kern   Ziel

* Gewichtet auf Basis Absolutkosten Vorleistungsarten
Quelle: Weiss

Abbildung 88 **(Kern- und Ziel-Ausprägungen "Effektive Einsatzzeit Arbeits- und Betriebsmittel" für die Vorleistungs-Wertschöpfungsschritte)**

Die Differenz zwischen der Kern- und der Ziel-Ausprägung ist dabei insbesondere auf die im Ziel-Zustand gegenüber der Annahme idealisierter Umweltbedingungen im Kern-Zustand nicht mehr aufrecht zu erhaltende Annahme von Null-Ausfallzeiten aufgrund technischer Defekte zurückzuführen.

394

3.4.2.3.2 Gewinnen

Die nachfolgend für den Wertschöpfungsschritt Gewinnen gemachten Aussagen beziehen sich ausschließlich auf die im Rahmen der Durchführung der unternehmungsbezogenen Kernkostenanalyse ermittelten Maximal-Ausprägungen der oben genannten Kostenbestimmungsfaktoren für den Kern- und den Ziel-Zustand. Diese werden – wie in Kapitel 3.3.2.3 ausführlich beschrieben – gemäß der Engpassbedingung automatisch durch das Kalkulationsmodell auf Basis des gewählten Gewinnungsvorgehens (bzw. Engpass-Szenarios) angepasst und können demnach unterschiedliche Engpass-Ausprägungen annehmen.

In Bezug auf die Kern- und Ziel-Ausprägungen des Kostenbestimmungsfaktors "Arbeits- und Betriebsmittelintensität" weist der Wertschöpfungsschritt Gewinnen eine Besonderheit auf. Wie Abbildung 89 entnommen werden kann, liegt der Durchschnitt der ermittelten Kern-Ausprägungen des Kostenbestimmungsfaktors "Arbeits- und Betriebsmittelintensität" über, die ermittelte Ziel-Ausprägung jedoch unter dem Niveau der Ist-Ausprägung.

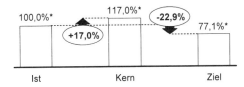

* Gewichtet auf Basis Absolutkosten der Gewinnungsbetriebe
Quelle: Weiss

Abbildung 89 (Kern- und Ziel-Ausprägungen "Arbeits- und Betriebsmittelintensität" für den Wertschöpfungsschritt Gewinnen)

Diese Anpassung wurde durch das Analyseteam bewusst vorgenommen und begründet sich wie folgt. Seitens der Bergaufsichtsbehörde wurden für das betrachtete Bergwerk Auflagen hinsichtlich der maximalen Ausprägungen der Kostenbestimmungsfaktoren "Arbeits- und Betriebsmittelintensität" und "Effektive Einsatzzeit der Arbeits- und Betriebsmittel" sowie hinsichtlich der Maximalkapazität der einzelnen Gewinnungsbetriebe gemacht, wobei erstere beiden Auflagen im begrenzten Umfange gegeneinander aufgerechnet werden können. Diese Auflagen wurden im Kern-Zustand unter der Annahme idealisierter Umweltbedingungen nicht beachtet. Bei der Betrachtung des Ziel-Zustands mussten sie aber mit einbezogen werden. Da zum einen ein "gleichmäßiges Fahren" der Gewinnungsbetriebe sowohl hinsichtlich des Verhaltens des Deckgebirges also auch hinsichtlich des CH_4-Problems vorteilhafter als das "kurzzeitige Fahren" der Gewinnungsbetriebe mit maximaler Ausprägung des Kostenbestimmungsfaktors "Arbeits- und Betriebsmittelintensität" ist und sich zum anderen in der praktischen Umsetzung auch besser realisieren lässt, wurden für die Beachtung der bergbehördlichen Auflagen im Ziel-Zustand die Ausprägungen des Kostenbestimmungsfaktors "Arbeits- und

395

Betriebsmittelintensität" für den Wertschöpfungsschritt Gewinnen entsprechend nach unten angepasst. In Zusammenhang damit wurden – wie in Abbildung 90 klar wird – die Kern- und Ziel-Ausprägungen der Kostenbestimmungsfaktoren "Geplante Einsatzzeit Arbeits- und Betriebsmittel" sowie "Effektive Einsatzzeit Arbeits- und Betriebsmittel" so hoch wie möglich angesetzt.

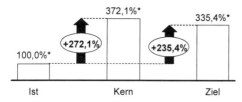

* Gewichtet auf Basis Absolutkosten der Gewinnungsbetriebe
Quelle: Weiss

Abbildung 90 (Kern- und Ziel-Ausprägungen "Effektive Einsatzzeit Arbeits- und Betriebsmittel" für den Wertschöpfungsschritt Gewinnen)

Die große Differenz zwischen der Ist-Ausprägung einerseits und der Kern- bzw. Ziel-Ausprägung andererseits ergibt sich aus verschiedenen Gründen. Der erste Grund besteht darin, dass der Wertschöpfungsschritt Herrichten, der im Ist-Zustand weitgehend sequenziell in Bezug auf den Wertschöpfungsschritt Gewinnen durchgeführt wurde, im Kern- und Ziel-Zustand vollständig parallel zum Wertschöpfungsschritt Gewinnen durchgeführt wird, so dass es (zumindest theoretisch) zu keinerlei Baupausen in Folge eines noch nicht hergerichteten Gewinnungsbetriebs in der Baukette kommt. Der zweite Grund besteht in der Ausweitung der geplanten Einsatzzeit der Arbeits- und Betriebsmittel, indem vermehrt Wochenendschichten gefahren bzw. geplante Wartung, die im Ist-Zustand in der Woche geplant war, konsequent auf das Wochenende verlegt wurde. Der dritte Grund besteht abschließend darin, dass die Stillstandszeiten nach unten angepasst wurden. Das wurde zum einen durch eine bessere Vorbereitung des Kohlefeldes hinsichtlich der geologischen Bedingungen (z.B. präventive Gasabsaugung) erreicht. Zum anderen wurde durch verstärkten Einsatz von präventiver Wartung[612] die Fehleranfälligkeit der Arbeits- und Betriebsmittel reduziert. Im Ergebnis dieser Komponenten konnte eine (theoretische) Steigerung der effektiven Einsatzzeit der Arbeits- und Betriebsmittel im Ziel-Zustand um immerhin über 230% erreicht werden. Welcher Anteil dieses identifizierten Potenzials letztendlich genutzt wird, hängt im Ergebnis vom gewählten Gewinnungsvorgehen (Engpass-Szenario) ab.[613]

---

[612] Vgl. Kapitel 3.4.2.2
[613] Vgl. Kapitel 3.3.2.3

3.4.2.3.3 Fördern

Genauso wie die Schilderungen in Kapitel 3.4.2.3.2 beziehen sich die nachfolgenden Schilderungen, hinsichtlich des Wertschöpfungsschritts Fördern, auf die Maximal-Ausprägungen der oben genannten Kostenbestimmungsfaktoren.

Hinsichtlich der Ermittlung der Kern- und Ziel-Ausprägungen für den Kostenbestimmungsfaktor "Arbeits- und Betriebsmittelintensität" wurden für die söhlige und die seigere Förderung unterschiedliche Wege beschritten. Hinsichtlich der söhligen Förderung – die im vorliegenden Beispiel ausschließlich auf Gurtbandförderung beruhte – ergibt sich die Arbeits- und Betriebsmittelintensität zum einen aus dem Füllquerschnitt und zum anderen aus der Bandgeschwindigkeit des Gurtbandförderers. Da der Füllquerschnitt durch die Geometrie des Gurtbandförderers vorgegeben ist (und unter Beachtung der Optimierungsprämisse gegebener Umweltbedingungen auch nicht verändert werden konnte), reduzierten sich die Optimierungsmöglichkeiten im Wesentlichen auf die Betrachtung der Bandgeschwindigkeit. Hinsichtlich der seigeren Förderung – die im vorliegenden Beispiel durch eine Skip-Förderung in einem Schacht realisiert wurde – ergibt sich die Arbeits- und Betriebsmittelintensität aus der Anzahl der Förderspiele pro Zeiteinheit (Stunde) und der Größe des Skip-Gefäßes. Trotz der Prämisse "gegebener Umweltbedingungen" wurden beide Optimierungshebel genutzt. Zum einen wurde die Anzahl der Förderspiele je Zeiteinheit konsequent auf die vom Anlagenhersteller angegebene Höchstanzahl angenommen, die vor dem Hintergrund physikalischer Gesetzmäßigkeiten noch einmal mit dem Anlagensteller diskutiert und bis an ihre natürliche Grenze erweitert wurde. Zum anderen wurde die bevorstehende Revision der Skip-Gefäße dazu genutzt, größere Skip-Gefäße zu installieren. Dabei wurde die Größe der neuen Skip-Gefäße an die Grenze des physikalisch machbaren gelegt. Die Prämisse der Beachtung gegebener Umweltbedingungen wurde an dieser Stelle (durch den Einbau neuer Skip-Gefäße) in zulässiger Weise verletzt, da der Ersatz der Skip-Gefäße ohnehin vorgesehen und somit der mit dem Gefäß-Austausch verbundene Zusatzaufwand marginal war. Im Ergebnis konnte die Ausprägung des Kostenbestimmungsfaktors "Arbeits- und Betriebsmittelintensität", wie in Abbildung 91 dargestellt, verändert werden. Anpassungen der Kern-Ausprägung bei der Ableitung der Ziel-Ausprägung waren nicht notwendig.

* Gewichtet auf Basis Absolutkosten söhliges/seigeres Fördern
Quelle: Weiss

Abbildung 91 (Kern- und Ziel-Ausprägungen "Arbeits- und Betriebsmittelintensität" für den Wertschöpfungsschritt Fördern)

Vergleichsweise einfach war die Ermittlung der Kern- und Ziel-Ausprägungen des Kostenbestimmungsfaktors "Effektive Einsatzzeit Arbeits- und Betriebsmittel". Diese beschränkte sich im Wesentlichen darauf, die geplante Einsatzzeit auch auf das Wochenende auszuweiten, sowie durch eine massive Verstärkung der präventiven Wartung die defektbedingten Stillstandszeiten sowohl der söhligen als auch der seigeren Förderung zu minimieren. In Bezug auf die seigere Förderung sei zusätzlich angemerkt, dass insbesondere die Einführung eines Fahrplans (mit dezidierter Zuweisung von Fahrzeiten für Kohle und für Material) sowie die Erwieterung des Kohlebunkers vor dem Schacht die Verfügbarkeit des Schachts merklich erhöhen konnte.

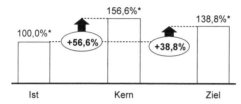

* Gewichtet auf Basis Absolutkosten söhliges/seigeres Fördern
Quelle: Weiss

Abbildung 92 (Kern- und Ziel-Ausprägungen "Effektive Einsatzzeit Arbeits- und Betriebsmittel" für den Wertschöpfungsschritt Fördern)

Die Differenzen in der Schichtbelegung ergeben sich im Wesentlich aus der zusätzlichen Berücksichtigung defektbedingter Stillstandszeiten (einschließlich der sich daraus ergebenden Domino-Effekte für die Förderkette) im Ziel-Zustand, die unter der Annahme idealisierter Umweltbedingungen im Kern-Zustand keine Berücksichtigung fanden.

3.4.2.3.4 Aufbereiten

Exakt wie die Schilderungen in den Kapiteln 3.4.2.3.2 und 3.4.2.3.3 beziehen sich die nachfolgenden Schilderungen, hinsichtlich des Wertschöpfungsschritts Aufbereiten, auf die Maximal-Ausprägungen der oben genannten Kostenbestimmungsfaktoren.

Für die Ermittlung der Kern- und der Ziel-Ausprägungen des Kostenbestimmungsfaktors "Arbeits- und Betriebsmittelintensität", bzw. letztlich der im Kern- und Ziel-Zustand erzielbaren Intensität der Aufbereitungsanlage, musste analysiert werden, wie sich die Kapazität der Aufbereitung durch kleinste Umbaumaßnahmen noch erweitern lässt. Die in Abbildung 93 dargestellten Ausweitungen der Aufbereitungsintensität wurden im Wesentlichen durch die Änderung der Trennkorngröße in der Vorklassierung, zusätzliche Klassierungskapazitäten (insbesondere im Fein- und Feinstkornbereich) sowie Modifikationen im Waschkreislauf erreicht.

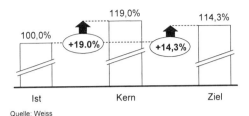

Quelle: Weiss

Abbildung 93 (Kern- und Ziel-Ausprägungen "Arbeits- und Betriebsmittelintensität" für den Wertschöpfungsschritt Aufbereiten)

Die Differenz zwischen der Kern- und der Ziel-Ausprägung ergibt sich durch Erschwerungen in der Klassierung, die im Ziel-Zustand gegenüber den idealisierten Umweltbedingungen im Kern-Zustand zu berücksichtigen sind.

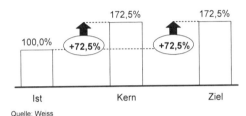

Quelle: Weiss

Abbildung 94 (Kern- und Ziel-Ausprägungen "Effektive Einsatzzeit Arbeits- und Betriebsmittel" für den Wertschöpfungsschritt Aufbereiten)

Die Differenz der Kern- und der Ziel-Ausprägung des Kostenbestimmungsfaktors "Effektive Einsatzzeit Arbeits- und Betriebsmittel" in Bezug auf die Ist-Ausprägung erklärt sich durch eine Ausweitung der geplanten Einsatzzeit der Aufbereitungsanlage auf das Wochenende sowie auf die Nacht sowie durch eine Verringerung der defektbedingten Stillstandszeiten durch eine konsequente Ausweitung der präventiven Wartung.

3.4.2.4 Kostenbestimmungsfaktor "Schichtbelegung"

Die Kern- und Ziel-Ausprägung des Kostenbestimmungsfaktors "Schichtbelegung" liegt durchschnittlich über alle Wertschöpfungsschritte nur ca. 12 Prozent im Kern- bzw. ca. 8 Prozent in Ziel-Zustand unter der entsprechenden Ist-Ausprägung.

Diese Darstellung der Durchschnittswerte entfaltet jedoch für sich genommen keine allgemeingültige Aussagekraft hinsichtlich der einzelnen Wertschöpfungsschritte. Vielmehr sind die Kern- und Ziel-Ausprägungen des oben genannten Kostenbestimmungsfaktors über die einzelnen Wertschöpfungsschritte grob unterschiedlich. Das eine Extrem – nämlich deutlich höhere Kern- und Ist-Ausprägungen des oben genannten Kostenbestimmungsfaktors für die Vorleistungs-Wertschöpfungsschritte – ist in Abbildung 96 dargestellt.

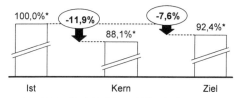

Ist   Kern   Ziel

* Gewichtet auf Basis Arbeitskosten je Wertschöpfungsschritt
Quelle: Weiss

Abbildung 95   **(Kern- und Ziel-Ausprägung "Schichtbelegung")**

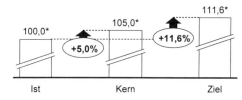

Ist   Kern   Ziel

* Gewichtet auf Basis Arbeitskosten je Wertschöpfungsschritt
Quelle: Weiss

Abbildung 96   **(Kern- und Ziel-Ausprägung "Schichtbelegung" für Vorleistungs-Wertschöpfungsschritte)**

Der Grund für die im Gegensatz zur Ist-Ausprägung höhere Kern- und Ziel-Ausprägung des Kostenbestimmungsfaktors "Schichtbelegung" liegt darin, dass diese Erhöhung der Schichtbelegung die in Kapitel 3.4.2.3.1 geschilderte Erhöhung des Kostenbestimmungsfaktors "Arbeits- und Betriebsmittelintensität" für die Vorleistungs-Wertschöpfungsschritte erst ermöglichte und dass dieses Vorgehen insgesamt kostenoptimal gegenüber dem umgekehrten Vorgehen (nämlich der Verringerung der Ausprägung des Kostenbestimmungsfaktors "Arbeits- und Betriebsmittelintensität" zugunsten einer Verringerung der Ausprägung des Kostenbestimmungsfaktors "Schichtbelegung") war.

Parallel dazu sei an dieser Stelle jedoch auch die Kern- und die Ziel-Ausprägung des Kostenbestimmungsfaktors "Schichtbelegung" für den Wertschöpfungsschritt Verwalten erwähnt, die mit 56 bzw. 65 Prozent eine deutliche Verringerung der Schichtbelegung im Kern- bzw. Ziel-Zustand gegenüber dem Ist-Zustand indizieren. Die Möglichkeit zu diesen Ausprägungsverringerungen lässt sich am besten anhand Schmalenbachs bereits 1928 getätigten Schilderungen des Ist-Zustands illustrieren. "Eine besonders auffällig hohe Zahl kaufmännischer Beamten weisen die [...] preußischen staatlichen Bergbaubetriebe auf. Diese hohe Zahl wird mit

400

dem Umstand erklärt, daß Kündigungen bei im Beamtenverhältnis stehenden Angestellten nicht statthaft sind."[614]

In der Kombination dieser ungleichmäßigen Ausprägungsänderungen über die Wertschöpfungsschritte der analysierten Beispiel-Unternehmung ergeben sich im Durchschnitt die in Abbildung 95 dargestellten Kern- und Ziel-Ausprägungen des Kostenbestimmungsfaktors "Schichtbelegung".

3.4.2.5 Kostenbestimmungsfaktor "Effektive Arbeitszeit"

Die Ermittlung der Kern- und Ziel-Ausprägung des Kostenbestimmungsfaktors "Effektive Arbeitszeit" folgt eins zu eins dem in den Kapiteln 3.2.5.1.2.3 und 3.2.7.1.2.3 vorgestellten Vorgehen und bedient sich auch der dort angeführten Optimierungshebel. Insgesamt ist insbesondere auf die hohe Differenz zwischen der Kern- und der Ziel-Ausprägung hinzuweisen, die in Abbildung 97 dargestellt ist.

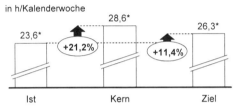

in h/Kalenderwoche

23,6*   28,6*   26,3*

+21,2%   +11,4%

Ist   Kern   Ziel

* Gewichtet auf Basis Arbeitskosten je Wertschöpfungsschritt
Quelle: Weiss

Abbildung 97   (Kern- und Ziel-Ausprägungen "Effektive Arbeitszeit")

Diese ergibt sich aus einer Reihe von Umständen. Zum einen waren im Ziel-Zustand die Feiertage zu berücksichtigen. Zusätzlich konnten die Urlaubstage nicht vollständig auf das gesetzlich vorgeschriebene Mindestmaß zurückgefahren werden. Diese Abstriche waren bei der Überführung der Kern-Ausprägungen in den Ziel-Zustand auch durchaus zu erwarten, stellen diese Komponenten doch eine indirekte Reduzierung der Entlohnung der Beschäftigten dar. Interessanterweise musste jedoch in der Verhandlung mit der Arbeitnehmervertretung auch die – einkommensneutrale – Ausweitung der Schichtdauer (bei gleich bleibender Wochenarbeitszeit) zumindest teilweise zurückgenommen werden. Mit dieser Ausweitung war eigentlich nur die Verringerung des Anteils der Fahrungs- und Pausenzeiten an der effektiven Arbeitszeit beabsichtigt gewesen. Mit dem Hinweis auf die sich aus einer Ausweitung der Schichtdauer ergebenden arbeitsmedizinischen Implikationen musste jedoch im Ziel-Zustand eine entsprechende Anpassung vorgenommen werden, die einen wesentlichen Anteil an der Differenz zwischen der Kern-

---

[614] Schmalenbach/Baade/Lufft/Springorum/Stein, Gutachten über die gegenwärtige Lage des rhein.-westf. Steinkohlenbergbaus, 1928, S. 11

und der Ziel-Ausprägung des Kostenbestimmungsfaktors "Effektive Arbeitszeit" ausmacht.

3.4.3 Implikationen auf Kern- und Zielkosten sowie Kern- und Zielkapazitäten

Die ermittelten Kern- und Ziel-Ausprägungen der Kostenbestimmungsfaktoren in den einzelnen Wertschöpfungsschritten bildeten die Basis für die Errechnung der spezifischen Kern- und Zielkosten. Diese Berechnung wurde mit Hilfe des in Kapitel 3.3 vorgestellten Kalkulationsmodells vorgenommen. Als erstes Ergebnis der Berechnung wurde festgestellt, dass die von der analysierten Beispiel-Unternehmung angegebenen spezifischen Ist-Kosten von 35,32 EUR/tvF nicht die im Ist-Zustand nachhaltig anzusetzenden Kosten darstellten. Vielmehr konnte durch die Berechnung der nachhaltigen spezifischen Ist-Kosten festgestellt werden, dass die nachhaltigen spezifischen Ist-Kosten 38,35 EUR/tvF (bezogen auf den analysierten Referenzzeitraum) betragen und somit ca. 8,6 Prozent über den angegebenen spezifischen Ist-Kosten liegen. Übersetzt heißt das, dass die analysierte Beispiel-Unternehmung im Referenzzeitraum partiell "von Reserven gelebt" hat.

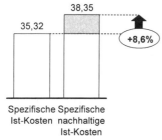

Abbildung 98 (Vergleich spezifische Ist- und nachhaltige spezifische Ist-Kosten Beispiel-Unternehmung)

Diese so in der Beispiel-Unternehmung vorgefundene Situation begründete sich im Wesentlichen damit, dass aufgrund der Krisensituation, in der sich die analysierte Unternehmung im Referenzzeitraum befand, nicht unbedingt für den gegenwärtigen Gewinnungsprozess notwendige Aktivitäten zumindest in Teilen unterlassen wurden. So wurden insbesondere weniger Meter an Vorleistungen als notwendig erbracht. Darüber hinaus wurden weniger Herricht- und Raubvorgänge durchgeführt, als angesichts des geförderten Kohlenvolumens eigentlich notwendig gewesen wären. Dass dieses Vorgehen nicht nachhaltig und vor allem nicht beliebig fortsetzbar ist, erschließt sich auch Nicht-Fachleuten. Aus diesem Grunde wurde die durchgeführte unternehmungsbezogene Kernkostenanalyse auf den ermittelten nachhaltigen spezifischen Kosten aufgesetzt. Ausgehend von dieser Berechnungsbasis wurden nachfolgend – durch einfaches Einsetzen der erhobenen Ist- sowie der ermittelten Kern- und Ziel-Ausprägungen der Kostenbestimmungsfaktoren – die in Abbildung 99 dargestellten spezifischen Kern- bzw. Zielkosten ermittelt.

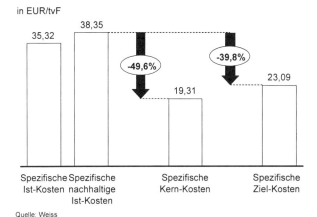

Quelle: Weiss

Abbildung 99 (Spezifische Kern- und Zielkosten Fallbeispiel)

Wie Abbildung 99 zu entnehmen ist, liegen sowohl die spezifischen Kern- als auch die spezifischen Zielkosten mit einer Differenz von ca. 49,6 bzw. 39,8 Prozent signifikant unter den nachhaltigen spezifischen Ist-Kosten. Sowohl die sich ergebende Differenz zu den nachhaltigen spezifischen Ist-Kosten als auch die Differenz zwischen den spezifischen Kern- und den spezifischen Zielkosten begründet sich dabei jedoch nicht auf Abschätzungen sondern einzig und allein aus der faktenbasierten Differenz zwischen den Kostenbestimmungsfaktor-Ausprägungen der einzelnen Zustände.

Wie bereits weiter oben bemerkt, bleibt jedoch die Diskussion der spezifischen Kern- und Zielkosten für sich genommen weitgehend inhaltsfrei, wird sie nicht mit einer Darstellung der mit den jeweiligen Kosten verbundenen Kapazitäten verknüpft. Entsprechend sind die ermittelten spezifischen Kern- und Zielkosten in Zusammenhang mit den in Abbildung 100 dargestellten ermittelten Kern- und Ziel-Kapazitäten zu diskutieren.

Wie Abbildung 99 in Kombination mit Abbildung 100 entnommen werden kann, geht die Verringerung der spezifischen Kosten im Kern- bzw. Ziel-Zustand Hand in Hand mit einer Ausweitung der Kapazität einher. Dies ist nicht verwunderlich, da ja gerade ein Teil der Verringerung der spezifischen Kosten im Kern- bzw. Ziel-Zustand durch die Verringerung der auf die einzelne Tonne verwertbarer Förderung entfallenden Fixkosten verursacht wird. Im Umkehrschluss heißt das jedoch auch, dass die errechneten spezifischen Zielkosten nur dann erreicht werden können, wenn die Produktion (bzw. die Gewinnung) im betrachteten Bergwerk der analysierten Beispiel-Unternehmung entsprechend ausgeweitet wird. Welche spezifischen Kern- bzw. Zielkosten sich ergeben, sofern diese Produktionsausweitung nicht durchgeführt wird, kann leicht dadurch ermittelt werden, indem der Engpasswert im Hauptmodul "Wertschöpfungsschrittübergreifende Engpasskalkulation" des Kalkulationsmodells manuell z.B. auf die Ist-Kapazität begrenzt wird.

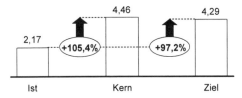

Quelle: Weiss

Abbildung 100 (Kern- und Ziel-Kapazität Fallbeispiel)

Im Ergebnis kann jedoch festgehalten werden, dass durch das Realisieren der ermittelten Ziel-Ausprägungen der Kostenbestimmungsfaktoren und somit beim Realisieren der in Abbildung 100 dargestellten Ziel-Kapazität von ca. 4,29 Mio. tvF p.a. die in Abbildung 99 dargestellten spezifischen Zielkosten in Höhe von 23,09 EUR/tvF erreicht werden können. Diese Zielkosten stellen die unter den gegebenen Umweltbedingungen die maximal erreichbare spezifische Kostenuntergrenze des untersuchten Bergwerks der analysierten Beispiel-Unternehmung dar.

3.4.4 Zusammenfassung Fallbeispiel

Nach der Durchführung der unternehmungsbezogenen Kernkostenanalyse kann in Bezug auf die Ausgangssituation festgestellt werden, dass die unter den gegebenen Umweltbedingungen maximal erreichbare spezifische Kostenuntergrenze des betrachteten Bergwerks der analysierten Beispiel-Unternehmung mit 23,09 EUR/tvF genau 4,91 EUR/tvF unter dem im Markt realisierbaren Erlösen in Höhe von 28,00 EUR/tvF liegt. Wie bereits in Kapitel 3.4.3 angemerkt, lassen sich die ermittelten spezifischen Zielkosten jedoch nur dann erhalten, wenn gleichzeitig auch die Produktion auf die in Abbildung 100 indizierte Menge ausgeweitet und die ausgeweitete Produktionsmenge auch tatsächlich abgesetzt wird. Da es sich bei der gewonnenen Steinkohle um ein homogenes, börsengehandeltes Gut in einem Markt (fast) vollständiger Konkurrenz handelt und die Beispiel-Unternehmung demnach als Mengenanpasser handelt, erscheint der Absatz der gewonnenen/produzierten Steinkohle als gesichert. Dementsprechend kann abschließend als Analyseergebnis festgestellt werden, dass bei gesichertem Erreichen der ermittelten Ziel-Ausprägungen der Kostenbestimmungsfaktoren und somit bei Erreichen der spezifischen Zielkosten und Zielkapazität sowie bei einer stabilen Entwicklung des Weltmarktpreises ein zumindest kostendeckendes Betreiben des betrachteten Bergwerks der analysierten Beispiel-Unternehmung möglich erscheint.

Eine Aussage darüber, ob das Weiterbetreiben des betrachteten Bergwerkes auch in Hinblick auf die erzielte Eigenkapitalrendite sinnvoll ist, kann jedoch auf Basis der erarbeiteten Analyseergebnisse nicht getroffen werden, da diese ausschließlich die Kostenseiten beleuchten. Sofern über die Untersuchungsergebnisse hinaus weitere Fragen z.B. hinsichtlich der erzielbaren Eigenkapitalrendite oder des mit dem Betrieb des Bergwerks verbundenen Erlösrisikos beantwortet werden sollen, sind entsprechend andere Analyseverfahren zur Anwendung zu bringen.

4 Einsatzbedingungen und Zusammenfassung

Nachdem in den vorangegangenen Kapiteln die unternehmungsbezogene Kernkostenanalyse sowohl in ihrer Theorie als auch in ihrer praktischen Anwendung beschrieben wurde, kommen dem abschließenden Kapitel 4 zwei Aufgaben zu. Zum einen wird detailliert auf die Einsatzbedingungen und das Umsetzungsvorgehen eingegangen. Zum anderen werden die mit der vorliegenden Arbeit gewonnenen Erkenntnisse und der damit für die Wissenschaft und die unternehmerische Praxis verbundene Fortschritt erläutert.

4.1 Einsatzbedingungen und Umsetzungsvorgehen

4.1.1 Einsatzsituationen und zur erwartender Arbeitsaufwand

Das Einsatzfeld des Kostenmanagementverfahrens der unternehmungsbezogenen Kernkostenanalyse lässt sich grundsätzlich anhand zweier Dimensionen beschreiben. Während sich die erste Dimension auf die wirtschaftliche Situation der Unternehmung bezieht, zielt die zweite Dimension auf die Industrie oder vielmehr auf das Preisbildungsverhalten bzw. die Wettbewerbssituation der Industrie ab, in der sich eine Unternehmung bewegt.

Hinsichtlich der ersten Dimension – der wirtschaftlichen Situation einer Unternehmung – umfasst das Einsatzfeld der unternehmungsbezogenen Kernkostenanalyse vor allem all die Unternehmungen, die sich (zum Referenzzeitpunkt) in einer wirtschaftlich schlechten Lage befinden. Unter "wirtschaftlich schlechter Lage" sei in diesem Zusammenhang eine für die betreffende Unternehmung existenzbedrohliche Lage verstanden, die sich konkret daran festmachen lässt, dass die Kosten, mit der eine Unternehmung ein (einen beträchtlichen Teil des Umsatz ausmachendes) Gut produziert deutlich und nachhaltig über dem am Markt für dieses Gut erlösbaren Preis liegen. Porter gibt als Grund für diese Fokussierung an, dass die alleinige Konzentration auf die Reduzierung der Kosten (und somit das Ausrichten einer Unternehmung auf eine umfassende Kostenführerschaft) die Gefahr birgt, "... notwendige Produkt- oder Marketingänderungen [nicht] zu erkennen, da die Aufmerksamkeit ganz auf die Kosten gerichtet ist ."[615] Als das klassische Beispiel für die Risiken, die eine Kostenführerschaft für Unternehmungen bergen kann, führt

---

[615] Porter, Wettbewerbsstrategie, 10. Aufl., 1999, S. 83

Porter die Ford Motor Company an. Diese hatte es in den 20er Jahren des 20. Jahrhunderts durch "... die Begrenzung von Modell- und Ausstattungsvielfalt, aggressive Rückwärtsintegration, hochautomatisierte Anlagen und aggressives Verfolgen niedriger Kosten durch Lernen ..."[616] geschafft, einen unangefochtenen Kostenvorsprung vor allen Konkurrenten zu erreichen. Dadurch dass die Ford Motor Company jedoch die steigenden Ansprüche der Nachfrager in Bezug auf Styling und Komfort nicht beachtete, sondern sich ausschließlich auf die Kostenreduktion veralteter Modelle konzentrierte, bot sie der Unternehmung General Motors einen idealen Nährboden, sich auf diese von Ford nicht bearbeiteten Marktlücken zu konzentrieren und somit schnell zum härtesten Konkurrenten von Ford aufzusteigen. Vor dem Hintergrund dieser Gefahr und vor dem Hintergrund des weiter unten erläuterten Aufwands der mit der Durchführung einer unternehmungsbezogenen Kernkostenanalyse verbunden ist, erscheint die Fokussierung des Verfahrenseinsatzes auf Unternehmungen mit wirklichem Handlungsdruck in der Kostendimension gerechtfertigt.

Hinsichtlich der zweiten Dimension – dem Preisbildungsverhalten bzw. der Wettbewerbssituation der Industrie in der sich eine Unternehmung bewegt – umfasst das Einsatzfeld der unternehmungsbezogenen Kernkostenanalyse vor allem Unternehmungen in so genannten Commodity-Industrien vollständiger Konkurrenz, in denen die Marktteilnehmer (ausschließlich) als Preisnehmer und Mengenanpasser agieren können.[617] Die Forderung nach dem Zwang für die Unternehmung (zumindest der Tendenz nach) als Preisnehmer und Mengenanpasser agieren zu müssen, erschließt sich aus dem Zwang eben solcher Unternehmungen, tatsächlich nur über die eigene Kostenposition reagieren zu können, sofern sie sich in eine wirtschaftlich bessere Position bringen wollen. Besteht für eine Unternehmung hingegen die Option, sich aus einer wirtschaftlich schlechten (respektive existenzbedrohenden) Lage, in der die Kosten der Produktion eines (einen Großteil des Umsatzes ausmachenden) Gutes die mit dem Gut nachhaltig am Markt erzielbaren Erlöse übersteigen, dadurch zu befreien, in dem z.B. durch eine Differenzierungsstrategie wieder auskömmliche Preise für das produzierte Gut erlöst werden können, so reduziert sich für diese Unternehmung die Anwendungsattraktivität der unternehmungsbezogenen Kernkostenanalyse.

Im Ergebnis lässt sich die bevorzugte Einsatzsituation für die unternehmungsbezogene Kernkostenanalyse anhand der in Abbildung 101 dargestellten Matrix darstellen. Demnach ist der Einsatz der unternehmungsbezogenen Kernkostenanalyse vor allen Dingen für Unternehmungen in Commodity-Industrien empfehlenswert, die sich in einer wirtschaftlich existenzbedrohlichen Lage befinden. Auf konkrete Industriezweige bezogen heißt das, dass die unternehmungsbezogene Kernkostenanalyse vor allen Dingen in Grundstoffindustrien (Rohstoffgewinnung, Baustoff-

---

[616] Porter, Wettbewerbsstrategie, 10. Aufl., 1999, S. 83
[617] Vgl. Varian, Grundzüge der Mikroökonomie, 5. Aufl., 2001, S. 363

fabrikation, Energieerzeugung etc.) zur Anwendung kommen kann. Diese Einschätzung wird von Coenenberg/Salfeld unterstrichen, die den Einsatz der (produktbezogenen) Kernkostenanalyse generell "...in techniklastigen Industrien mit z.t. extremem Kostendruck [...], etwa Bergbau, Schiffbau oder Automobilindustrie ..."[618] sehen. Vor diesem Hintergrund erschließt sich auch die vom Autor in Kapitel 1.2.1.2 getroffene Entscheidung, die Schilderung der Anwendung der unternehmungsbezogenen Kernkostenanalyse beispielhaft auf eine Einproduktunternehmung zu beziehen, da diese Eigenschaft insbesondere auf Unternehmungen in der Grundstoffindustrie zutrifft.

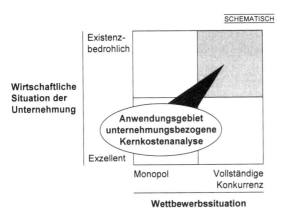

Abbildung 101 (Einsatzsituation unternehmungsbezogene Kernkostenanalyse)

Befindet sich eine Unternehmung in einer Situation, die der oben beschriebenen Einsatzsituation für die unternehmungsbezogene Kernkostenanalyse entspricht, so heißt das jedoch noch nicht, dass ein Einsatz der unternehmungsbezogenen Kernkostenanalyse unbedingt erforderlich oder auch ratsam ist. So sind durchaus Situationen denkbar, in denen bewusst auf den Einsatz der unternehmungsbezogenen Kernkostenanalyse verzichtet werden kann. Grundsätzlich empfiehlt sich ein Einsatz der unternehmungsbezogenen Kernkostenanalyse nur dann, wenn eine signifikante Kostensenkung tatsächlich eine valide Option für die jeweilige Unternehmung darstellt, sich in eine wirtschaftlich bessere Situation zu bringen. Dementsprechend ist vor dem Einsatz der unternehmungsbezogenen Kernkostenanalyse zu untersuchen, ob der Einsatz der unternehmungsbezogenen Kernkostenanalyse tatsächlich die optimale Option darstellt, um die wirtschaftliche Situation einer Unternehmung zu optimieren.

Ein wichtiges Entscheidungskriterium ist hierfür zweifelsohne der Arbeitsaufwand, der sich für die Durchführung einer unternehmungsbezogenen Kernkosten-

---

618 Coenenberg/Salfeld, Wertorientierte Unternehmensführung, 2003, S. 159

analyse ergibt. Dieser ist natürlich von Analyse zu Analyse unterschiedlich. Um dem Leser dennoch einen Eindruck über den Arbeitsaufwand zu geben, den die Durchführung einer derartigen Analyse und die anschließende Umsetzung der A-nalyseergebnisse bei der Überführung der Ist-Ausprägungen der Kostenbestimmungsfaktoren in ihre Ziel-Ausprägungen erfordert, wird nachfolgend der für die Durchführung der unternehmungsbezogenen Kernkostenanalyse erforderliche Arbeitsaufwand anhand des gewählten Fallbeispiels der Steinkohlenbergbau-Unternehmung erläutert. Dabei gliedert sich die Erläuterung des Arbeitsaufwands zum einen in eine zeitliche und zum anderen in eine kapazitive Dimension.

Hinsichtlich der zeitlichen Dimension ist davon auszugehen, dass für die Durchführung einer unternehmungsbezogenen Kernkostenanalyse ein Analysezeitraum von ca. drei Monaten erforderlich ist. Auch wenn sich diese Zeitangabe im ersten Moment mehr als auskömmlich anhört, relativiert sie sich hinsichtlich der Probleme, die in diesem Zeitraum zu bewältigen sind. Die Hauptherausforderung besteht dabei nicht in der Bewältigung der theoretischen Probleme, also dem Anpassen der Analysestruktur und dem Entwickeln des Kalkulationsmodells. Vielmehr besteht die Hauptherausforderung darin, sowohl die Daten hinsichtlich der spezifischen Ist-Kosten als auch die Daten hinsichtlich der Ist-Ausprägung der Kostenbestimmungsfaktoren zu erheben. Sind diese Daten einmal erhoben, so kann das Ableiten der Kern- respektive der Ziel-Ausprägungen der Kostenbestimmungsfaktoren verzögerungsfrei und zügig durchgeführt werden. Um die indizierte Analysedauer von drei Monaten nicht zu überschreiten, empfiehlt es sich, während der Analysephase – möglichst wöchentlich – in der Art eines Meilenstein-Checks den Arbeitsfortschritt zu überprüfen und bei sich andeutenden Verzögerungen entsprechend nachzusteuern. Zusätzlich sollte präventiv bereits bei der Planung des Analysevorgehens – wie in Kapitel 2.5.3 beschrieben – vorgesehen werden, das Erheben der spezifischen Ist-Kosten sowie das Erheben der Ist-Ausprägungen der Kostenbestimmungsfaktoren zu parallelisieren.

In Bezug auf die kapazitive Dimension sind für die Durchführung der unternehmungsbezogenen Kernkostenanalyse – bezogen auf das gewählte Ausführungsbeispiel einer Steinkohlenbergbau-Unternehmung – personelle Kapazitäten von 10 bis 15 Vollzeitkräften (VZK) vorzusehen, die sich ausschließlich mit der Durchführung der unternehmungsbezogenen Kernkostenanalyse – und zwar über den vollen Zeitraum von drei Monaten – befassen. Dabei sollten 2 bis 3 VZK für die Koordination der Arbeiten und die Zusammenführung der Ergebnisse verantwortlich zeichnen. Eine weitere VZK ist ausschließlich für den Aufbau, das Betreuen und das Anpassen des Analysemodells vorzusehen, da sich hier typischerweise immer dann Probleme ergeben, wenn die ursprünglich vorgesehene Analysestruktur (z.B. aufgrund fehlender Datenverfügbarkeit) nicht wie geplant aufrechterhalten werden kann. Zusätzlich sind 1 bis 2 VZK für das Erfassen der spezifischen Ist-Kosten sowie aller damit zusammenhängenden Kennzahlen vorzusehen. Die restlichen 4 bis 9 VZK sind schließlich für das Erfassen der Ist- und das Ableiten der Kern- und Ziel-Ausprägungen der Kostenbestimmungsfaktoren erforderlich.

Neben dem beschriebenen Personalbedarf für das Projektteam ist die gesamte Unternehmung für die Dauer der Kernkostenanalyse darauf auszurichten, das Projektteam bei der Durchführung der unternehmungsbezogenen Kernkostenanalyse zu unterstützen. Diese Forderung richtet sich sowohl an das Führungs- als auch an das Fachpersonal der Wertschöpfungsschritte, da beide gleichermaßen vom Projektteam für das Erheben der Ist- und das Ableiten der Kern- und Ziel-Ausprägungen der Kostenbestimmungsfaktoren benötigt werden. Diese Einbindung in die Wertschöpfungsschritte hat zwei Gründe. Zum einen stellt der Dialog des Projektteams mit den Verantwortlichen der Wertschöpfungsschritte den einzig möglichen Weg dar, zu einer richtigen und sinnvollen Ableitung von Kern- und Ziel-Ausprägungen zu kommen. Zum anderen – und das ist der weitaus wichtigere Grund – garantiert ausschließlich das gemeinschaftliche Ableiten der Kern- und Ziel-Ausprägungen mit den Wertschöpfungsschritt-Verantwortlichen, dass sich diese mit den ermittelten Kostenbestimmungsfaktor-Ausprägungen identifizieren und diese später auch als erreichbare Zielwerte ansehen. Anders ausgedrückt entscheidet schon die richtige und tiefgehende Einbindung der Linienorganisations-Verantwortlichen über den Umsetzungserfolg der Analyseergebnisse.

4.1.2 Umsetzung Analyseergebnisse

Die Umsetzung der Analyseergebnisse, also das Realisieren der für das Erreichen der spezifischen Zielkosten notwendigen Ziel-Ausprägungen der Kostenbestimmungsfaktoren ist einfach und anspruchsvoll zugleich. Einfach ist das Umsetzen der Analyseergebnisse deshalb, weil – anders als bei anderen Kostenmanagementverfahren – der Weg, auf dem die spezifischen Zielkosten erreicht werden können, bekannt ist. So ist für jeden Wertschöpfungsschritt und dort für jeden Kostenbestimmungsfaktor bekannt, welche Ziel-Ausprägung es zu erreichen gilt. Diese Ziel-Ausprägungen sind darüber hinaus nicht aus dem Nichts heraus abgeschätzt, sondern wurden auf Basis der Kern-Ausprägungen der jeweiligen Kostenbestimmungsfaktoren ermittelt und mit den jeweils verantwortlichen Personen in den Wertschöpfungsschritten diskutiert. Dementsprechend besteht bereits vor dem Start der Umsetzung der Analyseergebnisse in der gesamten Unternehmung ein breiter Konsens darüber, dass sich diese Ziel-Ausprägungen tatsächlich erreichen lassen.

Anspruchsvoll ist das Umsetzen der Analyseergebnisse deshalb, weil zwar die zu erreichenden Ziel-Ausprägungen der Kostenbestimmungsfaktoren bekannt sind, nicht jedoch der Weg auf dem sie erreicht werden können. So mag – am Beispiel der effektiven Einsatzzeit der Arbeits- und Betriebsmittel im Wertschöpfungsschritt Gewinnen erläutert – z.B. die effektive Ziel-Einsatzzeit des Gewinnungsgeräts bekannt sein. Ein konkretes Vorgehen mit dem z.B. die wartungs-, defekt- und geologiebedingten Stillstandszeiten des Gewinnungsgeräts so reduziert werden können, dass tatsächlich die festgelegte effektive Ziel-Einsatzzeit des Gewinnungsgeräts in der Praxis erreicht werden kann, ist noch zu entwickeln. Anhaltspunkte für dieses Vorgehen mögen die theoretischen Überlegungen geben, mit denen die Kern- und Ziel-Ausprägungen der Kostenbestimmungsfaktoren ermittelt wurden. Das konkrete Verfahren ist jedoch noch nicht bekannt. Das Hauptaugenmerk besteht für die Umsetzung der Analyseergebnisse dementsprechend darin, geeignete Verfahren zu finden und auch anzuwenden, mit denen die Ist-Ausprägungen der Kostenbestimmungsfaktoren hin zu den ermittelten Ziel-Ausprägungen überführt werden können und diese dann auch in der Praxis anzuwenden.

Wie die aus den Ziel-Ausprägungen resultierenden Umsetzungsschritte priorisiert werden und das Umsetzungsprogramm abzuleiten ist, wurde bereits ausführlich in den Kapiteln 2.5.8 und 3.2.9 erläutert. Abschließend sei – ergänzend zu diesen Ausführungen – auf die typische Dauer eines solchen Umsetzungsprogramms sowie die Voraussetzungen hingewiesen, die für eine erfolgreiche Umsetzung der Analyseergebnisse zu erfüllen sind.

Grundsätzlich gilt, dass die Umsetzung der Analyseergebnisse – je nach Unternehmungsgröße – einen Zeitraum von mindestens einem Jahr in Anspruch nimmt.[619] Das liegt zum einen an dem Volumen der Maßnahmen, die durchzuführen sind, um die Ist-Ausprägungen aller Kostenbestimmungsfaktoren auf die ermittelten Ziel-Ausprägungen zu überführen. So sind z.B. für das Realisieren der Ziel-Ausprägungen des Kostenbestimmungsfaktors "Faktorpreise" für die Kostenarten Material-, Dienstleistungs- und Maschinenkosten die Spezifikationen für sämtliche beschafften Artikel bzw. Leistungen zu überprüfen und die Verträge mit den entsprechenden Lieferanten bzw. Leistungserbringern neu zu verhandeln. Zum anderen müssen die Ausprägungen der Kostenbestimmungsfaktoren nicht nur einfach einmalig auf das jeweilige Ziel-Niveau überführt werden, da in diesem Fall ganz sicher keine Nachhaltigkeit dahingehend erzielt werden kann, dass die Ausprägungen der Kostenbestimmungsfaktoren auch langfristig auf dem Ziel-Niveau verbleiben. Vielmehr sind nach dem Erreichen der Ziel-Ausprägungen der Kostenbestimmungsfaktoren Maßnahmen zu ergreifen, mit denen das nachhaltige Halten der erreichten Ziel-Ausprägungen sichergestellt wird. Derartige Maßnahmen sind z.B. das Festhalten bestimmter Vorgehensweisen in entsprechenden Qualitätshandbüchern und Arbeitsplatzbeschreibungen, aber auch – weniger formalisiert – das Übergeben und Anlernen umgestalteter Produktionsvorgänge an die jeweilige "Linien-Mannschaft", die später den modifizierten Produktionsprozess auch tatsächlich durchführt. Kurz – die Vorgänge in der Unternehmung sowie das Unternehmungsbewusstsein bzw. die Unternehmungskultur sind so umzugestalten, dass das Erreichen der Ziel-Ausprägungen der Kostenbestimmungsfaktoren auch nachhaltig sichergestellt ist.

---

[619] Konkret am gewählten Beispiel einer Steinkohlenbergbau-Unternehmung illustriert, werden im Durchschnitt zwei Jahre benötigt, um tatsächlich die Ziel-Ausprägung aller Kostenbestimmungsfaktoren zu erreichen.

Das Erreichen der Ziel-Ausprägungen der Kostenbestimmungsfaktoren fällt jedoch nicht zwangsweise mit dem Erreichen der errechneten spezifischen Zielkosten zusammen. Das mag vor allem vor dem Hintergrund der oben beschriebenen Tatsache verwundern, dass sich die (spezifischen) Zielkosten direkt aus den Ziel-Ausprägungen der Kostenbestimmungsfaktoren ergeben. Problematischerweise laufen jedoch in der Realität die Zielkosten dem Erreichen der Ziel-Ausprägungen der Kostenbestimmungsfaktoren nach. Das lässt sich einfach am Beispiel des Kostenbestimmungsfaktors "Faktorpreise" erklären. So können zwar die Verträge mit den Lieferanten neu verhandelt worden sein. Effektiv wird die Kostenwirkung jedoch erst dann, wenn tatsächlich Bestellungen auf der Grundlage dieses Vertrages getätigt und das Material (etc.) zu den niedrigeren Faktorpreisen eingesetzt wird. Dementsprechend ist hinsichtlich des Erreichens der errechneten spezifischen Zielkosten in jedem Falle mit einem zeitlichen Nachlauf gegenüber dem Erreichen der Ziel-Ausprägungen der Kostenbestimmungsfaktoren zu rechnen. Aus den Erfahrungen des Autors beträgt dieser Nachlauf bis zum vollständigen Erreichen der spezifischen Zielkosten ein bis zwei Jahre. Dieser zeitliche Nachlauf ist in jedem Fall in die Beantwortung der Frage einzubeziehen, ob die Fortführung einer Unternehmung auf Basis der errechneten spezifischen Zielkosten wirtschaftlich Sinn macht. Sind nicht entsprechende Reserven vorhanden, den Zeitraum bis zum tatsächlichen Erreichen der spezifischen Zielkosten zu überbrücken, so ist diese Frage gegebenenfalls negativ zu beantworten.

Abschließend soll die Frage der Umsetzungsvoraussetzungen behandelt werden, die für die Durchführung einer unternehmungsbezogenen Kernkostenanalyse und – noch wichtiger – die Umsetzung der Analyseergebnisse erforderlich sind. Die Antwort ist einfach und lautet "Fokussierung". Das Kostenmanagementverfahren der unternehmungsbezogenen Kernkostenanalyse ist von seinem Ansatz her ein radikales Verfahren – und zwar in mehreren Dimensionen.

- *Radikaler Anspruch*: Ermittlung der maximal erreichbaren Kostenuntergrenze.

- *Radikales Vorgehen*: Ausschließliche Orientierung an natürlichen Grenzen.

- *Radikale Umsetzung*: Modifikation der gesamten Unternehmung mit dem Ziel der Realisierung der errechneten spezifischen Ziel-Kosten.

Um dem radikalen Verfahrensansatz gerecht zu werden und zu gewährleisten, dass auch wirklich die spezifischen Zielkosten erreicht werden, mithin die Unternehmung ihre wirtschaftliche Situation nachhaltig verbessern kann, ist die gesamte Unternehmungsorganisation auf die Durchführung der unternehmungsbezogenen Kernkostenanalyse auszurichten. Das heißt im Einzelnen konkret das Folgende.

- *Führung durch das Top-Management*: Neben dem Fortführen des Tagesgeschäfts ist die Durchführung der unternehmungsbezogenen Kernkostenanalyse (und die Umsetzung ihrer Ergebnisse) das Top-Thema auf der Agenda des Top-Managements. Die Steuerung der Analysedurchführung und Ergebnisumsetzung ist ausschließlich durch das Top-Management vorzunehmen und nicht zu delegieren.

- *Intensive Kommunikation*: Wie oben beschrieben, stellt die unternehmungsbezogene Kernkostenanalyse ein in gewisser Hinsicht radikales Kostenmanagementverfahren dar. Um dieses durchführen zu können, ist es notwendig, sowohl die Radikalität des Verfahrens an sich, Inhalt und Durchführung der einzelnen Arbeitsschritte als auch die ermittelten Ergebnisse und die daraus folgenden Umsetzungsschritte offen an die Mitarbeiter der Unternehmung zu kommunizieren.[620] Nur so kann in der Unternehmung eine Grundstimmung erzeugt werden, welche die Durchführung der unternehmungsbezogenen Kernkostenanalyse als wichtiges Instrument zur Verbesserung der wirtschaftlichen Situation der betreffenden Unternehmung identifiziert.

- *Bestmögliche Ressourcenausstattung*: Mit der unternehmungsbezogenen Kernkostenanalyse soll möglichst schnell die Frage beantwortet werden, welche Kostenuntergrenze unter den gegebenen Umweltbedingungen durch die analysierte Unternehmung maximal erreichbar ist. Auf Basis dieser Entscheidung wird häufig über Aufgabe oder Fortführung einer Unternehmung entschieden. Um diese Entscheidung möglichst schnell auf Basis der Analyseergebnisse treffen zu können, ist für die bestmögliche Ressourcenausstattung des Analyseteams zu sorgen.

- *Einbindung der Linienorganisation*: Um für die Umsetzung der Analyseergebnisse frühzeitig einen Konsens mit der Linienorganisation hinsichtlich der Umsetzbarkeit der Analyseergebnisse zu erzielen, ist diese in das Ableiten der Kern- und Ziel-Ausprägungen mit einzubeziehen. Eine Ziel-Ausprägung kann erst dann als valide betrachtet werden, wenn ein abschließender Konsens mit der Linienorganisation hinsichtlich ihrer Erreichbarkeit erzielt wurde.

- *Konsequente Anwendung Analysekonzept*: Die praktische Anwendung des Analysekonzepts ist aufwendig und zum Teil auch unangenehm. Nicht nur dass alles in Frage gestellt wird. Es werden auch nur Antworten akzeptiert, die sich tatsächlich am Konzept der natürlichen Grenzen orientieren. Vor diesem Hintergrund ist die Gefahr groß, die Konsequenz, mit der das beschriebene Analysevorgehen angewandt wird, aufzuweichen. Vor dem Hintergrund des Anspruchs dieses Verfahrens, die maximal erreichbare Kostenuntergrenze zu identifizieren und in der Folge auch zu realisieren, ist ein mögliches Aufweichen des Analysevorgehens zu verhindern. Nur so kann das beschriebene Ziel der Analyse auch tatsächlich erreicht werden.

---

[620] Vgl. Bühner/Horn, Mitarbeiterführung im Total Quality Management, 2. Auf., 1999, S. 191 ff

In Ergebnis bleibt festzuhalten, dass das Durchführen einer unternehmungsbezogenen Kernkostenanalyse (einschließlich dem Umsetzen der Analyseergebnisse) ein Vorhaben ist, welches die gesamte Kraft und Aufmerksamkeit der durchführenden Unternehmung für einen Zeitraum von über einem Jahr benötigt. Nur wenn die oben aufgeführten Umsetzungsvoraussetzungen geschaffen werden und genügend Zeit zur Verfügung steht, um die Ergebnisse dann tatsächlich umzusetzen, sollte mit der Durchführung einer unternehmungsbezogenen Kernkostenanalyse begonnen werden. Ist dies jedoch der Fall, so bietet die unternehmungsbezogene Kernkostenanalyse als einziges bekanntes Kostenmanagementverfahren die Möglichkeit, einen Beitrag dazu zu leisten, die maximale Kostenuntergrenze einer Unternehmung zu ermitteln und auch zu erreichen.

4.2 Zusammenfassung und Fazit

4.2.1 Kapitelbezogene Zusammenfassung

Die in den Kapiteln 1 bis 3 erarbeiteten Inhalte der unternehmungsbezogenen Kernkostenanalyse werden nachfolgend kapitelbezogen zusammengefasst. Diese Zusammenfassung bietet dem Leser die Möglichkeit, einen Überblick über die erarbeiteten Erkenntnisse von Inhalt und Anwendung der unternehmungsbezogenen Kernkostenanalyse zu erlangen.

4.2.1.1 Ausgangslage und Intention der unternehmungsbezogenen Kernkostenanalyse

Externe verursachte Erlöseinbrüche wie Preisschocks, plötzlicher Nachfrageeinbruch oder Beihilfenabbau bringen Unternehmungen häufig in wirtschaftlich schwierige Situationen. Insbesondere für Unternehmungen, die in Märkten vollständiger Konkurrenz agieren und sich somit nur als Preisnehmer bzw. Mengenanpasser verhalten können, besteht der wirkungsvollste (und oft einzige) Ausweg aus einer derartigen Situation im schnellen und nachhaltigen Senken ihrer Kosten. Problematischerweise werden derartige Kostensenkungen zumeist ad hoc und punktuell ausgeführt, ohne dass die über die gesamte Unternehmung bestehenden Kostensenkungspotenziale systematisch identifiziert und realisiert werden. Das führt im Ergebnis in vielen Fällen dazu, dass die betreffende Unternehmung nicht nachhaltig, sondern nur für kurze Zeit ihre wirtschaftliche Situation verbessert. Um derartige Situationen zu bewältigen, benötigen betroffene Unternehmungen ein Kostenmanagementverfahren, mit dem sie über die gesamte Wertschöpfungskette ihrer Unternehmung alle – unter den gegebenen Umweltbedingungen – bestehenden Kostensenkungspotenziale identifizieren, ihrer Größe nach priorisieren und anschließend möglichst einfach umsetzen können.[621]

Wie in Kapitel 1.3.2 beschrieben, existieren durchaus Kostenmanagementverfahren, die als Bezugsobjekt eine gesamte Unternehmung zum Gegenstand haben und auf dieser Basis versuchen, Kosten über eine ganze Unternehmung hinweg zu analysieren und zu beeinflussen. Als Beispiele seien das Zero-Base-Budgeting und das (unternehmungsübergreifende) Benchmarking genannt. Diese Kostenmanagementverfahren sind jedoch aufgrund ihrer Gestaltung nicht darauf ausgelegt, tatsächlich alle bestehenden Kostensenkungspotenziale zu identifizieren und im Ergebnis auch zu realisieren.[622] Im Gegenzug existiert mit dem Kostenmanagementverfahren der produktbezogenen Kernkostenanalyse zwar ein Kostenmanagementverfahren, das es sich durch seine Orientierung am Konzept der natürlichen Grenzen zu Ziel setzt, die maximal erreichbare Kostenuntergrenze zu identifizieren. Dieses Kostenmanagementverfahren hat jedoch ausschließlich das Produkt und nicht die gesamte Unternehmung als Bezugsobjekt.

Aus der beschriebenen Bedarfssituation und dem Fehlen eines adäquaten Kostenmanagementverfahrens wurde in Kapitel 1.4 die Intention dieser Arbeit abgeleitet, mit dem Kostenmanagementverfahren der unternehmungsbezogenen Kernkostenanalyse ein Verfahren vorzustellen, das einen Beitrag dazu leistet, Unternehmungen zu helfen, die unter den gegebenen Umweltbedingungen maximal erreichbare Kostenuntergrenze zu identifizieren und im Ergebnis auch zu erreichen. Da die Anwendung der unternehmungsbezogenen Kernkostenanalyse vom Verfasser im Wesentlichen bei Unternehmungen der Grundstoffindustrie gesehen wird, richtet sich die Erläuterung der unternehmungsbezogenen Kernkostenanalyse an dem in dieser Industrie häufig anzutreffenden Typ einer Einproduktunternehmung aus.

4.2.1.2 Theorie unternehmungsbezogene Kernkostenanalyse

Theoretischer Ausgangspunkt der unternehmungsbezogenen Kernkostenanalyse ist der (bekannte) Umstand, dass sämtliche Kosten einer Unternehmung durch wie auch immer geartete Faktoren bestimmt werden. Diese, in der betriebswirtschaftlichen Forschung auch als Kostenbestimmungsfaktoren bezeichneten, Faktoren können verschiedene Ausprägungen annehmen und bestimmen in Abhängigkeit von ihrer Ausprägung die Kosten einer Unternehmung. Um die durch die Unternehmung maximal erreichbare Kostenuntergrenze zu errechnen, ist für die einzelnen Kostenbestimmungsfaktoren das Ausprägungs-Niveau zu ermitteln, mit dem

---

[621] Unter einem Kostenmanagementverfahren das "alle bestehenden Kostensenkungspotenziale identifiziert", sei an dieser Stelle definitionsgemäß ein Kostenmanagementverfahren verstanden, mit dem die unter den gegebenen Umweltbedingungen maximal erreichbare Kostenuntergrenze einer Unternehmung ermittelt werden kann. Mithin also ein Kostenmanagementverfahren, das sich am Konzept der natürlichen Grenzen (vgl. Kapitel 1.2.3) orientiert.

[622] Vgl. Kapitel 1.3.3 und Kapitel 1.4

diese Kostenuntergrenze erreicht werden kann. Ist für alle Kostenbestimmungsfaktoren das Ausprägungs-Niveau ermittelt, das die maximal erreichbare Kostenuntergrenze determiniert, so sind in einem letzten Schritt die sich aus diesen Kostenbestimmungsfaktor-Ausprägungen ergebenden Kosten der zu analysierenden Unternehmung zu berechnen, welche im Ergebnis die maximal erreichbare Kostenuntergrenze dieser Unternehmung darstellen. Diese Überlegung bildet die theoretische Basis der unternehmungsbezogenen Kernkostenanalyse.

Ein wesentlicher Teil der wissenschaftlichen Weiterentwicklung, den die vorliegende Arbeit zum Ermitteln der maximal erreichbaren Kostenuntergrenze einer Unternehmung leistet, besteht in der Kombination des bekannten Konzepts der Kostenbestimmungsfaktoren mit dem in Kapitel 1.2.3 erläuterten Konzept der natürlichen Grenzen und seiner Ausweitung auf die Wertschöpfungskette einer Unternehmung. Ausgangspunkt ist dabei die Hypothese, dass die (unter den gegebenen Umweltbedingungen) maximal erreichbare Kostenuntergrenze einer Unternehmung durch diese Unternehmung dann erreicht wird, wenn es gelingt, die unter den gegebenen Umweltbedingungen erreichbare Maximal-Ausprägung der Kostenbestimmungsfaktoren zu ermitteln und zu realisieren.[623] In Abgrenzung zu den bekannten Kostenmanagementverfahren versucht die unternehmungsbezogene Kernkostenanalyse nicht, diese Maximal-Ausprägungen durch pauschale Abschläge von den Ist-Ausprägungen abzuleiten. Die unternehmungsbezogene Kernkostenanalyse versucht auch nicht, die Maximal-Ausprägungen dadurch abzuleiten, dass sie Prozesse (wie das Zero-Base-Budgeting) "von Null" aufbaut und die Ausprägungen, welche die Kostenbestimmungsfaktoren in diesem Szenario annehmen, als Maximal-Ausprägungen definiert. Die Maximal-Ausprägungen stellen vielmehr die Ausprägungen der Kostenbestimmungsfaktoren dar, die sich (in der gegebenen Unternehmungsstruktur) unter Ansatz idealisierter Umweltbedingungen[624] und unter Orientierung an natürlichen Grenzen theoretisch maximal erreichen lassen. Diese Maximal-Ausprägung wird in Anlehnung an das Konzept der natürlichen Grenzen für jeden Kostenbestimmungsfaktor einzeln ermittelt. Dabei wird billigend in Kauf genommen, dass die (als Kern-Ausprägungen bezeichneten) Maximal-Ausprägungen der Kostenbestimmungsfaktoren in der Realität nicht erreicht werden können. Die so ermittelten Kern-Ausprägungen der Kostenbestimmungsfaktoren liefern jedoch im Rahmen der auf sie aufbauenden Berechnung der Kernkosten einen Anhaltspunkt dafür, welche Kostenuntergrenze für die zu analysierende Unternehmung (innerhalb der gegebenen Unternehmungsstruktur) zumindest theoretisch maximal erreichbar wäre.[625]

---

[623] Die Bezeichnung Maximal-Ausprägung bezieht sich ausschließlich auf den Charakter der Ausprägung. In Bezug auf den tatsächlichen Zahlenwert ist hierfür je nach Kostenbestimmungsfaktor nach der entsprechenden Maximal- oder Minimal-Ausprägung zu suchen.

[624] Auch als Kern-Zustand bezeichnet

[625] Die Ergebnisqualität dieses "Anhaltspunkts" hängt im Wesentlichen von der Qualität der ermittelten Kern-Ausprägungen der Kostenbestimmungsfaktoren ab. Dabei ist es von entschei-

Durch dieses Vorgehen differenziert sich die unternehmungsbezogene Kern-kostenanalyse von den bekannten Kostenmanagementverfahren und erweitert das aus der produktbezogenen Kernkostenanalyse bekannte Vorgehen auf das Bezugs-objekt Unternehmung. Der Vorteil dieser Erweiterung besteht darin, dass nunmehr für eine ganze Unternehmung ein Beitrag dazu geleistet wird, die theoretisch er-reichbare Kostenuntergrenze aufzuzeigen.

Sind die Kern-Ausprägungen der Kostenbestimmungsfaktoren ermittelt und die sich daraus ergebenden Kernkosten errechnet, so besteht der nächste Verfahrens-schritt darin, die Ziel-Ausprägungen der Kostenbestimmungsfaktoren auf Basis ihrer Kern-Ausprägungen abzuleiten. Wurden für das Ermitteln der Kern-Ausprä-gungen noch idealisierte Umweltbedingungen angenommen, so sind zum Ableiten der Ziel-Ausprägungen die gegebenen Umweltbedingungen der zu analysierenden Unternehmung anzusetzen. Hierfür werden die auf Basis idealisierter Umweltbe-dingungen abgeleiteten Kern-Ausprägungen dahingehend untersucht, ob sie auch bei Ansatz der gegebenen Umweltbedingungen erreicht werden können, oder ob die Notwendigkeit der Beachtung gegebener Umweltbedingungen dies verhindert. Tritt letzterer Fall ein, so sind die Kern-Ausprägungen der Kostenbestimmungs-faktoren entsprechend auf das im Ziel-Zustand[626] maximal erreichbare Ausprä-gungs-Niveau anzupassen. Dabei sind nur solche Anpassungen gegenüber der Kern-Ausprägung zulässig, die inhaltlich begründet und quantitativ erfasst werden können.[627] Pauschale Abschläge ("Wir haben in den letzten Jahren schon so viel gemacht, mehr als 10% sind da nicht mehr drin") verstellen den Blick auf die ma-ximal erreichbaren Ziel-Ausprägungen und somit auf die unter den gegebenen Umweltbedingungen maximal erreichbare Kostenuntergrenze.

---

dender Bedeutung, dass wirklich die an der jeweiligen natürlichen Grenze ausgerichteten Kern-Ausprägungen der Kostenbestimmungsfaktoren ermittelt werden. Ist das für technische Grenzen wie Laufzeiten oder Intensitäten noch vergleichsweise einfach, so ist das für nicht technische Grenzen ungleich schwerer. Die Ergebnisqualität – also die Frage ob tatsächlich die theoretische Kostenuntergrenze ermittelt werden kann – hängt dabei wesentlich von der Fähigkeit ab, tatsächlich die jeweiligen Kern-Ausprägungen zu ermitteln. Insofern ist die er-rechnete Kostenuntergrenze immer im Zusammenhang mit den für die Berechnung ver-wendeten Daten und Informationen zu betrachten.

[626] Unter dem Ziel-Zustand wird hierbei der Zustand verstanden, bei dem die Ausprägungen aller Kostenbestimmungsfaktoren ihr unter den gegebenen Umweltbedingungen maximal erreich-bares Ausprägungs-Niveau erreichen.

[627] Zum Ermitteln der Abzüge die für die Ziel-Ausprägung in Bezug auf die jeweilige Kern-Aus-prägung vorgenommen werden müssen, sind all die Rahmenbedingungen zu identifizieren, die unter gegebenen Umweltbedingungen dem Erreichen der Kern-Ausprägungen entgegen-stehen. Ein Beispiel hierfür wäre ein Sonntagsarbeitsverbot, dass unter idealisierten Umwelt-bedingungen beim Ermitteln der Kern-Ausprägung für die geplante Einsatzzeit der Arbeits-und Betriebsmittel nicht, unter den gegebenen Umweltbedingungen des Zielzustands aber sehr wohl zu beachten ist. Sind die einschränkenden Rahmenbedingungen identifiziert, so sind sie zu quantifizieren und gegenüber der jeweiligen Kern-Ausprägung zum Ermitteln der Ziel-Ausprägung zum Abzug zu bringen.

Sind alle Ziel-Ausprägungen der Kostenbestimmungsfaktoren ermittelt, so können abschließend die sich auf Basis der Ziel-Ausprägungen ergebenden Zielkosten errechnet werden. Die so errechneten Zielkosten stellen im Ergebnis die Kostenuntergrenze dar, die durch die analysierte Unternehmung unter den gegebenen Umweltbedingungen maximal erreicht werden kann.

Zusammenfassend dargestellt, gliedert sich die unternehmungsbezogene Kernkostenanalyse (ohne sich die an das Ermitteln der spezifischen Zielkosten anschließende Umsetzungsphase) in die folgenden Aktivitäten.

- Erfassen der Ist-Kosten und Ist-Ausprägungen der Kostenbestimmungsfaktoren

- Ableiten der Kern-Ausprägungen der Kostenbestimmungsfaktoren auf Basis des Konzepts der natürlichen Grenzen und unter Einbeziehung idealisierter Umweltbedingungen

- Errechnen der Kernkosten (optional)

- Ableiten der Ziel-Ausprägungen aus den ermittelten Kern-Ausprägungen unter Einbeziehung der gegebenen Umweltbedingungen

- Errechnen der Ziel-Kosten.

Mit der sich an das Errechnen der Zielkosten optional anschließenden Umsetzungsphase können die errechneten Zielkosten realisiert werden, indem Ist-Ausprägungen der Kostenbestimmungsfaktoren für alle Wertschöpfungsschritte zu ihren jeweils ermittelten Ziel-Ausprägungen überführt werden.

4.2.1.3 Theorieumsetzung im Analysemodell

Die Umsetzung der in Kapitel 4.2.1.2 beschriebenen Theorie der unternehmungsbezogenen Kernkostenanalyse in ein entsprechendes Analysemodell gestaltete sich schwierig. Hauptgrund hierfür war der Umstand, dass die strenge wissenschaftstheoretische Abbildung komplexer sozialer Systeme (wie z.B. die einer Unternehmung) in ein Analysemodell praktisch unmöglich ist. Die Theorieumsetzung in ein Analysemodell trägt diesem Umstand durch sinnvolle Vereinfachungen Rechnung und konstruiert im Geiste des radikalen Konstruktivismus ein Analysemodell, das unter Verwendung einer Kontrollschleife vor seiner Anwendung auf eine konkrete Unternehmung jeweils so angepasst wird, dass es im Kant'schen Sinne "passt" – mithin den funktionalen Zusammenhang zwischen den Kostenbestimmungsfaktoren einerseits und der Kostenwirkung ihrer Ausprägungsänderungen andererseits hinreichend genau abbildet. Insofern ist zwar nicht davon auszugehen, dass die Analyseergebnisse vollständig die objektiv richtige Lösung darstellen. Den Analyseergebnissen ist jedoch eine Aussagekraft beizumessen, die im Hinblick auf die oben geschilderte (nicht vermeidbare) Abbildungsunschärfe als hinreichend zu bezeichnen ist.

Die eigentliche Umsetzung des in Kapitel 4.2.1.2 theoretisch geschilderten Vorgehenskonzepts in das Analysemodell stützt sich weitgehend auf die aus der Kostenrechnung und der Kostenanalyse bekannten Strukturen und Verfahren. Hauptgrund für diese "Standardisierung" war die Intention, eine Kompatibilität mit den bestehenden Systemen der Kostenrechnung und Kostenanalyse zu schaffen und somit die Anwendbarkeit des Analysemodells in einem möglichst breiten Kreis an Unternehmungen zu ermöglichen. Um diese "Standardisierung" des Analysemodells zu erreichen und gleichzeitig die Unternehmungskomplexität in eine handhabbare, jedoch immer noch korrekte, modellhafte Abbildung zu überführen, wurden die folgenden drei Hauptgestaltungspunkte bei der Gestaltung des Analysemodells beachtet.

- Möglichst nahe Anlehnung der Kostenstruktur an die typische, in einer Unternehmung anzutreffende Kostenstruktur (aus Kostenarten, Kostenstellen und Kostenträgern) zur einfachen Datenübernahme

- Reduktion des einzusetzenden Kostenbestimmungsfaktorsystems auf ein handhabbares Mindestmaß, um den Erfassungsaufwand zu fokussieren, die Aussagekraft der Kostenbestimmungsfaktor-Ausprägungen zu bewahren und die (fehlerfreie) Anwendung zu erleichtern

- Einsatz eines standardisierten Berechnungsvorgehens zum Errechnen der Kern- bzw. Zielkosten aus den Veränderungen der Kostenbestimmungsfaktor-Ausprägungen gegenüber dem Ist-Zustand, um die Anwendung zu erleichtern und Fehler zu vermeiden

Basierend auf den oben formulierten Anforderungen wurde ein Analysemodell entwickelt, das sich im Wesentlichen aus den drei Komponenten *Analyseraum*, *Kostenbestimmungsfaktorsystem* und *Kalkulationsmatrix* zusammensetzt, die zusammengenommen das Analysemodell aufspannen.

- *Analyseraum*: Der Analyseraum stellt die Struktur dar, in der die Kosten der zu analysierenden Unternehmung aufbereitet/segmentiert und der eigentlichen Berechnung zur Verfügung gestellt werden. Ziel war es dabei, die Kosten so zu segmentieren, dass die einzelnen Kostensegmente jeweils homogen auf eine Ausprägungs-Änderung der sie beeinflussenden Kostenbestimmungsfaktoren reagieren. Dies wurde – in Anlehnung an die klassischen Strukturen der Kostenrechnung – durch die Segmentierung des Analyseraums auf Basis der Dimensionen Kostenart und Kostenstelle erreicht.[628] Während sich die Gestaltung der Dimension Kostenart an dem (modifizierten) Industriekontenrahmen der deutschen Industrie orientiert, wurde die Gestaltung der Dimension Kostenstelle auf das von Porter ent-

---

[628] Aufgrund der Ausrichtung der Beschreibung auf eine Einproduktunternehmung entfällt die Dimension der Kostenträger, da ja nur ein Produkt als finaler Kostenträger zur Verfügung steht.

wickelte Konzept der Wert(schöpfungs)kette aufgesetzt. Letztere Entscheidung begründet sich damit, dass dieses Konzept in der unternehmerischen Praxis weit verbreitet ist und dass darüber hinaus die Kosten eines Wertschöpfungsschritts (zumeist) durch eine klar abgrenzbare Menge von Kostenbestimmungsfaktoren determiniert sind. Im Ergebnis gestaltet sich der Analyseraum als eine zweidimensionale Fläche, die durch die Achsen Kostenarten und Wertschöpfungsschritte aufgespannt ist.

- *Kostenbestimmungsfaktorsystem*:   Das Kostenbestimmungsfaktorsystem stellt ein generisches System von sieben Kostenbestimmungsfaktoren[629] dar, die grundsätzlich jeweils die Kosten der Wertschöpfungsschritte einer Unternehmung bestimmen.[630] Hinter der Verwendung des generischen Kostenbestimmungsfaktor-Systems steckt die Idee, eine für alle Wertschöpfungsschritte einheitliches Berechnen der Kern- bzw. Zielkosten zu ermöglichen, ohne auf die Möglichkeit zu verzichten, auf die Spezifika eines jeden Wertschöpfungsschritts einzugehen. Während die generischen Kostenbestimmungsfaktoren in Richtung der Wertschöpfungsschritte mit den je Wertschöpfungsschritt spezifischen Kennzahlen verbunden werden können, bieten sie in Bezug auf die Kalkulationsmatrix eine klar definierte Schnittstelle zur Übertragung der Kennzahlen-Ausprägungen in die eigentliche Kern- bzw. Zielkostenberechnung.

- *Kalkulationsmatrix*: Der Kalkulationsmatrix kommt die Aufgabe zu, für jeden beliebigen Wertschöpfungsschritt unter Verwendung der spezifischen Ist-Kosten sowie der Ist- und der Kern- bzw. Ziel-Ausprägungen die spezifischen Kern- bzw. Zielkosten des betrachteten Wertschöpfungsschritts zu berechnen. Um diese Aufgabe zu erfüllen, spannt die Kalkulationsmatrix eine Fläche auf, die in einer Dimension durch die (aus dem Analyseraum importierten) Kostenarten und in der anderen Dimension durch die sieben Kostenbestimmungsfaktoren des Kostenbestimmungsfaktorsystems determiniert wird. Aus dieser Konstruktion ergibt sich eine Matrix, deren Reihen durch die Kostenarten und deren Spalten durch die Kostenbestimmungsfak-

---

[629] Im Einzelnen handelt es sich dabei um die Kostenbestimmungsfaktoren "Faktorpreise", "Faktoreinsatzmengen Repetierfaktoren", "Arbeits- und Betriebsmittelintensität", "Geplante Einsatzzeit Arbeits- und Betriebsmittel", "Effektive Einsatzzeit Arbeits- und Betriebsmittel", "Schichtbelegung" und "Effektive Arbeitszeit"

[630] Die im Rahmen der vorliegenden Arbeit gewählten Kostenbestimmungsfaktoren eignen sich insbesondere für Unternehmung mit einem hohen Produktionsanteil. Sofern die zu analysierende Unternehmung diese Eigenschaft nicht aufweist, sondern z.B. mehr forschungs- oder dienstleistungslastig ist, ist das System der Kostenbestimmungsfaktoren entsprechend anzupassen. Auch wenn dies nicht zutrifft, ist bei der Verwendung des vorgestellten Kostenbestimmungsfaktor-Systems besondere Vorsicht bei der Verwendung dieses System auf unterstützende Wertschöpfungsschritte walten zu lassen. Hier sind gegebenenfalls Änderungen vorzunehmen, sofern sich das produktionslastige System der Kostenbestimmungsfaktoren nicht auf derartige Wertschöpfungsschritte übertragen lässt.

toren determiniert sind. In den sich aus dem Schneiden der Reihen und Spalten ergebenden Feldern befindet sich jeweils eine Kostenfunktion, die in Form eines Änderungsfaktors beschreibt, wie sich die spezifischen Kosten der jeweiligen Kostenart bei einer Ausprägungs-Änderung des jeweiligen Kostenbestimmungsfaktors (z.b. von der Ist- auf die Kern-Ausprägung) ändern.[631] Die sich aus der Ausprägungs-Änderung aller Kostenbestimmungsfaktoren ergebende Änderung der spezifischen Kosten einer Kostenart errechnet sich durch einfaches Multiplizieren der spezifischen Ist-Kosten mit den jeweiligen Änderungsfaktoren.

Das sich ergebende Analysemodell besteht aus der Kombination dieser drei Komponenten. Die Ausgangsbasis stellt der Analyseraum dar. Dieser stellt für jeden Wertschöpfungsschritt der Unternehmung die Kosten in der vorher festgelegten Segmentierung bereit und speist diese in die Kostenartendimension der standardisierten Kalkulationsmatrix (der einzelnen Wertschöpfungsschritte) ein.[632] Gleichzeitig werden die Ist- und die Kern- bzw. Ziel-Ausprägungen der die Kostenbestimmungsfaktoren darstellenden Kennzahlen des Wertschöpfungsschritts über das generische Kostenbestimmungsfaktorsystem in die Kostenbestimmungsfaktordimension der standardisierten Kalkulationsmatrix der einzelnen Wertschöpfungsschritte eingespeist. Basierend auf diesen Inputdaten errechnet die standardisierte Kalkulationsmatrix die spezifischen Kern- bzw. Zielkosten jedes einzelnen Wertschöpfungsschritts. Die spezifischen Kern- bzw. Zielkosten der gesamten Unternehmung ergeben sich abschließend durch die Addition der spezifischen Kern- bzw. Zielkosten der einzelnen Wertschöpfungsschritte.

Neben den bereits beschriebenen Anforderungen hinsichtlich der Abbildungsgenauigkeit von Berechnungsmodell und Kostenfunktionen, sind für die Berechnung der spezifischen Kern- bzw. Zielkosten eine Reihe von Randbedingungen zu beachten. So ist zum einen die Berechnung der spezifischen Kern- bzw. Zielkosten auf die nachhaltigen spezifischen Ist-Kosten aufzusetzen, um eine richtige Aus-

---

[631] Die Entwicklung der Kostenfunktionen folgt grundsätzlich dem Geist des radikalen Konstruktivismus. Hierfür wird (ausgehend von einer generischen Grundgleichung) versucht, eine generische Grundgleichung soweit anzupassen, dass sie mit hinreichender Genauigkeit die Kostenänderungswirkung einer Ausprägungsänderung des jeweiligen Kostenbestimmungsfaktors in Form eines Änderungsfaktors ausdrückt. Um diese hinreichende Genauigkeit sicherzustellen, wird – z.B. durch die Verwendung von Vorjahreswerten – im Rahmen einer Korrekturschleife untersucht, ob die entwickelten Änderungsfaktoren die Kostenänderungswirkung einer Ausprägungsänderung der Kostenbestimmungsfaktoren richtig abbilden. Ist dies nicht der Fall, dann wird der jeweilige Änderungsfaktor solange modifiziert, bis eine hinreichende Genauigkeit erreicht ist.

[632] Hierbei wurde die Kalkulationsmatrix im eigentlichen Kalkulationsmodell sooft vervielfältigt, dass für jeden Wertschöpfungsschritt eine eigene Kalkulationsmatrix zur Verfügung steht, welche die spezifischen Kern- bzw. Zielkosten des jeweiligen Wertschöpfungsschritts berechnet.

gangsbasis für die Berechnung zu schaffen.[633] Darüber hinaus sind die Kern- bzw. Ziel-Ausprägungen der einzelnen Kostenbestimmungsfaktoren innerhalb eines Wertschöpfungsschritts im Sinne einer Verträglichkeit aufeinander abzustimmen. Abschließend ist darauf zu achten, auch eine wertschöpfungsschrittübergreifende Verträglichkeits-Abstimmung der Kostenbestimmungsfaktor-Ausprägungen für den Kern- und den Ziel-Zustand vorzunehmen, um mögliche Unverträglichkeiten zwischen den einzelnen Wertschöpfungsschritten zu vermeiden.

Sowohl die Konstruktion des Analyseraums als auch die Herleitung des Kostenbestimmungsfaktorsystems sowie die Entwicklung der Kostenfunktionen für die Kalkulationsmatrix wurden in der vorliegenden Arbeit detailliert beschrieben. Im Ergebnis stellt die vorliegende Arbeit nicht nur ein einsatzbereites Analysemodell zur Verfügung. Vielmehr erläutert sie zusätzlich das für die Anwendung des vorgestellten Analysemodells zu verfolgende Vorgehenskonzept.

4.2.1.4 Anwendung der unternehmungsbezogenen Kernkostenanalyse bei Bergbau-Unternehmungen

Neben der generischen Erläuterung der im Einzelnen zu verfolgenden Vorgehensschritte in Kapitel 2, beschreibt die vorliegende Arbeit anhand eines Ausführungsbeispiels in Kapitel 3 die konkrete Anwendung der unternehmungsbezogenen Kernkostenanalyse auf eine Steinkohlenbergbau-Unternehmung. Dabei ergaben sich im Einzelnen die folgenden Erkenntnisse.

- *Grundsätzliche Anwendbarkeit*: Das Kostenmanagementverfahren der unternehmungsbezogenen Kernkostenanalyse hat sich in Bezug auf Steinkohlenbergbau-Unternehmungen als grundsätzlich anwendbar erwiesen. Im Rahmen seiner Anwendung erscheint das Verfahren grundsätzlich geeignet, einen Beitrag dazu zu leisten, die unter den gegebenen Umweltbedingungen maximal erreichbare Kostenuntergrenze einer Steinkohlenbergbau-Unternehmung zu ermitteln und durch das Vorgeben von Ziel-Ausprägungen für die einzelnen Kostenbestimmungsfaktoren einen Weg aufzuzeigen, diese Kostenuntergrenze auch tatsächlich zu erreichen.

- *Begrenzter Anpassungsaufwand*: Gegenüber dem in Kapitel 2 entwickelten generischen Analysemodell ergab sich bei der Übertragung des Analysemodells auf die spezielle Situation einer Steinkohlenbergbau-Unternehmung nur ein geringer Spezifizierungs-/Konkretisierungsaufwand. Der bestand im Wesentlichen darin, die spezielle Wertschöpfungsschrittstruktur einer Steinkohlenbergbau-Unternehmung zu identifizieren, die Kostenartenstruktur an die speziellen Erfordernisse der RBS anzupassen sowie die spezielle

---

[633] Unter den nachhaltigen spezifischen Ist-Kosten werden dabei die Kosten verstanden, die sich im Rahmen einer nachhaltigen Führung der Unternehmung ergeben würden. Vgl. hierzu die Diskussion von Kapitel 2.5.5.2

Behandlung der Maschinenmieten und die durch die bergbaulichen Fahrungszeiten bedingten AvO-Effekte in den Kostenfunktionen der Kalkulationsmatrix zu berücksichtigen. Nachdem das Analysemodell den speziellen Gegebenheiten einer Steinkohlenbergbau-Unternehmung angepasst war, konnte dem in Kapitel 2 entwickelten generischen Analysevorgehen eins zu eins gefolgt werden.

- *Hoher Durchführungsaufwand*: Der für die Durchführung der unternehmungsbezogenen Kernkostenanalyse notwendige Arbeitsaufwand ist immens. Allein um das Analysemodell mit den Input-Daten des Ist-Zustands zu versorgen, war das Erheben von 112 Ist-Ausprägungen von Kostenbestimmungsfaktoren über die einzelnen Wertschöpfungsschritte notwendig. Jeweils die gleiche Anzahl von Analysen war für das Ableiten der Kern- und der Ziel-Ausprägungen der Kostenbestimmungsfaktoren erforderlich. Zusammenfassend lässt sich daher ableiten, dass die Durchführung einer unternehmungsbezogenen Kernkostenanalyse das Vorhandensein ausreichender Bearbeitungskapazitäten voraussetzt.

Neben den reinen prozessbezogenen Erkenntnissen wurden im Rahmen der Durchführung der unternehmungsbezogenen Kernkostenanalyse jedoch auch eine Reihe inhaltlicher Erkenntnisse gewonnen. Die in den nachfolgenden Aussagen zusammengefassten inhaltlichen Erkenntnisse beziehen sich dabei bewusst nicht auf eine bestimmte Unternehmung, sondern auf das in Kapitel 3.4 beschriebene anonymisierte Fallbeispiel, das sich aus den Erfahrungen des Verfassers in verschiedenen internationalen Steinkohlenbergbau-Unternehmungen zusammensetzt.

- *Identifiziertes Kostensenkungspotenzial*: Das durch die Durchführung einer unternehmungsbezogenen Kernkostenanalyse bei Steinkohlenbergbau-Unternehmungen typischerweise identifizierte Kostensenkungspotenzial liegt – im Ziel-Zustand – zwischen 30 und 45 Prozent der nachhaltigen spezifischen Ist-Kosten. Die Höhe des prozentualen Kostensenkungspotenzials hängt dabei weniger von der absoluten Höhe der nachhaltigen spezifischen Ist-Kosten ab, sondern begründet sich vielmehr durch die operative Exzellenz, die eine Unternehmung bereits erreicht hat.

- *Identifiziertes Kapazitätsausweitungspotenzial*: Mit dem ermittelten Kostensenkungspotenzial ist typischerweise ein Kapazitätsauswietungspotenzial in Höhe von 80 bis 120 Prozent der Ist-Förderung des Referenzzeitraums verbunden. Die vollständige Ausnutzung der identifizierten Zusatzkapazität ist im Übrigen zwingende Voraussetzung für die Realisierung des ermittelten Kostensenkungspotenzials. Geschieht dies nicht, so fällt das realisierbare Kostensenkungspotenzial typischerweise geringer aus.

- *Typische Durchführungsdauer*: Die Durchführung einer unternehmungsbezogenen Kernkostenanalyse beträgt für ein Steinkohlenbergwerk durchschnittlich zwei bis drei Monate, wobei bereits relativ frühzeitig eine erste

Abschätzung über das final errechenbare Kostensenkungspotenzial im Ziel-Zustand möglich ist. Ein deutliches Senken dieser Durchführungsdauer unter einen Zeitraum von zwei Monaten ist auch durch den Einsatz zusätzlicher Bearbeitungskapazitäten zumeist nicht möglich. Demgegenüber scheint jedoch das Parallelisieren der Arbeiten für den Fall möglich und empfehlenswert, dass eine Steinkohlenbergbau-Unternehmung mehrere Steinkohlenbergwerke hat, die es alle zu untersuchen gilt.

- *Umsetzbarkeit der Ergebnisse*: Die Umsetzbarkeit der Ergebnisse ist – verglichen mit anderen Kostenmanagementverfahren – einfach. Das liegt im Wesentlichen daran, dass für jeden Wertschöpfungsschritt der Unternehmung und jede Kostenbestimmungsfaktor-Ausprägung ein Zielwert vorliegt, der – sofern er erreicht wird – das Heben des identifizierten Kostensenkungspotenzials bewirkt. Das ist jedoch nicht das Einzige. Da dieser Zielwert bereits bei der Durchführung der unternehmungsbezogenen Kernkostenanalyse zusammen mit dem jeweiligen Verantwortlichen im jeweiligen Wertschöpfungsschritt entwickelt wurde, besteht bereits vor dem Start des Umsetzungsprogramms ein Konsens über die Erreichbarkeit des Zielwerts, was die eigentliche Umsetzung merklich erleichtert.

- *Anwendungsrelevanz in Bezug auf definierten Anwendungsfokus*: Die Anwendungsrelevanz der unternehmungsbezogenen Kernkostenanalyse für Steinkohlenbergbau-Unternehmungen ist hoch. Zwar stellt sich die Kostenwirkung der Maßnahmendurchführung erst nach einer gewissen Zeitverzögerung ein. Das macht insbesondere auch den Einsatz kurzfristiger Kostensenkungsmaßnahmen außerhalb der Kernkostenanalyse erforderlich. Jedoch bietet die unternehmungsbezogene Kernkostenanalyse – im Rahmen der realisierten Analysegenauigkeit – einen Überblick über die grundsätzlich zur Verfügung stehenden Kostensenkungspotenziale (über die gesamte Wertschöpfungskette). Auf Basis dieses Überblicks gibt die unternehmungsbezogene Kernkostenanalyse einen Hinweis darauf, ob eine wettbewerbsfähige Kostenposition überhaupt erreicht werden kann und welche Maßnahmen zu priorisieren sind, um möglichst schnell eine möglichst hohe (spezifische) Kostensenkungswirkung zu erzielen.

Abschließend bleibt an dieser Stelle zusammenzufassen, dass sich die unternehmungsbezogene Kernkostenanalyse grundsätzlich für den Einsatz in einer Steinkohlenbergbau-Unternehmung eignet. Insbesondere vor dem Hintergrund der zyklischen Entwicklung des Steinkohlepreises und vor dem zu erwartenden weiteren Zurückfahren der Steinkohlenbeihilfen ist die unternehmungsbezogene Kernkostenanalyse ein Kostenmanagementverfahren, das einen Beitrag dazu leistet, einen Überblick über die in der gegebenen Unternehmungsstruktur zur Verfügung stehenden Kostensenkungspotenziale zu erhalten, die unter den gegebenen Umweltbedingungen maximal erreichbare Kostenuntergrenze zu ermitteln und durch das priorisierte und systematische Heben dieser Potenziale die Voraussetzungen für das Erreichen/Halten eines nachhaltigen Wettbewerbsvorsprungs zu schaffen.

4.2.2 Fazit

Die in Kapitel 1.1.1 formulierten Ziele der vorliegenden Arbeit bestanden zum einen darin, mit dem Kostenmanagementverfahren der unternehmungsbezogenen Kernkostenanalyse ein Verfahren vorzustellen, das geeignet ist, einen Beitrag dazu zu leisten, die unter den gegebenen Umweltbedingungen maximal erreichbare Kostenuntergrenze einer Unternehmung zu ermitteln und einen Weg aufzuzeigen, auf dem diese Kostenuntergrenze in der praktischen Umsetzung denn auch tatsächlich erreicht werden kann. Desweiteren sollte ein Vorgehenskonzept zur Anwendung dieses Analysevorgehens entwickelt, sowie die Einsetzbarkeit von Analysemodell und Anwendungskonzept durch das Beziehen beider Komponenten auf das konkrete Beispiel einer Steinkohlenbergbau-Unternehmung nachgewiesen werden. Diese Ziele können als grundsätzlich erfüllt angesehen werden, was sich durch die folgenden drei Punkte begründet.

- *Analysemodell verfügbar*: Mit dem Kostenmanagementverfahren der unternehmungsbezogenen Kernkostenanalyse wurde ein Verfahren vorgestellt, das die wesentlichen beiden in Kapitel 1.1.1 formulierten Anforderungen an das zu entwickelnde Kostenmanagementverfahren erfüllt. Zum einen bezieht sich das Verfahren auf das Bezugobjekt Unternehmung und umfasst somit alle Kosten einer Unternehmung. Nur so konnte sichergestellt werden, auch tatsächlich alle Kostensenkungspotenziale einer Unternehmung systematisch zu erfassen. Zum anderen orientiert das Verfahren die vorgenommene Kostenoptimierung ausschließlich am Konzept der natürlichen Grenzen. Dadurch, dass zuerst die unter idealisierten Umweltbedingung (theoretisch) erreichbare Kostenuntergrenze ermittelt wird und die Ableitung der Zielkosten, ausgehend von dieser Basis, nur unter Einbeziehung der unumgänglich zu beachtenden realen Umweltbedingungen erfolgt, ist – im Rahmen der Analysegenauigkeit des Analysemodells – sichergestellt, dass die maximale unter den gegebenen Umweltbedingungen erreichbare Kostenuntergrenze der zu analysierenden Unternehmung ermittelt wird. Im Ergebnis wurde ein durchgängiges Verfahren zur Verfügung gestellt, das – unter Vornahme kleinerer Anpassungen – für die Analyse einer beliebigen (Einprodukt-)Unternehmung verwendet werden kann.

- *Vergleichsweise schnelle Kostensenkung möglich*: Die unternehmungsbezogene Kernkostenanalyse bietet – einmal erfolgreich durchgeführt – einen Überblick über alle verfügbaren Kostensenkungspotenziale einer Unternehmung. Zwar kann die Realisierung der Kostensenkungspotenziale nur beschränkt beschleunigt werden. Dadurch, dass die unternehmungsbezogene Kernkostenanalyse jedoch einen Überblick über alle verfügbaren Kostensenkungspotenziale bietet, kann die Realisierung der Kostensenkungspotenziale priorisiert werden, die am schnellsten eine signifikante Kostensenkung versprechen. Insofern zeigt die unternehmungsbezogene Kernkostenanalyse z.B. für Unternehmungen der Grundstoffindustrie, die sich einem Erlöseinbruch gegenübersehen einen Weg auf, wie diese dem Erlöseinbruch am schnellsten durch gezielte Kostensenkungsmaßnahmen entgegenwirken können.

- *Analysemodell erprobt*: Mit der Anwendung der unternehmungsbezogenen Kernkostenanalyse auf das gewählte Ausführungsbeispiel einer Steinkohlenbergbau-Unternehmung konnte die Einsatzfähigkeit des Analysemodells dokumentiert werden. Dementsprechend stellt die unternehmungsbezogene Kernkostenanalyse nicht nur eine wissenschaftliche Weiterentwicklung der produktbezogenen Kernkostenanalyse dar, sondern erweitert darüber hinaus sinnvoll die Anwendung des Kostenmanagements in der unternehmerischen Praxis.

Neben dem Umstand, dass mit der unternehmungsbezogenen Kernkostenanalyse ein Verfahren vorgestellt wurde, das sich grundsätzlich eignet, die unter den gegebenen Umweltbedingungen maximal erreichbare Kostenuntergrenze einer Unternehmung zu ermitteln, ist jedoch auch festzustellen, dass sich die Anwendung dieses Verfahrens auf spezielle Anwendungssituationen beschränkt. Dies begründet sich im Wesentlichen damit, dass die Durchführung einer unternehmungsbezogenen Kernkostenanalyse zeitintensiv ist, umfangreiche Ressourcen beansprucht und für den Durchführungszeitraum die volle Aufmerksamkeit des Managements bindet. Aus diesem Grunde begrenzt sich das Anwendungsfeld im Wesentlichen auf Unternehmungen und Situationen, in denen das schnelle und systematische Realisieren aller vorhandenen Kostensenkungspotenziale einen wesentlichen (oder den einzigen) Weg darstellt, die wirtschaftliche Situation der betroffenen Unternehmung nachhaltig zu verbessern.

Ist jedoch eine derartige Anwendungssituation gegeben, so erweitert die unternehmungsbezogene Kernkostenanalyse die zur Verfügung stehenden Kostenmanagementverfahren sinnvoll, indem es die in Kapitel 1.4 identifizierte Lücke unter den Kostenmanagementverfahren schließt und ein Kostenmanagementverfahren zur Verfügung stellt, das einen Beitrag dazu leistet, (im Rahmen der Analysegenauigkeit) die unter den gegebenen Umweltbedingungen maximal erreichbare Kostenuntergrenze einer (Einprodukt-)Unternehmung zu ermitteln und einen Weg aufzeigt, diese auch zu erreichen.

4.2.3 Beitrag zum wissenschaftlichen Fortschritt und weiterer Forschungsbedarf

Die vorliegende Arbeit leistet im Wesentlichen in zwei Bereichen einen Beitrag zum wissenschaftlichen Fortschritt. Der erste Beitrag besteht in der sinnvollen Erweiterung der Menge der Kostenmanagementverfahren um ein Verfahren, mit dem die unter den gegebenen Umweltbedingungen maximal erreichbare Kostenuntergrenze einer Unternehmung identifiziert und im Ergebnis auch erreicht werden kann. Der zweite Beitrag besteht darin, dieses neu entwickelte Analyse- und Umsetzungskonzept im Rahmen eines Fallbeispiels auf eine Steinkohlenbergbau-Unternehmung anzuwenden und in diesem Zusammenhang eine Indikation über die unter den gegebenen Umweltbedingungen für Steinkohlenbergbau-Unternehmungen maximal erreichbare Kostenuntergrenze zu gewinnen. Beide Bereiche werden nachfolgend kurz detailliert.

- *Analyse- und Anwendungskonzept*: Die unternehmungsbezogene Kernkostenanalyse stellt, wie in der Einleitung zu Kapitel 2 bereits angemerkt, für sich genommen keine vollständig neue Betrachtung des betriebswissenschaftlichen Forschungsgebiets der Kostenrechnung und Kostenanalyse dar. Vielmehr setzt die unternehmungsbezogene Kernkostenanalyse auf dem existierenden Wissensstand – hier insbesondere auf dem Konzept der produktbezogenen Kernkostenanalyse – auf und entwickelt diesen sinnvoll weiter. Die eigentliche Weiterentwicklung besteht dabei darin, das (aus der produktbezogenen Kernkostenanalyse bekannte) Konzept der separaten Analyse der Kostenbestimmungsfaktor-Ausprägungen in Anlehnung an das Konzept der natürlichen Grenzen auf ein Analysemodell auszuweiten, welches die Kosten aller Wertschöpfungsschritte einer Unternehmung umfasst. Durch diese Ausweitung des Analyseumfangs und der in diesem Zusammenhang erforderlichen Neuentwicklung von Analysemodell und Vorgehenskonzept (hier sind insbesondere das Set generischer Kostenbestimmungsfaktoren und die in Bezug dazu entwickelte, standardisierte Kalkulationsmatrix zu nennen) wurde ein Kostenmanagementverfahren entwickelt, das einen Beitrag dazu leistet, die unter den gegebenen Umweltbedingungen maximal erreichbare Kostenuntergrenze einer Unternehmung zu ermitteln.

  Zwar ist das Verfahren derzeit auf Einproduktunternehmungen beschränkt und bietet z.B. hinsichtlich der Kostenfunktionen Verbesserungspotenzial. Insgesamt stellt das erläuterte Konzept der unternehmungsbezogenen Kernkostenanalyse jedoch eine Ausgangsbasis dar, die Anwendung des Konzepts der natürlichen Grenzen bei der Ermittlung der (spezifischen) Kostenuntergrenze einer Unternehmung zu erweitern.

- *Analyseergebnisse für Steinkohlenbergbau-Unternehmungen*: Neben der Entwicklung des eigentlichen Kostenmanagementverfahrens (Analysemodell und Vorgehenskonzept) stellen sowohl die Anwendung des Verfahrens auf eine Steinkohlenbergbau-Unternehmung als auch die in diesem Zusammenhang ermittelten Analyseergebnisse einen wissenschaftlichen Fortschritt dar. Je Themengebiet gliedert sich der wissenschaftliche Fortschritt in mehrere Unterpunkte.

Hinsichtlich der Anwendung des Analysemodells sind vordergründig zwei Punkte zu nennen. So besteht bereits ein Fortschritt darin, dass die Wertschöpfung einer Steinkohlenbergbau-Unternehmung in Form einer Wertschöpfungskette systematisiert und dass die Kosten und die Kostenbestimmungsfaktoren in dieser Struktur erfasst und somit einer unternehmungsbezogenen Kernkostenanalyse zugänglich gemacht wurden. Ein weiterer Fortschritt besteht in der konkreten Erläuterung, wie für die einzelnen Wertschöpfungsschritte einer Steinkohlenbergbau-Unternehmung die Kern- und die Ziel-Ausprägungen der einzelnen Kostenbestimmungsfaktoren abgeleitet werden.

Hinsichtlich der Analyseergebnisse sind wiederum zwei konkrete Punkt zu benennen. Zum einen besteht ein wesentlicher Beitrag zum wissenschaftlichen Fortschritt in der gewonnenen Indikation hinsichtlich der durch eine Steinkohlenbergbau-Unternehmung erreichbaren spezifischen Zielkosten und Ziel-Kapazitäten. In diesem Zusammenhang ist zusätzlich darauf zu verweisen, dass erstmals durchgängig und konsistent die wertschöpfungsschrittbezogenen Kern- und Ziel-Ausprägungen der Kostenbestimmungsfaktoren sowie die über die gesamte Wertschöpfungskette einer Steinkohlenbergbau-Unternehmung existierenden Kostensenkungspotenziale aufgezeigt werden konnten.

Im Ergebnis bleibt festzuhalten, dass mit der Entwicklung und der Anwendung der unternehmungsbezogenen Kernkostenanalyse sowohl in Hinblick auf die betriebswirtschaftliche Forschung als auch auf die praktische Anwendung ein Fortschritt zu verzeichnen ist. Dieser Umstand kann jedoch nicht verdecken, dass ein erheblicher Forschungsbedarf in Bezug auf die unternehmungsbezogene Kernkostenanalyse verbleibt. Einige wenige Punkte sein nachfolgend stichpunktartig beschrieben.

- *Ausweitung auf Mehrproduktunternehmungen*: Das vorgestellte Analysemodell ist in seiner derzeitigen Beschreibung auf die Anwendung in Einproduktunternehmungen beschränkt. Eine Ausweitung auf Mehrproduktunternehmungen erscheint zur Erweiterung des Anwendungsfelds des Verfahrens sinnvoll.

- *Ausweitung auf dienstleistungs- und F&E-lastige Industrien*: In ihrer bisherigen Ausgestaltung fokussiert die unternehmungsbezogene Kernkostenanalyse auf das produzierende Gewerbe, muss mithin auf die speziellen Probleme in dienstleistungs- in F&E (Forschung&Entwicklung)-lastigen

Industrien (wie z.B. die Pharmaindustrie) nicht eingehen. Eine Erweiterung des Konzepts auf z.B. Pharmaunternehmungen könnte diesen helfen, einen zusätzlichen Wettbewerbsvorteil in Bezug auf ihre Kostenposition zu realisieren.

- *Verbesserung der Kalkulationsmatrix*: Im Rahmen der Kostenfunktionsentwicklung der Kalkulationsmatrix kommen in der vorliegenden Form stark vereinfachte Kostenfunktionen zum Einsatz. Zudem müssen die Interdependenzen zwischen den einzelnen Kostenbestimmungsfaktoren zurzeit noch extern abgeglichen werden, was einen immensen zusätzlichen Rechenaufwand bedeutet. Eine mögliche Verbesserung der Kalkulationsmatrix in Bezug auf die Berücksichtigung dieser Interdependenzen zwischen den Kostenbestimmungsfaktoren (z.B. in Form der Entwicklung komplexerer Kostenfunktionen) könnte diesen zusätzlichen Arbeitsaufwand verringern.

- *Vereinfachung der Verfahrensanwendung*: Bisher erfordert die Anwendung der unternehmungsbezogenen Kernkostenanalyse einen erheblichen Arbeitsaufwand. Eine Weiterentwicklung der unternehmungsbezogenen Kernkostenanalyse könnte zum Gegenstand haben, diesen Arbeitsaufwand z.B. durch die Entwicklung eines abgestuften Vorgehenskonzepts (bei dem z.B. in einem ersten Schritt eine Übersicht über die bestehenden Kostensenkungspotenziale gewonnen wird, die in einem oder mehreren nachfolgenden Verfahrensschritten verfeinert werden kann) zu verringern. Gegebenenfalls würde sich durch eine Vereinfachung der bisher stark beschränkte Anwendungsraum der unternehmungsbezogenen Kernkostenanalyse erweitern.

Abschließend bleibt festzuhalten, dass sich das vorgestellte Konzept der unternehmungsbezogenen Kernkostenanalyse zwar bisher nur für ein begrenztes Anwendungsfeld eignet, einen Beitrag dazu zu leisten, die unter den gegebenen Umweltbedingungen maximal erreichbare Kostenuntergrenze einer Unternehmung zu ermitteln. Das Verfahren schlägt jedoch mit der dahinter stehenden Intention, die maximal erreichbare Kostenuntergrenze einer Unternehmung zu ermitteln einen Weg ein, der insbesondere mit seiner Fokussierung auf das Konzept der natürlichen Grenzen und seiner Ausrichtung auf die Unternehmung als Ganzes neu ist und die Menge der Kostenmanagementverfahren sinnvoll erweitert.

Literaturverzeichnis

Al-Radhi, M. (1997): Moderne Instandhaltung - TPM: höhere Anlageneffektivität mit Total productive maintenance, München

Alcalde Rasch, A. (2000): Erfolgspotenzial Instandhaltung: Theoretische Untersuchung und Entwurf eines ganzheitlichen Instandhaltungsmanagements, Berlin

ArbZG (2003): Arbeitszeitgesetz vom 6 Juni 1994, zuletzt geändert am 24. Dezember 2003 (BGBl. I S. 3002), Berlin

Arnaout, Ali (2001): Target costing in der deutschen Unternehmenspraxis: Eine empirische Untersuchung, München

Arnold, H. (1981): Schachtfördertechnik: Mit besonderer Berücksichtigung des Steinkohlenbergbaus, Essen

Aunkofer, G.; *Weiland*, H.-H.; *Laskawy*, J.; *Arnold*, A. (1992): Handbuch der Bergbaulogistik: Materialtransport, Materiallagerung, Baustofftransport, Personenbeförderung, Informationssysteme, Controlling, Essen

Badura, B; *Schellschmidt*, H.; *Vetter*, C. (Hrsg. 2004): Fehlzeiten-Report 2003: Wettbewerbsfaktor Work-Life-Balance. Betriebliche Strategien zur Vereinbarkeit von Familie, Beruf, und Privatleben. Zahlen, Daten Analysen aus allen Branchen der Wirtschaft, Berlin

Bain, J. S. (1936/37): Depression Pricing and the Depreciation Function, in: The Quaterly Journal of Economics 1936/37, S. 705 ff

Bästlein, S.; *Dämmig*, M.; *Heine*, A.; *Kluge*, J. (1997): Überholen statt Einholen, in: ZfO (1997) Heft 5, S. 279 - 283

BBergG (2002): Bundesberggesetz vom 13. August 1980, zuletzt geändert am 21. August 2002 (BGBl. I S. 3322), Berlin

Beck, T. (1996): Die Projektorganisation und ihre Gestaltung, Berlin

Biedermann, H. (1985): Erfolgsorientierte Instandhaltung durch Kennzahlen: Führungsinstrument für die Instandhaltung, Köln

Biedermann, H. (1998): Benchmarking: Auf dem Weg zu Best Practice in Produktion und Instandhaltung, Köln

Biel, A. (1980): Praktische Wert- und Organisationsanalyse, in: Controller-Magazin, (1980), S. 85 - 90

Bischoff, W.; *Bramann*, H.; *Dürrer*, F; *Moebius*, P. G.; *Quadfasel*, H.; *Schlüter*, W. (1998), Das kleine Bergbaulexikon, Essen

Bloech, J.; *Bogaschewsky*, R.; *Götze*, U.; *Folker*, R. (2004): Einführung in die Produktion, 5. Aufl., Berlin

Böhnert, A.-A. (1999): Benchmarking: Charakteristik eines aktuellen Managementinstruments, Hamburg

Braun, S. (1996): Die Prozesskostenrechnung: Ein fortschrittliches Kostenrechnungssystem?, 2. Aufl., Sternenfels

Breer, W. (1989): Erfassung betrieblicher und sicherheitlicher Daten: Information der Betriebsleitung auf dem Bergwerk Westerholt, in: *Kindermann*, F. W. (Hrsg. 1989), Moderne Betriebsführung im Steinkohlenbergbau, S. 194 - 220

Boxwell, R. J. (1994): Benchmarking for Competitive Advantage, New York

Bruhn, M. (Hrsg. 1999): Internes Marketing: Integration der Kunden- und Mitarbeiterorientierung, 2. Aufl., Wiesbaden

Bühner, R.; *Horn*, P. (1999): Mitarbeiterführung im Total Quality Management, in: *Bruhn*, M. (Hrsg. 1999): Internes Marketing, S. 191 - 217

Buggert, W.; *Wielpütz*, A. (1995): Target Costing: Grundlage und Umsetzung des Zielkostenmanagements, München

Burger, A. (1994): Kostenmanagement, München

BUrlG (2002): Bundesurlaubsgesetz vom 8. Januar 1963, zuletzt geändert am 7. Mai 2002 (BGBl. I S. 1529), Berlin

Busse von Colbe, W.; *Pellens*, B. (1998): Lexikon des Rechnungswesens: Handbuch der Bilanzierung und Prüfung, der Erlös-, Finanz-, Investitions- und Kostenrechnung, 4. Aufl., München

Camp, R. C. (1989): Benchmarking: The search for industry best practice that lead to superior performance, Wisconsin

Cezanne, W. (1997): Allgemeine Volkswirtschaftslehre, 3. Aufl., München

Coenenberg, A. G.; *Fischer*, T. M. (1991): Prozesskostenrechnung: Strategische Neuorientierung in der Kostenrechnung, in: DBW, (1991) Heft 1, S. 21 - 38

Coenenberg, A. G. (1999): Kostenrechnung und Kostenanalyse, 4. Aufl., Landsberg/Lech

Coenenberg, A. G.; *Salfeld*, R. (2003): Wertorientierte Unternehmensführung: Vom Strategieentwurf zur Implementierung, Stuttgart

Cooper, R. (2002): Cost Management in the US: The Changing Practice of Management Accounting, in: *Franz*, K.-P.; *Kajüter*, P. (Hrsg. 2002), S. 537 - 554

Corsten, H. (1999): Produktionswirtschaft: Einführung in das industrielle Produktionsmanagement, 8. Aufl., München

Czichos, H.; *Habig*, K.-H. (2003): Tribologie-Handbuch: Reibung und Verschleiß, 2. Aufl., Wiesbaden

D'Alleux, J. (1991): Nutzungskonflikte bei der Aufschüttung von Bergehalden, in: *Wiggering*, H.; *Kerth*, M. (Hrsg. 1991): Bergehalden des Steinkohlenbergbaus, S. 59 - 63

Daube, H. (1989): Begriffe und Definitionen in der Instandhaltung, in: *Hinsch*, F. (1994), S. 1 - 14

Däumler, K.-D.; *Grabe*, J. (1992): Kostenrechnungslexikon: ABC der Kostenrechnung, Herne

Dellmann, K.; *Franz*, K.-P. (Hrsg. 1994): Neuere Entwicklungen im Kostenmanagement, Stuttgart

Deutsches Institut für Normung e.v. (1985): DIN 31051 Instandhaltung: Begriffe und Maßnahmen, Berlin

Diller, H.; *Herrmann*, A. (Hrsg. 2003): Handbuch Preispolitik: Strategien - Planung - Organisation - Umsetzung, Wiesbaden

Ding, R. (1997): Entwicklung der Kostenstellenrechnung und -planung unter besonderer Berücksichtigung des chinesischen untertägigen Steinkohlenbergbaus, Berlin

Dlugos, G. (1970): Kostenabhängigkeiten, in: HdR, S. 883 - 907

Domininghaus, H. (1969): Kunststoffe II: Kunststoffverarbeitung, Düsseldorf

Dyllik, T.; *Probst*, G. (Hrsg. 1997): Management, Bern

Eisenführ, F. (1989): Grundlagen der Produktionswirtschaft: Industriebetriebslehre I, 4. Aufl., Aachen

Ellinger, T.; *Beuermann*, G.; *Leisten*, R. (2003): Operations Research: Eine Einführung, 6. Aufl., Berlin

Engelhardt, W. H.; *Kleinaltenkamp*, M.; *Reckenfelderbäumer*, M (1993): Leistungsbündel als Absatzobjekte: Ein Ansatz zur Überwindung der Dichotomie von Sach- und Dienstleistungen, in: ZfbF, 1993, S. 395 - 426

Enslow, B. (1992): The Benchmarking Bonanza, in: Across the Board, 1992, Heft 4, S. 16 - 22

Fischer, T. M. (1993): Kostenmanagement strategischer Erfolgsfaktoren: Instrumente zur operativen Steuerung der strategischen Schlüsselfaktoren Qualität, Flexibilität und Schnelligkeit, München

Franz, K.-P. (1992): Moderne Methoden der Kostenbeeinflussung, in: krp, 1992, Heft 5, S. 127 - 134

Franz, K.-P.; *Kajüter*, P. (Hrsg. 2002): Kostenmanagement: Wertsteigerung durch systematische Kostensteuerung, Stuttgart

Franz, K.-P.; *Kajüter*, P. (2002): Kostenmanagement in Deutschland: Empirische Befunde zur Praxis des Kostenmanagements in deutschen Unternehmen, in: *Franz*, K.-P.; *Kajüter*, P. (Hrsg. 2002), S. 569 - 586

Freidank, C.-C. (2001): Marktorientierte Steuerung mit Hilfe der Prozesskostenrechnung, in: *Freidank*, C.-C.; *Mayer*, E. (Hrsg. 2001), S. 226 - 246

Freidank, C.-C.; *Mayer*, E (Hrsg. 2001): Controlling-Konzepte: Neue Strategien und Werkzeuge für die Unternehmenspraxis, 5. Aufl., Wiesbaden

Fritzsche, C. H. (1962): Lehrbuch der Bergbaukunde: Mit besonderer Berücksichtigung des Steinkohlenbergbaus, 10. Aufl., Berlin

Fröhling, O.; *Krause*, H. (1992): DV-gestützte Prozesskostenrechnung - Integrationsaspekte und Umsetzung auf Standard-Softwarebasis, in: *Männel*, W. (Hrsg. 1992), S. 384 - 394

Fröhling, O. (1994): Zielkostenspaltung als Schnittstelle zwischen Target Costing und Target Cost Management, in krp (1994) Heft 6, S. 421 - 425

Gerberich, C. W. (1998): Benchmarking, Planegg

Gesamtverband deutsche Steinkohle (2003): Steinkohle Jahresbericht 2003, Essen

Götze, U.; *Meyerhoff*, J. C. (1993): Die Prozesskostenrechnung - Stand und Entwicklungstendenzen, in: ZfP (1993), S. 65 – 96

Götze, U. (2004): Kostenrechnung und Kostenmanagement, 3. Aufl., Berlin

Graumann, K. (1991): Sonderbewetterung in Steinkohlenbergwerken: Wissenschaftliche Grundlagen, sicherheitliche Anforderungen, betriebliche Lösungen, Essen

Grober, U. (2000): Der Erfinder der Nachhaltigkeit: Hannß Carl Edler von Carlowitz, in: Die Zeit, 25.11.1999

Grochla, E. (1959): Unternehmung und Betrieb, in: Handwörterbuch der Sozialwissenschaften, Band 10, S. 583 ff

Gutenberg, E. (1958): Einführung in die Betriebswirtschaftslehre, 1. Aufl., Wiesbaden

Gutenberg, E. (1968): Grundlagen der Betriebswirtschaftslehre, Band 1 - Die Produktion, Berlin

GVST (2003): Steinkohlenbergbau in Deutschland, Essen

Haberstock, L. (1998): Kostenrechnung II: (Grenz-)Plankostenrechnung mit Fragen, Aufgaben und Lösungen, 8. Aufl., Berlin

Haberstock, L. (2002): Kostenrechnung I: Einführung, 11. Aufl., Berlin

Hahn, D.; *Laßmann*, G. (1999): Produktionswirtschaft: Controlling industrieller Produktion, 3. Aufl., Band 1 & 2, Heidelberg

Hardt, R. (1998): Kostenmanagement: Methoden und Instrumente, München

Harrington, H. J. (1991): Business Process Improvement: The Breakthrough Strategy for Total Quality, Productivity and Competitivness, New York

Heine, A. (1997): Wettbewerbsvorsprung durch Orientierung an Grenzen: Corebased Redesign, in: McKinsey (1997), Wettbewerbsvorsprung durch Orientierung an Grenzen, S. 32 - 38

Heinen, E. (1983): Betriebswirtschaftliche Kostenlehre: Kostentheorie und Kostenentscheidungen, 6. Aufl., Wiesbaden

Heller, W. (2002): Bundesberggesetz: Textausgabe mit einführenden Vorworten, 10. Aufl, Essen

Hentze, J.; *Kammel*, A. (2001): Personalwirtschaftslehre 1: Grundlagen, Personalbedarfsermittlung, - beschaffung, -entwicklung und -einsatz, 7. Aufl., Bern

Hinsch, F. (1994): Der Instandhaltungsberater, Köln

Hiromoto, T. (1989): Comparision between Japanese and Western accounting systems, in: Horváth (Hrsg. 1989), S. 26-27, Stuttgart

Hiromoto, T. (1989): Das Rechnungswesen als Innovationsmotor, in: HM 11 (1989) 1, S. 129 - 133

Hofmann, W; *Winter*, T. (1991): Steinkohlenbergehalden als Landschaftsbauwerke, in: *Wiggering*, H.; *Kerth*, M. (Hrsg. 1991): Bergehalden des Steinkohlenbergbaus, S. 33 - 46

Horváth, P.; Mayer, R. (1989): Prozesskostenrechnung: Der neue Weg zu mehr Kostentransparenz und wirkungsvolleren Unternehmensstrategien, in: Controlling, (1989) Heft 4, S. 214 - 219

Horváth, P. (Hrsg. 1989): Internationalisierung des Controlling, Stuttgart

Horváth,, P; Reichmann, T (Hrsg. 1993): Vahlens großes Controlling Lexikon, München0

Horváth, P. (2001): Controlling, 8. Aufl., München

Hüttner, M. (1997): Grundzüge der Marktforschung, 5. Aufl., Wien

Hummel, S.; Männel, W. (1986): Kostenrechnung 1, 4. Aufl., Wiesbaden

Hungenberg, H; Kaufmann, L. (2001): Kostenmanagement: Einführung in Schaubildform, 2. Aufl., München

IFuA Horváth & Partner GmbH (1991): Prozesskostenmanagement, München

Jacobi, H. F. (1992): Begriffliche Abgrenzungen, in: *Warnecke, H. J.* (Hrsg. 1992), S. 17 - 32

Jehle, E. (1992): Gemeinkostenmanagement, in: *Männel, W.* (Hrsg. 1992), S. 1478 - 1491

Jehle, E. (1999): Produktionswirtschaft: Eine Einführung mit Anwendungen und Kontrollfragen, 5. Aufl., Heidelberg

Joos-Sachse, T. (2001): Controlling, Kostenrechnung und Kostenmanagement: Grundlagen-Instrumente-Neue Ansätze, Wiesbaden

Kaupe, G.; Mildenberger, U. (1998): Von der Kostenrechnung zum Kostenmanagement: Traditionelle und moderne Methoden zur Kostenanalyse, Wiesbaden

Kern, W. (1962): Die Messung industrieller Fertigungskapazitäten und ihrer Ausnutzung. Grundlagen und Verfahren, Köln

Kiener, S.; Maier-Scheubeck, N.; Weiß, M. (2002): Produktions-Management: Grundlagen der Produktionsplanung und -steuerung, 7. Aufl., München

Kilger, W. (1958): Produktions- und Kostentheorie, Wiesbaden

Kilger, W.; Pampel, J.; Vikas, K. (2002): Grenzplankostenrechnung und Deckungsbeitragsrechnung, 11. Aufl., Wiesbaden

Kindermann, F. W. (Hrsg. 1989): Moderne Betriebsführung im Steinkohlenbergbau: Informationstagung - Mehr Leistung durch Technologie, Essen

KlimaBergV (1983): Klimabergverordnung, Fassung vom 9. Juni 1983, BGBl I S. 685

Kloock, J. (1969): Betriebswirtschaftliche Input-Output-Modelle, Wiesbaden

Kloock, J. (1992): Prozesskostenrechnung als Rückschritt und Fortschritt in der Kostenrechnung, in: krp (1992) Heft 4, S. 183 - 193 und (1992) Heft 5, S. 237 - 245

Kluge, J. (1997): Vom theoretischen Minimum zum praktischen Optimum, in: VDI-Nachrichten, 21. Februar 1997

Koch, H. (1958): Zur Diskussion über den Kostenbegriff, in ZfhF 1958, S. 355 ff

König, D.; *Sajkiewicz*, J.; *Stoyan*, D. (1985): Leistungsberechnung für Fördersysteme, Leipzig

Kosiol, E. (1968): Einführung in die Betriebswirtschaftslehre: Die Unternehmung als wirtschaftliches Aktionszentrum, Wiesbaden

Kosiol, E. (1972): Kostenrechnung und Kalkulation, 2. Aufl., Berlin

Krajlic, P.; *Roever*, M. (1984): Das Kernkostenkonzept stärkt den Ertrag: Erfahrungen aus erfolgreichen Unternehmen, in: Frankfurter Allgemeine Zeitung: Blick durch die Wirtschaft, 1. Juni 1984, S. 1 - 12

Krallmann, H. (1996): Systemanalyse von Unternehmen: Geschäftsprozessoptimierung, partizipative Vorgehensmodelle, objektorientierte Analyse, 2. Aufl., München

Kremin-Buch, B. (2001): Strategisches Kostenmanagement: Grundlagen und moderne Instrumente, 2. Aufl., Wiesbaden

Kundel, H. (1983): Kohlengewinnung, 6. Aufl., Essen

Listl, A. (1998): Target Costing zur Ermittlung der Preisuntergrenze: Entscheidungsorientiertes Kostenmanagement dargestellt am Beispiel der Automobilzulieferindustrie, Frankfurt/Main

Löffelholz, J. (1980): Repetitorium der Betriebswirtschaftslehre, 6. Aufl., Wiesbaden

Lompe, K.; *Blöcker*, A.; *Marquardt*, B.; *Rölke*, P.; *Weis*, H. (2003): Bilanz und Perspektiven der Montanmitbestimmung: Entwicklungen, Erfahrungen, Herausforderungen, Berlin

Lücke, W. (1976): Produktions- und Kostentheorie, 3. Aufl., Würzburg

Luther, S. (1998): Herausforderungen an die Betriebswirtschaftslehre - Die Perspektive der Praxis, in: Die Betriebswirtschaft, 1998), Heft 6, S. 701 - 708

Männel, W. (1992): Anforderungen neuer Organisationskonzepte an Softwaresysteme für die Instandhaltung, in: Männel (1992), S. 93 - 107

Männel, W. (1992): DV-Konzepte und Softwarelösungen für eine modern organisierte Instandhaltung, Lauf an der Pregnitz

Männel, W. (Hrsg. 1992): Handbuch Kostenrechnung, Wiesbaden

Männel, W. (1992): Kostenmanagement: Bedeutung und Aufgaben, in: krp, 1992, Heft 5, S. 289 - 291

Männel, W. (1993): Kostenmanagement als Aufgabe der Unternehmensführung, in: krp, 1993, Heft 4, S. 210 - 213

Mayer, R. (1991): Prozesskostenrechnung und Prozesskostenmanagement, in: *I-FuA Horváth & Partner GmbH*, (Hrsg. 1991), S. 73 - 100

McKinsey (1997): Maßstäbe setzten - Weltklasse neu definieren, Broschüre des Assembley Sektors, Düsseldorf

McKinsey (1997): Wettbewerbsvorsprung durch Orientierung an Grenzen: Eine neue Perspektive für die deutsche Werkzeugmaschinenindustrie jenseits von Benchmarking, Düsseldorf

McKinsey (2000): Design to Cost, Broschüre der Product Development Practice, Düsseldorf

Meffert, H. (1998): Marketing: Grundlagen marktorientierter Unternehmungsführung, 8. Aufl., Darmstadt

Meffert, H. (1998): Herausforderungen an die Betriebswirtschaft: Die Perspektive der Wissenschaft, in: Die Betriebswirtschaft, 1998), Heft 6, S. 709 730

Mellerowicz, K (1963): Kosten und Kostenrechnung: Band 1 - Theorie der Kosten, Berlin

Meyer-Piening, A. (1982): Zero-Base Budgeting: Planungs- und Analysetechnik zur Anpassung der Gemeinkosten in der Rezession, in: zfo, 1982, Heft 5-6, S. 257 - 266

Mitchell, F. (2002): Cost Management in the UK, in: *Franz*, K.-P.; *Kajüter*, P. (Hrsg. 2002), S. 555 - 568

Monden, Y. (1989): Total cost management system in Japanese automobile corporations, in: Monden/Sakurai (Hrsg. 1989), Japanese Management Accounting, S. 15 - 33

Monden, Y.; *Sakurai*, M. (Hrsg. 1989): Japanese Management Accounting, Cambridge

Müller, A. (1992): Gemeinkosten-Management: Vorteile der Prozesskostenrechnung, Wiesbaden

Nakajima, S. (1995): Management der Produktionseinrichtungen: Total Productive Maintenance, Frankfurt/Main

Nebl, T (2002): Produktionswirtschaft, München

Olfert, K.; *Rahn*, H.-J. (2001): Lexikon der Betriebswirtschaftslehre, 4. Aufl., Ludwigshafen (Rhein)

Olfert, K. (2003): Kostenrechnung, 13. Aufl., Ludwigshafen (Rhein)

Phyrr, P. A. (1979): Zero-Base-Budgeting, in HBR (1970) Heft Nov./Dez., S. 111 – 121

Picot, A.; *Dietl*, H.; *Franck*, E. (2002): Organisation: Eine ökonomische Perspektive, 3. Aufl., Stuttgart

Polzer, G.; *Meißner*, F. (1982): Grundlagen zu Reibung und Verschleiß, 2. Aufl., Leipzig

Porter, M. E. (1999): Wettbewerbsstrategie: Methoden zur Analyse von Branchen und Konkurrenten, 10. Aufl., Frankfurt/Main

Porter, M. E. (2000): Wettbewerbsvorteile: Spitzenleistungen erreichen und verteidigen, 6. Aufl., Frankfurt/Main

Potthoff, E. (1957): Der Kampf um die Montan-Mitbestimmung, Köln

Rathke, K. (1993): Hydrologisch-hydrogeologische Beeinträchtigungen, in Wiggering, H. (Hrsg. 1993), Steinkohlenbergbau, S. 136 - 148

Rau, H. (1998): Benchmarking - nur etwas für kreative Köpfe, in: Biedermann, 1998, S. 143 – 158

RBS/II-G (1963): Allgemeine Empfehlungen für Betriebspunkt-Kostenrechnungen im Steinkohlenbergbau und Richtlinien für die Berechnung von Maschinenmieten

Reckenfeldbäumer, M. (1994): Entwicklungsstand und Perspektiven in der Prozesskostenrechnung, Wiesbaden

REFA (1991): Methodenlehre der Betriebsorganisation: Anforderungsermittlung (Arbeitsbewertung), 2. Aufl., München

Reineking, R. (1993): Steinkohlenaufbereitung, in: Wiggering, H. (Hrsg. 1993), Steinkohlenbergbau, S. 67 - 75

Reiß, M.; *Corsten*, H. (1992): Gestaltungsdomäne des Kostenmanagements, in: Männel, W. (Hrsg. 1992), S. 1478 - 1491

Reuther, E.-U. (1982): Einführung in den Bergbau: Ein Leitfaden der Bergtechnik und der Bergwirtschaft, Essen

Reuther, E.-U. (1989): Lehrbuch der Bergbaukunde Band 1: mit besonderer Berücksichtigung des Steinkohlenbergbaus, 11. Aufl., Essen

Rinn, I. (1970): Handbuch der Bergwirtschaft (der Bundesrepublik Deutschland), Essen

Rogge, H.-J. (1996): Werbung, 4. Aufl., Ludwigshafen

Roschlau, H.; *Heintze*, W. (1986): Wissensspeicher Bergbau, 3. Aufl., Leipzig

Sakurai, M. (1989): Target Costing and how to use it, in: Journal of Cost Management (1989) Heft 2, S. 39 - 50

Sakurai, M. (2002): Cost Management in Japan, in: *Franz*, K.-P.; *Kajüter*, P. (Hrsg. 2002), S. 527 - 536

Schierenbeck, H (2003): Grundzüge der Betriebswirtschaftslehre, 16. Aufl., München

Schmalenbach, E.; *Baade*; *Lufft*; *Springorum*; *Stein* (1928): Gutachten über die gegenwärtige Lage des rhein.-westf. Steinkohlenbergbaus, Berlin

Schmalenbach, E. (1963): Kostenrechnung und Preispolitik, 8. Aufl., Köln

Schneeweiß, C. (2002): Einführung in die Produktionswirtschaft, 8. Aufl., Berlin

Schneider, D. (1961): Kostentheorie und verursachungsgemäße Kostenrechnung, in: ZfbF, S. 677 ff

Scholz, H.-G. (2001): Kosten-Management, München

Schreyögg, G. (1999): Organisation: Grundlagen moderner Organisationsgestaltung, 3. Aufl., Wiesbaden

Schubert, H. (1972): Aufbereitung fester mineralischer Rohstoffe - Band III. Leipzig

Schulte, R. (2000): Kostenmanagement: Einführung in das operative Kostenmanagement, München

Schulte-Zurhausen, M. (2002): Organisation, 3. Aufl., München

Schulz, D.; *Wiggering*, H. (1991): Die industrielle Entwicklung des Steinkohlenbergbaus und der Anfall von Bergematerial, in: *Wiggering*, H.; *Kerth*, M. (Hrsg. 1991): Bergehalden des Steinkohlenbergbaus, S. 9 - 20

Schweitzer, M.; *Küpper*, H.-U. (1997): Produktions- und Kostentheorie: Grundlagen – Anwendungen, 2. Aufl., Wiesbaden

Schweitzer, M.; *Küpper*, H.-U. (2003): Systeme der Kosten- und Erlösrechnung, 8. Aufl., München

Schweitzer, M. (Hrsg. 1994): Industriebetriebslehre: Das Wirtschaften in Industrieunternehmungen, 2. Aufl., München

Seicht, G. (1994): Industrielle Anlagenwirtschaft, in: Schweitzer (Hrsg. 1994), S. 329 - 574

Seidenschwarz, W. (1993): Target costing: Marktorientiertes Zielkostenmanagement, München

Seidenschwarz, W. (2003): Target Costing, in: Diller/Herrmann (Hrsg. 2003), Handbuch Preispolitik, S. 437 - 453

Shank, J. K. (2002): Cost driver analysis: One key to effective cost management, in Franz/Kajüter (Hrsg. 2002), Kostenmanagement, S. 77 - 89

Slaby, D.; *Krasselt*, R. (1998): Industriebetriebslehre: Anlagenwirtschaft, München

Staubus, G. J. (1971): Activity Costing and Input-Output-Accounting, Homewood

Steinkohlenbergbauverein (Hrsg. 1982): Gebirgsmechanische und ausbautechnische Entscheidungshilfen: Planung von Abbaustrecken (Betriebsempfehlungen für den Steinkohlenbergbau Nr. 10.3), Essen

Steinkohlenbergbauverein (Hrsg. 1986): Gebirgsmechanische und ausbautechnische Entscheidungshilfen: Planung von Gesteinsstrecken (Betriebsempfehlungen für den Steinkohlenbergbau Nr. 10.3), Essen

Stočes, B. (Hrsg. 1963): Weltatlas der bergmännischen Abbauverfahren Band I - III, Herne

Stoyan, D.; *Stoyan*, H. (1971): Mathematische Methoden in der Operationsforschung: Fördertechnik - Bergbau - Transportwesen, Leipzig

Tanaka, M. (1989): Cost planning and control systems in the design phase of a new product, in Monden/Sakurai (Hrsg. 1989), Japanese Management Accounting, S. 49 - 71

Taube, K. (1998): Stahlerzeugung kompakt: Grundlagen der Eisen- und Stahlmetallurgie, Braunschweig

Timmermann, D. (1974): Grundsätzliche Überlegungen zur Theorie der industriellen Unternehmung, Berlin

Ulrich, H. (1984): Die Betriebswirtschaftslehre als anwendungsorientierte Sozialwissenschaft, in:*Dyllik*, T,; *Probst*, G. (Hrsg. 1984), Management, S. 168 – 199

Ulrich, H. (1984): Management, Bern

Vahs, D. (2003): Organisation: Einführung in die Organisationstheorie und – praxis, 4. Aufl., Stuttgart

Varian, H. (2001): Grundzüge der Mikroökonomie, 5. Aufl., München

Vodrazka, K. (1992): Pagatorischer und wertmäßiger Kostenbegriff, in: Männel, W. (Hrsg. 1992), S. 19 - 30

Vogelsang, H. (1998): Ganzheitliches Benchmarking - Systematik und Methoden, in: Biedermann, 1998, S. 9 - 26

von Carlowitz, H. C. (1713): Sylvicultura oeconomica oder haußwirtschaftliche Nachricht und naturgemäße Anweisung zur wilden Baum-Zucht, Leipzig

von Glasersfeld, E. (1991): Abschied von der Objektivität, in *Watzlawick*, P (Hrsg. 1991), Das Auge des Betrachters, S. 16 – 38

von Glasersfeld, E. (1997): Radikaler Konstruktivismus: Ideen, Ergebnisse, Probleme, Frankfurt/Main

von Glasersfeld, E. (2004): Wie wir uns erfinden: Eine Autobiographie des radikalen Konstruktivismus, 2. Aufl., Heidelberg

von Wahl, S. (1990): Bergwirtschaft Band I: Die elementare Produktionsfaktoren des Bergbaubetriebs, Essen

von Wahl, S. (1990): Bergwirtschaft Band II: Die dispositiven Produktionsfaktoren des Bergbaubetriebs, Essen

Wagner, D. (1989): Organisation, Führung und Personalmanagement: Neue Perspektiven durch Flexibilisierung und Individualisierung, Freiburg

Walgenbach, P.; *Kieser*, A. (2003): Organisation, 4. Aufl., Stuttgart

Warnecke, H. J. (1984): Der Produktionsbetrieb: Eine Industriebetriebslehre für Ingenieure, Berlin

Warnecke, H. J. (Hsrg. 1992): Handbuch Instandhaltung: Band 1 Instandhaltungsmanagement, 2. Aufl., Köln

Watson, G. H. (1993): Benchmarking: Vom Besten lernen, Landsberg

Watzlawick, P. (Hrsg. 1991): Das Auge des Betrachters, München

Weber, J. (1997): Einführung in das Rechnungswesen II: Kostenrechnung, 5. Aufl., Stuttgart

Wenzel, R.; *Fischer*, G.; *Metze*, G.; *Nieß*, P. S. (2001): Industriebetriebslehre: Das Management des Produktionsbetriebs, Leipzig

Wiggering, H.; *Kerth*, M. (Hrsg. 1991): Bergehalden des Steinkohlenbergbaus: Beanspruchung und Veränderung eines industriellen Ballungsraumes, Braunschweig/Wiesbaden

Wiggering, H. (Hrsg. 1993): Steinkohlenbergbau: Steinkohle als Grundstoff, Energieträger und Umweltfaktor, Berlin

Witthoff, H.-W. (2001): Kosten- und Leistungsrechnung der Industriebetriebe, 4. Aufl., Stuttgart

Wirtschaftsvereinigung Bergbau (1994): Das Bergbau-Handbuch, 5. Aufl., Essen

Wöhe, G. (2002): Einführung in die Allgemeine Betriebswirtschaftslehre, 21. Aufl., München

Yoshikawa, T.; *Innes*, J.; *Mitchell*, F. (1989): Cost management through functional analysis, in: Journal of Cost Management (1989) Spring, S. 14 - 19

Zäpfel, G. (1982): Produktionswirtschaft: Operatives Produktionsmanagement, Berlin

Deutscher Universitäts-Verlag

Ihr Weg in die Wissenschaft

Der Deutsche Universitäts-Verlag ist ein Unternehmen der GWV Fachverlage, zu denen auch der Gabler Verlag und der Vieweg Verlag gehören. Wir publizieren ein umfangreiches wirtschaftswissenschaftliches Monografien-Programm aus den Fachgebieten

✓ Betriebswirtschaftslehre
✓ Volkswirtschaftslehre
✓ Wirtschaftsrecht
✓ Wirtschaftspädagogik und
✓ Wirtschaftsinformatik

In enger Kooperation mit unseren Schwesterverlagen wird das Programm kontinuierlich ausgebaut und um aktuelle Forschungsarbeiten erweitert. Dabei wollen wir vor allem jüngeren Wissenschaftlern ein Forum bieten, ihre Forschungsergebnisse der interessierten Fachöffentlichkeit vorzustellen. Unser Verlagsprogramm steht solchen Arbeiten offen, deren Qualität durch eine sehr gute Note ausgewiesen ist. Jedes Manuskript wird vom Verlag zusätzlich auf seine Vermarktungschancen hin geprüft.

Durch die umfassenden Vertriebs- und Marketingaktivitäten einer großen Verlagsgruppe erreichen wir die breite Information aller Fachinstitute, -bibliotheken und -zeitschriften. Den Autoren bieten wir dabei attraktive Konditionen, die jeweils individuell vertraglich vereinbart werden.

Besuchen Sie unsere Homepage: *www.duv.de*

Deutscher Universitäts-Verlag
Abraham-Lincoln-Str. 46
D-65189 Wiesbaden